Aristoteles

Organon

Übersetzt von Julius von Kirchmann

Aristoteles: Organon

Übersetzt von Julius von Kirchmann.

Das »Organon« ist die aus verschiedenen Einzelschriften zusammengesetzte Logik des Aristoteles. Die Schriften entstanden vermutlich zwischen 367 und 344 v. Chr. Sowohl der Titel als auch die Zusammenstellung gehen nicht unmittelbar auf Aristoteles zurück, sondern sind der peripatetischen Schultradition zuzuschreiben, vielleicht dem Herausgeber Andronikos aus Rhodos, 1. Jh. v. Chr.

Neuausgabe mit einer Biographie des Autors
Herausgegeben von Karl-Maria Guth
Berlin 2016

Der Text dieser Ausgabe folgt:
Aristoteles: Kategorien oder Lehre von den Grundbegriffen. Aristoteles: Hermeneutica oder Lehre vom Urtheil. Übersetzt und erläutert von J. H. von Kirchmann, Leipzig: Erich Koschny, 1876 (Philosophische Bibliothek, Bd. 70).
Aristoteles: Erste Analytiken oder: Lehre vom Schluss. Übersetzt und erläutert von J. H. von Kirchmann, Leipzig: Felix Meiner, o. J. (Philosophische Bibliothek, Bd. 10).
Aristoteles: Zweite Analytiken oder: Lehre vom Erkennen. Übersetzt und erläutert von J. H. von Kirchmann, Leipzig: Felix Meiner, o. J. (Philosophische Bibliothek, Bd. 10).
Aristoteles: Die Topik. Übersetzt und erläutert von J. H. von Kirchmann, Heidelberg: Georg Weiss, 1882 (Philosophische Bibliothek, Bd. 89).
Aristoteles: Sophistische Widerlegungen. Übersetzt und erläutert von J. H. von Kirchmann, Heidelberg: Georg Weiss, 1883 (Philosophische Bibliothek, Bd. 91).

Dieses Buch folgt in Rechtschreibung und Zeichensetzung obiger Textgrundlage.

Die Paginierung obiger Ausgaben wird hier als Marginalie zeilengenau mitgeführt.

Umschlaggestaltung von Thomas Schultz-Overhage

Gesetzt aus der Minion Pro, 11 pt

Verlag: Henricus - Edition Deutsche Klassik GmbH
Mörchinger Str. 33, 14169 Berlin, info@henricus-verlag.de
Druck: Libri Plureos GmbH, Friedensallee 273, 22763 Hamburg

Die Ausgaben der Sammlung Hofenberg basieren auf zuverlässigen Textgrundlagen. Die Seitenkonkordanz zu anerkannten Studienausgaben machen Hofenbergtexte auch in wissenschaftlichem Zusammenhang zitierfähig.

ISBN 978-3-8619-9641-5

Bibliografische Information der Deutschen Nationalbibliothek

Die Deutsche Nationalbibliothek verzeichnet diese Publikation in der Deutschen Nationalbibliografie; detaillierte bibliografische Daten sind im Internet über www.dnb.de abrufbar.

Inhalt

Die Kategorien

(Katêgoriai)

Erstes Kapitel

Gleichnamig heissen Dinge, welche nur den Namen gemein haben, bei denen aber der dem Namen zugehörige Begriff ihres Wesens ein verschiedener ist. So heisst z.B. sowohl der wirkliche Mensch als das gemalte Geschöpf ein Geschöpf; beiden ist nur der Name gemeinsam, aber der dazu gehörige Begriff ihres Wesens ist verschieden; denn wenn man angeben wollte, *was* das »Geschöpf sein« bei jedem von beiden sei, so würde man für jedes einen besonderen Begriff angeben. *Einnamig* heissen Dinge, bei denen sowohl der Name gemeinsam, als auch der dazu gehörige Begriff ihres Wesens derselbe ist. So heisst der Mensch und der Stier ein Geschöpf, denn sowohl der Mensch wie der Stier werden mit dem gemeinsamen Namen »Geschöpf« bezeichnet und ebenso ist der Begriff ihres Wesens derselbe, und wenn man den Begriff von jedem derselben angeben und sagen wollte, was »Geschöpf sein« bei jedem von beiden sei, so würde man denselben Begriff angeben. *Beinamig* heissen Dinge, welche nach etwas anderen benannt werden und sich nur in der Beugung dessen Namens unterscheiden; so hat der Sprachgelehrte seinen Namen von der Sprachlehre und der Tapfere von der Tapferkeit.

Zweites Kapitel

Die Worte werden entweder in Verbindung oder ohne Verbindung gesprochen; ersteres z.B. bei den Worten: der Mensch läuft; der Mensch siegt; ohne Verbindung z.B. bei den Worten: Mensch; Stier; läuft; siegt.

Von dem Seienden wird manches *von* einem Unterliegenden ausgesagt, aber ohne dass es *in* einem Unterliegenden ist; so wird z.B. der Mensch *von* einem unterliegenden einzelnen Menschen ausgesagt, aber er ist *in* keinem unterliegenden Menschen. Anderes ist dagegen *in* einem Unterliegenden, aber wird *von* keinem Unterliegenden ausgesagt; (mit: »*in* einem Unterliegenden« meine ich, was ohne Theil eines Dinges zu sein nicht getrennt von dem bestehen kann, in dem es ist;) so ist diese einzelne Sprachkenntniss in der unterliegenden Seele, aber sie wird von keinem Unterliegenden ausgesagt und ebenso ist dieses einzelne »Weiss« zwar in diesem unterliegendem Körper (denn jede Farbe ist in einem Körper) aber es wird von keinem Unterliegenden ausgesagt. Manches dagegen wird *von* einem Unterliegenden ausgesagt und ist auch *in* einem Unterliegenden; so ist die Wissenschaft *in* der unterliegenden Seele und wird *von* der unterliegenden Sprachkenntniss ausgesagt; Manches ist endlich weder *in* einem Unterliegenden, noch wird es *von* einem Unterliegenden ausgesagt, z.B. »dieser Mensch« und »dieses Pferd«; denn keines von diesen ist in einem Unterliegenden und keines wird *von* einem Unterliegenden ausgesagt. Ueberhaupt wird das Untheilbare und der Zahl nach Eine *von* keinem Unterliegenden ausgesagt, indess kann Manches davon *in* einem Unterliegenden sein; denn »diese einzelne Sprachkenntniss« gehört zu den *in* einem Unterliegenden Seienden, aber sie wird von keinem Unterliegenden ausgesagt.

Drittes Kapitel

Wenn Etwas von einem Andern als von seinem Unterliegenden ausgesagt wird, so wird Alles, was von dem Ausgesagten gilt, auch von seinem Unterliegenden gelten. So wird »Mensch« von einem bestimmten Menschen ausgesagt und »Geschöpf« wird vom Menschen ausgesagt; folglich wird Geschöpf auch von diesem bestimmten Menschen ausgesagt werden können; denn dieser bestimmte Mensch ist ein Mensch und auch ein Geschöpf.

Bei verschiedenartigen und einander nicht untergeordneten Gegenständen sind auch deren Unterschiede der Art nach verschieden; so z.B. die Unterschiede bei den Thieren und bei der Wissenschaft; denn die Unterschiede bei den Thieren sind das »auf dem Lande lebende« und das »Zweifüssige« und das »Flügel habende« und das »im Wasser lebende«; die Wissenschaft dagegen hat keinen dieser Unterschiede; denn keine Wissenschaft unterscheidet sich von der andern durch das zweifüssig sein. Dagegen steht bei den einander untergeordneten Gattungen dem nichts entgegen, dass die Unterschiede bei ihnen dieselben sind; denn die oberen Gattungen werden, von den unteren ausgesagt und folglich werden alle Unterschiede, die bei dem Ausgesagten bestehen, auch bei dem Unterliegenden vorhanden sein.

Viertes Kapitel

Von den ohne Verbindung gesprochenen Worten bezeichnen die einzelnen entweder ein *Ding*, oder eine *Grösse*, oder eine *Beschaffenheit* oder eine *Beziehung*, oder einen *Ort*, oder eine *Zeit*, oder einen *Zustand*, oder ein *Haben*, oder ein *Thun*, oder ein *Leiden*.

Ein Ding ist, um es im Umriss anzudeuten, z.B. der Mensch, das Pferd; eine Grösse ist z.B. das Zweiellige, oder Dreiellige; eine Beschaffenheit ist z.B. weiss, sprachgelehrt; eine Beziehung ist z.B. doppelt, halb, grösser; ein Ort ist z.B. im Lykeion, auf dem Markte; eine Zeit ist z.B. Gestern, vorm Jahre; ein Zustand z.B. das Liegen, Sitzen; ein Haben z.B. Schuhe anhaben, bewaffnet sein; ein Thun z.B. er schneidet, er brennt; ein Leiden z.B. er wird geschnitten, er wird gebrannt.

Jede der hier genannten Kategorien enthält an sich weder eine Bejahung noch eine Verneinung; aber durch die Verbindung derselben mit einander entsteht eine Bejahung oder Verneinung. Jede Bejahung oder Verneinung ist entweder wahr oder falsch; aber Worte, die ohne Verbindung gesagt werden, sind weder wahr noch falsch; z.B. Mensch, weiss, läuft, siegt.

Fünftes Kapitel

Von den *Dingen* sind die hauptsächlichsten, und die welche auch *zuerst* und am meisten als Dinge gelten, diejenigen, welche weder *von* einem Unterliegenden ausgesagt werden, noch in einem Unterliegenden sind; wie z.B. dieser Mensch, oder dieses Pferd. Dinge *zweiter* Ordnung heissen die, in deren Arten die sogenannten Dinge erster Ordnung enthalten sind und zwar heissen so sowohl diese Arten wie die Gattungen dieser Arten. So ist z.B. *dieser* Mensch im Menschen, als seiner Art enthalten und die Gattung zu dieser Art ist das Geschöpf. Diese Arten und Gattungen heissen also Dinge zweiter Ordnung, wie z.B. der Mensch und das Geschöpf. Aus dem Gesagten erhellt, dass das von einem Unterliegenden Ausgesagte sowohl nach seinem Namen, wie nach seinem Begriffe von dem Unterliegenden ausgesagt werden kann; so wird z.B. Mensch von einem unterliegenden bestimmten Menschen ausgesagt und er wird auch mit diesem Namen bezeichnet; denn man wird das Wort Mensch von dem einzelnen Menschen aussagen. Ebenso wird der Begriff des Menschen von demselben ausgesagt; denn der einzelne bestimmte Mensch ist sowohl ein Mensch wie ein Geschöpf; so dass mithin sowohl der Name wie der Begriff von dem Unterliegenden ausgesagt werden kann. Dagegen wird in der Regel weder der Begriff noch der Name des in einem Unterliegenden Enthaltenen *von* dessen Unterliegenden ausgesagt; in einzelnen Fällen kann es wohl mit dem Namen geschehen; aber mit dem Begriff ist es nicht möglich. So wird z.B. das *in* einem unterliegenden Körper enthaltene Weiss auch *von* ihm ausgesagt (denn man nennt den Körper weiss), aber der Begriff des »Weiss« kann niemals von einem Körper ausgesagt werden. Alles Uebrige wird entweder *von* den Dingen erster Ordnung als unterliegenden ausgesagt, oder ist in ihnen, als unterliegenden enthalten. Dies erhellt, wenn man das Einzelne zur Hand nimmt; so sagt man: Geschöpf von dem Menschen aus und es kann deshalb Geschöpf auch von diesem bestimmten Menschen ausgesagt werden; denn wenn es von keinem bestimmten Menschen ausgesagt werden könnte, so könnte es auch von dem Menschen überhaupt nicht ausgesagt werden. Ebenso ist die Farbe *in* dem Körper überhaupt; also auch in einem bestimmten Körper. Denn wenn dieses nicht wäre, so könnte sie auch nicht in dem Körper überhaupt sein. Sonach wird alles Andere entweder *von* den Dingen erster Ordnung als dem Unterliegenden ausgesagt, oder es ist *in* ihnen, als dem Unterliegenden, enthalten. Wenn also keine Dinge erster Ordnung wären, so könnte auch von den Andern keines sein.

Von den Dingen zweiter Ordnung ist die Art mehr ein Ding, als die Gattung, da sie den Dingen erster Ordnung näher steht. Denn wenn Jemand angeben wollte, was ein Ding erster Ordnung sei, so wird er es deutlicher und bezeichnender thun, wenn er dessen Art, als wenn er dessen Gattung angiebt. So wird, wenn man einen bestimmten Menschen bezeichnen will, man es deutlicher thun, wenn man sagt, er sei ein Mensch, als wenn man ihn blos als ein Geschöpf bezeichnet; denn jene Bezeichnung trifft mehr das, was das Eigenthümliche dieses einzelnen Menschen ist, während die Gattung mehreren Dingen gemeinsam ist. Ebenso wird man diesen einzelnen Baum deutlicher bezeichnen, wenn man von ihm angiebt, er sei ein Baum, als, er sei eine Pflanze. Auch gelten die Dinge erster Ordnung deshalb am meisten als Dinge, weil sie allem Anderen unterliegen und weil alles Andere entweder *von* ihnen ausgesagt wird, oder *in* ihnen ist.

So wie sich hierin die Dinge erster Ordnung zu allem Anderen verhalten, so verhalten sich auch die Arten zu ihren Gattungen; denn die

Art liegt der Gattung unter und die Gattungen werden wohl von den Arten ausgesagt, aber nicht umgekehrt die Arten von den Gattungen. Deshalb ist auch die Art mehr ein Ding, wie die Gattung; aber von den einzelnen Arten, so weit sie nicht Gattungen sind, ist keine mehr ein Ding, wie die andere; denn man wird diesen einzelnen Menschen, wenn man ihn einen Menschen nennt, nicht eigenthümlicher bezeichnen, als wenn man dieses einzelne Pferd ein Pferd nennt. Ebenso ist keines von den Dingen erster Ordnung mehr als das andere ein Ding; denn dieser Mensch ist nicht mehr als dieser Stier ein Ding.

Ganz passend werden nach den Dingen *erster* Ordnung von allen übrigen Kategorien nur die Arten und Gattungen Dinge *zweiter* Ordnung genannt; denn sie allein von den Kategorien offenbaren das, was die Dinge erster Ordnung sind; denn wenn Jemand von diesem bestimmten Menschen angeben will, *was* er ist, so wird er es in treffenderer Weise thun, wenn er dessen Art als dessen Gattung angiebt und er wird es deutlicher thun, wenn er ihn als einen Menschen, als wenn er ihn als ein Geschöpf bezeichnet. Wenn er ihn aber nach einer andern Kategorie bezeichnet, so wird er nicht gehörig angegeben haben, was dieser Mensch ist; z.B. wenn er von ihm angäbe, dass er weiss sei, oder dass er laufe, oder sonst etwas der Art. Deshalb werden mit Recht nur diese allein von den andern Kategorien Dinge genannt. Ferner werden die Dinge erster Ordnung hauptsächlich deshalb Dinge genannt, weil sie das Unterliegende für alle andern Kategorien abgeben, und so wie sich die Dinge erster Ordnung zu allem Anderen verhalten, so verhalten sich die Arten und Gattungen zu allen übrigen Kategorien; denn alle diese übrigen werden von ihnen ausgesagt. Denn wenn man diesen bestimmten Menschen einen sprachgelehrten nennt, so wird man auch den Menschen und das Geschöpf sprachgelehrt nennen. Gleiches gilt für die andern Kategorien.

Allen Dingen ist es gemeinsam, dass sie *in* keinem Unterliegenden enthalten sind; denn Dinge *erster* Ordnung sind weder *in* einem Unterliegenden, noch werden sie *von* einem Unterliegenden ausgesagt; und von den Dingen zweiter Ordnung ist auch *in* folgen der Weise klar, dass sie *in* keinem Unterliegenden sind; nehmlich »Mensch« wird zwar *von* diesem bestimmten unterliegenden Menschen ausgesagt, aber »Mensch« ist *in* keinem Unterliegenden; denn »Mensch« ist nicht *in* diesem bestimmten Menschen. Ebenso kann man wohl »Geschöpf« *von* einem bestimmten unterliegenden Menschen aussagen, aber es ist nicht in diesem bestimmten Menschen. Auch kann von dem *in* einem Unterliegenden Seienden wohl in einzelnen Fällen der *Name* vom Unterliegenden selbst ausgesagt werden, aber der *Begriff* kann es nicht. Dagegen wird in den Dingen zweiter Ordnung sowohl der Begriff wie der Name vom Unterliegenden ausgesagt; denn man wird von einem bestimmten Menschen den Begriff des Menschen aussagen, und ebenso den Begriff des Geschöpfes.

Somit dürften die Dinge nicht zu dem gehören, was *in* einem Unterliegenden ist. Indess ist dies keine Eigenthümlichkeit der Dinge, vielmehr sind auch die Art-Unterschiede nicht in einem Unterliegenden; denn man sagt wohl das: auf dem Lande lebende, und: das zweifüssige *von* dem unterliegenden Menschen aus; allein *in* dem unterliegenden Menschen ist es nicht; denn in dem Menschen ist weder das zweifüssige, noch das: auf dem Lande lebende. Auch der Begriff des Art-Unterschieds wird *von* demjenigen Unterliegenden ausgesagt, von welchem der Name des Art-Unterschieds ausgesagt wird, wenn z.B. das auf dem Lande lebende vom Menschen ausgesagt wird, so kann auch der Begriff des auf dem Lande lebend vom Menschen ausgesagt werden; denn der Mensch ist auf dem Lande lebend. Man lasse sich übrigens nicht durch das Bedenken beunruhigen dass doch die Theile der Dinge in ihnen als dem Ganzen enthalten seien, weil man etwa dann genöthigt sein könnte, die Theile nicht für Dinge zu erklären; denn der Ausdruck: »in einem Unterliegenden sein« ist nicht in dem Sinne, wie die Theile einer Sache *in* ihr enthalten sind, gemeint.

Den Dingen zweiter Ordnung und den Art-Unterschieden ist es gemeinsam, dass alles einnahmig nach ihnen benannt wird; denn alle von ihnen entlehnte Namen werden entweder von den Einzeldingen oder von den Arten ausgesagt. Denn von den Dingen erster Ordnung werden keine zu Aussagen benutzt; diese Dinge werden von keinem Unterliegenden ausgesagt; allein von den Dingen zweiter Ordnung wird der Name der Art von den Einzeldingen ausgesagt und der Name der Gattung sowohl von den Arten wie von den Einzeldingen. Ebenso werden die Namen der Art-Unterschiede von den Arten und von den Einzeldingen ausgesagt. Aber auch den Begriff der Arten und Gattungen nehmen die Dinge erster Ordnung an, und die Art nimmt den Begriff ihrer Gattung an, da alles, was von der Aussage gilt, auch dem Unterliegenden beigelegt werden kann. Ebenso nehmen die Arten und die Einzeldinge den Begriff ihrer Art-Unterschiede an. Einnahmig sind nehmlich nach dem Frühern die Gegenstände, welche sowohl den Namen wie den Begriff gemeinsam haben und mithin werden alle Dinge zweiter Ordnung und alle Art-Unterschiede einnahmig benannt.

Jedes Ding scheint ein bestimmtes Dieses zu bezeichnen. Bei den Dingen erster Ordnung ist es unzweifelhaft und wahr, dass sie ein bestimmtes Dieses bezeichnen; denn das damit Benannte ist ein Einzelnes und der Zahl nach Eines. Bei den Dingen zweiter Ordnung scheint zwar ebenso nach der Form der Aussage ein bestimmtes Dieses gemeint zu sein, wenn man »Mensch« oder »Geschöpf« sagt; indess ist dies nicht richtig, vielmehr wird damit mehr eine Beschaffenheit bezeichnet; denn das Unterliegende ist nicht, wie bei den Dingen erster Ordnung, ein Einzelnes, sondern Mensch und Geschöpf wird von vielen Einzelnen ausgesagt. Indess bezeichnen die Dinge zweiter Ordnung nicht lediglich eine Beschaffenheit, wie z.B. das Weisse thut; denn dies bezeichnet nichts Anderes als eine Beschaffenheit; dagegen bestimmt die Art und die Gattung die Beschaffenheit eines Dinges in Bezug auf sein Wesen; denn es bezeichnet das so beschaffene Wesen eines Dinges. Die Abgrenzung durch die Gattung umfasst mehr Einzelne, als die durch die Art; denn wenn man »Geschöpf« sagt, so begreift man mehreres, als wenn man »Mensch« sagt.

Den *Dingen* kommt ferner zu, dass sie kein Gegentheil haben; denn was sollte wohl das Gegentheil von einem Dinge erster Ordnung sein, wie z.B. von diesem Menschen oder diesem Geschöpfe? Hier giebt es kein Gegentheil. Aber auch für den Menschen überhaupt, und für das Geschöpf überhaupt besteht kein Gegentheil. Indess ist dies keine Eigenthümlichkeit der Dinge, sondern es findet sich auch bei vielem Anderen, z.B. bei den Grössen; denn vom Zweielligen und Dreielligen giebt es kein Gegentheil; auch nicht von der Zehn, noch von andern Solchen, wenn man nicht etwa das Viele für das Gegentheil von dem Wenigen oder das Grosse für das Gegentheil vom Kleinen erklären will. Dagegen ist von den bestimmten Grössen keines ein Gegentheil des andern.

Die *Dinge* scheinen auch weder das Mehr noch das Weniger anzunehmen. Ich will damit nicht sagen, dass kein Ding mehr oder weniger Ding sein könne, als ein anderes (denn das dies der Fall ist, habe ich bereits gesagt), sondern nur, dass kein Ding als das, was es ist, mehr oder weniger es sein kann. Wenn z.B. dieses Ding ein Mensch ist, so wird er nicht einmal mehr, das anderemal weniger Mensch sein und zwar weder in Bezug auf sich, noch in Bezug auf einen andern Menschen; denn kein Mensch ist mehr Mensch als der andere, etwa so wie ein Weisses mehr oder weniger weiss, als ein anderes genannt wird, oder ein Schönes mehr oder weniger schön als ein anderes. Bei Dergleichen gilt dies selbst für einen und denselben Gegenstand, so sagt man von einem weissen Körper, dass er jetzt weisser sei als früher und dass ein warmer Körper mehr oder weniger warm sei, als früher. Aber die Dinge werden nicht mehr oder weniger Dinge genannt; denn weder ein Mensch heisst jetzt mehr Mensch als früher, noch sonst ein anderes Ding. Deshalb dürften die Dinge kein Mehr oder Weniger annehmen.

Die hauptsächlichste Eigenthümlichkeit bei den Dingen dürfte aber die sein, dass *dasselbe eine* Ding das Entgegengesetzte annehmen kann, während man von den andern Kategorien, so weit sie keine Dinge sind, wohl nicht wird behaupten können, dass sie als eine einzelne das Entgegengesetzte annehmen können. So wird z.B. eine einzelne bestimmte Farbe nicht weiss und schwarz, und eine einzelne bestimmte Handlung nicht schlecht und gut werden können, was dann auch von allen anderen Kategorien gilt, so weit sie nicht Dinge bezeichnen. Dagegen kann das Ding als bestimmtes und einzelnes das Entgegengesetzte annehmen; so wird z.B. dieser selbige einzelne Mensch das eine mal weiss und das andere mal schwarz, das eine mal warm und das andere mal kalt, und ebenso schlecht und gut. Bei den andern Kategorien zeigt sich Solches nicht, es müsste denn Jemand einwerfen und behaupten wollen, dass die Rede und die Meinung das Entgegengesetzte annehmen könnten. Derselbe Ausspruch kann allerdings anscheinend wahr und falsch sein; wenn z.B. der Ausspruch, dass Jemand sitze, wahr ist, so wird dieser selbe Ausspruch, wenn er aufsteht, falsch sein. Ebenso verhält es sich mit der Meinung; denn wenn Jemand richtig meint, dass ein Anderer sitze, so wird, wenn dieser aufgestanden ist, jener, wenn er derselben Meinung bleibt, falsch meinen. Wenn man indess dies auch zugeben wollte, so besteht hier doch in der Art und Weise ein Unterschied. Bei den Dingen verändern sich nämlich diese selbst und nehmen dadurch das Entgegengesetzte an; denn das Ding ist aus einem warmen ein kaltes geworden (denn es selbst hat sich verändert) und aus einem weissen ist es ein schwarzes und aus einem schlechten ein gutes Ding geworden. Ebenso kann jedes andere Ding, indem es sich verändert, das Entgegengesetzte annehmen. Dagegen bleibt die Rede und die Meinung selbst durchaus und in jeder Beziehung unverändert dieselbe,

11

und nur dadurch, dass sich die Sache ändert, entsteht in Bezug auf sie das Entgegengesetzte. So bleibt die Rede, dass Jemand sitze, unverändert dieselbe und nur weil die Sache sich ändert, gilt sie einmal als wahr und das anderemal als falsch. Ebenso verhält es sich mit der Meinung. Sonach ist es nur den Dingen in dem Sinne eigenthümlich, dass sie vermöge ihrer eigenen Veränderung das Entgegengesetzte annehmen können. Wenn man aber behauptete, dass auch in diesem Sinne die Rede und die Meinung das Entgegengesetzte annehmen könnten, so würde dies nicht richtig sein; denn die Rede und die Meinung sind nicht deshalb des Entgegengesetzten fähig, weil sie selbst etwas annehmen, sondern dadurch, dass bei einem Andern der Zustand sich geändert hat. Weil also die *Sache* sich so oder nicht so verhält, deshalb gilt die Rede für wahr oder falsch, aber nicht deshalb, weil sie selbst das Entgegengesetzte annehmen kann. Ueberhaupt ändert sich die Rede und die Meinung selbst in keinem Stücke, und deshalb kann sie, da kein anderer Zustand in ihr eingetreten ist, auch nicht das Entgegengesetzte annehmen. Aber die Dinge gelten, weil sie selbst das Entgegengesetzte annehmen, deshalb des Entgegengesetzten fähig; denn sie nehmen die Krankheit und die Gesundheit, die Weisse und die Schwärze an und indem sie jedes von diesen annehmen, sind sie dadurch fähig, das Entgegengesetzte anzunehmen. Sonach dürfte es eine Eigenthümlichkeit der Dinge sein, dass die einzelnen und bestimmten Dinge dadurch, dass sie selbst sich verändern, das Entgegengesetzte annehmen können.

So viel mag über die Dinge, als Kategorie, gesagt sein.

Sechstes Kapitel

Das *Grosse* zerfällt in das Getrennte und in das Stetige; ferner in ein solches, was aus Theilen besteht, die eine bestimmte Lage gegen einander haben, und in ein solches, wo dies nicht der Fall ist. Ein getrenntes Grosse ist z.B. die Zahl und das Wort; ein stetiges Grosse ist z.B. die Linie, die Fläche, der Körper; und neben diesen auch die Zeit und der Raum. Denn die Theile einer Zahl haben keine gemeinsame Grenze, wo die Theile derselben sich berührten; so berührt z.B., wenn die Fünfen die Theile der Zehn sind, die eine Fünfe in keiner gemeinsamen Grenze die andere Fünfe, sondern beide sind getrennt; auch die Drei und die Sieben berühren sich in keiner gemeinsamen Grenze. Ueberhaupt wird man bei keiner Zahl eine gemeinsame Grenze ihrer Theile auffinden; vielmehr bleiben diese immer getrennt, so dass deshalb die Zahl zu den getrennten Grössen gehört. Ebenso gehört auch das Wort zu den getrennten Grössen. Das Wort ist offenbar eine Grösse, denn es wird nach kurzen und langen Sylben abgemessen, ich meine nämlich das gesprochene Wort. Seine Theile berühren sich in keiner gemeinsamen Grenze; denn es besteht keine solche, an welcher die Sylben sich berührten, vielmehr ist jede für sich getrennt. Dagegen ist die Linie eine stetige Grösse, denn man kann eine gemeinsame Grenze angeben, wo ihre Theile sich berühren, nämlich den Punkt; und bei der Fläche die Linie, denn die Theile der Fläche berühren sich in einer gemeinsamen Grenze. Ebenso kann man bei den Körpern eine gemeinsame Grenze angeben, nämlich die Linie oder die Fläche, wo die Theile eines Körpers einander berühren. Auch die Zeit und der Raum sind von dieser Beschaffenheit; die gegenwärtige Zeit berührt die vergangene und die kommende. Ebenso gehört der Raum zu den stetigen Grössen, denn die Theile eines Körpers haben einen Raum inne und berühren sich in einer gemeinsamen Grenze, und deshalb berühren sich auch die Theile des Raumes, welche die einzelnen Theile des Körpers einnehmen, in derselben gemeinsamen Grenze, in welcher die Theile des Körpers sich berühren. Deshalb dürfte auch der Raum zu den stetigen Grössen gehören, denn seine Theile berühren sich in *einer* gemeinsamen Grenze.

Ferner ist manches Grosse aus Theilen zusammengesetzt, welche eine bestimmte Lage gegen einander haben, und anderes Grosse aus Theilen, welche keine solche bestimmte Lage haben. So haben die Theile einer Linie eine bestimme Lage gegen einander; denn jeder Theil derselben hat seine bestimmte Lage, und man kann bei jedem Theile unterscheiden und angeben, wo er in der Fläche liegt und mit welchen von den übrigen Theilen er sich berührt. Ebenso haben auch die Theile einer Fläche eine bestimmte Lage gegen einander; denn man kann von jedem in gleicher Weise angeben, an welchem er liegt und welche Theile einander berühren. Das Gleiche gilt von den Theilen eines Körpers und des Raumes. Dagegen wird bei einer Zahl Niemand zeigen können, wie die Theile derselben eine Lage zu einander haben oder wo sie liegen, und welche Theile einander berühren; und ebenso wenig wird dies bei der Zeit geschehen können, da kein Theil derselben beharrt; was aber nicht beharrt, wie könnte das wohl eine bestimmte Lage haben? vielmehr könnte man eher sagen, dass die Zeit eine gewisse Ordnung habe, weil ein Theil der Zeit der frühere, der andere der spätere ist. Eben dasselbe gilt für die Zahl, weil die Eins eher gezählt wird als die Zwei und die Zwei eher als die Drei; so dass die Zahl zwar eine gewisse Ordnung hat, aber man schwerlich eine Lage bei ihr annehmen kann. Auch mit dem Worte verhält es sich so, da kein Theil desselben beharrt, sondern er wird ausgesprochen und das Ausgesprochene kann man nicht mehr erfassen; folglich haben auch die Theile des Wortes keine Lage zu ein-ander, weil kein Theil bleibend ist. Sonach besteht manches Grosse aus Theilen, welche eine Lage gegen einander haben, anderes aus Theilen, die keine Lage haben.

Diese genannten Gegenstände allein gelten eigentlich als Grössen; alles andere gilt nur nebenbei als gross; denn nur in Hinsicht auf jene Grössen nennt man es gross; so nennt man z.B. das Weisse gross, weil es eine grosse Fläche bedeckt, und eine Handlung oder eine Bewegung gross, wenn sie eine lange Zeit umfasst; denn keines von diesen Dingen wird an und für sich gross genannt. Wenn z.B. Jemand von einer Handlung angeben will, wie gross sie ist, so bestimmt er sie der Zeit nach, indem er sie einjährig oder sonst wie nennt; und wenn Jemand angeben will, wie gross ein Weisses sei, so bestimmt er es nach der Oberfläche; so gross wie diese ist wird er auch sagen, dass das Weisse sei. Sonach gelten nur die oben genannten Gegenstände als eigentlich und an sich gross; alles andere dagegen gilt nicht an sich selbst als gross, sondern wenn es geschieht, nur nebensächlich so.

Ferner hat das Grosse kein Gegentheil; denn bei den bestimmten Grössen steht offenbar denselben nichts als Gegentheil gegenüber; z.B. dem Zweielligen oder Dreielligen oder der Fläche oder einem anderen solchen; ihnen steht nichts als Gegentheil gegenüber; man müsste denn behaupten wollen, das Viele sei das Gegentheil von dem Wenigen und das Grosse das Gegentheil von dem Kleinen. Allein diese gehören nicht zu dem Grossen, sondern mehr zu den Beziehungen, denn kein Gegen-stand wird an sich gross oder klein genannt, sondern nur in Vergleich zu einem anderen; so nennt man z.B. einen Berg klein und ein Hirsen-korn gross, weil dieses grösser und jener kleiner ist, als die andern seiner Gattung. Deshalb ist hier eine Beziehung auf Anderes vorhanden, da, wenn Etwas an sich gross oder klein genannt würde, der Berg wohl nicht klein und das Hirsenkorn nicht gross genannt werden würde. Ebenso sagt man, dass in einem Dorfe viel Menschen seien und in Athen wenige, obgleich deren hier vielmal mehr sind all dort; und dass in einem Hause viel Menschen, und in dem Theater wenige seien, ob-

12

gleich diese um vieles mehr sind, als jene. Auch das Zweiellige und das Dreiellige und jedes andere solches bezeichnet ein Grosses, aber das Grosse und Kleine bezeichnet kein Grosses, sondern mehr eine Beziehung; denn man betrachtet es nur in Bezug auf ein anderes als gross oder klein; offenbar gehören sie also zu den Beziehungen. Aber mag man sie als Grössen annehmen oder nicht, so haben sie doch kein Gegentheil; denn wie möchte man ein Gegentheil von Etwas angeben, was nicht an und für sich genommen werden kann, sondern nur auf Anderes bezogen wird? Wenn ferner das Grosse und das Kleine Gegentheile sein sollen, so folgte, dass ein und dasselbe Ding des Entgegengesetzten fähig wäre, und dass es sein eigenes Gegentheil wäre. Denn es kommt vor, dass dasselbe Ding zugleich gross und klein ist, denn in Bezug auf dieses ist es klein und in Bezug auf jenes andere ist ebendasselbe gross. So ergiebt sich, dass dasselbe Ding in demselben Zeitpunkte sowohl

13 gross, wie klein ist und also gleichzeitig das Entgegengesetzte annimmt. Allein nichts kann zugleich das Entgegengesetzte, wie das Ding annehmen; dies kann nehmlich das Entgegengesetzte annehmen, allein es ist doch nicht zu gleicher Zeit krank und gesund, und ebenso ist es nicht zu gleicher Zelt weiss und schwarz; ebenso giebt es von den übrigen Kategorien keine, die gleichzeitig das Entgegengesetzte annähme. Auch ergäbe sich, dass das Grosse und das Kleine jedes sein eigenes Gegentheil wäre. Denn wenn das Grosse das Gegentheil des Kleinen ist, ein und dasselbe Ding aber zugleich gross und klein ist, so würde es sein eigenes Gegentheil sein. Allein es ist unmöglich, dass etwas sein eigenes Gegentheil sein kann, und demzufolge ist also das Grosse nicht das Gegentheil des Kleinen und das Viel nicht das Gegentheil des Wenigen. Daher würden sie, auch wenn man sie nicht für Beziehungen, sondern für Grössen erklären wollte, doch kein Gegentheil haben.

Am meisten scheint das Gegentheilige bei dem Raume vorhanden zu sein; denn man setzt das Oben als das Gegentheil von dem Unten, indem man in Bezug auf die mittlere Gegend etwas Unten nennt, weil die Mitte von den Enden der Welt am meisten absteht. Auch scheint man die Definition anderer Gegentheile von diesem zu entnehmen, denn Gegentheil wird als das definirt, was innerhalb einer Gattung am meisten von einander absteht.

Das Grosse scheint auch kein Mehr oder Weniger anzunehmen, so z.B. das Zweiellige nicht; denn kein Gegenstand ist mehr zweiellig, als der andere. Dies gilt auch für die Zahlen; denn die Drei ist z.B. nicht mehr Drei als die Fünfe und die Fünfe ist nicht mehr Fünfe als die Drei. Auch ist kein Zeitraum mehr Zeitraum als ein anderer; überhaupt wird das Mehr oder Weniger von keiner der erwähnten Bestimmungen ausgesagt. Sonach ist das Grosse auch des Mehr oder Weniger nicht fähig.

Am Eigenthümlichsten ist es dem Grossen, dass es als *gleich* oder *ungleich* ausgesagt wird. Jede von den genannten Grossen wird gleich oder ungleich genannt; so wird ein Körper gleich oder ungleich genannt und ein Zeitraum gleich oder ungleich; ebenso wird jedes von den andern vorgenannten Grossen gleich oder ungleich genannt. Von den übrigen Kategorien ausser dem Grossen dürfte das Gleich und Ungleich wohl nicht viel ausgesagt werden; so wird z.B. ein Zustand wohl nicht oft so genannt werden, sondern vielmehr ähnlich, und ebenso das Weiss selten gleich oder ungleich, sondern ähnlich. Sonach dürfte es dem Grossen am meisten eigenthümlich sein, dass es gleich oder ungleich genannt wird

14

Siebentes Kapitel

Bezogen heisst Etwas, wenn es als das, was es ist, als an einem andern seiend, ausgesagt wird oder sonst wie in Bezug auf ein anderes; so wird z.B. das »Grösser« als das was es ist, von einem andern ausgesagt; denn man sagt: Etwas ist grösser als ein anderes; auch das Doppelte als solches wird von einem andern ausgesagt; denn man sagt: das Doppelte von Etwas. Ebenso verhält es sich mit den übrigen Bezogenen.

Auch solche Bestimmungen, wie das Haben, der Zustand, die Wahrnehmung, das Wissen, die Lage gehören zu den Beziehungen; denn alle diese Bestimmungen werden als das, was sie sind, von einem Anderen ausgesagt und nicht als etwas besonderes; denn das Haben wird als das Haben von Etwas und das Wissen als das Wissen von Etwas und die Lage als die Lage von Etwas ausgesagt und ebenso das übrige. Bezogen ist also etwas, wenn es als solches von einem andern ausgesagt wird oder sonst wie in Bezug auf Anderes. So heisst ein Berg gross in Bezug auf einen anderen, denn der Berg heisst gross in Bezug auf etwas; und das Aehnliche wird als einem anderen ähnlich ausgesagt und ebenso werden die andern solchen Bestimmungen in Bezug auf ein anderes ausgesagt. Auch das Liegen und das Stehen und das Sitzen sind gewisse Lagen und die Lage gehört zu den Beziehungen; aber das Hinlegen, das

Aufstehen oder sich Setzen sind zwar selbst keine Lagen, aber diese Zustände werden mit Worten bezeichnet, welche von den obigen Lagen abgeleitet sind.

Auch Gegentheile kommen innerhalb der Beziehungen vor; so ist z.B. die Tugend das Gegentheil von dem Laster, die beide zu den Beziehungen gehören und Wissen ist das Gegentheil von der Unwissenheit. Indess haben nicht alle Beziehungen ein Gegentheil; denn das Doppelte hat kein Gegentheil und auch des Dreifache nicht, noch sonst eine Beziehung dieser Art.

Auch das Mehr und das Minder scheinen die Beziehungen anzunehmen; denn man nennt etwas mehr oder weniger ähnlich oder unähnlich und mehr oder weniger gleich oder ungleich, von denen jedes zu den Bezogenen gehört; denn man sagt vom Aehnlichen, dass es einem Gegenstande ähnlich sei, und vom unähnlichen, dass es einem Gegenstande unähnlich sei. Indess nehmen nicht alle Beziehungen das Mehr oder Weniger an; denn von dem Doppelten sagt man nicht, dass es mehr oder weniger doppelt sei und dies gilt auch von anderen solchen Beziehungen.

Alle Beziehungen werden von Gegenständen ausgesagt, die in der Aussage sich umtauschen lassen; so heisst der Sclave Sclave des Herrn und der Herr Herr des Sclaven und das Doppelte ist das Doppelte des Halben und das Halbe das Halbe des Doppelten und das Grössere ist das Grössere des Kleinern und das Kleinere das Kleinere des Grösseren. Dasselbe gilt für die anderen Beziehungen, nur unterscheiden sie sich beim Sprechen mitunter in der Beugung; so sagt man, die Wissenschaft ist eine Wissenschaft *des* Wissbaren und das Wissbare ist ein *durch* die Wissenschaft Wissbares; und die Wahrnehmung ist eine Wahrnehmung *des* Wahrnehmbaren und das Wahrnehmbare ein *durch* Wahrnehmung Wahrnehmbares.

Indess scheint die Umkehrung manchmal nicht stattzufinden, wenn man die Beziehung nicht genau, sondern mangelhaft ausdrückt. Wenn man z.B. sagt: Der Flügel des Vogels, so lässt sich nicht umgekehrt sagen: Der Vogel des Flügels. Jener Ausdruck: Der Flügel des Vogels ist nicht genau; denn nicht insofern es ein Vogel ist, wird der Flügel als der seinige genannt, sondern insofern er ein Geflügeltes ist; denn noch vieles andere hat Flügel, was kein Vogel ist. Wenn man sich deshalb genau ausdrückt, so findet auch die Umkehrung statt; so ist der Flügel der Flügel des Geflügelten und das Geflügelte ist durch den Flügel geflügelt. Manchmal muss man auch wohl ein Wort dazu bilden, wenn das der genauen Ausdrucksweise entsprechende Wort nicht vorhanden ist. Wenn z.B. Jemand sagt: Das Steuerruder des Schiffs, so wäre dies kein genauer Ausdruck; denn das Steuerruder wird von dem Schiffe nicht als Schiff ausgesagt, da es auch Schiffe ohne Steuerruder giebt, und deshalb lässt sich des Ausdruck auch nicht umkehren; denn das Schiff kann man nicht das Schiff des Steuerruders nennen. Dagegen würde die Aussage wohl genauer sein, wenn man sich ausdrückte: das Steuerruder ist das Steuerruder eines Besteuerruderten, oder in einer sonst entsprechenden Weise; ein Name ist dafür nicht vorhanden. Wenn man sich in dieser Weise genau ausdrückt, so findet auch das Umkehren statt; denn das Besteuerruderte ist durch das Steuerruder besteuerrudert. Ebenso ist es in andern Fällen; so würde man vom Kopfe richtiger sagen: Der Kopf eines Kopfhabenden, als der Kopf eines Thieres; denn nicht insofern es ein Thier ist, hat es einen Kopf, da es auch viele Thiere ohne Kopf giebt. In den Fällen, wo der entsprechende Name fehlt, dürfte es sich am leichtesten machen, wenn man den Namen des Einen auch für das, was sich mit ihm umkehren soll, benutzt, sowie in den genannten Beispielen das Geflügelte von dem Flügel und das Besteuerruderte von dem Steuerruder gebildet worden ist. Sonach lassen sich also, wenn man sich genau ausdrückt, alle Beziehungen umkehren, während dies nicht statt hat, wenn man sich nur auf's Geradewohl und nicht das eigentlich Bezogene ausdrückt. Aber auch dann findet keine Umkehrung statt, wenn man zwar von solchen spricht, die eine Umkehrung gestatten und wo auch die Namen dazu vorhanden sind, aber dabei die Beziehung durch etwas Nebensächliches ausdrückt und nicht durch das, auf welches sie eigentlich geht; so findet z.B. keine Umkehrung statt, wenn man den Sclaven nicht als den Sclaven eines Herrn bezeichnet, sondern als de Sclaven eines Menschen, oder eines zweifüssigen Geschöpfes oder in sonst einer solchen Weise; denn der Ausdruck ist dann nicht genau. Wenn dagegen etwas genau auf das, auf welches es bezogen wird, ausgedrückt wird, und dabei von allem, was nur nebenbei sich daran befindet, abgesehen wird und blos das zurückbehalten wird, auf welches der genaue Ausdruck geht, so wird die Beziehung immer an sich ausgedrückt sein. Wenn z.B. der Sclave Sclave in Bezug auf den Herrn genannt wird und von allem andern, was nebenbei dem Herrn anhaftet, abgesehen wird, wie von dem zweifüssig sein, und von dem der Wissenschaft Fähigen und von dem Menschen und nur das

Herr-sein zurückbehalten wird, so wird der Sclave immer auf den eigentlichen Gegenstand bezogen sein; denn der Sclave wird dann der Sclave seines Herrn genannt. Wenn aber nicht genau das ausgedrückt wird, in Bezug auf welches man die Beziehung meint, vielmehr anderes herbeigenommen wird und gerade das weggelassen wird, auf welches die Beziehung ausgesprochen werden soll, so wird die Beziehung nicht auf den eigentlichen Gegenstand ausgedrückt sein. Denn man bezeichne den Sclaven als den eines Menschen und den Flügel als den eines Vogels und nehme das Herr-sein bei dem Menschen hinweg, so wird dann vom Sclaven nicht mehr in Bezug auf den Menschen gesprochen werden können, denn wenn der Herr fehlt, so ist auch kein Sclave vorhanden. Ebenso nehme man von dem Vogel das Geflügeltsein hinweg, und der Flügel wird dann nicht mehr ein Bezogenes sein, denn wo etwas kein Geflügeltes ist, da kann auch der Flügel nicht Flügel von ihm sein. Es muss also das ausgedrückt werden, auf welches die Beziehung sich eigentlich richtet. Ist dafür ein Name vorhanden, so ist die Beziehung leicht auszudrücken; fehlt aber der Name, so wird ein solcher gebildet werden müssen. Wenn der Ausdruck so geschieht, so ist klar, dass alles auf einander Bezogene auch umgekehrt ausgesagt werden kann.

Die *auf* einander Bezogenen sind von Natur zugleich vorhanden, wenigstens wird das für die meisten Beziehungen richtig sein. So ist das Doppelte zugleich mit den Halben und wo ein Halbes ist, da ist auch ein Doppeltes und wenn ein Herr ist, so ist auch ein Sclave vorhanden und wenn ein Sclave ist, so ist auch ein Herr vorhanden. Ebenso verhält es sich mit andern Bezogenen. Auch heben sich die Bezogenen gegenseitig auf; denn wenn kein Doppeltes ist, so ist auch kein Halbes vorhanden und wo kein Halbes ist, da ist auch kein Doppeltes vorhanden. Ebenso verhält es sich mit andern dergleichen Bezogenen. Indess gilt dies von Natur Zugleich-Sein der Bezogenen nicht für alle Beziehungen; so dürfte das Wissbare früher als die Wissenschaft gewesen sein; denn meistentheils haben die Dinge schon vorher bestanden, ehe man die Kenntniss von ihnen erlangt und nur in seltenen Fällen oder niemals möchte man finden, dass mit dem Wissbaren zugleich auch die Kenntniss desselben werde. Ebenso wird mit Aufhebung des Wissbaren auch die Kenntniss desselben aufgehoben; aber die Aufhebung der Kenntniss hebt nicht das Wissbare auf. Denn wenn kein Wissbares vorhanden ist, so giebt es auch kein Wissen (denn es wäre das Wissen von Nichts); aber wenn auch kein Wissen besteht, so hindert dies nicht das Bestehen des Wissbaren. So ist, wenn z.B. auch die Quadratur des Kreises wissbar ist, doch die Kenntniss desselben nirgends vorhanden, während die Quadratur als Wissbares besteht. Ebenso wird, wenn die Thiere weggenommen werden, keine Kenntniss von ihnen bestehen, während es doch viele wissbare Thiere geben kann.

Aehnlich verhält es sich mit der Wahrnehmung. Das Wahrnehmbare scheint früher als die Wahrnehmung zu sein, denn wenn man das Wahrnehmbare wegnimmt, so fällt auch die Wahrnehmung hinweg; aber die Aufhebung der Wahrnehmung hebt nicht zugleich das Wahrnehmbare auf. Die Wahrnehmung geht auf Körperliches und ist selbst in einem Körper, und wenn das Wahrnehmbare aufgehoben wird, werden auch die Körper aufgehoben (denn die Körper gehören zu dem Wahrnehmbaren) und wenn kein Körper ist, so fällt auch die Wahrnehmung hinweg, mithin hebt das Wahrnehmbare die Wahrnehmung mit auf; dagegen hebt die Aufhebung der Wahrnehmung das Wahrnehmbare nicht mit auf; denn wenn das Geschöpf beseitigt wird, hört auch die Wahrnehmung auf; aber das Wahrnehmbare wird fortbestehen, wie z.B. die Körper, das Warme, das Süsse, das Bittere und alles andere, was wahrnehmbar ist. Auch entsteht die Wahrnehmung zugleich mit dem Wahrnehmenden; denn die Wahrnehmung entsteht zugleich mit dem Geschöpfe; dagegen ist das Wahrnehmbare sowohl vor dem Geschöpfe, wie vor der Wahrnehmung vorhanden; denn das Feuer und das Wasser und alles Solches, aus denen auch das Geschöpf besteht, sind schon, ehe überhaupt ein Geschöpf und eine Wahrnehmung vorhanden ist. Sonach dürfte das Wahrnehmbare früher sein, als die Wahrnehmung desselben.

Man kann zweifeln, ob kein Ding als Beziehung ausgesagt wird wie es den Anschein hat, oder ob dies bei einigen Dingen der zweiten Ordnung Statt finden kann. In Bezug auf die Dinge erster Ordnung ist es richtig; weder das ganze Ding, noch seine Theile werden als Beziehungen ausgesagt; denn ein bestimmter Mensch wird nicht als Mensch von etwas ausgesagt und ebenso wenig ein bestimmter Stier als Stier von Etwas. Dasselbe gilt von den Theilen dieser Dinge; denn diese bestimmte Hand wird nicht als diese bestimmte Hand von Etwas ausgesagt, sondern nur als die Hand Jemandes und dieser bestimmte Kopf wird nicht als dieser bestimmte Kopf von Etwas ausgesagt, sondern als Kopf Jemandes. Dasselbe gilt für die meisten Dinge zweiter Ordnung; so wird der Mensch überhaupt nicht als Mensch von Etwas ausgesagt und

19

ebenso der Stier überhaupt nicht als Stier von Etwas; noch das Holz überhaupt als Holz von Etwas, sondern es wird als das Eigenthum Jemandes bezeichnet. Von diesen Dingen ist es also klar, dass sie nicht zu den Beziehungen gehören. Dagegen ist dies bei einigen Dingen zweiter Ordnung zweifelhaft; so wird der Kopf als Kopf Jemandes und die Hand als die Hand Jemandes ausgesagt und dasselbe gilt für ähnliche Dinge, so dass diese zu den Beziehungen zu gehören scheinen. Wenn nun die Definition der Beziehungen ausreichend von mir gegeben sein sollte, so würde es sehr schwer oder gar unmöglich sein, zu zeigen, dass kein selbstständiges Ding als Beziehung ausgesagt wird; ist meine Definition aber nicht vollständig, sondern wird das Bezogene als das definirt, dessen Sein nur darin besteht, dass es sich zu Etwas irgendwie verhält, so liesse sich wohl manches dafür geltend machen. Nun ist zwar das was die erste Definition besagt, mit allem Bezogenen verbunden, aber dieses Bezogen-sein derselben ist nicht dasselbe als wenn etwas als das, was es ist, von einem anderen ausgesagt wird. Hieraus erhellt, dass wenn man das eine der Bezogenen bestimmt kennt, man auch das andere, auf was es sich bezieht, bestimmt kennen wird. Dies erhellt auch aus den Beziehungen selbst. Denn wenn Jemand von Diesem weiss, dass es ein Bezogenes ist, und wenn das Wesen der Beziehungen darin

besteht, dass das Eine sich zu dem Andern irgendwie verhält, so wird er auch das Andere kennen, zu dem jenes sich irgendwie verhält; denn wenn er überhaupt nicht weiss, zu welchem Andern das Eine sich irgendwie verhält, so wird er auch nicht wissen, ob es sich überhaupt zu Etwas irgendwie verhält. Dies erhellt auch aus den einzelnen Fällen; denn wenn Jemand z.B. bestimmt weiss, dass etwas ein Doppeltes ist, so wird er auch sofort bestimmt wissen, wessen Doppeltes es ist; denn wenn er keinen bestimmten Gegenstand kennt, dessen Doppeltes es sein soll, so wird er auch überhaupt nicht wissen, dass es ein Doppeltes ist. Ebenso muss Jemand, wenn er weiss, dass Etwas schöner ist, aus demselben Grunde auch bestimmt das Andere kennen, in Vergleich zu welchem es schöner ist. Er wird nicht etwa nur unbestimmt wissen, dass es schöner als ein Schlechteres ist; denn dies wäre nur eine Annahme, aber kein Wissen; auch wird er nicht einmal genau wissen, dass es schöner ist, als ein schlechteres; denn es kann sich treffen, dass es nichts giebt, was schlechter wäre. Sonach ist es offenbar nothwendig, dass der, welcher bestimmt ein Bezogenes kennt, auch bestimmt das kennt, auf welches es bezogen wird. Von einem Kopfe aber und von einer Hand und von anderem Einzelnen der Art, die selbstständige Dinge sind, kann man bestimmt wissen, was sie sind, ohne dass man nothwendig das genau kennen muss, auf was sie bezogen werden; denn wessen dieser Kopf und wessen diese Hand ist, braucht man nicht genau zu wissen. Deshalb gehören diese Dinge auch nicht zu den Bezogenen, und wenn dies also nicht der Fall ist, so kann man mit voller Wahrheit sagen, dass kein selbstständiges Ding zu den Bezogenen gehört. Vielleicht ist es schwer, über diese Fragen sich bestimmt auszusprechen, wenn man sie nicht wiederholt erwogen hat; aber wenn man die Bedenken über einzelne Fälle erörtert, so ist dies nicht unnütz.

Achtes Kapitel

Beschaffenheit nenne ich das, wonach etwas so oder so beschaffen genannt wird. Die Beschaffenheit gehört zu den Worten, welche in mehrfachem Sinne gebraucht werden. Als die eine Art sollen die *Eigenschaften* und *Zustände* gelten. Die Eigenschaft unterscheidet sich von dem Zustande dadurch, dass sie viel anhaltender und dauerhafter ist. Solcher Art sind die Kenntnisse und die Tugenden; denn die Kenntnisse scheinen zu dem Bleibenden und schwer Veränderlichen zu gehören, selbst wenn sich Jemand dieselben auch nur in massiger Weise erworben hat, sofern nur nicht Krankheit oder sonst etwas der Art eine grosse Veränderung bewirkt. Dasselbe gilt von den Tugenden, z.B. von der Gerechtigkeit, von der Selbstbeherrschung und jeder anderen solchen; sie unterliegen nicht leicht einer Veränderung oder einem Wechsel. Als *Zustände* gelten dagegen die, welche veränderlich sind und schnell wechseln, wie z.B. die Wärme, die Erkältung, die Krankheit, die Gesundheit und anderes der Art. Der Mensch verhält sich zu ihnen in einer gewissen Weise; aber er verändert sich dabei schnell und geht aus der Wärme in einen kalten Zustand und aus dem Gesundsein in das Kranksein über und ebenso ist es mit den andern Zuständen, sofern nicht von diesen Zuständen etwan einer durch die Länge der Zeit eingewurzelt und unheilbar geworden oder nur schwer zu verändern ist, wo man dann denselben mehr für eine Eigenschaft erklären wird. Es erhellt also, dass man nur diejenigen Beschaffenheiten Eigenschaften nennen mag, die längere Zeit anhalten und schwer veränderlich sind. Wenn Jemand eine Wissenschaft nicht genau inne hat, sondern sie leicht wieder vergisst, so nennt man das keine Eigenschaft von ihm, obgleich er sich irgendwie zu den Kenntnissen, sei es schlechter oder besser, verhält. Sonach unterscheiden sich also die Eigenschaften von den Zuständen dadurch, dass die einen sich leicht verändern und die andern dauerhafter und schwer veränderlich sind. Die Eigenschaften sind auch Zustände, aber die Zustände sind nicht nothwendig Eigenschaften; denn wer eine Eigenschaft hat, verhält sich auch irgendwie zu derselben; aber die, welche sich irgendwie verhalten, haben deshalb nicht allemal eine Eigenschaft.

Eine *zweite* Art von Beschaffenheiten sind die, wonach Jemand als geschickt zum Faustkampf, oder als geschickt zum Laufen oder als gesund oder stark bezeichnet wird; überhaupt gehört dazu alles, was sich auf ein natürliches Vermögen oder Unvermögen bezieht; denn diese Bestimmungen werden nicht wegen irgend eines Zustandes Beschaffenheiten genannt, sondern weil in ihnen ein natürliches Vermögen oder Unvermögen enthalten ist, vermittelst dessen etwas leicht bewirkt wird, oder kein Erleiden statt hat. So heissen z.B. die Faustkämpfer und die Läufer nicht deshalb so, weil sie sich irgendwie verhalten, sondern weil sie ein natürliches Vermögen haben, etwas leichter zu vollbringen; ebenso heisst man gesund, weil man ein natürliches Vermögen hat, vermöge dessen man von eintretenden Ereignissen nicht leicht etwas erleidet, und man heisst krank, weil man in dieser Hinsicht unvermögend ist und von Zufälligkeiten leicht etwas erleidet. Ebenso verhält es sich mit dem Harten und Weichen; denn man nennt etwas hart, weil es das Vermögen hat, nicht leicht zu zerreissen, und weich, weil ihm dieses Vermögen fehlt.

Eine *dritte* Art von Beschaffenheiten sind die leidenden Beschaffenheiten und die leidenden Zustände. Der Art sind z.B. die Süssigkeit, die Bitterkeit, die Säure und alles dem Verwandter auch die Wärme und die Kälte und die Weisse und die Schwärze. Dass sie Beschaffenheiten sind, ist klar; denn das, was sie angenommen hat, wird nach ihnen beschaffen genannt; so heisst der Honig dadurch, dass er die Süssigkeit angenommen hat, süss und ein Körper dadurch, dass er die Weisse angenommen hat, weiss. Ebenso verhält es sich mit den andern Beschaffenheiten dieser Art. Leidende Beschaffenheiten heissen sie nicht deshalb, weil die Dinge, welche diese Beschaffenheiten angenommen haben, selbst dadurch etwas erlitten hätten; denn der Honig heisst nicht süss, weil er etwas erlitten hat, und auch kein anderer Gegenstand deshalb so. Ebenso werden die Wärme und die Kälte nicht deshalb leidende Beschaffenheiten genannt, weil etwa die Dinge, welche sie angenommen haben, etwas erlitten haben, sondern sie heissen deshalb leidende Beschaffenheiten, weil jede der genannten Beschaffenheiten in Bezug auf die Sinne ein Leiden bewirkt. So bewirkt die Süssigkeit ein gewisses Leiden für den Geschmackssinn und die Wärme für den Gefühlssinn und ähnlich die andern Beschaffenheiten. Dagegen werden die Weisse und die Schwärze und die andern Farben nicht in gleichem Sinne, wie die vorgenannten, leidende Beschaffenheiten genannt, sondern deshalb, weil sie aus einem Leiden entstanden sind. Dass viele Veränderungen der Farben in Folge eines Erleidens entstehen, ist klar; denn wenn Jemand sich schämt, so wird er roth, und wenn er sich fürchtet, blass und ähnliches geschieht in andern Fällen. Hat also Jemand in Folge äusserlicher Ereignisse in natürlicher Weise so etwas erlitten, so wird er auch die entsprechende Farbe annehmen; denn der körperliche Zustand, welcher jetzt in Folge des Schämens entstanden ist, wird sich bei anderer Gelegenheit der natürlichen Körperconstitution gemäss in gleicher Weise wieder einstellen und deshalb wird auch dieselbe Farbe wieder zur Erscheinung kommen. Alle solche Zufälligkeiten, welche von gewissen, schwer veränderlichen und beharrenden Leidenszuständen ausgehen, heissen leidende Beschaffenheiten. Mag sich in Folge der natürlichen Körperconstitution eine Blässe oder eine Schwärze gebildet haben, die man dann Beschaffenheiten nennt (denn nun wird danach beschaffen genannt) oder mag diese Blässe oder Schwärze durch eine lange Krankheit oder durch Brand entstanden sein, so dass sie sich nicht leicht wieder verliert, sondern gar lebenslang sich erhält, so nennt man auch sie Beschaffenheiten; denn man wird auch hier demgemäss beschaffen genannt. Alles dagegen, was sich leicht wieder auflöst und schnell beseitigt werden kann, heisst ein Zustand, und nicht eine Beschaffenheit; denn man wird nicht danach beschaffen genannt. Weder der, welcher aus Scham erröthet, wird roth genannt, noch der, welcher aus Furcht erblasst, blass, sondern man sagt eher, dass sie etwas erlitten haben; deshalb heissen diese Fälle leidende Zustände und nicht leidende Beschaffenheiten.

In Uebereinstimmung hiermit spricht man auch von leidenden Beschaffenheiten und Zuständen bei der Seele. Alles was gleich von der Geburt in Folge schwer veränderlicher Zustände entsteht, heisst eine leidende Beschaffenheit, z.B. die Raserei, der Zorn und anderes Aehnliche; denn die Menschen werden darnach beschaffene genannt, nämlich

zornige oder rasende Menschen. Ebenso heissen auch alle nicht natürlichen, sondern aus äusseren Zufällen entstandenen Beschaffenheiten
so, insofern sie schwer zu vertreiben oder ganz unheilbar sind; denn
man wird auch danach beschaffen genannt. Alles dagegen, was aus
schnell wieder vergehenden Erregungen entsteht, heisst ein leidender
Zustand, z.B. wenn Jemand, weil er geärgert wird, in Zorn geräth; man
heisst dann nicht ein Zorniger, wenn man in solchem Zustande zornig
wird, sondern es heisst mehr, dass man etwas erlitten habe. Solche
Fälle heissen deshalb leidende Zustände und keine leidenden Beschaffenheiten.

Die *vierte* Art der Beschaffenheit bilden die Figuren und die Gestalten
der einzelnen Dinge; ferner neben diesen das Gerade und das Krumme
und was sonst dem ähnlich ist; denn nach allen diesen einzelnen Bestimmungen wird etwas beschaffen genannt. So gilt das dreieckig- oder
viereckig-sein als eine Beschaffenheit; ebenso das gerade- und das
krumm-sein. Auch nach der Gestalt wird ein jedes beschaffen genannt.
Auch das Lockere und das Dichte, sowie das Rauhe und Glatte scheint
eine Beschaffenheit zu bezeichnen, indess dürften sie wohl nicht zu den
Eintheilungen der Beschaffenheit gehören, vielmehr scheinen sie mehr
eine Lage der Theile zu bezeichnen; denn etwas ist dicht dadurch, dass
seine Theile nahe bei einander sind, und locker dadurch, dass sie von
einander mehr abstehen; ferner glatt dadurch, dass seine Theile gleichsam in gerader Richtung liegen, und rauh dadurch, dass sie bald her-
vorragen, bald zurücktreten.

Vielleicht fände sich wohl noch eine andere Art von Beschaffenheiten;
indess sind die bisher erwähnten wohl die, welche am meisten so genannt werden.

Beschaffenheiten sind also die erwähnten und beschaffen werden die
Gegenstände danach durch Ableitung des Namens oder sonst wie genannt. In den meisten Fällen und beinah überall geschieht die Bezeichnung durch Namens-Ableitung; so heisst etwas von der Weisse weiss,
von der Sprachlehre sprachgelehrt, von der Gerechtigkeit gerecht und
von andern Beschaffenheiten ebenso. In einzelnen Fällen jedoch, wo
die Beschaffenheiten keinen Namen haben, kann deshalb der Gegenstand
nicht durch Namens-Ableitung danach benannt werden; so wird z.B.
Jemand, der nach seinem natürlichen Vermögen als geschickt im Laufen
oder im Faustkampf genannt wird, nicht von einer Beschaffenheit durch
Namens-Ableitung so genannt; denn für die Vermögen, nach denen

diese Personen beschaffen genannt werden, ist kein Name vorhanden, wie dies dagegen für die Wissenschaften der Fall ist, nach denen Jemand faustkämpferisch oder ringkämpferisch in seinem Zustande genannt wird; denn die betreffende Wissenschaft heisst die Faustkampf-Wissenschaft und die Ringkampf-Wissenschaft und die, welche sich so verhalten, werden durch Namens-Ableitung danach beschaffen genannt. Mitunter wird selbst da, wo ein Name vorhanden ist, doch das demgemäss Beschaffene nicht ableitungsweise so benannt; so ist das »sittlich« nicht von der Tugend abgeleitet; man heisst sittlich, weil man die Tugend besitzt, aber die Bezeichnung geschieht nicht durch Ableitung von dem Worte Tugend. Dies kommt jedoch nicht häufig vor. Beschaffen werden also die Gegenstände durch Ableitung von den erwähnten Beschaffenheitsworten, oder in sonst einer Weise nach denselben genannt.

Bei den Beschaffenheiten bestehen auch Gegentheile; so ist die Gerechtigkeit das Gegentheil der Ungerechtigkeit und die Weisse das Gegentheil der Schwärze u.s.w.; dies gilt auch für die demgemäss beschaffenen Gegenstände; so ist ungerecht das Gegentheil von gerecht und weiss das Gegentheil von schwarz. Indess gilt dies nicht allgemein; denn für das Feuerrothe und das Blasse und anderes solches Farbige giebt es kein Gegentheiliges.

Ferner ist, wenn von den Gegensätzen der eine ein Beschaffenes ist, auch der andere ein solches. Dies ergiebt sich, wenn man die andern Kategorien zur Hand nimmt; so ist z.B. wenn die Gerechtigkeit das Gegentheil der Ungerechtigkeit ist und die Gerechtigkeit eine Beschaffenheit ist, auch die Ungerechtigkeit eine solche; denn keine der andern Kategorien ist auf die Ungerechtigkeit anwendbar; weder die Grosse, noch die Beziehung, noch der Ort, noch sonst eine andere, sondern nur die Beschaffenheit. Ebenso verhält es sich mit den Gegentheilen anderer Beschaffenheiten.

Die Beschaffenheiten nehmen auch das Mehr und das Weniger an; so heisst Eines mehr oder weniger weiss, als das Andere und gerecht Eines mehr als das Andere; ja die eine Beschaffenheit selbst ist der Steigerung fähig, denn das Weisse kann weisser werden. Dies gilt zwar nicht allgemein, aber doch für die meisten Beschaffenheiten. So könnte man zweifeln, ob bei der Gerechtigkeit ein solches Mehr oder Weniger ausgesagt werden könne; und auch bei den übrigen Zuständen erhebt sich der Zweifel. Manche bestreiten dies und behaupten, dass man bei der Gerechtigkeit keine als ein Mehr oder Weniger gegen die andere bezeichnen dürfe; auch bei der Gesundheit dürfe dies nicht geschehen, wohl aber könne der Eine weniger Gesundheit oder Gerechtigkeit haben, als der Andere; auch gelte dies für die Sprachwissenschaft und andere Zustände. Allein die darnach benannten Dinge sind unzweifelhaft des Mehr oder Weniger fähig; denn der Eine wird sprachgelehrter, oder gerechter, oder gesünder als der Andere genannt und dies gilt auch bei allen übrigen solchen Beschaffenheiten. Dagegen scheinen das Dreieck und das Viereck und überhaupt die Figuren das Mehr nicht annehmen zu können; denn die Figuren, welche unter den Begriff des Dreiecks oder des Kreises fallen, sind alle in gleicher Weise Dreiecke oder Kreise und von den Figuren, die nicht darunter fallen, ist es die eine nicht mehr als die andere; so ist das Viereck nicht mehr ein Kreis als jede andere geradlinige Figur, da keine von ihnen unter den Begriff des Kreises fällt. Ueberhaupt kann dann, wenn zwei Gegenstände nicht unter denselben Begriff fallen, der eine nicht mehr als der andere ein solcher genannt werden. Sonach nimmt also nicht jede Beschaffenheit das Mehr oder Weniger an.

Die bisherigen Bestimmungen sind keine Eigenthümlichkeiten der Beschaffenheiten; dagegen wird das Aehnliche und das Unähnliche lediglich von Beschaffenheiten ausgesagt; denn kein Gegenstand ist einem andern in Bezug auf etwas anderes, als auf seine Beschaffenheit ähnlich; deshalb hat nur die Beschaffenheit das Eigenthümliche, dass lediglich in Bezug auf sie etwas ähnlich oder unähnlich genannt werden kann.

Uebrigens sorge ich mich nicht darum, dass mir Jemand vorhalten könnte, ich hätte bei Abhandlung der Beschaffenheit vieles mit zu ihr hinzugerechnet, was zu den Beziehungen gehöre; denn ich habe allerdings früher die Eigenschaften und die Zustände für Beziehungen erklärt. Indess werden beinahe von allen Beschaffenheiten die Gattungen als Beziehungen gebraucht, aber nicht die Beschaffenheit der einzelnen Gegenstände. So wird die Wissenschaft, als Gattungsbegriff, als das, was sie ist von einem andern ausgesagt (denn man sagt: die Wissenschaft von etwas); aber von den besonderen Wissenschaften wird keine als das, was sie ist, von einem anderen ausgesagt; so sagt man von der Sprachlehre nicht: die Sprachlehre von Etwas, und auch nicht: die Musiklehre von Etwas. Werden sie aber in Bezug auf den Gattungsbegriff gebraucht, so werden auch sie als Beziehungen behandelt und die Sprachlehre heisst dann die Wissenschaft von Etwas, aber nicht Sprachlehre von Etwas und die Musiklehre heisst dann die Wissenschaft von Etwas, aber nicht die Musiklehre von Etwas. Deshalb gehören die besondern Wissenschaften nicht zu den Beziehungen. Dagegen wird der Mensch als beschaffen nach den besondern Wissenschaften bezeichnet ; denn diese besitzt er und er heisst ein Wissender dadurch, dass er irgend eine der besondern Wissenschaften inne hat. So dürften deshalb die besondern Wissenschaften zu den Beschaffenheiten gehören und nach ihnen wird auch wohl der Inhaber beschaffen genannt; allein Beziehungen sind sie nicht. Aber selbst, wenn es sich auch träfe, das ein und dasselbe eine Beziehung und eine Beschaffenheit wäre, so wäre es doch nicht widersinnig, dasselbe zu beiden Gattungen zu rechnen.

Neuntes Kapitel

Sowohl das *Thun* wie das *Leiden* ist des Gegentheiligen und des Mehr oder Minder fähig; denn das Erwärmen ist das Gegentheil von dem Erkälten und das Erwärmtwerden das Gegentheil von dem Erkältetwerden, und das Erfreutwerden ist das Gegentheil von dem Betrübtwerden; mithin nehmen diese Kategorien das Gegentheilige an. Ebenso geschieht dies mit dem Mehr und Minder; denn das Erwärmen kann mehr oder weniger stark geschehen und ebenso das Erwärmt – werden. Sonach nimmt das Thun und das Leiden sowohl das Mehr wie das Weniger an.

So viel sei über diese Kategorien gesagt. Heber die Kategorie des *Zustandes* habe ich schon bei der Kategorie der Beziehung gesagt, dass die Zustände durch Wort-Ableitung von den verschiedenen Lagen benannt werden. Ueber die andern Kategorien, nämlich die des *Orts* und der *Zeit* und des *Habens* braucht, da sie an sich klar sind, nichts weiter gesagt zu werden, als was im Beginn bemerkt worden ist, nämlich, dass das *Haben* beispielsweise das Beschuhtsein oder das Bewaffnetsein bedeutet und der Ort z.B.: im Lykeion bedeutet und was sonst noch früher über diese Kategorien gesagt worden ist.

Zehntes Kapitel

Das Gesagte mag für die aufgestellten Grundbegriffe genügen; dagegen habe ich noch bei den *Gegensätzen* darzulegen, in wie vielfacher Art sie stattfinden können. Eines kann dem Andern in *vierfacher* Weise gegenüberstehen; entweder als *Beziehung* oder als *Gegentheil*, oder als

Beraubung und *Haben*, oder als *Bejahung* und *Verneinung*. Von diesen Gegensätzen stehen sich, um es im Umriss zu bezeichnen, die Beziehungen einander so entgegen, wie z.B. das Doppelte dem Halben und die Gegentheile so wie z.B. das Schlechte dem Guten; ferner die Beraubung dem Haben, sowie z.B. die Blindheit dem Gesicht; die Bejahung der Verneinung, sowie z.B.: er sitzt, und: er sitzt nicht.

Alle, welche sich als Bezogene gegenüberstehen, werden als das, was sie sind, oder auf sonst eine Art von dem Entgegengesetzten ausgesagt; so wird z.B. das Doppelte, als das, was es ist, nehmlich als das Doppelte von einem Andern, ausgesagt, denn es ist das Doppelte von Etwas. Auch die Wissenschaft ist als Beziehung der Gegensatz von dem Wissbaren und die Wissenschaft wird als das, was sie ist, von dem Wissbaren ausgesagt. Ebenso wird das Wissbare als das, was es ist, in Bezug auf sein Gegensätzliches ausgesagt, nämlich auf die Wissenschaft; denn das Wissbare ist das Wissbare in Etwas, nämlich in der Wissenschaft.

Alles, was als Beziehung einander gegenübersteht, wird also als das, was es ist, von einem Anderen, oder sonst wie bezüglich auf einander ausgesagt. Dagegen werden die *Gegentheile* in keiner Weise als das, was sie sind, *bezüglich* voneinander ausgesagt, sondern nur Gegentheile *von* einander genannt. Denn das Gute wird nicht das Gute des Schlechten genannt, sondern dessen Gegentheil; ebenso das Weisse nicht das Weisse des Schwarzen, sondern dessen Gegentheil. Deshalb sind diese Gegensätze von einander verschieden. Alle Gegentheile, welche der Art sind, dass die Gegenstände, in denen sie von Natur entstanden sind, oder von denen sie ausgesagt werden, nothwendig eines der Gegentheile an sich haben müssen, haben kein Mittleres; wo aber die Gegenstände nicht der Art sind, dass sie eines von Beiden an sich haben müssen, da giebt es allemal ein Mittleres. So sind z.B. die Krankheit und die Gesundheit am Körper natürliche Zustände und eines von Beiden muss nothwendig dem Körper der lebenden Wesen anhaften, entweder die Krankheit oder die Gesundheit. Ebenso wird das Ungerade und das Gerade von der Zahl ausgesagt und die Zahl muss eines von Beiden sein, entweder gerade oder ungerade. Bei solchen Gegentheilen giebt es kein Mittleres; weder von der Krankheit und Gesundheit, noch von dem Geraden und Ungeraden. Wo aber der Gegenstand nicht nothwendig eines von Beiden sein muss, da giebt es ein Mittleres; so entsteht z.B. das Schwarze und das Weisse zwar von Natur an einem Körper, aber es ist nicht nothwendig, dass der Körper eines von Beiden sein muss, denn nicht jeder Körper ist entweder weiss oder schwarz. Auch wird das schlechte und das gute von dem Menschen und von vielem Anderen ausgesagt, aber es ist nicht nothwendig, dass entweder eines oder das andere den Gegenständen anhafte, von denen es ausgesagt wird; denn nicht Alles ist entweder schlecht oder gut. Auch giebt es bei solchen Gegentheilen ein Mittleres; z.B. von dem Weissen und Schwarzen das Helle und das Blasse, und was sonst noch für andere Farben, und ebenso von dem Schlechten und dem Guten das, was weder schlecht noch gut ist. In manchen Fällen sind Namen für das Mittlere vorhanden; wie bei dem Weissen und Schwarzen das Helle und das Blasse und etwanige andere Farben; in andern Fällen kann man nicht leicht durch einen Namen das Mittlere angeben, sondern man bestimmt es durch Verneinung der beiden Gegentheile, wie z.B. durch: Weder gut noch schlecht, oder: Weder gerecht noch ungerecht.

Die *Beraubung* und das *Haben* wird von demselben Gegenstande ausgesagt, z.B. die Blindheit und das Gesicht von dem Auge. Allgemein wird von den Gegenständen, wo das Haben der natürliche Zustand ist, eines von beiden ausgesagt. Das Beraubtsein wird von Gegenständen, die des Habens fähig sind, dann ausgesagt, wenn das Haben bei dem Gegenstande, wo es der natürliche Zustand ist und zu der Zeit, wo es dies ist, dennoch nicht vorhanden ist. Deshalb nennt man Gegenstände, die keine Zähne haben, nicht zahnlos, und die kein Gesicht haben, nicht blind, sondern nur die, welche Zähne oder Gesicht dann nicht haben, wenn sie von Natur ihnen zukommen; denn das, was seinem Entstehen nach weder Gesicht noch Zähne hat, heisst weder zahnlos noch blind. Das Beraubtwerden und das Haben haben ist nicht dasselbe wie die Beraubung und das Haben. Das Haben ist nämlich das Gesicht und die Beraubung die Blindheit: aber das Gesicht haben ist nicht das Gesicht und das Blindsein nicht die Blindheit; denn die Blindheit ist eine Art der Beraubung, das Blindsein aber ein Beraubtsein und keine Beraubung. Wäre die Blindheit dasselbe wie das Blindsein, so könnte beides von demselben Gegenstande ausgesagt werden; allein der Mensch wird wohl blind genannt aber keinesweges Blindheit. Indess steht sich auch das Beraubtsein und das Haben haben gegensätzlich so gegenüber, wie die Beraubung und das Haben; denn die Art des Gegensatzes ist dieselbe; so wie die Blindheit dem Gesicht entgegengesetzt ist, so ist auch das Blindsein dem Gesichthaben entgegengesetzt.

Der Gegenstand der *Verneinung* und der *Bejahung* ist nicht selbst eine Verneinung oder Bejahung; denn die Bejahung ist eine bejahende Rede und die Verneinung eine verneinende Rede, während die Gegenstände der Bejahung und Verneinung keine Reden sind. Indess sagt man, dass diese Gegenstände einander ebenso entgegengesetzt sind, wie die Bejahung und die Verneinung, denn auch bei ihnen ist die Art des Gegensatzes dieselbe. Denn so wie etwa die Bejahung der Verneinung entgegengesetzt ist, z.B. das: Er sitzt, dem: Er sitzt nicht, so ist auch das Thatsächliche bei jedem, das Sitzen und das Nicht-Sitzen einander entgegengesetzt.

Dass die Beraubung und das Haben nicht so, wie bezogene Dinge einander entgegengesetzt sind, ist klar; denn jene werden als das, was sie sind, nicht von ihrem Gegensätze ausgesagt. So ist das Gesicht nicht das Gesicht der Blindheit, noch wird es sonst beziehungsweise von der Blindheit ausgesagt und ebenso wenig wird man die Blindheit eine Blindheit des Gesichts nennen; vielmehr heisst die Blindheit eine Beraubung des Gesichts, aber nicht die Blindheit des Gesichts. Auch lässt sich jede Beziehung umkehren, und deshalb müsste auch die Blindheit, wenn sie eine Beziehung wäre, mit dem, von welchem sie ausgesagt wird, sich umkehren lassen; allein dies geht nicht an, denn das Gesicht kann man nicht das Gesicht der Blindheit nennen.

Die Beraubungen und das Haben sind auch nicht so, wie Gegentheile, einander entgegengesetzt, wie aus dem Folgenden erhellt. Wenn nämlich die Gegentheile der Art sind, dass sie kein Mittleres haben, so müssen die Gegenstände, in denen solche Gegentheile von Natur bestehen oder von denen sie ausgesagt werden, nothwendig immer eines derselben an sich haben; denn wo eines von beiden dem dazu geeigneten Gegenstande anhaften muss, da giebt es kein Mittleres, wie z.B. bei der Krankheit und der Gesundheit oder bei dem Ungeraden und Geraden. Wo aber bei Gegentheilen ein Mittleres vorhanden ist, da ist es niemals nothwendig, dass eines von beiden dem Gegenstande allemal anhaften muss; denn nicht alle dessen fähige Gegenstände müssen nothwendig weiss oder schwarz sein, noch warm oder kalt sein; denn bei diesen Gegenständen kann ein Mittleres bestehen. Auch giebt es von solchen Gegentheilen ein Mittleres, bei denen nicht nothwendig eines von beiden dem dazu fähigen Gegenstande anhaften muss, ausgenommen, wo eines der Gegentheile einem Gegenstande von Natur anhaftet, wie z.B. dem Feuer das Warmsein und dem Schnee das Weiss-sein. Bei solchen Gegenständen muss indess ein bestimmtes von beiden Gegentheilen ihnen anhaften und nicht etwa eines, wie es sich gerade trifft; denn das Feuer kann niemals Kalt und der Schnee niemals schwarz werden. Sonach ist nicht nothwendig, dass jedem, dieser Gegensätze überhaupt fähigen Gegenstande einer von beiden Gegensätzen anhaften müsse; dies findet nur da statt, wo von Natur eines dieser Gegentheile den Gegenständen anhaftet, und hier haftet denselben das eine bestimmte Gegentheil an und es ist nicht zufällig, welches. Bei der Beraubung und dem Haben gilt aber keiner dieser besagten Sätze; hier ist es nicht nothwendig, dass dem dazu befähigten Gegenstande immer eines von beiden einwohne; denn Gegenstände, die überhaupt von Natur nicht; mit dem Gesicht versehen sind, nennt man weder blind noch sehend; sie gehören daher auch nicht zu solchen Gegentheilen, die kein Mittleres haben; aber ebenso wenig zu denen, die ein Mittleres haben; denn es ist nothwendig, dass zur bestimmten Zeit bei allen dazu fähigen Gegenständen entweder das Haben oder die Beraubung bestehen muss; denn wenn etwas schon das Gesicht von Natur haben muss, so wird man auch von ihm sagen, dass es sehend oder blind sei, aber nicht gerade bestimmt eines von beiden, sondern wie es sich trifft; denn es besteht keine Nothwendigkeit weder für die Blindheit, noch für das Gesicht, sondern jedes kann sein, je nachdem es sich trifft. Bei den Gegentheilen aber, die ein Mittleres neben sich haben, ist es niemals nothwendig, dass der Gegenstand ohne Ausnahme eines der beiden Gegentheile an sich habe, sondern dies gilt nur für Einzelnes, wo aber dann der Gegenstand auch nur ein bestimmtes von beiden Gegentheilen an sich hat. Sonach erhellt, dass die Gegensätze der Beraubung und des Habens auf keine der Weisen, wie die Gegentheile einander entgegengesetzt sind.

Auch kann bei den Gegentheilen, wenn ein desselben fähiger Gegenstand vorhanden ist, das eine Gegentheil in das andere und dieses in jenes übergehen, ausgenommen, wenn einem Gegenstande von Natur nur das eine Gegentheil anhaftet, wie dem Feuer das Warm – sein; denn das Gesunde kann krank werden und das Weisse kann schwarz werden und das Kalte warm; und aus dem Guten kann ein Schlechtes und aus einem Schlechten kann ein Gutes werden; denn wenn ein schlechter Mensch zu besserer Beschäftigung und zu besserem Verkehr geleitet wird, so würde dies, wenn auch nur ein wenig, zu seinem Bessersein beitragen; und wenn er hierin nur einmal einen, wenn auch kleinen Schritt vorwärts gethan, so wird er sich schliesslich sicherlich entweder ganz zum Besseren wenden oder doch erheblich weiter dazu vorrücken; denn er wird allmälig immer mehr für die Tugend empfänglich werden, wenn er nur überhaupt einen ersten Schritt dahin gethan hat und es ist deshalb wahrscheinlich, dass er auch noch weitere Fortschritte dahin machen wird; und wenn er so fortfährt, so wird er schliesslich in den entgegengesetzten Zustand gelangen, sofern ihm die genügende Zeit dazu bleiben sollte. Dagegen ist es bei dem Haben und der Beraubung unmöglich, dass das eine in das andere sich *gegenseitig* verändern kann; denn das Haben kann sich wohl in die Beraubung verändern, aber die Beraubung nicht umgekehrt in das Haben; denn der Blind-Gewordene hat niemals wieder gesehen und der Kahlköpfige ist niemals wieder behaart geworden; und ebenso hat der Zahnlose nie wieder Zähne bekommen.

Alles endlich, was wie Bejahung und Verneinung einander entgegengesetzt ist, ist es offenbar in keiner der bisher besprochenen Weisen; denn nur bei ihnen muss immer das eine von beiden nothwendig wahr und das andere falsch sein, während bei den Gegentheilen es nicht immer nothwendig ist, dass das eine wahr und das andere falsch sei, und auch bei den Beziehungen und bei dem Haben und der Beraubung dies nicht nöthig ist. So sind z.B. die Gesundheit und die Krankheit Gegentheile und doch ist keines von beiden wahr oder falsch. Ebenso sind das Doppelte und das Halbe einander als Bezogene entgegengesetzt und doch ist keines von beiden entweder falsch oder wahr, und dasselbe gilt auch für das Haben und die Beraubung, wie z.B. für das Gesicht und die Blindheit. Ueberhaupt ist Alles, was ohne Verbindung gesprochen wird, weder falsch noch wahr und alle diese erwähnten Gegensätze werden ohne Verbindung ausgesagt. Indess könnte man meinen, dass dies gerade bei den Gegentheilen dann vorzugsweise der Fall sei, wenn sie in einer Verbindung ausgesagt würden; wie z.B. das Gesundsein des Sokrates das Gegentheil von dem Kranksein des Sokrates sei. Allein auch dann ist es nicht immer nothwendig, dass eines von beiden wahr und das andere falsch sei. Allerdings wird, wenn Sokrates lebt, das eine wahr und das andere falsch sein, aber wenn Sokrates überhaupt nicht besteht, so sind beide Gegensätze falsch; denn weder das Kranksein noch das Gesundsein des Sokrates ist wahr, wenn überhaupt Sokrates nicht besteht. Was aber die Beraubung und das Haben anlangt, so ist zwar auch, wenn Sokrates überhaupt nicht vorhanden ist, keines von beiden wahr, aber selbst, wenn er vorhanden ist, ist nicht immer das eine wahr und das andere falsch. Der Satz, dass Sokrates das Gesicht habe, ist z.B. dem Satze, dass er blind sei, so wie das Haben der Beraubung entgegengesetzt und trotzdem ist es, auch wenn Sokrates lebt, nicht nothwendig, dass das eine wahr und das andere falsch sei; (denn wenn Sokrates überhaupt von Natur kein Gesicht hat, so ist beides falsch); ist aber Sokrates überhaupt nicht vorhanden, so ist auch dann beides falsch, sowohl dass er sehe, als dass er blind sei. Dagegen ist bei der Bejahung und der Verneinung, mag nun der Gegenstand vorhanden sein oder nicht, immer die eine falsch und die andere wahr. Denn dass Sokrates krank sei oder dass er nicht krank sei, davon ist offenbar, wenn Sokrates vorhanden ist, das eine wahr und das andere falsch und dies gilt auch, wenn Sokrates nicht vorhanden ist; denn bestellt Sokrates nicht, so ist sein krank – sein falsch, aber wahr, dass er nicht krank ist. Sonach ist es nur denjenigen Gegensätzen allein eigen, dass immer einer von beiden wahr und der andere falsch sein muss, welche sich wie Bejahung und Verneinung gegenüberstehen.

Elftes Kapitel

Das Gegentheil vom Guten ist nothwendig das Schlechte, wie sich durch Betrachtung des Einzelnen ergiebt; so ist die Krankheit nothwendig das Gegentheil von der Gesundheit und die Feigheit von der Tapferkeit und dasselbe gilt für andere solche Fälle. Aber von dem Schlechten ist bald das Gute, bald das Schlechte das Gegentheil; denn wenn der Mangel ein Schlechtes ist, so ist auch das Uebermaass ein gegentheiliges Schichte; gleichzeitig ist aber auch die Mitte, welche das Gute ist, das Gegentheil von jenen beiden. Dieser Fall wird weniger häufig vorkommen; in den meisten Fällen ist das Gegentheil vom Schlechten immer das Gute.

Bei den Gegentheilen ist es nicht nothwendig, dass wenn das eine vorhanden ist, auch das andere bestehe; denn wenn alles Lebende gesund ist, so besteht zwar die Gesundheit, aber nicht die Krankheit; ebenso besteht, wenn alles weiss ist, das Weisse, aber nicht das Schwarze. Wenn ferner das Gesundsein des Sokrates von dem Kranksein desselben das Gegentheil ist, und es nicht möglich ist, dass Sokrates beides zugleich sein kann, so wird es auch nicht möglich sein, dass, wenn eines von beiden besteht, dann auch das andere bestehe; denn wenn das Gesundsein des Sokrates ist, so wird das Kranksein desselben nicht sein.

Auch erhellt, dass die Gegentheile von Natur an Gegenständen, die zu derselben Art oder Gattung gehören, entstehen. So entsteht von Natur die Krankheit und Gesundheit an den Körpern der lebenden Wesen; die Weisse und die Schwärze an den Körpern überhaupt; die Gerechtigkeit und die Ungerechtigkeit an der Seele der Menschen.

Es ist auch nothwendig, dass die Gegentheile sich entweder in derselben Gattung gegenüberstehen, oder in den gegentheiligen Gattungen oder dass sie selbst Gattungen seien. So gehören das Weisse und das Schwarze zu derselben Gattung (denn die Farbe ist ihre Gattung); ferner gehören die Gerechtigkeit und die Ungerechtigkeit zu gegentheiligen Gattungen (denn die eine gehört zur Gattung der Tugend, die andere zu der des Lasters); das Gute und das Schlechte endlich gehört nicht zu einer Gattung, sondern sie selbst sind Gattungen.

Zwölftes Kapitel

Früher, als ein anderes wird von etwas auf *vierfache* Weise gesagt. *Erstens* und hauptsächlich geschieht es in zeitlicher Hinsicht, wonach etwas den Jahren oder dem Dasein nach älter als ein anderes genannt wird; denn etwas heisst so, weil es längere Zeit bestanden hat. *Zweitens* heisst etwas so, wenn es in Bezug auf die Folge des Seins sich nicht umkehren lässt; so ist die Eins früher als die Zwei; denn wenn die Zwei ist, so folgt sofort, dass auch die Eins ist; aber wenn die Eins ist, so ist nicht nothwendig auch die Zwei; deshalb gilt die Umkehrung nicht, dass wenn die Eins ist, auch die andern Zahlen seien, und dasjenige gilt als das Frühere, bei dem umgekehrt der Satz von der Folge des andern nicht statthaft ist.

Drittens heisst etwas früher in Bezug auf eine bestimmte Ordnung, wie z.B. bei den Wissenschaften und den Reden; denn bei den auf Beweisen ruhenden. Wissenschaften beruht das Frühere und das Spätere auf der Ordnung (denn die Elemente sind der Ordnung nach früher als die Figuren und in der Sprachlehre sind die Buchstaben früher, als die Sylben) und ebenso verhält es sich bei den Reden, denn das Vorwort ist der Ordnung nach früher als die Ausführung.

Neben diesen angeführten Fällen scheint auch das Bessere und Geehrtere der Natur nach ein Früheres zu sein und die Menge pflegt von den geehrteren und von ihnen mehr geliebten Männern zu sagen, dass sie die Ersten bei ihnen seien. Indess ist diese Weise des Gebrauchs von Früher wohl die ungewöhnlichste.

Dies sind so ziemlich die Weisen, in denen das Früher gebraucht wird; indess dürfte es ausser denselben noch eine andere Art seines Gebrauchs geben; denn von den Dingen, wo gegenseitig das Dasein des einen aus dem Dasein des andern folgt, dürfte der Grund irgendwie mit Recht das von Natur Frühere gegen die Folge genannt werden und dass dergleichen vorkommt, ist klar; denn das Dasein eines Menschen gestattet die Umkehrung dahin, dass aus dem Sein desselben die Wahrheit der dies ausdrückenden Rede und aus der Wahrheit dieser das Sein desselben folgt; denn wenn der Mensch ist, so ist auch die Rede wahr, womit man ausspricht, dass der Mensch ist; und dies lässt sich auch umkehren; denn wenn die Rede wahr ist, womit man ausspricht, dass der Mensch ist, so ist auch der Mensch vorhanden. Nun ist aber die wahre Rede keineswegs der Grund von dem Dasein des Gegenstandes; wohl aber erscheint der Gegenstand irgendwie als der Grund von der Wahrheit der Rede; denn weil der Gegenstand vorhanden ist oder nicht ist, gilt die Rede von seinem Dasein als wahr oder falsch. Sonach wird also auf fünf verschiedene Weisen das eine als das Frühere gegen das andere ausgesagt.

Dreizehntes Kapitel

Das *Zugleich* wird einfach und hauptsächlich von denjenigen Dingen ausgesagt, deren Entstehung in demselben Zeitpunkt erfolgt; hier ist keines früher oder später als das andere. Dergleichen wird also als »zugleich der Zeit nach« bezeichnet; dagegen gilt dasjenige als »von Natur zugleich«, was zwar in Bezug auf die Folge des Seins des Einen aus dem Sein des Andern die Umkehrung gestattet, aber wo doch keins die Ursache von dem Sein des andern ist; dieser Art ist z.B. das Doppelte und das Halbe; denn sie lassen sich umkehren (denn wenn das Doppelte ist, so ist auch das Halbe und wenn das Halbe ist, so ist auch das Doppelte), keins von beiden ist aber die Ursache von dem Sein des andern. Auch die verschiedenen durch Theilung entstandenen gegenseitigen Arten derselben Gattung gelten als von Natur zugleich vorhanden. Als solche Arten gelten die, welche aus derselben Theilung hervorgehn; z.B. die Vögel gegenüber den Landthieren und Wasserthieren; denn diese gegensätzlichen Arten sind aus derselben Gattung durch *eine*

Theilung entstanden, da die Thiere in diese Arten eingetheilt werden, nämlich in Vögel, Landthiere und Wasserthiere, und keine dieser Arten ist früher als die andere, vielmehr gelten sie sämmtlich als von Natur zugleich vorhanden. Jede dieser Arten kann wieder in Unterarten eingetheilt werden, sowohl die Landthiere, wie die Vögel und die Wasserthiere. Sonach sind also alle diejenigen Gegenstände von Natur zugleich, welche aus derselben Gattung durch dieselbe Eintheilung derselben gewonnen worden sind Dagegen sind die Gattungen immer früher als ihre Arten; denn hier lässt sich der Satz, wonach aus dem Sein des Einen das Sein des Andern folgt, nicht umkehren; so ist z.B. wenn ein Wasserthier da ist, auch ein Thier da; aber wenn ein Thier da ist, so ist nicht nothwendig ein Wasserthier vorhanden.

Von Natur zugleich gilt also alles, wo zwar der Satz von der Folge des Seins des Einen aus dem Sein des Andern sich umkehren lässt, aber keines die Ursache von dem Sein des andern ist; ferner gelten als solche alle Arten, welche aus derselben Gattung durch dieselbe Eintheilung einander gegenüberstehen; als einfach zugleich gilt aber Alles, was in demselben Zeitpunkt entstanden ist.

Vierzehntes Kapitel

Von der *Bewegung* giebt es sechs Arten; die Entstehung, den Untergang, die Vermehrung, die Verminderung, die Veränderung und den Ortswechsel. Alle diese Arten, mit Ausnahme der Veränderung, sind offenbar von einander verschieden; denn die Entstehung ist kein Untergang und die Vermehrung ist keine Verminderung und auch kein Ortswechsel und dasselbe gilt von den anderen; nur bei der Veränderung entsteht der Zweifel, ob es nicht nothwendig sei, dass die Veränderung in einer der übrigen Arten erfolgen müsse. Indess ist dies nicht richtig, denn wir erfahren beinahe bei allen Affekten oder wenigstens bei den meisten eine Veränderung, ohne dass wir dabei an einer von den andern Arten der Bewegung Theil nehmen; denn der vom Affekt Ergriffene braucht deshalb weder grösser noch kleiner zu werden und ebenso wenig eine andere der übrigen Arten von Bewegung zu erleiden und deshalb ist die Veränderung eine besondere Art der Bewegung neben den übrigen. Denn wäre dies nicht der Fall, so müsste das Veränderte entweder auch gleichzeitig grösser oder kleiner werden oder eine andere Art von Bewegung erleiden, was doch nicht nothwendig ist. Ebenso müsste auch das, was grösser geworden oder sonst eine Art von Bewegung erlitten hat, sich verändert haben; allein es kann etwas grösser werden, was sich doch deshalb nicht verändert. So nimmt ein Viereck, wenn man die Diagonale um dessen Ecken herumlegt, zwar zu, aber es ist kein Anderes geworden und dasselbe gilt für andere Fälle dieser Art. Sonach sind die angegebenen Bewegungen sämmtlich von einander verschieden. 39

Das Gegentheil schlechthin von der Bewegung ist die *Ruhe* und von den einzelnen Arten derselben sind die einzelnen Arten der Ruhe das Gegentheil; so ist das Gegentheil von der Entstehung der Untergang, und von der Vermehrung die Verminderung und von dem Ortswechsel die Ruhe an demselben Ort. Am meisten ist aber wohl der Wechsel der entgegengesetzten Orte einander entgegengesetzt; z.B. der von Oben nach Unten und der von Unten nach Oben. Bei den übrigen genannten Arten der Bewegung lässt sich nicht leicht das angeben, was ihr Gegentheil ist; vielmehr scheint hier kein Gegentheil vorhanden zu sein, wenn man nicht bei ihnen das Verharren in derselben Beschaffenheit und den Uebergang in die entgegengesetzte Beschaffenheit als Gegensatz aufstellen will, wie dies in Bezug auf den Ortswechsel mit der Ruhe an demselben Ort oder mit dem Uebergang in den entgegengesetzten Ort geschieht; denn die Veränderung ist ein Wechsel in der Beschaffenheit. Deshalb steht dem Wechsel in der Beschaffenheit die Ruhe in dieser Beschaffenheit oder der Wechsel in die entgegengesetzte Beschaffenheit gegenüber, wie das letztere z.B. bei dem Weiss geschieht, wenn es schwarz wird; denn bei einem solchen Wechsel verändert es sich in die entgegengesetzte Beschaffenheit.

Fünfzehntes Kapitel

Das *Haben* wird in verschiedenem Sinne gebraucht; theils bezeichnet es eine Eigenschaft oder einen Zustand, oder irgend eine andere Beschaffenheit; denn man sagt, dass Jemand eine Wissenschaft oder Tugend besitze; theils gebraucht man das Wort bei der Grosse, z.B. wenn Jemand eine bestimmte Grosse hat; denn man sagt dann von ihm, dass er eine Grosse von drei oder vier Ellen *habe*; theils gebraucht man das Wort bei der Bekleidung des Körpers z.B. bei einem Mantel oder Rock; theils bei dem, was man an einem Theile hat, z.B. bei dem Fingerringe an der Hand; theils bei dem, was man als Glieder hat, z.B. die Hand und 40 den Fuss; theils bei dem was in einem Gefässe ist; so *hat* z.B. der

Scheffel den Weitzen oder der Krug den Wein; denn man sagt, dass der Krug den Wein habe (enthalte) und der Scheffel den Weitzen; man gebraucht von alle dem das Haben wie bei dem Gefässe. Auch wird das Haben in Bezug auf das Vermögen gebraucht; denn man sagt, dass Jemand ein Haus oder ein Ackerstück habe.

Auch sagt man: eine Frau haben und dass die Frau einen Mann habe; diese Bedeutung von Haben ist die allerentfernteste, denn man versteht unter »ein Frauenzimmer haben« nichts anderes, als ihr beiwohnen.

Vielleicht lassen sich noch andere Bedeutungen von Haben aufzeigen; indess werden die hier genannten wohl die gebräuchlichsten sämmtlich befassen.

41   *Ende.*

Hermeneutika oder Lehre vom Urtheil

(Peri hermêneias)

Erstes Kapitel

Zunächst habe ich festzustellen, was *Hauptwort* und was *Zeitwort* ist; dann was *Bejahung* und *Verneinung* und was *Aussage* und was *Rede* ist.

Die gesprochenen Worte sind die Zeichen von Vorstellungen in der Seele und die geschriebenen Worte sind die Zeichen von gesprochenen Worten. So wie nun die Schriftzeichen nicht bei allen Menschen die nämlichen sind, so sind auch die Worte nicht bei allen Menschen die nämlichen; aber die Vorstellungen in der Rede, deren unmittelbare Zeichen die Worte sind, sind bei allen Menschen dieselben und ebenso sind die Gegenstände überall dieselben, von welchen diese Vorstellungen die Abbilder sind. Hierüber habe ich früher in meiner Schrift über die Seele mich ausgesprochen; es gehört nämlich zu einer andern Untersuchung.

So wie nun das einemal ein Gedanke auftritt, ohne wahr oder falsch zu sein, und das anderemal in der Weise, dass er nothwendig das eine oder das andere ist, so ist es auch mit den Worten; denn bei dem Falschen und Wahren handelt es sich um eine Verbindung oder Trennung. Die Hauptworte und die Zeitworte gleichen jenem Gedanken, 55 bei welchen keine Verbindung oder Trennung statt hat; z.B. Mensch, oder: Weisses, sofern diesen nichts hinzugefügt wird. Ein solches Wort ist weder falsch noch wahr, aber es ist ein Zeichen von etwas; denn auch das Wort Bockhirsch bezeichnet etwas, allein es ist weder wahr noch falsch, so lange man nicht das Sein oder Nicht-sein damit verbindet, sei es überhaupt oder für eine bestimmte Zeit.

Zweites Kapitel

Das *Hauptwort* ist nun ein Wort, welches nach Uebereinkommen etwas, aber ohne Zeitbestimmung bezeichnet und von dem kein Theil, abgetrennt, für sich etwas bedeutet. Denn in dem Namen: Schönpferd bezeichnet Pferd, nicht wie in dem Ausspruche: Schönes Pferd, etwas für sich. Indess verhält es sich bei den zusammengesetzten Worten nicht so, wie bei den einfachen; in letztern haben die Theile des Wortes gar keine eigene Bedeutung; in jenen geht wohl die Absicht darauf, aber die Theile des Wortes bedeuten doch nichts Besonderes. So bezeichnet z.B. in dem Worte Nachenschiff die Sylbe Schiff keinen Gegenstand für sich.

Die Worte beruhen auf Uebereinkommen, weil es von Natur keine Worte giebt, sondern nur dann, wenn sie zu einem Zeichen gemacht werden; denn auch die unartikulirten Laute offenbaren zwar etwas, wie bei den Thieren, aber es fehlen ihnen doch die Worte.

Das: Nicht-Mensch ist kein Hauptwort, denn es ist weder ein solches hiefür vorhanden, noch ist es ein Begriff oder eine Verneinung; vielmehr soll es ein unbestimmtes Hauptwort sein, weil es gleichmässig auf alles passt, mag es sein oder nicht-sein. Die Ausdrücke: Philo's, oder: dem Philo und alle ähnliche sind keine Hauptworte, sondern Beugungen eines Hauptwortes. Der Begriff solcher Beugungen ist im Uebrigen derselbe, wie der des Hauptwortes; nur sagen diese- Beugungen in Verbindung mit dem: *ist*, oder: *war*, oder: *wird sein* kein Wahres oder Falsches aus, während dies bei den Hauptworten immer der Fall ist. So sagen z.B. die Ausdrücke: Philo's ist, oder: Philo's ist nicht, niemals etwas Wahres oder Falsches aus.

Drittes Kapitel

Das *Zeitwort* ist ein Wort, was auch noch die Zeit bezeichnet und dessen Theile nichts besonderes bedeuten und welches immer das von einem Andern Ausgesagte bezeichnet. Ich sage also, dass es auch die Zeit noch anzeigt; so ist z.B. die Gesundheit ein Hauptwort und das: »er ist gesund«, ein Zeitwort, denn es bezeichnet noch, dass das Gesunde jetzt vorhanden ist. Es ist ferner immer die Bezeichnung eines von einem andern Ausgesagten, z.B. eines *von* einem Unterliegenden oder *in* einem Unterliegenden Ausgesagten.

Dagegen nenne ich das: er ist *nicht* gesund, oder: erkrankt *nicht*, kein Zeitwort; es bezeichnet zwar auch die Zeit und wird immer von Etwas ausgesagt, doch giebt es für den Art-Unterschied desselben keinen Namen; es soll deshalb ein unbestimmtes Zeitwort heissen; weil es von allem Möglichen gleichmässig ausgesagt werden kann, mag es sein oder nicht-sein. Ebenso sind das: er war gesund, und das: er wird gesund werden, keine Zeitworte, sondern Beugungen eines Zeitwortes. Sie unterscheiden sich von dem Zeitwort dadurch, dass dieses die gegenwärtige Zeit bezeichnet, jenes aber die Zeit vor oder nach der gegenwärtigen.

Wenn die Zeitworte rein für sich ausgesprochen werden, so sind sie Hauptworte und bezeichnen zwar etwas (denn der Sprechende hält dabei sein Denken an und der Hörende verharrt dabei), aber sie sagen nicht, ob dieses Etwas *ist* oder *nicht* ist; denn sie bezeichnen weder das Sein, noch das Nichtsein des Gegenstandes und dies gilt selbst dann, wenn man das Wort: *Seiendes* ohne Zusatz für sich ausspricht, denn als solches ist es noch nichts, vielmehr deutet es nur eine Verbindung im Voraus an, die man aber ohne das damit Verbundene sich noch nicht vorstellen kann.

Viertes Kapitel

Eine Rede besteht aus Worten, welche in Folge Uebereinkommens etwas bedeuten und wo auch die einzelnen Theile der Rede etwas besonderes bezeichnen; sie ist aber nur eine Aussage, und nicht schon eine Bejahung oder Verneinung. Ich meine, dass z.B. »Person« zwar etwas bedeutet, aber nicht, ob sie ist oder nicht ist; wenn aber noch etwas hinzugefügt würde, so würde es eine Bejahung oder Verneinung werden. Dagegen bedeutet die einzelne Sylbe von Person nichts; auch in dem Worte: Maus, bezeichnet das »aus« nichts, sondern es ist da nur ein Laut.

In den zusammengesetzten Worten haben die Theile zwar eine Bedeutung, aber nicht für sich, wie ich schon gesagt habe.

Die Rede bedeutet zwar etwas, aber nicht wie ein Werkzeug, sondern, wie gesagt, vermöge Uebereinkommens. Nicht jede Rede enthält aber einen Ausspruch, sondern nur die, in welcher das Wahr- oder Falschsein enthalten ist, was nicht bei jeder Rede der Fall ist. So ist z.B. das Gelübde zwar eine Rede, aber es ist weder wahr, noch falsch. Ich lasse nun die übrigen Arten der Rede bei Seite, da deren Betrachtung mehr zur Beredtsamkeit und Dichtkunst gehört und nur die aussagende Rede der Gegenstand meiner jetzigen Untersuchung ist.

Fünftes Kapitel

Die ursprünglich als *eine* auftretende aussagende Rede ist die Bejahung und dann die Verneinung; alle andern aussagenden Reden sind nur durch Verknüpfung eine. Jede aussagende Rede muss nothwendig ein Zeitwort oder die Beugung eines Zeitworts enthalten; denn die Rede »der Mensch« wäre ohne Hinzufügung des *ist,* oder des *war,* oder des *wird sein,* keine aussagende Rede. Deshalb ist auch das »auf dem Lande lebende zweifüssige Geschöpf« *eines* und nicht vieles (denn es wird nicht dadurch *eines,* dass die Worte unmittelbar nach einander gesprochen werden). Indess gehört dies zu einer andern Untersuchung.

Die aussagende Rede ist *eine,* wenn sie *Eines* bezeichnet oder wenn sie durch Verbindung *eine* ist; dagegen sind die Reden *viele,* wenn sie nicht *Eines,* sondern Vieles bezeichnen oder wenn sie unverbunden sind. Das blosse Hauptwort, oder das blosse Zeitwort sind nur ein Ausgesprochenes; denn man pflegt nicht so zu sprechen, wenn man etwas mittheilen will, sei es, dass Jemand gefragt hat, oder dass man ohne Frage von selbst etwas mittheilen will. Die Reden sind entweder eine *einfache* Aussage, wenn sie etwas von Etwas aussagen, oder wenn sie etwas von Etwas verneinen oder sie bestehen aus mehreren solchen einfachen Aussagen, wie z.B. die zusammengesetzte Rede. Die einfache Aussage ist ein Sprechen, was etwas bedeutet in Bezug auf das Sein oder Nichtsein von etwas und zwar mit Unterscheidung der Zeiten.

Sechstes Kapitel

Bei der Bejahung wird etwas einem Gegenstande beigelegt; bei der Verneinung wird etwas einem Gegenstande abgesprochen. Da man nun ein Seiendes auch als ein Nicht – Seiendes aussagen kann und ein Nicht-Seiendes als ein Seiendes und ferner ein Seiendes als ein Seiendes und ein Nicht-Seiendes als ein Nicht-Seiendes und dies auch für Gegenstände ausserhalb der gegenwärtigen Zeit gilt, so ist es auch möglich, alles, was Jemand bejaht, zu verneinen, und alles, was er verneint, zu bejahen. Hieraus erhellt, dass jeder Bejahung eine Verneinung gegenüber steht und jeder Verneinung eine Bejahung.

Ein *Widerspruch* ist also dann vorhanden, wenn die Bejahung und Verneinung sich entgegenstehen. Unter Entgegenstehen verstehe ich aber, dass beide Aussagen in derselben Bestimmung desselben Gegenstandes sich entgegenstehen und dass die Worte dabei nicht zweideutig gebraucht werden und was sonst noch in dieser Hinsicht gegenüber den sophistischen Belästigungen näher zu bestimmen ist.

Siebentes Kapitel

Da nun die Gegenstände theils allgemeine, theils einzelne sind; (allgemein nenne ich, was von mehreren Gegenständen ausgesagt werden kann und einzeln, wo dies nicht geschehen kann; so ist z.B. Mensch ein Allgemeines, Kallias aber ein Einzelnes), so muss man bei der Aussage, dass etwas ist, oder nicht ist, dies entweder von einem Allgemeinen oder einem Einzelnen aussprechen. Wenn man nun von einem Allgemeinen allgemein aussagt, dass etwas in ihm enthalten *ist* und dass es *nicht*, in ihm enthalten *ist,* so werden diese Aussagen einander entgegengesetzt sein. Ich meine unter: »von einem Allgemeinen etwas allgemein aussagen« es so, wie z.B. *jeder* Mensch ist weiss, und: *kein* Mensch ist weiss. Wenn aber die Aussagen zwar von einem Allgemeinen, aber nicht allgemein geschehen, so sind sie einander nicht entgegengesetzt, obgleich das Ausgesagte mitunter entgegengesetzt sein kann. Von einem Allgemeinen etwas nicht allgemein aussagen, meine ich so, wie z.B.: *der Mensch* ist weiss, oder: der Mensch ist nicht weiss; denn: der Mensch ist zwar ein Allgemeines, aber er wird in der Aussage nicht als ein solches behandelt; denn der Zusatz »jeder« bezeichnet nicht das Allgemeine des Gegenstandes, sondern dass das von ihm Ausgesagte allgemein gelten soll.

Wollte man einem allgemein ausgesagten Allgemeinen etwas allgemein beilegen, so wäre dies nicht richtig; denn keine Bejahung ist wahr, wo von dem allgemein genommenen Allgemeinen etwas allgemein ausgesagt wird, z.B. wenn man sagte: Jeder Mensch ist jedes Geschöpf.

Eine Bejahung steht einer Verneinung dann *widersprechend* entgegen, wenn jene dem Gegenstande etwas allgemein beilegt und diese nicht-allgemein; z.B. die Aussagen: *Jeder* Mensch ist weiss, und: *nicht-jeder* Mensch ist weiss; ferner: *kein* Mensch ist weiss; und: ein *einzelner* Mensch ist weiss. *Gegentheilig* stehen sich die allgemeine Bejahung und die allgemeine Verneinung gegenüber; z.B.: *jeder* Mensch ist weiss, und: *kein* Mensch ist weiss; ferner: *kein* Mensch ist gerecht, und: *jeder* Mensch ist gerecht. Deshalb können diese gegentheiligen Urtheile nicht beide zugleich wahr sein, während bei den, einem allgemeinen Urtheile widersprechend entgegen stehenden Urtheilen es vorkommen kann, dass mehrere davon gleichzeitig wahr sind; wie z.B. die Urtheile; nicht-jeder Mensch ist weiss, und: ein einzelner Mensch ist weiss.

So weit nun widersprechende Urtheile über ein Allgemeines allgemein lauten, muss eines von beiden Urtheilen wahr und das andere falsch sein und dies gilt auch für widersprechende Urtheile von einem Einzel-nen; z.B. Sokrates ist weiss, und: Sokrates ist nicht – weiss. Wenn aber solche Urtheile zwar über ein Allgemeines, aber nicht allgemein lauten, so ist nicht immer das eine wahr und das andere falsch, denn man kann in Wahrheit gleichzeitig sagen, dass *der* Mensch weiss und *der* Mensch nicht weiss ist, und dass *der* Mensch schön und *der* Mensch nicht schön ist; da, wenn er hässlich ist, er nicht schön ist und wenn er erst schön *wird*, er noch nicht schön *ist*. Auf den ersten Blick könnte wohl dergleichen widersinnig erscheinen, weil die Aussage: der Mensch ist nicht-weiss, zu bedeuten scheint, dass *kein* Mensch weiss sei; allein diese Aussage bedeutet dies nicht und sie bedeutet auch nicht nothwendig, dass beides gleichzeitig statt finde.

Auch ist klar, dass es von jeder Bejahung nur *eine* Verneinung giebt; denn die Verneinung muss genau dasselbe verneinen, was die Bejahung bejaht und von demselben Gegenstande, sei es ein einzelner oder ein allgemeiner; oder sei von letzterem etwas allgemein ausgesagt, oder nicht. Ich meine dies so, wie z.B. Sokrates ist weiss, – Sokrates ist nicht weiss. Wenn aber der zweite Satz etwas Anderes oder zwar dasselbe, aber von einem andern Gegenstande aussagt, so ist er nicht der Gegen-satz, sondern nur ein anderer Satz als der erste. Hiernach sind also Gegensätze: *Jeder* Mensch ist weiss, und: *Nich-jeder* Mensch ist weiss; ferner: *ein* Mensch ist weiss und kein Mensch ist weiss; ferner: der Mensch ist *weiss* und der Mensch ist *nicht-weiss*.

Somit habe ich dargelegt, dass *einer* Bejahung nur *eine* Verneinung widersprechend entgegensteht und welche dies sind und dass die gegen-theiligen Sätze andere sind und welche es sind; ebenso, dass nicht jeder widersprechende Satz entweder wahr oder falsch ist und weshalb nicht, und wenn er entweder wahr oder falsch ist.

Achtes Kapitel

Diejenige Bejahung und Verneinung ist *eine*, welche nur *eins* von *Einem* aussagt; mag dies von einem Allgemeinen allgemein oder nicht allgemein geschehen; z.B.: jeder Mensch ist weiss, – nicht jeder Mensch ist weiss; ferner: der Mensch ist weiss – der Mensch ist nicht weiss; ferner: Kein Mensch ist weiss, – ein Mensch ist weiss. Vorausgesetzt wird hierbei, dass weiss überall nur *eines* bedeute. Wenn aber zweierlei Dinge denselben Namen haben, ohne dass ein Gemeinsames für sie besteht, so ist weder die Bejahung noch die Verneinung nur *eine*; wenn z.B. Jemand dem Menschen und dem Pferde den Namen: Mantel gäbe, so wäre die Bejahung: der Mantel ist weiss, nicht eine und auch die Verneinung nicht *eine*; denn solcher Satz unterscheidet sich nicht von der Aussage: das Pferd *und* der Mensch ist weiss und diese Aussage unterscheidet sich ferner nicht von der Aussage: das Pferd ist weiss und der Mensch ist weiss. Da nun diese Sätze Mehreres bezeichnen und auch mehrere sind so erhellt, dass auch jener Satz entweder mehreres oder gar nichts bedeutet; denn der Mensch ist kein Pferd. Bei solchen Sätzen ist es daher auch nicht nothwendig, dass, wenn der eine Satz wahr ist, der widersprechende Satz falsch sei.

Neuntes Kapitel

Bei den seienden und gewordenen Dingen muss also die Bejahung oder die Verneinung wahr oder falsch sein und es muss bei den von einem Allgemeinen allgemein ausgesagten Bejahungen und Verneinungen immer die eine wahr und die andere falsch sein, und dies gilt auch, wie ich schon gesagt habe, dann, wenn die Bejahung oder Verneinung nur einen einzelnen Gegenstand betrifft. Dagegen ist dies bei den von einem Allgemeinen nicht allgemein ausgesagten Sätzen nicht nothwendig; auch hierüber habe ich schon gesprochen.

Bei den einzelnen *erst kommenden* Dingen verhält es sich aber nicht ebenso. Denn wenn hier jede Bejahung und Verneinung ohne Ausnahme wahr oder falsch wäre und Alles entweder sein oder nicht-sein müsste und nun der Eine sagte, es werde sein, der Andere aber, es werde nicht sein, so ist klar, dass dann einer von beiden nothwendig die Wahrheit sagte, wenn nehmlich jede Bejahung und Verneinung entweder wahr oder falsch wäre; denn beides wird bei solchen Dingen nicht zugleich stattfinden. Wenn man nehmlich in Wahrheit sagen kann, dass etwas weiss oder nicht weiss sei, so muss auch der Gegenstand weiss oder nicht weiss sein und ebenso muss, wenn der Gegenstand weiss oder nicht weiss ist, man in Wahrheit dies bejahen oder verneinen können.

Wenn der Gegenstand nicht weiss ist, so ist die Aussage dass er weiss ist, falsch und wenn diese Aussage falsch ist, so ist der Gegenstand nicht weiss; also muss nothwendig die Bejahung oder Verneinung wahr oder falsch sein. Wenn nun dies auch für die erst kommenden Dinge gelten sollte, so würde oder wäre nichts aus Zufall, oder so, wie es sich gerade trifft und dies gälte auch für das erst in Zukunft Werdende. Alles würde vielmehr aus Nothwendigkeit und nicht wie es sich gerade trifft. Denn entweder spricht der Bejahende oder der Verneinende wahr und dem entsprechend wird auch der Gegenstand oder wird nicht, während das Zufällige der Art ist, dass es weder mehr so, wie nicht so sich verhält oder verhalten wird.

Auch könnte man dann, wenn jetzt Etwas weiss ist, schon vorher in Wahrheit sagen, dass es weiss werden werde und somit könnte man immer von jedwedem Gewordenen in Wahrheit vorher sagen, dass es sei oder sein werde und wenn man immer in Wahrheit vorher sagen könnte, dass Etwas sei oder sein werde, so wäre es unstatthaft, dass es nicht-sei oder nicht-sein werde. Wo aber das Nicht-werden nicht statthaft ist, da ist das Nicht-werden unmöglich und das was unmöglich nicht-werden kann, das muss nothwendig werden. Also müsste alles Kommende mit Nothwendigkeit werden und es könnte nichts zufällig oder wie es sich trifft, geschehen; denn wenn es aus Zufall würde, so würde es nicht aus Nothwendigkeit.

Man kann dagegen auch nicht einwenden, dass man ja *beide* Gegensätze in Wahrheit verneinen könne, sowohl dass etwas sein werde, wie dass es nicht sein werde. Denn erstens wäre ja dann, wenn die Bejahung falsch wäre, auch die Verneinung nicht wahr und wenn die Verneinung falsch wäre, so wäre auch die Bejahung nicht wahr.

Zu diesen Gründen kommt hinzu, dass, wenn man in Wahrheit sagen könnte, etwas sei weiss und gross, dann auch beides so *sein* müsste und wenn diese Aussage für morgen wahr sein würde, so würde auch der Gegenstand morgen so *sein*. Wenn aber der Gegenstand morgen weder sein noch nicht sein könnte, so würde er auch dann nicht etwas sein, wie es sich gerade trifft, z.B. eine Seeschlacht; denn dann müsste ja selbst eine Seeschlacht morgen weder stattfinden noch nicht stattfinden können.

Widersinnig ist nun aber dies und andres der Art, was sich ergibt, wenn von jeder Bejahung und Verneinung, sei sie eine von einem Allgemeinen allgemein, oder von einem Einzelnen ausgesagte, nothwendig einer ihrer Gegensätze wahr und der andere falsch sein muss, und wenn von dem, was geschieht, nichts so, wie es sich gerade trifft, geschehen kann, sondern alles aus Nothwendigkeit sein oder werden müsste. Man brauchte dann auch nicht zu berathschlagen und sich zu bemühen, damit wenn man so handle, dies geschehen werde und wenn man nicht so handle, dies nicht geschehen werde. Dann könnte ja bis in das zehntausendste Jahr hinaus der Eine sagen, das werde sein, und der Andere, es werde nicht sein, so dass dann das geschehen müsste, was der eine von beiden damals als die Wahrheit gesagt hätte. Ja es würde dann selbst gleichgültig sein, ob man diese sich widersprechenden Sätze aussprüche oder nicht; denn offenbar müssten dann die Dinge selbst sich so verhalten, auch wenn Niemand das eine behauptete und kein Anderer es verneinte; denn nicht, weil Etwas behauptet oder verneint worden, würde es werden oder nicht werden und dies gilt auf das zehntausendste Jahr hinaus ebenso, wie für jede andere Zeit. Müsste Etwas sich demnach für jedwede Zeit so verhalten, dass wenn einer von beiden Sätzen die Wahrheit enthielte, es nothwendig auch so ge-schehen müsste, so würde auch alles schon Geschehene von der Art sein, dass es mit Nothwendigkeit geschehen wäre; denn wenn Einer von Beiden in Wahrheit sagen konnte, dass es sein werde, so war es nicht möglich, dass es nicht würde und man hätte dann von dem Ge-schehenen immer in Wahrheit vorher aussprechen können, dass es ge-schehen werde.

Allein dies ist unmöglich, denn man sieht ja, dass der Anfang von manchem Werdenden von dem Ueberlegen und einem bestimmten Handeln abhängt und dass überhaupt bei allen Gegenständen, die nicht immer wirksam sind, deren Vermögen zu wirken und nicht zu wirken sich gleich steht; bei diesen kann das eine so gut sein wie das andere, also auch das Werden so gut wie das Nicht-werden statt finden.

Auch ist uns ja von vielen Gegenständen bekannt, dass es bei ihnen sich so verhält. So ist es für diesen Mantel möglich, dass er zerschnitten werde, aber er wird nicht zerschnitten werden, sondern noch länger getragen werden. Ebenso war es für diesen Mantel möglich, dass er nicht zerschnitten wurde, denn er hätte ja sonst nicht länger getragen werden können, wenn das Nicht-zerschneiden desselben nicht möglich gewesen wäre. Ebenso verhält es sich mit allem Anderen, was wird, so weit dies Werden von einem solchen Vermögen abhängig ist. Es ist also klar, dass nicht alles mit Nothwendigkeit ist und wird, sondern manches wird theils so, wie es sich gerade trifft, wo also von solchem weder die Bejahung noch die Verneinung mehr wahr ist; theils wird es so, dass zwar in den meisten Fällen das eine mehr wahr ist als das andere; allein trotzdem ist es möglich, dass dies andere doch geschieht und jenes nicht.

Dass nun das Seiende *ist*, wenn es ist und dass das Nicht-Seiende *nicht-ist*, wenn es nicht ist, dies ist allerdings nothwendig; allein trotzdem muss nicht alles Seiende nothwendig sein, noch alles Nicht-Seiende nothwendig nicht-sein; denn der Satz, dass alles bereits Seiende nothwendig *ist*, ist nicht derselbe Satz, mit dem, dass überhaupt Alles *nothwendig* sei; und das Gleiche gilt für das Nicht-Seiende.

Auch mit den sich widersprechend entgegenstehenden Aussprüchen verhält es sich ebenso; denn allerdings muss nothwendig Alles entweder sein oder nicht-sein und werden oder nicht-werden; aber man kann dies nicht trennen und nicht *eines* davon allein für nothwendig erklären. Ich meine, dass z.B. es nothwendig ist, dass morgen eine Seeschlacht entweder geschehen oder nicht-geschehen wird; aber deshalb ist es nicht nothwendig, dass morgen eine Seeschlacht erfolgen wird; und es ist auch nicht nothwendig, dass sie nicht-erfolgen wird; nur dass sie *entweder* erfolgt *oder* nicht-erfolgt ist nothwendig.

Da nun die wahren Aussagen sich so verhalten, wie die Gegenstände sich verhalten, so ist klar, dass überall da, wo die Gegenstände sich so verhalten, dass das Entgegengesetzte, je nach dem es sich trifft, eintreten kann, nothwendig auch die einander entgegenstehenden Aussagen sich so verhalten müssen. Dies ist nun der Fall bei Gegenständen die nicht immer sind oder die nicht immer nicht-sind. Bei diesen muss allerdings nothwendig die eine der sich widersprechenden Aussagen wahr oder falsch sein, aber nicht gerade die bestimmte eine oder die bestimmte andere, sondern so wie es sich trifft. Auch kann wohl die eine mehr wahr sein, aber doch nicht schon jetzt wahr oder falsch.

Hieraus erhellt, dass nicht nothwendig von jeder entgegengesetzten Bejahung und Verneinung die eine wahr und die andre falsch sein muss; denn so, wie mit den daseienden Dingen, verhält es sich nicht mit denjenigen nicht-seienden Dingen, die sein oder nicht sein können, vielmehr verhalten sich diese so, wie ich gesagt habe.

Zehntes Kapitel

Da die Bejahung etwas von einem Gegenstande aussagt und letzterer entweder einen Namen hat oder ein Namenloses ist, so muss in jeder Bejahung *eins* von *Einem* ausgesagt werden. (Ueber Namen und Namenloses habe ich schon früher gesprochen; denn Nicht-Mensch gilt mir nicht als ein Name, sondern nur als ein unbestimmter Name, da auch das unbestimmte irgend Eines bezeichnet; ebenso ist auch das: er geneset nicht, kein Zeitwort, wohl aber ein unbestimmtes Zeitwort.) Hiernach wird jede Bejahung und Verneinung entweder aus einem Namen und einem Zeitwort oder aus einem unbestimmten Namen und einem unbestimmten Zeitwort bestehen. Ohne ein Zeitwort giebt es weder eine Bejahung noch eine Verneinung; denn das *ist* und das *wird-sein* und das *war* und das *wird*, sind wie alle andern Worte dieser Art, nach dem, was ich früher hierüber aufgestellt habe, Zeitworte, da sie die Zeit hinzufügen. Deshalb wird die erste Bejahung und Verneinung sein: der Mensch ist; – der Mensch ist nicht; dann: der Nicht-Mensch ist; – der Nicht-Mensch ist nicht; weiter: jeder Mensch ist; – nicht jeder Mensch ist; und: jeder Nicht-Mensch ist; – nicht jeder Nicht-Mensch ist. Dasselbe gilt für die nicht gegenwärtigen Zeiten.

Wenn aber das *ist* als ein drittes hinzugefügt wird, so können die Gegensätze zweifach ausgesagt werden. Ich meine das so, wie z.B.: der Mensch ist gerecht; dieses *ist* kann in der Bejahung dem Hauptworte oder Zeitworte hinzutreten. Sonach werden dadurch vier Aussagen entstehen, von denen zwei in Bezug auf Bejahung und Verneinung der Zusammenstellung gemäss, sich wie Beraubungen verhalten werden und zwei nicht so. Ich meine das *ist* kann entweder dem gerecht, oder dem nicht-gerecht zugehören: und ebenso kann dies bei den verneinenden Sätzen geschehen, so dass sich also vier Sätze ergeben werden.

Dies wird man deutlicher aus den figurenartig neben einander gestellten Sätzen erkennen, wie folgt:

Der Mensch ist gerecht	Der Mensch ist-nicht gerecht
×	
Der Mensch ist nicht-gerecht	Der Mensch ist-nicht nicht-gerecht

Hier gehört das *Ist* und das *Nicht-ist* einmal zu dem Gerechten und einmal zu dem Nicht-gerechten. Diese Sätze werden so geordnet, wie in den Analytiken dargelegt worden ist.

Ebenso verhält es sich, wenn die Bejahung des Hauptworts allgemein geschieht; also:

Jeder Mensch ist gerecht	Nicht-jeder Mensch ist gerecht.
×	
Jeder Mensch ist nicht-gerecht	Nicht-jeder Mensch ist nicht-gerecht.

Nur stimmen hier die einander diametral gegenüberstehenden Sätze nicht ebenso in ihrem Inhalte überein, wie in der vorigen Zusammenstellung; doch kann auch dies manchmal der Fall sein.

Diese beiden Arten von Urtheilen in der Zusammenstellung bilden also Gegensatze; zwei andere Arten beziehen sich auf den Nicht-Menschen, als Unterliegendem, nämlich:

Der Nicht-Mensch ist gerecht	Der Nicht-Mensch ist nicht-gerecht.
×	
Der Nicht-Mensch ist – nicht gerecht	Der Nicht-Mensch ist-nicht nicht-gerecht.

Mehr Gegensätze, als diese hier aufgeführten, wird es nicht geben; indess werden diese letzten Arten von Urtheilen von jenen beiden gesondert für sich bestehen, da sie sich des Nicht-Menschen als Hauptwortes bedienen.

Wo aber bei einzelnen Worten das ist nicht anwendbar ist, wie z.B. bei dem Urtheil: Er befindet sich wohl, oder: Er geht, da bewirkt das so beigefügte Wort dasselbe, als wenn das ist hinzugesetzt wäre; z.B.: Jeder Mensch befindet sich wohl, – jeder Mensch befindet sich nicht wohl – jeder Nicht-Mensch befindet sich wohl, – jeder Nicht-Mensch befindet sich nicht wohl. Man darf nämlich hier nicht sagen: nicht-jeder, sondern das nicht muss als Verneinung dem: Mensch hinzugesetzt werden, weil das jeder nicht den allgemein Gegenstand bezeichnet, sondern nur, dass etwas allgemein von ihm ausgesagt wird, wie sich aus folgenden Sätzen ergiebt: Der Mensch befindet sich wohl; – der Mensch befindet sich nicht wohl; – der Nicht – Mensch befindet sich wohl; – der Nicht-Mensch befindet sich nicht wohl. Diese Sätze unterscheiden sich von jenen nur dadurch, dass sie nicht allgemein lauten. Sonach besagt das jeder und das keiner nur, dass die Bejahung oder Verneinung von dem Hauptworte allgemein gelten solle, dagegen ist das Uebrige in gleicher Weise beizufügen.

Da von dem Satze: *Jedes* Geschöpf ist gerecht, diejenige Verneinung das Gegentheil ist, welche ausdrückt, dass *kein* Geschöpf gerecht ist, so ist klar, dass solche gegentheilige Sätze niemals beide zugleich von demselben Gegenstände wahr sein können; dagegen können Sätze, welche zu diesen sich widersprechend verhalten, manchmal zugleich wahr sein; so z.B. die Urtheile: Nicht-jedes Geschöpf ist gerecht; – und: ein Geschöpf ist gerecht.

Das Urtheil: *kein* Mensch ist gerecht, tauscht sich mit dem: jeder Mensch ist *nicht-gerecht* aus; ebenso tauscht sieh mit dem Urtheile: *Ein* Mensch ist gerecht, das entgegenstehende Urtheil: *nicht jeder* Mensch ist *nicht-gerecht* aus, denn dann muss nothwendig einer gerecht sein.

Auch erhellt hieraus, dass man bei Einzel – Urtheilen dann, wenn man das Gefragte in Wahrheit verneinen kann, die Antwort auch bejahend in Wahrheit ausdrücken kann; so z.B. auf die Frage: Ist Sokrates weise? – Nein; – also ist Sokrates nicht-weise. Aber bei allgemeinen Sätzen gilt nicht das Gleiche; sondern bei diesen ist in solchem Falle die Verneinung wahr; z.B.: Ist jeder Mensch weise ? – Nein; – also, könnte man meinen, ist jeder Mensch *nicht-weise*; allein dieser Satz wäre falsch; dagegen ist der Satz; *Nicht-jeder* Mensch ist weise hier der wahre. Dies ist der widersprechend entgegenstehende Satz, jener aller der gegentheilige.

Die Sätze, welche mit unbestimmten Haupt- oder Zeitwörtern einander entgegenstehen, wie z.B. die mit Nicht-Mensch oder nicht-gerecht, könnte man vielleicht für Verneinungen ohne Hauptwort oder Zeitwort halten; allein dies sind sie nicht; denn der verneinende Satz muss immer entweder wahr oder falsch sein; wenn aber Jemand nur sagt: Nicht-Mensch, so hat er nicht mehr, sondern eher weniger etwas wahres oder falsches ausgesagt, als Derjenige, welcher Mensch sagt, sofern nichts hinzugesetzt wird. Auch bezeichnet der Satz: Jeder Nicht-Mensch ist gerecht, nicht dasselbe, wie jene früheren Sätze; und dies gilt auch von dem diesen entgegengesetzten Satze: nicht-jeder Nicht-Mensch ist gerecht; dagegen besagt der Satz: Jeder Nicht – Mensch ist nicht – gerecht, dasselbe wie der Satz: *kein* Nicht-Mensch ist gerecht.

Blosse Umstellungen der Hauptworte und der Zeitworte in einem Satze ändern dessen Bedeutung nicht; z.B.: weiss ist der Mensch – und: der Mensch ist weiss. Wäre die Bedeutung beider nicht dieselbe, so gäbe es mehrere Verneinungen ein und desselben Satzes, während doch gezeigt worden ist, dass es von jeder Bejahung nur *eine* Verneinung giebt; denn von dem Satze: weiss ist der Mensch, ist die Verneinung: nicht-weiss ist der Mensch. Wenn nun aber der Satz: der Mensch ist weiss, nicht dasselbe bedeutete, wie der Satz: weiss ist der Mensch, so müsste die Verneinung desselben entweder lauten: der Nicht-Mensch ist nicht-weiss, oder: der Mensch ist nicht-weiss. Allein der erstere ist die Verneinung des Satzes: der Nicht-Mensch ist weiss, und der andere ist die Verneinung des Satzes: der Mensch ist weiss, und es gäbe dann ja zwei Verneinungen von *einem* Satze.

Danach ist klar, dass auch bei Umstellung des Hauptwortes und Zeitwortes die Bejahung und Verneinung dieselben bleiben.

Elftes Kapitel

Eines von Vielem oder vieles von Einem bejahen oder verneinen ist weder *eine* Bejahung noch *eine* Verneinung, wenn nicht das durch die Vielen Bezeichnete *eines* ist. Ich nenne aber das keine Einheit, wo zwar *ein* Name vorliegt, aber keine Einheit aus jenen Vielen. So ist z.B. der Mensch wohl ein Geschöpf und zweifüssig und zahm, aber es entsteht auch aus diesen vielen eine Einheit; dagegen wird aus dem weissen und dem Menschen und dem zahm keine Einheit und deshalb wären auch im Fall man *eine* Bestimmung von ihnen bejahte, dies nicht eine Bejahung, sondern nur *eine* Aeusserung, aber mehrere Bejahungen. Ebenso sind es viele Bejahungen, wenn Jemand diese mehreren Worte von einem Gegenstande aussagt. Wenn nun die dialektische, in der Form von Entweder – Oder gefasste Frage eine Antwort verlangt, sei es auf den Vordersatz oder auf den andern gegensätzlichen Theil, so kann, da der Vordersatz nur der eine Theil des in der Frage enthaltenen Gegensatzes ist, auch die Antwort nicht *eine* sein; denn auch die Frage ist nicht *eine*, selbst wenn sie in ihrem Gegensatze richtig ist. In der Topik habe ich hierüber verhandelt. Zugleich erhellt, dass die Frage: *Was* ein Gegenstand sei, keine dialektische Frage ist; denn bei einer solchen muss die

Wahl gegeben sein, welchen von beiden der sich widersprechenden Sätzen der Antwortende behaupten will; deshalb muss der Fragende bestimmter hinzufügen, ob z.B. der Mensch dieses, oder nicht dieses ist.

Da nun mehrere zusammengestellte Bestimmungen bald wie *eine* Aussage aller dieser besonderen Bestimmungen ausgesprochen werden, bald nicht wie *eine*, so fragt sich, worin hier der Unterschied, liegt. So kann man von dem Menschen in Wahrheit besonders aussagen, dass er ein Geschöpf ist, und auch besonders dass er zweifüssig ist; aber ebenso kann man beide Bestimmungen als *eines* aussagen. Ebenso kann man Etwas getrennt erst Mensch und dann weiss nennen, aber auch beides zusammen als eines aussagen; allein es ist nicht zulässig, dass wenn ein Mensch in besonderen Sätzen Schuhmacher und gut genannt weiden kann, er auch in *einem* Satze ein guter Schuhmacher genannt werden kann, denn es würde viel Verkehrtes herauskommen, wenn, weil jedes einzelne dieser Urtheile wahr ist, deshalb auch beide zusammen wahr sein sollten. In Bezug auf einen einzelnen Menschen ist allerdings sowohl die Aussage: dass er ein Mensch ist wie dass er weiss ist richtig und deshalb sind auch beide vereint hier wahr. Nimmt man aber wieder das Weiss für sich und verbindet es mit dem Ganzen, so ergiebt sich das Urtheil, dass der weisse Mensch weiss ist und das geht ohne Ende fort. Nimmt man ferner die Bestimmungen: musikalisch, weiss, und gehend, so führen auch diese durch eine wiederholte Verbindung zu einer Reihe ohne Ende. Auch wenn Socrates, sowohl Socrates, wie Mensch ist, so ergiebt sich durch die Verbindung der Satz, dass der Mensch Socrates Socrates ist und wenn jemand Mensch und zweifüssig ist, so ergiebt sich, dass der zweifüssige Mensch Mensch ist.

Es ist also klar, dass viel Verkehrtes herauskommt, wenn jemand solche Verbindungen allgemein für zulässig erklären wollte; wie aber die Regeln hier aufzustellen sind, will ich jetzt sagen. So weit die ausgesagten Bestimmungen von den Gegenständen, von denen man sie aussagen kann, nur als nebensächliche ausgesagt werden, sei es nebensächlich in Bezug auf den Gegenstand selbst, oder sei die eine Bestimmung nebensächlich in Bezug auf die andere, so weit bilden sie keine Einheit. So ist z.B. ein Mensch weiss und musikalisch; aber weiss und musikalisch sind keine Einheit, denn sie hängen demselben Menschen nur nebenbei an. Auch wenn man das Weisse in Wahrheit musikalisch nennen könnte, so wäre doch das musikalische Weisse keine Einheit, denn das Musikalische wäre nur nebenbei weiss und deshalb ist das musikalische Weisse keine Einheit. Deshalb kann auch der Schuhmacher nicht schlechthin gut genannt werden, wohl aber kann er ein zweifüssiges Geschöpf genannt werden, da diese Bestimmungen ihm nicht blos nebenbei anhaften. Auch können alle Bestimmungen, welche schon in dem anderem enthalten sind, von diesem nicht ausgesagt werden. Deshalb kann man das Weiss nicht wiederholt weiss nennen, noch ist der Mensch ein Mensch-Geschöpf oder ein Mensch-Zweifüssler, denn in dem Menschen ist schon das Geschöpf und das Zweifüssige enthalten. Dagegen kann man von einem einzelnen Menschen sich überhaupt so ausdrücken; so kann man z.B. diesen bestimmten Menschen einen Menschen und diesen bestimmten weissen Menschen einen weissen Menschen nennen.

Indess ist dies nicht immer zulässig; vielmehr wird, wenn in dem vorliegenden Gegenstande etwas Entgegengesetztes enthalten ist, so dass von ihm das Widersprechende ausgesagt werden würde, das Urtheil dann nicht wahr sein; z.B. wenn man einen todten Menschen einen Menschen nennen wollte. Ist aber ein solches Entgegengesetztes nicht an demselben vorhanden, so ist das Urtheil richtig; oder vielmehr: Wenn etwas Gegensätzliches in dem Gegenstande enthalten ist, so ist das Urtheil allemal falsch; wenn aber ein solches nicht darin enthalten ist, so ist das Urtheil doch nicht allemal wahr. So sagt man z.B.: Homer ist etwas, z.B. ein Dichter. *Ist* nun hiernach Homer oder *ist er nicht*? Offenbar wird hier das ist nur nebensächlich von Homer ausgesagt, nehmlich dahin, dass er ein Dichter ist, aber dies *ist* wird nicht an – sich von Homer ausgesagt.

Sonach kann man alles Ausgesagte, was, wenn man auf seinen Begriff, statt auf den Namen achtet, mit dem Unterliegenden nicht im Widerspruche steht und was als ein An-sich und nicht blos nebensächlich demselben anhaftet, auch nach seinem *Was* schlechthin dem Unterliegenden in Wahrheit beilegen. Dagegen kann man das Nicht-seiende nicht deshalb, weil es ein Vorgestelltes ist, in Wahrheit als ein Seiendes bezeichnen; denn die Vorstellung desselben geht nicht dahin, dass es

ist, sondern dass es *nicht ist*.

Zwölftes Kapitel

Nachdem dies auseinander gesetzt worden, habe ich zu untersuchen, wie sich die Bejahungen und Verneinungen des *Möglich-seins* und des *Unmöglich-seins*, sowie die des *Statthaft–* und *Nichtstatthaft-seins* zu einander verhalten und ebenso habe ich auch das Unmögliche und Nothwendige zu untersuchen, denn es bestehen hier einige Bedenken. Wenn nehmlich von diesen in einer Satzverbindung ausgesprochenen Bestimmungen diejenigen einander als *widersprechend* gegenüber stehen, welche nach dem Sein oder Nicht – sein einander gegenüber gestellt werden, so ist z.B. die Verneinung von Mensch-sein die: Mensch nicht-sein und nicht die: Nicht-Mensch sein; und die Verneinung von: Weisser Menschsein ist: Weisser Mensch nicht-sein, aber nicht: Nicht-weisser Mensch sein. Denn wenn von allen Dingen entweder die Bejahung oder die Verneinung wahr ist, so kann man auch in Wahrheit sagen, dass das Holz ein Nicht-weisser-Mensch ist. Wenn also dies in Wahrheit sich so verhält und wenn da, wo das *ist* nicht hinzugefügt wird, dasselbe durch das, statt des *ist* gesetzten Wortes ausgedrückt wird, so ist auch die Verneinung von: der Mensch geht, nicht die: der Nicht-Mensch geht, sondern vielmehr die: der Mensch geht – nicht; da es dasselbe ist, ob man sagt: der Mensch geht, oder: der Mensch ist ein Gehender.

Wenn dies nun überall sich so verhält, so könnte wohl auch die Verneinung von Möglich-sein die sein: Möglich nicht-sein und nicht die: Nicht-möglich sein. Indess scheint doch, dass derselbe Gegenstand vermögend ist, zu sein und nicht-zusein; denn alles, bei dem es möglich ist, dass es geschnitten werden, oder gehen kann, bei dem ist *es* auch möglich, dass es nicht geht oder nicht geschnitten wird. Der Grund hiervon ist, dass alles, dem diese Möglichkeit einwohnt, nicht immer thätig ist und deshalb wohnt ihm auch die Verneinung ein, da das zum Gehen Fähige auch nicht gehen und das Wahrnehmbare auch nicht wahrgenommen werden kann. Nun ist es aber unmöglich, dass die entgegengesetzten Aussagen von ein und demselben Gegenstande wahr seien und deshalb kann die Verneinung von: Möglich-sein nicht die sein: Möglich nicht-sein.

Hieraus ergiebt sich also, dass man entweder von demselben Gegenstande dasselbe zugleich bejahen und verneinen kann oder dass durch das Sein oder Nicht-sein die beigefügte Bestimmung des Möglichen nicht zu einer Bejahung oder Verneinung wird. Wenn nun ersteres unmöglich ist, so wird man letzteres annehmen müssen und sonach ist die richtige Verneinung von: Möglich-sein die: Nicht-möglich-sein.

Ebenso verhält es sich mit dem Statthaft-sein; auch hier lautet die Verneinung: Nicht-statthaft-sein. Auch mit den anderen, wie mit dem Nothwendigen und Unmöglichen verhält es sich ebenso. In den früher behandelten Fällen war nehmlich das Sein oder Nicht-sein die hinzugefügte Bestimmung und das Weiss oder Mensch waren die unterliegenden Gegenstände; hier ist aber das Sein oder Nicht-sein gleichsam das unterliegende und das Mögliche oder Statthafte sind die hinzugefügten Bestimmungen. So wie dort das Sein oder Nicht-sein das Wahre und das Falsche bezeichnet, so verhält es sich hier mit dem Möglich-sein und Nicht-möglich-sein. Die Verneinung von der Aussage: Möglich nicht – sein ist also nicht die Aussage: Nicht-möglich sein, sondern die Aussage: Nicht-möglich nicht-sein. Ebenso ist von dem: Möglich sein die Verneinung nicht: Möglich nicht-sein, sondern Nicht-möglich sein. Deshalb dürften auch wohl das: Möglich sein und das: Möglich nicht-sein in derselben Reihe einander folgen und sich gegenseitig austauschen. Ein und dasselbe kann möglicherweise sein und auch nicht sein, weil die Aussagen: Möglich sein und Möglich nicht-sein einander nicht widersprechen. Dagegen kann das Möglich sein und das Nicht-möglich sein niemals bei demselben Gegenstande zu derselben Zeit wahr sein, da diese Bestimmungen einander widersprechen.

Ebenso wird niemals das Möglich nicht-sein und das Nicht-möglich nicht-sein bei demselben Gegenstande gleichzeitig wahr sein. Ebenso, ist die Verneinung von: Nothwendig sein, nicht die: Nothwendig nicht-sein, sondern: Nicht-nothwendig sein; und die Verneinung von Nothwendig nicht-sein lautet: Nicht-nothwendig nicht-sein. Auch von dem: Unmöglich sein ist die Verneinung nicht: Unmöglich nicht-sein, sondern Nicht-unmöglich sein; und von dem Unmöglich nicht-sein ist die Verneinung: Nicht-unmöglich nicht-sein.

Ueberhaupt muss hier, wie gesagt, das Sein und das Nicht-sein als das Unterliegende aufgefasst werden und dasjenige, was die Bejahung und Verneinung hervorbringt, darf nur dem Sein oder Nicht-sein hinzugefügt werden. Sonach hat man als widersprechende Aussagen zu nehmen: Möglich und nicht – möglich; Statthaft, und nicht-statthaft; Unmöglich und nicht-unmöglich; Nothwendig und nicht-nothwendig; Wahr und nicht-wahr.

Dreizehntes Kapitel

Die bisherigen Bestimmungen folgen nun einander ihrer Bedeutung nach, wenn sie, wie nachstehend, zusammengestellt werden; denn das Möglich – sein tauscht sich mit dem Statthaft – sein aus und dieses mit jenem; ebenso tauschen sich mit ihnen das Nicht-unmöglich sein und das Nicht-nothwendig sein aus. Ferner tauschen sich das Möglich nicht-sein und das Statthaft nicht-sein mit dem Nicht-nothwendig nicht-sein und mit dem Nicht-unmöglich nicht-sein aus; ferner tauschen sich das Nicht-möglich sein und das Nicht-Statthaft sein mit dem Nothwendig nicht-sein und mit dem Unmöglich sein aus; und ebenso das Nicht – möglich nicht – sein und das Nicht-statthaft nicht-sein mit dem Nothwendig sein und mit dem Unmöglich nicht-sein.

Man mag aus der folgenden Zusammenstellung er sehen, wie ich dies meine:

Möglich sein	Nicht-möglich sein
Statthaft sein	Nicht-statthaft sein
Nicht-unmöglich sein	Unmöglich sein
Nicht-nothwendig sein	Nothwendig nicht-sein
-	-
Möglich nicht-sein	Nicht-möglich nicht-sein
Statthaft nicht-sein	Nicht-statthaft nicht-sein
Nicht-unmöglich nicht-sein	Unmöglich nicht-sein
Nicht-nothwendig nicht-sein	Nothwendig sein.

Das Unmögliche und das Nicht-unmögliche folgen sich also und zwar jenes dem Nicht-Statthaften und dem Nicht-möglichen und dieses dem Statthaften und Möglichen und zwar so, dass danach die bejahenden Bestimmungen sich mit den verneinenden derselben Reihe austauschen; denn mit dem Möglich-sein tauscht sich die Verneinung des Unmöglichen aus und mit dem Nicht-möglich-sein tauscht sich das Unmöglich – sein aus; denn das Unmöglich sein ist eine Bejahung und das Nicht-möglich sein eine Verneinung.

Wir haben nun zu sehen, wie das *Nothwendige* sich verhält. Offenbar nicht so, wie die bisherigen Bestimmungen; sondern hier tauschen sich die Gegentheile aus und die einander widersprechenden Bestimmungen nicht. Denn von dem Nothwendig nicht – sein ist die Verneinung nicht:

Nicht-nothwendig sein, da beides für denselben Gegenstand wahr sein kann; denn was nothwendig nicht-ist, muss auch nicht-nothwendig sein.

Der Grund, weshalb bei dem Nothwendigen das Austauschen sich nicht ebenso, wie bei den vorigen Bestimmungen vollzieht, ist, weil das Unmögliche dem Nothwendigen entgegengestellt wird, obgleich sie beide ein Nothwendiges bezeichnen; denn wenn etwas unmöglich ist, so ist nothwendig, zwar nicht, dass es ist, aber nothwendig, dass es *nicht-ist* und wenn von etwas unmöglich ist, dass es *nicht-ist*, so muss es nothwendig *sein*. Wenn also bei den vorigen Bestimmungen sowohl für das Mögliche, wie das Nicht-mögliche die also austauschbaren Bestimmungen sich in gleicher Weise ergaben, so tauschen sich hier die entgegengesetzten Bestimmungen aus, weil das Nothwendige und das Unmögliche nicht dasselbe bedeuten, aber wie gesagt, wenn sie entgegengesetzt ausgedrückt werden, sich austauschen lassen.

Oder sollte es etwa unmöglich sein, dass die Verneinung des Nothwendigen sich so verhalte? Denn es muss ja das Nothwendige auch möglich sein; denn wenn dies nicht der Fall wäre, so müsste die Verneinung des Möglichen sich mit dem Nothwendigen austauschen, da entweder die Bejahung oder die Verneinung des Möglichen sich mit dem Nothwendigen austauschen muss. Dann wäre also das Nothwendige nicht – möglich, also unmöglich. Allein dass das Nothwendige nicht-möglich sei, ist widersinnig. Nun tauscht sich aber das Möglich sein mit dem Nicht-unmöglich sein aus und mit diesem das Nicht-nothwendig sein und somit ergäbe sich, dass das Nothwendig sein nicht nothwendig wäre, was widersinnig ist. Indess tauscht sich weder das Nothwendig-sein noch das Nothwendig nicht-sein mit dem Möglich-sein aus; denn bei dem Möglichen ist beides, das Sein und das Nicht-sein statthaft; aber wenn das eine z.B. das Sein bei einem von jenen beiden wahr ist, so kann es nicht auch das andere z.B. das Nicht-sein sein. Das Mögliche kann nämlich sowohl sein, wie nicht-sein; wenn aber Etwas nothwendig sein oder nicht – sein muss, so kann es nicht dies beides sein. Sonach bleibt also nur übrig, dass das: Nicht-nothwendig nicht-sein sich mit dem Möglich-sein austauscht, denn dies Austauschen mit dem Möglichen ist auch für das Nothwendig-sein richtig. Diese Bestimmung: Nicht-nothwendig nicht-sein ist auch der Gegensatz zu dem Nothwendig nicht-sein, welcher sich mit dem Nicht-möglich sein austauscht; den mit dem Nicht-möglich sein tauscht sich das Unmöglich-sein und das Nothwendig nicht-sein aus, dessen Verneinung das Nicht-nothwendig nicht-sein ist. Hiernach tauschen sich also diese Gegensätze in der angegebenen Weise aus und wenn sie so gestellt werden, ergiebt sich nichts unmögliches.

Man könnte vielleicht zweifeln, ob das Nothwendig sein sich mit dem Möglich sein austausche; allein wenn dies nicht der Fall wäre, so würde die Verneinung, also das Nicht-mögliche sich mit dem Nothwendigen austauschen; und wenn man dies nicht als die Verneinung von Nothwendig-sein gelten lassen wollte, so müsste man das Möglich nicht-sein als die Verneinung von Nothwendig-sein anerkennen; allein beides sind falsche Gegensätze von Nothwendig sein. Indess scheint doch wieder bei ein und demselben Gegenstande als möglich, dass er geschnitten und nicht geschnitten werde und dass er ist und nicht-ist, so dass mithin das Nothwendig sein, wenn es sich mit dem Möglich-sein austauschte, auch fähig wäre nicht zu sein, was doch falsch ist. Es ist demnach klar, dass nicht alles Mögliche sein und gehen auch nicht sein und nicht gehen kann, sondern es giebt Mögliches, wo dies nicht richtig ist. Zunächst gehören hierher die Gegenstände, deren Vermögen kein Vernünftiges ist; so ist z.B. das Feuer vermögend zu erwärmen, aber sein Vermögen ist unvernünftig. Die vernünftigen Vermögen sind dagegen zu Mehrerern und zu dem Entgegengesetzten vermögend; von den unvernünftigen aber nicht alle, sondern das Feuer z.B. ist, wie gesagt, nicht vermögend zu wärmen und auch nicht zu wärmen und eben dies gilt von allen Anderm, was immer wirkend ist. Indess kann auch Einiges mit unvernünftigem Vermögen das Entgegengesetzte erfassen. Dies wird indess nur deshalb hier bemerkt, weil nicht jedes Vermögen das Entgegengesetzte bewirken kann, selbst wenn sie auch zu derselben Art gehören.

Manche Vermögen sind jedoch zweideutiger Natur und das Mögliche hat nicht immer dieselbe Bedeutung. Manches heisst so, weil es wirklich und thätig ist; so ist bei Jemand das Gehen möglich, weil er geht und überhaupt heisst etwas möglich, weil es schon wirklich das ist, wozu es möglich genannt wird; anderes nennt man so, weil es in Wirklichkeit treten *könnte*; so nennt man bei Jemand das Gehen möglich, weil er gehen *könnte*. Diese letztere Möglichkeit kommt nur bei den veränderlichen Dingen vor; jene dagegen bei den unveränderlichen. Für beide Fälle, sowohl wenn Jemand geht und thätig ist, als wenn er blos fähig ist zu gehen, kann man in Wahrheit sagen, dass das gehen oder sein nicht unmöglich sei. Die letztere Art von Möglichkeit kann man dem schlechthin Notwendigen nicht beilegen, wohl aber die andere. So wie nun dem Besonderen das Allgemeine zukommt, so kommt auch dem Nothwendigen das Mögliche zu; indess gilt dies nicht allgemein. Auch ist wohl das Nothwendige und das Nicht-Nothwendige der Anfang von allem Sein und Nicht-Sein und man muss deshalb das Uebrige als diesem Nothwendigen und Nicht-nothwendigen folgend ansehen.

Es ist somit nach dem Gesagten klar, dass das Nothwendig-Seiende es in Bezug auf seine Wirklichkeit ist und wenn die ewigen Dinge die früheren sind, so ist auch die Wirklichkeit früher als die Möglichkeit. Manches ist wirklich, ohne die Möglichkeit, wie die höchsten und obersten Dinge; anderes ist wirklich und auch möglich, wie das von Natur Frühere, aber der Zeit nach Spätere; Anderes endlich ist niemals wirklich, sondern blos möglich.

Vierzehntes Kapitel

Es fragt sich, ob die Bejahung das Gegentheil der Verneinung sei, oder ob eine andere Bejahung das Gegentheil der Bejahung sei, und ob die Aussage, dass *jeder* Mensch gerecht ist, das Gegentheil sei von der Aussage, dass kein Mensch gerecht ist; oder ob die Aussage, dass jeder Mensch *gerecht* ist, das Gegentheil von der sei, dass jeder Mensch *ungerecht* ist; wie z.B. Kallias ist gerecht; Nicht-Kallias ist gerecht – Kallias ist ungerecht.

Wenn nun die gesprochenen Worte den Gedanken folgen und die Vorstellungen, welche das Gegentheilige vorstellen, selbst gegentheilig wären, wenn z.B. das: Jeder Mensch ist gerecht, das Gegentheil wäre von: Jeder Mensch ist ungerecht, so müsste es auch bei den ausgesprochenen Bejahungen sich so verhalten. Wenn aber hier die Vorstellung des Gegentheiligen nicht selbst gegentheilig ist, so wird auch die Bejahung nicht das Gegentheil der andern Bejahung sein, sondern das Gegentheil derselben ist dann die erwähnte Verneinung.

Man muss deshalb untersuchen, welche falsche Vorstellung das Gegentheil von der wahren ist, ob dies die Vorstellung der Verneinung ist oder die Vorstellung des gegentheilig-Seienden. Ich meine dies so: Die Vorstellung vom Guten, dass es gut ist, ist wahr und die andere dass es nicht gut ist, ist falsch; eine dritte Vorstellung ist die, dass es schlecht ist. Welche von diesen beiden letzteren ist nun das Gegentheil von der wahren Vorstellung? und wenn nur *eine* von ihnen die gegentheilige ist, in Bezug auf was ist sie die gegentheilige?

Wenn man nun meint, dass man die gegentheiligen Vorstellungen dadurch kennzeichnen könne, dass sie die Vorstellungen des gegentheiligen Seienden seien, so ist dies falsch; denn die Vorstellung des Guten, dass es gut ist und die Vorstellung des Schlechten, dass es schlecht ist, sind wohl beide dieselben und wahren Vorstellungen, mögen sie nun mehrere oder nur *eine* Vorstellung sein, und doch sind das Gute und das Schlechte Gegentheile. Die Vorstellungen werden also nicht dadurch gegentheilig, dass sie Gegentheile zu ihrem Gegenstande haben, sondern vielmehr dadurch, dass sie selbst sich gegentheilig verhalten. Wenn daher eine Vorstellung vom Guten dahin geht, dass es gut ist und eine andere, dass es nicht gut ist, und wenn es noch Anderes neben dem Schlechten giebt, was dem Guten nicht einwohnt und nicht einwohnen Kann, so ist keine von den Vorstellungen einer dieser anderen Bestimmungen, als die gegentheilige Vorstellung von der, dass das Gute gut ist, anzunehmen, weder die, welche das dem Guten nicht Einwohnende als einwohnend vorstellen, noch die, welche das ihm Einwohnende als nicht einwohnend vorstellen; (denn beide Arten sind unbegrenzt viele, sowohl die, welche das Nicht-einwohnende als einwohnend vorstellen, als die, welche das Einwohnende als nicht einwohnend vorstellen); vielmehr sind nur die Vorstellungen gegentheilig, welche den Irrthum enthalten und dies sind alle Vorstellungen von Dingen, welche ein Werden haben; denn das Werden geht aus dem Entgegengesetzten hervor und deshalb gehen auch die Irrthümer aus dem Entgegengesetzten hervor.

Wenn nun das Gute sowohl gut, wie nicht schlecht ist und es ersteres an-sich, das letztere aber nur nebenbei ist, (denn das Nicht-schlechtsein ist dem Guten nur nebensächlich), so ist auch von den wahren Vorstellungen eines Dinges diejenige im höheren Grade wahr, welche es an-sich vorstellt, wenn auch das nebensächliche wahr sein sollte, und ebenso verhält es sich mit den falschen Vorstellungen. Nun ist die Vorstellung des Guten, dass es nicht-gut ist, falsch in Bezug auf das Gute an-sich und die Vorstellung, dass es schlecht ist, ist nur falsch vermöge eines Nebensächlichen am Guten und deshalb wird die Vorstellung der Verneinung des Guten mehr falsch sein, als die Vorstellung seines Gegentheils. Nun täuscht sich Derjenige am meisten, welcher von einem Gegenstande die gegentheiliche Vorstellung hat, denn die

Gegentheile sind bezüglich der betreffenden Bestimmung am meisten von einander verschieden. Wenn nun die eine Vorstellung von dieser zwar gegentheilig ist, aber die Vorstellung des Widersprechenden noch mehr gegentheilig ist, so erhellt, dass nur letztere die gegentheilige ist. Die Vorstellung, dass das Gute ein Schlechtes ist, ist überdem eine zusammengesetzte, denn man muss dabei sich wohl auch nothwendig vorstellen, dass es nicht gut ist.

Wenn nun es sich auch in allen anderen Fällen so verhalten muss, so wird die Richtigkeit dieser Annahme auch dadurch bestätigt werden, dass die Verneinung entweder *überall* die gegentheilige sein muss oder nirgends. Nun ist bei allen Dingen, wofür keine Gegentheile bestehen, die der wahren Vorstellung entgegengesetzte Vorstellung die falsche; so ist z.B. der im Irrthume, welcher einen Menschen für einen Nicht-Menschen hält. Sind dies nun gegentheilige Vorstellungen, so sind es auch die andern verneinenden Vorstellungen.

Ferner verhalten sich die Vorstellungen des Guten, dass es das Gute ist, und die Vorstellung des Nicht-Guten, dass es das Nicht-Gute ist, gleich; und dasselbe gilt auch von den Vorstellungen des Guten, dass es das Nicht-Gute sei und von der Vorstellung des Nicht-Guten, dass es das Gute sei. Welche Vorstellung ist nun wohl das Gegentheil von der wahren Vorstellung des Nicht-Guten, dass es das Nicht-Gute sei? Doch wohl nicht die, welche sagt, dass es das Schlechte sei! Denn diese könnte ja gleichzeitig mit jener wahr sein, während doch die wahre Vorstellung niemals der wahren entgegengesetzt sein kann. Es giebt nämlich auch ein Nicht-Gutes, was das Schlechte ist und deshalb kann es kommen, dass diese beiden Vorstellungen wahr sind. Ebenso wenig ist aber die Vorstellung vom Nicht-Guten, dass es das Nicht-Schlechte sei, das Gegentheil; denn auch diese ist wahr und so würden auch in diesem Falle die gegentheiligen Vorstellungen beide wahr sein.

So bleibt nur übrig, dass zu der Vorstellung vom Nicht-Guten, dass es nicht gut ist, die Vorstellung, dass es gut ist, das Gegentheil ist. Ebenso steht die Vorstellung vom Guten, dass es nicht gut ist, der Vorstellung vom Guten, dass es gut ist, als ihr Gegentheil gegenüber.

Offenbar wird es auch keinen Unterschied ausmachen, wenn man die Bejahung *allgemein* aussagt; denn die allgemeine Verneinung ist deren Gegentheil. So ist z.B. für die Vorstellung, welche vorstellt, dass *alles*, was gut ist, gut sei, das Gegentheil die Vorstellung, dass *keines* von dem, was gut ist, gut sei. Denn die Vorstellung des Guten, dass es gut sei, ist, wenn das Gute das Allgemeine ist, dieselbe mit der, welche alles, was irgend gut ist, als gut vorstellt, und diese ist in Nichts von derjenigen verschieden, das *alles*, was gut ist, gut sei. Ebenso verhält es sich mit der Vorstellung des Nicht-Guten. Wenn es sich nun mit den Vorstellungen so verhält und wenn die in Worten geschehenden Bejahungen und Verneinungen nur die Zeichen für die in der Seele sind, so ist klar, dass zu der allgemeinen Bejahung die allgemeinen Verneinung das Gegentheil bildet; also dass z.B. zu der Vorstellung, dass *alles* Gute, gut sei oder dass *jeder* Mensch gut sei, die Vorstellung, dass Nichts oder Niemand gut sei, das *Gegentheil* bildet. Dagegen sind die *widersprechenden* Vorstellungen die, dass *nicht-alles* Gute oder *nicht alle* Menschen gut seien.

Es erhellt also, dass das Wahre nicht das Gegentheil vom Wahren sein kann, weder als Vorstellung, noch als ausgesprochene Verneinung; denn die gegentheiligen Vorstellungen sagen Entgegengesetztes von einem Gegenstande aus; aber mehrere wahre Vorstellungen können von demselben Gegenstande zugleich wahr sein, während Gegentheile nicht in demselben Gegenstande zugleich enthalten sein können.

Ende.

Erste Analytiken oder Lehre vom Schluss

(Analytika protera)

Erstes Buch

Erstes Kapitel

Ich habe zunächst anzugeben, worüber die gegenwärtige Untersuchung handelt und zu was sie gehört; sie handelt nämlich von dem Beweise und gehört zur beweisbaren Wissenschaft. Dann habe ich zu bestimmen, was ein *Satz*, was ein *Begriff* und was ein *Schluss* ist und welcher Schluss vollkommen und welcher unvollkommen ist und demnächst anzugeben, was das »in einem ganzen Anderen enthalten sein« oder »nicht enthalten sein« bedeutet und was man unter »von Allen ausgesagt werden« und »von Keinem ausgesagt werden« versteht.

Ein *Satz* ist nun eine Aussage, welche etwas von einem Anderen bejaht oder verneint; er lautet entweder allgemein oder beschränkt oder unbestimmt. Ein *allgemeiner* Satz ist er, wenn er aussagt, dass etwas in *allen* zu einem Begriff gehörenden Einzelnen oder in *keinem* derselben enthalten ist; *beschränkt* ist ein Satz, wenn er aussagt, dass etwas in einem, zu einem Begriff gehörenden Einzelnen enthalten oder nicht enthalten ist oder dass es nicht in allen Einzelnen enthalten ist; *unbestimmt* ist ein Satz, wenn er das Enthaltensein von etwas in einem Andern aussagt, ohne anzugeben, ob dies allgemein oder beschränkt stattfindet, z.B. wenn man sagt, dass Gegentheile der Gegenstand ein und derselben Wissenschaft seien, oder dass die Lust kein Gut sei.

Der *apodiktische Satz* ist von dem dialektischen verschieden; der erstere setzt den einen von zwei sich widersprechenden Sätzen als wahr (denn wer beweisen will, frägt nicht, sondern nimmt einen Satz an); der *dialektische* ist dagegen ein Satz aus zwei sich widersprechenden Sätzen, worüber eine Frage gestellt worden ist. Beide unterscheiden sich insofern nicht, als aus jedem ein Schluss gebildet werden kann; denn sowohl der, welcher etwas beweisen will, wie der, welcher nur frageweise einen Satz aufstellt, zieht daraus einen Schluss, indem er annimmt, dass etwas in einem Anderen enthalten oder nicht-enthalten sei. Deshalb ist überhaupt ein zum Schliessen geeigneter Satz vorhanden, wenn etwas, wie ich gesagt, von einem Anderen bejaht, oder verneint wird, und ein solcher Satz ist ein apodiktischer, wenn er wahr und aus den obersten Grundsätzen abgeleitet ist; ein dialektischer aber beim Fragen, wenn die Frage auf einen der sich widersprechenden Sätze gestellt wird und beim Schliessen, wenn der Satz als ein scheinbarer und annehmbarer hingestellt wird, wie ich in der Topik gesagt habe. Was nun ein Satz ist und wie der apodiktische und der dialektische, zu einem Schluss geeignete Satz sich unterscheiden, wird später genauer dargelegt werden; für das gegenwärtige Bedürfniss mögen die hier gegebenen Bestimmungen genügen.

Einen *Begriff* nenne ich das, in was ein Satz aufgelöst wird, also das Ausgesagte und das, von dem etwas ausgesagt wird, mag das Sein oder Nicht-sein hinzugefügt oder abgetrennt werden. Ein *Schluss* ist eine Rede, wo in Folge von Aufstellung mehrerer Sätze etwas von diesen Verschiedenes nothwendig sich ergiebt und zwar dadurch, dass diese Sätze so lauten. Mit den Worten »dadurch, dass diese Sätze so lauten« meine ich, dass *dadurch* die Folge sich ergiebt, und unter dem »dass *dadurch* die Folge sich ergiebt«, dass man keines weiteren Begriffes bedarf, um die Folge zu einer nothwendigen zu machen. *Vollkommen* nenne ich einen Schluss, wenn er neben den angenommenen Sätzen nichts weiter bedarf, um als ein nothwendiger zu erscheinen; *unvollkommen* nenne ich aber den, welcher noch eines oder mehreres dazu bedarf, was zwar aus den aufgestellten Begriffen sich als nothwendig ergiebt, aber nicht in Vordersätzen angesetzt worden ist.

Wenn man sagt, etwas sei in einem ganzen Anderen enthalten, oder wenn man etwas von allen Einzelnen eines Begriffes aussagt, so sind dies gleichbedeutende Ausdrücke. Etwas wird von *allen* ausgesagt, wenn keines von den in dem unterliegenden Begriffe enthaltenen Einzelnen aufgezeigt werden kann, von dem das Ausgesagte nicht gälte; und wenn etwas von *Keinem* ausgesagt wird, so hat dies die entsprechende gleiche Bedeutung.

Zweites Kapitel

Jeder Satz sagt entweder ein *einfaches* Sein, oder ein *nothwendiges* Sein oder ein *statthaftes* Sein aus und ein Satz kann in Bezug auf diesen

Zusatz entweder bejahend oder verneinend lauten; ferner können sowohl die bejahenden wie die verneinenden Sätze entweder allgemein oder beschränkt oder unbestimmt lauten. Von diesen Sätzen muss nun der, welcher einfach allgemein und verneinend lautet, in seinen Begriffen sich umkehren lassen; wenn z.B. keine Lust ein Gut ist, so ist auch kein Gut eine Lust. Der bejahende allgemeine Satz lässt sich zwar auch umkehren, aber er lautet dann nicht mehr allgemein, sondern beschränkt; wenn z.B. jede Lust ein Gut ist, so ist auch einiges Gute eine Lust. Von den beschränkten Sätzen lässt sich der bejahende in einem beschränkten umkehren (denn wenn einige Lust ein Gut ist, so ist auch einiges Gut eine Lust); bei verneinenden Sätzen ist dies aber nicht nothwendig; denn wenn der Mensch in einigen Geschöpfen nicht enthalten ist, so ist doch nicht auch das Geschöpf in einigen Menschen nicht enthalten.

Zunächst soll also der Satz A B verneinend und allgemein lauten. Wenn also hiernach A in keinem B enthalten ist, so wird auch B in keinem A enthalten sein.

Denn wenn B in einigen von A, z.B. in C enthalten wäre, so wäre es nicht wahr, dass A in keinem B enthalten sei, denn C ist Einiges von B.

Wenn dagegen A in allen B enthalten ist, so wird auch B in einigen A enthalten sein; denn wäre es in keinem A enthalten, so könnte auch A in keinem B enthalten sein. Wenn aber A in einigen B nicht enthalten ist, so muss deshalb nicht auch B in einigen A nicht enthalten sein. Ist B z.B. das Geschöpf und A der Mensch, so ist zwar der Mensch nicht in allen Geschöpfen, aber wohl das Geschöpf in allen Menschen enthalten.

Drittes Kapitel

In derselben Weise wird es sich mit den *nothwendigen* Sätzen verhalten. Der verneinende allgemeine Satz lässt sich auch hier in einen allgemeinen umkehren; aber von den bejahenden allgemeinen Sätzen lautet der umgekehrte nur beschränkt. Denn wenn A nothwendig in keinem B enthalten ist, so muss auch B nothwendig in keinem A enthalten sein; denn wenn es in einigen A enthalten sein könnte, so müsste auch das A in einigen B enthalten sein.

Wenn aber das A nothwendig in allen oder einigen B enthalten ist, so muss auch B in einigen A nothwendig enthalten sein; denn wäre dies nicht nothwendig, so würde auch A nicht nothwendig in einigen B enthalten sein. Dagegen findet bei dem beschränkten-verneinenden Satze aus dem vorher erwähnten Grunde keine Umkehrung statt.

Bei Sätzen, die nur als *statthafte* ausgesagt werden, wird das Statthafte in mehrfachem Sinne gebraucht. (Denn man sagt sowohl von dem Nothwendigen, wie von dem Nicht-nothwendigen und Möglichen, dass es statthaft sei.) Bei solchen Sätzen verhält es sich, wenn sie *bejahend* sind, ebenso, wie bei allen übrigen. Denn wenn A in allen oder in einigen B statthafterweise enthalten ist, so ist auch das B in einigen A statthafterweise enthalten, denn wäre es in keinem A enthalten, so wäre, wie ich früher gezeigt, auch das A in keinem B enthalten.

Bei den *verneinenden* solchen Sätzen verhält es sich aber nicht ebenso. So weit hier Etwas als statthaft ausgesagt wird, weil es nothwendig sich so verhält oder weil es nicht-nothwendig sich so verhält, so findet allerdings auch bei solchen Sätzen die Umkehrung ebenso, wie bei den früheren, statt. So kann man z.B. sagen: Der Mensch ist statthafterweise kein Pferd, oder: das Weisse ist in keinem Mantel enthalten; bei dem ersten Satze ist die Verneinung eine nothwendige, bei dem andern ist die Bejahung nicht nothwendig und hier findet die Umkehrung ebenso, wie bei den früheren Fällen statt; denn wenn es statthaft ist, dass das Pferd in keinem Menschen enthalten ist, so ist auch der Mensch in keinem Pferde statthafterweise enthalten; und wenn das Weisse in keinem Mantel statthafterweise ist, so ist auch der Mantel statthafterweise in keinem Weissen enthalten; denn wäre er nothwendig in einigen Weissen enthalten, so müsste auch das Weisse nothwendig in einigen Mänteln enthalten sein, wie dies vorhin dargelegt worden ist. Auch mit den beschränkt verneinenden Sätzen dieser Art verhält es sich ebenso.

Wo aber das Statthaft-sein das »Meistentheils- oder das Naturgemäss-sein« bedeutet, in welcher Weise ich das Statthaft-sein definirt habe, da wird es sich mit der Umkehrung der verneinenden Sätze nicht ebenso verhalten; vielmehr lässt sich da der allgemein-verneinende Satz nicht umkehren, sondern nur der beschränkte. Es wird dies klar werden, wenn ich über das Statthafte sprechen werde. Für jetzt ist zu dem Gesagten nur so viel klar, dass ein Satz, welcher sagt, dass etwas statthafterweise in keinem oder in einigen nicht enthalten sei, die Form eines bejahenden Satzes hat, weil das Statthafte, so, wie das *ist* in dem Satze eingestellt wird, und weil das *ist* da, wo es von etwas ausgesagt wird, immer und durchaus eine Bejahung hervorbringt, wie z.B. in den Sätzen: Es *ist* nicht-gut, oder: Es *ist* nicht-weiss; oder überhaupt: Es *ist* nicht-dieses. Auch dies wird später dargelegt werden. Deshalb werden sich solche Sätze in Bezug auf deren Umkehrung wie die übrigen bejahenden Sätze verhalten.

Viertes Kapitel

Nachdem dies auseinandergesetzt worden, will ich nun darlegen, wodurch und wenn und wie alle Schlüsse zu Stande kommen. Später habe ich dann über den Beweis zu sprechen; vor dem Beweis habe ich aber über den Schluss zu sprechen, weil der Schluss das Allgemeinere ist, denn der Beweis ist wohl eine Art des Schlusses, aber nicht jeder Schluss ist ein Beweis.

Wenn sich nun drei Begriffe so zu einander verhalten, dass der unterste Begriff in dem ganzen mittleren Begriff und der mittlere in dem ganzen oberen Begriff enthalten oder nicht enthalten ist, so muss sich für die beiden äusseren Begriffe ein Schluss ergeben. Mittel-Begriff nenne ich den, welcher sowohl selbst in einem anderen, als in welchem wieder ein anderer enthalten ist und welcher auch bei dem Ansatze der mittlere wird. Aeussere Begriffe nenne ich aber sowohl den, welcher in einem anderen enthalten ist, wie den, in welchem ein anderer enthalten ist. Denn wenn A von allen B und B von allen C ausgesagt wird, so muss auch A von allen C ausgesagt werden. Wie ich das »von allen ausgesagt werden« verstehe, habe ich bereits früher gesagt. Ebenso erhellt, dass wenn das A von keinem B und B von allen C ausgesagt wird, A in keinem C enthalten sein wird. Wenn aber der Oberbegriff in dem ganzen mittleren, der Mittelbegriff aber in keinem des Unterbegriffes enthalten ist, so entsteht für die äusseren Begriffe kein Schluss, weil bei solcher Beschaffenheit derselben sich nichts Nothwendiges ergiebt, denn der Oberbegriff kann dann ebenso gut in den ganzen Unterbegriff, wie in keinem desselben enthalten sein; es ergiebt sich also weder ein beschränkter, noch ein allgemeiner Schlusssatz als nothwendig, und wenn aus solchen Begriffen sich nichts als nothwendig ergiebt, so ist auch kein Schluss vorhanden. Als Beispiele für die Bejahung können hier dienen die Begriffe: Geschöpf, Mensch, Pferd; und für die Verneinung: Geschöpf, Mensch, Stein. Auch dann, wenn der Oberbegriff nicht in dem mittleren und dieser nicht in dem Unterbegriff enthalten ist, giebt es keinen Schluss. Als Beispiel für den bejahenden Satz dienen: Wissenschaft, Linie, Arzneikunde; für den verneinenden Satz: Wissenschaft, Linie, Eins. Wenn hiernach von den Begriffen etwas allgemein ausgesagt wird, so erhellt, dass dann bei dieser Schlussfigur sich manchmal ein Schluss ergeben und manchmal nicht ergeben wird; und wenn ein Schluss sich ergiebt, so müssen die Begriffe sich so, wie ich angegeben, verhalten und umgekehrt muss, wenn sie sich so verhalten, ein Schluss sich ergeben.

Wird aber von dem einen Begriffe etwas allgemein, von dem anderen aber nur *beschränkt* ausgesagt, so ergiebt sich dann ein vollkommener Schluss, wenn das Allgemeine zu dem Oberbegriff gesetzt wird, sei es bejahend oder verneinend und das Beschränkte zu dem Unterbegriff bejahend; dagegen entsteht kein Schluss, wenn das Allgemeine zu dem Unterbegriff gesetzt wird oder die Begriffe überhaupt sich anders zu einander verhalten. Unter den Oberbegriffe meine ich den, in dessen Umfang sich der Mittelbegriff befindet und unter dem Unterbegriffe den, welcher unter dem mittleren enthalten ist. Es sei also A in dem ganzen B und B in einigen C enthalten, so muss demgemäss, wenn das »von allen ausgesagt werden« den früher angegebenen Sinn hat, das A in einigen C enthalten sein; und wenn A in keinem B enthalten ist, aber B in einigen C, so muss A in einigen C nicht enthalten sein; denn wie das »in keinem enthalten sein« zu verstehen ist, habe ich auch erklärt und es wird also auch hier ein vollständiger Schluss vorhanden sein. Dasselbe gilt, wenn der Satz B C unbestimmt, aber bejahend lautet; denn der Schluss bleibt derselbe, mag der Untersatz unbestimmt oder beschränkt lauten. Wird aber das Allgemeine zu dem Unterbegriff, sei es bejahend oder verneinend gesetzt, so giebt es keinen Schluss, mag der Obersatz bejahen oder verneinen, sobald er unbestimmt oder beschränkt lautet. Wenn z.B. A in einigen B enthalten, oder nicht enthalten ist, B aber in dem ganzen C enthalten ist, so können als Beispiele für die Bejahung die Begriffe dienen: Gut, Gemüthsrichtung, Klugheit, und für die Verneinung: Gut, Gemüthsrichtung, Unwissenheit. Ebenso giebt es auch keinen Schluss, wenn B in keinem von C enthalten und A in einigen B enthalten oder nicht enthalten ist oder wenn es nicht in dem ganzen B enthalten ist. Als Beispiele kann man die Begriffe benutzen: Weisses, Pferd, Schwan, und Weisses, Pferd, Rabe. Dieselben Begriffe können auch für den Fall dienen, dass der Satz A B ein unbestimmter ist. Auch giebt es keinen Schluss, wenn zwar der Obersatz allgemein, sei es bejahend oder verneinend, der Untersatz aber beschränkt und verneinend lautet, mag er unbestimmt oder ausdrücklich beschränkt lauten; also z.B. wenn A in dem ganzen B enthalten ist, aber B in einigen C nicht, oder nicht in dem ganzen C enthalten ist; denn in dem Theile des Unterbegriffes, in welchem der Mittelbegriff nicht enthalten ist, kann der Oberbegriff bald ganz, bald gar nicht enthalten sein. Man setze z.B. die Begriffe: Geschöpf, Mensch, weiss und dann als den Theil des Weissen, in dem der Mensch nicht enthalten ist, einmal Schwan und dann Schnee. In diesem Falle muss das Geschöpf von jedem Schwan ausgesagt und von jedem Schnee verneint werden; woraus erhellt, dass hier kein Schluss vorhanden ist. Ferner soll A in keinem B enthalten sein und B in einigen C nicht enthalten sein; für diesen Fall nehme man die Begriffe Leblos, Mensch, Weiss und dann als Theil des Weissen, in dem der Mensch nicht enthalten ist, einmal den Schwan und dann den Schnee; hier wird das Leblose von dem ganzen nicht im Menschen enthaltenen Theil des Weissen einmal ausgesagt und das anderemal verneint. Da ferner der Satz, dass B in einigen C nicht enthalten sei, ein unbestimmter ist, weil sowohl dann, wenn B in keinem C enthalten ist, wie dann, wenn B nicht in allen C enthalten ist, man in Wahrheit sagen kann, dass B in einigen C nicht enthalten sei, so ergiebt sich auch kein Schluss, wenn man solche unbestimmte Sätze so nimmt, dass B in keinem C enthalten ist; denn dies habe ich schon früher dargelegt. Somit erhellt, dass wenn die Begriffe sich so zu einander verhalten, kein Schluss sich ergiebt. Denn auch dort ergab sich keiner. In derselben Weise kann der Beweis geführt werden, wenn der Obersatz allgemein verneinend lautet.

Ebenso wenig giebt es einen Schluss, wenn *beide* Vordersätze beschränkt lauten, sei es bejahend oder verneinend, oder wenn der eine bejahend und der andere verneinend lautet, oder wenn der eine unbestimmt und der andere bestimmt lautet, oder wenn beide unbestimmt lauten. Als Beispiele für alle diese Fälle können dienen die Begriffe: Geschöpf, Weiss, Pferd, und: Geschöpf, Weiss, Stein.

Aus dem Gesagten ergiebt sich also, dass wenn in dieser Figur ein beschränkter Schlusssatz sich ergeben soll, die Begriffe sich so, wie ich gesagt, zu einander verhalten müssen und dass, wenn sie sich anders verhalten, kein Schluss sich ergiebt. Auch erhellt, dass in dieser Figur alle Schlüsse zu den vollkommenen gehören; denn alle vollziehen sich lediglich auf Grund der gleich anfangs angenommenen Vordersätze. Auch werden alle Aufgaben durch diese Schlussfigur bewiesen, sowohl dass ein Begriff in allen oder in keinem oder in einigen oder nicht in einigen eines anderen Begriffes enthalten ist. Ich nenne diese Figur die *erste*.

Fünftes Kapitel

Wenn derselbe Begriff in dem anderen ganz und in dem dritten gar nicht enthalten ist, oder wenn er in jedem von beiden ganz oder gar nicht enthalten ist, so nenne ich eine solche Schlussfigur die *zweite*. Mittelbegriff nenne ich hier den, welcher von den beiden anderen ausgesagt wird und Aussenbegriffe die, von welchen er ausgesagt wird. Von diesen nenne ich den dem Mittelbegriff näheren den grösseren und den vom Mittelbegriff entfernteren den kleineren. Der Mittelbegriff steht bei dieser Figur ausserhalb der Aussenbegriffe, und ist der erste im Ansatze. Vollkommen sind die Schlüsse in dieser Figur keineswegs; aber sie sind möglich, gleichviel ob die Begriffe in den Vordersätzen allgemein oder nicht allgemein genommen seien. Sind sie allgemein genommen, so ergiebt sich ein Schluss, wenn der Mittelbegriff in einem der Aussenbegriffe ganz, in dem anderen gar nicht enthalten ist, wobei es gleichgültig ist, zu welchen von beiden er sich verneinend verhält. Verhalten sich die Begriffe anders, so giebt es keinen Schluss. So soll M von N gar nicht, aber von dem ganzen X ausgesagt werden. Hier lässt sich der verneinende Vordersatz umkehren; so dass N in keinem M enthalten ist; M war aber in dem ganzen X enthalten, folglich ist N in keinem X enthalten; denn diese Folgerung ist bereits bewiesen worden.

Weiter soll M in dem ganzen N, aber in keinem X enthalten sein; hier wird N in keinem X enthalten sein. Denn wenn M in keinem X enthalten ist, so wird auch X in keinem M enthalten sein; M war aber in dem ganzen N enthalten und folglich wird X in keinem N enthalten sein; denn es hat sich damit wieder die erste Schlussfigur ergeben. Da nun verneinende Sätze sich umkehren lassen, so wird auch N in keinem X enthalten sein, so dass somit derselbe Schluss wie im ersten Falle sich ergiebt. Man kann übrigens diese Beweise auch dadurch führen, dass man die Unmöglichkeit des Gegentheils darlegt. Es ist somit klar, dass bei einem solchen Verhalten der Begriffe zu einander ein Schluss

9

sich ergiebt; aber er ist nicht vollkommen, weil die Nothwendigkeit desselben nicht schon aus den ursprünglich angesetzten Vordersätzen, sondern erst mit Hinzunahme anderer Hülfsmittel sich vollendet.

Wenn aber M von dem ganzen N und von dem ganzen X ausgesagt wird, ergiebt sich kein Schluss. Als Begriff für einen bejahenden Schlusssatz nehme man: Ding, Geschöpf, Mensch, und für einen verneinenden Schlussatz: Ding, Geschöpf, Zahl, wobei Ding der Mittelbegriff ist. Auch ergiebt sich kein Schluss, wenn M von keinem N und von keinem X ausgesagt wird. Als Begriffe für einen bejahenden Schlusssatz nehme man: Linie, Geschöpf, Mensch; und für einen verneinenden Schlusssatz: Linie, Geschöpf, Stein. Es ist also klar, dass, wenn bei allgemein genommenen Begriffen ein Schluss sich ergeben soll, die Begriffe sich zu einander so, wie ich zuerst bemerkt, verhalten müssen; denn wenn sie sich anders verhalten, ergiebt sich keine Nothwendigkeit für einen Schlusssatz.

Wenn aber der Mittelbegriff nur von einem der Aussenbegriffe allgemein ausgesagt wird und dies von dem grösseren Begriffe geschieht, sei es bejahend oder verneinend, und wenn der Mittelbegriff dabei von dem kleineren Aussenbegriffe nur beschränkt, aber in entgegengesetzter Weise ausgesagt wird; (ich nenne es entgegengesetzt, wenn der allgemeine Vordersatz verneinend und der beschränkte Vordersatz bejahend lautet, oder wenn der allgemeine bejahend und der beschränkte verneinend lautet), so muss sich ein verneinender beschränkter Schlusssatz ergeben. Denn wenn M in keinen N, aber in einigen X enthalten ist, so muss N in einigen X nicht enthalten sein. Denn der verneinende Satz M N lässt sich umkehren und N ist also auch in keinem M enthalten; M war aber in einigen X enthalten, mithin wird N in einigen X nicht enthalten sein; denn dieser Schluss ergiebt sich dann vermittelst der ersten Figur.

Wenn ferner M in dem ganzen N enthalten ist, aber in einigen X nicht; so muss N in einigen X nicht enthalten sein; denn wenn N in dem ganzen X enthalten wäre, so müsste, da M von dem ganzen N ausgesagt wird, M auch in dem ganzen X enthalten sein, während doch angenommen ist, dass M in einigen X nicht enthalten sei. Und wenn M in dem ganzen N enthalten ist, aber nicht in dem ganzen X, so ergiebt sich der Schluss, dass N nicht in dem ganzen X enthalten ist. Der Beweis ist hier derselbe, wie vorher. Wird aber M von dem ganzen X, aber nicht von dem ganzen N ausgesagt, so ergiebt sich kein Schluss.

Man nehme als Beispiel die Begriffe: Geschöpf, Ding, Rabe; und: Geschöpf, Weiss, Rabe. Auch ergiebt sich kein Schluss, wenn M von keinem X, aber von einigen N ausgesagt wird. Als Beispiele für den bejahenden Schluss nehme man die Begriffe: Geschöpf, Ding, Eins; und für den verneinenden Schlusssatz: Geschöpf, Ding, Wissenschaft.

Wenn also der allgemeine Vordersatz entgegengesetzt wie der beschränkte lautet, so ergiebt sich, wie gesagt, manchmal ein Schluss und manchmal nicht; lauten aber beide Vordersätze gleichförmig, also beide bejahend oder beide verneinend, so ergiebt sich kein Schluss. So sollen sie zuerst verneinend lauten und der grössere Aussenbegriff soll allgemein genommen sein, so dass also M in keinem N enthalten und in einigen X nicht enthalten ist. Hier kann N sowohl ganz in X, wie gar nicht in X enthalten sein. Als Begriffe für das Nicht-enthaltensein nehme man Schwarz, Schnee, Geschöpf. Für das in dem ganzen X enthalten sein kann man aber keine Begriffe aufstellen, wenn M in einigen X enthalten und in einigen X nicht enthalten ist. Denn wenn X in dem ganzen X enthalten und M in keinen N enthalten ist, so muss M in keinem X enthalten sein, während doch angenommen worden, dass M in einigen X enthalten sei. Es lassen sich also hierfür keine Begriffe als Beispiele aufstellen. Dagegen kann man den Beweis aus der Unbestimmtheit dieses Satzes ableiten. Denn der Satz, dass M in einigen X nicht enthalten ist, bleibt auch wahr, wenn M in keinem X enthalten ist. Für diesen Fall aber, dass M in keinem X enthalten war, ergab sich kein Schluss und so ist klar, dass auch hier keiner statthaben kann.

Nun sollen ferner die Vordersätze bejahend lauten und das Allgemeine soll wie vorher angesetzt sein; es soll also M in dem ganzen N und in einigen X enthalten sein; hier kann es kommen, dass N in dem ganzen X und auch, dass es in keinem X enthalten ist. Als Begriffe für den letzteren Fall nehme man: Weiss, Schwan, Stein. Für den ersten Fall kann man aber aus demselben Grunde, wie vorher, keine Begriffe aufstellen, und der Beweis muss auch hier aus der Unbestimmtheit des Satzes entnommen werden.

Ist aber das Allgemeine zu dem kleineren Aussenbegriffe genommen und also M in keinem X enthalten und in einigen N nicht enthalten, so kann N sowohl in dem ganzen X wie in gar keinem X enthalten sein. Für das Enthaltensein dienen die Begriffe: Weiss, Geschöpf, Rabe; für das Nicht-enthalten sein: Weiss, Stein, Rabe. Lauten aber die Vordersätze bejahend, so nehme man für das Nicht-enthalten sein die Begriffe: Weiss, Geschöpf, Schnee, und für das Enthaltensein die Begriffe: Weiss, Geschöpf, Schwan.

Sonach ist also klar, dass wenn die Vordersätze gleichförmig lauten, und der eine allgemein, der andere beschränkt, in keinem Falle ein Schluss sich ergiebt. Dies ist auch dann nicht der Fall, wenn der Mittelbegriff in einigen der beiden Aussenbegriffe enthalten oder nicht enthalten ist, oder wenn er in einigen des *einen* Aussenbegriffs enthalten, in einigen des anderen aber nicht enthalten ist, oder wenn er in keinem von beiden enthalten ist, oder wenn dies unbestimmt ausgedrückt ist. Als Begriffe für alle diese Fälle können dienen: Weiss, Geschöpf, Mensch, und: Weiss, Geschöpf, Leblos.

Sonach erhellt aus dem Gesagten, dass wenn die Begriffe sich so zu einander verhalten, wie angegeben worden, nothwendig ein Schluss sich ergiebt, und dass wenn ein Schluss sich ergiebt, nothwendig die Begriffe sich so verhalten müssen. Auch ist klar, dass alle Schlüsse in dieser Figur unvollkommen sind (denn alle werden nur vollkommen, wenn noch etwas hinzugenommen wird, was entweder den Begriffen nothwendig einwohnt, oder was als Voraussetzung angenommen wird) wie in dem Falle, wo der Beweis aus der Unmöglichkeit des Gegentheils geführt wird. Auch erhellt, dass in dieser Figur kein bejahender Schlusssatz vorkommt, sondern dass alle, sowohl die allgemeinen, wie die beschränkten verneinend lauten.

Sechstes Kapitel

Wenn in demselben Begriffe ein anderer ganz und ein dritter gar nicht enthalten ist, oder wenn beide letztere in jenem ganz oder beide gar nicht enthalten sind, so nenne ich eine solche Schlussfigur die *dritte*. Mittelbegriff nenne ich hier denjenigen, von dem die beiden anderen ausgesagt werden und Aussenbegriffe diese ausgesagten; denjenigen von diesen, welcher am weitesten von dem Mittelbegriff entfernt ist, nenne ich den grösseren und den näheren den kleineren. Der Mittelbegriff wird hier ausserhalb der Aussenbegriffe gesetzt und ist seiner Stellung nach der letzte. Ein vollkommener Schluss entsteht auch in dieser Figur nicht, aber er kann daraus abgeleitet werden, gleichwohl ob die Aussenbegriffe allgemein, oder nicht allgemein von dem Mittelbegriff ausgesagt werden. Wenn sie allgemein lauten und wenn P und R in dem ganzen S enthalten ist, so muss nothwendig P in einigen R enthalten sein. Denn da bejahende Sätze sich umkehren lassen, so muss S in einigen R enthalten sein, und wenn sonach P in dem ganzen S, und S in einigen R enthalten ist, so muss auch P in einigen R enthalten sein, womit sich dann ein Schluss in der ersten Figur ergiebt. Der Beweis lässt sich auch aus der Unmöglichkeit des Gegentheils und durch Herausetzung führen; denn wenn beide Aussenbegriffe in dem S enthalten sind und man von S einen Theil N herausnimmt, so wird in diesem sowohl P wie R enthalten sein, mithin wird auch P in einigen R enthalten sein.

Wenn R in dem ganzen S, P aber gar nicht in S enthalten ist, so ergiebt sich der Schluss, dass P in einigen R nicht enthalten ist. Der Beweis geschieht in derselben Weise, durch Umkehrung des Vordersatzes R S. Es kann aber auch durch die Unmöglichkeit das Gegentheil bewiesen werden, wie im vorhergehenden Falle.

Wenn dagegen R gar nicht in S und P in dem ganzen S enthalten ist, so entsteht kein Schluss. Man nehme für die Bejahung die Begriffe: Geschöpf, Pferd, Mensch, und für die Verneinung die Begriffe: Geschöpf, Leblos, Mensch.

Auch wenn beide Aussenbegriffe von keinem S ausgesagt werden, ergiebt sich kein Schluss. Man nehme für die Bejahung die Begriffe: Geschöpf, Pferd, Leblos; und für die Verneinung: Mensch, Pferd, Leblos, wobei Leblos der Mittelbegriff ist.

Sonach erhellt, dass auch in dieser Schlussfigur, wenn die Begriffe allgemein genommen werden, bald ein Schluss sich ergiebt, bald nicht. Denn wenn beide Aussenbegriffe bejahend lauten, so ergiebt sich der Schluss, dass ein Aussenbegriff in einigen des anderen enthalten ist; lauten sie aber verneinend, so er giebt sich kein Schluss. Lautet dagegen ein Aussenbegriff verneinend und der andere bejahend, so ergiebt sich dann, wenn der grössere Aussenbegriff verneinend und der andere bejahend lautet, der Schluss dass der eine in einigen des anderen nicht enthalten ist; verhalten sie sich aber umgekehrt, so ergiebt sich kein Schluss.

Wenn aber der eine Aussenbegriff allgemein in Bezug auf den Mittelbegriff lautet und der andere nur beschränkt, so muss sich, wenn sie beide bejahend lauten, ein Schluss ergeben, gleichviel welcher von beiden allgemein lautet. Denn wenn R in dem ganzen S und wenn P in einigen S enthalten ist, so muss P in einigen R enthalten sein. Denn in Folge der Umkehrung des bejahenden Satzes ist S in einigen P enthalten und da R in dem ganzen S enthalten ist und S in einigen P, so wird auch R in einigen P enthalten sein, folglich auch P in einigen R.

Wenn aber R in einigen S und P in allen S enthalten ist, so muss P in einigen R enthalten sein. Der Beweis geschieht hier in derselben Weise; auch kann man es durch die Unmöglichkeit des Gegentheils und durch Heraussetzung, wie bei den früheren Fällen beweisen.

Wenn aber von den Aussenbegriffen der eine bejahend und der andere verneinend, und dabei jener allgemein lautet und es der kleinere Aussenbegriff ist, so ergiebt sich ein Schluss. Denn wenn R in dem ganzen S enthalten ist, P aber in einigen S nicht enthalten ist, so muss P in einigen R nicht enthalten sein. Denn wäre P in allen R enthalten, so würde, da R in allen S enthalten, P auch in allen S enthalten sein, was doch nicht angenommen ist. Dies lässt sich auch auf direkte Weise darthun, wenn man einige von S heraussetzt, in denen P nicht enthalten ist.

Lautet aber der grössere Aussenbegriff bejahend, so giebt es keinen Schluss; nämlich, wenn P in den ganzen S enthalten ist und R in einigen S nicht enthalten ist. Als Begriffe für den Fall, dass denn P in dem ganzen R enthalten, nehme man: Lebendig, Mensch, Geschöpf; dagegen lassen sich für den Fall, dass P gar nicht in R enthalten, keine Begriffe aufstellen, wenn R in einigen S enthalten und in einigen S nicht enthalten ist; denn wenn P in den ganzen S und R in einigen S enthalten ist, so ist auch P in einigen R enthalten; während doch P in keinen R enthalten sein soll. Indess muss man den Ausdruck »einigen« wie früher verstehn; denn der Ausdruck »in einigen nicht enthalten sein« ist zweideutig und auch von dem »in keinem enthalten sein« kann man in Wahrheit sagen, dass es »in einigen nicht enthalten« ist, und wenn R in keinem P enthalten, so findet, wie oben gezeigt worden, kein Schluss statt, folglich kann dann auch hier kein Schluss statt haben.

Lautet dagegen der verneinende Satz allgemein und gilt dies für den grösseren Aussenbegriff, während der kleinere bejaht, so ergiebt sich ein Schluss. Denn wenn P in keinem S, R aber in einigen S enthalten ist, so wird P in einigen R nicht enthalten sein. Es ergiebt sich nämlich auch hier eine erste Schlussfigur, wenn der Vordersatz R S umgekehrt wird. Lautet dagegen der kleinere Aussenbegriff verneinend, so giebt es keinen Schluss; denn die Begriffe: Geschöpf, Mensch, Raubthier ergeben einen bejahenden Schlusssatz und die Begriffe: Geschöpf, Wissenschaft, Raubthier einen verneinenden Schlusssatz, wobei Raubthier den Mittelbegriff abgiebt.

Auch wenn beide Vordersätze verneinend und der eine allgemein, der andere beschränkt lautet, giebt es keinen Schluss. Für den Fall, dass der kleinere Begriff allgemein lautet, nehme man das einemal die Begriffe: Geschöpf, Wissenschaft, Raubthier und dann: Geschöpf, Mensch, Raubthier. Lautet aber der grössere Begriff allgemein, so nehme man für den verneinenden Schlusssatz die Begriffe: Rabe, Schnee, Weiss; dagegen kann man für den bejahenden Schlusssatz keine Begriffe aufstellen im Fall R in einigen S enthalten und in einigen S nicht enthalten ist. Denn wenn P in dem ganzen R enthalten wäre, so würde, da R in einigen S enthalten ist, auch P in einigen S enthalten sein; während doch gesetzt ist, dass es in keinem S enthalten ist. Dagegen lässt sich der Beweiss, dass P in allen R enthalten ist, führen, wenn man den Satz, dass R in einigen S nicht enthalten, als unbestimmt nimmt, so dass er auch den Fall befasst, wo R in keinem S enthalten ist.

Auch giebt es keinen Schluss, wenn beide Aussenbegriffe von einigen des Mittelbegriffs bejahend oder verneinend lauten, oder der eine bejahend und der andere verneinend lautet; oder wenn der eine in einigen des Mittelbegriffs enthalten und der andere nicht in dem ganzen Mittelbegriff enthalten ist, oder wenn die Sätze unbestimmt lauten. Für alle diese Fälle können dienen die Begriffe: Geschöpf, Mensch, Weiss und Geschöpf, Leblos, Weiss.

Hiernach erhellt, wenn in dieser Schlussfigur ein Schluss sich ergiebt und wenn nicht und dass, wenn die Begriffe sich angegebener Maassen verhalten, nothwendig auch ein Schluss sich ergiebt und dass, wenn ein Schluss statt hat, nothwendig auch die Begriffe sich so wie angegeben verhalten müssen. Auch erhellt, dass alle Schlüsse in dieser Figur unvollkommen sind (denn alle werden erst durch Hinzunahme von anderem vollkommen) und dass allgemeine Schlusssätze in dieser Figur sich weder als bejahende noch als verneinende ableiten lassen.

Siebentes Kapitel

Es erhellt auch, dass in allen drei Schlussfiguren in den Fällen, wo kein Schluss aus ihnen gezogen werden kann, dann überhaupt Nichts mit Notwendigkeit sich ergiebt, sofern *beide* Vordersätze bejahend oder verneinend lauten, lautet dagegen der eine Vordersatz bejahend und der andere verneinend und letzterer dabei allgemein, so ergiebt sich wenigstens ein Schluss, wonach der kleinere Aussenbegriff sich irgendwie zu dem grösseren verhält. Dies ist z.B. der Fall, wenn A in allen oder einigen B, aber B in keinem C enthalten ist; denn wenn man diese Vordersätze umkehrt, so muss C in einigen A nicht enthalten sein, und dasselbe findet in den beiden anderen Schlussfiguren statt; denn durch die Umkehrung der Vordersätze ergiebt sich immer ein Schluss. Auch ist klar, dass wenn man statt des beschränkten bejahenden Vordersatzes, denselben unbestimmt setzt, sich dann derselbe Schluss in allen Schlussfiguren ergeben wird.

Auch erhellt, dass alle unvollkommenen Schlüsse ihre Vollendung durch die erste Schlussfigur erhalten; denn sie gelangen direkt zu ihrem Schlusssatz, oder indirekt vermittelst des Beweises von der Unmöglichkeit des Gegentheils; und in beiden Fällen kommt man dabei zur ersten Schlussfigur und zwar bei den direkten Beweis, weil da alle ihren Schlusssatz erst durch Umkehrung eines Vordersatzes erreichen und diese Umkehrung die erste Schlussfigur herstellt; bei dem Unmöglichkeitsbeweis aber deshalb, weil, wenn das Falsche angesetzt wird, auch hier der Schluss in der ersten Figur erfolgt. Wenn z.B. in der dritten Figur A und B in dem ganzen C enthalten sind, so lautet der Schluss, dass A in einigen B enthalten ist; denn wäre A in keinem B enthalten, so müsste, da B in allen C enthalten ist, A in keinem C enthalten sein, was unmöglich ist, da es als in allen C enthalten angesetzt worden ist. Aehnlich verhält es sich bei den anderen Schlussfiguren.

Auch kann man alle Schlüsse auf allgemeine Schlüsse der ersten Figur zurückführen; denn bei denen der zweiten Figur erhellt, dass sie alle erst durch solche zu vollkommenen werden; nur geschieht dies nicht auf die gleiche Weise bei allen, sondern bei den allgemein verneinenden durch Umkehrung und bei den beschränkten dadurch, dass bei jedem derselben die Unmöglichkeit des Gegentheils nachgewiesen wird. Die beschränkt lautenden Schlüsse der ersten Figur, sind zwar in sich selbst vollkommen, doch kann man ihre Richtigkeit auch mittelst der zweiten Figur durch die Unmöglichkeit des Gegentheils beweisen. Wenn z.B. A in dem ganzen B und B in einigen C enthalten ist, so kann man auf diese Weise zeigen, dass A in einigen C enthalten ist; denn wenn A in keinem C enthalten wäre, aber A in dem ganzen B, so würde B in keinem C enthalten sein, welchen Schluss man durch die zweite Figur erhält. Ebenso lässt sich der Beweis bei dem verneinenden Obersatz führen; denn wenn A in keinem B enthalten ist, B aber in einigen C enthalten ist, so wird A in einigen C nicht enthalten sein; denn wäre A in dem ganzen C enthalten, so würde, da A in keinem B enthalten ist, B in keinem C enthalten sein, was ein Schluss der zweiten Figur ist. Wenn also alle Schlüsse der zweiten Figur sich auf die allgemeinen Schlüsse der ersten Figur zurückführen lassen und die beschränkt lautenden der ersten Figur sich auf Schlüsse der zweiten Figur zurückführen lassen, so erhellt, dass auch die beschränkt lautenden der ersten Figur sich auf die allgemeinen Schlüsse der ersten Figur zurückführen lassen. Was aber die Schlüsse der *dritten* Figur anlangt, so lassen sie sich, wenn sie allgemein lauten, sofort durch Schlüsse der ersten Figur zu vollkommnen machen; lauten sie aber beschränkt, so werden sie durch beschränkte Schlüsse der ersten Figur zu vollkommenen; und da diese sich in allgemeine der ersten Figur umwandeln lassen, so gilt dies auch von den beschränkten Schlüssen der dritten Figur. Somit erhellt, dass sich alle Schlüsse auf allgemeine Schlüsse der ersten Figur zurückführen lassen.

Hiermit habe ich dargelegt, wie sich die Schlüsse, welche das einfache Sein oder Nicht-sein ausdrücken, zu einander verhalten und zwar wie sich die Schlüsse derselben Figur zu einander und wie die Schlüsse verschiedener Figuren zu einander sich verhalten.

Achtes Kapitel

Da das einfache Sein und das nothwendige Sein und das statthafte Sein verschieden sind (denn Vieles *ist* zwar, aber nicht aus Nothwendigkeit und Anderes *ist* weder aus Nothwendigkeit, noch *ist* es überhaupt, aber das Sein desselben ist statthaft), so erhellt, dass auch die aus diesen unterschiedenen Arten zu sein gebildeten Schlüsse von einander verschieden sein werden, und zwar auch dann, wenn die beiden Vordersätze in einem Schlüsse nicht gleichartig lauten, sondern der eine das nothwendige, der andere das einfache Sein oder das blos statthafte Sein ausdrückt.

Mit den Schlüssen aus nothwendigen Vordersätzen verhält es sich ziemlich so, wie mit denen aus Vordersätzen, die nur das einfache Sein ausdrücken; denn wenn die nothwendigen Vordersätze ebenso gestellt sind, wie die Vordersätze, welche das einfache Sein ausdrücken und auch in den Bejahen oder Verneinen mit jenen übereinstimmen, so wird sich aus den nothwendigen Vordersätzen ebenso, wie aus den, das einfache Sein ausdrückenden Vordersätzen, ein Schluss ergeben oder nicht ergeben, und jene werden sich nur dadurch von diesen unterscheiden, dass bei ihnen die Bejahung oder Verneinung eine nothwendige ist.

Auch die Umkehrung der verneinenden Sätze findet bei den nothwendigen ebenso statt, und die Ausdrücke »im Ganzen enthalten sein« und »von allen ausgesagt werden« haben hier den gleichen Sinn, wie dort. Es wird daher in allen Fällen, mit Ausnahme der nachfolgenden zwei, vermittelst der Umkehrung in derselben Weise die Nothwendigkeit des Schlusssatzes *dargelegt* werden, wie da, wo die Schlüsse nur auf das einfache Sein lauten. Wenn dagegen in der zweiten Figur der bejahende Vordersatz allgemein und der verneinende beschränkt lautet und wenn in der dritten Figur der bejahende Satz allgemein und der beschränkte verneinend lautet, so findet für die Nothwendigkeits-Schlüsse nicht der gleiche Beweis statt, sondern man muss dann aus dem betreffenden Begriffe den Theil herausnehmen, in welchem jeder der beiden anderen nicht enthalten ist, und in Bezug auf diesen Theil den Schluss ziehen; denn für diesen Theil wird er als ein nothwendiger sich ergeben. Ist nun das für den herausgenommenen Theil der Fall, so wird er auch für Einiges vom ganzen Begriff ein nothwendiger sein, weil der herausgenommene Theil Einiges vom ganzen Mittelbegriff darstellt. Dabei vollzieht sich aber jeder Schluss in der ihm eigenthümlichen Schlussfigur.

Neuntes Kapitel

Es kommt mitunter vor, dass wenn auch nur *einer* der Vordersätze in der ersten Figur ein nothwendiger ist dennoch der Schlusssatz ein nothwendiger ist; nur ist es nicht gleichgiltig, welcher Vordersatz das ist, sondern es muss der Vordersatz mit dem grösseren Aussenbegriff sein. Wenn z.B. angenommen wird, dass A in B nothwendig enthalten oder nicht enthalten ist, während B in C nur einfach enthalten ist, so ist, bei solcher Annahme der Vordersätze, A in C *nothwendig* enthalten oder nicht-enthalten. Denn da A in dem ganzen B nothwendig enthalten oder nicht-enthalten ist und C einiges von B ist so erhellt, dass auch C nothwendig eines oder das andere sein muss. Ist aber der Obersatz A B nicht nothwendig, aber der Untersatz B C nothwendig, so ist der Schlusssatz kein nothwendiger. Denn wäre dies der Fall so würde vermittelst der ersten und dritten Figur sich ergeben, dass auch A in einigen B nothwendig enthalten sein müsste, welcher Satz falsch wäre, denn B kann der Art sein, dass statthafterweise A in keinem B enthalten ist. Auch aus den Begriffen erhellt, dass in diesem Falle der Schlusssatz kein nothwendiger ist. Man nehme z.B. für A die Bewegung, für B das Geschöpf und für C den Menschen. Hier ist der Mensch nothwendig mit dem Geschöpf, aber die Bewegung ist nicht nothwendig mit dem Geschöpf verbunden, also auch nicht mit dem Menschen. Ebenso verhält es sich wenn der Satz A B verneinend lautet; der Beweis ist der nämliche.

Bei den *beschränkten* Schlüssen der ersten Figur ist wenn der allgemeine Satz nothwendig ist, auch der Schlusssatz nothwendig; ist aber nur der beschränkte Satz nothwendig, so ist der Schlusssatz nicht nothwendig, mag der allgemeine Satz dabei bejahend oder verneinend lauten. Denn es sei erstens der allgemeine Satz ein nothwendiger und A soll in dem ganzen B nothwendig enthalten sein, während B in einigen C nur einfach enthalten ist; hier muss A nothwendig in einigen C enthalten sein, denn C ist unter dem B begriffen und A war in dem ganzen B nothwendig enthalten. Ebenso verhält es sich, wenn der Schluss verneinend lautet, denn der Beweis ist derselbe. Lautet aber nur der beschränkte Satz nothwendig, so ist der Schlusssatz kein nothwendiger; denn es ergiebt sich dann ebenso wenig, wie oben bei den allgemeinen Schlüssen, etwas unmögliches und dies gilt auch für den Fall, dass der Obersatz verneinend lautet, wie die Begriffe: Bewegung, Geschöpf, Weisses ergeben.

Zehntes Kapitel

In der *zweiten* Schlussfigur wird, wenn der verneinende Vordersatz ein nothwendiger ist, auch der Schlusssatz ein nothwendiger sein; ist aber nur der bejahende Vordersatz ein nothwendiger, so ist der Schlusssatz kein nothwendiger. Denn es sei also zunächst der verneinende Vordersatz ein nothwendiger und A soll nothwendig in keinem B enthalten sein, aber in C soll A einfach enthalten sein. Da nun der verneinende Satz sich umkehren lässt, so ist auch B nothwendig in keinem A enthalten, aber A ist in allen C enthalten, so dass also auch B nothwendig in keinem C enthalten ist, weil C *unter* dem A steht.

Das Gleiche ergiebt sich, wenn die Verneinung mit C verbunden wird; denn wenn A nothwendig in keinem C enthalten ist, so muss auch C nothwendig in keinem A enthalten sein; nun ist aber A in allen B enthalten, folglich muss auch C nothwendig in keinem B sein; denn auch hier ergiebt sich die erste Schlussfigur. Mithin ist auch B nothwendig in keinem C enthalten, da der Satz sich ebenfalls umkehren lässt.

Ist aber nur der bejahende Vordersatz ein nothwendiger, so ergiebt sich kein nothwendiger Schlusssatz, denn es sei A in allen B nothwendig enthalten, aber in allen C einfach nicht-enthalten. Wenn man hier den verneinenden Satz umkehrt, so ergiebt sich die erste Schlussfigur. Nun ist aber bereits bei dieser Figur dargelegt worden, dass wenn der den grösseren Aussenbegriff enthaltende Vordersatz kein nothwendiger ist, dann auch der Schlusssatz kein nothwendiger ist, folglich wird auch hier der Schlusssatz kein nothwendiger sein. Auch würde, wenn der Schlusssatz ein nothwendiger wäre folgen, dass dann auch C in einigen A nothwendig nicht-enthalten sein müsste. Denn wenn B nothwendig in keinem C enthalten wäre, so müsste auch C nothwendig in keinem B enthalten sein; nun muss aber B in einigen A nothwendig enthalten sein, da A in allen B nothwendig enthalten gesetzt ist, folglich muss auch C in einigen A nothwendig nicht-enthalten sein. Aber nichts hindert, das A als ein solches anzunehmen, in dessen ganzem Umfang C statthafterweise enthalten ist. Auch kann man durch Aufstellung von Begriffen zeigen, dass der Schlusssatz nicht immer ein nothwendiger ist, sondern nur dann, wenn diese Begriffe sich als nothwendig-verbundene verhalten. So sei s. B. A das Geschöpf, B der Mensch, C das Weisse und man stelle danach die Vordersätze auf. Hier kann das Geschöpf statthafterweise in keinem Weissen enthalten sein; folglich wird dann auch der Mensch in keinem Weissen enthalten sein, also auch nicht nothwendigerweise; denn es ist statthaft, dass er weiss werden kann, indess nicht so lange das Geschöpf in keinem Weissen enthalten ist. Wenn also die Begriffe sich so zu einander verhalten, so muss der Schluss ein nothwendiger sein, aber immer wird er es nicht sein.

Ebenso verhält es sich mit den beschränkten Schlüssen in der zweiten Figur. Wenn nämlich der verneinende Vordersatz ein allgemeiner und nothwendiger ist, so wird auch der Schlusssatz ein nothwendiger sein. Lautet aber der bejahende Vordersatz allgemein und der beschränkte verneinend, so ergiebt sich der Schlusssatz nicht als ein nothwendiger. Es soll also zuerst der allgemein verneinende Vordersatz ein nothwendiger sein und A soll nothwendig in keinem B enthalten sein, aber in einigen C einfach enthalten sein. Da nun der verneinende Satz sich umkehren lässt, so wird auch B nothwendig in keinem A enthalten sein; nun ist aber A in einigen C enthalten, also wird auch B nothwendig in einigen C nicht enthalten sein.

22

Nun soll aber der allgemein bejahende Vordersatz ein nothwendiger und die Bejahung mit dem B verbunden sein. Wenn also hiernach A in allen B nothwendig enthalten ist, aber in einigen C nicht enthalten ist, so erhellt, dass auch B in einigen C nicht enthalten ist, aber ohne dass dies nothwendig ist; da zum Beweis dieselben Begriffe wie bei den allgemeinen Schlüssen benutzt werden können. Auch wenn der verneinende beschränkte Satz ein nothwendiger ist, ergiebt sich der Schluss nicht als ein nothwendiger, denn man kann dies mittelst derselben Begriffe beweisen.

Elftes Kapitel

Wenn in der *dritten* Schlussfigur die Aussenbegriffe sich allgemein zu dem Mittelbegriffe verhalten und beide Vordersätze bejahend lauten, so ergiebt sich ein nothwendiger Schlusssatz, wenn auch nur einer der Vordersätze ein nothwendiger ist, gleichviel welcher. Lautet aber der eine Vordersatz verneinend und der andere bejahend, so ist der Schlusssatz nur dann ein nothwendiger, wenn der verneinende Vordersatz der nothwendige ist; ist aber der bejahende Vordersatz der nothwendige, so ist der Schlusssatz kein nothwendiger.

Es sollen also zunächst beide Vordersätze bejahend lauten und A und B sollen beide in dem ganzen C enthalten sein, aber nur der Satz A C soll ein nothwendiger sein. Da nun hier B in dem ganzen C enthalten ist, so wird auch C in einigen B enthalten sein, weil dieser allgemeine Satz sich in einen beschränkten umkehren lässt; da nun A in allen C nothwendig enthalten ist und da C in einigen B enthalten ist, so muss auch A in einigen B nothwendig enthalten sein, denn B ist *unter* dem C enthalten. Es hat sich also hier die erste Schlussfigur ergeben. Ebenso wird der Beweis geführt, wenn der Vordersatz B C der nothwendige ist; denn in Folge der Umkehrung von A C ist C in einigen A enthalten und wenn also B in allen C nothwendig enthalten ist, so wird B auch in einigen A nothwendig enthalten sein.

23

Es sei ferner der Satz A C verneinend und der Satz B C bejahend, aber der verneinende der nothwendige. Da hier der Satz B C sich in den Satz umkehren lässt, dass C in einigen B enthalten ist, aber A nothwendig in keinem C enthalten ist, so muss auch A nothwendig in einigen B nicht enthalten sein, denn B ist hier *unter* C enthalten.

Ist aber der bejahende Satz ein nothwendiger, so wird der Schlusssatz kein nothwendiger. Denn es sei der Satz B C der bejahende und notwendige, der Satz A C aber verneinend und nicht nothwendig. Da nun der bejahende Satz sich umkehren lässt, so wird C in einigen B nothwendig enthalten sein und da A in keinem C enthalten ist, C aber in einigen B, so wird auch A in einigen B nicht enthalten sein, aber nicht nothwendigerweise, denn ich habe schon bei der ersten Schlussfigur gezeigt, dass wenn da der verneinende Vordersatz kein nothwendiger ist, auch der Schlusssatz kein nothwendiger ist. Auch erhellt dies aus den Begriffen selbst. Denn es sei A das Gute, B das Geschöpf und C das Pferd. Hier braucht das Gute in keinem Pferde enthalten zu sein, aber das Geschöpf ist nothwendig in jedem Pferde enthalten. Dennoch ist es nicht nothwendig, dass einige Geschöpfe nicht gut seien, da es ja statthaft ist, dass alle Geschöpfe gut sind. Sollte indess dies nicht möglich sein, so nehme man dafür das Wahre oder Schlechte, denn deren ist jedes Geschöpf fähig.

Somit habe ich gesagt, in welchen Fällen bei allgemeinen Vordersätzen der Schlusssatz ein nothwendiger ist. Lautet dagegen ein Vordersatz allgemein, und der andere beschränkt, und dabei beide bejahend, so ergiebt sich ein nothwendiger Schlusssatz, wenn der allgemeine Vordersatz ein nothwendiger ist. Der Beweis geschieht hier ebenso wie vorher; denn der beschränkt bejahende Satz lässt sich umkehren. Ist daher B nothwendig in dem ganzen C enthalten, und ist A *unter* dem C enthalten, so muss auch B nothwendig in einigen A enthalten sein, und wenn dies der Fall ist, so muss auch A in einigen B nothwendig enthalten sein, da auch hier die Umkehrung stattfindet. Ebenso verhält es sich, wenn des allgemeine Satz A C ein nothwendiger ist, denn B ist dann *unter* dem C enthalten.

24   Ist dagegen der beschränkte Satz ein nothwendiger, so ergiebt sich kein nothwendiger Schluss. Denn es sei der Satz B C der beschränkte und nothwendige und A soll in dem ganzen C enthalten, aber nicht nothwendig enthalten sein. Wenn hier der Satz B C umgekehrt wird, so ergiebt sich diejenige erste Schlussfigur, wo der allgemeine Vordersatz

nicht nothwendig ist, aber wohl der beschränkte. Nur ergab sich da, wenn die Vordersätze sich so verhielten, kein nothwendiger Schlusssatz, und deshalb wird auch in dem Falle hier ein solcher sich nicht ergeben.

Auch erhellt dies aus den Begriffen selbst. Denn es sei A das Wachen, B das Zweifüssige, C das Geschöpf. Hier erhellt, dass B in einigen C nothwendig enthalten ist, während A statthafterweise in C enthalten sein kann; demnach ist A in dem B nicht-nothwendig enthalten, da das Zweifüssige weder nothwendig schlafen noch wachen muss. Mittelst derselben Begriffe lässt sich auch der Beweis führen, wenn der Satz A C der beschränkte und nothwendige ist.

Lautet dagegen ein Vordersatz bejahend, der andere aber verneinend, so ergiebt sich dann ein nothwendiger Schlusssatz, wenn der verneinende Satz ein allgemeiner und nothwendiger ist; denn wenn A nothwendig in keinem C enthalten ist, aber B in einigen C sich befindet, so muss A nothwendig in einigen B nicht enthalten sein. Wird dagegen der bejahende Satz als ein nothwendiger gesetzt, so ergiebt sich kein nothwendiger Schlusssatz, mag er allgemein oder beschränkt oder der verneinende Satz beschränkt lauten. Man kann nämlich hier behufs des Beweises alles so, wie in den früheren Fällen, geltend machen; nur nehme man zu Begriffen für den Fall, dass der allgemein bejahende Satz ein nothwendiger ist, das Wachen, Geschöpf, Mensch, wo Mensch der Mittelbegriff ist; ist aber der beschränkte bejahende Satz der nothwendige, so nehme man die Begriffe: Wachen, Geschöpf, Weisses; denn das Geschöpf muss nothwendig in einigen Weissen enthalten sein, aber das Wachen kann statthafterweise in keinem Geschöpf enthalten sein und es ist nicht nothwendig, dass das Wachen in einigen Geschöpfen nicht enthalten sei. Ist endlich der beschränkte verneinende Satz der nothwendige, so nehme man zum Beweise die Begriffe: Zweifüssige, Bewegt, Geschöpf, wo Geschöpf der Mittelbegriff ist.

25

Zwölftes Kapitel

Hiernach erhellt, dass ein Schluss auf das einfache Sein nicht stattfindet, wenn nicht beide Vordersätze ebenfalls das einfache Sein ausdrücken; dagegen kann ein Schlusssatz schon ein nothwendiger werden, wenn auch nur ein Vordersatz ein nothwendiger ist. Indess muss sowohl in den bejahenden, wie in den verneinenden Schlüssen der eine Vordersatz ähnlich wie der Schlusssatz lauten; worunter ich meine, dass wenn der

Vordersatz auf das einfache Sein lautet, auch der Schlusssatz so lauten muss, und wenn jener ein nothwendiger ist, auch dieser ein nothwendiger sein muss. Daraus erhellt denn auch, dass ein Schlusssatz weder ein nothwendiger, noch ein einfach seiender werden kann, wenn nicht ein Vordersatz in gleicher Weise als ein nothwendiger oder einfach seiender angesetzt worden ist.

Dreizehntes Kapitel

Ueber die Notwendigkeit bei den Schlüssen, wie sie sich ergiebt und wie sie sich von dem einfachen Sein unterscheidet, habe ich wohl nunmehr das Notlüge dargelegt. Ich werde also nunmehr über das *statthafte Sein* sprechen und untersuchen, wenn und wie und durch welche Vordersätze sich hier ein Schlusssatz ergiebt. Ich nenne aber dasjenige *statthaft* und ein *statthaftes Sein*, was zwar nicht nothwendig ist, aber aus dessen Annahme sich auch kein unmögliches ergiebt; in einem anderen Sinne wird nämlich auch das Nothwendige als statthaft bezeichnet. Dass nun das Statthafte sich so verhält, erhellt aus den bejahenden und verneinenden Gegensätzen; denn das Nicht-statthaft-Sein und das Unmöglich-Sein und das Nothwendig-nicht-Sein bezeichnen dasselbe und können sich gegen einander austauschen; folglich gilt dies auch von ihren widersprechenden Gegensätzen, nämlich von dem Statthaft-Sein, dem Nicht-unmöglich-Sein und dem Nicht-nothwendig-Nicht-sein; auch diese bezeichnen dasselbe und können mit einander ausgetauscht werden; denn von jedem Dinge gilt entweder die Bejahung oder die Verneinung. Sonach ist also das Statthafte nicht-nothwendig und das Nicht-nothwendige statthaft.

Es ergiebt sich auch, dass alle Vordersätze, welche ein statthaftes Sein ausdrücken, in den entgegengesetzten Satz umgekehrt werden können. Ich meine damit nicht, dass die bejahenden Sätze sich in bejahende umkehren lassen, sondern dass alle Sätze von bejahender Form sich in die gegensätzliche Verneinung umkehren lassen. So kann z.B. das statthafte Enthaltensein in das statthafte Nicht-enthalten-sein umgekehrt werden; ferner das statthafte In-allen-Enthalten-sein in das statthafte In-keinem-Enthalten-sein, oder in das »Nicht-in-allen-Enthalten-sein«. Ebenso kann das In-einigen-Enthalten-sein umgekehrt werden in das In-einigen-Nicht-enthalten-sein. Dasselbe gilt auch von jenen anderen Ausdrücken; denn da das Statthafte nicht-nothwendig ist und das Nicht-nothwendige statthafterweise nicht-sein kann, so erhellt, dass wenn A statthafterweise in B enthalten ist, es auch statthaft ist, dass A nicht in B enthalten ist; und wenn A statthafterweise in allen B enthalten ist, so ist es auch statthaft, dass A in keinem B enthalten ist. Dasselbe gilt auch für die beschränkten Bejahungen; denn der Beweis ist derselbe. Solche Sätze sind überhaupt bejahende und nicht verneinende; denn das Statthafte wird ebenso wie das Sein den Begriffen im Satze zugesetzt, wie ich schon früher gesagt habe.

Nachdem ich dies auseinandergesetzt habe, so sage ich nochmals, dass das Statthafte in einem zwiefachen Sinne gebraucht wird; einmal für das, was meistentheils geschieht und wo das Nothwendige weggelassen ist, z.B. für das grau werden des Menschen oder für sein Wachsen oder für sein Abnehmen und überhaupt für sein naturgemässes Sein (denn dieses enthält nicht ununterbrochen das Nothwendige, weil der Mensch nicht immer ist, da er nämlich bald aus Notwendigkeit, bald nur meistentheils Mensch werden kann.) Zweitens bezeichnet das Statthafte das Unbestimmte, was so und auch nicht-so sein kann, wie z.B. das Gehen bei einem Geschöpf, oder das Donnern, während man geht, oder überhaupt das zufällige Geschehen; denn hier neigt das Statthafte nicht mehr zu dem Einem wie zu dem entgegengesetzten.

Das Statthafte lässt sich nun in seinen beiden Bedeutungen in die entgegengesetzten Aussagen umkehren, indess nicht in gleicher Weise; vielmehr kann das naturgemässe Sein sich in das Nicht-nothwendige Sein umkehren (denn in diesem Sinne ist es statthaft, dass ein Mensch nicht grau wird); das unbestimmte Statthafte kann dagegen in das »Nicht mehr so, wie nicht-so Sein« umgekehrt werden. Von dem solcher Gestalt Unbestimmten giebt es keine Wissenschaft und keinen beweisenden Schluss, weil hier kein fester und gewisser Mittelbegriff gesetzt werden kann, dagegen giebt es eine Wissenschaft und Schlüsse für das Naturgemässe. Die Reden und Untersuchungen behandeln meistentheils ein solches Statthafte. Bei dem unbestimmten Statthaften vermag man wohl einen Schluss zu Stande zu bringen, indess pflegt man nicht darauf auszugeben.

Vorstehendes wird in dem Folgenden näher auseinandergesetzt werden, jetzt will ich aber angeben, wenn und welcher Art ein Schluss aus statthaften Vordersätzen sich ergiebt. Da nun der Ausdruck, es sei statthaft, dass dieses in jenem enthalten ist, in zwiefachem Sinne aufgefasst werden kann, nämlich entweder so, dass dieses in jenem enthalten *ist*, oder dass es in jenem statthafterweise enthalten sein *kann*; denn der Ausdruck: dass A in den mit B bezeichneten Dingen statthaft sei, sagt entweder: dass A in den Dingen enthalten sei, von denen B ausgesagt wird, oder in denen, von welchen B *statthafterweise* ausgesagt werden *kann*; dagegen haben der Ausdruck, dass A in den mit B bezeichneten Dingen statthafterweise enthalten, und der Ausdruck, dass A in dem *ganzen* B statthafterweise enthalten sei, denselben Sinn; so erhellt, dass man auch in zwiefachem Sinne sagen kann, A sei statthafterweise in dem ganzen B enthalten.

Zunächst werde ich nun sagen, ob, wenn B statthafterweise in den mit C bezeichneten Dingen und A statthafterweise in den mit B bezeichneten Dingen enthalten ist, dann ein Schluss sich ergiebt und von welcher Art. Denn in dieser Weise gilt das Statthaft sein von beiden Vordersätzen; wenn aber von den Dingen, in welchen B enthalten ist, A statthaft ist, so bezeichnet der eine Vordersatz das einfache Sein, der andere das statthafte Sein. Sonach habe ich, wie in den früheren Fällen, mit den gleichartig lautenden Vordersätzen zu beginnen.

Vierzehntes Kapitel

Wenn also A in dem ganzen B statthafterweise enthalten ist und ebenso B in dem ganzen C, so ergiebt sich der vollkommene Schluss, dass A in dem ganzen C statthafterweise enthalten ist. Dies erhellt aus der obigen Begriffsbestimmung, denn ich habe das »statthafter Weise in dem Ganzen enthalten sein« so erklärt. Ebenso ist, wenn A statthafterweise in keinem B, und B statthafterweise in dem ganzen C enthalten ist, A statthafterweise in keinem C enthalten. Denn wenn man setzt, dass bei den Dingen, bei welchen B statthaft ist, A nicht statthaft sei, so bedeutet dies so viel, als dass dann hiervon keines der Dinge, bei welchen B statthaft ist, eine Ausnahme mache. Wenn dagegen A statthafterweise in dem ganzen B enthalten ist, aber B in keinem C, so ergiebt sich aus solchergestalt angesetzten Vordersätzen kein Schluss; kehrt man aber den Satz B C in sein statthaftes Gegentheil um, so ergiebt sich derselbe Schluss, wie vorher. Denn wenn es statthaft ist, dass B in keinem C enthalten ist, so ist es auch statthaft, dass es in allen C enthalten ist, wie ich früher dargelegt habe, und wenn dann B in dem ganzen C, und A in dem ganzen B enthalten ist, so ergiebt sich derselbe Schluss, wie vorhin. Ebenso verhält es sich, wenn die Verneinung als statthaft in beiden Vordersätzen gesetzt wird, wenn also A statthafterweise in keinem B, und B statthafterweise in keinem C enthalten ist. Hier ergiebt sich aus solchergestalt angesetzten Vordersätzen kein Schluss, kehrt man sie aber in die bejahenden um, so ergiebt sich derselbe Schluss, wie vorher. Es erhellt also, dass, mag man blos den Untersatz oder mag man beide Vordersätze verneinend ausdrücken, entweder kein Schluss sich ergiebt, oder dass zwar ein solcher sich ergiebt, aber kein vollkommener, weil die Nothwendigkeit des Schlusses erst aus der Umkehrung entsteht.

Wird aber nur ein Vordersatz allgemein genommen, und der andere *beschränkt*, so ergiebt sich ein vollkommener Schluss nur dann, wenn der Obersatz allgemein leitet. Ist nämlich A statthafterweise in den ganzen B, und B statthafterweise in einigen C enthalten, so erhellt aus der Definition des Statthaften, dass A in einigen C statthafterweise enthalten ist. Ebenso muss, wenn A statthafterweise in keinem B, B aber statthafterweise in einigen C enthalten ist, A in einigen C statthafterweise nicht-enthalten sein und der Beweis ist derselbe wie vorher. Wird aber der beschränkte Vordersatz verneinend gesetzt, und der allgemeine bejahend und lauten beide auf das statthaft-sein, also dass A statthafterweise in allen B enthalten, B aber in einigen C statthafterweise nicht enthalten ist, so ergiebt sich, bei solcher Annahme der Vordersätze kein deutlicher Schluss; kehrt man aber den beschränkten Vordersatz um und setzt man, dass B statthafterweise in einigen C enthalten ist, so ergiebt sich derselbe frühere Schlusssatz, wie in den zuerst behandelten Fällen. Wird aber der Obersatz mit dem grösseren Aussenbegriffe beschränkt gesetzt und der Untersatz dagegen allgemein, so ergiebt sich in keinem Falle ein Schlusssatz, mag man beide Vordersätze bejahend oder beide verneinend oder einen bejahend und den andern verneinend, oder beide unbestimmt oder nur den beschränkten Vordersatz unbestimmt ansetzen. Denn dann hindert nichts, dass der Umfang des Begriffs B über den Umfang des Begriffs A hinausreicht und dass A nicht in gleicher Weise von *allen* B ausgesagt werden kann; man nehme also dann das C für den Theil von B, der über A hinausgeht; und in diesem C kann A weder in dem ganzen, noch in ihm gar nicht, noch in einigen von diesem Theile, noch nicht in einigen statthafterweise enthalten sein, weil die auf das Statthafte lautenden Vordersätze sich umkehren lassen und B einen grösseren Umfang haben kann, als A. Dies ergiebt sich auch aus den Begriffen selbst, denn wenn die Vordersätze so lauten, so ist offenbar der obere Aussenbegriff statthafterweise in dem letzten bald ganz bald gar nicht enthalten. Als Begriffe, welche für alle die Fälle gelten, wo der Oberbegriff in dem Unterbegriff enthalten sein muss, nehme man: Geschöpf, Weisses, Mensch; und für die Fälle, wo dies nicht sein kann: Geschöpf, Weisses, Mantel. Somit erhellt, dass bei einem solchen Verhalten der Begriffe sich kein Schluss ergiebt; denn jeder Schluss geht entweder auf das einfache Sein, oder auf das nothwendige oder auf das statthafte Sein und es erhellt, dass der Schluss hier nicht auf das einfache oder auf das nothwendige Sein gehen kann: denn der bejahende Schluss wird durch den verneinenden Schluss aufgehoben und der verneinende durch den bejahenden. Somit bliebe nur ein Schluss auf das statthafte Sein übrig; allein ein solcher ist hier unmöglich, da gezeigt worden ist, dass bei solchem Verhalten der Begriffe der Oberbegriff sowohl in dem *ganzen* Unterbegriff, wie auch gar nicht in ihm enthalten sein *muss*. Also würde auch kein Schluss auf das statthafte Sein sich ergeben, denn das Nothwendige ist kein Statthaftes.

Hiernach ist klar, dass wenn in den auf das Statthafte lautenden Vordersätzen die Begriffe sich allgemein verhalten, in der ersten Schlussfigur sich immer ein Schluss ergiebt, mögen die Sätze bejahend oder verneinend leiten; indess sind nur die bejahenden vollkommene Schlüsse, die verneinenden aber unvollkommene. Man darf jedoch das Statthafte hier nicht in dem Sinne eines Nothwendigen nehmen, sondern in dem früher angegebenen Sinne. Bisweilen wird dies übersehen.

Fünfzehntes Kapitel

Lautet aber ein Vordersatz auf das einfache Sein der andere dagegen auf das Statthafte, so sind die Schlüsse wenn der Obersatz auf das Statthafte lautet, sämmtlich vollkommene und sie lauten dann auf das Statthafte in dem angegebenen Sinne. Ist aber das Statthafte mit dem Untersatz verbunden, so sind sämmtliche Schlüsse unvollkommen und die verneinenden Schlüsse lauten dann nicht auf das Statthafte in dem angegebenen Sinne, sondern dahin, dass der Oberbegriff nothwendig entweder in keinem oder nicht in allen des Unterbegriffs enthalten sei; denn wenn etwas nothwendig in keinem oder nicht in allen eines Andern enthalten ist, so sagt man auch dafür es sei statthaft, dass es in keinem oder nicht in allen enthalten sei.

Demnach nehme man also an, dass A statthafterweise in dem ganzen B und B in dem ganzen C einfach enthalten sei. Da nun hier C unter dem B enthalten ist, und in den ganzen B statthafterweise A enthalten ist, so erhellt, dass A auch statthafterweise in C enthalten ist. Ebenso ist es, wenn der Obersatz A B verneinend lautet und der Untersatz B C bejahend und jener nur als ein statthafter, dieser aber als ein einfachseiender angenommen wird; auch hier ist der Schluss vollkommen und zwar geht er dahin, dass A in keinem C statthafterweise enthalten ist.

Setzt man also das einfache Sein zu dem Unterbegriff, so erhellt, dass sich vollkommene Schlüsse ergeben. Wenn dabei aber die Vordersätze sich entgegengesetzt verhalten, so kann durch den Beweis der Unmöglichkeit das Gegentheil dargelegt werden, dass sich Schlusssätze ergeben. Indess ergiebt sich damit auch, dass diese Schlüsse unvollkommene sind, weil der Beweis nicht geradezu aus den angesetzten Vordersätzen geführt werden kann.

Ich muss aber zunächst bemerken, dass sofern wenn A ist, nothwendig B sein muss, dann auch aus dem blossen Möglich-sein des A das Möglich-sein des B mit Nothwendigkeit folgt. Nun sei, wenn A und B sich so verhalten, das, was A bezeichnet, möglich, und das, was B bezeichnet, unmöglich. Da nun das Mögliche, weil es möglich ist, wirklich werden und das Unmögliche, weil es unmöglich ist, nicht wirklich werden kann, so könnte, wenn A möglich und B unmöglich wäre, A ohne das B *werden* und wenn es *werden* kann, auch *sein*; denn das Gewordene *ist*, weil es *geworden* ist. Nun darf man aber das Mögliche und Unmögliche nicht blos auf das *Werden* beziehen, sondern auch auf das *wahrhafte* Aussagen und auf das *Sein* und auf das, was sonst unter »möglich« noch verstanden wird; in allen diesen Bedeutungen wird es sich ebenso verhalten. Auch darf man den Satz, dass wenn A ist, auch B sei, nicht so auffassen, als wenn B auch dann wäre, wenn A nur *Eines* ist. Denn aus dem Sein von *Einem* allein folgt keine Nothwendigkeit, vielmehr müssen mindestens Zweie sein, da ja der Schlusssatz sich erst als ein nothwendiger ergiebt, wenn die Vordersätze sich so, wie angegeben, verhalten. Denn wenn C zu D und D zu Z sich so verhalten, muss *nothwendig* C sich zu Z verhalten, und wenn beide Vordersätze nur die Möglichkeit aussprechen, so wird auch der Schlusssatz nur auf die Möglichkeit lauten. Wenn man also die beiden Vordersätze mit A und den Schlusssatz mit B bezeichnet, so ergiebt sich nicht blos, dass wenn A auf das Nothwendige lautet, auch B auf das Nothwendige lautet, sondern auch, dass wenn A blos die Möglichkeit ausdrückt, auch der Schlusssatz blos die Möglichkeit ausdrücken wird.

In Folge dieser Darlegung erhellt, dass wenn etwas falsch, aber nicht unmöglich angenommen worden ist, auch die Folge wegen dieser Annahme falsch, aber nicht unmöglich sein wird. Wenn z.B. A zwar falsch, aber doch nicht unmöglich ist, und wenn A ist, auch B ist, so wird auch B zwar falsch, aber doch nicht unmöglich sein. Denn es ist gezeigt worden, dass sofern wenn A ist, auch B ist, dann B auch möglich sein wird, wenn A möglich ist; nun ist aber angenommen worden, dass A möglich ist und so wird auch B möglich sein; denn sollte es unmöglich sein, so wäre es zugleich möglich und unmöglich.

Nachdem dies somit festgestellt worden, soll nun A einfach in allen B enthalten sein, B aber in allen C nur statthafterweise enthalten sein; hier *muss* also A in allen C statthafterweise enthalten sein; denn man nehme an, es sei nicht statthaft, dass es darin enthalten sei und B solle in allen C einfach enthalten sein, was zwar falsch, aber doch nicht unmöglich ist. Kann also A nicht in C enthalten sein und ist B einfach in allen C enthalten, so kann A nicht in allen B enthalten sein; denn es ergiebt sich hier ein Schluss in der dritten Figur. Nun war aber angenommen, dass A in allen B enthalten sein könne; folglich *muss* A in allen C statthafterweise enthalten sein; denn wenn man das Entgegengesetzte, aber nicht Unmögliche annimmt, ergiebt sich eine unmögliche Folge.

Man kann auch den Beweis der Unmöglichkeit durch die erste Schlussfigur führen, indem man annimmt, dass B in C einfach enthalten sei. Denn wenn B in dem ganzen C einfach enthalten ist und A in dem ganzen B statthafterweise, so wird auch A in dem ganzen C statthafterweise enthalten sein, während doch bei dem Unmöglichkeitsbeweis angenommen worden war, dass es nicht in dem ganzen C enthalten sein sollte.

Man darf das »In dem Ganzen enthalten sein« nicht in dem Sinne, als auf eine gewisse Zeit beschränkt nehmen; z.B. dass etwas nur jetzt, oder nur in dem und dem Zeiträume in dem ganzen Anderen enthalten sei, sondern der Ausdruck ist unbeschränkt zu verstehen, da man nur aus solchen Vordersätzen Schlüsse bilden kann und kein Schluss sich ergiebt, wenn der Vordersatz nur für die jetzige Zeit gilt. Denn es wäre ja wohl möglich, dass der Mensch einmal in allem sich Bewegenden enthalten wäre, nämlich wenn alles Andere sich nicht bewegte; nun kann das sich Bewegende auch in allen Pferden enthalten sein, aber der Mensch kann in keinem Pferde enthalten sein. Ferner nehme man als Oberbegriff das Geschöpf, als Mittelbegriff das sich Bewegende, als Unterbegriff den Menschen. Hier lauten beide Vordersätze auf das Statthafte, aber der Schlusssatz ist ein nothwendiger und nicht ein blos statthafter; denn der Mensch ist nothwendig ein Geschöpf. Es erhellt also, dass man die allgemeinen Sätze unbeschränkt ansetzen muss, und nicht auf eine Zeit beschränkt.

Nun soll weiter der allgemeine Obersatz A B verneinend lauten, A also einfach in keinem B enthalten sein, B soll aber statthafterweise in dem ganzen C enthalten sein. Bei solcher Annahme muss A in keinem C statthafterweise enthalten sein. Denn man setze, dies sei nicht statthaft; es sei also A nothwendig in einigen C enthalten und B sei einfach in C enthalten, wie vorhin. Dann *muss* A in einigen B enthalten sein, denn es liegt dann ein Schluss in der dritten Figur vor; dieser Schlusssatz ist aber nach der ursprünglichen Annahme unmöglich. Folglich ist A statthafterweise in keinem C enthalten; denn wenn man das Entgegengesetzte annimmt, ergiebt sich etwas Unmögliches. Dieser Schluss lautet also nicht auf das Statthafte in dem bisherigen Sinne, sondern dahin, dass A nothwendig in keinem C enthalten ist; denn dies ist der Gegensatz des bei dem Unmöglichkeitsbeweis angenommenen Satzes; es wurde nämlich da angenommen, dass A nothwendig in einigen C enthalten sei, da der die Unmöglichkeit darlegende Schluss auf der Annahme des widersprechend entgegengesetzten Satzes beruhen muss.

Auch aus den Begriffen erhellt, dass der Schlusssatz hier nicht blos auf das Statthafte lautet. Denn es sei A der Rabe, das mit B bezeichnete das Denkende und das mit C bezeichnete der Mensch. Hier ist A in keinem B enthalten, denn der Rabe ist kein Denkendes; aber B kann statthafterweise in dem ganzen C enthalten sein, da das Denkende in allen Menschen enthalten sein kann. Dennoch ist A nothwendig in keinem C enthalten, also lautet der Schluss nicht auf das blos Statthafte. Indess lautet er auch nicht immer auf das Nothwendige. Denn es sei A das sich Bewegende, B die Wissenschaft und das, was mit C bezeichnet wird, der Mensch. Hier ist A in keinem B enthalten, aber B kann statthafterweise in allen C enthalten sein und der Schluss lautet hier nicht auf das Nothwendige, denn es ist nicht nothwendig, dass kein Mensch sich bewege, ja nicht einmal, dass *einer* sich bewege. Es ist also klar, dass hier der Schluss dahin geht, dass der Oberbegriff nothwendig in keinem von dem Unterbegriffe enthalten ist. Indess müssen die Begriffe besser gewählt werden.

Wird dagegen die Verneinung mit dem Unterbegriff verbunden und lautet sie nur auf das Statthafte, so ergiebt sich aus den so angesetzten Vordersätzen allein kein Schluss, wenn man aber den auf das Statthafte lautenden Vordersatz in den bejahenden umkehrt, so ergiebt sich ein Schluss, wie vorhin. Denn es sei A in allen B enthalten, B aber statthafterweise in keinem C; bei so lautenden Vordersätzen ergiebt sich keine nothwendige Folge; kehrt man aber B C um und sagt man, B sei statthafterweise in dem ganzen C enthalten, so ergiebt sich ein Schluss, wie vorhin, da dann die Begriffe sich in ihren Ansätzen wie dort verhalten. – Dasselbe gilt für den Fall, wenn beide Vordersätze verneinend lauten, also A nicht in dem B enthalten und B in keinem C statthafterweise enthalten ist; aus diesen so angesetzten Vordersätzen ergiebt sich keine nothwendige Folge; kehrt man aber den auf das Statthafte lautenden Untersatz um, so ergiebt sich ein Schluss. Denn man setze, dass A in keinem B enthalten sei und dass B statthafterweise in keinem C enthalten sei; aus diesen Sätzen ergiebt sich keine nothwendige Folge; setzt man aber, dass B statthafterweise in allen C enthalten sei, was ja in Wahrheit geschehen kann und bleibt der Vordersatz A B ungeändert so ergiebt sich der früher dargelegte Schluss. Setzt man aber, dass es nicht-statthaft sei, dass B in dem ganzen C enthalten sei und setzt man also nicht, dass B statthafterweise in C nicht-enthalten sei, so ergiebt sich kein Schluss, mag der Obersatz bejahend oder verneinend lauten. Zum Beweis, dass der Schlusssatz dann bejahend und nothwendig lautet, können dienen die Begriffe: Weiss, Geschöpf, Schnee, und dafür, dass die Bejahung nicht-statthaft ist, Weiss, Geschöpf, Pech.

Es erhellt somit, dass, wenn die Begriffe allgemein lauten und der eine Vordersatz auf das einfache Sein, der andere das statthafte Sein ausdrückt, dann sich immer ein Schluss ergiebt, wenn der Untersatz als der statthafte gesetzt wird; nur ergiebt sich der Schluss nicht immer schon aus den so angesetzten Vordersätzen, sondern mitunter muss der Untersatz umgekehrt werden; und ich habe gesagt, wenn jeder dieser beiden Fälle stattfindet.

Wird aber der eine Vordersatz allgemein, aber der andere *beschränkt* genommen, so ergiebt sich, wenn der Obersatz allgemein und statthafterweise angesetzt wird, sei es bejahend oder verneinend und der Untersatz beschränkt, auf das einfache Sein und bejahend lautet, ein vollkommener Schluss ebenso, als wenn die Vordersätze beide allgemein lauteten. Auch ist der Beweis hier derselbe, wie dort. Lautet aber der Obersatz zwar allgemein, aber auf das einfache Sein und nicht auf das Statthafte, dagegen der Untersatz beschränkt und nur auf das Statthafte, so ist der Schluss nur ein unvollkommener, mögen beide Vordersätze bejahend oder verneinend oder der eine bejahend und der andere verneinend lauten; doch wird der Beweis hierfür bei einigen durch die Unmöglichkeit des Gegentheils, bei anderen durch Umkehrung des auf das Statthafte lautenden Untersatzes geführt werden müssen, wie dies früher auch geschehen ist. Der Schlusssatz ergiebt sich nämlich dann durch die Umkehrung, wenn der allgemeine Obersatz auf das einfache Sein oder Nicht-sein lautet und der verneinende beschränkte Untersatz auf das Statthafte lautet, also wenn A in dem ganzen B enthalten oder nicht enthalten ist, aber B in einigen C statthafterweise nicht enthalten ist; hier ergiebt sich ein Schluss auf das Statthafte, wenn der Satz B C in den bejahenden umgekehrt wird. Wird aber der beschränkte Untersatz als ein einfach-verneinender angesetzt, so ergiebt sich kein Schluss. Für den bejahenden Fall dienen die Begriffe: Weiss, Geschöpf, Schnee; für den verneinenden Fall: Weiss, Geschöpf, Pech; denn der Beweis muss hier vermittelst des Unbestimmten der Folge geführt werden.

Wird aber das Allgemeine zu dem Untersatz gesetzt und der Obersatz beschränkt angenommen, so erzieht sich kein Schluss, mag einer von beiden Sätzen verneinend oder bejahend, und auf das Statthafte oder einfache Sein lauten, und selbst dann wird sich kein Schluss ergeben, wenn beide Vordersätze beschränkt oder unbestimmt angesetzt werden, mögen sie auf das statthafte oder auf das einfache Sein oder einer auf jenes, der andere auf dieses lauten. Der Beweis ist auch hier derselbe, wie früher. Für die nothwendige Bejahung des Schlusssatzes dienen die Begriffe: Geschöpf, Weiss, Mensch, und für die nothwendige Verneinung des Schlusssatzes die Begriffe: Geschöpf, Weiss, Mantel.

Somit erhellt, dass wenn der Obersatz allgemein lautet, immer ein Schluss sich ergiebt, lautet aber nur der Untersatz allgemein, so findet niemals ein Schlusssatz statt.

Sechszehntes Kapitel

Lautet aber ein Vordersatz auf das nothwendige Sein und der andere auf das Statthafte, so ergiebt sich ein Schluss, wenn die Begriffe sich in derselben Weise, wie früher verhallen und zwar wird der Schluss ein vollkommener sein, wenn der Untersatz ein nothwendiger ist, Der Schlusssatz wird, wenn die Vordersätze bejahend lauten, nur als statthaft und nicht als einfach seiend lauten, mögen die Vordersätze allgemein oder nicht allgemein lauten. Im Fall aber der eine bejahend, der andere verneinend lautet, wird der Schluss nur ein statthafter sein und nicht das einfache Sein ausdrücken, sofern der bejahende Satz der nothwendige ist, ist aber der verneinende der nothwendige, so wird der Schluss entweder ein statthafterweise verneinender, oder ein einfach verneinender sein; mögen die Vordersätze allgemein lauten oder nicht. Das »Statthafte« im Schlüsse ist dabei in demselben Sinne zu nehmen wie früher. Dagegen wird kein Schlusssatz auf das nothwendige Nicht-sein lauten, denn das »nicht-nothwendig sein« ist etwas anderes, als das »nothwendig nicht-sein.«

Dass nun, wenn die Vordersätze bejahend lauten, der Schluss kein nothwendiger wird, ist klar; denn es sei A in allen B nothwendig enthalten und B sei in allen C statthafterweise enthalten; dann wird der Schluss dahin lauten, dass A statthafterweise in allen C enthalten sei, jedoch ein unvollkommener sein. Dass er dies ist, erhellt aus dem Beweise, denn dieser Beweis wird auf dieselbe Art geführt, wie in dem früheren Falle. Umgekehrt soll der Satz, dass A in allen B enthalten, nur ein statthafter sein und B soll in allen C nothwendig enthalten sein; hier ergiebt sich der Schluss, dass A in allen C statthafterweise enthalten ist, aber nicht, dass es in allen C einfach enthalten ist und der Schluss ist ein vollkommener und nicht ein unvollkommener; denn er vollzieht sich unmittelbar aus den gegebenen Vordersätzen. Sind dagegen die Vordersätze nicht gleichlautend, so soll zunächst der verneinende ein nothwendiger sein, und A soll nothwendig in keinem B enthalten sein, B aber soll in allen C statthafterweise enthalten sein. Hier folgt, dass A nothwendig in keinem C enthalten ist. Denn man nehme an, dass A in allen oder in einigen C enthalten sei und es war gesetzt, dass A in keinem B enthalten sein könne. Nun lässt sich dieser verneinende Satz umkehren und deshalb kann auch das B in keinem A enthalten sein; von A ist aber angenommen, dass es in allen oder in einigen C enthalten sei und es würde sonach folgen, dass B in feinem oder nicht in allen C statthafterweise enthalten sein könne; allein es war ja ursprünglich gesetzt worden, dass B in allen C statthafterweise enthalten sei. – Es ist aber klar, dass wenn der Schlusssatz das einfache Nicht-sein ergiebt, er auch das statthafte Nicht-sein befasst.

Ferner soll der bejahende Vordersatz ein nothwendiger sein und es soll also A nur statthafterweise in keinem B enthalten und B soll nothwendig in allen C enthalten sein. Hier ergiebt sich ein vollkommener Schluss, aber er lautet nicht auf eine nothwendige Verneinung, sondern nur auf eine statthafte Verneinung; denn der Obersatz wurde nur so angenommen und ein Beweis der Unmöglichkeit des Gegentheils ist hier nicht zu führen; denn wenn man auch annähme, dass A in einigen C enthalten sei, so könnte, da angenommen ist, dass A statthafterweise in keinem B enthalten ist, daraus nichts Unmögliches abgeleitet werden. Wird aber der Untersatz verneinend gesetzt und bezeichnet er nur die Statthaftigkeit, so ergiebt sich ein Schluss, wenn man denselben in sein Gegentheil verkehrt, wie in den früheren Fällen; lautet aber der Untersatz auf das Nicht-Statthafte, so ergiebt sich kein Schluss. Ebensowenig dann, wenn beide Vordersätze verneinend lauten und der Untersatz nicht auf das Statthafte lautet. Zum Beweis dessen können hier dieselben Begriffe dienen und zwar für das Enthaltensein: das Weisse, das Geschöpf und der Schnee, und für das Nichtenthaltensein: das Weisse, das Geschöpf und das Pech.

Ebenso wird es sich mit den *beschränkten* Schlüssen verhalten; denn wenn der verneinende Vordersatz ein nothwendiger ist, so wird der Schluss auf das einfache Nicht-enthaltensein lauten. Wenn z.B. A nothwendig in keinem B enthalten ist, aber B in einigen C statthafterweise enthalten ist, so muss der Schluss dahin lauten, dass A in einigen C nicht enthalten ist; denn wenn A in allen C enthalten wäre, in B aber gar nicht sein kann, so könnte auch B in keinem A enthalten sein, es würde also, wenn A in allen C enthalten wäre, kein B in C enthalten sein können, während doch angenommen worden, dass es in einigen C enthalten sei. Wenn dagegen der beschränkte bejahende Satz der nothwendige ist, also der Untersatz B C in dem verneinenden Schlüsse, oder der allgemeine Obersatz A B in dem bejahenden Schlüsse, so giebt es keinen einfach bejahenden Schluss. Der Beweis ist derselbe, wie in den früheren Fällen. Lautet aber der Untersatz allgemein, sei es bejahend oder verneinend und dabei nur auf das Statthafte und der Obersatz beschränkt und nothwendig, so giebt es keinen Schluss. Als Beispiel für die nothwendige Bejahung nehme man die Begriffe: Geschöpf, Weisses, Mensch und für die nicht-statthafte Bejahung: Geschöpf,

Weisses, Mantel. Ist aber der allgemeine Untersatz ein nothwendiger und der beschränkte Obersatz nur ein statthafter, so nehme man für den Fall, dass der allgemeine Untersatz verneinend lautet, als Beispiel für das Enthaltensein die Begriffe: Geschöpf, Weisses, Rabe und als Beispiel für das Nicht-enthaltensein die Begriffe: Geschöpf, Weisses, Pech; lautet aber der allgemeine Untersatz bejahend, so nehme man für das Enthaltensein die Begriffe: Geschöpf, Weisses, Schwan und für das Nicht-statthafte Enthaltensein die Begriffe: Geschöpf, Weisses, Schnee.

Auch giebt es keinen Schluss, wenn die Vordersätze unbestimmt, oder beide beschränkt lauten; als gemeinsame Beispiele für das Enthaltensein können hier dienen die Begriffe: Geschöpf, Weisses, Mensch und für das Nicht-enthaltensein: Geschöpf, Weisses, Lebloses; denn das Geschöpf kann in einigem Weissem und das Weisse in einigem Leblosen sowohl nothwendig enthalten sein, als auch nicht-statthaft enthalten sein. Dies gilt auch für das statthafte Enthaltensein und deshalb können diese Begriffe für alle Fälle benutzt werden.

Aus dem Gesagten erhellt sonach, dass wenn die Begriffe so zu nothwendigen Sätzen verbunden werden, wie früher zu einfach-seienden Sätzen, dann auch ebenso wie dort ein Schluss sich ergiebt und nicht ergiebt, ausgenommen dass dort, wenn der verneinende Vordersatz auf das einfache Verneinen lautete, der Schlusssatz hier nur auf das Statthafte lautet; lautet aber hier der verneinende Vordersatz als ein nothwendiger, so lautet der Schlusssatz auf das statthafte und auf das Nicht-sein. Auch erhellt, dass alle diese Schlüsse unvollkommen sind und dass sie erst vermittelst der früher bezeichneten Schlussfiguren zu vollkommenen werden.

Siebzehntes Kapitel

Wenn aber in der *zweiten* Figur beide Vordersätze nur als statthafte gesetzt werden, so ergiebt sich kein Schluss, mögen die Vordersätze bejahend oder verneinend und allgemein oder beschränkt lauten; drückt aber der eine Vordersatz das einfache Sein aus und bezeichnet nur der andere das statthafte Sein, so wird sich niemals ein Schluss ergeben, wenn der bejahende Vordersatz das einfache Sein ausdrückt, und es wird immer ein Schluss sich ergeben, wenn der verneinende Vordersatz allgemein lautet. Dasselbe findet statt, wenn der eine Vordersatz als ein nothwendiger, der andere nur als ein statthafter angesetzt wird. Man muss aber auch hier das Statthafte in den Schlusssätzen in demselben Sinne wie früher nehmen.

Zunächst ist zu zeigen, dass ein Satz, welcher statthafterweise verneint, sich nicht umkehren lässt; wenn also A statthafterweise in keinem B enthalten ist, so ist es nicht nothwendig, dass auch B statthafterweise in keinem A enthalten ist. Denn wenn man dies annähme, also dass B statthafterweise in keinem A enthalten sei so würde, da statthafte Beja-hungen sich in statthafte Verneinungen und zwar sowohl in die gegen-theiligen, wie in die widersprechenden umkehren lassen, offenbar, wenn B statthafterweise in keinem A enthalten ist, es auch statthaft sein, dass B in allen A enthalten ist. Dies ist aber falsch; denn wenn das eine statthafterweise in dem ganzen anderen enthalten ist, so muss nicht auch letzteres in dem ganzen ersten enthalten sein; also lässt sich der verneinende Satz nicht umkehren.

Auch hindert nichts, dass, wenn A in keinem B statthafterweise ent-halten ist, dennoch B in einigen A nothwendig nicht enthalten ist, so ist z.B. dass Weisse statthafterweise in keinem Menschen enthalten (denn es kann auch in allen enthalten sein), aber von dem Menschen kann man nicht mit Wahrheit sagen, dass er statthafterweise in keinem Weissen enthalten sei; denn in vielen Menschen ist das Weisse noth-wendig nicht-enthalten und das nothwendige ist nicht das statthafte. Auch aus der Unmöglichkeit des Gegentheils wird die Umkehrung nicht bewiesen werden können; z.B. wenn jemand behaupten wollte, dass, wenn es falsch sei, das B statthafterweise in keinem A enthalten sei, es dann wahr sein müsse, es sei nicht-statthaft, dass B in keinem A enthalten sei, da diese beiden Sätze sich wie Bejahung und Verneinung verhielten. Wenn es also nicht statthaft sei, dass B in keinem A enthalten sei, so sei es auch wahr, dass B nothwendig in einigen A enthalten sei und folglich auch A in einigen B, was doch unmöglich sei. Allein wenn es nicht statthaft ist, dass B in keinem A enthalten ist, so muss es des-halb nicht in einigen A nothwendig enthalten sein; weil der Satz es sei nicht statthaft, dass etwas in keinem anderen enthalten sei, zweideutig ist, indem damit ebensowohl gesagt sein kann, dass etwas nothwendig in einem anderen enthalten sei, wie dass es nothwendig in einem ande-ren nicht enthalten sei. Denn man kann nicht in Wahrheit sagen, dass B nothwendig in einigen A nicht enthalten sei, wenn B statthafterweise in allen A nicht enthalten ist; und ebenso kann man nicht in Wahrheit

41

sagen, dass B in einigen A nothwendig enthalten sei, weil es in allen A statthafterweise enthalten ist. Wollte also jemand behaupten, dass, weil ü in allen D statthafterweise nicht enthalten sei, C in einigen D nothwendig nicht enthalten sei, so würde er etwas falsches behaupten; denn C ist in allen D enthalten; allein weil es in einigen D nothwendig enthalten ist, so sagt man deshalb, es sei nicht in allen C statthafterweise enthalten. Also ist dem »Statthafterweise in allen enthalten sein«, sowohl das: »In einigen nothwendig enthalten sein«, wie das: »In einigen nothwendig nicht enthalten sein«, entgegengesetzt. Gleiches gilt für das: »In keinem statthafterweise enthalten sein.« Es ist also klar, dass für das statthafte und nicht-statthafte in dem Sinne, wie ich es im Beginne definirt habe, als Gegensatz nicht blos das: »In einigen nothwendig enthalten sein« zu nehmen ist, sondern auch das: »In einigen nothwendig nicht-enthalten sein.« Wenn dies geschieht, ergiebt sich nichts unmögliches und daher auch kein Unmöglichkeitsschluss. Es erhellt also aus dem. Gesagten, dass der verneinende Satz sich hier nicht umkehren lässt.

Nachdem dies dargelegt worden, nehme man an, dass A statthafterweise in keinem B enthalten ist, aber in allen C. Hier kann durch Umkehrung kein Schluss zu Stande kommen, denn ich habe gezeigt, dass ein solcher verneinender Satz sich nicht umkehren lässt. Ebensowenig kann aus der Unmöglichkeit des Gegentheils der Schluss begründet werden, denn wenn man auch annähme, dass B in allen C statthafterweise enthalten sei, so kommt dabei nichts falsches heraus. Denn A könnte ja sowohl in allen C, wie in keinem C statthafterweise sein. Wenn aber überhaupt ein Schluss sich ergäbe, so erhellt, dass er nur auf das Statthafte lauten könnte, weil keiner der beiden Vordersätze als einfach seiend genommen worden ist. Nun wäre dieser Schluss entweder bejahend oder verneinend; allein keines von beiden ist zulässig; denn wenn er bejahend angenommen wird, so kann mittelst der Beispielsweise angenommenen Begriffe gezeigt werden, dass das Enthaltensein nicht statthaft ist; wird der Schluss aber verneinend angenommen, so kann eben dadurch gezeigt werden, dass der Schluss nicht auf das Statthafte, sondern auf das Nothwendige lautet. Denn A soll das Weisse sein und B der Mensch und C das Pferd. Hier kann nun A, das Weisse in allen von dem einen und in keinem von dem andern statthafterweise enthalten sein. Allein B kann statthafterweise in dem C weder enthalten noch nicht enthalten sein; denn dass B in C statthafterweise enthalten sei, ist unmöglich, da kein Pferd ein Mensch ist. Aber auch dass B statthafterweise in C nicht enthalten sei, ist falsch; denn es ist nothwendig, dass kein Pferd ein Mensch ist und das Nothwendige ist kein Statthaftes. Also ergiebt sich kein Schluss. Dasselbe lässt sich zeigen, wenn die Verneinung bei den Vordersätzen umgewechselt wird, oder wenn beide Vordersätze bejahend oder verneinend gesetzt werden, wie sich mittelst jener Beispielsweise angenommenen Begriffen ebenfalls zeigen lässt. Auch wenn der eine Vordersatz allgemein und der andere beschränkt, oder wenn beide beschränkt oder unbestimmt lauten, oder wenn man wie sonst die Vordersätze aufstellen mag, wird es keinen Schluss geben und es lässt sich dies immer durch jene Beispielsweise aufgestellten Begriffe zeigen. Es erhellt also, dass wenn beide Vordersätze nur auf das Statthafte lauten, kein Schluss sich ergiebt.

Achtzehntes Kapitel

Wenn aber bei der zweiten Figur der eine Vordersatz das *einfache* Sein, und der andere das statthafte ausdrückt, so kann, wenn jener bejahend und dieser verneinend lautet, niemals ein Schluss geschehen, mögen die Vordersätze allgemein oder nur beschränkt gesetzt werden. Auch hier kann der Beweis durch jene Beispielsweise aufgestellten Begriffe geführt werden. Wenn aber der bejahende Vordersatz das Statthafte und der Verneinende das einfache Sein ausdrückt, so ergiebt sich ein Schluss. Denn man setze, A sei in keinem B einfach enthalten, aber A sei in allen C statthafter Weise enthalten. Kehrt man nun den verneinenden Satz um, so ist B in keinem A enthalten, aber A ist in allen C statthafterweise enthalten und es ergiebt sich also vermöge der ersten Figur der Schluss, dass B in keinem C statthafterweise enthalten ist Ebenso verhält es sich, wenn die Verneinung zu dem Vordersatz mit A C gesetzt wird. Lauten aber beide Vordersätze verneinend und ist die Verneinung bei dem einen einfach seiend und bei dem andern statthaft gesetzt, so ergiebt sich aus diesen Ansätzen unmittelbar nichts mit Nothwendigkeit; wenn man aber den das Statthafte enthaltenen Satz umkehrt, so ergiebt sich der Schluss, dass B statthafterweise in keinem C enthalten ist, wie in den frühern Fällen, denn auch hier entsteht dann die erste Figur. Laufen aber beide Sätze bejahend, so giebt es keinen Schluss. Man nehme beispielsweise die Begriffe: Gesundheit, Geschöpf, Mensch, wo der Schluss bejahend lauten müsste und die

Begriffe: Gesundheit, Pferd, Mensch, wo der Schluss verneinend lauten müsste.

Ebenso wird es sich mit den *beschränkten* Schlüssen verhalten. Lautet der bejahende Vordersatz auf das einfache Sein, so giebt es, mag derselbe allgemein oder beschränkt gesetzt werden, keinen Schluss; (dies lässt sich in gleicher Weise durch die beispielsweise aufgestellten Begriffe zeigen); lautet dagegen der verneinende Vordersatz auf das einfache Sein, so giebt es vermittelst der Umkehrung einen Schluss, wie in dem früher erwähnten Falle. Werden aber beide Vordersätze als verneinende genommen und lautet der allgemeine auf das einfache Nicht sein, so ergiebt sich aus diesen Vordersätzen, als solchen keine nothwendige Folge, aber wenn man den das Statthaft-sein enthaltenden Vordersatz umkehrt, so ergiebt sich, wie früher, ein Schluss. Wenn aber der, das einfache Sein ausdrückende Satz verneinend und beschränkt lautet, so ergiebt sich kein Schluss, mag der andere Vordersatz bejahend oder verneinend lauten; ebenso auch dann nicht, wenn beide Vordersätze unbestimmt gesetzt werden, sei es bejahend oder verneinend oder beschränkt; wie sich dies ebenso und mittelst derselben angegebenen Begriffe zeigen lässt.

Neunzehntes Kapitel

Wenn aber von den Vordersätzen der eine als ein *nothwendiger* und der andere als ein statthafter gesetzt ist, so giebt es einen Schluss, wenn der verneinende Vordersatz ein nothwendiger ist, und zwar lautet der Schluss nicht blos auf das statthafte nicht enthaltensein, sondern auf das einfache Nicht-enthalten sein. Dagegen giebt es keinen Schluss, wenn der bejahende Vordersatz auf die Nothwendigkeit lautet. Denn es soll A nothwendig in keinem B, aber in C statthafterweise enthalten sein. Kehrt man hier den verneinenden Satz um, so ist auch B in keinem A enthalten; aber A war statthaft in allen C enthalten und es ergiebt sich also hier wieder mittelst der ersten Figur, dass B statthafterweise in keinem C enthalten ist. Zugleich erhellt aber, dass B auch einfach seiend in keinem C enthalten ist; denn man nehme an, dass es einfach seiend darin enthalten sei: wenn nun A nothwendig in keinem B enthalten ist, aber B in einigen C enthalten ist, so ist A in einigen C nothwendig nicht enthalten; allein es war ja angenommen, dass es statthafterweise in allen C enthalten sei. In derselben Weise kann der

Beweis geführt werden, wenn der Vordersatz mit B C verneinend gesetzt wird. Nun sei aber der bejahende Satz nothwendig und der andere laute auf das blos statthafte; es sei also A statthafterweise in keinem B enthalten aber in allen C nothwendig enthalten. Wenn die Begriffe sich so zu einander verhalten, so giebt es keinen Schluss, denn es kann dann kommen, dass B in dem C nothwendig nicht enthalten ist. Es sei z.B. A das Weisse, B der Mensch und C der Schwan. Das Weisse ist hier nothwendig in dem Schwane enthalten und es ist statthaft, dass es in keinem Menschen ist; aber der Mensch ist nothwendig in keinem Schwane enthalten. Es ist also klar, dass der Schluss nicht auf das Statthafte lauten kann, denn das Nothwendige ist nicht das Statthafte. Aber der Schluss kann auch nicht auf das Nothwendige lauten, da dieses sich nur dann ergeben hatte, wenn entweder beide Sätze nothwendig lauteten, oder wenn der verneinende Vordersatz ein nothwendiger war. Ueberdem kann es, wenn die Vordersätze so lauten, kommen, dass B in C enthalten ist. Denn nichts hindert es, dass C unter B enthalten ist, und dass A in allen B statthafterweise und in C nothwendig enthalten ist. So sei beispielsweise C das Erwachende, B das Geschöpf und A die Bewegung. Hier ist in dem Erwachenden nothwendig die Bewegung enthalten und in allen Geschöpfen ist die Bewegung statthafterweise enthalten und jedes Erwachende ist ein Geschöpf. Es erhellt also, dass der Schluss auch nicht auf das Nicht-enthalten-sein gehen kann, da, wenn die Vordersätze sich so verhalten, der Schluss sogar auf ein nothwendiges Enthaltensein lautet. Aber auch die entgegengesetzt lautenden Schlüsse sind deshalb nicht zulässig, mithin ist überhaupt kein Schluss hier zu ziehen. Der Beweis ist hierfür ebenso zu führen, indem man den bejahenden Satz umgekehrt setzt. Lauten aber die Vordersätze gleichartig, so ergiebt sich, wenn sie verneinend lauten, immer ein Schluss, wenn der auf das Statthafte lautende Satz wie vorhin in seinen Gegentheil umgekehrt wird. Denn man nehme an, dass A nothwendig in keinem B und statthafterweise in keinem C enthalten sei. Kehrt man nun diesen letztern in den bejahenden Satz um, so ist B in keinem A enthalten, aber A ist dann statthafterweise in allen C enthalten und es ergiebt sich damit die erste Figur. Dasselbe findet statt, wenn man die Verneinung zu C setzt. Lauten dagegen die Vordersätze bejahend, so ergiebt sich kein Schluss. Denn der Schluss kann offenbar nicht auf das *einfache* Nicht-sein und auch nicht auf das *nothwendig* Nicht-sein lauten, weil kein einfach oder nothwendig verneinender Vordersatz gesetzt worden ist. Der Schluss kann aber auch nicht auf das *statthafte* nicht-enthalten-sein gehen: denn wenn die Vordersätze so lauten, ist das B in dem C nothwendig nicht enthalten, z.B. wenn A das Weisse, B den Schwan und C den Menschen bedeutet. Aber auch für die entgegenge-setzten Sätze ergiebt sich kein Schluss, da gezeigt worden ist, dass B in dem C *nothwendig* nicht enthalten ist. Es kann also überhaupt kein Schluss gezogen werden.

Ebenso verhält es sich bei den *beschränkten* Vordersätzen; lautet nämlich der verneinende allgemein und nothwendig, so ergiebt sich immer ein Schluss auf das Statthafte und auf das Nicht-Enthaltensein [der Beweis dafür wird durch die Umkehrung des Vordersatzes geführt]; lautet aber der bejahende Vordersatz so, so ergiebt sich niemals ein Schluss. Es wird dies auf dieselbe Weise dargelegt, wie da, wo die Vordersätze allgemein lauten und zwar mittelst derselben beispielsweise angenommenen Begriffe. Auch wenn beide Vordersätze bejahend gesetzt werden, ergiebt sich kein Schluss; auch dies lässt sich auf dieselbe Weise, wie früher, darlegen. Lauten aber beide Vordersätze verneinend und zwar der eine verneinende allgemein und nothwendig, so ergiebt sich zwar aus ihnen unmittelbar kein Schluss; aber wenn der das statt-hafte ausdrückende Vordersatz in sein Gegentheil umgekehrt wird, so ergiebt sich, wie früher dargelegt worden, ein Schluss; lauten aber beide Vordersätze unbestimmt oder beide beschränkt, so ergiebt sich kein Schluss. Auch hier ist der Beweis der gleiche und er kann durch diesel-ben beispielsweise gegebenen Begriffe geführt werden.

Aus dem Gesagten erhellt sonach, dass wenn der verneinende Satz allgemein und nothwendig lautet, immer ein Schluss statt hat und zwar nicht auf ein blosses statthaftes Nicht-sein, sondern auf ein einfaches Nichtsein; lautet aber der bejahende Vordersatz allgemein und nothwen-dig, so giebt es niemals einen Schluss. Lauten beide Vordersätze entwe-der nothwendig oder einfach seiend und verhalten sie sich ebenso, wie hier, so giebt es bald einen Schluss, bald keinen. Auch ist klar, dass diese Schlüsse sämmtlich unvollkommene sind, und erst durch die früher erwähnten Figuren zu vollkommenen werden.

Zwanzigstes Kapitel

In der *dritten* und letzten Figur giebt es einen Schluss, sowohl wenn beide Vordersätze, als wenn nur ein Vordersatz auf das Statthafte lauten.

Wenn beide Vordersätze nur auf das Statthafte lauten, so lautet auch der Schluss nur darauf; ebenso, wenn der eine Satz auf das Statthafte und der andere auf das einfache Sein lautet. Lautet aber der eine Vordersatz auf das Nothwendige und ist er bejahend, so lautet der Schluss weder auf die Nothwendigkeit noch auf das einfache Sein; ist er aber verneinend, so lautet der Schluss auf das einfache Nicht-sein, wie in den früheren Fällen. Aber auch bei diesen Schlüssen muss das Statthafte in demselben. Sinne, wie bisher, genommen werden.

Es sollen nun zunächst beide Vordersätze auf das Statthafte lauten, und A und B sollen beide statthafterweise in C enthalten sein. Da nur der bejahende allgemeine Satz sich in einen beschränkten umkehren lässt, und B in dem ganzen C statthafterweise enthalten ist, so wird auch C in einigen B statthafterweise enthalten sein. Wenn also A in allen C statthafterweise enthalten ist und C in einigen B, so wird auch A in einigen B statthafterweise enthalten sein, denn dieser Schluss vollzieht sich in der ersten Figur. Und wenn A statthafterweise in keinem C enthalten ist, aber B in allen C, so muss A in einigen B statthafterweise nicht enthalten sein; denn auch hier ergiebt sich durch Umkehrung die erste Figur. Lauten aber beide Vordersätze verneinend, so ergiebt sich zwar aus ihnen für sich allein kein Schluss, aber ein solcher tritt ein, wenn die Vordersätze in ihr Gegentheil so wie früher verkehrt werden. Denn wenn A und B in C statthafterweise nicht enthalten sind, so wird, wenn dafür das »statthaft enthalten sein« gesetzt wird, sich wieder die erste Figur vermittelst der Umkehrung ergeben.

Wenn aber der eine Vordersatz allgemein und der andere *beschränkt* lautet, beide aber sonst in Bezug auf Bejahung oder Verneinung sich gleich verhalten, so wird sich ein Schluss bald ergeben, bald nicht. Es soll also statthafterweise A in allen C und B in einigen C enthalten sein. Hier wird sich wieder die erste Figur ergeben, wenn der beschränkte Vordersatz umgekehrt wird; denn wenn A in allen C und C in einigen B statthafterweise enthalten ist, so ist auch A statthafterweise in einigen B enthalten. Dasselbe ergiebt sich, wenn der Vordersatz mit B C allgemein gesetzt wird. Auch wenn der Vordersatz A C verneinend lautet, und B C bejahend, so findet ein Schluss statt; denn auch hier gelangt man durch Umkehrung zur ersten Figur. Werden aber beide Vordersätze verneinend gesetzt und zwar der eine allgemein und der andere beschränkt, so ergiebt sich aus ihnen für sich allein kein Schluss, wohl aber, wenn die Sätze in ihr Gegentheil verkehrt werden, wie in früheren

Fällen. Werden aber beide Vordersätze unbestimmt oder beschränkt gesetzt, so ergiebt sich kein Schluss, denn es muss dann A sowohl in allen B, wie in keinem B enthalten sein. Als Beispiele für das Enthalten-sein nehme man die Begriffe: Geschöpf, Mensch, Weisses; und für das Nicht-enthalten-sein die Begriffe: Pferd, Mensch, Weisses, wobei Weisses der Mittelbegriff ist.

Einundzwanzigstes Kapitel

Wenn aber ein Vordersatz auf das einfache Sein, der andere auf das statthafte Sein lautet, so geht der Schluss nur auf das Statthafte und nicht auf das einfache Sein. Der Beweis ergiebt sich in gleicher Weise, wie vorher, wenn man dieselben beispielsweise aufgestellten Begriffe benutzt. Es seien nämlich die Vordersätze zunächst bejahend und A soll in allen C einfach, B aber in allen C statthafterweise enthalten sein. Kehrt man hier den Vordersatz B C um, so ergiebt sich die erste Figur und der Schluss, dass A in einigen B statthafterweise enthalten ist; denn wenn der andere Vordersatz in der ersten Figur blos auf das Statthaft-sein lautete, so ginge auch der Schlusssatz nur auf das Statthaft-sein. Wenn ferner der Satz B C das einfache Sein und der Satz A C das statthafte Sein ausdrückt, sowie wenn der Satz A C verneinend und der Satz B C bejahend lautet, aber einer von beiden das einfache Sein besagt, so wird in beiden Fällen der Schluss nur auf das statthafte Sein lauten; denn es ergiebt sich wieder die erste Figur und bei dieser ist bereits gezeigt worden, dass wenn einer der Vordersätze nur das statthafte Sein ausdrückt, auch der Schlusssatz nur auf das Statthafte lautet. Wird dagegen der Vordersatz mit dem kleinern äusseren Begriff verneinend gesetzt, oder werden beide Vordersätze verneinend gesetzt, so ergiebt sich aus denselben in solcher Fassung nicht geradezu ein Schluss, aber er wird, wie in den früher erwähnten Fällen, sich ergeben, wenn die Vordersätze in ihr Gegentheil umgekehrt werden.

Ist aber einer der Vordersätze ein allgemeiner und der andere ein *beschränkter*, und lauten beide bejahend, oder lautet der allgemeine verneinend und der beschränkte bejahend, so wird es sich mit den Schlüssen ebenso verhalten, denn alle werden durch die erste Figur vollendet. Sonach erhellt, dass aus einem Vordersatze, der auf das statthafte Sein und einen, der auf das einfache Sein lautet, Schlüsse abgeleitet werden können. Ist aber der eine ein bejahender und allgemeiner und der andere ein verneinender und beschränkter, so muss dies aus der Unmöglichkeit des Gegentheils bewiesen werden. Denn es sei B in allen C einfach seiend enthalten, A sei aber statthafterweise in einigen C nicht enthalten, so muss A statthafterweise in einigen B nicht enthalten sein Denn wenn A in allen B nothwendig enthalten wäre, so müsste, da B in allen C einfach seiend gesetzt ist, A in allen C nothwendig enthalten sein, wie früher gezeigt worden; allein es ist angenommen worden, dass A in einigen C statthafterweise nicht enthalten sei.

Werden aber beide Sätze unbestimmt oder nur beschränkt gesetzt, so ergiebt sich kein Schluss. Der Beweis ist hier derselbe, wie bei den allgemein lautenden Vordersätzen und er kann durch dieselben beispielsweise gegebenen Begriffe geführt werden.

Zweiundzwanzigstes Kapitel

Wenn in der dritten Figur der eine Vordersatz ein *nothwendiger*, der andere nur ein statthafter ist, aber beide Sätze bejahend lauten, so ergiebt sich immer ein auf das Statthafte lautender Schluss. Lautet aber der eine Vordersatz bejahend, der andere verneinend, so ergiebt sich ein Schluss auf das statthafte Nicht-enthaltensein, wenn der bejahende ein nothwendiger ist; ist aber der verneinende Vordersatz ein nothwendiger, so ergiebt sich ein Schluss sowohl auf das statthafte Nicht-enthalten-sein, wie auf das einfache Nicht-enthalten-sein. Dagegen ergiebt sich kein Schluss auf das nothwendige Nicht-enthalten-sein, wie dies auch in den andern Figuren sich nicht ergeben hat. Es seien nun zunächst die Vordersätze bejahend und A sei in allen C nothwendig, aber B in allen C nur statthafterweise enthalten. Da nun A in allen C nothwendig und das C in einigen B statthafterweise enthalten ist, so wird auch A in einigen B statthafterweise, aber nicht einfach enthalten sein; denn so war es auch bei der ersten Figur. In ähnlicher Weise kann der Beweis geführt werden, wenn der Satz B C als ein nothwendiger und der Satz A C als ein blos statthafter gesetzt wird. Nun soll aber der eine Vordersatz bejahend, der andere verneinend lauten und der bejahende ein nothwendiger sein; A sei also statthafterweise in keinem C enthalten, aber B sei nothwendig in allen C enthalten. Auch hier wird sich die erste Figur ergeben, da der verneinende Vordersatz nur das Statthafte bezeichnet. Es erhellt also, dass der Schlusssatz nur auf das Statthafte lauten wird, weil bei der ersten Figur, wenn die Vordersätze so lauteten, der

Schlusssatz auch nur auf das Statthafte ging. Ist aber der verneinende Vordersatz ein nothwendiger, so ergiebt sich ein Schluss sowohl dahin, dass A in einigen C statthafterweise nicht enthalten ist, wie dahin, dass A in einigen C *einfach* nicht enthalten ist. Denn es soll A nothwendig in keinem C enthalten sein; B soll aber statthafterweise in dem ganzen C enthalten sein; wenn man hier den bejahenden Satz B C umkehrt, so ergiebt sich die erste Figur wobei der verneinende Vordersatz ein nothwendiger ist. Wenn nun die Vordersätze dort sich so verhielten, so folgte, dass A in einigen C statthafterweise und auch einfach nicht enthalten war, so dass also auch hier A in einigen B einfach nicht enthalten sein muss. Wenn aber der Satz mit dem kleinern äussern Begriff B verneinend gesetzt wird und zwar statthafterweise, so wird sich ein Schluss ergeben, wenn dieser Vordersatz in seinen Gegentheil umgekehrt wird, wie dies früher gezeigt worden ist lautet aber dieser Vordersatz auf die Nothwendigkeit, so giebt es keinen Schluss, denn A kann dann bald in allen B, bald in keinem B enthalten sein. Man nehme beispielsweise für das »in allen enthalten sein« die Begriffe Schlaf, schlafendes Pferd und Mensch; und für das »in keinem enthalten sein« die Begriffe: Schlaf, wachendes Pferd und Mensch.

Aehnlich verhält es sich, wenn der eine Vordersatz allgemein, der andere beschränkt in Bezug auf den Mittelbegriff lautet; sind beide bejahend, so wird der Schlusssatz auf das Statthafte und nicht auf das einfache Sein lauten; und dies auch dann, wenn der eine Vordersatz verneinend, der andere bejahend und letzterer als nothwendiger genommen wird. Ist aber der verneinende Satz ein nothwendiger, so lautet der Schlusssatz auf das einfache Nicht-sein. Der Beweis bleibt hier derselbe, mögen die Vordersätze allgemein oder nicht allgemein lauten; denn die Schlüsse müssen hier durch die erste Figur vervollständigt werden, wie dort, und deshalb mit den dortigen zusammenfallen. Wenn aber der verneinende und allgemeine Vordersatz den kleinern äussern Begriff betrifft und er auf das Statthafte lautet, so ergiebt sich ein Schluss vermöge der Umkehrung desselben in das Gegentheil; lautet er aber auf das Nothwendige, so giebt es keinen Schluss; der Beweis geschieht ebenso wie bei den allgemein lautenden Vordersätzen und mittelst derselben Beispielsweise aufgestellten Begriffe.

Sonach erhellt, wonach und wie auch in dieser dritten Figur ein Schluss sich ergiebt, und wenn er auf das Statthafte und wenn er auf das einfache Sein lautet. Auch ist klar, dass alle diese Schlüsse unvollkommen sind und durch die erste Figur vervollständigt werden.

Dreiundzwanzigstes Kapitel

Aus der bisherigen Darstellung ergiebt sich nunmehr, dass alle Schlüsse in den übrigen Figuren durch die allgemein lautenden Schlüsse der ersten Figur vollendet und darauf zurückgeführt werden. Dass es nun mit allen Schlüssen sich so verhält, wird nunmehr sich ergeben, wenn ich gezeigt haben werde, dass überhaupt jeder Schluss in einer dieser Figuren erfolgt.

Jede Beweisführung und jeder Schluss muss darthun, dass Etwas in einem Andern enthalten oder nicht enthalten ist und dass dies entweder allgemein oder beschränkt stattfindet; auch muss dies entweder geradezu oder vermittelst einer Voraussetzung dargelegt werden; zu letzterem Verfahren gehören auch die Beweise durch die Unmöglichkeit des Gegentheils. Ich werde daher zuerst die direkten Beweise besprechen; ist es bei diesen dargelegt worden, so wird dasselbe auch für die Beweise aus der Unmöglichkeit des Gegentheils, und für die von einer Voraussetzung ausgehenden Beweise sich als gültig ergeben.

Wenn also für A in Bezug auf B ein Schluss soll gewonnen werden, sei es, dass A in B enthalten oder nicht-enthalten sei, so muss Etwas in Bezug auf ein Anderes angesetzt werden. Geschieht dies mit dem A unmittelbar in Bezug auf B, so ist dies eine ursprüngliche Annahme. Geschieht dies aber mit dem A zwar in Bezug auf C, aber nicht mit dem C in Bezug auf ein Anderes, noch mit Etwas in Bezug auf G, noch mit einem Anderen in Bezug auf A, so ergiebt sich kein Schluss, denn wenn nur Eines in Bezug auf ein Anderes gesetzt wird, so ergiebt sich keine nothwendige Folge. Man muss also noch einen anderen Satz hinzunehmen. Wenn nun das A in Bezug auf ein Anderes gesetzt wird, oder ein Anderes in Bezug auf A oder ein Anderes in Bezug auf C, so kann zwar ein Schluss sich ergeben, aber er wird durch diese angenommenen Sätze nicht über B lauten und dies wird auch dann nicht der Fall sein, wenn das C von einem Anderes und dieses wieder von einem Anderen und letzteres wieder von einem Anderen ausgesagt wird, ohne dass C mit B zusammengebracht wird; denn auch dann wird kein Schluss des A in Bezug auf B sich ergeben. Ich sage also, dass überhaupt niemals ein Schlusssatz, welcher Eins von dem Anderen aussagt, sich ergeben wird, wenn nicht ein Mittleres hinzugenommen wird, was sich zu jedem von jenen beiden nach irgend einer Kategorie verhält. Denn der Schluss ergiebt sich überhaupt aus Vordersätzen und zwar ein Schluss über *dieses* aus Vordersätzen über *dieses*, und ein Schluss *dieses* Einen in Bezug auf *dieses* Andere aus Vordersätzen, welche dieses Eine von *diesem* Anderen aussagen. Denn unmöglich kann man einen Satz über B aufstellen, welcher von B nichts bejaht oder verneint und ebensowenig kann man einen Satz, wonach A von dem B etwas aussagt, gewinnen, wenn man keinen beiden gemeinsamen Begriff hinzunimmt, sondern von A und von B, nur etwas jedem eigenthümliches bejaht oder verneint. Es muss deshalb ein Mittleres für beide gewonnen werden, welches diese Aussagen verknüpft, wenn ein Schlusssatz von diesem auf jenes zu Stande kommen soll. Wenn also etwas beiden Gemeinsames hinzugenommen werden muss und dies auf dreifache Art stattfinden kann (dann entweder sagt A etwas von C und C etwas von B aus, oder C sagt etwas von beiden, d.h. dem A und dem B aus, oder diese beiden sagen etwas von C aus), so ergeben sich die drei besprochenen Schlussfiguren und es erhellt also, dass jeder Schluss nur in einer dieser drei Figuren erfolgen kann. Dieser Ausspruch gilt auch, wenn die Verbindung des A mit dem B durch mehrere Mittelbegriffe erfolgt; denn auch bei diesen vielen Sätzen wird die Schlussfigur dieselbe bleiben.

Es ist also klar, dass die direkten Schlüsse durch die genannten drei Figuren vollendet werden; aber dass dies auch für die Schlüsse vermittelst der Unmöglichkeit des Gegentheils gilt, erhellt aus Folgenden. Alle solche Schlüsse vermittelst des Unmöglichen erschliessen ein Falsches und beweisen den ursprünglichen Satz vermittelst einer Annahme, indem, wenn das Gegentheil desselben angenommen wird, etwas Unmögliches sich ergiebt. So wird bewiesen, dass der Durchmesser nicht von den Seiten des Quadrats gemessen werden könne, weil, wenn man annimmt, er könne davon gemessen werden, folgt, dass das ungerade dem Geraden gleich sei. Hier wird die Gleichheit des Ungeraden mit dem Geraden durch einen Schluss abgeleitet und es wird so durch eine Voraussetzung gezeigt, dass der Durchmesser nicht von den Seiten gemessen werden kann, da aus der entgegengesetzten Annahme etwas Falsches sich ergiebt. Das Schliessen vermittelst der Unmöglichkeit besteht also darin, dass man darlegt, wie aus der anfänglich angenommenen Voraussetzung etwas Unmögliches sich ergiebt. Da sonach bei den auf das Unmögliche führenden Schlüssen der Schluss auf das Falsche direkt erfolgt und der ursprüngliche Satz vermittelst einer Voraussetzung bewiesen wird, und ich vorher dargelegt habe, dass die direkten Schlüsse sich durch jene drei Figuren vollziehen, so erhellt, dass auch die vermittelst der Unmöglichkeit des Gegentheils geführten Schlüsse durch diese drei Figuren sich vollziehen. Ebenso ist es auch bei den übrigen, auf einer Voraussetzung beruhenden Schlüssen; denn in allen geschieht ein Schluss mit Bezug auf etwas Hinzugenommenes und der ursprüngliche Satz wird vermöge eines Zugeständnisses oder vermöge einer anderen Voraussetzung gefolgert. Ist dies richtig, so muss jeder Beweis und jeder Schluss vermittelst der vorgenannten Figuren geführt werden und nachdem dies bewiesen worden, erhellt, dass jeder Schluss seine Vollendung durch die erste Figur erhält und auf die in dieser Figur allgemein lautenden Schlüsse zurückgeführt wird.

Vierundzwanzigstes Kapitel

Ferner muss in jedem Schluss ein Vordersatz bejahend und einer allgemein lauten; denn ohne einen allgemeinen Vordersatz giebt es entweder keinen Schluss, oder er geht nicht auf den aufgestellten Satz oder das zu Beweisende wird ohne Beweis als wahr behauptet. Denn man setze als zu beweisenden Satz, dass die musikalische Lust sittlich sei. Wenn man nun behauptet, dass die Lust sittlich sei, und nicht hinzusagt: *jede* Lust, so würde es keinen Schluss geben; wenn man aber nur setzt, dass *eine* Lust sittlich sei, so würde daraus für das hier Behauptete sich nichts ergeben; und wenn man die musikalische Lust selbst als sittlich setzt, so würde man den Schlusssatz ohne Beweis als wahr behaupten. Dies ergiebt sich noch deutlicher an geometrischen Figuren, z.B. wenn bewiesen werden soll, dass die Winkel an der Grundlinie des gleichschenklichen Dreiecks einander gleich seien. Es seien z.B. die Linien A und B nach dem Mittelpunkte eines Kreises gezogen; wenn man nun die Winkel A und C als gleich den Winkeln B und D annimmt, ohne allgemein vorauszusetzen, dass die Winkel, welche auf dem Halbkreis stehen einander gleich seien und wenn man ferner annimmt, dass der Winkel C gleich sei dem Winkel D, ohne zu zeigen, dass alle Winkel auf demselben Kreisabschnitt als gleich zu nehmen sind und wenn man ferner von den gleichen ganzen Winkeln gleiche Winkel abzieht und damit zeigt, dass die übrig Bleibenden E und F gleich sind, so wird man das zu Beweisende ohne Beweis behaupten, wenn man nicht auch den Satz aufstellt, dass wenn Gleiches von Gleichem weggenommen wird, Gleiches übrig bleibe.

Es ist also klar, dass in allen Schlüssen das Allgemeine nicht fehlen darf und dass das Allgemeine eines Schlusses nur bewiesen wird, wenn beide Vordersätze allgemein lauten, während der beschränkte Schlusssatz bald so, bald nicht so bewiesen wird; so dass also, wenn der Schluss allgemein lautet, auch die Vordersätze allgemein lauten müssen; lauten aber die Vordersätze allgemein, so kann der Schlusssatz auch nicht allgemein lauten. Auch erhellt, dass bei jedem Schlüsse, entweder beide Vordersätze, oder wenigstens einer mit dem Schlusssatze gleichartig lauten müssen und zwar nicht blos in der Bejahung oder Verneinung, sondern auch in Bezug auf das nothwendige oder einfache oder statthafte der Sätze. Indess muss man auch die anderen Kategorien, in denen etwas von einem Anderen ausgesagt wird, beachten. Somit erhellt, wenn es überhaupt einen Schluss giebt und wenn nicht, so wie, wenn er möglich und wenn er vollkommen ist; endlich, dass wenn ein Schluss gezogen werden soll, die Vordersätze sich in der angegebenen Weise verhalten müssen.

Fünfundzwanzigstes Kapitel

Jeder Beweis geschieht mittelst *dreier* Begriffe und und nicht mehrerer, es müsste denn sein, dass derselbe Schlusssatz durch verschiedene Begriffe bewiesen werden könnte, wie wenn z.B. der Schlusssatz E sowohl durch die Vordersätze A und B, wie durch die Vordersätze C und D oder durch die Vordersätze A und B und B und C bewiesen werden könnte; da es statthaft ist, dass mehrere Mittelbegriffe für dieselben äusseren Begriffe eintreten können. Wenn letzteres der Fall ist, so besteht nicht blos *ein* Schluss, sondern mehrere. Auch ist dies der Fall wenn jeder der beiden Vordersätze A und B durch einen besonderen Schluss gewonnen wird, also z.B. A durch die Vordersätze D und E und der Satz B durch die Vordersätze F und G. Ebenso sind es mehrere Schlüsse, wenn der eine Vordersatz durch Induktion und der andere durch einen Schluss gewonnen wird; auch in solchen Fällen sind mehrere Schlüsse vorhanden, denn es sind mehrere durch Schlüsse abgeleitete Sätze da, z.B. der Satz A, und der Satz B, und der Satz C. Sind aber nicht mehrere Schlusssätze, sondern nur einer vorhanden, so kann dieser selbige Schlusssatz zwar aus verschiedenen Ansätzen abgeleitet werden, aber unmöglich aus mehreren in der Form, wie der Schlusssatz C aus den Vordersätzen A und B abgeleitet wird. Denn es sei z.B. der Schlusssatz E aus den vier Sätzen A, B, C und D abgeleitet; hier müssen nothwendig einzelne von ihnen sich zu anderen so wie das Ganze zu dem Theile verhalten; denn schon früher ist gezeigt worden, dass wenn es einen Schluss geben soll, die Begriffe sich so verhalten müssen. Nun mag der Satz A sich so zu dem Satz B verhalten; dann kann schon ein Schlusssatz aus demselben gezogen werden, also wird dies entweder schon der Schlusssatz E oder einer von den beiden Sätzen C und D oder sonst ein anderer Satz sein. Folgt nun der Schlusssatz E schon aus den beiden Sätzen A und B, so ist ein Schluss vorhanden, der blos aus diesen beiden Sätzen abgeleitet ist. Verhalten sich nun die Sätze C und D auch so wie das Ganze zu dem Theile, so wird auch aus ihnen ein Schluss sich ableiten und dies wird entweder der Satz E oder einer von den beiden Sätzen A und B oder sonst ein anderer Satz sein. Ist dies nun der Satz E oder einer von den beiden Sätzen A und B, so ergeben sich entweder mehrere Schlusssätze oder es war statthaft denselben Schlusssatz aus verschiedenen Begriffen abzuleiten; kommt aber ein anderer Schlusssatz als der Satz E oder der Satz A und B heraus, so sind denn mehr als ein Schluss vorhanden, die mit einander in keiner Verbindung stehen. Verhält sich aber der Satz C zu dem Satze D nicht so, dass ein Schluss daraus gezogen werden könnte, so sind diese weiteren Sätze nutzlos hinzugenommen, es müsste denn sein, dass es behufs der Induktion oder eines versteckten Schlusses oder sonst eines anderen Zweckes wegen geschehen wäre. Wenn endlich aus den Sätzen A und B nicht der Satz E, sondern ein anderer sich als Schluss ergiebt und aus den Sätzen C und D entweder einer von jenen Sätzen oder sonst etwas anderes, so sind mehrere Schlüsse vorhanden und sie betreffen nicht die hier vorliegende Annahme; da ja angenommen war, dass ein Schluss auf E sich ergeben sollte. Ergiebt sich aber aus den Sätzen C und D kein Schluss, so erhellt, dass sie nutzlos hinzugesetzt worden sind und nicht zu dem anfänglich gesetzten Schluss gehören.

Hiernach erhellt, dass jeder Beweis und jeder Schluss sich nur durch drei Begriffe vollzieht. Steht dies aber fest, so erhellt auch, dass ein Schluss nur aus zwei und nicht aus mehr Vordersätzen abgeleitet werden kann; denn diese drei Begriffe bilden zwei Sätze, wenn nicht, wie im Anfang erwähnt worden ist, noch ein Mehreres zur Herstellung eines vollkommenen Schlusses hinzugenommen werden muss. Es ist auch klar, dass wenn in einer Beweisführung die Vordersätze, durch welche der Hauptschlusssatz erfolgt, nicht eine gerade Zahl bilden (denn einzelne der vorgehenden Schlusssätze können nur Vordersätze abgeben), eine solche Beweisführung zu keinem Schlüsse führt, oder dass dann mehr Vordersätze, als zum Schluss nöthig waren, hinzugenommen worden sind.

Werden die Schlüsse nur in Bezug auf ihre eigentlichen Vordersätze in Betracht genommen, so besteht jeder Schluss aus einer geraden Zahl von Vordersätzen und aus einer ungeraden Zahl von Begriffen; und die Zahl der Begriffe ist um eins mehr als die Zahl der Vordersätze. Der Schlusssätze werden dann halb so viel als der Vordersätze sein. Wenn aber vermittelst vorgängiger Schlusssätze der Schluss, oder durch mehrere nicht zusammenhängende Mittelbegriffe sich vollzieht, wenn also z.B. die Sätze A und B aus den Sätzen C und D geschlossen werden, so wird die Zahl der Begriffe zwar ebenso die Zahl der Vordersätze um einen übersteigen (denn der überschiessende Begriff wird entweder ausserhalb oder in die Mitte gestellt werden; aber in beiden Fällen sind der Vordersätze um einen weniger als die Begriffe) aber die Zahl der Vordersätze ist gleich der Zahl der Ansätze. Indess wird die Zahl der Vordersätze nicht immer eine gerade und die der Begriffe eine ungerade sein, sondern es wird sich dies austauschen; wenn nämlich die Zahl der Vordersätze eine gerade ist, so ist die Zahl der Begriffe eine ungerade und wenn die Zahl der Begriffe eine gerade ist, so ist die der Vordersätze eine ungerade; denn mit jedem weiterem Begriff wird ein neuer Vordersatz hinzugefügt, wohin auch der Begriff gesetzt werden mag. Wenn also in einem Schlüsse die Vordersätze der Zahl nach gerade, die Begriffe der Zahl nach ungerade sind, so muss das Gerade und Ungerade wechseln, wenn ein solcher Zusatz geschieht. Die Schlusssätze werden aber in ihrer Zahl nicht dasselbe Verhältniss zu der Zahl der Begriffe und Vordersätze einhalten; denn wenn *ein* weiterer Begriff hinzugesetzt wird, so werden damit an weiteren Schlusssätzen so viel sich ergeben, als Begriffe vorher angesetzt waren, weniger einen; denn der neue Begriff bildet denn nur mit dem letzten Vorbegriff keinen Schluss, aber wohl mit allen anderen. Wenn z.B. zu den Begriffen A, B und C noch der Begriff D hinzukommt, so treten damit sofort zwei neue Schlusssätze hinzu, nämlich einer zu A und einer zu B. Ebenso verhält es sich mit den noch weiter hinzukommenden Begriffen. Wird aber der weitere Begriff in die Mitte gestellt, so ergiebt sich dasselbe, denn er wird nur mit einem der vorigen Begriffe keinen Schluss bilden. Es werden also in solchen Fällen viel mehr Schlüsse sich ergeben, als Begriffe und Vordersätze.

Sechsundzwanzigstes Kapitel

Nachdem wir nun wissen, um was es sich bei den Schlüssen handelt und wie und auf wie vielerlei Art in jeder Figur der Beweis zu führen ist, so wird sich nun auch ergeben, welche Sätze schwer und welche leicht zu beweisen sind; diejenigen Sätze nämlich, welche in mehreren Figuren und auf mehrere Weisen erschlossen werden können, sind leichter zu beweisen, und die, wo beides weniger statt hat, sind schwieriger zu beweisen. Ein allgemeiner bejahender Satz kann nur durch die erste Figur und hier nur auf *eine* Art bewiesen werden; ein verneinender allgemeiner Satz kann durch die erste und die zweite Figur, und zwar durch die erste nur auf *eine* Art, durch die zweite aber auf *zwei* Arten bewiesen werden. Ein beschränkt-bejahen der Satz kann durch die erste und dritte Figur und zwar durch die erste nur auf *eine* Art, durch die letzte auf *drei*fache Art bewiesen werden. Ein beschränkt-verneinender Satz kann durch alle Figuren bewiesen werden, indess in *der* ersten nur auf *eine* Art, in der zweiten Figur auf *zwei* Arten, in der dritten auf *drei* Arten. Hieraus erhellt, dass ein allgemein bejahender Satz am schwersten festzustellen und am leichtesten umzustossen ist. Ueberhaupt kann ein allgemeiner Satz leichter umgestossen werden, als ein beschränkter; denn er ist widerlegt, wenn der eine Begriff in einem oder in einigen des anderen Begriffes nicht enthalten ist, und davon kann der Fall, dass er in einigen nicht enthalten ist, durch alle Figuren und dass er in keinen enthalten, durch zwei Figuren bewiesen werden. Ebenso verhält es sich mit den verneinenden Sätzen; denn sobald der eine Begriff in dem ganzen anderen oder in einigen desselben enthalten ist, ist der aufgestellte Satz umgestossen, und dies kann in zwei Figuren geschehen. Bei den beschränkten verneinenden Sätzen kann es nur auf *eine* Weise geschehen, wenn man zeigt, dass der eine Begriff in allen oder in keinem des anderen enthalten ist. Aufzustellen sind die beschränkten Sätze leichter, da dies in mehreren Figuren und auf verschiedene Art geschehen kann. Im Allgemeinen darf man nicht übersehen, dass die Widerlegung der Sätze gegenseitig durch einander geschehen kann, nämlich der allgemeinen durch die beschränkten und der be-

59

schränkten durch die allgemeinen; feststellen kann man aber die allgemeinen Sätze durch die beschränkte nicht, aber wohl diese durch jene. Zugleich erhellt, dass das Widerlegen leichter ist, als dass Aufstellen.

Aus dem Gesagten ergiebt sich nunmehr, wie jeder Schluss zu Stande kommt und durch wie viel Begriffe und Sätze dieses geschieht und wie diese sich zu einander verhalten müssen; ferner welche aufgestellten Sätze in jeder Figur, welche in mehreren und welche in wenigem Figuren 60 bewiesen werden können.

Siebenundzwanzigstes Kapitel

Jetzt habe ich nun darzulegen, wie man zu einem aufgestellten Satze am leichtesten die zugehörenden Schlüsse finden kann und auf welchem Wege man die höheren Vordersätze für jeden Schluss gewinnen kann. Denn man hat wohl nicht blos die Entstehung der Schlüsse in Betracht zu nehmen, sondern man muss auch im Stande sein, dergleichen aufzustellen.

Von allem Seienden ist nun Einiges so beschaffen, dass es von keinem anderen Gegenstande in Wahrheit ausgesagt werden kann; so kann dies z.B. mit dem Kleon und mit dem Kallias und mit dem einzelnen Wahrnehmbaren nicht geschehen; wohl aber kann von demselben Anderes ausgesagt werden; (denn so ist Kleon und Kallias jeder ein Mensch und ein Geschöpf); ein anderer Theil des Seienden kann wohl von Anderen ausgesagt werden, aber von ihm wird Anderes, Höheres nicht ausgesagt; ein dritter Theil kann sowohl von Anderem, wie Anderes von ihm ausgesagt werden; so z.B. Mensch von dem Kallias und Geschöpf von dem Menschen. Es ist nun klar, dass Einiges von dem Seienden seiner Natur nach von Keinem ausgesagt werden kann; denn wohl jedes der wahrnehmbaren Dinge ist der Art, dass es von Keinem ausgesagt werden kann, als höchstens zufälligerweise; denn man sagt manchmal, dass z.B. jenes Weisse Sokrates sei und jenes Herbeikommende Kallias. Dass man, wenn man von dem Einzelnen zu dem Allgemeinen aufsteigt, irgendwo stehen bleiben muss, werde ich noch besprechen; für jetzt mag es vorläufig gelten. Von diesen obersten Dingen kann ein von ihm Ausgesagtes nicht bewiesen werden, sondern man kann es nur auf die Meinung stützen, wohl aber können sie von Anderem ausgesagt werden. Ebenso wenig kann man die einzelnen Dinge von Anderem aussagen, sondern nur Anderes von ihnen. Bei den in der Mitte stehenden Dingen ist offenbar beides statthaft; denn sie selbst werden von Anderem und Anderes wird von ihnen ausgesagt, und die Reden und Untersuchungen haben meist diese Art von Dingen zum Gegenstande.

Man hat nun die Vordersätze zu einem Beweissatze in folgender Weise aufzusuchen. Zunächst hat man den Beweissatz selbst und die 61 Definitionen und das Eigenthümliche des betreffenden Gegenstandes in Betracht zu nehmen; ferner das, was dem Gegenstande zukommt und umgekehrt dasjenige, welchem der Gegenstand zukommt und ferner das, was ihm nicht zukommen kann. Dagegen hat man die Dinge, denen er selbst nicht zukommt, nicht aufzusuchen, weil verneinende Sätze sich umkehren lassen. Ferner sind die dem Gegenstande zukommenden Bestimmungen in die zu sondern, welche in seinem Begriff enthalten sind, und in die, welche ihm eigenthümlich zukommen, und endlich in die, welche nur nebenbei von ihm ausgesagt werden in jeder dieser Klassen ist wieder das zu sondern, was nur nach der Meinung ihm zukommt, von dem, was ihm in Wahrheit zukommt. Jemehr man dergleichen Bestimmungen angeben kann, desto schneller wird man zum dem Schlusssatze gelangen, und jemehr diese Bestimmungen der Wahrheit entsprechen, desto stärker wird der Beweis werden.

Von den dem Gegenstande zukommenden Bestimmungen darf man aber nicht solche auswählen, welche blos einzelnen Exemplaren zukommen, sondern nur solche, welche dem *ganzen* Begriff des Gegenstandes zukommen; also z.B. nicht das, was nur einem einzelnen Menschen, sondern das, was *allen* Menschen zukommt; da der Schluss nur durch allgemeine Vordersätze zu Stande kommt. Bleibt dies unbestimmt, so weiss man nicht, ob der Vordersatz allgemein gelten soll, während dies bei bestimmten Aussprüchen klar ist. Aus diesem Grunde muss man auch nur solche Dinge aufsuchen, von deren *ganzen* Begriff die Bestimmung ausgesagt werden kann. Dagegen braucht die ausgesagte Bestimmung nicht in ihrem ganzen Umfange von dem Gegenstande zu gelten, etwan so, dass von dem Menschen alles, was ein Thier ist, und von der Musiklehre alles, was eine Wissenschaft ist, ausgesagt werden könnte, sondern es genügt, dass die Bestimmung überhaupt so, wie man zu sprechen pflegt, von dem Gegenstande ausgesagt werden kann. Das Weitere ist unnütz und unmöglich, z.B. dass alle Menschen *alle* Geschöpfe sind, oder dass die Gerechtigkeit *alles* Gute ist. Dagegen muss die Bestimmung dem *ganzen* Begriff des Gegenstandes, von welchem sie ausgesagt wird, zukommen.

Wenn der Gegenstand, zu dem man die ihm zukommenden Bestimmungen aufsuchen soll, von einem Begriffe weiteren Umfanges befasst ist, so muss man die vermöge dieses weiteren Begriffs ihm zukommenden oder nicht zukommenden Bestimmungen nicht in jenen weiteren Begriffen aufsuchen (denn diese Bestimmungen sind schon in dem Gegenstande gesetzt, da alles, was dem Geschöpf zukommt, auch dem Menschen zukommt, und da, was jenem nicht zukommt, auch diesem nicht zukommt), sondern man muss die dem Gegenstande eigenthümlichen Bestimmungen aufsuchen, denn die Art hat ihr Eigenthümliches neben der Gattung, da jede ihrer verschiedenen Arten ihr Eigenthümliches haben muss.

Auch darf man nicht in dem weiteren Begriffe das aufsuchen, von welchem der engere Begriff ausgesagt werden kann, also z.B. in dem Geschöpfe nicht das, wovon der Mensch ausgesagt werden kann; denn wenn das Geschöpf von dem Menschen ausgesagt werden kann, so muss es auch von allem, unter diesem Stehenden ausgesagt werden können, vielmehr ist letzteres in dem Begriffe des Menschen aufzusuchen, da es diesem eigenthümlicher ist.

Ferner muss man die Bestimmungen aufsuchen, welche meistentheils dem Gegenstande zukommen und ebenso die Dinge, von denen der Gegenstand meistentheils ausgesagt werden kann. Denn wenn der zu beweisende Satz nur das meistentheils Geltende besagt, so kann der Schluss auf denselben auch aus Vordersätzen geschehen, welche entweder alle oder einzeln nur auf das meistentheils Geltende lauten, da der Schlusssatz überall den Vordersätzen entspricht.

Endlich darf man auch nicht solche Bestimmungen aufsuchen, die überhaupt allen Dingen zukommen, da man daraus keinen Schluss ableiten kann; der Grund davon wird sich aus dem später Folgenden ergeben.

Achtundzwanzigstes Kapitel

Wenn man nun den Beweis für einen allgemeinen und bejahenden Satz beschaffen will, so muss man einmal sein Augenmerk auf Gegenstände richten, von welchem das Prädikat des zu beweisenden Satzes ausgesagt werden kann und zweitens auf Gegenstände, welche von dem Subjekte des Satzes ausgesagt werden. Findet man unter diesen beiden Arten von Gegenständen einen, welcher in beiden derselbe ist, so muss auch das Prädikat des zu beweisenden Satzes in dessen Subjekt enthalten sein.

Soll aber kein allgemein-, sondern nur ein beschränkt-bejahender Satz bewiesen werden, so muss man einmal Gegenstände aufsuchen, von denen das Prädikat des Beweissatzes ausgesagt werden kann, und zweitens Gegenstände, von denen das Subjekt des Beweissatzes ausgesagt werden kann; findet sich in beiden Arten ein und derselbe Gegenstand, so muss das Prädikat des Beweissatzes in einigen des Subjekts enthalten sein.

Will man aber einen allgemein-verneinenden Satz beweisen, so muss man entweder Gegenstände aufsuchen, welche das Subjekt des verneinenden Satzes unter sich befassen, und dann Gegenstände, in denen das verneinte Prädikat nicht enthalten sein kann; oder man muss Gegenstände aufsuchen, in welchen das Subjekt des verneinenden Satzes nicht enthalten sein kann, und dann solche, welche von dem Prädikate des Satzes ausgesagt werden. Wenn in beiden Fällen sich ein und derselbe Gegenstand in beiden Arten findet, so kann das Prädikat des Satzes in dem ganzen Subjekt nicht enthalten sein, denn der Schluss vollzieht sich hier in dem einen Falle in der ersten und in dem anderen Falle in der zweiten Figur.

Soll endlich ein beschränkt-verneinender Satz bewiesen werden, so muss man Gegenstände aufsuchen, welche das Subjekt des verneinenden Satzes befassen, und solche, welche in dem Prädikate des Satzes nicht enthalten sein können. Findet sich in beiden ein und derselbe Gegenstand, so muss das Prädikat des zu beweisenden Satzes in einigen des Subjekts nicht enthalten sein.

Vielleicht wird das hier Gesagte durch das Folgende noch deutlicher werden. Das, was von A ausgesagt wird, soll B sein, und das, von dem A selbst ausgesagt wird, soll C sein; das, was in A nicht enthalten sein kann, sei D. Ferner soll das, was in E enthalten ist, Z sein, und das, von welchem E ausgesagt wird, soll H sein; das, was in E nicht enthalten sein kann, sei T. Wenn sich nun unter den mit C bezeichneten Gegenständen einer findet, welcher derselbe ist, wie einer von denen mit Z bezeichneten, so muss A in allen E enthalten sein; denn Z ist in allen E und A in allen C enthalten, also muss auch A in allen E enthalten sein. Ist dagegen einer von den Gegenständen des C und von denen des H derselbe, so muss A in einigen E enthalten sein; denn A ist in allen C und E in allen H enthalten. Ist aber einer von den Gegenständen des Z derselbe mit einem von denen des D, so wird A vermöge eines vorgängigen Schlusses in dem ganzen E nicht enthalten sein; denn der verneinende Satz lässt sich umkehren und Z und D sind hier dasselbe; also wird A auch in keinem Z enthalten sein, aber Z ist in allen E enthalten. Wenn ferner einer der Gegenstände unter B derselbe ist, mit einem der Gegenstände unter T ist, so wird ebenfalls A in keinem E enthalten sein; denn B ist in allen A und T ist in keinem E enthalten. Ist aber einer der Gegenstände unter D und unter H derselbe, so wird A in einigen E nicht enthalten sein; denn A ist dann im H nicht enthalten, weil es nicht in D enthalten ist und H ist von E befasst; folglich wird A in einigen E nicht enthalten sein. Ist aber einer unter den Gegenständen zu B derselbe mit einem unter denen zu H, so wird der Schlusssatz umgekehrt lauten; denn dann ist H in dem ganzen A enthalten (denn B ist in allen A) und E in allen B enthalten (weil H mit B dasselbe ist). Dann ist zwar keine Nothwendigkeit vorhanden, dass A in dem ganzen E enthalten sei, aber in einigen E muss A enthalten sein, weil der allgemein bejahende Satz sich in einen beschränkt bejahenden umkehren lässt.

Somit ist klar, dass man bei jedem zu beweisenden Satze auf das für beide Begriffe desselben hier Gesagte Acht haben muss; denn alle Schlüsse vollziehen sich durch solche Mittelbegriffe. Auch muss man bei dem Prädikate und dem Subjekte des Beweissatzes die obersten und allgemeinsten Begriffe, unter denen sie stehen, am meisten beachten; z.B. bei E mehr auf den über Z stehenden höheren Begriff, als blos auf Z und bei A mehr auf den über C stehenden höheren Begriff, als blos auf C achten. Denn wenn A in dem höheren über Z stehenden Begriff enthalten ist, so ist es auch in Z und folglich auch in E enthalten und wenn A von jenem höheren Begriffe nicht ausgesagt werden kann, so kann es doch möglicherweise von Z ausgesagt werden. Ebenso hat man bei den Subjekten von A zu verfahren; denn wenn A von den höheren Begriffen ausgesagt werden kann, so kann A auch von den unter denselben stehenden ausgesagt werden; und sollte A von jenen höheren nicht ausgesagt werden können, so kann es doch möglicherweise von den niederen Begriffen ausgesagt werden.

Es ist auch klar, dass die Untersuchung sich auf drei Begriffe und zwei Vordersätze erstreckt und dass alle Schlüsse sich durch die vorgenannten Figuren vollziehen. Denn man beweist, dass A in allen E enthalten ist, wenn man unter den zu C gehörenden Gegenständen einen findet, welcher derselbe ist mit einem unter den zu Z gehörenden Gegenständen; dieser bildet dann den Mittelbegriff und A und E sind dann die äusseren Begriffe, und somit ergiebt sich die erste Figur. Dagegen ist A nur in einigen E enthalten, wenn unter den zu C und H gehörenden Gegenständen ein derselbiger gefunden wird; dann ist ein Schluss in der dritten Figur vorhanden und H wird hier zum Mittelbegriff. A kommt ferner keinem E zu, wenn unter den Gegenständen von D und Z ein derselbiger gefunden wird; denn dann vollzieht sich der Schluss in der ersten oder in der zweiten Figur, und zwar in der ersten, weil dann A in keinem Z enthalten ist, da der verneinende Satz sich umkehren lässt und Z in allen E enthalten ist. In der zweiten Figur vollzieht sich der Schluss, weil das D in keinem A, aber in allen E enthalten ist. Endlich kommt A einigen E nicht zu, wenn sich unter den zu D und zu H gehörenden Gegenständen ein derselbiger findet, wo sich der Beweis dann in der dritten Figur vollzieht; denn A ist dann in keinem H und E ist in allen H enthalten. Es erhellt hieraus, dass in den vorerwähnten Figuren sich alle Schlüsse vollziehen; auch dass keine solche Bestimmungen gesucht werden dürfen, die von allen Dingen ausgesagt werden können, weil aus solchen Sätzen kein Schluss gezogen werden kann; denn ein bejahender Schluss kann aus solchen Bestimmungen nicht abgeleitet werden und ein verneinender Schluss ist durch Etwas, was von Allen ausgesagt wird, auch nicht ausführbar, weil da die Bestimmung von dem Einen ausgesagt und von dem Andern nicht ausgesagt werden muss, wenn ein verneinender Schluss zu Stande kommen soll.

Es erhellt auch, dass alle anderen Erwägungen in Bezug auf Aufsuchung von Begriffen für die Bildung der Schlüsse nutzlos sind; z.B. die Erwägung, ob unter den Gegenständen, welche von jedem der beiden Begriffe des aufgestellten Satzes ausgesagt werden können, identische enthalten sind, oder welche von den Begriffen, die von A ausgesagt werden können, in dem E nicht enthalten sein können, oder welche Gegenstände in beiden Begriffen des zu beweisenden Satzes nicht enthalten sein können, denn aus solchen kann kein Schluss abgeleitet werden. Denn wenn die Prädikate von beiden Begriffen des Beweis-Satzes dieselben sind, so kommen nur zwei Vordersätze zur zweiten Figur heraus, die beide bejahend lauten, und wenn die Begriffe, von denen A sich aussagen lässt, und die Begriffe, welche in dem E nicht enthalten sein können, dieselben sind, also das C und das T, so ergeben sich nur die Vordersätze zu der ersten Schlussfigur, wobei der Untersatz verneinend lautet; und wenn die Bestimmungen, welche von beiden Begriffen des aufgestellten Satzes nicht ausgesagt werden können, dieselben sind, wie das D und T, so ergeben sich die Vordersätze zur ersten oder zweiten Figur, die aber beide verneinend lauten, so dass in allen diesen Fällen kein Schluss gezogen werden kann.

Es ist auch klar, dass man bei der Erwägung, wie der Beweis eines aufgestellten Satzes zu führen ist, zunächst irgend welche Bestimmungen aufsuchen muss, die beide dieselben sind, aber nicht solche, die von einander verschieden oder entgegengesetzt sind; denn es kommt auf die Auffindung des Mittelbegriffs an und dieser muss für beide Vordersätze gleich und nicht verschieden lauten. Ferner lassen die Fälle, wo ein Schluss durch Ansatz von Begriffen erfolgt, die denen des Beweissatzes entgegengesetzt sind, oder nicht in ihnen enthalten sein können, sich sämmtlich auf die vorgenannten Arten zurückführen wenn z.B. B und Z einander entgegengesetzt sind oder nicht in demselben Begriffe enthalten sein können, so ergiebt sich zwar bei solcher Annahme der Schluss, dass A in keinem E enthalten sein könne, allein nicht unmittelbar aus ihnen, sondern in der früher angegebenen Weise; denn dann wird B in allen A und in keinem E enthalten sein, weil B nothwendig mit Einigem von T gleich sein muss. Wenn ferner B und H nicht in demselben Begriffe enthalten sein können, so ergiebt sich der Schluss, dass A in einigen E nicht enthalten ist, denn es ist dann die zweite Figur vorhanden, indem B in allen A, aber in keinem H enthalten ist, mithin B dasselbe mit Einigen von T sein muss. Wenn nämlich B und H in demselben Begriffe nicht enthalten sein können, so ist dies ebenso viel, als dass B mit Einigen von T dasselbe ist, denn T ist als das gesetzt worden, was alles befasst, was nicht in E enthalten ist.

Sonach ist klar, dass aus der Aufsuchung solcher Begriffe für sich allein kein Schluss gewonnen werden kann; sind aber B und Z einander entgegengesetzte Bestimmungen, so muss B mit einigen von T dasselbe sein und der Schluss kommt dann dadurch zu Stande. Bei solchen Erwägungen kommt es vor, dass man einen anderen, als den nothwendigen Weg einschlägt, weil man diese Dieselbigkeit der zu B gehörigen Dinge mit dem zu T nicht bemerkt.

Neunundzwanzigstes Kapitel

Die Schlüsse, welche zur Unmöglichkeit des Gegentheils führen, verhalten sich in dieser Beziehung ebenso, wie die direkten Schlüsse; denn auch jene kommen durch die Gegenstände zu Stande, welche als Prädikate, und die, welche als Subjekte von den Begriffen des Beweissatzes ausgesagt werden können, und deshalb ist die Aufsuchung solcher Gegenstände bei beiden Schlussweisen die gleiche; denn das, was direkt bewiesen wird, kann auch durch die Unmöglichkeit des Gegentheils vermittelst derselben Begriffe geschlossen werden und umgekehrt, was durch die Unmöglichkeit des Gegentheils bewiesen wird, kann auch direkt bewiesen werden; z.B. der Satz, dass A in keinem E enthalten ist. Denn man nehme an, dass es in einigen E enthalten sei, dann wird, da B in allen A enthalten ist, und A in einigen E enthalten sein soll, auch B in einigen E enthalten sein, während es doch in keinem E enthalten war. Ferner soll bewiesen werden, dass A in einigen E enthalten ist; denn wenn A in keinem E enthalten ist, E aber in allen H, so wird A in keinem H enthalten sein; allein es war ja in allen H enthalten. Ebenso kann man bei den übrigen aufzustellenden Sätzen verfahren; immer wird bei allen aus den Gegenständen, welche sich zu Prädikaten oder Subjekten für die Begriffe des Beweissatzes eignen, sich auch ein Beweis für die Unmöglichkeit des Gegentheils dieses Beweissatzes ergeben. Auch bleibt für jeden aufgestellten Satz die Aufsuchung der Gegenstände dieselbe, mag man einen direkten Schluss dafür aufstellen wollen oder die Unmöglichkeit des Gegentheils darlegen, da beide Schlussweisen auf denselben Begriffen beruhen. Ist also z.B. der Satz, dass A in keinem E enthalten, dadurch bewiesen worden, dass wenn das Gegentheil angenommen werde, die daraus sich ergebende Folge, dass B in einigen E enthalten, unmöglich ist, so kann dies direkt bewiesen werden, wenn man setzt, dass B in keinem E und in allen A enthalten ist; denn dann ist klar, dass auch A in keinem E enthalten sein kann. Wenn ferner direkt bewiesen worden ist, dass A in keinem E enthalten ist, so wird, wenn man annimmt, es sei in einigen E enthalten, vermöge der unmöglichen Folge bewiesen werden können, dass A in keinem E enthalten ist. Ebenso verhält es sich mit den Unmöglichkeits-Beweisen für die anderen Sätze; bei allen muss man einen von den Begriffen des vorliegenden Beweissatzes verschiedenen Begriff als Mittelbegriff aufsuchen, vermittelst dessen sich der Schluss auf den falschen Satz ergiebt; wird dann dieser Schluss in sein Gegentheil umgekehrt und so als Vordersatz angesetzt, während der zweite Vordersatz unverändert bleibt, so er giebt sich mittelst derselben Begriffe ein direkter Schluss. Der direkte Schluss unterscheidet sich nämlich von dem auf das Unmögliche führenden nur dadurch, dass bei dem direkten beide Vordersätze so angesetzt werden, wie es die Wahrheit ist, bei dem anderen aber der eine Vordersatz als ein falscher angesetzt wird.

Dies wird sich in dem Folgenden noch klarer ergeben, wenn ich über das Unmögliche sprechen werde; für jetzt ist so viel sicher, dass sowohl der, welcher einen direkten Schluss bilden will, wie der, welcher die Unmöglichkeit des Gegentheils darthun will, auf die angegebenen Umstände Acht haben muss. Bei den übrigen aus bedingten Sätzen abgeleiteten Schlüssen, wie z.B. bei den Schlüssen vermittelst einer Mitnahme oder vermittelst einer Beschaffenheit wird die Ermittelung rücksichtlich der angenommenen Begriffe sich nicht auf die in dem anfangs aufgestellten Satze enthaltenen, sondern auf die mit dazu genommenen Begriffe zu richten haben, während die Art der Erwägung dieselbe bleibt. Nur muss man dabei auch darauf Acht haben, in wie vielerlei Arten die bedingten Schlüsse sich eintheilen.

Nun lässt sich zwar jeder aufzustellende Satz in dieser Art beweisen; doch giebt es für einige Sätze auch eine andere Art des Beweises, wie z.B. die allgemein lautenden Sätze durch das Verfahren bewiesen werden können, was bei den beschränkten Sätzen stattfindet, insofern es bedingterweise benutzt wird. Denn wenn die C und die H dieselben wären, aber angenommen wird, dass das E nur allein in denen des H enthalten sei, so würde A in allen E enthalten sein; und wenn ferner die D und die H dieselben wären, und E wieder blos von denen des A ausgesagt würde, so würde A in keinem E enthalten sein. Hieraus erhellt, dass man auch so den Beweis suchen kann.

Auf dieselbe Weise geschieht die Ermittelung bei den nothwendigen und den auf das Statthafte lautenden Sätzen. Die Aufsuchung des Beweises ist hier dieselbe, und mittelst derselben Begriffe und der gleicher Ordnung derselben erfolgt der Schluss auf das statthafte und das einfache Sein. Bei den auf das Statthafte lautenden Sätzen muss man aber auch Solches in Ansatz bringen, was nicht ist, aber doch sein kann; denn ich habe gezeigt, dass auch durch solche Sätze ein Schluss auf das Statthafte gezogen werden kann, und ebenso wird es sich bei Schlüssen verhalten, wo die Modalität noch in anderer Weise ausgedrückt ist.

Aus dem Gesagten ist also nicht blos klar, dass alle Schlüsse auf diesem Wege gefunden werden können, sondern auch, dass es auf einem anderen Wege unmöglich ist. Denn ich habe gezeigt, dass alle Schlüsse in einer der erwähnten Figuren geschehen, und diese Figuren können 70 nicht anders gebildet werden, als durch die Begriffe, welche entweder sich zu Prädikaten oder Subjekten der in dem Beweissatze enthaltenen Begriffe eignen; denn aus diesem werden die Vordersätze gebildet und der Mittelbegriff entnommen, so dass also der Schluss durch andere Begriffe nicht gebildet werden kann.

Dreissigstes Kapitel

Der Weg zur Bildung von Schlüssen ist sonach bei Allem derselbe, sowohl innerhalb der Philosophie, wie innerhalb der theoretischen und praktischen besonderen Wissenschaften. Bei jedem Satze muss man die Prädikate und die Subjekte zu jedem der betreffenden Begriffe sorgfältig erwägen, dergleichen Bestimmungen so viel als möglich gegenwärtig haben und sie je nach den drei Begriffen des Schlusses in Betracht ziehen und zwar um etwas verneinend zu beweisen in der einen Weise und um etwas bejahend zu beweisen in der anderen Weise. Soll dabei etwas der strengen Wahrheit gemäss bewiesen werden, so muss es aus streng wahren und richtig gestellten Vordersätzen abgeleitet werden; und bei dialektischen Schlüssen müssen die Vordersätze der Meinung entsprechen.

Was die Vordersätze der Schlüsse anlangt, so habe ich bereits im Allgemeinen dargelegt, wie sie sich gegen einander zu verhalten haben und auf welche Weise man sie zu beschaffen habe. Man darf nicht alles Mögliche, was von den Begriffen eines Beweissatzes sich sagen lässt, in Betracht ziehen, auch bei verneinenden und bei bejahenden Beweisen nicht auf Ein und Dasselbe Acht haben, mag ein Satz allgemein oder beschränkt zu beweisen oder zu widerlegen sein. Vielmehr muss man die Nachforschung auf Engeres und Bestimmteres richten und hiernach die Auswahl bei jedem Gegenstande, wie z.B. bei dem Guten oder der Wissenschaft treffen; denn die meisten Sätze gehören bei jeder Wissenschaft ihr eigenthümlich an. Deshalb ist es Sache der Erfahrung, die für den einzelnen Fall gültigen Sätze zu liefern; so hat z.B. die Erfahrung in Bezug auf die Gestirne die der astronomischen Wissenschaft angehörenden Sätze zu beschaffen; erst nachdem man eine genügende Zahl 71 von Erscheinungen hier beobachtet hatte, konnten die Beweise in der Sternkunde aufgefunden werden und ebenso verhält es sich bei jeder anderen theoretischen oder praktischen Wissenschaft. Erst wenn man das, was den einzelnen Fall anbetrifft, erkannt hat, ist es unsere Aufgabe, die Beweise klar und bereit zu machen. Nur wenn in der Beschreibung der Dinge Nichts von dem wirklich Vorhandenen übersehen worden ist, werden wir für Alles, wo Beweise möglich sind, dieselben auffinden und aufstellen können und da, wo die Natur der Sache keinen Beweis gestattet, auch dies klar darlegen können.

Somit werde ich wohl vollständig gezeigt haben, wie man die Vordersätze auswählen soll; genauer habe ich den Gegenstand in der Dialektik behandelt.

Einunddreissigstes Kapitel

Dass die Eintheilung nach Gattungen nur einen kleinen Theil des hier behandelten Verfahrens bildet, kann man leicht einsehen; denn die Eintheilung ist gleichsam ein schwacher Schluss, weil sie das, was sie beweisen soll, voraussetzt, aber doch immer etwas von den oberen Begriffen folgert. Gerade dieser erste Punkt wurde von Allen, welche sich der Eintheilung bedienten, nicht bemerkt und sie bemühten sich glauben zu machen, es sei mittelst der Eintheilung möglich, einen Beweis für das Wesen und das Was der Dinge zu liefern. Deshalb sahen sie weder ein, was möglicherweise durch das Eintheilen bewiesen werden kann, noch dass dies nur in der früher angegebenen Weise möglich ist. Denn in den Beweisen muss, wenn ein bejahender Schluss geschafft werden soll, der Mittelbegriff, vermittelst dessen der Schluss zu Stande kommt, immer enger sein, als der Oberbegriff und kein Allgemeines von demselben; aber die Eintheilung will das Entgegengesetzte, indem sie das Allgemeine zum Mittelbegriffe nimmt. Es sei z.B. A das Geschöpf, B das Sterbliche und C das Unsterbliche und D der Mensch, von dem eine Aussage erlangt werden soll. Nun kann man sagen: Jedes Geschöpf ist entweder sterblich oder unsterblich, d.h. dass alles, was A ist, entweder B oder C ist. Ferner wird bei dem Eintheilen immer gesetzt, dass der Mensch ein Geschöpf sei, so dass also angenommen wird, A sei in dem D enthalten. Dann lautet der Schluss, dass alles D entweder B oder C sei, also dass der Mensch nothwendig sterblich oder unsterblich sei, aber der Satz, dass der Mensch ein sterbliches Geschöpf sei, folgt nicht nothwendig, sondern wird nur behauptet; aber gerade dies war Das, was hätte bewiesen werden sollen. Wenn man ferner setzt: A als sterbliches Wesen, B als: Füsse habend, und C als: ohne Füsse und D als der Mensch, so wird ebenso angenommen, dass A entweder in dem B oder in dem C enthalten sei (denn jedes sterbliche Wesen ist entweder mit Füssen oder ohne Füsse) und dass A von dem E gelte (denn es war angenommen, dass der Mensch ein sterbliches Geschöpf sei). Damit ergiebt sich wohl, dass der Mensch nothwendig entweder ein Geschöpf mit Füssen oder ein Geschöpf ohne Füsse sein müsse; allein es folgt nicht, dass er ein Geschöpf mit Füssen sei, sondern dies wird nur angenommen, obgleich gerade wieder dies hätte bewiesen werden sollen. Wenn bei dem Eintheilen immer in dieser Weise verfahren wird, so kommt es, dass das Prädikat zum mittleren Begriff genommen wird und dass das Subjekt, von dem etwas erwiesen werden soll, und das Prädikat in seinen Gegensätzen zu den äusseren Begriffen genommen werden; aber das, was schliesslich verlangt wurde, nämlich dass der Mensch dieses Bestimmte sei oder welches die gesuchte Bestimmung für den Menschen sei, wird bei solchem Verfahren nicht erreicht und ebenso wenig dessen Nothwendigkeit dargelegt; vielmehr verfolgt man lediglich den falschen Weg, ohne zu bemerken, dass leicht richtige Wege eingeschlagen werden können. Somit ist klar, dass man mit diesem eintheilenden Verfahren auch keine Widerlegung machen kann und auch nichts darüber erschliessen kann, ob etwas einem Dinge nur nebenbei oder eigenthümlich zukommt; und auch nichts über die Gattung und über Gegenstände, wo man nicht weiss, ob sie sich so oder so verhalten, z.B. ob der Durchmesser kein gemessenes Maass mit den Seiten des Quadrates habe. Denn setzt man, dass jedes Lange ein gemeinsames Maass entweder habe oder nicht habe und dass der Durchmesser ein Langes sei, so ergiebt sich der Schluss, dass der Durchmesser ein gemeinsames Maass entweder habe oder nicht habe. Setzt man aber, er habe kein gemeinsames Maass, so behauptet man nur das, was bewiesen werden soll. Auf diesem Wege erlangt man also keinen Beweis; es ist dies der Weg vermittelst der Eintheilung, aber er gewährt keinen Beweis. Das gemeinsame Messbare oder nicht-gemeinsame Messbare ist A, das Lange B, der Durchmesser C. Sonach erhellt, dass diese Weise einen Beweis zu führen, nicht für jede Ermittelung passend ist und dass sie gerade in den Fällen unbrauchbar ist, wo sie am passendsten zu sein scheint.

Somit ist klar, aus welchen Begriffen und wie die Beweise sich bilden und auf was man bei jedem zu beweisenden Satze Acht haben muss.

Zweiunddreissigstes Kapitel

Nunmehr möchte wohl anzugeben sein, wie man die Schlüsse auf die angegebenen Figuren zurückführt; dieser Theil der Untersuchung ist nämlich noch übrig; da, wenn man die Entstehung der Schlüsse kennen gelernt hat und sie aufzustellen vermag und wenn man auch aufgestellte Schlüsse auf die vorerwähnten Figuren zurückzuführen vermag, dann das, was ich mir im Beginn vorgesetzt, erfüllt sein möchte. Auch wird sich ergeben, wie durch das, was ich nun sagen werde, zugleich das früher Gesagte bestätigt, und wie dadurch noch deutlicher werden wird, dass es sich so verhält. Denn alles Wahre muss in jeder Weise mit sich selbst übereinstimmen.

Zunächst muss man versuchen die zwei Vordersätze aus dem Schluss herauszuziehen (denn es ist leichter, das Grössere auszusondern, als das Kleinere, und die Sätze sind grösser als die Begriffe, aus denen sie bestehen). Dann muss man sehen, was allgemein und was beschränkt ausgesprochen ist; und wenn nicht beide Sätze hingestellt worden sind, so muss man den fehlenden selbst aufstellen; denn mitunter wird beim Schreiben oder Fragen nur der allgemeinere Satz aufgestellt und nicht auch der in ihm enthaltene; oder es werden wohl beide aufgestellt, aber die Sätze übergangen, durch welche die Vordersätze selbst bewiesen werden, während Anderes nutzlos gefragt wird. Man muss also untersuchen, ob etwas Ueberflüssiges aufgestellt und ob etwas Nöthiges ausgelassen worden ist; dieses muss man hinzufügen und jenes wegnehmen, bis man auf die zwei Vordersätze gelangt, da man ohne diese die gefragten Sätze nicht in die entsprechende Schlussfigur einordnen kann. In manchen Fällen kann man leicht das Mangelnde erkennen, in anderen ist es verhüllter, so dass der Schein entsteht, als ergebe sich mit Nothwendigkeit ein Schluss aus den aufgestellten Vordersätzen. Z.B. wenn man setzt, dass eine Substanz nur vernichtet werden könne, wenn sie selbst vernichtet werde; und dass, wenn das, aus dem ein Gegenstand besteht, vernichtet werde, auch der Gegenstand vernichtet werde. Aus diesen aufgestellten Sätzen folgt nothwendig, dass auch der Theil einer Substanz eine Substanz ist. Nun ist dies aber nicht aus den aufgestellten Vordersätzen geschlossen worden, vielmehr sind Vordersätze ausgelassen worden. Ein ähnlicher Fall ist es, wenn gesetzt wird, dass wenn der Mensch sei, nothwendig auch ein Geschöpf sei und wenn ein Geschöpf sei, nothwendig auch eine Substanz sei; denn hier hat kein Schliessen stattgefunden, weil die Vordersätze sich nicht so verhalten, wie ich gesagt habe. Man täuscht sich in solchen Fällen und meint, dass weil aus den Vordersätzen sich etwas mit Nothwendigkeit ergiebt, auch der gezogene Schluss nothwendig sei. Allein das Nothwendige hat einen weiteren Umfang als der Schluss; denn jeder Schluss ist zwar ein Nothwendiges, aber nicht alles Nothwendige ist ein Schluss. Wenn also auch aus zwei aufgestellten Vordersätzen etwas folgt, so darf man doch nicht sofort versuchen, dasselbe auf eine Schlussfigur zurückzuführen, sondern man muss zunächst die Vordersätze in Betracht nehmen, dann diese in die Begriffe zerlegen und demnächst denjenigen als Mittelbegriff setzen, welcher in *beiden* Vordersätzen vorkommt, da in allen Schlussfiguren der Mittelbegriff in *beiden* Vordersätzen enthalten sein muss. Im Fall nun dieser Mittelbegriff sowohl etwas aussagt, wie von ihm etwas ausgesagt wird, oder wenn er zwar etwas aussagt, aber ein Anderes von ihm verneint wird, so ist die erste Schlussfigur vorhanden. Wenn aber der Mittelbegriff von Einem bejahend ausgesagt, von dem Anderen aber verneint wird, so ist die zweite Figur vorhanden; und wenn die beiden anderen Begriffe von dem Mittelbegriffe ausgesagt werden, oder der Eine von ihnen verneint und der Andere bejaht wird, so ist die dritte Figur vorhanden; denn in dieser Weise verhielt sich der Mittelbegriff in den einzelnen Figuren. Das Gleiche gilt, wenn die Vordersätze nicht allgemein lauten; auch hier bleibt die Definition des Mittelbegriffs dieselbe. Hieraus erhellt, dass wenn in einer Rede derselbe Begriff nicht mehrfach aufgestellt wird, kein Schluss dabei herauskommen kann, weil dann kein Mittelbegriff gesetzt worden ist. Da wir nun schon wissen, welche aufgestellten Sätze mittelst der einzelnen Figuren bewiesen werden können und welche Figuren zu einem allgemeinen und welche nur zu einem beschränkten Schlusssatz führen, so erhellt, dass man nicht in jedem Falle auf alle Figuren zu achten hat, sondern bei jedem aufgestellten Satz nur auf die dazu geeignete Figur. Wenn aber der Beweis in mehreren Figuren geführt werden kann, so wird man die bestimmte Figur aus der Stellung des Mittelbegriffes erkennen können.

Dreiunddreissigstes Kapitel

Oft täuscht man sich über die Schlüsse, weil der Schlusssatz sich als ein nothwendiger darstellt, wie ich vorher bemerkt habe; mitunter aber auch wegen der gleichen der Schlussform entsprechenden Stellung der Begriffe, was man auch nicht übersehen darf. Wenn z.B. das A von dem B ausgesagt wird oder das B von dem C, so möchte man glauben, dass bei solchem Verhältniss der Begriffe ein Schluss vorhanden sei, und doch ergiebt sich daraus weder etwas Nothwendiges, noch ein Schluss. So soll z.B. A das Immer-sein bezeichnen, B den gedachten Aristomenes, C den Aristomenes. Hier ist richtig, dass das A in dem B enthalten ist, denn der gedachte Aristomenes ist immer; aber auch das B ist in dem C enthalten, denn Aristomenes ist ein gedachter Aristomenes; dennoch ist das A nicht in C enthalten, denn Aristomenes ist vergänglich. Allein es war bei so lautenden Vordersätzen kein Schluss statthaft, vielmehr hätte der Satz A B allgemein lauten müssen; denn hierin liegt der Irrthum, dass man nämlich behauptete, *jeder* gedachte Aristomenes sei immer, da doch dieser Aristomenes vergänglich ist. Ferner soll C der Mikkalos sein und B der musikalische Mikkalos und A das: Morgen vergehen. Nun ist es richtig, dass hier B von C ausgesagt werden kann, denn Mikkalos ist ein musikalischer Mikkalos, und ebenso könnte A von B ausgesagt werden, denn der musikalische Mikkalos könnte ja morgen vergehen. Allein es ist falsch, A von C auszusagen. Der Fehler ist hier derselbe, wie bei dem vorigen Fall; denn man kann nicht allgemein behaupten, dass *jeder* musikalische Mikkalos morgen vergehen werde, und wenn das nicht als Vordersatz gesetzt werden kann, so ergiebt sich auch kein Schluss.

Diese Täuschung erfolgt allerdings in etwas Geringen, und ich räume ein, dass es beinahe dasselbe ist, zu sagen: Dies ist in Jenem enthalten oder dies ist in *allen* Jenem enthalten.

Vierunddreissigstes Kapitel

Oft trifft es sich indess, dass man sich deshalb täuscht, weil die Begriffe in Bezug auf die Vordersätze nicht richtig ausgedrückt sind; z.B. wenn A die Gesundheit ist und B die Krankheit und C der Mensch. Hier kann man in Wahrheit sagen, dass das A in keinem B enthalten sein kann (denn in keiner Krankheit ist die Gesundheit enthalten) und dass

B in allen C enthalten ist (denn jeder Mensch kann in Krankheit gerathen); sonach könnte man meinen, es folge, dass in keinem Menschen die Gesundheit enthalten sein könne. Der Grund hiervon ist, dass die Begriffe in ihrem Ausdrucke nicht richtig angesetzt sind; denn wenn andere Ausdrücke statt der die Zustände bezeichnenden gesetzt werden, ergiebt sich kein Schluss; z.B. wenn man statt: Gesundheit das Gesunde setzt, und statt: Krankheit das Kranke. Denn man kann dann nicht in Wahrheit sagen, dass in dem Kranken das Gesundwerden nicht enthalten sein könne; wenn also dies nicht gesetzt wird, so ergiebt sich auch kein Schluss als höchstens auf die Statthaftigkeit und dies ist nicht unmöglich, denn es ist statthaft, dass in keinem Menschen die Gesundheit enthalten ist.

Auch bei der zweiten Figur kann der gleiche Irrthum vorkommen; denn die Gesundheit kann in keiner Krankheit, aber statthafterweise in allen Menschen enthalten sein, woraus folgte, dass die Krankheit in keinem Menschen enthalten wäre. In der dritten Figur betrifft der Irrthum das Statthaft-sein. Denn die Gesundheit wie die Krankheit, die Kenntnisse wie die Unwissenheit und überhaupt das Entgegengesetzte können statthafterweise in demselben Gegenstande enthalten sein, aber unmöglich kann das eine der Gegentheile in dem anderen enthalten sein. Dies stimmt aber nicht mit dem früher Gesagten; wonach, wenn in demselben Gegenstande Mehreres statthafterweise enthalten war, dies Mehrere statthafterweise auch eines in dem anderen enthalten war.

Es erhellt sonach, dass in allen diesen Fällen der Irrthum aus der falschen Ausdrucksweise der Begriffe entsteht; wird statt des Zustandes der damit behaftete Gegenstand gesetzt, so ergiebt sich nichts Falsches.

Es ist also klar, dass bei solchen Vordersätzen immer statt des Zustandes der damit behaftete Gegenstand genommen und als Begriff in den Schluss gesetzt werden muss.

Fünfunddreissigstes Kapitel

Man darf auch nicht immer die Begriffe des Schlusses mit *einem* Worte ausdrücken wollen, denn oft wird es in Redensarten geschehen, für welche es kein einzelnes Wort giebt, und deshalb ist es schwer, solche Schlüsse auf eine Figur zurückzuführen. Mitunter kann man auch durch solches Suchen in Irrthum gerathen, z.B. wenn der Schluss aus unvermittelten Sätzen hervorgeht. So sollen A zwei rechte Winkel sein, B das Dreieck und C das gleichschenkelige Dreieck. In dem C ist nun das A vermittelst des B enthalten, aber in dem B ist C unvermittelt enthalten; denn das Dreieck enthält an sich zwei rechte Winkel, so dass kein Mittelbegriff für den Beweis des Satzes A B besteht. Hieraus erhellt, dass der Mittelbegriff nicht immer als etwas Einzelnes zu setzen ist, sondern mitunter als ein Satz, wie dies auch für obiges Beispiel der Fall ist.

Sechsunddreissigstes Kapitel

Das Enthaltensein des Ersten in dem Mittleren und dieses in dem äusseren Begriffe darf man nicht so ausdrücken wollen, als wenn immer eines von dem anderen ausgesagt werden müsse, oder als wenn das Erste von dem Mittleren und ebenso wie dieses von dem Aeussersten ausgesagt werden müsse. Dies gilt auch ebenso für das Nicht-enthaltensein. Vielmehr muss man festhalten, dass in wie vielerlei Sinne das »Sein« und das »für wahr erklären« gebraucht wird, ebenso vielerlei Bedeutung das »enthalten sein« hat; so z.B. bei dem Satze, dass von Entgegengesetztem nur *eine* Wissenschaft ist; denn A sei die *eine* Wissenschaft, B das einander Entgegengesetzte. Hier ist das A in dem B nicht so enthalten, als wenn das: »eine Wissenschaft sein« etwas Entgegengesetztes wäre, sondern so, wie man in Wahrheit sagen kann, dass in Bezug auf sie nur eine Wissenschaft ist.

E kommt auch vor, dass das Erste von dem Mittleren ausgesagt wird, aber das Mittlere nicht in dieser Weise von dem Dritten; so ist z.B. die Weisheit eine Wissenschaft und die Weisheit hat das Gute zum Gegenstande; der Schluss ist hier, dass es von dem Guten eine Wissenschaft giebt; hier ist das Gute keine Wissenschaft, aber die Weisheit ist eine Wissenschaft. Manchmal wird das Mittlere von dem Dritten ausgesagt, aber das Erste nicht von dem Mittleren; wenn z.B. von Jedwedem, was es auch sei, oder von dem Entgegengesetzten eine Wissenschaft besteht und das Gute ein Entgegengesetztes und ein irgend Etwas ist, so folgt zwar als Schluss, dass eine Wissenschaft des Guten *ist* (besteht), aber weder *ist* das Gute, noch das Etwas, noch das Entgegengesetzte eine Wissenschaft, wohl aber ist das Gute letzteres beides. Es kommt auch vor, dass weder das Erste von dem Mittleren, noch dieses von dem Dritten ausgesagt wird, während das Erste von dem Dritten bald ausgesagt, bald nicht ausgesagt werden kann. Wenn z.B. von dem, wovon es eine Wissenschaft giebt, es eine Gattung giebt und es von dem Guten eine Wissenschaft giebt, so folgt der Schluss, dass es von dem Guten eine Gattung giebt. Dennoch wird keines von dem anderen ausgesagt. Wenn aber das, wovon es eine Wissenschaft giebt, eine Gattung ist und es eine Wissenschaft des Guten giebt, so folgt als Schluss, dass das Gute eine Gattung ist; hier wird das Erste von dem Letzten ausgesagt, aber die Aussenbegriffe werden nicht voneinander ausgesagt. In derselben Weise sind die Fälle aufzufassen, wo es sich um das Nicht-Enthaltensein handelt.

Nicht immer bedeutet nämlich der Satz, dass dieses in Jenen nicht enthalten sei, so viel, als dass dieses *nicht* Jenes *sei*, sondern manchmal bedeutet es, dass dies nicht zu jenem *gehört* oder dass Dieses Jenes nicht ist; z.B. der Satz, dass es keine Bewegung der Bewegung giebt, oder kein Werden des Werdens, aber wohl eine Bewegung und ein Werden der Lust; deshalb ist aber die Lust kein Werden. Ferner ist, weil es ein Zeichen des Lachens giebt, aber kein Zeichen des Zeichens, das Lachen kein Zeichen. Ebenso ist es in allen andern Fällen, wo der Beweis-Satz verneint wird, weil die Geltung von ihm in einer gewissen Weise ausgedrückt wird; z.B. dass die Gelegenheit nicht die gehörige Zeit ist, weil es für Gott zwar Gelegenheit giebt, aber keine gehörige Zeit, indem es für Gott nichts Nützliches giebt. Man hat hier zwar als die Begriffe des Schlusses: Gelegenheit, gehörige Zeit und Gott zu setzen, aber der Vordersatz muss der Beugung des Hauptwortes gemäss ange-setzt werden; denn so spricht man schlechthin von allen Dingen, mithin sind die Begriffe immer den Nominativ des Hauptwortes entsprechend anzusetzen; also z.B.: entsprechend den Nominativ: *der* Mensch oder: *das* Gute oder: *die* Gegentheile, aber nicht entsprechend der Beugung: *des* Menschen, *des* Gutes oder *der* Gegentheile; dagegen sind die Vor-dersätze entsprechend der Beugung eines jeden Hauptwortes anzusetzen; also dass Etwas *diesem* einwohnt, z.B. das Gleiche, oder dass es *dessen* ist, z.B. das Doppelte, oder dass es *diesen* ist, z.B. schlagend oder sehend, oder dass es *dieses* ist, z.B. der Mensch ein Geschöpf, oder wie sonst der Beugungsfall des Hauptworts sich nach der Satzverbindung gestaltet. 80

Siebenunddreissigstes Kapitel

Das Enthaltensein von diesem in jenem und des wahrhaft Ausgesagt-werden dieses von jenem ist in so vielerlei Sinne zu nehmen, als derselbe

Satz in verschiedener Modalität ausgedrückt werden kann, und diese verschiedenen Modalitäten entweder beziehungsweise oder schlechthin, ferner als für beide Vordersätze gleich oder verschieden lautend, ausgedrückt werden können. Dasselbe gilt für das Nicht-enthaltensein. Doch ist dies noch genauer zu untersuchen und zu bestimmen.

Achtunddreissigstes Kapitel

Das in den Vordersätzen mehrfach Ausgesagte muss zu dem Oberbegriffe und nicht zu dem Mittelbegriffe gesetzt werden. Ich meine z.B., wenn ein Schluss dahin lautete, dass es von der Gerechtigkeit ein Wissen giebt, dass sie ein Gut sei, so ist der Zusatz, dass sie ein Gut sei oder »dass sie irgendwie ein Gut sei«, zu dem Oberbegriff zu setzen. Denn es sei A das Wissen, dass etwas ein Gut ist, B das Gut, C die Gerechtigkeit; dann wird A von B mit Wahrheit ausgesagt, denn vor dem Guten besteht das Wissen, dass es ein Gut ist; ebenso B von C, denn die Gerechtigkeit ist ja doch ein Gut. Auf diese Weise geschieht die Auflösung der Rede. Setzt man dagegen den Zusatz; »dass sie ein Gut ist«, zu B, so giebt es keinen Schluss; denn A wird dann zwar in Bezug auf B wahr sein, aber nicht B in Bezug auf C; denn von der Gerechtigkeit auszusagen, sie ist »ein Gut, dass sie ein Gut ist«, enthält eine Unwahrheit und ist unverständlich. Ebenso ist zu verfahren, wenn bewiesen werden soll: dass das Gesunde ein Wissbares dahin sei, dass es ein Gut ist; oder: dass der Bockhirsch ein Gemeintes dahin sei, dass er nicht existirt; oder: dass der Mensch vergänglich sei, insoweit er ein Sinnliches ist. In allen diesen Sätzen mit zusätzlichen Aussagen ist dies Mehrfache immer zu dem äusseren Begriff zu setzen.

Der Ansatz der Begriffe ist nicht der gleiche, je nachdem der Schlusssatz einfach lautet, oder dahin, dass etwas dieses in einer Bejahung oder in einer gewissen Weise sei; also je nachdem z.B. bewiesen worden, dass das Gute einfach ein Wissbares ist, oder dass es ein Wissbares dahin ist, dass es gut ist. Ist der Beweis blos einfach dahin geführt, dass es ein Wissbares ist, so muss man bei der Zurückführung des Beweises auf eine Schlussfigur als Mittelbegriff nur das einfache Sein setzen, ist aber bewiesen, dass das Gute ein Wissbares dahin sei, dass es gut ist, so muss zu dem Sein das *Was* hinzugefügt und es so als Mittelbegriff gesetzt werden. Es sei nämlich A das Wissen, dass etwas so beschaffen; B das so beschaffen Seiende und C das Gute. Hier kann

81

mit Wahrheit A von B ausgesagt werden; denn das Wissen von etwas Beschaffen-Seienden ist, dass es so beschaffen. Aber auch B kann von C ausgesagt werden, denn der Gegenstand des C ist etwas Beschaffenes. Folglich kann auch A von C ausgesagt werden, denn es giebt ein Wissen vom Guten, dass es gut ist, und das Beschaffensein ist das Zeichen des Eigenthümlichen an einem Dinge. Wäre aber das blosse Sein als Mittelbegriff gesetzt worden und der Oberbegriff nur einfach und nicht mit seiner Beschaffenheit gesetzt worden, so würde der Schluss nicht dahin lauten, dass vom Guten ein Wissen dahin besteht, dass es gut ist, sondern nur dahin, dass vom Guten ein Wissen, dass es *ist*, bestehe; es würde dann z.B. A bezeichnen das Wissen, dass Etwas *ist*; B das Seiende und C das Gute. Hieraus erhellt auch, dass bei den beschränkten Schlüssen die Begriffe ebenso angesetzt werden müssen.

Neununddreissigstes Kapitel

Man muss auch mitunter Bezeichnungen, welche dieselbe Bedeutung haben, mit einander vertauschen, z.B. Hauptworte mit Hauptworten, Sätze mit Sätzen und Hauptwort und Satz, aber dabei immer statt des Satzes ein Hauptwort nehmen, denn dadurch wird die Heraushebung der Begriffe im Schlüsse erleichtert. Wenn es also z.B. keinen unterschied macht, ob man sagt, dass das Vermuthete nicht der Gattungsbegriff von dem Gemeinten sei; oder ob man sagt, dass das Gemeinte nicht ein Vermuthetes sei (denn der Sinn beider Sätze ist derselbe), so sind vielmehr statt jenes angeführten Satzes das Vermuthete und das Gemeinte als Begriffe in den Schluss anzusetzen.

Vierzigstes Kapitel

Da es nicht dasselbe ist, ob man sagt: die Lust sei gut, oder: die Lust sei das Gute, so darf man diese Begriffe nicht als gleichbedeutend behandeln, sondern wenn der Schluss dahin geht, dass die Lust das Gute sei, so muss man als Begriff »das Güte« setzen und wenn er dahin geht, sie sei gut, nur den Begriff »gut«. Ebenso muss man in anderen Fällen verfahren.

Einundvierzigstes Kapitel

Es ist weder in der Sache noch im Sprechen dasselbe, ob man sagt: In dem, worin B enthalten ist, in Allem von diesem ist A enthalten, oder ob man sagt: In dem, in dessen Allen B enthalten ist, in dessen Allen ist auch A enthalten; denn es kann ja sein, dass B in dem C enthalten ist, aber nicht in dem *ganzen* C. So sei z.B. B das Schöne und C das Weisse. Wenn nun in einigem Weissen das Schöne enthalten ist, so kann man in Wahrheit sagen, dass das Schöne im Weissen enthalten sei, aber man wird wohl nicht sagen können, dass es in dem *ganzen* Weissen enthalten sei. Wenn nun A in dem B enthalten ist, aber nicht in dem ganzen B, so ist es, mag B in dem ganzen C oder nur überhaupt in C enthalten sein, weder nothwendig, dass A in allen C, noch dass es überhaupt in C enthalten ist. Wenn aber B in dem Ganzen von dem, von welchen es in Wahrheit ausgesagt wird, enthalten ist, so folgt, dass A auch in *Allen* denen, von welchen B ausgesagt wird, ebenfalls enthalten sein wird. Wenn jedoch A von *Allen* denen ausgesagt wild, von welchen B nur überhaupt ausgesagt wird, so kann es kommen, dass in dem C zwar B enthalten ist, aber A entweder nicht in dem *ganzen* C oder auch gar nicht im C. Für alle drei Begriffe ist also klar, dass wenn man sagt: In dem, worin B enthalten ist, in dem *allen* ist A enthalten, dies bedeutet, dass A von allen den einzelnen C ausgesagt wird, von welchen B ausgesagt wird. Wird also B von *allen* eines Begriffes ausgesagt, so kann dann auch A so ausgesagt werden; wird aber B nicht von allen des Begriffes ausgesagt, so ist es nicht nothwendig, dass A von dem *ganzen* C gelte.

Mann darf indess nicht glauben, dass bei dem Aufstellen von Beispielen etwas Widersinniges herauskomme; denn ich gebrauche sie nicht so, als wenn wirklich das Eine in dem Anderen enthalten wäre, sondern so, wie der Geometer eine Linie einen Fuss lang und gerade und ohne Breite nennt, obgleich sie es nicht ist; denn er bedient sich der hingezeichneten Linie nicht nach ihrer Wirklichkeit, wenn er daraus etwas durch Schluss folgert. Ueberhaupt kann, wenn etwas sich nicht als Ganzes zu einem anderen als seinem Theile verhält und ein Anderes zu diesem als sein Theil, aus dergleichen nichts bewiesen werden, folglich auch kein Schluss sich ergeben. Solcher Beispiele bedient man sich, wie des Vorzeigens und sinnlich wahrnehmbar Machens, wenn man zu Schülern spricht; aber nicht in dem Sinne, als wenn ohnedem nicht bewiesen werden könnte, wie aus Vorhergehendem der Schluss hervorgeht.

Zweiundvierzigstes Kapitel

Auch darf man nicht übersehen, dass bei derselben Schlussfolgerung sich die sämmtlichen in ihr enthaltenen Schlusssätze nicht in *einer* Figur zu vollziehen brauchen, vielmehr kann der eine mittelst dieser, der andere mittelst jener Figur gefolgert werden. Es ist also klar, dass die Zurückführung der geführten Beweise auf ihre Schlussfiguren danach zu bewirken ist. Da nun nicht jeder aufgestellte Satz sich nach allen Figuren beweisen lässt, sondern nur nach einer oder der anderen, so muss man aus dem jedesmaligen Schlusssatze entnehmen, auf welche Figur der Beweis zurückzuführen ist.

Dreiundvierzigstes Kapitel

Was nun die Reden anlangt, welche auf Begründung einer Definition abzwecken, so ist, wenn diese Reden nur ein Besonderes von dem betreffenden Begriffe behandeln, nicht den ganzen Begriff, sondern nur das, worüber die Rede gehandelt hat, als Begriff in Ansatz zu bringen; denn dann wird die Heraushebung der Schlussform weniger durch die lange Bezeichnung der Begriffe erschwert werden. Wenn z.B. Jemand gezeigt hätte, dass das Wasser eine trinkbare Flüssigkeit sei, so wird man nur die Begriffe: Trinkbar und Flüssigkeit in den Schlusssatz aufzunehmen haben.

Vierundvierzigstes Kapitel

Auch muss man nicht versuchen, die auf Voraussetzungen beruhenden Schlüsse auf Schlussfiguren zurückzuführen. Denn dies kann aus den hierbei aufgestellten Vordersätzen nicht geschehen, da sie sämmtlich nicht durch Schlüsse bewiesen sind, sondern in Folge von Uebereinkunft zugestanden sind. Wenn z.B. man annähme, dass, wenn nicht *eine* und *dieselbe* Kraft für gegentheilige Dinge bestehe, es auch nicht *eine* Wissenschaft davon geben könne und wenn dann gezeigt wird, dass nicht *eine* Kraft für die Gegentheile bestehe, wie z.B. für das Gesunde und das Kranke; weil dann derselbe Gegenstand zugleich gesund und krank sein würde. Hier ist nun zwar gezeigt, dass nicht für alle Gegentheile nur *eine* Kraft besteht, aber es ist nicht bewiesen, dass nicht *eine* Wissenschaft für dieselben besteht. Dennoch ist es nothwendig, auch letzteres zuzugeben; aber nicht vermöge eines Schlusses, sondern weil es so vorausgesetzt worden ist. Man kann also den letzteren Satz nicht auf eine Schlussfigur zurückführen, sondern nur den ersteren Satz, dass nicht *eine* Kraft für die Gegentheile bestehe; dieser Satz ist vielleicht auf einen Schluss gestützt worden, aber jener Satz ist nur als eine zugestandene Voraussetzung angenommen worden.

Aehnlich verhält es sich mit den vermittelst der Unmöglichkeit des Gegentheils bewiesenen Schlusssätzen; solche Beweise kann man nicht auf Figuren zurückführen, wohl aber kann man den Beweis, welcher auf das unmögliche führt, so zurückführen; (denn dieser Beweis ist durch einen Schluss geführt worden) aber bei jenem geht es nicht, weil er aus einer Voraussetzung abgeleitet wird. Diese Schlüsse unterscheiden sich von vorigen darin, dass man dort vorher sich über einen Satz vereinigen muss, wenn man nachher eine Uebereinstimmung erreichen will; also z.B. über den Satz, dass, wenn gezeigt worden, dass für Gegentheile nur *eine* Kraft bestehe, auch die Wissenschaft von ihnen nur *eine* sei; hier stimmt man dagegen auch ohne vorherige Uebereinkunft zu, weil die falsche Folge klar erkennbar ist, wie z.B. bei Annahme, dass der Durchmesser eines Quadrats ein gemeinsames Maass mit den Seiten des Quadrats habe, dies für die daraus sich ergebene Folge, dass das Ungerade dem Geraden gleich ist, gilt.

Auch vieles Andere wird auf Grund von Voraussetzungen geschlossen; auf solche Schlusssätze muss man Acht haben und sie klar bezeichnen. Später werde ich darlegen, welche Unterschiede hier bestehen und in wie vielerlei Art ein Satz aus Voraussetzungen abgeleitet werden kann. Für jetzt haben wir nur als richtig anzunehmen, dass solche Schlüsse nicht auf Schluss-Figuren zurückgeführt werden können; auch habe ich bereits gesagt, weshalb nicht.

Fünfundvierzigstes Kapitel

Alle in mehreren Figuren beweisbaren Sätze kann man, wenn der Satz in der einen Figur bewiesen ist, auf einen Schluss in der andern Figur zurückführen. So kann z.B. der in der *ersten* Figur bewiesene verneinende Schluss in die zweite Figur und der Schluss in der zweiten Figur in einen der ersten Figur umgewandelt werden; zwar nicht bei allen, aber doch bei einigen Schlussarten. Dies wird aus dem Folgenden erhellt. Wenn nämlich A in keinen B, aber B in dem ganzen C enthalten ist, so ist auch A in keinem C enthalten; dies ist ein Schluss in der ersten Figur; kehrt man nun den verneinenden Satz um, so ergiebt sich die zweite Figur; denn B ist dann in keinem A, aber im ganzen C enthalten. Ebenso verhält es sich, wenn der Schluss nicht allgemein, sondern beschränkt lautet; z.B. wenn A in keinem B, aber B in einigen C enthalten ist; kehrt man hier den verneinenden Satz um, so- ergiebt sich die zweite Figur.

Von den Schlüssen der *zweiten* Figur können die allgemeinen in die erste Figur übergeführt werden, von den beschränkten aber nur die eine Art. Denn es sei A in keinen B, aber in allen C enthalten; kehrt man hier den verneinenden Satz um, so ergiebt sich die erste Figur, denn dann ist B in keinem A enthalten und A in allen C. Lautet aber der Satz A B bejahend und der Satz A C verneinend, so muss C als erster Begriff gesetzt werden; dann ist C in keinem A, und A in allen B enthalten, also C in keinem B, und auch B in keinem C; weil der verneinende Satz sich umkehren lässt. Lautet aber der Schluss nur beschränkt, so kann er, wenn der Satz mit dem grösseren Aussenbegriff verneinend lautet, auf die erste Figur zurückgeführt werden; z.B. wenn A in keinem B enthalten ist, aber in einigen C. Kehrt man hier den verneinenden Satz um, so ergiebt sich die erste Figur; denn B ist in keinem A und A in einigen C enthalten; lautet aber der Satz mit dem grösseren äusseren Begriff bejahend, so lässt er sich nicht auf die zweite Figur zurückführen; z.B. wenn A in dem ganzen B, aber nicht in dem ganzen C enthalten ist; denn hier lässt sich der Satz mit A und B nicht allgemein umkehren und ohnedem giebt es keinen Schluss.

Auch die Schlüsse der *dritten* Figur lassen sich nicht sämmtlich in die erste Figur umwandeln, aber die in der ersten sämmtlich in die dritte. Es sei z.B. A in allen B enthalten und das B in einigen C. Da hier der beschränkt bejahende Satz sich umkehren lässt, so ist C in einigen B enthalten und A war in allen B enthalten; mithin ergiebt sich die dritte Figur. Lautet der Schluss verneinend, so gilt dasselbe; denn der beschränkt bejahende Satz lässt sich umkehren, mithin ist dann A in keinen B und C in einigen B enthalten.

Von den Schlüssen der *dritten* Figur lässt sich nur einer nicht in die erste Figur umwandeln, nämlich der, wo der verneinende Satz nicht allgemein lautet; dagegen lassen sich alle andern darin umwandeln. So soll A und B von dem ganzen C ausgesagt werden; hier wird jeder dieser Sätze sich in einen beschränkten umwandeln lassen; deshalb ist C in einigen B enthalten; es ergiebt sich also damit die erste Figur, wenn A in dem ganzen C und C in einigen B enthalten ist. Dasselbe gilt, wenn A in dem ganzen C und B in einigen C enthalten ist, denn der letztere Satz lässt sich umkehren. Wenn aber B in dem ganzen C und A in einigen C enthalten ist, so muss man B zu den obern Begriff nehmen; denn B ist in dem ganzen C und das C in einigen A enthalten, folglich auch B in einigen A; und da der beschränkte Satz sich auch umkehren lässt, so wird auch A in einigen B enthalten sein. Ebenso ist zu verfahren wenn der Schluss verneinend lautet, aber die Vordersätze allgemein lauten. Denn es sei B in dem ganzen C und das A in keinem C enthalten, so wird C in einigen B, A aber in keinen C enthalten sein, so dass C der Mittelbegriff wird. Ebenso verhält es sich, wenn der verneinende Satz allgemein lautet und der bejahende beschränkt; denn man kann dann die Vordersätze so fassen, dass A in keinem C, C aber in einigen B enthalten ist. Lautet aber der verneinende Satz beschränkt, so kann man ihn nicht umwandeln; z.B. wenn B in allen C enthalten, aber A in einigen C nicht enthalten ist, denn wenn der Satz mit B und C umgekehrt wird, so lauten beide Sätze beschränkt.

Es erhellt, dass wenn die Figuren in einander übergeführt werden sollen, der Vordersatz mit dem kleinern äussern Begriff sich in beiden letzten Figuren umkehren lassen muss, denn durch dessen Umkehrung geschah die Umwandlung.

Von den Schlüssen der *zweiten* Figur kann eine Art in die *dritte* Figur umgewandelt werden, eine andere Art aber nicht. Es kann nämlich geschehen, wenn der allgemeine Satz verneinend lautet; denn wenn A in keinem B enthalten ist, aber in einigen C, so lassen sich diese beiden Vordersätze umkehren, so dass B in keinem A und C in einigen A enthalten ist; hier ist also A der Mittelbegriff geworden. Wenn aber A in allen B enthalten, aber in einigen C nicht, so giebt es keine Umwandlung, denn keiner von den Vordersätzen lautet bei dieser Umkehrung allgemein.

Die Schlüsse der *dritten* Figur lassen sich in die der *zweiten* Figur umwandeln, wenn der verneinende Vordersatz allgemein lautet, wenn z.B. A in keinem C enthalten ist, aber B in einigen C, oder in dem ganzen C; denn auch C ist dann in keinem A, aber in einigen B enthalten. Lautet aber der verneinende Vordersatz beschränkt, so kann keine Umwandlung geschehen, weil verneinende beschränkte Sätze sich nicht umkehren lassen.

Somit erhellt, dass bei diesen beiden Figuren diejenigen Schlüsse sich nicht aus der einen in die andere Figur umwandeln lassen, bei welchen auch keine Umwandlung derselben in die erste Figur geschehen kann und dass, wenn diese Schlüsse der beiden letzten Figuren in die erste Figur umgewandelt werden, sie ihre Vollendung dann nur durch die Darlegung der Unmöglichkeit des Gegentheils erhalten.

Aus dem Bisherigen erhellt sonach, wie man die Beweise auf Schlüsse zurückzuführen hat und dass die Figuren sich in einander umwandeln lassen.

Sechsundvierzigstes Kapitel

Bei den Beweisen und Widerlegungen macht es einen Unterschied, ob man annimmt, das: Dieses nicht-sein und das: Nicht-dieses sein bedeuten dasselbe oder verschiedenes wie z.B. das: Weiss nicht-sein und das: Nicht-weiss sein. Indess bezeichnen diese Sätze nicht dasselbe und ebenso wenig ist das: Nicht-weiss sein die Verneinung von Weiss sein; sondern dessen Verneinung ist das: Weiss nicht sein. Der Grund hiervon ist folgender: Es verhält sich nämlich das: er kann gehen, zu dem: er kann nicht-gehen, ebenso wie das: es ist weiss, zu dem: es ist nicht-weiss, und wie das: er kennt das Gute, zu dem: er kennt das Nicht-Gute. Denn der Satz: er weiss das Gute, und der Satz: er ist ein das Gute-Wissender sind nicht verschieden; ebenso sind die Sätze: er kann gehen, und: er ist ein Gehen-Könnender, nicht verschieden; mithin sind auch die entgegengesetzten Sätze: er kann-nicht gehen, und: er ist nicht ein Gehen-Könnender, von einander nicht verschieden.

Wenn nun der Satz: er ist-nicht ein Gehen-Könnender dasselbe bezeichnete, wie der Satz: er ist ein Nicht-gehen Könnender, so können sie beide von demselben Gegenstande zugleich ausgesagt werden. (Denn derselbe Mensch kann gehen und nicht-gehen und kennt das Gute und das Nicht-Gute.) Aber eine Bejahung und die ihr widersprechende Verneinung können nicht zugleich in demselben Gegenstande enthalten sein. Wie man das Nicht-Kennen des Guten und das Kennen des Nicht-Guten nicht dasselbe bedeuten, so gilt dies auch ebenso von dem: Nicht-gut sein und von dem gut nicht-sein. Denn wenn von sich gleich ver-

89

142

haltenden Sätzen das eine Paar gleich oder verschieden ist, so gilt das auch von dem anderen Paare. Auch das Nicht-gleich sein ist nicht dasselbe wie das: gleich nicht-sein; dem jenen, dem nicht-gleich Seienden liegt etwas unter, nämlich das Ungleiche; diesem aber liegt nichts unter. Deshalb ist auch nicht alles gleich oder ungleich; aber alles ist gleich oder ist-nicht gleich. Auch das: es ist-nicht weisses Holz, und das: es ist-nicht weisses Holz kann nicht zugleich in demselben Gegenstande stattfinden; denn was weisses Holz nicht-ist, muss nicht nothwendig Holz sein und damit erhellt, dass auch von dem: es ist gut, die Verneinung nicht lautet: es ist nicht-gut. Da nun von jedem einzelnen Gegenstande entweder die Bejahung oder die Verneinung wahr ist, so erhellt, dass wenn dieser Satz keine Verneinung ist, er irgendwie eine Bejahung enthält. Nun giebt es aber von jeder Bejahung eine Verneinung und deshalb wird für diesen Satz die Verneinung dahin lauten: es ist-nicht nicht-gut.

Diese Sätze haben folgende Stellung zu einander: A sei das: ist gut; B das: ist nicht-gut; C, was unter B steht, sei das: ist nicht-gut und D, was unter A steht, das: ist-nicht nicht-gut. Hier wird jedem Gegenstande entweder A oder B zukommen und keinem Gegenstande werden sie zugleich zukommen. Ebenso wird C oder D jedem Gegenstande zukommen und beide können nicht zugleich demselben Gegenstande zukommen. Auch muss allen Gegenständen, denen C zukommt, auch B zukommen denn wenn man in Wahrheit sagen kann: es ist nicht-weiss, so ist auch wahr, dass es weiss nicht-ist; denn es ist unmöglich, dass etwas zugleich weiss und nicht-weiss ist, oder dass etwas nicht-weisses Holz und weisses Holz ist; mithin gilt die Verneinung, wenn die Bejahung nicht gilt. Dagegen kann von den Gegenständen, denen B zukommt, C nicht immer ausgesagt werden; denn was überhaupt kein Holz ist, kann auch kein nicht-weisses Holz sein. Ebenso kann von allem, dem A zukommt, auch D ausgesagt werden; denn von A muss entweder C oder D gelten; da nun aber A nicht zugleich weiss und nicht-weisses Holz sein kann, so muss dem A das D zukommen; denn von dem, was weiss ist, kann man in Wahrheit aussagen, dass es nicht-weiss nicht-ist. Aber A kann nicht von allem ausgesagt werden, von dem D ausgesagt wird; denn von dem, was überhaupt kein Holz ist, kann man nicht in Wahrheit sagen, dass es weisses Holz ist; folglich kann man von einem Gegenstande das D in Wahrheit aussagen, aber nicht das A, wonach es weisses Holz sein soll. Auch erhellt, dass A und

C nicht zugleich von demselben Gegenstande ausgesagt werden können; wohl aber kann B und D in demselben Gegenstande enthalten sein.

In gleicher Weise verhalten sich die Verneinungen zu den Bejahungen bei dieser Zusammenstellung; dann ist z.B. A das Gleiche, B das nicht Gleiche, C das Ungleiche und D das nicht Ungleiche.

Wenn ferner bei mehreren Dingen dieselbe Bestimmung einigen davon zukommt, anderen aber nicht, so wird sowohl die Verneinung, dass diese Dinge nicht alle weiss sind, wie die, dass nicht jedes von ihnen weis ist, gleichmässig wahr sein; aber falsch wäre zu sagen, dass jedes nicht weiss ist, oder dass alle nicht weiss sind. Ebenso ist von dem Satze: jedes Geschöpf ist weiss, die Verneinung nicht: jedes Geschöpf ist nicht-weiss (denn diese Sätze sind beide falsch), sondern Nicht-jedes Geschöpf ist weiss.

Wenn sonach klar ist, dass das: es ist nicht-weiss, und das: es ist-nicht weiss, Verschiedenes bedeuten, und dass das eine eine Bejahung, das andere eine Verneinung ist, so erhellt auch, dass beide Sätze nicht in gleicher Weise bewiesen werden können; z.B. der Satz: Alles, was Geschöpf ist, ist-nicht weiss oder ist-statthafterweise-nicht weiss, und der Satz, dass man in Wahrheit sagen könne, Alles, was Geschöpf ist, sei nicht-weiss; denn letzterer Satz bejaht das Nicht-weiss. Die beiden Sätze, dass man in Wahrheit sagen könne, es sei etwas weiss, und es sei etwas nicht-weiss, sind beide bejahend und man kann beide durch den bejahenden Schluss der ersten Figur beweisen, weil das »in Wahrheit sagen« dem »ist« des Satzes gleich behandelt wird; denn von dem wahrhaft sagen, dass etwas weiss sei, bildet nicht das wahrhaft sagen, dass etwas nicht-weiss sei, das Gegentheil, sondern das nicht-wahrhaft sagen, dass etwas weiss sei. Wenn man also in Wahrheit sagen kann, dass Alles, was Mensch ist, musikalisch oder nicht-musikalisch sei, so ist als Obersatz zu nehmen, dass Alles, was Geschöpf ist, musikalisch oder nicht-musikalisch ist und auf diese Weise wird jener Satz bewiesen. Dagegen wird der Satz, welcher bei allem, was Mensch ist, das musikalische verneint, durch einen verneinenden Schluss nach den drei früher genannten Weisen bewiesen.

Ueberhaupt wird, wenn A und B sich so verhalten, dass beide nicht zugleich in ein und demselben Gegenstande sein können, aber jedem Gegenstande eines von Beiden zukommen muss, und wenn ferner C und D sich ebenso verhalten, und wenn A von allen, dem C zukommt, ausgesagt werden kann, aber dieser Satz A C sich nicht umkehren lässt, so wird auch D von allen ausgesagt werden, denen B zukommt, aber der Satz B D wird sich nicht umkehren lassen und A und D können dann in demselben Gegenstande enthalten sein, aber nicht B und C. Dass hier erstens D dem B zukommt, erhellt daraus, dass jedem Dinge entweder C oder D nothwendig zukommen muss; nun kann aber den Dingen, welchen B zukommt, das C nicht zukommen, weil C mit dem A sich verträgt und A und B nicht in demselben Gegenstande enthalten sein können; hieraus erhellt, dass D dem B zukommen wird.

Da ferner A und C sich nicht austauschen, aber jedem Gegenstande, entweder C oder D zukommen muss, so ist es statthaft, dass A und D demselben Gegenstande zukommen. Dagegen ist dies mit B und C nicht statthaft, weil A dem C zukommt, also dann etwas Unmögliches sich ergäbe. Es erhellt auch, dass B sich nicht mit D austauschen lässt, da es statthaft ist, dass D und A zugleich in einen Gegenstande enthalten sein können.

Es kommt indess auch bei einer solchen Anordnung der Begriffe mitunter vor, dass man sich täuscht, weil man die sich widersprechenden Begriffe, von denen einer nothwendig jedem Dinge zukommen muss, nicht richtig auswählt. Wenn z.B. A und B nicht zugleich in demselben Dinge sein können und nothwendig demselben, wenn ihm das eine nicht zukommt, das andere zukommen muss; und wenn ferner C und D sich ebenso verhalten, aber A von jedem, dem C zukommt, ausgesagt wird. Hier könnte gefolgert werden, dass allen dem D zukommt, nothwendig das B zukomme; allein das wäre falsch. Denn man nehme Z als die Verneinung von A und B und T als die Verneinung von C und D, dann muss jedem Dinge entweder A oder Z zukommen, nämlich entweder die Bejahung oder die Verneinung; und ebenso muss jedem Dinge das C oder T zukommen, d.h. entweder die Bejahung oder die Verneinung, und Allen, welchem C zukommt, kommt auch A zu, folglich muss allem, dem Z zukommt, auch T zukommen. Da nun eines von Z und B allen Dingen zukommen muss und ebenso eines von T und D, aber T dem Z zukommt, so wird auch B dem D zukommen, wie aus dem Frühern bekannt ist, also wenn A dem C zukommt, so wird, könnte man sagen, auch B dem D zukommen. Dies ist aber falsch, denn bei den Begriffen, die sich so verhalten, war das Zukommen gerade ein umgekehrtes. Es ist nämlich nicht nothwendig, dass allen Dingen entweder A oder Z zukomme und auch Z oder B; denn das Z ist nicht die Verneinung von A, da von dem Guten das Nicht-Gute die Verneinung ist und das Nicht-Gute ist nicht dasselbe mit dem, was weder gut noch nicht-gut ist. Ebenso verhält es sich mit C und D; denn es sind in dem obigen Falle von einer Bejahung zwei Verneinungen angenommen worden.

Zweites Buch

Erstes Kapitel

Ich habe somit durchgegangen und ermittelt, in wie viel Figuren und durch welche und durch wie viele Vordersätze ein Schluss und wie er zu Stande kommt; ferner auf was man bei dem Beweisen und Widerlegen zu sehen hat und wie man nach jedweder Methode für einen aufgestellten Satz das Nöthige zu suchen hat; endlich auf welchen Wegen man zu den obersten Grundsätzen für jeden Satz gelangen kann.

Die Schlüsse lauten entweder allgemein oder beschränkt und davon erschliessen die allgemeinen sämmtlich mehr, und von den beschränkten erschliessen die bejahenden mehr, die verneinenden aber nur gerade den Schlusssatz. Denn alle andern Vorder-Sätze lassen sich umkehren, nur die verneinenden nicht und der Schlusssatz sagt etwas von einem Andern aus, weshalb die andern Schlüsse mehr erschliessen. Z.B. wenn bewiesen worden, dass A allen oder einigen B zukommt, so muss auch B nothwendig in einigen A enthalten sein; und wenn A keinem B zukommt, so kommt auch B keinem A zu, welcher Satz etwas anderes besagt, als der vorhergehende. Wenn aber A in einigen B nicht enthalten ist, so ist es nicht nothwendig, dass auch B in einigen A nicht enthalten ist, vielmehr ist es statthaft, dass es in allen A enthalten ist.

Dieser Grund gilt sowohl für die allgemeinen, wie für die beschränkten Schlüsse. Für die allgemeinen Schlüsse kann man es jedoch noch in anderer Weise darlegen. Denn von allem, was unter den Mittelbegriff oder das Subjekt des Schlusssatzes fällt, gilt derselbe Schlusssatz, wenn man dasselbe an Stelle des Mittelbegriffs oder Unterbegriffs in den Schluss einstellt. Wenn z.B. der Schlusssatz A B durch C vermittelt wird, so muss von Allem, was unter B oder C fällt, nothwendig A ausgesagt werden; denn wenn z.B. D in dem Umfange von B und B in dem Umfange von A enthalten ist, so ist auch D in dem Umfange von A enthalten. Wenn ferner E in dem Umfange von C und C in dem

Umfange von A enthalten ist, so ist auch E in dem Umfange von A enthalten. Ebenso verhält es sich, wenn der Schlusssatz verneinend lautet.

Bei der zweiten Figur kann der Schlusssatz nur auf die unter dem Subjekt enthaltenen Dinge ausgedehnt werden. Wenn z.B. A in keinem B, aber in allen. C enthalten ist, so lautet der Schlusssatz, dass B in keinem C enthalten ist. Wenn nun D unter das C fällt, so ist klar, dass B auch nicht in D enthalten sein kann; dass aber B nicht in den unter A fallenden Dingen enthalten ist, erhellt aus dem Schlusssatze nicht. Dennoch wird B nicht in E enthalten sein, wenn E unter A enthalten ist. Aber das Nicht-enthalten-sein des B in dem C ist durch den Schluss gezeigt worden; dass dagegen B nicht in dem A enthalten, ist ohne Beweis nur angenommen worden und deshalb beruht der Satz, dass B nicht in dem E enthalten, nicht auf dem Schlusssatze.

Bei den beschränkten Schlüssen ergiebt sich für die unter das Subjekt des Schlusssatzes fallenden Dinge keine Nothwendigkeit (denn es ergiebst sich kein Schluss, wenn der mit diesem Begriff gebildete Satz nur beschränkt lautet, aber für alle unter den Mittelbegriff fallenden Dinge gilt der Schlusssatz, nur beruht dies nicht auf dem Schlüsse. Wenn z.B. A in dem ganzen B und B in einigen C enthalten ist, so kann für die unter C fallenden Dinge kein Schluss gezogen werden, wohl aber für die unter B fallenden, aber nicht vermittelst des vorausgegangenen Schlusses. Ebenso verhält es sich mit den beschränkten Schlüssen in den anderen Figuren; es ergiebt sich auch da für die unter den Subjekt-Begriff des Schlusssatzes fallenden Dinge keine Nothwendigkeit, aber wohl für die unter den anderen Begriff fallenden Dinge; nur ergiebt sich dies nicht aus dem Schlusssatze, wie auch schon bei den allgemeinen Schlüssen gezeigt worden ist, dass die Ausdehnung auf die unter den Mittelbegriff enthaltenen Dinge nur auf dem unbewiesenen Obersatz beruht. Entweder gilt dies also auch nicht für die allgemeinen Schlüsse, oder wenn es dort gilt, so gilt es auch für die beschränkten.

Zweites Kapitel

Es kann vorkommen, dass die Vordersätze, durch welche der Schluss erfolgt, wahr sind, oder dass sie falsch sind, oder dass der eine wahr und der andere falsch ist; dagegen muss der Schlusssatz nothwendig wahr oder falsch sein. Aus wahren Vordersätzen kann nun kein Falsches geschlossen werden, aber aus falschen Sätzen kann Wahres geschlossen werden, jedoch nicht deshalb weil sie falsch sind, sondern weil es sich so trifft; denn das Falsche in den Vordersätzen ist nicht die Ursache von dem wahren Schlüsse; wie in dem später Folgenden gezeigt werden wird.

Zunächst erhellt, dass aus wahren Vordersätzen nichts Falsches geschlossen werden kann, daraus, dass wenn aus dem Sein von A nothwendig das Sein von B folgt, auch nothwendig ist, dass wenn B nicht-ist, auch A nicht-ist. Wenn nun A wahr ist, so muss auch B wahr, sein, oder es würde folgen, dass dasselbe zugleich sein und nicht sein könnte, was doch unmöglich ist. Doch darf man nicht glauben, dass, weil A als *ein* Begriff gesetzt ist, es möglich sei, dass aus dem Sein *eines* Begriffes nothwendig etwas Anderes folgen müsse; das ist nicht möglich, vielmehr ist das nothwendig Folgende der Schlusssatz und damit dieser sich als eine nothwendige Folge ergebe, sind wenigstens drei Begriffe nöthig, und zwei verbundene Glieder oder Vordersätze. Wenn es nun wahr ist, dass A in allem enthalten ist, worin B enthalten ist und B in allem, worin C enthalten ist, so muss auch A in allem, worin C enthalten ist, enthalten sein und es ist unmöglich, dass dieser Schluss falsch sei; denn sonst müsste dasselbe A zugleich in C enthalten und nicht-enthalten sein. Denn das A gilt als *eines*, indem die beiden Vordersätze in den Schlusssatz zusammengezogen sind. Ebenso verhält es sich mit den verneinenden Sätzen, denn man kann aus wahren Vordersätzen nichts Falsches beweisen.

Dagegen kann man aus falschen Vordersätzen einem wahren Satz folgern, sowohl wenn beide Vordersätze falsch sind, als wenn nur einer es ist; aber dies darf nicht jedweder sein, sondern muss der zweite Vordersatz sein, sofern auch er in seinem ganzen Umfange falsch ist; ist aber dies Falsche nicht für seinen ganzen Umfang vorhanden, so kann jeder von beiden Sätzen der falsche sein. Es sei also A in dem ganzen C enthalten und in keinem B und auch B nicht in C. Nun ist aber ein Ansatz statthaft; wie z.B. das Geschöpf ist in keinem Steine und der Stein in keinem Menschen enthalten. Setzt man nun, dass A in allen B und B in allen C enthalten ist, so ist auch A in allen C enthalten, mithin ergiebt sich aus beiden falschen Vordersätzen ein wahrer Schlusssatz; denn jeder Mensch ist ein Geschöpf. Ebenso verhält es sich mit dem verneinenden Satze; A soll also in C nicht enthalten sein und auch B nicht in C, aber A soll in allen B enthalten sein; z.B. wenn man zu den obigen Begriffen den Menschen als Mittelbegriff setzt, denn weder das Geschöpf, noch der Mensch ist in dem Steine enthalten, aber das Geschöpf ist in allen Menschen enthalten. Nimmt man nun an, dass der Mittelbegriff in dem nicht enthalten ist, dem er doch zukommt, und dass er in allen dem enthalten ist, dem er nicht zukommt, so wird sich aus beiden falschen Vordersätzen ein wahrer Schlusssatz ergeben. Diese Darlegung bleibt dieselbe, wenn jeder der beiden Vordersätze theilweise falsch ist. Ist aber nur *ein* Vordersatz falsch, so kann, wenn der Obersatz, also der Satz A B, in seinem ganzen Inhalte falsch ist, der Schlusssatz nicht wahr sein, wohl aber dann, wenn der Untersatz B C falsch ist. Ich verstehe unter: ganz falsch den gegentheiligen Satz; z.B. wenn von Etwas, was in keinem enthalten ist, angenommen wird, es sei in allem enthalten und von dem, was in allem enthalten, dass es in keinem enthalten. Es soll also A in keinem B enthalten sein und B in dem ganzen C. Wenn hier der aufgestellte Vordersatz B C ein wahrer ist, aber der Vordersatz A B, dass A in allen B enthalten sein soll, ganz falsch ist, so kann unmöglich der Schlusssatz wahr sein; denn A kann in keinem C enthalten sein, wenn A in Wahrheit in keinem B und B in allen C enthalten ist. Ebenso verhält es sich, wenn A in dem ganzen B und B in dem ganzen C wahrhaft enthalten ist und der Vordersatz B C hiernach so aufgestellt wird, wie er in Wahrheit lautet, aber der Vordersatz A B ganz falsch aufgestellt wird, also dass A in keinem B enthalten sein soll; auch dann wird der Schlusssatz falsch sein; denn A muss in dem ganzen C enthalten sein, wenn A in dem ganzen B und B in dem ganzen C enthalten ist. Hieraus erhellt, dass wenn der Obersatz ganz falsch angesetzt wird, mag dies bejahend oder verneinend geschehen, und der andere Vordersatz nach seinem wahren Sachverhalte, kein wahrer Schluss sich ergiebt. Wird aber der Obersatz nicht *ganz* falsch angesetzt, so kann ein wahrer Schluss sich ergeben. Denn wenn A in dem ganzen C und in einigen B enthalten ist, und B in allen C, wie z.B. das Geschöpf in allen Schwanen und in einigem Weissen, das Weisse aber in allen Schwanen enthalten ist, so wird, wenn man ansetzt, dass A in allen B und B in allen C enthalten, A auch in allen C in Wahrheit enthalten sein, denn jeder Schwan ist ein Geschöpf. Dasselbe findet statt, wenn der Satz A B verneinend lautet; denn es ist statthaft, dass A in einigen B und in keinem C und B in allen C enthalten ist; so ist z.B. das Geschöpf in einigem Weissen, aber in keinem Schnee enthalten, aber das Weisse in jedem Schnee. Nimmt man nun an, dass A in keinem B, und B in allen C enthalten ist, so ergiebt sich der Schluss, dass A in keinem C enthalten ist.

Wird aber der Vordersatz A B ganz wahr angesetzt, und der Vordersatz B C ganz falsch, so kann sich ein wahrer Schlusssatz ergeben; denn es kann kommen, dass A in dem ganzen B und in dem ganzen C enthalten ist, aber B in keinem C, wie z.B. die nebengeordneten Arten ein und derselben Gattung; denn das Geschöpf ist sowohl in dem Menschen, wie in dem Pferde enthalten, aber das Pferd ist in keinem Menschen enthalten; wird nun hier angenommen, dass A in allen B und B in allen C enthalten sei, so kommt ein Schluss heraus, der wahr ist, obgleich der Vordersatz B C ganz falsch ist. Ebenso verhält es sich, wenn der Vordersatz mit A B verneinend lautet; denn es kann sein, dass A sowohl in keinem B, wie in keinem C enthalten ist und auch B in keinem C, wie z.B. eine Gattung rücksichtlich der nebengeordneten Arten einer anderen Gattung; denn das Geschöpf ist weder in der Musik noch in der Arzneikunde enthalten und die Musik auch nicht in der Arzneikunde. Setzt man nun, dass A in keinem B, aber B in allen C enthalten sei, so kommt ein wahrer Schluss heraus. Auch wenn der Untersatz mit B C nicht ganz falsch, sondern nur theilweise falsch ist, kann sich ein wahrer Schluss ergeben. Denn es kann sein, dass A in dem ganzen B und in dem ganzen C enthalten ist, und B nur in einigen von C, wie z.B. die Gattung in der Art und in der unterscheidenden Artbestimmung; denn das Geschöpf ist in allen Menschen und in allen Füsse habenden enthalten; aber der Mensch ist nur in einigen Füsse habenden und nicht in allen enthalten. Setzt man nun, dass A in allen B und B in allen C enthalten sei, so ergiebt sich, dass A in allen C enthalten ist, was richtig ist. Ebenso verhält es sich bei einem verneinenden Vordersatze A B, denn es kann sein, dass A in keinem B und in keinem C, aber B in einigen C enthalten ist; z.B. die Gattung in Bezug auf die Art und dem specifischen Unterschied einer anderen Gattung; denn das Geschöpf ist in keiner Klugheit und in keinem erkennenden Vermögen enthalten, aber die Klugheit in einigen des erkennenden Vermögens. Setzt man nun, dass A in keinem B, aber B in allen C enthalten sei, so folgt, dass A in keinem C enthalten ist, was richtig ist.

Bei beschränkt lautenden Schlüssen kann es sein, dass wenn auch der Obersatz ganz falsch ist, der Untersatz aber wahr ist, der Schlusssatz ein wahrer ist und dass der Schlusssatz auch dann ein wahrer ist, wenn der Obersatz theilweise falsch, der Untersatz aber ganz wahr ist oder wenn jener wahr und dieser theilweise unwahr ist, oder endlich wenn beide falsch sind. Denn es kann sein, dass A in keinem B, aber in einigen C, und B in einigen C enthalten ist; so ist das Geschöpf in keinem Schnee, aber in einigem Weissen und der Schnee in einigem Weissen enthalten. Nimmt man nun den Schnee zum Mittelbegriff und das Geschöpf zu dem Oberbegriff und setzt man, dass A in dem ganzen B und B in einigen C enthalten sei, so ist der Obersatz A B ganz falsch und der Untersatz B C wahr und auch der Schlusssatz ist wahr. Dasselbe findet statt, wenn der Obersatz A B verneinend lautet, denn es kann sein, dass A in dem ganzen B enthalten, aber in einigen C nicht enthalten ist und B in einigen C enthalten ist; so ist z.B. das Geschöpf in allen Menschen enthalten, aber kann von einigem Weissen nicht ausgesagt werden und der Mensch ist in einigem Weissen enthalten; setzt man hier den Menschen als Mittelbegriff und dass A in keinem B enthalten sei, aber B in einigen C, so wird der Schlusssatz ein wahrer sein, obgleich der Obersatz ganz falsch ist. Auch wenn der Obersatz mit A B nur theilweise falsch ist, ergiebt sich doch ein wahrer Schlusssatz. Denn es ist statthaft, dass A sowohl in einigen B, wie in einigen C enthalten ist und dass auch B in einigen C enthalten ist; so kann z.B. das Geschöpf in einigem Schönen und in einigem Grossen enthalten sein und ebenso das Schöne in einigen Grossem. Setzt man nun, dass A in allen B und B in einigen C enthalten sei, so ist der Obersatz zum Theil unwahr, aber der Untersatz wahr und der Schlusssatz ebenfalls wahr. Ebenso verhält es sich, wenn der Obersatz verneinend lautet; man kann hier dieselben Begriffe und in derselben Stellung Behufs des Beweises benutzen.

Ist ferner der Obersatz A B wahr und der Untersatz B C falsch, so kann der Schlusssatz wahr sein. Denn es ist statthaft, dass A in dem ganzen B und in einigen C enthalten und dass B in keinem C enthalten ist, so ist z.B. das Geschöpf in allen Schwanen und in einigen Schwarzen, der Schwan aber in keinem Schwarzen enthalten. Setzt man nun, dass A in allen B und B in einigen C enthalten ist, so ergiebt sich ein wahrer Schlusssatz, obgleich der Untersatz B C falsch ist. Dasselbe gilt, wenn der Obersatz verneinend angenommen wird. Denn A kann in keinem B enthalten und auch in einigen C nicht enthalten sein und B in keinem C, wie z.B. die Gattung im Verhältniss zu der Art einer anderen Gattung und zu dem Zufälligen ihrer eigenen Arten; so ist das Geschöpf in keiner Zahl, aber in einigem Weissen enthalten und die Zahl ist in keinem Weissen enthalten. Nimmt man nun die Zahl zum Mittelbegriff und setzt man, dass A keinem B zukomme, aber B einigen C, so wird A einigen C nicht zukommen, was richtig ist, obgleich der Obersatz wahr, der Untersatz aber falsch ist.

Auch wenn sowohl der Obersatz wie der Untersatz theilweise falsch sind, kann der Schlusssatz wahr sein. Denn nichts hindert, dass A in einigen B und in einigen C enthalten ist und B in keinem C; z.B. wenn B und C Gegentheile sind und beide zu derselben Gattung gehören; so ist das Geschöpf in einigem Weissen und in einigem Schwarzen, das Weisse aber in keinem Schwarzen enthalten. Setzt man nun, dass A in allen B und B in einigen C enthalten sei, so wird der Schlusssatz wahr sein. Eben dasselbe gilt, wenn der Obersatz verneinend lautet, da dieselben Begriffe benutzt und in gleicher Weise gestellt werden können, um dies darzulegen. Auch wenn beide Vordersätze falsch sind, kann der Schlusssatz wahr sein; denn es kann sein, dass A in keinem B, aber in einigen C, und B in keinem C enthalten ist; z.B. die Gattung in Rücksicht auf die Art einer anderen Gattung, und den zufälligen Bestimmungen ihrer eigenen Arten. So ist das Geschöpf in keiner Zahl, aber in einigen Weissen und die Zahl in keinem Weissen enthalten. Setzt man nun, dass A in allen B und B in einigen C enthalten ist, so ergiebt sich ein wahrer Schluss, obgleich beide Vordersätze falsch sind. In gleicher Weise verhält es sich, wenn der Obersatz verneinend lautet. Denn es ist statthaft, dass A in dem ganzen B, aber in einigen C nicht enthalten ist und B in keinem C; so ist z.B. das Geschöpf in jedem Schwan enthalten und in einigem Schwarzen nicht und der Schwan in keinem Schwarzen. Setzt man nun, dass A in keinem B und B in einigen C enthalten, so wird A in einigen C nicht enthalten sein, welcher Schlusssatz wahr ist, während beide Vordersätze falsch sind.

Drittes Kapitel

In der *zweiten* Figur kann es in allen Fällen vorkommen, dass aus Falschem Wahres geschlossen wird, mögen beide Vordersätze ganz falsch angesetzt werden, oder beide theilweise falsch; oder mag der eine ganz wahr, der andere ganz falsch sein und zwar gleichviel welcher von beiden; oder mögen beide Vordersätze theilweise falsch sein oder der eine ganz wahr, der andere aber theilweise falsch, oder der eine ganz falsch, der andere zum Theil wahr, und mögen dabei die Schlüsse allgemein oder beschränkt lauten. Denn wenn A in keinem B, aber in allen C enthalten ist, wie z. B das Geschöpf in keinem Steine, aber in jedem Pferde enthalten ist, so wird, wenn man die Vordersätze entgegengesetzt lautend aufstellt und somit angenommen wird, dass A in allen B und in keinem C enthalten sei, aus diesen ganz falschen Vordersätzen ein wahrer Schlusssatz sich ergehen. Dasselbe gilt, wenn A in allen B, aber in keinem C enthalten ist, denn der Schluss bleibt derselbe. Ehen so wenn der eine Satz ganz falsch und der andere ganz wahr ist, denn A kann in allen B und allen C enthalten sein, aber B in keinem C, wie z.B. die Gattung in Bezug auf die ihr untergeordneten Arten. So ist das Geschöpf in allen Pferden und in allen Menschen enthalten, aber kein Mensch in einem Pferde. Setzt man nun, dass das Geschöpf in dem Einen ganz, in dem anderen gar nicht enthalten sei, so ist der eine Vordersatz ganz falsch, der andere ganz wahr und der Schlusssatz ist wahr, mag man den Ober- oder den Untersatz falsch ansetzen. Dies gilt auch, wenn der eine Vordersatz theilweise falsch, der andere aber ganz wahr ist. Denn A kann in einigen B und in dem ganzen C enthalten sein, aber B in keinem C; so ist z.B. das Geschöpf in einigem Weissen und in allen Raben enthalten, aber das Weisse in keinem Raben. Setzt man nun, dass A in keinem B und in dem ganzen C enthalten sei, so ist der Obersatz theilweise falsch und der Untersatz ganz wahr, und dabei der Schlusssatz wahr. Dasselbe findet statt, wenn der verneinende Satz umgestellt wird; der Beweis lässt sich mit denselben Begriffen führen. Dasselbe gilt auch, wenn der bejahende Vordersatz theilweise falsch und der verneinende ganz wahr ist; denn es kann sehr wohl sein, dass A in einigen B enthalten und in dem ganzen C nicht enthalten ist und dass B in keinem C enthalten ist. So ist z.B. das Geschöpf in einigem Weissen, aber in keinem Pech und das Weisse auch in keinem Pech enthalten. Nimmt man hier nun an, dass A in dem ganzen B und in keinem C enthalten ist, so ist der Obersatz zum Theil falsch, aber der Untersatz ganz wahr und der Schlusssatz ist ebenfalls wahr. Auch wenn beide Vordersätze theilweise falsch sind, kann der Schlusssatz doch wahr sein. Denn es kann sehr wohl sein, dass A in einigen B und in einigen C enthalten ist, aber B in keinem C; wie z.B. das Geschöpf in einigem Weissen und in einigem Schwarzen, aber das Weisse in keinem Schwarzen enthalten ist. Setzt man hier nun, dass A in allen B und in keinem C enthalten sei, so sind beide Vordersätze theilweise falsch, aber der Schlusssatz ist wahr. Dasselbe gilt, wenn die Verneinung gewechselt und zu dem anderen Vordersätze genommen wird.

Auch bei den beschränkten Schlüssen ist dies klar; denn es kann sehr wohl sein, dass A in allen B und in einigen C nicht enthalten ist; so ist z.B. das Geschöpf n allen Menschen und in einigen Weissen enthalten und der Mensch ist in einigen Weissen nicht enthalten. Setzt man nun, dass A in keinem B, aber in einigen C enthalten ist, so ist der allgemeine Vordersatz ganz falsch und der beschränkte wahr, und der Schlusssatz auch. Dasselbe findet statt, wenn der Obersatz A B bejahend gesetzt wird, da es sein kann, dass A in keinem B enthalten und ebenso wie B in einigen C nicht enthalten ist; z.B. ist das Geschöpf in keinem Leblosen enthalten und auch in einigen Weisen nicht enthalten und das Leblose wird in einigen Weissen nicht enthalten sein. Setzt man nun, dass A in allen B enthalten, in einigen C aber nicht enthalten ist, so ist der allgemein lautende Obersatz ganz falsch und der Untersatz wahr und auch der Schlusssatz wahr. Eben dies findet statt, wenn man den allgemeinen Satz so setzt, wie er wahr ist, aber den beschränkten falsch. Denn es kann sein, dass A von keinem B und von keinem C ausgesagt werden kann, aber das B in einigen C nicht enthalten ist, so ist z.B. das Geschöpf in keiner Zahl und in keinem Leblosen enthalten und die Zahl kann von einigem Leblosen nicht ausgesagt werden. Setzt man nun, dass A in keinem B, aber in einigen C enthalten ist, so ergiebt sich ein wahrer Schluss, wo der allgemeine Vordersatz wahr und der beschränkte falsch ist. Ebendasselbe ergiebt sich, wenn der allgemeine Vordersatz bejahend gesetzt wird; denn A kann in allen B und allen C enthalten sein, aber B von einigen C nicht ausgesagt werden, wie z.B. die Gattung in Bezug auf die Art und den Art-Unterschied, so kann das Geschöpf von allen Menschen und allen Füsse-Habenden ausgesagt werden, aber der Mensch nicht von allen Füsse-Habenden. Nimmt man aber an, dass A in allen B enthalten, aber in einigen C nicht enthalten sei, so ist der allgemeine Vordersatz wahr, aber der beschränkte falsch, und der Schlusssatz ist dennoch wahr. Auch erhellt, dass selbst, wenn beide Vordersätze falsch sind, der Schlusssatz richtig sein kann; denn es ist statthaft, dass A sowohl ganz in B wie ganz in C enthalten ist, aber B von einigen C nicht ausgesagt werden kann. Setzt man nun, dass A in keinem B, aber in einigen C enthalten, so sind beide Vordersätze falsch, aber der Schlusssatz wahr. Dasselbe ergiebt sich, wenn der allgemeine Vordersatz bejahend lautet und der beschränkte Vordersatz verneinend. Denn A kann von keinem B aber von allen C ausgesagt werden und B in einigen C nicht enthalten sein; so wird z.B. das Geschöpf von keiner Wissenschaft, aber von jedem Menschen ausgesagt, aber die Wissenschaft nicht von jedem Menschen. Setzt man nun hier, dass A in allen B enthalten ist, aber von einigen C nicht ausgesagt werden kann, so sind beide Vordersätze falsch, aber der Schlusssatz wahr.

Viertes Kapitel

Auch in der *dritten Figur* kann man aus falschen Vordersätzen Wahres schliessen, und zwar wenn beide Vordersätze ganz falsch, als wenn sie theilweise falsch sind, oder wenn der eine ganz wahr und der andere ganz falsch ist, oder wenn der eine theilweise falsch und der andere ganz wahr ist, oder umgekehrt, oder wie vielfach sonst man die Vordersätze wechseln kann. Denn es kann sehr wohl A wie B in keinem C enthalten sein, und A dabei in einigen B enthalten sein. So kann z.B. der Mensch und das Fuss-Habende von keinem Leblosen ausgesagt werden, während der Mensch doch in einigen Füsse-Habenden enthalten ist. Setzt man nun, dass A und B in dem ganzen C enthalten sind, so sind zwar diese Vordersätze ganz falsch, aber der Schlusssatz dennoch wahr. Ebenso verhält es sich, wenn der eine Vordersatz verneinend, der andere bejahend lautet. Denn es ist statthaft, dass B in keinem C, aber A in allen C enthalten ist und dabei das A in einigen B nicht enthalten ist; so ist z.B. das Schwarze in keinem Schwane, aber das Geschöpf in allen Schwanen enthalten und dabei ist das Geschöpf nicht in allem Schwarzen enthalten. Setzt man nun, dass B in allen C und A in keinem C enthalten ist, so wird A in einigen C nicht enthalten sein; hier ist also der Schluss wahr, aber die Vordersätze sind falsch. Auch wenn jeder der beiden Vordersätze nur theilweise falsch ist, kann der Schlusssatz wahr sein. Denn A und B können in einigen C enthalten sein und doch das A in einigen von B; so kann z.B. das Weisse und das Schöne in einigen Geschöpfen enthalten und dabei das Weisse in einigen Schönen enthalten sein. Setzt man nun, dass A und B beide in dem ganzen C enthalten sein, so sind diese Vordersätze theilweise falsch, aber der Schlusssatz ist wahr. Dasselbe geschieht, wenn der Satz mit A und C verneinend lautet. Denn nichts hindert, dass A in einigen C nicht enthalten und B in einigen C enthalten ist und dass A nicht in dem ganzen B enthalten ist; so ist z.B. das Weisse in einigen Geschöpfen nicht enthalten, und das Schöne ist in einigen enthalten und dabei ist das Weisse nicht in allem Schönen enthalten. Setzt man nun, dass A in keinem C und B in allem C enthalten sei, so sind beide Vordersätze theilweise falsch, aber der Schlusssatz ist wahr. Dasselbe findet statt, wenn der eine Vordersatz ganz falsch und der andere ganz wahr angesetzt wird. Denn es ist statthaft, dass A und B von dem ganzen C ausgesagt werden und dass doch A in einigen B nicht enthalten ist; so ist der erste Satz ganz wahr und der letzte ganz falsch und es ergiebt sich dennoch ein wahrer Schluss. Dasselbe findet statt, wenn der erste Satz ganz falsch und der andere wahr ist; auch hier können dieselben Begriffe, schwarz, Schwan, Lebloses, zum Beweise benutzt werden. Selbst wenn beide Vordersätze bejahend genommen werden, gilt dasselbe. Denn nichts hindert, dass B von dem ganzen C ausgesagt werde, aber A in dem ganzen C nicht enthalten ist, und dass doch A in einigen B enthalten sein kann; so ist z.B. dass Geschöpf in allen Schwanen enthalten und das Schwarz ist in keinem Schwan enthalten und das Schwarze ist in einigen Geschöpfen enthalten. Setzt man nun, dass A und B in dem ganzen C enthalten seien, so ist der Satz B C ganz wahr und der Satz A C ganz falsch und der Schluss ist doch wahr. Dasselbe ergiebt sich, wenn der Satz A C wahr ist; der Beweis kann durch dieselben Begriffe geführt werden. Auch ergiebt sich das Gleiche, wenn der eine Vordersatz ganz wahr und der andere zum Theil falsch ist. Denn es ist statthaft, dass B in allen C und A in einigen C enthalten ist und dabei A in einigen B; so ist z.B. der Zweifüssige in allen Menschen, das Schöne aber nicht in allen enthalten und das Schöne ist in einigen Zweifüssigen enthalten. Setzt man nun hier, dass sowohl A wie B in dem ganzen C enthalten sei, so ist der Satz B C ganz wahr und der Satz A C zum Theil falsch, aber der Schlusssatz ist wahr. Dasselbe ergiebt sich, wenn der Satz A C wahr und der Satz B C theilweise falsch angesetzt wird; denn stellt man dieselben Begriffe um, so ergiebt sich der Beweis. Ebenso verhält es sich, wenn der eine Vordersatz verneinend und der andere bejahend lautet; denn es ist statthaft, dass B in dem ganzen C und A in einigen C enthalten ist und in solchem Falle ist A nicht in allen B enthalten; setzt man nun, dass B in dem ganzen C, A aber in keinem C enthalten, so ist der verneinende Satz zum Theil falsch, und der andere ganz wahr und ebenso der Schluss wahr. Da ferner gezeigt worden, dass wenn A in keinem C enthalten ist, aber B in einigen C, es statthaft ist, dass A in einigen B nicht enthalten ist, so erhellt, dass wenn auch der Satz A C ganz wahr ist, aber der Satz B C falsch, es statthaft ist, dass der Schluss wahr sei. Denn wenn man sagt, dass A in keinem C und B in allem C enthalten, so ist der erste Satz ganz wahr und der zweite zum Theil falsch.

Es erhellt ferner, dass auch bei den beschränkten Schlüssen in allen Fällen aus falschen Vordersätzen wahre Schlusssätze gefolgert werden können. Man hat dann dieselben Begriffe, wie bei den allgemein lautenden Vordersätzen, zu benutzen und zwar bejahend, wo sie dort bejahend lauten und verneinend, wo sie dort verneinend lauten; denn es ist für die Aufstellung der Begriffe gleich, ob man setzt, dass das, was in keinem enthalten ist, in allem enthalten sei, oder dass das, was in einigem enthalten ist, in allen enthalten sei. Ebenso verhält es sich mit den verneinenden Sätzen.

Es erhellt sonach, dass wenn der Schlusssatz falsch ist, nothwendig die Sätze, aus denen er gefolgert worden, alle oder einige falsch sein müssen; ist aber der Schlusssatz wahr, so ist es nicht nothwendig, dass die Vordersätze zum Theil oder sämmtlich wahr seien, vielmehr kann es sein, dass wenn auch kein Vordersatz wahr ist, doch der daraus gefolgerte Schlusssatz wahr ist. Doch ist dies nicht nothwendig, weil, wenn zwei Dinge sich so zu einander verhalten, dass, wenn das erste ist, nothwendig auch das zweite ist, dann, wenn letzteres nicht ist, auch das erste nicht ist; aber wenn das zweite ist, nicht nothwendig das erste zu sein braucht. Dagegen kann für die beiden Fälle, dass das erste ist, und dass es nicht ist, unmöglich ein und dasselbe als notwendige Folge bestehen, z.B. dass wenn A weiss ist und B dann nothwendig gross ist, auch wenn A nicht weiss ist, B ebenfalls nothwendig gross sein müsste. Denn wenn im Fall A weiss ist, B nothwendig gross sein muss, und wenn B gross ist, C nicht-weiss ist, so folgt, dass wenn A weiss ist, nothwendig C nicht-weiss ist. Und wenn von zwei Dingen das zweite nothwendig sein muss, wenn das erste ist, so muss auch, wenn das zweite nicht ist, das erste, also das A, nicht sein; wenn also B nicht gross ist, so kann auch A nicht weiss sein; wenn aber doch für den Fall, dass A nicht weiss ist, B nothwendig gross sein müsste, so würde nothwendig folgen, dass, obgleich B nicht gross ist, dasselbe B doch gross wäre, was doch unmöglich ist. Denn wenn B nicht gross ist, so muss A nothwendig nicht weiss sein. Wenn aber B, auch wenn A nicht weiss ist, gross sein müsste, so würde wie bei den drei Begriffen des Schlusses folgen, dass wenn das B nicht-gross ist, es doch gross ist.

Fünftes Kapitel

Das im Kreise oder das gegenseitig aus einander Beweisen besteht darin, dass man mittelst des Schlusssatzes und des in seinen Begriffen umgekehrten einen Vordersatzes den anderen Vordersatz beweist, den man in dem vorhergehenden Schlüsse aufgestellt hatte. Wenn z.B. bewiesen werden sollte, dass A in allen C enthalten sei und dies durch den Mittelbegriff B bewiesen worden ist, und wenn man nun weiter bewiese, dass A in dem B enthalten, indem man setzte, dass A in dem C und C in dem B enthalten sei, also auch A in B, so ist dies ein Zirkelbeweis oder ein Beweis durch einander. Vorher hatte man umgekehrt angenommen, dass B in dem C enthalten sei. Oder wenn bewiesen werden sollte, dass B in dem C enthalten und man setzte, dass A in dem C enthalten sei, was der Schlusssatz war, und dass B in A enthalten sei, während vorher umgekehrt angenommen war, dass A in B enthalten sei, so ist dies auch ein Zirkelbeweis.

In anderer Weise kann man die einzelnen Sätze des Schlusses nicht gegenseitig aus einander beweisen; denn entweder nimmt man dann einen anderen Mittelbegriff, und dann ist es kein Beweis im Kreise, denn es wird dann nichts aus dem ursprünglichen Schlüsse entnommen, oder man nimmt etwas daraus, und dann darf es nur *ein* Vordersatz sein; denn wenn man beide nimmt, so bleibt es bei demselben Schlusssatze, während doch ein anderer Schlusssatz sich ergeben soll.

Wo nun die Sätze sich nicht umkehren lassen, da wird der Zirkel-Schluss aus einem unbewiesenen Vordersatz abgeleitet, denn mit solchen Begriffen lässt sich nicht beweisen, dass der dritte Begriff in dem mittleren oder der mittlere in dem ersten enthalten ist. Wo aber die Sätze sich umkehren lassen, kann Alles, und zwar eines durch das andere bewiesen werden, wenn also sich A und B und C mit einander verwechseln lassen. Es sei nämlich der Satz A C durch B bewiesen worden dann wird der Satz A B durch den Schlusssatz und durch den umgekehrten Vordersatz B C bewiesen werden; ferner wird der Vordersatz B C durch den Schlusssatz und den umgekehrten Vordersatz A B bewiesen. Es muss hierzu also der Vordersatz C B und der Vordersatz B A bewiesen werden, da man nur diese beiden als unbewiesene Vordersätze benutzt hat. Wird nun angenommen, dass B in allen C und C in allen A enthalten ist, so ergiebt sich der Schluss, dass B in allen A enthalten ist. Wird aber ferner angenommen, dass C in allen A und A in allen B enthalten ist, so muss das C in allen B enthalten sein. Aber in diesen beiden Schlüssen wird der Vordersatz, dass C in allen A enthalten sei, ohne Beweis angenommen, denn die anderen waren schon bewiesen. Hat man daher diesen Satz bewiesen, so werden sie alle durch einander bewiesen sein. Wenn nun gesetzt wird, dass C in allen B und B in allen A enthalten ist, so sind damit die *beiden* Vordersätze als bewiesene genommen und es muss dann nothwendig C in allen A enthalten sein.

Es ist also klar, dass Beweise im Zirkel und durch einander nur da geführt werden können, wo die Vordersätze sich umkehren lassen und in anderen Fällen nur so, wie ich gesagt habe.

Aber auch in jenen Schlüssen geschieht es, dass das schon Bewiesene selbst zu dem Beweise benutzt wird. Denn das C wird von dem B und das B von dem A bewiesen, wenn man setzt, dass C von dem A gelte, und dieser Satz, dass C von dem A gelte, wird durch jene Vordersätze bewiesen, so dass man also sich des Schlusssatzes zu dem Beweise der Vordersätze bedient.

Bei den verneinenden Schlüssen geschieht der wechselseitige oder Zirkel-Beweis in folgender Art. B soll in allen C enthalten sein und A in keinem B; hier ergiebt sich der Schluss, dass A in keinem C enthalten ist. Wenn dann weiter mitbewiesen werden soll, dass A in keinem B enthalten ist, was man bei dem vorhergehenden Schlüsse angenommen hatte, so wird zu dem Behufe A in keinem C und C in allen B enthalten sein müssen; denn so ist der eine Vordersatz umgekehrt. Soll aber gefolgert werden, dass B in allen C enthalten ist, so darf der Satz A B nicht in gleicher Weise umgekehrt werden, denn es ist derselbe Satz, mag er lauten, B ist in keinem A oder A in keinem B enthalten. Vielmehr ist noch die Voraussetzung zu machen, dass in dem, wo A in keinem enthalten ist, B in allen enthalten ist. Es soll also A in keinem C enthalten sein, wie der erste Schlusssatz lautete; nun soll gesetzt werden, dass B in Dem ganz enthalten sei, in welchem A gar nicht enthalten ist; also muss nothwendig B in allen C enthalten sein. Von den drei Sätzen ist sonach jeder ein Schlusssatz geworden und das im Zirkel beweisen besteht darin, dass man den Schlusssatz und den umgekehrten einen Vordersatz nimmt und daraus den anderen Vordersatz schliesst.

Bei den beschränkten Schlüssen kann der allgemeine Vordersatz durch die anderen nicht bewiesen werden, aber wohl der beschränkte durch jenen. Dass der allgemeine Vordersatz nicht bewiesen werden kann, ist klar, denn Allgemeines kann nur durch Allgemeines bewiesen werden; aber der Schlusssatz lautet hier nicht allgemein, obgleich doch aus diesem und dem anderen Vordersatz der Beweis geführt werden muss. Auch ergiebt sich überhaupt kein Schluss, wenn der allgemeine Vordersatz umgekehrt wird, da dann beide Vordersätze beschränkte sind.

Dagegen kann der beschränkte Vordersatz bewiesen werden. Es sei nämlich der Satz, dass A in einigen C enthalten, durch B bewiesen. Setzt man nun, dass B in allen A enthalten sei und lässt man den Schlusssatz unverändert, so folgt, dass B in einigen C enthalten ist; denn es entsteht dann die erste Figur und A wird der Mittelbegriff.

Lautet der Schlusssatz verneinend, so kann der allgemeine Vordersatz nicht bewiesen werden; weshalb nicht, ist früher gesagt worden. Ebenso kann der beschränkte Vordersatz nicht bewiesen werden, wenn auch der Satz A B hier sich ebenso wie bei den allgemeinen Schlüssen umkehren lässt. Wenn man aber noch eine Voraussetzung hinzunimmt, so kann man ihn beweisen, nämlich wenn man annimmt, dass B in einigen von dem enthalten ist, wo A in einigen nicht enthalten ist; denn ohnedem ergiebt sich kein Schluss, weil der beschränkte Vordersatz verneinend lautet.

Sechstes Kapitel

Bei der *zweiten Figur* kann der bejahende Vordersatz auf diese Weise nicht bewiesen werden, wohl aber der verneinende. Ersteres ist nicht zu beweisen, weil dann beide Vordersätze verneinend lauten; denn der Schlusssatz lautet verneinend und ein bejahender Schlusssatz kann nur aus Vordersätzen, die beide bejahend lauten, abgeleitet werden. Aber der verneinende Vordersatz kann wie folgt bewiesen werden. A soll in allen B enthalten sein, aber in keinem C; hier lautet der Schlusssatz, dass B in keinem C enthalten ist. Setzt man nun, dass B in allen A enthalten, aber in keinem C, so muss nothwendig A in keinem C enthalten sein; denn, es entsteht dann die zweite Figur und B wird der Mittelbegriff.

Wird aber der Vordersatz A B verneinend genommen und der andere bejahend, so ergiebt sich die erste Figur: denn C ist in allen A enthalten und B in keinem C, also auch B in keinem A, mithin auch A in keinem B. Sonach lässt sich vermittelst des Schlusssatzes und des einen Vordersatzes kein Schluss bilden, nimmt man aber den anderen Vordersatz zu ihm hinzu, so kommt ein Schluss zu Stande.

Wenn der Schlusssatz nicht allgemein lautet, so kann der allgemeine Vordersatz aus der früher angegebenen Ursache nicht bewiesen werden, aber wohl der beschränkte, sofern der allgemeine Satz bejahend lautet. Denn es sei A in allen B, aber in einigen C nicht enthalten; hier lautet der Schlusssatz, dass B in einigen C nicht enthalten sei. Setzt man nun, dass B in allen A, aber in einigen C nicht enthalten sei, so wird A in einigen C nicht enthalten sein und B bildet den Mittelbegriff. Lautet aber der allgemeine Vordersatz verneinend, so kann der Vordersatz A C durch Umkehrung von dem Satze A B nicht bewiesen werden; denn es ergiebt sich dann, dass entweder beide Vordersätze oder einer von ihnen verneinend lauten und deshalb kein Schluss statt hat. Dagegen kann ebenso wie bei den allgemeinem Schlüsse der Beweis geführt werden, wenn man die Voraussetzung hinzunimmt, dass A in denjenigen Einigen enthalten sei, in welchen B nicht enthalten ist.

Siebentes Kapitel

Bei der *dritten Figur* findet kein wechselseitiger oder Zirkelbeweis statt, wenn beide Vordersätze allgemein lauten; denn Allgemeines kann nur durch Allgemeines bewiesen werden, während der Schlusssatz in dieser Figur immer beschränkt lautet, so dass offenbar die allgemein lautenden Vordersätze in dieser Figur sich nicht im Zirkel beweisen lassen. Dagegen kann, wenn der eine Vordersatz allgemein und der andere beschränkt lautet, letzterer manchmal bewiesen und manchmal nicht bewiesen werden. Lauten nämlich beide Vordersätze bejahend und ist der mit dem engeren Aussenbegriff ein allgemeiner, so kann es geschehen; lautet aber der andere Vordersatz allgemein, so kann es nicht geschehen. Denn A sei in allen C und B sei in einigen C; hier ergiebt sich der Schlusssatz, dass A in einigen B enthalten sei. Setzt man nun, C sei in allen A enthalten, so ergiebt sich wohl der Beweis, dass C in einigen B enthalten ist, aber nicht der Beweis, dass B in einigen C enthalten; indess muss, wenn C in einigen B enthalten, nothwendig auch B in einigen

C enthalten sein. Es ist aber nicht dasselbe, ob dieses jenem und jenes diesem zukommt; vielmehr muss man auch die Vorausetzung hinzunehmen, dass, wenn dieses in einigen von jenem enthalten ist, auch jenes in einigen von diesem enthalten sei. Nimmt man aber diesen Satz noch hinzu, so wird der Schluss nicht blos aus dem Schlusssatz und dem anderen Vordersatz gebildet.

Wenn aber B in allen C und A in einigen C enthalten ist, so kann der letztere Satz bewiesen werden, wenn man setzt, dass C in allen B, aber A nur in einigen B enthalten; denn wenn C in allen B und A in einigen B enthalten ist, so muss A in einigen C enthalten sein: der Mittelbegriff ist hier B.

Ist der eine Vordersatz bejahend und der andere verneinend, und lautet der bejahende allgemein, so kann der andere bewiesen werden. Denn es sei B in allen C enthalten, aber A in einigen C nicht; hier ergiebt sich der Schlusssatz, dass A in einigen B nicht enthalten ist. Setzt man nun noch, dass C in allen B enthalten sei, so muss nothwendig A in einigen C nicht enthalten sein; auch hier ist B der Mittelbegriff. Lautet aber der verneinende Vordersatz allgemein, so kann der andere nicht bewiesen werden, wenn man nicht, wie vorher, die Vorausetzung noch hinzunimmt, dass wenn das Eine in einigen eines Begriffes nicht enthalten, das Andere in diesen einigen dieses Begriffes enthalten sei. Wenn z.B. A in keinem C enthalten, aber B in einigen C enthalten ist, so lautet der Schlusssatz, dass A in einigen B nicht enthalten ist. Nimmt man nun hinzu, dass C in einigen von dem enthalten sei, wo A in einigen nicht enthalten ist so muss C in einigen B enthalten sein. Auf eine andere Art kann man mit Umkehrung des allgemeinen Vordersatzes den anderen Vordersatz nicht beweisen, da sonst kein Schluss dabei sich bildet.

Es erhellt also, dass in der ersten Figur der wechselseitige Beweis vermittelst der ersten und dritten Figur geschieht; lautet der Schlusssatz bejahend, so geschieht es durch die erste Figur, und lautet er verneinend, durch die dritte; denn man nimmt die Vorausetzung hinzu, dass wenn das Eine in Keinem eines Begriffes enthalten das Andere in allen dieses Begriffs enthalten sei. In der zweiten Figur erfolgt, wenn der Schluss ein allgemeiner ist, der Zirkelbeweis durch dieselbe Figur und durch die erste Figur; lautet aber der Schlusssatz nur beschränkt, so erfolgt der Beweis mittelst der zweiten und dritten Figur. In der dritten Figur werden alle Beweise durch dieselbe Figur geführt.

Es erhellt auch, dass in der zweiten und dritten Figur die Beweise, welche nicht durch die gleiche Figur geführt werden, entweder überhaupt keine Zirkelbeweise sind, oder dass sie unvollkommen sind.

Achtes Kapitel

Das *Umkehren eines Schlusses* bestellt darin, dass man den Schlusssatz umändert und damit einen Schluss bildet, wonach entweder der Oberbegriff nicht in dem mittleren oder dieser nicht in dem Unterbegriff enthalten ist. Denn wenn der Schlusssatz in seinem entgegengesetzten umgekehrt wird und der zweite Vordersatz unverändert bleibt, so muss der andere Vordersatz aufgehoben werden; denn bliebe er gültig, so würde auch der Schlusssatz derselbe bleiben. Es ist aber ein unterschied, ob man den Schlusssatz in einem widersprechenden oder nur in einem gegentheiligen umstellt; denn je nachdem man dies oder jenes thut, ergiebt sich ein verschiedener widerlegender Schluss, wie aus dem Folgenden sich ergeben wird. Unter einem *widersprechenden* Gegensatz verstehe ich den, wo das »in Allem-sein«, dem »nicht in Allem-sein« und das »in Einigen sein« dem »in Keinem sein« entgegengestellt wird; unter *gegentheiligen* Gegensatz den, wo das »in Allem sein« dem »in Keinem sein« und das »in Einigen sein« dem »nicht in Einigen sein« entgegengestellt wird. So soll A in Bezug auf C durch den Mittelbegriff B bewiesen sein. Würde hier nun gesetzt, dass A in keinem C enthalten sei, aber in allen B, so folgte, dass B in keinem C enthalten ist; setzt man aber, dass A in keinem C enthalten, B aber in allen C enthalten ist, so folgte nur, dass A nicht in allen B, aber nicht, dass es in keinem B enthalten sei; da man mittelst der dritten Figur keinen allgemeinen Satz beweisen kann. Ueberhaupt kann der Vordersatz mit dem grösseren Aussenbegriff nicht allgemein durch die Umkehrung widerlegt werden; denn die Widerlegung erfolgt immer durch die dritte Figur, weil beide Vordersätze sich immer auf den Unterbegriff beziehen müssen.

Lautet der zu widerlegende Schluss verneinend, so verhält es sich ebenso. Denn es sei bewiesen worden, dass A vermittelst des B in keinem C enthalten sei; setzt man hier, dass A in allen C enthalten und in keinem B, so wird das B in keinem C enthalten sein; und wenn das A und das B in allen C enthalten ist, so wird A in einigen B enthalten sein; allein der Obersatz lautete, dass es in keinem B enthalten sei.

Wird dabei der Schlusssatz widersprechend umgekehrt, so werden auch die Schlüsse widersprechend und nicht allgemein lauten; denn der erste Vordersatz lautet dann beschränkt und deshalb wird auch der Schlusssatz beschränkt lauten. Es soll also der Schluss bejahend lauten und in dieser Weise umgekehrt sein; wenn also danach A nicht allen C, aber allen B zukommt, so wird B nicht allen C zukommen. Wenn ferner A nicht allen C, aber B allen C zu kommt, so wird A nicht allen B zukommen. Ebenso ist es, wenn der Schluss ein verneinender ist. Denn wenn A in einigen C enthalten ist, aber in keinem B, so wird B in einigen C nicht enthalten sein, aber nicht allgemein in keinem C; und wenn das A in einigen C und B in allen C enthalten ist, wie im Anfang angenommen worden ist, so wird A in einigen B enthalten sein.

Wenn dann bei den beschränkten Schlüssen der Schlusssatz widersprechend umgekehrt wird, so werden beide Vordersätze aufgehoben, geschieht es aber nur in gegentheiliger Weise, so wird keiner aufgehoben; denn wenn der Schlusssatz bei seiner Umkehrung abnimmt, so trifft es sich, dass eine Aufhebung wie bei den allgemeinen Schlüssen nicht stattfindet, sondern es findet gar kein Aufheben statt. Denn es sei bewiesen, dass A von einigen C ausgesagt werden kann, Wenn nun gesagt wird, dass A in keinem C enthalten ist, B aber in einigen C, so wird A in einigen B nicht enthalten sein, und wenn A in keinem C, aber in allem B enthalten ist, so wird B in keinem C enthalten sein, mithin werden beide Vordersätze aufgehoben. Wird aber der Schlusssatz, dass A in einigen C enthalten war, in sein Gegentheil umgekehrt, so wird keiner von beiden Vordersätzen aufgehoben. Denn wenn A in einigen C nicht enthalten ist, aber in allen B, so wird B in einigen C nicht enthalten sein. Aber es ist dadurch das im Anfang Angenommene nicht aufgehoben; denn es ist statthaft, dass B in einigen C enthalten und in einigen C nicht enthalten ist. Gegen den allgemeinen Vordersatz A B ergiebt sich aber überhaupt kein Schluss durch Umkehrung, weil wenn A in einigen C nicht enthalten ist, und B in einigen C enthalten ist, keiner der Vordersätze allgemein lautet. Ebenso ist es, wenn der Schluss verneinend lautet, denn wenn gesetzt wird, dass A in allen C enthalten ist, so werden beide Vordersätze aufgehoben, und wenn gesetzt wird, dass A in einigen C enthalten, wird keiner aufgehoben; der Beweis wird hier in gleicher Weise geführt.

Neuntes Kapitel

In der *zweiten Figur* kann der Vordersatz mit dem grösseren Aussenbegriffe nicht gegentheilig aufgehoben werden, wie auch die Umkehrung des Beweissatzes erfolgt; denn der Schluss wird sich dann immer in der dritten Figur vollziehen, wo kein allgemeiner Schluss gezogen werden kann. Dagegen kann man den anderen Vordersatz durch die Umkehrung des Schlusssatzes in in gleicher Weise aufheben, wo ich unter »in gleicher Weise« meine, dass bei einer gegentheiligen Umkehrung die Aufhebung durch das Gegentheil und bei einer widersprechenden Umkehrung durch den widersprechenden Satz erfolgt. Denn es sei A in allen B und in keinem C enthalten, hier lautet der Schlusssatz, dass B in keinem C enthalten. Setzt man nun, dass B in allen C enthalten und bleibt der Satz A B unverändert, so wird A in allen C enthalten sein; denn es entsteht dann die erste Figur. Wenn aber B in allen C und A in keinem C enthalten ist, so wird A nicht in allen B enthalten sein; denn es ist dies die dritte Figur. Wird aber der Satz B C nun in sein Gegentheil umgekehrt, so wird der Satz A B in gleicher Weise widerlegt werden, der Satz A C aber nur vermittelst des widersprechenden Gegensatzes. Denn wenn B in einigen C und A in keinem C enthalten sei, so wird A in einigen B nicht enthalten sein und wenn wieder B in einigen C und A in allen B enthalten ist, so wird A in einigen C enthalten sein, so dass also der Schluss sich widersprechend gestaltet. Aehnlich kann der Beweis geführt werden, auch wenn die Vordersätze umgekehrt lauten.

Lautet dagegen der Schluss nur beschränkt, so wird, wenn der Schlusssatz nur in sein Gegentheil umgekehrt wird, keiner von den beiden Vordersätzen aufgehoben, wie dies auch in der ersten Figur nicht geschah; wird der Schlusssatz aber in den widersprechenden Gegensatz umgekehrt, so werden beide Vordersätze aufgehoben. So soll A in keinem B, aber in einigen C enthalten sein, der Schlusssatz lautet dann, dass B in einigen C nicht enthalten. Setzt man nun, dass B in einigen C enthalten sei, und lässt man den Satz A B unverändert, so ergiebt sich als Schlusssatz, dass A in einigen C nicht enthalten ist; damit ist aber der in Anfang gesetzte Vordersatz nicht aufgehoben, denn A kann zugleich in einigen C enthalten und in einigen C nicht enthalten sein. Wenn dagegen B in einigen C und A in einigen C enthalten ist, so ergiebt sich daraus kein Schluss, denn von diesen aufgestellten Sätzen lautet keiner allgemein; folglich wird der Vordersatz, dass A in keinem B enthalten, nicht aufgehoben. Geschieht aber die Umkehrung in den widersprechenden Gegensatz, so werden beide Vordersätze aufgehoben; denn wenn B in allen C und A in keinem B enthalten ist, so ist auch A in keinem C enthalten, während es als in einigen C angenommen worden war. Wenn ferner das B in allen C und das A in einigen C enthalten gesetzt wird, so wird A in einigen B enthalten sein. Der Beweis bleibt hier derselbe, wenn auch der allgemeine Satz bejahend angenommen wird.

Zehntes Kapitel

Bei der *dritten Figur* wird, wenn die Umkehrung des Schlusssatzes nur in sein *Gegentheil* erfolgt, keiner von beiden Vordersätzen aufgehoben, der Schluss mag lauten wie er will; geschieht aber die Umkehrung in den *widersprechenden* Gegensatz, so werden beide Vordersätze und zwar in allen Schlüssen dieser Figur aufgehoben. So soll bewiesen sein, dass A in einigen B enthalten ist und C soll als Mittelbegriff genommen worden sein und die Vordersätze sollen allgemein lauten. Wird hier nun gesetzt, dass A in einigen B nicht enthalten sei, B aber in allen C enthalten sei, so ergiebt sich für A zu C kein Schluss. Ebenso ergiebt sich, wenn A in einigen B nicht enthalten, aber in allen C enthalten, daraus kein Schluss, wie B sich zu C verhält. Dasselbe lässt sich zeigen, wenn einer der Vordersätze des ursprünglichen Schlusses nicht allgemein lautet; denn entweder lauten dann beide Vordersätze des umgekehrten Schlusses beschränkt, oder der allgemeine Vordersatz befasst nur den kleineren Aussenbegriff. Bei solchen Vordersätzen ergiebt sich aber weder in der ersten noch in der zweiten Figur ein Schluss. Kehrt man aber die Vordersätze in ihre *widersprechende* Gegensätze um, so werden beide aufgehoben. Denn wenn A in keinem B, aber B in allen C enthalten ist, so ist A in keinem C enthalten, und wenn wieder A in keinem B und in allen C enthalten ist, ist B in keinem C enthalten. Ebenso verhält es sich, wenn der zweite Vordersatz nicht allgemein lautet. Denn wenn A in keinem B und das B in einigen C enthalten, so ist auch A in einigen C nicht enthalten, wenn aber A zwar in keinem B, aber A in allen C enthalten ist, so wird B in keinem C enthalten sein. Ebenso ist es, wenn der Schluss verneinend lautet. So soll bewiesen sein, dass A in einigen B nicht enthalten und der Vordersatz B C soll bejahend, der Vordersatz A C aber verneinend lauten; denn dann ergiebt sich der obige Schlusssatz. Setzt man nun blos das *Gegentheil* des Schlusssatzes, so ergiebt sich kein Schluss; denn wenn A in einigen B und B in allen C enthalten, folgt kein Schluss, wie A zu C sich verhält. Ebenso findet, wenn A in einigen B, aber in keinem C enthalten, kein Schluss darüber statt, wie B zu C sich verhält; mithin werden die Vordersätze nicht aufgehoben; erfolgt aber die Umkehrung in den *widersprechenden* Gegensatz, so werden sie aufgehoben. Denn wenn A in allen B und B in allen C enthalten, so ist auch A in allen C enthalten, während es doch in keinem enthalten sein sollte. Wenn wieder A in allen B, aber in keinem C enthalten ist, so ist auch B in keinem C enthalten, während es doch in allen enthalten war. Ebenso lässt sich der Beweis führen, wenn die Vordersätze nicht allgemein lauten. Der Vordersatz A C wird dann durch die Umkehrung allgemein verneinend und der andere beschränkt und bejahend. Ist nun A in allen B und B in einigen C enthalten, so folgt, dass auch A in einigen C enthalten ist, während es in keinem enthalten war. Wenn weiter A in allen B und in keinem C enthalten ist, so ist B in keinem C enthalten, während es als in einigen enthalten angenommen war. Wenn aber A in einigen B und B in einigen C enthalten sind, so ergiebt sich kein Schluss; und ebenso dann nicht, wenn A in einigen B und in keinem C enthalten ist.

Aus dem Gesagten erhellt sonach, wie durch Umkehrung des Schlusssatzes in jeder Figur ein Schluss sich ergiebt, und wenn der neue Schlusssatz sich zu dem Vordersatz als Gegentheil und wenn als widersprechend verhält. Ferner erhellt, dass in der ersten Figur diese umgekehrten Schlüsse sich in der zweiten und dritten Figur vollziehen und dass der Vordersatz mit dem kleinern Aussenbegriff immer vermittelst der zweiten Figur aufgehoben wird, während bei dem Obersatz dies durch die dritte Figur geschieht. In der zweiten Figur geschieht die Aufhebung durch die erste und dritte Figur und zwar erfolgt sie für den Vordersatz mit dem kleineren Begriff immer in der ersten Figur und bei dem Vordersatz mit dem grösseren Begriffe durch die letzte Figur. In der dritten Figur erfolgt die Aufhebung in der ersten und zweiten Figur, und zwar bei dem Vordersatz mit dem grösseren Aussenbegriffe immer in der ersten Figur, und bei dem Vorsatze mit dem

kleineren Aussenbegriffe in der zweiten Figur.

Elftes Kapitel

Es ist nun klar, was die Umkehrung ist, wie sie in jeder Figur geschieht und welcher Schluss dabei entsteht. Der Beweis bei dem Schluss vermittelst des Unmöglichen erfolgt, wenn der widersprechende Gegensatz des Schlusssatzes als Vordersatz gesetzt wird und der eine Vordersatz hinzugenommen wird, und dieser Schluss kann in allen Figuren geschehen; denn er gleicht der Umkehrung, ausgenommen dass die Umkehrung stattfindet, wenn der Schluss gebildet worden und die Vordersätze aufgestellt sind, während die Abführung in das Unmögliche nicht nach vorhergängigem Einverständniss über den widersprechenden Gegensatz erfolgt, sondern weil dessen Wahrheit offenbar ist. Dagegen verhalten sich die Begriffe in beiden gleich und werden auch in gleicher Weise benutzt. Wenn z.B. A in allen B enthalten ist und C den Mittelbegriff bildet, und wenn dann angenommen wird, dass A entweder nicht in allen B oder in keinem B enthalten sei, aber in allen C, welches letztere richtig war, so folgt, dass A entweder in keinem B oder nicht in allen B enthalten ist; diess ist aber unmöglich, und deshalb ist die Annahme falsch und mithin der widersprechende Gegensatz wahr. Aehnlich verhält es sich bei den anderen Figuren. So weit sie eine Umkehrung gestatten, so weit gestatten sie auch einen Beweis durch die Unmöglichkeit. Alle aufgestellten Sätze lassen sich durch diese Unmöglichkeit in allen Figuren beweisen, doch kann ein allgemein bejahender Satz dadurch blos in der zweiten und dritten Figur bewiesen werden, aber in der ersten geht dies nicht an. Denn man setze, dass A entweder nicht in allen oder in keinem B enthalten sei, und man nehme einen Vordersatz, welcher es sei, hinzu, entweder dass C in allen A, oder das B in allen D enthalten sei, so würde dies die erste Figur sein. Lautet nun der erste Vordersatz dahin, dass A *nicht in allen* C enthalten sei, so ergiebt sich kein Schluss, von woher man auch den zweiten Vordersatz hinzunehme. Lautet aber der erste Vordersatz dahin, dass A in *keinem* B enthalten sei, und nimmt man den Satz B D hinzu, so wird zwar ein falscher Schluss gebildet, aber der aufgestellte Satz wird damit nicht bewiesen; denn wenn A in keinem B und B in allen D enthalten ist, so folgt nur, dass A in keinem D enthalten ist. Dies sei nun unmöglich und folglich falsch, dass A in keinem B enthalten. Allein wenn dies falsch ist, so ist der Satz, dass A in allen B enthalten, deshalb noch nicht wahr. Nimmt man aber den Satz, dass C in allen A enthalten, hinzu, so giebt es keinen

Schluss, selbst dann nicht, wenn angenommen wird, dass A nicht in allen B enthalten sei. Hieraus erhellt, dass das »in *allen* enthalten sein« in der ersten Figur durch einen Schluss auf das Unmögliche nicht bewiesen werden kann.

Aber das »enthalten sein in Einigem« oder »in Keinem« oder »in Nicht-allen« lässt sich dadurch beweisen. Denn man nehme an, um den Satz: A in einigen B durch die Unmöglichkeit zu beweisen, A sei in keinen B enthalten und man nehme, B sei entweder in allen C, oder in einigen C enthalten, so folgt, dass A in keinem C oder nicht in allen C enthalten ist. Dies ist aber unmöglich; denn es soll als wahr und offenbar gelten, dass A allen C zukommt; wenn also jener Schluss dies als falsch ergiebt, so folgt, dass A in einigen B enthalten sein muss. Nimmt man aber zu dem ersten Satz mit A den andern Vordersatz, so giebt es keinen Schluss Auch giebt es keinen, wenn man das Gegentheil vom Schlusssatz annimmt, d.h. das »in einigen nicht sein«. Damit erhellt, dass man den widersprechenden Gegensatz annehmen muss.

Es soll nun wieder A in einigen B enthalten sein, und man nehme, dass C in allen A enthalten; hier folgt, dass C in einigen B enthalten ist; dies soll aber unmöglich sein, folglich ist das Angenommene falsch, und ist dies der Fall, so ist der Satz wahr, dass C keinen A zukommt. Ebenso verhält es sich, wenn der Satz C A verneinend gesetzt wird. Nimmt man aber den Vordersatz mit B, so giebt es keinen Schluss. Nimmt man nur das *Gegentheil* behufs Führung des Unmöglichkeitsbeweises an, so ergiebt sich zwar ein Schluss und etwas Unmögliches, aber es wird damit nicht das Beabsichtigte bewiesen. Denn man setze, dass A in allen B enthalten sei und nehme den Satz C in allen A hinzu, so folgt, dass C in allen B enthalten ist. Nun ist aber dies unmöglich folglich falsch, dass A in allen B enthalten sei. Aber wenn sonach auch A *nicht in allen* B enthalten ist, so folgt daraus noch nicht, dass es in keinem B enthalten, Aehnlich verhält es sich, wenn der andere Vordersatz mit B hinzugenommen wird; auch hier giebt es zwar einen Schluss und ein Unmögliches, aber keine Widerlegung des angenommenen Satzes. Man muss deshalb den widersprechenden Gegensatz voraussetzen. Um aber zu beweisen, dass A *nicht in allen* B enthalten, muss man annehmen, es sei *in allen* B enthalten. Denn wenn A in allen B und das C in allen A enthalten, so ist auch C in allen B enthalten; ist nun dies unmöglich, so folgt, dass der angenommene Obersatz falsch ist. Aehnlich verhält es sich, wenn zu dem Satze mit B der andere Vordersatz hinzugenommen wird. Auch wenn der Satz C A verneinend lautet, findet dasselbe statt, da auch dann ein Schluss sich ergiebt. Ist aber der Satz mit B verneinend, so kann nichts bewiesen werden. Wenn angenommen wird, dass A nicht in allen, sondern in einigen B enthalten sei, so wird damit nur bewiesen, dass A in keinem B, aber nicht, dass A nicht in allen B enthalten sei. Denn wenn A in einigen B und C in allen A enthalten, so wird C auch in einigen B enthalten sein. Wenn dies unmöglich ist, so ist es auch falsch, dass A in einigen B enthalten, folglich wahr, dass A in keinem B enthalten ist. Mit diesem Beweis wird aber auch der wahre Satz aufgehoben, denn A war zwar in einigen B enthalten, aber auch in einigen B nicht. Auch kann ein Unmögliches nicht aus der Annahme hier sieh ergeben, denn dann müsste diese Annahme A in einigen B falsch sein, da man aus Wahrem nichts Falsches schliessen kann. Nun ist sie aber wahr, denn A ist in einigen ü enthalten. Man muss demnach nicht annehmen, dass A in einigen B, sondern in allen B enthalten sei. Aehnlich verhält es sich, wenn man beweisen will, dass A in einigen B nicht enthalten ist; denn da es dasselbe ist, ob Etwas in Einigen von einem Andern nicht ist, oder ob es nicht in allem Andern enthalten ist, so bleibt der Beweis für diese beiden Fälle derselbe.

Es erhellt also, dass man bei allen diesen Unmöglichkeits-Schlüssen nicht das Gegentheil, sondern den widersprechenden Gegensatz ansetzen muss; denn nur so ergiebt sich eine Nothwendigkeit und wird der angenommene Satz glaubwürdig; da, wenn die Bejahung und die Verneinung Alles umfasst und gezeigt worden, dass die Verneinung nicht wahr ist, nothwendig die Bejahung wahr sein muss; und wenn umgekehrt die Bejahung nicht als- wahr angenommen wird, so ist es natürlich, die Verneinung als wahr anzusetzen. Dagegen kann man das *Gegentheil* in beiden Fällen nicht als wahr ansetzen, weil es nicht nothwendig ist, dass, wenn das »in Keinem enthalten sein« falsch ist, dann das »in Allen enthalten sein« wahr ist und es auch nicht annehmbar ist, dass wenn das Eine falsch ist, das andere wahr sei.

Zwölftes Kapitel

Sonach erhellt, dass in der ersten Figur sich alle aufzustellenden Sätze mittelst der Unmöglichkeit des Gegentheils beweisen lassen mit Ausnahme der allgemein bejahenden. Aber in der zweiten und dritten lassen sich auch diese beweisen. Denn gesetzt, A sei nicht in allen. B enthalten, aber man nehme an, dass A in allen C enthalten sei; wenn also A nicht in allen B, aber in allen C enthalten ist, so ist C nicht in allen B enthalten. Dies ist aber unmöglich, denn es soll klar sein, dass C in allen B enthalten ist, so dass jene Annahme mithin falsch ist und folglich ist wahr, dass A in allen B enthalten ist. Nimmt man aber das *Gegentheil* als wahr an, so giebt es wohl einen Schluss und man kommt auch auf das Unmögliche, aber der aufgestellte Satz wird damit nicht bewiesen. Denn wenn A in keinem B, aber in allen C enthalten ist, so ist C in keinem B enthalten; dies ist nun zwar unmöglich, mithin der Satz, dass A in *keinen* B enthalten, falsch; allein daraus folgt nicht, dass nun A in *allen* B enthalten. Wenn aber A in einigen B enthalten ist, so nehme man an, dass A in keinem B enthalten sei, aber in allen C. Dann muss C in keinem B enthalten sein und da dies unmöglich ist, so muss A in einigen B enthalten sein. Wenn aber angenommen wird, dass A in einigen B nicht enthalten sei, so ist dies derselbe Fall wie in der ersten Figur. Man setze weiter, dass A in einigen B enthalten sei, aber in keinem C; also muss C in einigen B nicht enthalten sein; nun war es aber in allen enthalten, mithin ist diese Annahme falsch und es wird also A in keinem B enthalten sein. Wenn aber A nicht in allen B enthalten ist, so nehme man an, dass A in allen B enthalten sei und A in keinem C; dann muss C in keinem B enthalten sein; dies ist aber unmöglich, mithin ist es wahr, dass A nicht in allen B enthalten ist.

Es erhellt somit, dass alle Arten von Schlusssätzen durch den Unmöglichkeitsbeweis in der *zweiten* Figur bewiesen werden können.

Dreizehntes Kapitel

Ebendies findet bei der dritten Figur statt. Denn man setze, dass A in einigen B nicht, aber C in allen B enthalten sei; dann wird A in einigen C nicht enthalten sein. Wenn nun dies unmöglich ist, so ist es falsch, dass A in einigen B nicht enthalten sei, aber wahr, dass es in allen B enthalten. Nimmt man aber an, dass A in keinem B enthalten sei, so ist wohl ein Schluss vorhanden und ergiebt sich eine Unmöglichkeit, aber der aufgestellte Satz wird nicht bewiesen; denn wenn man nur das Gegentheil annimmt, so hat man denselben Fall, wie früher. Dagegen kann man diese Annahme für den Beweis, dass A in einigen B enthalten ist, benutzen. Denn gesetzt, A wäre in keinem B enthalten, so wäre, da

C in einigen B enthalten, das A nicht in allen C enthalten. Da nun dies falsch ist, so ist erwiesen, dass A in einigen B enthalten ist. Wenn aber A in keinem B enthalten ist, so setzt man, dass es in einigen enthalten sei, und man nehme auch den Satz hinzu, dass C in allen B enthalten sei. Hier muss dann A in einigen C enthalten sein; allein es war in keinem C enthalten, mithin ist es falsch, dass A in einigen B enthalten sei. Wenn aber gesetzt würde, dass A in *allen* B enthalten sei, so kann der aufgestellte Satz dann nicht bewiesen werden, aber zum Beweis, dass A nicht in allen B enthalten, kann diese Annahme benutzt werden. Denn setzt man, A sei in allen B, und C in einigen B enthalten, so wäre A in einigen C enthalten; allein dies ist nicht der Fall, mithin ist 123 die Annahme, dass A in allen B enthalten sei, falsch; und ist dies, so ist es wahr, dass es nicht in allen B enthalten. Setzt man aber, dass A in einigen B enthalten sei, so tritt dasselbe ein, wie bei den früheren Figuren.

Es erhellt also, dass in allen Unmöglichkeits-Schlüssen der widersprechende Gegensatz angesetzt werden muss. Es ist auch nunmehr klar, dass auf eine gewisse Art sich in der mittleren Figur ein bejahender Satz und in der letzten Figur ein allgemeiner Satz beweisen lässt.

Vierzehntes Kapitel

Der Unmöglichkeits-Beweis unterscheidet sich von dem direkten Beweis dadurch, dass jener einen Satz annimmt, den er widerlegen will, indem er daraus ein anerkannt Falsches ableitet; dagegen geht der direkte Beweis von als wahr zugestandenen Vordersätzen aus. Beide nehmen zwei zugestandene Vordersätze an; allein der direkte Beweis nimmt diese so an, dass aus ihnen der zu beweisende Satz als Schluss gezogen wird; der Beweis durch das Unmögliche nimmt aber nur einen davon und als den anderen den widersprechenden Gegensatz des Schlusssatzes. Ferner braucht beim direkten Beweis der Schlusssatz nicht bekannt zu sein und man braucht nicht im Voraus anzunehmen, dass der Schlusssatz so sei oder nicht so sei; aber bei dem Schluss aufs Unmögliche muss man etwas annehmen, was nicht so ist, wie der Satz, welcher bewiesen werden soll. Dagegen unterscheiden sie sich nicht darin, ob der Schlusssatz bejahend oder verneinend lautet, sondern hier verhalten sich beide gleich. Jedes direkt Bewiesene kann auch durch den Unmöglichkeits-Beweis bewiesen werden und das durch diesen Bewiesene kann auch direkt durch dieselben Begriffe, aber nicht in denselben Figuren bewiesen werden. Geschieht nämlich der Unmöglichkeitsschluss in der ersten Figur, so erfolgt der direkte Beweis dafür in der zweiten oder dritten Figur; der verneinende Satz wird dann in der zweiten und der bejahende in der dritten Figur bewiesen. Wird aber der Unmöglichkeits-Beweis in der zweiten Figur geführt, so erfolgt der direkte Beweis dafür in der ersten Figur und zwar für alle Arten von aufzustellenden Sätzen.

Geschieht der Unmöglichkeits-Schluss in der dritten Figur, so erfolgt der direkte Beweis in der ersten und zweiten Figur, nämlich für die bejahenden Sätze in der ersten, für die verneinenden in der zweiten Figur.

So soll in der *ersten* Figur durch den Unmöglichkeitsschluss bewiesen sein, dass A *keinem* B oder nicht allen B zukomme. Hier wurde nun, um diesen Satz durch einen Unmöglichkeitsschluss zu beweisen, angenommen, dass A in *einigen* B enthalten sei. Dann war dabei angenommen, dass C in allen A enthalten sei, aber in keinem B; denn so entstand der Schluss und ergab sich das Unmögliche. Nun ist dies aber die zweite Figur, wenn man setzt, dass C in allen A und in keinem B enthalten sei und es ergiebt sich daraus, dass A in keinem B enthalten ist. Aehnlich wird verfahren, wenn direkt bewiesen worden ist, dass A *nicht in allen* B enthalten ist. Hier lautet die Gegenannahme, dass A in allen B enthalten, aber von C war gesetzt, dass es in allen A enthalten sei, aber nicht in allen B. Auch wenn der Satz C A verneinend genommen wird, ist es ebenso, denn auch dann geschieht der Schluss in der zweiten Figur.

Ferner soll bewiesen sein, dass A in einigen B enthalten. Hier lautet die Gegenannahme, dass A in keinem B enthalten; von dem B war aber angenommen, dass es entweder in allen C oder in einigen C enthalten sei; denn so ergiebt sich das Unmögliche. Nun ist es die dritte Figur, wenn A und B beide in dem ganzen C enthalten sind, und es ergiebt sich mittelst derselben, dass A in einigen B enthalten sein muss. Ebenso ist es, wenn angenommen wird, dass B oder A in einigen C enthalten ist.

Es sei nun weiter in der *zweiten* Figur bewiesen, dass A in allen B enthalten. Hier war die Gegenannahme, dass A nicht in allen B enthalten sei, dabei war aber gesetzt worden, dass A allen C und C allen B zukomme; denn so ergiebt sich das Unmögliche. Dasselbe ergiebt sich in der ersten Figur, wenn A in allen C und C in allen B gesetzt wurde.

Ebenso ist es, wenn bewiesen worden, dass A in einigen B enthalten ist. Der anzunehmende Gegensatz war hier, dass A in keinem B enthalten sei, es war aber gesetzt, dass A in allen C und C in einigen B enthalten sei. Lautet aber der Schluss verneinend, so lautet die entsprechende Gegenannahme, dass A in einigen B enthalten sei. Nun war aber in dem direkten Schluss gesetzt, dass A in keinem C und C in allen B enthalten sei, und so ergiebt sich die erste Figur.

Lautet der Schluss nicht allgemein und ist bewiesen, dass A in einigen B nicht enthalten, so ist es ebenso; denn die Gegenannahme lautet dann, dass A in allen B enthalten; nun ist aber im direkten Beweis angenommen worden, dass A in keinem C und das C in einigen B enthalten sei, denn so ist die erste Figur vorhanden.

Es sei weiter in er *dritten* Figur gezeigt worden, dass A in allen B enthalten. Hier war die Gegenannahme, dass A nicht in allen B enthalten sei; es ist aber angenommen worden, dass C in allen B und A in allen C; denn so ergiebt sich das Unmögliche und das ist die erste Figur. Dasselbe gilt, wenn der Beweis nur dahin gegangen ist, dass A in einigen B enthalten; denn hier lautet die Gegenannahme, dass A in keinem B enthalten, aber es ist angenommen worden, dass C in einigen B und A in allen C enthalten sei.

Lautet aber der Schluss verneinend, so lautet die Gegenannahme, dass A in einigen B enthalten; es ist aber angenommen, dass C in keinem A, aber in allen B enthalten sei und das ist die zweite Figur. Ebenso verhält es sich, wenn der Beweis nicht allgemein erfolgt ist. Denn dann lautet die Gegenannahme dahin, dass A in allen B enthalten ist; es ist aber angenommen worden, dass C in keinem A und in einigen B enthalten und dies ist die zweite Figur.

Hieraus erhellt, dass man mittelst derselben Begriffe jeden aufgestellten Satz sowohl direkt, als durch die Unmöglichkeit des Gegensatzes beweisen kann. Ebenso kann man auch, wenn der Schlusssatz direkt abgeleitet worden, den Unmöglichkeits-Beweis mittelst derselben Begriffe führen, wenn man den widersprechenden Gegensatz des Schlusssatzes als Vordersatz nimmt. Es bilden sich dann dieselben Schlüsse, wie bei der Umkehrung der Schlüsse und man kann somit auch sofort die Figuren erfahren, in welchen jeder Schluss sich vollzieht.

Somit ist klar, dass jeder aufgestellte Satz sich auf beide Arten beweisen lässt, sowohl vermittelst des Unmöglichen wie direkt und man kann die eine Art von der andern nicht trennen.

Fünfzehntes Kapitel

In welchen Figuren aber aus entgegengesetzten Vordersätzen geschlossen werden könne, und in welchen nicht, ergiebt sich aus Folgendem:

Mit dem: »Entgegengesetzte Vordersätze« bezeichne ich dem Ausdrucke nach vier Arten; also wenn dem Allen das Keinem, oder wenn dem Allen das Nicht-Alle, oder wenn dem Einigen das Keinem, oder wenn dem Einigen das Nicht-Einigen entgegensteht. In Wahrheit sind es aber nur drei, denn das »Einige ist dem Nicht-Einigen« nur im Ausdrucke entgegengesetzt. Von diesen Gegensätzen stehen die allgemeinen sich als Gegentheile gegenüber, nämlich dem »in Allem enthalten sein«, das »in keinem Enthalten sein.« Z.B.: jede Wissenschaft ist gut und: keine Wissenschaft ist gut; die übrigen sind widersprechende Gegensätze.

In der ersten Figur giebt es nun keinen Schluss aus entgegengesetzten Vordersätzen, und zwar weder einen bejahenden noch einen verneinenden; ersteres nicht, weil beide Vordersätze dazu bejahend lauten müssen und verneinend nicht, weil diese Gegensätze nur ein und dasselbe von einem Gegenstande bejahen und verneinen, während in der ersten Figur der Mittelbegriff nicht von beiden Aussenbegriffen ausgesagt wird, sondern in dem einen Satze etwas von ihm verneint wird und in dem andern er selbst von etwas bejaht wird, solche Aussagen sind aber keine Gegensätze.

In der *zweiten* Figur kann aus widersprechenden und aus gegentheiligen Gegensätzen ein Schluss gebildet werden. So sei A das Gute, B und C die Wissenschaft. Setzt man nun, dass jede Wissenschaft gut sei und dass keine gut sei, so ist A in allen B und in keinem C enthalten, also B in keinem C, folglich ist keine Wissenschaft eine Wissenschaft. Ebenso verhält es sich, wenn man sagt, dass jede Wissenschaft gut sei und jede Heilwissenschaft nicht gut sei; dann ist A in allen B aber in keinem C enthalten, so dass eine *einzelne* Wissenschaft nicht Wissenschaft ist. Und wenn A in allen C und in keinem B enthalten ist und dabei B die Wissenschaft und C die Heilwissenschaft und A die Vermuthung ist; so hat man dann gesetzt, dass keine Wissenschaft eine Vermuthung sei, aber eine besondere Wissenschaft sei Vermuthung. Dieser Fall unterscheidet sich von den vorigen nur dadurch, dass die Begriffe hier gewechselt sind; vorher war das bejahende bei B, jetzt aber bei C. Auch wenn der eine Vordersatz nicht allgemein lautet, giebt es einen Schluss; denn Mittelbegriff ist immer der, welcher von den Einen verneinend, von den andern bejahend ausgesagt wird. Somit kann also aus zwei Gegensätzen ein Schluss gezogen werden; indess nicht immer und nicht durchaus, sondern nur wenn die beiden unter dem Mittelbegriff stehenden Begriffe sich so verhalten, dass sie entweder ganz oder zum Theil dasselbe sind. Ohnedem ist ein Schluss der hier besprochenen Art unmöglich, denn dann sind die Vordersätze weder gegentheilige noch widersprechende Gegensätze.

In der *dritten* Figur kann aus entgegengesetzten Vordersätzen niemals ein bejahender Schluss gebildet werden und zwar aus dem schon bei der ersten Figur erwähnten Grunde. Aber ein verneinender Schluss ist statthaft, mögen die Vordersätze allgemein oder beschränkt lauten. Denn es seien B und C die Wissenschaft und A die Heilwissenschaft. Setzt man nun, dass jede Heilwissenschaft eine Wissenschaft sei und keine Heilwissenschaft eine Wissenschaft, so ist B von allen A und C von keinem A gesetzt: mithin wird eine einzelne Wissenschaft keine Wissenschaft sein.

Ebenso verhält es sich, wenn der Vordersatz A B nicht allgemein lautet; denn wenn eine einzelne Heilwissenschaft eine Wissenschaft ist und wieder keine Heilwissenschaft eine Wissenschaft ist, so folgt, dass eine einzelne Wissenschaft keine Wissenschaft ist. Werden dabei die Begriffe allgemein gesetzt, so sind die Vordersätze Gegentheile; wird aber der eine Begriff nur beschränkt gesetzt, so sind die Vordersätze widersprechende Gegensätze.

Man muss hier beachten, dass es statthaft ist, die Vordersätze anzunehmen, wie ich z.B. gesagt, dass jede Wissenschaft gut sei und wieder, dass keine gut sei, oder eine nicht gut, was allerdings nicht unbemerkt zu bleiben pflegt. Man kann aber auch auf einem andern Weg, durch Fragen den einen Gegensatz erschliessen, oder ihn so, wie in den *Topiken* gesagt worden, erlangen.

Da es von den bejahenden Sätzen drei Gegensätze giebt, so kann man die gegensätzlichen Vordersätze sechsfach aufstellen; nämlich nach: Allem und keinem; dann nach Allem und nicht allem und endlich nach Einigen und keinem; und bei jedem dieser drei Gegensätze können die Begriffe gewechselt werden; z.B.: A ist in allen B, aber in keinen C enthalten; und A ist in allen C, aber in keinen B enthalten; ferner A ist in allen B, aber nicht in allen C enthalten und man kann bei diesen Sätzen die Begriffe wechseln. Dies kann auch bei der dritten Figur geschen und damit erhellt, wie vielmal und in welchen Figuren ein Schluss aus entgegengesetzten Vordersätzen gebildet werden kann.

Auch erhellt, dass man zwar aus falschen Vordersätzen Wahres schliessen kann, wie früher gezeigt worden; aber aus Gegensätzen kann kein Wahres geschlossen werden, da der Schluss immer gegen den Sachverhalt ausfällt, z.B. dass das, was gut ist, nicht gut sei, oder dass das, was ein Geschöpf ist, kein Geschöpf sei. Der Grund davon ist, dass der Schluss aus sich widersprechenden Vordersätzen hervorgeht und dass die benutzten Begriffe in beiden Vordersätzen entweder ganz oder zum Theil dieselben sind. Auch ist offenbar, dass auch bei Fehlschlüssen ein Widerspruch mit der ersten Annahme hervorgehen kann, z.B. dass das, was ungerade ist, nicht ungerade sei; denn aus entgegengesetzten Vordersätzen ergab sich ein dem Sachverhalt entgegengesetzter Schluss; setzt man also solche Vordersätze, so lautet der Schluss auf einen Widerspruch mit dem als wahr Angenommenen.

Man muss indess beachten, dass man auf diese Weise aus *einem* Schlusse in bejahender Form Gegentheiliges nicht erschliessen kann, z.B. dahin, dass das, was nicht gut ist, gut sei oder Anderes der Art, wenn nicht gleich der Vordersatz so angenommen wird; z.B. dass jedes Geschöpf weiss und nicht weiss sei und dass der Mensch ein Geschöpf sei. Oder man muss die Verneinung hinzunehmen, z.B. dass jede Wissenschaft eine Vermuthung sei, und dann setzen, dass die Heilwissenschaft zwar eine Wissenschaft ist, aber keine Vermuthung; also In der Weise, wie die Widerlegungen geschehen. Oder man kann vermittelst zweier Schlüsse Entgegengesetztes in bejahender Form schliessen. Sollen aber die Vordersätze in Wahrheit gegentheilig lauten, so kann dies in einem Schlüsse nicht anders geschehen, als auf die vorher angegebene Weise.

Sechzehntes Kapitel

Das zu Beweisende vom Anfang ab zu fordern oder anzusetzen gehört, um es nach der Gattung zu bezeichnen, zu den verfehlten Beweisen, die in vielfacher Weise vorkommen; so wenn überhaupt nicht geschlossen wird, ferner, wenn es aus unbekannteren oder gleich unbekannten Vordersätzen geschieht, ferner, wenn die Vordersätze auf spätere Sätze gestützt werden, während die Beweisführung aus Glaubwürdigerem und Früherem zu erfolgen hat.

Indess gehört das gleich anfängliche Setzen des zu Beweisenden nicht zu diesen Fehlern. Da nämlich Manches von Natur durch sich selbst erkennbar ist, alles Uebrige aber durch Anderes erkannt wird (denn die obersten Grundsätze sind durch sich selbst erkennbar, aber das, was unter diese fällt, wird durch Anderes ernannt), so ist das gleich anfängliche Setzen des zu Beweisenden dann vorhanden, wenn man versucht, das, was nicht durch sich selbst erkennbar ist, doch durch sich zu beweisen. Dies geschieht in der Weise, dass man den vorliegenden Satz gleich als einen wahren ansetzt; es kann aber auch so geschehen, dass man auf Anderes übergeht, was sich durch jenen Satz beweisen lässt und durch dieses dann wieder jenen Satz beweist; wenn z.B. A durch B bewiesen würde und B durch C und dabei C so geartet wäre, dass es durch A bewiesen werden könnte; denn wenn so geschlossen wird, geschieht es, dass A durch sich selbst bewiesen wird. So verfahren die, welche glauben Parallellinien zu ziehen; denn sie bemerken nicht, dass sie dabei dergleichen voraussetzen, da man sie nicht beweisen kann, wenn sie nicht schon Parallellinien sind. Es begegnet denen, welche so schliessen, zu sagen, dass jedes ist, wenn es ist. Auf diese Weise könnte jedes Ding durch sich selbst erkannt werden, was doch unmöglich ist.

Wenn nun unbekannt wäre, ob A in C enthalten und ebenso, ob A in B enthalten und jemand setzte sofort, dass A in B enthalten sei, so ist zwar noch nicht klar, ob er den zu beweisenden Satz ohne weiteres setzt, aber es ist doch klar, dass er keinen Beweis führt; denn man kann keinen Beweis mit einem Satze anfangen, der ebenso unbekannt ist, wie der zu beweisende Satz. Wenn jedoch B zu C sich so verhält, dass beide dasselbe sind, indem entweder beide sich austauschen lassen, oder das eine in dem andern enthalten ist, so wird das erst zu Beweisende schon vorausgesetzt; denn man könnte durch diese Sätze beweisen, dass A in dem B enthalten ist, wenn man sie austauscht. So geht aber dieses nicht an, ohne dass gerade die Form des Schlusses es hinderte. Wenn man aber dies doch thäte und durch B und C beweisen wollte, dass A in B enthalten sei, so würde man den angegebenen Fehler begehen und man vollzöge die Umkehrung gleichsam durch drei Begriffe.

Ebenso ist es, wenn man setzte, dass B in C enthalten sei, obgleich dies ebenso unbekannt ist, als ob A in C enthalten; man setzt hier zwar nicht das zu Beweisende schon voraus, aber es kommt doch der Beweis nicht zu Stande. Ist aber A und B dasselbe, entweder weil A und B ausgetauscht werden können, oder weil A von B ausgesagt werden kann, so wird aus demselben Grunde der anfangs aufgestellte zu beweisende Satz gefordert. Was aber dies sei, ist bereits gesagt worden, nämlich wenn das, was nicht durch sich selbst klar ist, doch durch sich bewiesen wird.

Wenn also das Fordern eines im Anfange gesetzten Vordersatzes, ein Beweisen des nicht durch sich selbst Klaren durch sich selbst ist, und wenn es kein Beweisen ist, insofern das zu Beweisende und das, wodurch es bewiesen werden soll, gleich ungekannt ist, weil entweder dieselben Bestimmungen demselben als Subjekt einwohnen, oder weil ein und dieselbe Bestimmung denselben Subjekten einwohnt, so wird in der zweiten und dritten Figur dieses Fordern des erst zu Beweisenden auf beiderlei Weise statt haben können. Für bejahende Sätze kann es nur in der dritten und in der ersten Figur geschehen; lauten aber die Schlüsse verneinend, so kann es in diesen Figuren nur geschehen, wenn dieselben Bestimmungen von demselben Gegenstande verneint werden und beide Vordersätze sich nicht gleich verhalten. Ebendies gilt auch für die zweite Figur weil bei den verneinenden Schlüssen sich die Begriffe nicht austauschen lassen.

Uebrigens wird bei den strengen Beweisen durch die Voraussetzung des erst zu Beweisenden etwas gefordert, was sich wahrhaft so verhält; bei den dialektischen Schlüssen aber nur etwas, was der Meinung entspricht.

Siebzehntes Kapitel

Die Behauptung, »dass hieraus das Falsche sich nicht ergäbe«, wie man bei den Besprechungen oft einzuwenden pflegt, kommt zunächst in den Schlüssen auf das Unmögliche vor, wenn diese Behauptung sich gegen den bei dem Unmöglichkeitsbeweis aufgestellten widersprechenden Satz richtet, durch welchen indirekt der ursprüngliche Schlusssatz bewiesen werden soll. Denn wenn solcher widersprechender Satz nicht aufgestellt worden, kann die Entgegnung, dass hieraus das Unmögliche nicht folge, nicht erhoben werden, sondern man kann nur sagen, dass etwas Falsches gegen das Frühere angenommen worden. Auch erhebt man diesen Einwand nicht bei einem direkten Beweise, wo die Verneinung des zu beweisenden Satzes gar nicht als Vordersatz aufgestellt wird. Auch wenn etwas direkt durch die Begriffe A, B, C widerlegt wird, kann man nicht sagen, dass der Schluss nicht aus dem Gegebenen folge. Denn diesen Einwand, dass der Schluss nicht aus dem Gegebenen folge, stellt man nur dann auf, wenn trotz der Beseitigung des Widersprechenden nichtsdestoweniger der Schluss sich vollzieht, was bei den direkten Schlüssen nicht der Fall ist, da, wenn die Ansätze widerlegt sind, es daraus auch keinen Schluss giebt. Es erhellt also, dass dieser Einwand nur gegen die Unmöglichkeitsbeweise aufzustellen ist und zwar dann, wenn die auf das Unmögliche abzielende anfängliche Annahme sich so 132 verhält, dass das Unmögliche in gleicher Weise folgt, mag diese Annahme wahr oder falsch sein.

Der offenbarste Fall für den Einwand, dass das Falsche nicht aus dem aufgestellten Satze folge, ist der, wenn der Schluss auf das Unmögliche aus der angenommenen Voraussetzung mit den Mittelbegriffen gar nicht zusammenpasst, wie in den *Topiken* gezeigt worden ist. Denn in solchem Falle wird etwas als Grund gesetzt, was gar keinen Grund hier abgeben kann; z.B. wenn jemand beweisen wollte, dass die Diagonale eines Quadrats kein gemeinsames Maass mit den Seiten desselben habe; und er nun versuchte, den Satz Zeno's zu beweisen, dass es keine Bewegung gebe und er das Unmögliche auf diesen Satz gründete; denn hier hat der sich ergebende falsche Satz nicht den mindesten Zusammenhang mit den im Anfang aufgestellten Obersatze.

Ein anderer Fall ist der, wo das Unmögliche zwar mit dem aufgestellten Obersatze zusammenhängt, aber doch nicht aus demselben sich ergiebt. Dies kann sowohl da der Fall sein, wo man diesen Zusammenhang oben oder unten dem Unmöglichkeitsbeweise ansetzt. Wenn z.B. gesetzt ist, dass A in B enthalten und B in C und C in D und es falsch oder unmöglich wäre, dass B in dem D enthalten sei; denn wenn man hier auch A bei Seite lässt, so würde doch nicht minder B in C und C in D enthalten sein und das Falsche würde also nicht durch den anfänglich aufgestellten Satz herbeigeführt. Oder wenn man das mit der zu beweisenden Behauptung Zusammenhängende zu dem Schluss hinzusetzte, wenn man z.B. setzte, dass A in B und E in A und Z in E enthalten sei und das Falsche wäre, dass Z in A enthalten sei; denn das Unmögliche würde nicht weniger bleiben, wenn man auch den anfänglichen Satz hinzunähme. Es muss vielmehr das Unmögliche mit den im Aufgang gesetzten Begriffen zusammenhängen, denn nur so wird es durch den Ansatz sich ergeben; also wenn man z.B. vor den unteren Sätzen das Zusammenhängende an setzt, so muss es mit dem Begriff, welcher etwas von dem andern aussagt, zusammenhängen; denn wenn es unmöglich ist, dass A in D enthalten sei, so hört diese Unmöglichkeit auf, wenn man A bei Seite lässt. Wird aber das Zusammenhängende oben angesetzt, so muss es mit dem Begriffe, von dem etwas ausgesagt wird, zusammenhängen; denn wenn es nicht möglich ist, dass Z in B enthalten, so fällt das Unmögliche weg, wenn man B weglässt. Dasselbe gilt auch, wenn die Schlüsse verneinend lauten.

Somit erhellt, dass, wenn das unmögliche nicht für die anfänglich gesetzten Begriffe gilt, die Unrichtigkeit des Obersatzes nicht aus dem Ansatze folgt und selbst wenn dies so geschieht, wird das Falsche nicht immer aus der entgegengesetzten Annahme hervorgehen. Denn wenn man nicht setzt, dass A in dem B, sondern dass A in dem K enthalten sei und dass K in C enthalten und dieses in D, so wird auch so das Unmögliche bleiben, ebenso ist es, wenn das Zusammenhängende von Unten nach Oben in den Begriffen gesetzt wird, so dass, wenn, die Annahme mag wahr oder nicht wahr sein, das Unmögliche doch folgte, es also nicht aus dem Ansatz folgen würde.

Der Einwand, dass, wenn auch der widersprechende Obersatz nicht angesetzt werde, dennoch ein Falsches sich ergäbe, ist nicht so zu verstehen, dass das Unmögliche sich ergeben werde, wenn eine andere Voraussetzung angenommen werde, sondern dass, wenn auch diese Voraussetzung bei Seite gelassen werde, sich doch aus den übrigen Vordersätzen derselbe unmögliche Schlusssatz ergäbe, da ja sehr wohl dasselbe Falsche aus verschiedenen Annahmen sich ergeben kann; z.B. dass Parallellinien zusammentreffen, sowohl dann, wenn der innere Winkel grösser ist, als der äussere, wie dann, wenn das Dreieck mehr als zwei rechte Winkel enthält.

Achtzehntes Kapitel

Der falsche Schluss kommt von einem vorausgehenden falschen Vordersatze her, denn jeder Schluss besteht entweder aus zwei Vordersätzen oder aus mehreren. Ist ersteres der Fall, so müssen bei einem falschen Schlüsse nothwendig *ein* Vordersatz oder beide falsch sein; denn aus wahren Sätzen kann kein falscher Schluss abgeleitet werden. Wird der Schluss aber aus mehreren abgeleitet; z.B. der Satz C durch die Sätze A und B, und diese durch die Sätze D, E, Z, H, so wird in einem von diesen Vordersätzen etwas Falsches enthalten sein und daraus der

Schluss folgen; denn die Sätze A und B werden aus jenen gefolgert, mithin ergiebt sich der Schluss und das Falsche aus jenen.

Neunzehntes Kapitel

Um nicht durch Schlüsse des Gegners widerlegt zu werden, muss man Acht haben, dass wenn- der Beweis ohne Schlussfolgerungen blos durch Fragen von ihm geführt wird, man nicht in den Vordersätzen zweimal denselben Begriff zugebe, da man ja weiss, dass ohne einen Mittelbegriff kein Schluss gezogen werden kann und der Mittelbegriff der ist, welcher mehrmals ausgesprochen wird. Wie man aber bei jedem Schlusssatze auf den Mittelbegriff zu achten habe, ergiebt sich aus der Kenntniss der Art, wie in jeder Figur der Beweis geschieht, und dies wird Niemandem verborgen sein, wenn er weiss, wie man einen Satz aufrecht zu erhalten habe.

Aber das, wovor man sich nach meiner Anweisung bei Antworten in Acht zu nehmen hat, darf man, wenn man selbst etwas durchführen will, möglichst nicht bemerken lassen. Dies geschieht zunächst dann, wenn die vorhergehenden Schlusssätze nicht hintereinander, wie sie zuletzt zu dem Beweissatze führen, gefragt werden, sondern bei Annahme der dazu nöthigen Vordersätze jene unbekannt gelassen werden. Ferner dann, wenn man in der Schlussreihe nicht die zunächst einander folgenden Sätze abfragt, sondern möglichst solche, die durch Mittelbegriffe noch nicht verknüpft sind. So soll z.B. bewiesen werden, dass A von Z auszusagen sei; die Mittelbegriffe sollen B, C, D, E sein; man hat also zu fragen, ob A in B enthalten sei, aber dann nicht, ob B in C enthalten, sondern ob D in E und erst dann, ob B in C enthalten sei und so weiter. Vollzieht sich der Schluss nur durch *einen* Mittelbegriff, so muss man mit dem Mittelbegriff anfangen; denn so bleibt das Ziel dem Antwortenden am meisten verborgen.

135

Zwanzigstes Kapitel

Nachdem ich dargelegt habe, wann ein Schluss sich ergiebt und wie die Begriffe sich dabei verhalten müssen, so erhellt damit auch, wenn eine Ueberführung stattfindet und wenn nicht. Sofern nämlich Alles zugegeben wird, oder sofern die Antworten abwechselnd ertheilt werden, also die eine verneinend, die andere bejahend, so kann eine Ueberführung stattfinden. Denn ein Schluss ergab sich, wenn die Vordersätze sich in einer dieser Weisen verhielten, und ist dabei der aufgestellte Satz das Gegentheil von dem zu widerlegenden Schlusssatze, so muss sich eine Widerlegung ergeben, da die Widerlegung die Verneinung des zu widerlegenden Satzes erschliesst. Wird aber kein Vordersatz zugegeben, so ist die Widerlegung unmöglich, da aus lauter verneinenden Sätzen kein Schluss gezogen werden kann, also auch keine Widerlegung; denn zu jeder Widerlegung gehört ein Schluss, aber nicht jeder Schluss enthält nothwendig eine Widerlegung. Dasselbe gilt, wenn kein allgemeiner Satz in Folge der Beantwortung angesetzt werden kann; da die Definition der Widerlegung und die des Schlusses auch hierin übereinstimmt.

Einundzwanzigstes Kapitel

So wie man mitunter in der Ansetzung der Begriffe getäuscht wird, so kann es auch bei der Annahme von Sätzen geschehen; z.B. wenn eine und dieselbe Bestimmung mehreren Dingen unmittelbar zukommt und man bei einem dies nicht bemerkt und meint, dass sie in keinem solchen Dinge enthalten sei, während man von den anderen Dingen es weiss. So soll A in B und in C unmittelbar enthalten sein und diese beiden sollen in dem ganzen D enthalten sein; wenn man nun glaubt, dass A in allen B enthalten sei und dass dieses in D enthalten, und wenn man weiter glaubt, dass A in keinem C enthalten sei und dass C in dem ganzen D enthalten sei, so wird man über das Enthaltensein derselben Bestimmung A in demselben Gegenstande C ein Wissen und ein Nicht-Wissen haben.

Eben dahin gehört der Fall, wenn Jemand sich über die Sätze innerhalb derselben Reihenfolge irrte; wenn z.B. A in B enthalten ist, und dieses in C und das C in D und man meinte, A sei zwar in dem ganzen B, aber in keinem C enthalten; denn dann wird man zu gleicher Zeit wissen, dass A in C enthalten, und annehmen, dass es nicht darin enthalten. Wäre dergleichen wohl etwas Anderes, als zu fordern, dass man das, was man weiss, nicht annehmen solle? Denn man weiss doch gewissermaassen, dass A in dem C vermittelst des B enthalten ist, da in dem Allgemeinen der Theil enthalten ist; also würde gefordert, dass man das, was man gewissermaassen weiss, nicht annehmen soll, was doch unmöglich ist. Was den vorher erwähnten Fall anlangt, so geht

136

es, wenn der Mittelbegriff nicht aus derselben Schlussreihe genommen wird, nicht an, die Vordersätze beider Schlüsse in Bezug auf beide Mittelbegriffe für wahr anzunehmen, also dass z.B. anzunehmen, dass A in dem ganzen B und in keinem C enthalten und dass so diese beiden in dem ganzen D; denn dann wurde in dem einen Obersatz das Gegentheil des anderen entweder allgemein oder theilweise gesetzt werden. Denn wenn man annimmt, dass dem Ganzen, dem B einwohnt, A einwohne und man weiss, dass B in dem D enthalten, so weiss man auch, dass A im D enthalten ist, und wenn man weiter meint, A sei in keinem von dem enthalten, dem C einwohnt, so glaubt man auch, dass in dem, bei welchem B in einigen enthalten ist, A nicht enthalten sei. Aber das Glauben, dass Etwas in dem, welchen B zukommt, ganz enthalten sei, und wieder das Glauben, dass es in einigen dessen, welchen B zukommt, nicht enthalten sei, sind Gegensätze und zwar entweder gänzlich oder theilweise.

So darf man also die Voraussetzungen nicht nehmen; aber wohl kann man in einem Vordersätze der beiden Schlüsse denselben Mittelbegriff ansetzen, oder in den Vordersätzen der beiden Schlüsse verschiedene Mittelbegriffe ansetzen; so kann man z.B. setzen, dass A in dem ganzen B und B in D enthalten sei und daneben dass A in keinem C enthalten sei. Denn ein solcher Irrthum gleicht dem Irrthum über Einzelnes. Wenn z.B. A in dem ganzen B und B in dem ganzen C enthalten, so wird A in dem ganzen C enthalten sein. Wenn man nun weiss, dass A in allen von dem enthalten, in dem B enthalten, so weiss man auch, dass A in dem C enthalten, allein es kann sein, dass man C nicht kennt, z.B. wenn A zwei rechte Winkel bezeichnet und B das Dreieck und C ein einzelnes, sinnlich wahrnehmbares Dreieck. Hier könnte man wohl meinen, dass C kein Dreieck sei, obgleich man weiss, dass jedes Dreieck zwei rechte Winkel enthält und man würde dann dasselbe zugleich wissen und nicht wissen. Denn das Wissen, dass jedes Dreieck zwei rechte Winkel enthält, ist kein einfaches Wissen, sondern besteht darin, dass man sowohl das Wissen des Allgemeinen hat als auch das Wissen des darunter enthaltenen Einzelnen. Wenn man daher zwar von dem C in seinem allgemeinen Begriffe weiss, dass es zwei rechte Winkel enthält, aber den einzelnen Fall nicht erkennt, so wird man nicht das Entgegengesetzte zugleich wissen.

Aehnlich verhält es sich mit dem Beweis in *Plato's* Menon, wonach das Lernen ein Wiedererinnern sei. Denn es wird dort keineswegs ge-

137

folgert, dass man das Einzelne schon früher gewusst habe; sondern dass man bei Vorführung des Einzelnen es gleichsam als in dem Allgemeinen enthalten wiedererkenne; denn Manches wisse man sofort, wie z.B. dass die Gestalt zusammen zwei rechte Winkel enthalte, wenn man wisse, dass sie ein Dreieck sei. Ebenso verhält es sich auch in andern Fällen.

Durch das Wissen des Allgemeinen weiss man also das Besondere, aber nicht durch ein, diesem Besonderen eigenthümliches Wissen. Deshalb kann man auch darüber sich irren, aber nicht so, dass man Entgegengesetztes zugleich weiss, sondern dass man das Wissen des Allgemeinen hat und sich in dem Besonderen irrt. Ebenso ist es nun in den vorhin besprochenen Fällen; auch hier ist der Irrthum in Bezug auf den Mittelbegriff kein Gegensatz von dem Wissen des Schlusses; und auch die Annahme je eines der Mittelbegriffe enthält keinen widersprechenden Gegensatz. Denn es kann sein, dass man weiss, A sei in dem ganzen B und dieses wieder in dem ganzen C enthalten und dass man doch glaubt, A sei nicht in C enthalten. So kann man wissen, dass alle Mauleselinnen keine Jungen gebären und doch glauben, dass diese Mauleselin gebäre; denn man weiss nicht, dass A in dem C enthalten ist, weil man den in beiden Sätzen enthaltenen Mittelbegriff nicht mit in Betracht nimmt. Also ist klar, dass man sich täuschen wird, wenn man den einen Satz weiss und den andern nicht, nämlich nicht, wie das Wissen des Allgemeinen sich zu dem Wissen des Besondern verhält. Denn von den sinnlichen Dingen, die nicht in die Wahrnehmung fallen, wissen wir nichts; ja selbst dann, wenn man sie wahrnehmen sollte, weiss man nur, dass man das Allgemeine und auch das Besondere weiss, aber man weiss es nicht durch ein gleichsam thätiges Wissen. Denn das Wissen wird in einem dreifachen Sinne gebraucht; entweder als ein Wissen des Allgemeinen, oder als ein Wissen des Besondern, oder als ein thätiges Wissen; deshalb hat auch das Irren diesen dreifachen Sinn. Deshalb kann das Wissen und das Irren bei Ein und Demselben stattfinden, nur nicht in entgegengesetzter Weise. Dies ist dann der Fall, wenn man jeden der beiden Vordersätze weiss, aber sie nicht vorher näher in Betracht gezogen hat; denn wer annimmt, dass eine Mauleselin gebäre, hat nicht das thätige Wissen und deshalb liegt in seiner Annahme kein Irrthum, welcher seinem Wissen entgegengesetzt ist; denn nur wenn er seinen Irrthum erschlossen hätte, wäre dieser dem Allgemeinen entgegengesetzt.

Man könnte wohl einwenden, dass, wer annimmt, das Gut-sein sei das Schlecht-sein, auch annähme, dass beides dasselbe sei. Denn A soll das Gut-sein bedeuten, B das Schlecht-sein und C wieder das Gut-sein. Wenn jemand nun B und C für dasselbe hält, so wird er auch annehmen, dass C das B ist und ebenso, dass B das A ist, also auch C das A. Denn so wie, wenn es *wahr* ist, dass B von dem C und A von dem B gelte, auch wahr sei, dass A von dem C gelte, so wird dies auch gelten, wenn diese Sätze blos *angenommen* werden; und ebenso wird dies auch für das *Sein* gelten; denn wenn C und B dasselbe *sind* und ebenso B und A, so *ist* auch C und A dasselbe; folglich gelte dies auch für das blosse Meinen.

Dieser Einwand wäre indess nur begründet und folgte nur dann aus dem Vorstehenden mit Nothwendigkeit, wenn man den ersten Satz zugeben müsste; allein hier dürfte das Falsche liegen, nämlich dass jemand annähme, das Schlecht-sein sei das Gut-sein, ausgenommen wenn dies nur beziehungsweise behauptet wird, da man solchen Ausspruch in vielerlei Sein auffassen kann. Indess bedarf dies einer genauem Untersuchung.

Zweiundzwanzigstes Kapitel

Wenn die äusseren Begriffe sich austauschen lassen, so lässt sich auch der Mittelbegriff mit beiden austauschen; wenn also A von C vermittelst B ausgesagt werden kann, so findet, wenn der Austausch statthaft ist und also C in allen A enthalten ist, auch der Austausch von B mit A statt und B ist dann vermittelst C in allen A enthalten; ferner tauscht sich C mit B vermittelst A um. Dasselbe gilt für die verneinenden Sätze; wenn also B in dem C enthalten ist und A in B nicht enthalten ist, so wird auch A nicht in C enthalten sein. Wenn nun B mit A sich austauschen lässt, so wird auch C sich mit A austauschen lassen. Denn es sei also B in A nicht enthalten, so ist auch. C nicht in A enthalten, denn B war in allen C enthalten. Wenn ferner C sich mit B austauschen lässt, so lässt es sich auch mit A; denn von allem, wovon B ausgesagt werden kann, kann es auch C. Und wenn C sich mit A austauschen lässt, so lässt sich auch B mit A austauschen, denn C ist in allen B enthalten; aber in dem, worin C enthalten, ist A nicht enthalten. Nur in diesem letzten Falle fängt man bei verneinenden Schlüssen mit dem Schlusssatze an, in den übrigen Fällen aber nicht so und auch nicht so wie bei dem bejahenden Schlusse.

Wenn ferner A und B sich austauschen lassen und ebenso C und D und wenn jedem Dinge entweder A oder C zukommen muss, so wird dies auch für B und D gelten, dass eines von beiden allen Dingen zukommt. Denn wenn allem, dem A zukommt, das B und allem, dem C zukommt, das D zukommt und wenn allen Dingen entweder A oder C zukommt und nicht beiden zugleich, so ist es klar, dass auch B oder D, aber nicht beide zugleich, allen Dingen zukommen. Wenn z.B. das Unentstandene unvergänglich und das Unvergängliche unentstanden ist, so muss das Entstandene vergänglich und das Vergängliche entstanden sein; denn zwei Schlüsse werden hier verbunden.

Wenn ferner in allen Dingen entweder das A oder das B enthalten ist und ebenso entweder das C oder das D, und beide nicht zugleich in allen Dingen enthalten sein können, so wird, wenn A und C sich austauschen lassen, auch B und D sich austauschen lassen; denn wenn in einem Gegenstande, in welchem C enthalten, B nicht enthalten wäre, so ist klar, dass A darin enthalten sein müsste; und wenn dies mit A der Fall wäre, so wäre es auch mit C der Fall, denn sie lassen sich austauschen. Es wäre also zugleich C und D in einem Dinge enthalten; dies ist aber unmöglich.

Wenn aber A in allen B und in allen C enthalten ist und A von keinem andern Dinge ausgesagt werden kann, und wenn B auch in allen C enthalten ist, so müssen A und B sich austauschen lassen. Denn da A nur von B und C ausgesagt wird und da B nur von sich selbst und von C ausgesagt wird, so erhellt, dass von allen Dingen, von welchen A ausgesagt wird, auch B ausgesagt werden kann, mit Ausnahme des A selbst.

Wenn ferner A und B in dem ganzen C enthalten ist, C aber mit B sich austauschen lässt, so muss A in allen B enthalten sein; denn wenn A in allen C enthalten ist und C in allen B, weil sie sich austauschen lassen, so wird auch A in allen B enthalten sein.

Wenn ferner von zwei Dingen A und B, A wünschenswerther ist, als B und beide einander entgegengesetzt sind und ebenso D wünschenswerther als C, so ist, wenn A und C zusammen wünschenswerther sind als B und D zusammen, das A wünschenswerther als das D. Denn A ist ebenso zu begehren, wie B zu fliehen, da sie Gegensätze sind und dasselbe gilt von D und C, da auch diese einander entgegengesetzt sind.

Wenn nun A ebenso stark zu begehren wäre wie D, so wäre auch B so stark zu fliehen wie C. Denn jedes von beiden ist seinem Gegensatze gleich stark entgegengesetzt, nämlich das zu Fliehende dem zu Begehrenden. Folglich wären dann beide A und C zusammen den beiden B und D gleich. Da nun aber nach der ersten Annahme A und C zusammen wünschenswerther sind als B und D, so können sie nicht in gleichem Maasse wünschenswerth sein, sonst würde auch B und D gleich wünschenswerth sein wie A und C. Wäre aber das D wünschenswerther als das A, so wäre auch das B weniger zu fliehen als das C, denn das Geringere ist dem Geringeren entgegengesetzt. Nun ist aber das grössere Gut und das geringere Uebel wünschenswerther als das geringere Gut und das grössere Uebel, also wäre auch B und D zusammen wünschenswerther als A und C zusammen. Dies kann aber, der ersten Annahme zu Folge auch nicht sein, also ist A wünschenswerther als D und C weniger zu fliehen als B.

Wenn also jeder Liebende in Bezug auf den Geliebten lieber wünschte, dass der Geliebte ihm zu Willen sein *möchte* (das A), wenn er ihm auch nicht wirklich zu Willen *wäre* (das C), als dass der Geliebte ihm wirklich zu Willen *wäre* (das D), ohne dies zu mögen (das B), so erhellt, dass ein Verhalten in der Weise das A wünschenswerther ist, als das zu Willen *sein*. Deshalb ist die liebende Gesinnung des Geliebten wünschenswerther, als der sinnliche Genuss. Wenn dies nun meistentheils der Fall ist, so ist es auch das Ziel der Liebe. Der sinnliche Genuss ist also überhaupt nicht das Ziel der Liebe, oder er ist es nur als Mittel um geliebt zu werden; denn auch die übrigen Bestrebungen und Künste verhalten sich so.

Es ist nun klar, wie sich die Begriffe in Bezug auf die Umkehrung und in Bezug auf das Wünschenswerthere oder das mehr zu Fliehende verhalten. Nunmehr habe ich wohl darzulegen, dass nicht blos die dialektischen und die beweisenden Schlüsse sich in den vorerwähnten Figuren vollziehen, sondern auch die Schlüsse der Redner und dass überhaupt jede Ueberzeugung darauf beruht, mag das Verfahren dabei sein, welches es wolle; denn die Ueberzeugung beruht in allen Dingen entweder auf Schlüssen oder auf der Induktion.

Dreiundzwanzigstes Kapitel

Die Induktion und der Schluss aus der Induktion ist nun ein Schliessen des Oberbegriffs durch den Unterbegriff vermittelst des Mittelbegriffs. Wenn z.B. von den Begriffen A und C, B der Mittelbegriff ist, so ist die Induktion ein Zeichen vermittelst des Begriffes C, dass A in B enthalten ist; denn so vollzieht man die Induktionen. Es sei z.B. A das Langlebende, B das keine Galle Habende und C das einzelne Langlebende, wie der Mensch, das Pferd, das Maulthier. In dem ganzen C ist nun das A enthalten, denn alles Einzelne, was keine Galle hat, ist langlebend; allein auch B, das keine Galle Habende ist in dem ganzen C enthalten. Wenn nun C mit B sich austauschen lässt und C nicht über den Mittelbegriff hinausgeht, so muss A in B enthalten sein; denn ich habe vorher gezeigt, dass, wenn zwei Begriffe demselben dritten zukommen und mit einem dieser beiden Begriffe der Aussenbegriff ausgetauscht werden kann, dass dann in dem austauschbaren Begriffe auch der andere von den beiden ausgesagten Begriffen enthalten ist. Man muss aber unter C den Inbegriff aller einzelnen darunter enthaltenen Dinge verstehen; denn die Induktion geschieht durch alle diese Einzelnen.

Ein solcher induktiver Schluss geht von einen ersten und unvermittelten Vordersatz aus; denn bei Sätzen, die einen Mittelbegriff haben, geschieht der Schluss durch diesen; wo aber dieser Mittelbegriff fehlt, geschieht der Schluss durch Induktion. Auch bildet in einer Art die Induktion einen Gegensatz zum Schluss; letzterer zeigt vermittelst des Mittelbegriffs, dass der Oberbegriff dem Unterbegriff zukomme; die Induktion zeigt dagegen durch den Unterbegriff, dass der Oberbegriff dem Mittelbegriff zukomme. Der Natur nach früher und begreiflicher ist der Schluss durch den Mittelbegriff, für uns ist aber der Schluss durch Induktion der deutlichere.

Vierundzwanzigstes Kapitel

Ein *Beispiel* ist es, wenn vermittelst eines dem Unterbegriff Gleichen gezeigt wird, dass der Oberbegriff dem Mittelbegriff einwohnt. Es muss aber bekannt sein, dass der Mittelbegriff in dem Unterbegriff und der Oberbegriff in dem Gleichen enthalten ist. Es sei z.B. A das Schlechte und B das Erheben des Krieges gegen ein Nachbarvolk, und C der Krieg der Athener gegen die Thebaner, und D der Krieg der Thebaner gegen die Phokäer. Wenn man nun zeigen will, dass es schlecht sei, wenn man die Thebaner bekriegt, so muss man den Satz annehmen, dass es schlecht ist, die Nachbarn zu bekriegen; dieser Satz wird aber durch die gleichen Fälle glaubwürdig, wie durch den Krieg der Thebaner gegen die Phokäer. Da nun der Krieg gegen die Nachbarvölker schlecht ist und der Krieg gegen die Thebaner gegen ein Nachbarvolk geht, so erhellt, dass der Krieg gegen die Thebaner schlecht ist. Dass hier B dem C und dem D einwohnt, ist klar (denn beide sind ein Kriegführen gegen Nachbarvölker); ebenso dass A in D enthalten ist (denn den Thebanern brachte der Krieg gegen die Phokäer keinen Nutzen); dass aber A in dem B enthalten ist, wird durch D gezeigt. Ebenso verfährt man, wenn durch *mehrere* ähnliche Fälle glaubwürdig gemacht werden soll, dass von dem Mittelbegriffe der Oberbegriff ausgesagt werden kann. Es erhellt also, dass das Beispiel sich nicht wie der Theil zum Ganzen, auch nicht wie das Ganze zu dem Theil verhält, sondern wie ein Theil zu einem anderen Theile, insofern beide zwar unter demselben Begriffe enthalten sind, aber das Beispiel der bekanntere Fall ist. Vor der Induktion unterscheidet sich das Beispiel dadurch, dass jene aus *allem* Einzelnen beweist, dass der Oberbegriff in dem mittleren enthalten ist und dass sie den Schluss nicht für den Unterbegriff zurecht macht; aber das Beispiel thut dies und führt den Beweis auch nicht aus *allen* Einzelnen.

Fünfundzwanzigstes Kapitel

Die *Apagoge* findet statt, wenn es klar ist, dass der Oberbegriff in dem mittleren enthalten ist, aber unbekannt, ob der mittlere in dem unteren enthalten ist, aber dabei letzteres doch glaubwürdig ist, oder wenigstens glaubwürdiger, als das, was der Schlusssatz besagt. Ferner wenn nur wenige Zwischenglieder zwischen dem Unterbegriff und dem Mittelbegriff sind, denn dann ist das Wissen, dass der Oberbegriff in dem Unterbegriff enthalten, näher. So sei z.B. A das Lehrbare, B das Wissen, C die Gerechtigkeit. Hier ist klar, dass das Wissen lehrbar ist, aber es ist unbekannt, ob diese Tugend der Gerechtigkeit ein Wissen ist. Wenn nun der Satz B C ebenso glaubwürdig oder noch mehr es ist als der Satz A C, so ist dies eine Apagoge, denn man kommt dem Wissen von A C, was man bisher nicht hatte, näher, wenn man das Wissen von B C zu Hülfe nimmt. Ebenso auch dann, wenn der Mittelbegriffe für B in C nur wenige sind, denn auch dann kommt man dem Wissen von

A C näher. So sei z.B. D die Quadratur, E die geradlinige Figur, Z der Kreis; wenn nun für den Satz E Z, nämlich dass der Kreis sich in eine geradlinige Figur umwandeln lässt, nur *ein* Mittelsatz nöthig wäre, nämlich, dass der Kreis vermittelst der Halbmonde einer geradlinigen Figur gleich werde, so würde man dem Wissen, dass die Quadratur des Kreises geschehen könne, näher stehen. Ist aber der Satz B C nicht glaubwürdiger als der Satz A C, oder sind der Zwischenglieder nicht blos wenige für B in C, so nenne ich solchen Fall nicht eine Apagoge; ebenso dann nicht, wenn der Satz B C unvermittelt ist; denn ein solches ist ein Wissen.

Sechsundzwanzigstes Kapitel

Der *Einwurf* ist ein Satz, welcher das Gegentheil eines Vordersatzes aussagt. Von dem Vordersatze eines Schlusses unterscheidet er sich darin, dass der Einwurf beschränkt lauten kann, während bei dem Vordersatze dies entweder überhaupt nicht statthaft ist oder wenigstens nicht bei Schlüssen, die allgemein lauten. Der Einwurf kann auf doppelte Weise und in zwei Figuren angebracht werden; doppelt, weil jeder Einwurf entweder allgemein oder beschränkt lauten kann, und in zwei Figuren, weil er als Gegensatz gegen den Vordersatz aufgestellt werden muss, und Gegensätze nur in der ersten und dritten Figur gefolgert werden können. Denn wenn der Vordersatz behauptet, dass Etwas in allen enthalten sei, so kann man einwerfen, dass es in keinem enthalten oder in einigen nicht enthalten sei und davon kann das »in keinem« nur in der ersten Figur, und das »in einigen nicht« nur in der dritten Figur geschlossen werden. Es sei z.B. A der Satz: *Eine* Wissenschaft sein, und B seien: Gegentheile. Wenn nun Jemand behauptet, von Gegentheiligem gebe es nur *eine* Wissenschaft, so macht man entweder den Einwurf, dass überhaupt es nicht ein und dieselbe Wissenschaft über Entgegengesetztes gebe und zu dem Entgegengesetzten gehörten die Gegentheile, so dass also die erste Figur sich ergiebt; oder dass es von Bekanntem und Unbekanntem nicht *eine* Wissenschaft gebe, was die dritte Figur ist; denn von dem C, welches das Bekannte und Unbekannte bezeichnen soll, ist es zwar wahr, dass es Gegentheile enthält, allein falsch ist es, dass es davon *eine* Wissenschaft gebe.

Ebenso verhält es sich auch, wenn der Vordersatz verneinend lautet. Denn behauptet Jemand, dass es von den Gegentheilen nicht ein und dieselbe Wissenschaft gebe, so könne man einwerfen, entweder: dass von allen widersprechenden Gegensätzen oder von einigen Gegentheilen es *eine* Wissenschaft gebe, z.B. von dem Gesunden und Kranken; das Erstere wird nun in der ersten und das Letztere in der dritten Figur bewiesen. Ueberhaupt muss man, wenn man den Einwurf allgemein aufstellen will, den Gegensatz gegen den allgemein gefassten Vordersatz aufstellen; wenn also behauptet wird, dass es von *allen* Gegentheilen *eine* Wissenschaft nicht gebe, so muss man einwerfen, dass es von allen Gegensätzen *eine* Wissenschaft gebe; dann muss der Einwurf nothwendig in der ersten Figur aufgestellt werden; denn Mittelbegriff wird hier der allgemeine, in Verhältniss zu dem in der Behauptung gesetzte Begriff. Lautet aber der Einwurf nur beschränkt, so muss er sich auf das Allgemeine, von dem der Vordersatz ausgesagt wird, beziehen; z.B. dass es von Bekanntem und Unbekanntem nicht eine Wissenschaft gebe; denn der Begriff: »Gegentheil« ist dazu das Allgemeine, und es ergiebt sich dann die dritte Figur. Der Mittelbegriff ist hier der beschränkte Begriff, wie hier das Bekannte und das Unbekannte. In den Figuren, in welchen das Entgegengesetzte geschlossen werden kann, in diesen versucht man auch die Einwürfe einzukleiden, und deshalb kann man sie nur in diesen beiden Figuren anbringen, denn nur in diesen gehen die Schlüsse auf das Entgegengesetzte, da in der zweiten Figur die Schlusssätze nicht bejahend lauten. Dies gilt auch dann, wenn der in der zweiten Figur aufgestellte Einwurf etwa einer weiteren Begründung bedürfte; wenn z.B. nicht zugegeben würde, dass A in B enthalten sei, weil das C von dem A nicht ausgesagt werde; denn dies kann erst aus anderen Vordersätzen dargelegt werden. Allein man darf den Einwurf nicht auf Anderes ausdehnen, sondern den anderen Vordersatz, der zum Beweis des Einwurfs nöthig ist, als einen selbstverständlichen bei der Hand haben. Deshalb kann auch kein *Zeichen* aus der zweiten Figur erschlossen werden.

Man muss jedoch auch auf die anderen zu erhebenden Einwürfe Acht haben, wie z.B. auf die aus dem Gegentheilen und aus dem Aehnlichen und aus der Meinung; ebenso ob man nicht den beschränkten Einwurf in der ersten Figur und dem verneinenden in der zweiten Figur begründen könne.

Siebenundzwanzigstes Kapitel

Das *Wahrscheinliche* und das *Zeichen* sind nicht dasselbe. Wahrscheinlich ist ein der Meinung entsprechender Satz; denn das, wovon man weiss dass es meistentheils geschieht oder nicht geschieht, oder dass es meistentheils *ist* oder *nicht ist*, das ist wahrscheinlich; also z.B. dass die Neidischen hassen und dass die Verliebten freundschaftlich zu dem Geliebten gesinnt sind. Das *Zeichen* will dagegen ein durchaus gewisser und nothwendiger oder auch ein der Meinung entsprechender Satz sein; denn dasjenige, auf Grund dessen Seins oder Gewordenseins eine Sache vorher ist oder nachher wird, ist ein *Zeichen* des Gewordenseins oder des Seins der Sache. Das *Enthymem* ist nun ein Schluss aus Wahrscheinlichem oder aus Zeichen. Das Zeichen wird aber in dreifacher Weise angesetzt, so vielfach, wie der Mittelbegriff in den Figuren; man kann daher das Zeichen setzen, entweder wie in der ersten Figur, oder wie in der zweiten, oder wie in der dritten Figur. Wenn man z.B. beweisen will, dass eine Frau schwanger ist, weil sie Milch hat, so benutzt man das Zeichen in der ersten Figur; denn der Mittelbegriff ist das Milch-haben; A ist das Schwanger-sein, B das Milch-haben, C die Frau. Aber der Satz, dass die Weisen gut sind, denn Pittakos war ein Weiser, wird in der dritten Figur bewiesen; A ist da das Gute, B die Weisen und C Pittakos. Es ist nun zwar richtig, dass A und B von C ausgesagt werden kann, aber man spricht den einen Vordersatz nicht aus, weil er bekannt ist und nimmt nur den andern Vordersatz herbei. Wenn dagegen das Schwangersein einer Frau daraus entnommen wird, weil sie blass ist, so will man das Zeichen in der zweiten Figur benutzen; denn da schwangere Frauen blass sind und es auch bei dieser sich zeigt, so glaubt man bewiesen zu haben, dass sie schwanger ist. Das Blasssein ist hier A, das Schwanger-sein B und die Frau C. Spricht man blos den einen Vordersatz aus, so ist es ein blosses Zeichen; nimmt man aber auch den zweiten Vordersatz hinzu, so wird es ein Schluss. Letzteres geschieht z.B. wenn man sagt: Pittakos ist freigebig; denn die Ehrliebenden sind freigebig und Pittakos ist ehrliebend; oder: die Weisen sind gut, denn Pittakos ist gut, aber auch ein Weiser. In dieser Weise werden die Schlüsse gezogen. Dabei ist aber nur der Schluss in der ersten Figur unwiderleglich, wenn seine Vordersätze wahr sind; (denn er lautet allgemein); dagegen kann der in der dritten Figur gezogene Schluss widerlegt werden, wenn auch der Schlusssatz wahr ist, weil der

Schluss weder allgemein ist, noch die Sache trifft; denn wenn auch Pittakos gut ist, so müssen es deshalb nicht auch die übrigen Weisen sein. Der Schluss mittelst der zweiten Figur ist immer und durchaus widerlegbar; denn wenn die Begriffe sich so zu einander verhalten, giebt es niemals einen Schluss, da, wenn auch die Schwangern blass sind und diese Frau blass ist, sie doch nicht schwanger zu sein braucht. Es kann deshalb zwar Wahres in allen Zeichen enthalten sein, aber sie unterscheiden sich dabei in der angegebenen Weise.

Man könnte die Zeichen auch so unterscheiden, dass das, welches als Mittelbegriff benutzt wird, als *Kennzeichen* gilt (denn man sagt, dass das Kennzeichen das Wissen bewirkt und dieses Wissen bewirke hauptsächlich der Mittelbegriff), oder dass nur die Zeichen, welche als Aussenbegriffe bei dem Schlüsse benutzt werden, Zeichen genannt werden, aber das, welches als Mittelbegriff dient, Kennzeichen; denn das Zeichen, welches in der ersten Figur benutzt werden kann, ist das wahrscheinlichste und am meisten wahre.

Das Schliessen aus körperlichen Zeichen auf Seelenzustände ist möglich, wenn man zugiebt, dass der Körper und die Seele sich gleichzeitig verändern, so weit es sich um natürliche Zustände handelt; denn wer z.B. die Musik erlernt hat, mag sich auch vielleicht etwas in seiner Seele verändert haben; allein ein solcher Zustand gehört nicht zu den uns natürlichen Zuständen, es muss vielmehr eine natürliche Veränderung sein, wie Zorn und Begierden. Gäbe man also jenen Satz zu und ebenso, dass es nur *ein* Zeichen von jedem einzelnen Seelen-Zustande giebt und hätte man das, zu jeder nicht weiter in verschiedene Arten zerfallenden Gattung von Geschöpfen gehörende Zeichen erkannt, so würde man Physionomik üben können. Wenn nämlich jeder nicht weiter in verschiedene Arten zerfallenden Gattung ein Zustand eigenthümlich ist; wie z.B. den Löwen die Tapferkeit, so muss es dann auch ein Zeichen dafür geben; denn es ist eingeräumt, dass Körper und Seele mit einander eine Veränderung erleiden. Dies Zeichen soll nun der Besitz von grossen Gliedmaassen sein, was zwar auch bei anderen Gattungen vorkommen kann; aber nicht durchaus und allgemein in allen Einzelnen anderer Gattungen; denn das Zeichen ist in dieser Weise eigenthümlich, dass der zugehörige Seelenzustand der ganzen Gattung eigenthümlich ist, und nicht blos bei einzelnen Exemplaren vorkommt; auch stimmt der gewöhnliche Sprachgebrauch damit überein. Es kann deshalb derselbe Seelenzustand zwar auch in einer anderen

Gattung vorkommen; der Mensch oder ein anderes Geschöpf kann tapfer sein, aber dann wird er auch das entsprechende Zeichen besitzen; da nur *ein* Zeichen für *einen* Zustand besteht. Ist dies der Fall, so wird man auch diese Zeichen von denjenigen Geschöpfen entnehmen können, bei welchen blos *ein* solcher Seelenzustand ihnen eigenthümlich ist; jeder Seelenzustand hat dann sein Zeichen , da er *eins* haben muss und so wird man Physiognomik üben können. Hat aber eine Gattung zwei eigenthümliche Seelenzustände, wie der Löwe die Tapferkeit und die Grossmuth, wie wird man da erkennen können, welches von dem ihm eigenthümlichen Zeichen dem einen und welches dem anderen Seelenzustande angehört? Indess wird dies dann geschehen können, wenn auch in einer anderen Gattung beide Zustände bei Einzelnen, aber nicht bei Allen vorkommen, und wenn bei Einzelnen nur einer von beiden Zuständen vorkommt, indem sie den einen Seelenzustand haben, aber den anderen nicht. Wenn also in einer anderen Gattung ein Einzelnes zwar tapfer, aber nicht grossmüthig ist, es aber von den beiden Zeichen nur das eine hat, so ist klar, dass dieses Zeichen auch bei dem Löwen das Zeichen der Tapferkeit ist. Bei der Physiognomik wird also in der ersten Figur geschlossen; der Mittelbegriff muss dabei mit dem Oberbegriffe sich austauschen lassen, aber über den Unterbegriff hinausreichen und sich mit ihm nicht austauschen lassen. Es seien z.B. A die Tapferkeit, B die grossen äusseren Gliedmaassen und C der Löwe. Hier ist in dem ganzen C das B enthalten; allein B kommt auch noch Anderen zu. Dagegen ist in dem *ganzen* B das A enthalten, aber A in keinem weiter, vielmehr lassen A und B sich austauschen, denn wenn dies nicht der Fall wäre, so gehörte nicht blos *ein* Zeichen zu *einem* Seelenzustande.

Ende.

Zweite Analytiken oder Lehre vom Erkennen

(Analytika hystera)

Erstes Buch

Erstes Kapitel

Aller Unterricht und alles Lernen geschieht, soweit beides auf dem Denken beruht, mittelst eines schon vorher bestandenen Wissens. Es erhellt dies, wenn man die sämmtlichen Wissenschaften betrachtet; denn man erlangt die mathematischen Wissenschaften auf diese Weise und ebenso jede andere Wissenschaft. Ebenso verhält es sich mit den Begründungen durch Schlüsse und durch Induktion; bei beiden geschieht die Belehrung vermittelst eines schon vorher bestandenen Wissens; bei jenen werden Sätze angenommen, wie sie bei allen Verständigen gelten; bei diesen wird das Allgemeine aus der Kenntniss des Einzelnen abgeleitet. Auch die Redner überzeugen auf gleiche Weise; entweder durch Beispiele, also durch Induktion, oder durch glaubhafte allgemeine Sätze, was ein Schliessen ist.

Man muss aber in zweifacher Weise ein Vorauswissen haben; bei manchen muss man voraussetzen, *dass* es ist; bei anderen muss man wissen, *was* das Ausgesagte ist; bei manchen muss beides vorhanden sein. So muss man schon wissen, dass von jedem Dinge entweder die Bejahung oder die Verneinung wahr ist; bei dem Dreieck aber, was es bedeutet; und bei der Eins muss man beides vorherwissen, sowohl *dass* sie ist, als *was* sie bedeutet. Von diesen Bestimmungen ist nämlich nicht jede uns in gleicher Weise bekannt; manches lernt man kennen wo man schon vorher etwas davon wusste, manches auf einmal, wie z.B. das, was unter einem Allgemeinen steht, welches man schon kannte. So wusste man schon, dass die Winkel jedes Dreiecks zweien rechten gleich sind; aber dass diese, in dem Halbkreis eingezeichnete Figur ein Dreieck ist, erkennt man gleichzeitig mit dem Vorgeführtwerden. Von Manchem geschieht das Lernen auf diese Weise und man lernt das Besondere nicht durch einen Mittelbegriff kennen; nämlich alles, was als Einzelnes ist und nicht sich auf ein unterliegendes bezieht. Ehe es aber vorgeführt wird, oder der Schluss gezogen wird, findet in *einer* gewissen Weise schon ein Wissen statt, in einer anderen Weise aber nicht. Denn wenn man nicht weiss, ob etwas überhaupt besteht, wie kann man da wissen, dass dessen Winkel überhaupt zweien rechten gleich sind? Vielmehr ist klar, dass man zwar so weit weiss, als man das Allgemeine kennt; dass man es aber nicht im vollen Sinne weiss. Wäre dies nicht so, so geriethe man in die im *Menon* dargelegte Schwierigkeit, dass man entweder nichts lernen kann, oder nur das, was man schon weiss.

Diese Schwierigkeit ist also nicht so zu lösen, wie Einige versucht haben, indem sie die Frage stellten: Weisst Du also, dass jede Zwei gerade ist? oder weisst Du es nicht? Bejahte man nun die Frage, so führten sie eine Zwei an, von welcher der Gefragte nicht glaubte, dass sie bestehe, also auch nicht, dass sie gerade sei. Sie lösen nämlich die Schwierigkeit in der Weise, dass sie nicht behaupten, von jeder Zwei zu wissen, dass sie gerade sei, sondern nur von denen, die sie als eine Zwei kennen. Allein sie wissen doch das, wovon sie den Beweis innehaben und erlangt haben, und sie haben denselben nicht so erlangt, dass jener Satz nur von denjenigen Dreiecken gelte, von denen sie wissen, dass sie Dreiecke oder dass sie Zahlen sind, sondern als von *allen* Zahlen oder *allen* Dreiecken geltend; denn kein Obersatz wird so angesetzt, dass er nur von den Dir bekannten Zahlen, oder von den Dir bekannten geradlinigen Figuren gelte, sondern, dass er von *allen* gelte. Sonach steht dem, wie ich glaube, nichts entgegen, dass man das was man lernt, gewissermaassen schon weiss und gewissermaassen doch nicht weiss. Widersinnig ist es nicht, wenn man das, was man lernt, gewissermaassen schon weiss, sondern nur, wenn man es in der Beziehung und in der Weise schon wusste, in der man es lernt.

Zweites Kapitel

Man glaubt dann einen Gegenstand voll und nicht im sophistischen Sinne in blos nebensächlicher Weise zu wissen, wenn man die Ursache zu kennen glaubt, durch welche der Gegenstand ist, so dass jene die Ursache von diesem ist und dass sich dies nicht anders verhalten kann. Es ist klar, dass das Wissen solcher Art ist, denn von den Nicht-Wissenden und Wissenden glauben jene und wissen diese, dass dasjenige, was sie vollständig wissen, sich unmöglich anders verhalten kann. Ob es nun noch eine andere Art des Wissens, neben dem Wissen auf Grund eines Beweises giebt, werde ich später sagen; jetzt sage ich, dass es auch ein Wissen auf Grund eines Beweises giebt. Unter *Beweis* verstehe ich aber einen wissenschaftlichen Schluss, und *wissenschaftlich* nenne ich den, durch dessen Innehaben man weiss. Wenn nun das Wissen so ist, wie ich hier angenommen habe, so muss nothwendig die beweisbare Wissenschaft aus Sätzen hervorgehen, welche wahr sind, und welche die ersten und unvermittelt und bekannter und früher sind, und welche die Gründe für den Schlusssatz sind; denn so werden sich auch die eigenthümlichen obersten Grundsätze für das Bewiesene verhalten. Ein Schluss kann allerdings auch ohne solche Grundsätze zu Stande kommen, aber nicht ein Beweis; denn ohnedem wird der Schluss keine Erkenntniss bewirken. Diese Bestimmungen müssen also wahr sein, weil man das Nicht-Seiende nicht wissen kann, wie z.B. die Messbarkeit der Diagonale des Quadrats durch die Seite desselben; sie müssen ferner oberste und unbeweisbare Bestimmungen sein, denn sonst müsste man die Kenntniss ihres Beweises haben, um sie zu wissen, da das Wissen der Dinge, wofür ein Beweis und zwar nicht blos in nebensächlicher Beziehung vorhanden ist, darin besteht, dass man ihren Beweis innehat. Ferner müssen jene Bestimmungen die Gründe bilden und bekannter und früher sein; und zwar die Gründe deshalb, weil man etwas erst dann weiss, wenn man seine Ursache kennt und sie müssen früher sein, weil sie Ursachen sind und vorher bekannt, nicht blos in der Weise eines Verstehens, sondern auch in der Weise des Wissens, dass sie *sind*. Denn das der Natur nach Frühere ist nicht dasselbe mit dem Früheren für uns und ebenso ist das der Natur nach Bekanntere nicht dasselbe mit dem für Uns Bekannterem. Unter dem für Uns Früheren und Bekannteren verstehe ich das, was der sinnlichen Wahrnehmung näher liegt; unter dem schlechthin Früheren und Bekannteren das davon Entferntere. Am entferntesten ist das am meisten Allgemeine; am nächsten das Einzelne; beide sind einander entgegengesetzt. Aus den *Ersten* abgeleitet ist das, was aus seinen eigenthümlichen obersten Grundsätzen abgeleitet ist; denn Erstes und oberster Grundsatz sind dasselbe. Ein *oberster Grundsatz* ist der unvermittelte Vordersatz eines Beweises und unvermittelt ist ein Vordersatz, dem kein anderer vorausgeht. *Vordersatz* ist die Aussage des einen von zwei entgegengesetzten Sätzen wodurch etwas einem andern Gegenstande beigelegt wird; er ist *dialektisch*, wenn von diesen beiden Sätzen der eine oder der andere beliebig angenommen wird; er ist *beweisend*, wenn einer von beiden bestimmt als der wahre hingestellt wird. *Aussage* ist der eine oder der andere von diesen entgegengesetzten Sätzen. Ein *Gegensatz* sind solche zwei Sätze, welche kein Drittes zwischen sich gestatten. *Theile eines Gegensatzes* sind jeder dieser beiden Sätze, von denen der eine etwas von einem Gegenstande bejaht und der andere es verneint. Den unvermittelten Obersatz eines Schlusses, der nicht zu beweisen ist, nenne ich *These*, wenn der Lernende ihn nicht innezuhaben braucht; wenn aber der, welcher irgend etwas lernen will, ihn nothwendig innehaben muss, so ist es ein *Axiom*. Solcher giebt es einige und man hat sie gemeiniglich mit diesem Namen bezeichnet. Nimmt man beliebig einen von den beiden Theilen eines Gegensatzes als Obersatz, z.B. wenn ich sage, dass Etwas *ist*, oder dass es *nicht ist*, so ist dies eine *Hypothese*; ohne dem ist es eine *Definition*, denn die Definition ist zwar eine These, so lautet z.B. die arithmetische Definition, dass die *Eins* das der Grösse nach Untheilbare sei; aber eine Hypothese ist dies nicht, denn die Angabe, *was* die Eins ist und die Angabe, *dass* die Eins *ist*, sind nicht dasselbe.

Da die Ueberzeugung und die Erkenntniss in Bezug auf einen Gegenstand darauf beruht, dass man dafür einen solchen Schluss habe, welchen man Beweis nennt und ein solcher Schluss es dadurch ist, dass die Sätze, aus denen er sich ableitet, wahr sind, so muss man die obersten Grundsätze, entweder sämmtlich oder einige vorher nicht blos kennen, sondern auch in einen höherem Grade kennen; denn das, durch welches ein anderes ist, *ist* immer in höherem Grade; so liebt man dasjenige, weshalb man ein anderes liebt, in höherem Grade. Wenn also unsre Ueberzeugung und unser Wissen auf den obersten Grundsätzen ruht, so wissen wir diese auch in höherem Grade und vertrauen ihnen in höherem Maasse, weil wir erst durch diese Grundsätze das Weitere wissen. Es ist nämlich nicht möglich, dasjenige, was man nicht weiss und das wozu man sich nicht besser verhält, als wenn man es wüsste, mehr zu wissen, als das, was man wirklich weiss. Dies würde aber geschehen, wenn man nicht schon ein Wissen *vor* demjenigen Wissen hätte, auf welches man vermittelst des Beweises vertraut. Nothwendig muss also den obersten Grundsätzen, entweder den sämmtlichen oder einigen mehr vertraut werden, als der Schlussfolgerung. Wer also ein Wissen mittelst des Beweises erwerben will, der muss nicht blos die obersten Grundsätze mehr kennen und ihnen mehr vertrauen, als dem, was bewiesen wird, sondern es darf ihm auch das, was diesen Grundsätzen widerspricht und woraus auf das Entgegengesetzte und Falsche geschlossen werden könnte, weder glaubhafter noch bekannter sein; denn der Wissende muss schlechthin unerschütterlich in seiner Ueberzeugung sein.

5

Drittes Kapitel

Manche meinen, dass es überhaupt keine Wissenschaft gebe, weil man vorher schon die obersten Grundsätze *wissen* müsse; Andere erkennen zwar die Wissenschaften an, aber behaupten auch, dass Alles beweisbar sei. Indess sind diese beiden Meinungen weder wahr, noch nothwendig. Die, welche das Wissen überhaupt bestreiten, behaupten, dass man dabei in das Endlose gerathe, da man das Folgende durch das Frühere nicht wissen könne, wenn es kein Erstes gebe. In diesem Punkte haben sie Recht, denn man kann das Endlose nicht bis zum Ende durchgehen. Wollte man aber, sagen sie weiter, bei einem Satze stehen bleiben und ihn als Ersten nehmen, so könne dieser nicht als ein gewusster gelten, weil er nicht bewiesen sei, und weil nur das Bewiesene nach ihnen als gewusst gelten kann. Könne man also die obersten Grundsätze nicht wissen, so könne man auch das aus ihnen Abgeleitete weder überhaupt, noch im eigentlichen Sinne wissen, sondern nur bedingt, sofern nämlich jene obersten Sätze wahr seien.

Die Andern stimmen zwar darin mit jenen, dass sie nur ein Wissen, was auf Beweisen ruht, als solches anerkennen, allein sie behaupten, dass trotzdem Alles bewiesen werden könne, weil der Beweis auch im Zirkel geschehen und die Sätze gegenseitig aus einander bewiesen werden könnten.

Ich behaupte dagegen, dass jede Wissenschaft zwar auf Beweisen beruhen muss, aber dass das Wissen der unvermittelten Grundsätze nicht beweisbar ist. Und dass dies nothwendig so sein muss, ist klar. Denn da ein Wissen von den früheren Sätzen, aus welchen der Beweis geführt wird, nothwendig ist, man aber einmal bei unvermittelten Sätzen anhält, so müssen diese nothwendig unbeweisbar sein. Dies ist meine Ansicht und ich behaupte, dass es nicht blos Wissenschaften giebt, sondern auch oberste Grundsätze derselben, durch welche wir die Begriffe des Schlusses kennen lernen.

Dass aber ein vollständiger Beweis im Zirkel nicht möglich ist, ist klar, wenn der Beweis aus Früherem und Bekannterem geführt werden muss; denn dieselben Sätze können nicht zugleich die früheren und die späteren von sich sein, wenn man sie nicht in verschiedenen Sinne nimmt, wie z.B. einmal als das Frühere für Uns, und das anderemal als das Frühere an sich, welcher Doppelsinn durch die Induktion deutlich wird.

Wenn es sich nun so verhält, so wäre das volle Wissen von jenen Andern nicht richtig definirt, sondern es wäre dann zwiefach, oder das Wissen aus der zweiten Art des Beweises, welche von dem Uns Bekannteren ausgeht, wäre kein volles Wissen. Diejenigen, welche einen Beweis im Zirkel behaupten, gerathen indess nicht blos in die eben erwähnte Schwierigkeit, sondern sie sagen auch im Grunde weiter nichts, als dass dieses ist, wenn dieses ist; in welcher Weise allerdings alles leicht zu beweisen ist. Es ist klar, dass dies herauskommt, wenn man drei Begriffe setzt, denn es macht keinen Unterschied, ob man sagt, der Beweis biege sich durch viele oder wenige Begriffe im Kreise um, und ebenso wenig ob durch wenige oder durch zwei Begriffe. Wenn nämlich, sofern A ist, B sein muss, und wenn dieses ist, C sein muss, so wird, wenn A ist, auch C sein. Wenn nun, sofern A ist, B sein muss, und sofern B ist, A sein muss (denn dies ist der Beweis im Zirkel), so kann auch A für C gesetzt werden. Sagt man also, dass sofern B sei, A sei, so sagt man damit, dass C sei und zwar deshalb, weil sofern A ist, C ist; aber C ist dasselbe mit A. Wer also einen Beweis im Zirkel behauptet, behauptet nichts anderes, als dass wenn A ist, A ist. In dieser Weise lässt sich alles leicht beweisen. Indess ist dies doch nur da möglich, wo zwei Begriffe wechselseitig voneinander ausgesagt werden können, wie dies bei den einander eigenthümlich zugehörigen der Fall ist. Setzt man also blos Eines, so habe ich bereits gezeigt, dass dadurch niemals nothwendig wird, dass ein Anderes sei. (Unter »Eines« verstehe ich, dass das eben Gesagte gilt, sowohl wenn man nur *einen* Begriff, als wenn man nur *einen* Satz ansetzt.) Dagegen kann dies geschehen, wenn mindestens zwei Sätze angesetzt werden und dann kann man auch schliessen. Wenn also A von B und C ausgesagt wird und wenn diese letzteren jedes von dem andern und auch von A ausgesagt werden, so kann man allerdings alles Verlangte durch einander in der ersten Figur beweisen, wie ich in den Büchern über die Schlüsse gezeigt habe. Ich habe aber auch dort gezeigt, dass in den übrigen Figuren dann kein Schluss zu Stande kommt, wenigstens nicht in Bezug auf die angenommenen Vordersätze.

Bei Begriffen aber, die nicht wechselseitig voneinander ausgesagt werden können, ist kein Zirkelbeweis möglich. Da nun dergleichen Begriffe wenig in den Beweisen vorkommen, so erhellt, dass die Behauptung, bei den Beweisen werde Eines wechselweise durch das Andere bewiesen und in dieser Weise könne der Beweis von Allem geführt werden, leer und unmöglich ist.

Viertes Kapitel

Da sonach Alles, von dem ein volles Wissen besteht, sich nicht anders, als dieses Wissen es besagt, verhalten kann, so wird alles zur beweisbaren Wissenschaft gehörende Wissen ein nothwendiges sein, und beweisbar ist das Wissen, was man dadurch inne hat, dass man dessen Beweis besitzt. Der Beweis ist aber ein Schluss aus Nothwendigem. Es ist also zu untersuchen, aus welchen Bestimmungen ein Beweis sich ergiebt und wie diese beschaffen sein müssen. Vorher werde ich aber noch angeben, was ich unter: »von Allem«, unter: »An sich« und unter: »das Allgemeine« verstehe.

Unter »Von Allem« verstehe ich das, was nicht blos von einigen gilt und von anderen nicht und was nicht blos zu einer Zeit gilt und zu einer andern Zeit nicht. Wenn also das Geschöpf von allen Menschen gilt und es wahr ist, dass dieser ein Mensch ist, so ist auch wahr, dass er ein Geschöpf ist und dass wenn er *jetzt* das eine ist, er auch jetzt das andere ist; und dass wenn in jeder Linie der Punkt enthalten ist, dieses sich ebenso in jeder Linie zu jeder Zeit so verhält. Man kann dies daran erkennen, dass wenn gefragt worden, ob nicht etwas von Allen gelte, man die Einwürfe dagegen so macht, dass es entweder bei Einigen oder zu einer Zeit nicht gelte.

An sich nennt man alle Bestimmungen, welche in dem *Was* eines Gegenstandes enthalten sind, wie z.B. die Linie in dem Dreieck und der Punkt in der Linie; (denn das Wesen der Gegenstände besteht aus diesen Bestimmungen und sie sind in dem Begriffe, welcher ihr *Was* angiebt, enthalten.) Ebenso wohnt diesen Bestimmungen, die dem Gegenstande einwohnen, dieser Gegenstand selbst in deren Begriffe, welcher ihr Was angiebt, ein. So ist das Gerade und das Krumme in der Linie enthalten und das ungerade und Gerade in der Zahl und auch das Einfache und Zusammengesetzte, das Gleichseitige und Ungleichseitige; aber ebenso wohnt allen diesen Bestimmungen in ihrem Begriffe, welcher ihr *Was* angiebt, dort die Linie und hier die Zahl ein. Ebenso nenne ich das, was bei allen andern Gegenständen denselben in dieser Weise einwohnt das *An sich*, was aber nicht so beiderseitig einwohnt, nenne ich das »Nebensächliche«; wie z.B. das Musikalische und das Weisse in dem Geschöpf. Auch ist *An-sich* das, was nicht von einem andern Unterliegenden ausgesagt wird, wie dies z.B. bei dem »Gehenden« geschieht, wo ein Anderes ist, was geht und weiss ist; dagegen ist das Wesen und alles, was das *Was* angiebt, nicht an einem Anderen als das, *was* es ist. Ich nenne also dasjenige, *an-sich*, was nicht von einem *andern* Unterliegenden ausgesagt wird; dagegen ist das, was von einem solchen ausgesagt wird, das Nebensächliche. – Auch nenne ich noch in anderer Weise *An sich* dasjenige, was jedem Gegenstande *durch ihn selbst* einwohnt, und das, was ihm nicht durch sich selbst einwohnt, das Nebensächliche. Wenn es z.B. während jemand geht, blitzt, so ist dies ein Nebensächliches, weil das Blitzen nicht *durch* das Gehen geschehen ist, sondern es hat sich nur, wie man sagt, so getroffen. Ist aber etwas *durch* solches geschehen, so ist dies ein *An sich*; z.B. wenn etwas, was geschlachtet wird, stirbt, so geschieht es in Folge des Schlachtens an sich, weil es *durch* das Schlachten stirbt und weil es sich nicht blos so trifft, dass das Geschlachtete stirbt. Dasjenige also, was bei dem voll Wissbaren das *An sich* genannt wird, indem es dem Ausgesagten einwohnt und das Ausgesagte in ihm, ist *durch sich* und aus Nothwendigkeit. Denn es kann nicht sein, dass es seinem Gegenstande überhaupt nicht, oder nicht als Entgegengesetztes einwohne; so wohnt z.B. der Linie das Gerade oder das Krumme und der Zahl das Gerade oder Ungerade nothwendig ein, da das Gegentheilige entweder eine Beraubung oder Verneinung innerhalb derselben Gattung ist, wie z.B. das Gerade bei Zahlen, so weit es von ihnen ausgesagt wird, das Nicht-Ungerade ist. Ist es also nothwendig, dass das An sich von einem Gegenstande derselben Gattung entweder bejaht oder verneint werden muss, so muss das An sich auch nothwendig einwohnen.

Das »Von Allem« und das »An sich« soll also in dieser Weise bestimmt sein. *Allgemein* nenne ich aber das, was in allem Einzelnen und auch in ihren an sich und als solches enthalten ist. Daraus erhellt, dass jedes Allgemeine *nothwendig* in den es betreffenden Dingen enthalten ist. Das *An sich* und das *Als solches* sind dasselbe; so ist z.B. der Punkt und das Gerade in der Linie *an sich* enthalten und in ihr *als Linie*. Ebenso sind in dem Dreieck *als solchem* zusammen zwei rechte Winkel enthalten und das Dreieck *an sich* ist in seinen Winkeln zweien rechten gleich. Das Allgemeine ist dann in dem Gegenstande enthalten, wenn es an dem nächsten besten und an dem obersten sich darlegen lässt. So ist das »zwei rechte Winkel enthalten« kein Allgemeines der Figur, da man zwar an einer Figur zeigen kann, dass sie zwei rechte Winkel enthalte, aber nicht an jeder, wie es sich trifft. Auch benutzt der Beweisende nicht jede beliebige Figur, denn das Viereck ist auch eine Figur, aber es enthält keine zwei rechten Winkel. Ein gleichschenkliches Dreieck, was man zufällig trifft, enthält zwar auch zwei rechte Winkel, aber es ist nicht das oberste Dreieck, sondern das Dreieck überhaupt ist früher. Wenn also an dem ersten besten Dreieck gezeigt wird, dass es zwei rechte Winkel enthalte, oder wenn dies an sonst einen andern Dreieck ebenso geschieht, so wohnt diese Bestimmung dem obersten Gegenstande als eine allgemeine ein und der Beweis dieses Allgemeinen geschieht *an sich*, während er bei den andern Dreiecken in gewisser Weise nicht *an sich* geschieht; denn diese Bestimmung ist nicht blos ein Allgemeines von dem gleichschenklichen Dreieck, sondern auch von andern Dreiecken.

10

Fünftes Kapitel

Man darf nicht übersehen, dass man oft einen Fehler begeht, und dass das oberste Allgemeine in der Art nicht besteht, wie es scheint bewiesen worden zu sein. Man geräth in diesen Irrthum, wenn entweder nichts Höheres über das Einzelne oder die Einzelnen zu erfassen ist, oder wenn dies zwar der Fall ist, aber das Höhere von den der Art nach verschiedenen Dingen keinen Namen hat, oder wenn es sich trifft, dass das Ganze in den Theilen enthalten ist und man jenes an diesen Theilen beweisst; denn hier wird wohl der Beweis für die einzelnen Theile und damit für alle gelten, aber dennoch wird dies nicht ein Beweis für das oberste Allgemeine sein. Ich nenne es nämlich dann einen Beweis des obersten Allgemeinen als solchen, wenn er gerade dies oberste Allgemeine beweist; wenn also z.B. jemand bewiese, dass die Linien an zwei gegenüberliegenden rechten Winkeln nicht zusammentreffen und meinte dies sei der Beweis, der sich auf *alle* Linien mit zwei rechten Winkeln erstrecke. Allein dies ist nicht der Fall, da der Beweis nicht so geführt werden darf, dass die Winkel in *dieser* Weise gleich seien, sondern darauf, dass die Linien nicht zusammentreffen, wie auch die beiden Winkel zusammen zweien rechten gleich sein mögen. Oder wenn man keine andern Dreiecke als nur die gleichschenklichen betrachtete und man glaubte, der Satz, dass die Winkel eines Dreiecks zweien rechten gleich sein, gelte nur, weil sie gleichschenklich seien. Ebenso würde es sich mit dem Satze verhalten, dass die Glieder einer Proportion sich versetzen lassen, mögen diese Glieder Zahlen oder Linien, oder Körper, oder Zeiten sein, wenn dieser Satz etwa für jede dieser Arten besonders bewiesen würde, während es doch ausführbar ist, dass der Satz für alle Arten durch *einen* Beweis dargelegt werden kann. Da jedoch die Zahlen, Längen, Zeiten und Körper für das, worin sie alle Eins sind, keinen Namen haben und da sie selbst der Art nach verschieden sind, so wurde es an den einzelnen Arten bewiesen; jetzt wird aber der Beweis allgemein geführt, denn jene Bestimmung wohnt ihnen nicht als Linien oder Zahlen ein, sondern insofern sie *das* sind, was als Allgemeines in ihnen enthalten angenommen wird. Wenn daher auch jemand für einzelne Dreiecke durch *einen* oder durch verschiedene Beweise darlegte, dass jedes zwei rechte Winkel enthält und dies besonders für das gleichseitige und besonders für das ungleichseitige und besonders für das gleichschenkliche bewiese, so würde er deshalb doch nicht wissen, dass *das* Dreieck zwei rechte Winkel enthalte, als höchstens in dem sophistischen Sinne und er würde das allgemeine Dreieck nicht kennen und nicht wissen, ob es neben jenen noch andere Dreiecke gebe; denn er weiss den Satz nicht von dem Dreieck als solchen, noch von allen Dreiecken als nur der Zahl nach, aber nicht von allen der Art nach und er weiss nicht, ob nicht noch eines besteht, was er nicht kennt. Wenn würde er nun das Allgemeine nicht wissen und wenn würde er es schlechthin wissen? Offenbar würde er auch in jenem Falle das Allgemeine wissen, wenn das allgemeine Dreieck dasselbe wäre, wie das gleichschenkliche oder wie das einzelne oder wie *alle* einzelnen. Ist dies aber nicht der Fall, sondern sind sie verschieden und gilt der Satz nur für das Dreieck als solches, so weiss er es nicht. Gilt nun der Satz vom Dreieck als solchen, oder von dem gleichschenklichen als solchen? und wenn gilt er von diesen als obersten Allgemeinen? und welches Allgemeine ist zu beweisen? Offenbar gilt der Satz dann vom Allgemeinen, wenn nach Wegnahme jener Nebenbestimmungen er in jenem Obersten enthalten ist. So sind z.B. in dem gleichschenklichen ehernen Dreieck zwei rechte Winkel enthalten, allein sie sind es auch noch dann, wenn das Gleichschenkliche und Eherne weggenommen worden ist; aber sie sind auch nicht in der Figur oder in den Begrenzten überhaupt enthalten und nicht in ihnen, als den obersten Begriffen. Welches ist nun für sie das oberste? Wäre dies das Dreieck überhaupt, so sind die zwei rechten Winkel in Bezug auf dieses in den besondern Dreiecken enthalten und der Beweis ist also auf dieses Allgemeine zu richten.

Sechstes Kapitel

Wenn nun die beweisbare Wissenschaft aus nothwendigen obersten Grundsätzen sich ableitet (denn das, was man weiss, kann sich nicht anders verhalten) und da die zum An sich gehörenden Bestimmungen als nothwendige in den Dingen enthalten sind (denn diese Bestimmungen sind in dem *Was* der Dinge enthalten, und die Dinge selbst sind in dem *Was* dieser Bestimmungen enthalten, von welchen nothwendig die eine von den entgegengesetzten Bestimmungen in den Dingen enthalten sein muss), so erhellt, dass aus solchen zum An sich gehörenden Bestimmungen der beweisende Schluss besteht; denn alles ist entweder als ein An sich oder als ein Nebenbei in den Dingen enthalten, und das Nebenbei ist nicht nothwendig.

Man muss also entweder so sich ausdrücken, oder man muss als obersten Grundsatz aufstellen, dass der Beweis das Nothwendige enthalte und dass, wenn etwas bewiesen ist, es nicht möglich sei, dass es sich anders verhalte. Somit muss der Schluss aus nothwendigen Bestimmungen sich ableiten. Aus wahren Sätzen kann man allerdings, wenn man nicht beweisen will, Schlüsse ableiten ; aus nothwendigen Sätzen kann es aber nicht anders, als behufs des Beweises geschehen; denn dies gehört schon zu dem Beweise. Ein Zeichen, dass der Beweis aus nothwendigen Sätzen zu führen ist, ist, dass man die Einwürfe gegen diejenigen, welche etwas glauben bewiesen zu haben, in der Art erhebt, dass die Sache nicht nothwendig sich so verhalte, mag man dabei glauben, dass sie sich überhaupt anders verhalte, oder anders, wie behauptet worden. Hieraus erhellt, wie einfältig diejenigen verfahren, welche, wenn der Vordersatz glaubhaft und wahr ist, meinen, dass sie dann die obersten Grundsätze richtig aufstellen, wie z.B. die Sophisten dies thun, wenn sie sagen, dass das Wissen so viel sei, als die Wissenschaft inne haben; denn nicht das Glaubhafte oder Nichtglaubhafte ist ein Grundsatz, sondern als ein solcher kann nur der oberste Satz der Gattung gelten, innerhalb welcher der Beweis geführt wird und das Wahre ist nicht immer auch das Eigenthümliche einer Sache.

Auch ergiebt sich aus Folgendem, dass der Schluss aus Nothwendigen hervorgehen muss. Wenn nämlich der, welcher den Grund, durch welchen ein Beweis geführt worden, nicht inne hat, kein Wissender ist und der Beweis so beschaffen wäre, dass A in C nothwendig enthalten, aber B, der Mittelbegriff, durch welchen bewiesen worden nicht nothwendig in A und C enthalten wäre, so würde er den Grund, weshalb es sich so verhält, wie bewiesen worden, nicht kennen; denn der Schlusssatz hat dann seinen Grund nicht in diesem Mittelbegriff, da dieser Begriff auch nicht-sein kann, der Schlusssatz aber ein nothwendiger sein soll.

Ferner hat derjenige, welcher *jetzt* nicht als ein Wissender gelten kann, obgleich er den Schluss kennt, und welcher ebensowohl, wie die Sache fortbesteht und welcher den Schluss nicht vergessen hat, auch vorher kein Wissen gehabt; denn das Mittlere hätte können zu Grunde gehen, wenn es kein nothwendiges ist; er wird deshalb wohl den Beweis inne haben, wenn er sowohl, wie die Sache bestehen bleiben, aber ein Wissen hat er nicht, und deshalb hat er es auch früher nicht gehabt. Aber wenn das Mittlere auch nicht zu Grunde geht, aber doch zu Grunde gehen *kann*, so wäre der Schlusssatz daraus doch nur etwas Mögliches und Statthaftes; und Dinge die sich so verhalten, kann man unmöglich wissen.

Wenn aber auch der Schlusssatz ein nothwendiger sein sollte, so braucht trotzdem der Mittelbegriff, durch den der Beweis geführt wurde, kein nothwendiger zu sein; denn man kann das Nothwendige auch aus nicht-nothwendigen Sätzen schliessen, wie ja auch aus Nicht-wahrem Wahres geschlossen werden kann. Ist aber der Mittelbegriff nothwendig, so ist es auch der Schlusssatz, wie ja aus Wahrem auch immer nur Wahres geschlossen werden kann. Denn es sei A in Bezug auf B nothwendig und ebenso B in Bezug auf C; hier muss auch A in C nothwendig enthalten sein. Ist aber der Schlusssatz kein nothwendiger, so kann auch der Mittelbegriff kein nothwendiger sein; denn es sei A in C nicht nothwendig enthalten; wäre nun A in B und dieses in C nothwendig enthalten, so würde auch A in C nothwendig enthalten sein, während dies nicht angenommen worden ist.

Wenn sonach bei dem auf Beweis beruhenden Wissen das Eine in dem Andern nothwendig enthalten sein muss, so erhellt, dass der Beweis aus einem nothwendigen Mittelbegriff abgeleitet sein muss; denn sonst weiss man weder warum etwas ist, noch dass es nothwendig so sein muss, sondern man wird es entweder nur glauben, aber nicht wissen, im Fall man das Nicht-Nothwendige für nothwendig hält, oder man wird es nicht einmal glauben zu wissen, sei es, dass man nur das »dass« durch Mittelbegriffe weiss, oder dass man das »dadurch« ohne Vermittlung weiss.

14

Von den einer Sache nebenbei und nicht an sich in dem Sinne, wie das An sich definirt worden, angehörenden Bestimmungen, giebt es kein beweisbares Wissen, da man den Schlusssatz hier nicht aus Nothwendigem ableiten kann, weil das Nebenbei einer Sache Anhängende auch nicht-sein kann; denn ein solches nebenbei Anhängende meine ich. Indess könnte man vielleicht sich wundern, dass man solche Fragen auf das Nebenbei stelle, wenn der Schlusssatz daraus kein nothwendiger sei; da es doch gleichgültig sei, wenn aus auf das gerade Wohl erfragten Vordersätzen jemand einen Schlusssatz zieht. Allein man will nicht deshalb solche Vordersätze durch Fragen zu erhalten suchen, damit dann der Schlusssatz durch die gefragten Vordersätze ein nothwendiger werde, sondern weil, wenn jemand auf Befragen solche Vordersätze aufstellt, er auch den daraus gezogenen Schluss anerkennen muss und auch als einen wahren, wenn diese Vordersätze wahr sind.

Da nun in jedem Gebiet alles, was darin an-sich ist und inwiefern es solches ist, nothwendig ist, so erhellt, dass die Beweise, welche zu einem Wissen führen, das An-sich-Seiende betreffen und aus solchem abgeleitet werden. Denn das Nebenbei-Seiende ist nicht nothwendig, und man braucht deshalb auch bei Schlusssätzen über Nebensächliches nicht zu wissen, warum es sich so verhält, und zwar selbst dann nicht, wenn es immer bestände, aber nicht als ein An sich, wie dies z.B. bei den Schlüssen der Fall ist, welche aus Zeichen abgeleitet werden; denn das an sich Seiende wird man bei solchen Schlüssen nicht als ein An-sich erkennen und auch nicht warum es so ist. Das »warum etwas ist« Wissen ist ein Wissen vermittelst des Grundes; es muss also auch der Mittelbegriff in dem Unterbegriff und der Oberbegriff in dem mittleren an sich enthalten sein.

15

Siebentes Kapitel

Folglich darf man auch Behufs eines Beweises, nicht in ein anderes Gebiet übergreifen; so darf z.B. das Geometrische nicht durch arithmetische Sätze bewiesen werden. Denn die Beweise enthalten dreierlei; dass eine ist der bewiesene Schlusssatz, welcher von einer Gattung etwas aussagt, was an sich in ihr enthalten ist; das zweite sind die aufgestellten Vordersätze, aus denen der Schlusssatz folgt; das dritte ist die Gattung, um die es sich handelt, von welcher der Beweis die Zustände und das ihr an sich Zukommende offenbar macht.

Die Vordersätze, aus denen der Beweis abgeleitet wird, können dieselben für mehrere Beweise sein, wenn sie indess verschiedenen Gattungen angehören, z.B. der Arithmetik, oder der Geometrie, so kann man dann den arithmetischen Beweis nicht auf die Bestimmungen, die zur geometrischen Grösse gehören anwenden, wenn diese Grössen nicht selbst Zahlen sind. Ich werde später darlegen, wie dies bei einigen ausführbar ist. Der arithmetische Beweis hält sich dagegen immer innerhalb der Gattung, um deren Beweis es sich handelt und ebenso ist dies bei den anderen Wissenschaften der Fall. Deshalb muss der Beweis sich entweder durchaus innerhalb derselben Gattung halten, oder doch in einer gewissen Weise, sofern der Beweis in eine andere Gattung übergreifen will. In jeder anderen Weise ist dies aber unmöglich, wie dies klar sich daraus ergiebt, dass sowohl die äusseren Begriffe, wie der mittlere zu derselben Gattung gehören müssen; denn wenn sie nicht als ein An sich zu derselben Gattung gehören, so sind sie nur ein Nebenbei. Aus diesem Grunde kann die Geometrie nicht beweisen, dass die Wissenschaft von Gegentheilen nur *eine* ist, und auch nicht, dass die Summe zweier Kubikzahlen wieder eine Kubikzahl ist. Ebenso kann auch jede andere Wissenschaft nicht die Sätze einer andern beweisen, sie müssten sich denn so zu einander verhalten, dass die eine der anderen untergeordnet ist, wie das z.B. mit der Optik in Bezug auf die Geometrie und mit der Harmonielehre in Bezug auf die Arithmetik der Fall ist. Auch kann die Geometrie nicht das beweisen, was den Linien nicht als Linien oder nicht vermöge ihrer eigenthümlichen obersten Grundsätze einwohnt; z.B. nicht die Frage, ob die gerade Linie die schönste von allen Linien sei, oder ob sie das Gegentheil zu dem Kreisumring bilde; denn diese Bestimmungen gehören als solche nicht zu

16

deren eigenthümlichen Gattungsbegriffe, sondern sie sind etwas, was auch anderen Gattungen gemeinsam ist.

Achtes Kapitel

Auch erhellt, dass wenn die Vordersätze aus denen der Schluss gezogen ist, allgemein lauten, der Schlusssatz eines solchen Beweises, wie überhaupt jedes wahrhaften Beweises *immer* gilt. Es giebt deshalb keinen Beweis und keine wahre Wissenschaft von den vergänglichen Dingen, als nur so, wie nebenbei, weil das Vergängliche nicht zu dem Allgemeinen der Dinge gehört, sondern nur zu Zeiten oder in gewisser Weise an ihnen sich befindet. Lautet also ein Schluss in dieser Weise, so muss der eine der Vordersätze kein allgemeiner sein und zu den vergänglichen gehören, und zwar zu den vergänglichen, weil auch der Schlusssatz es ist, und zu den nicht allgemeinen, weil das Ausgesagte später in einigen, von denen es ausgesagt wird, enthalten und in anderen nicht enthalten sein wird; man kann deshalb den Schlusssatz nicht allgemein folgern, sondern nur für die Gegenwart.

Ebenso verhält es sich mit den *Definitionen*; denn die Definition ist entweder der Obersatz des Beweises, oder ein Beweis, der sich nur in der Aufstellung von ihm unterscheidet, oder ein Schlusssatz aus einem Beweise. Die Beweise und Wissenschaften von dem, was oft geschieht, wie z.B. von den Mondfinsternissen sind offenbar insoweit, als sie wirkliche Beweise und Wissenschaften sind, immer gültig; so weit aber ihre Sätze nicht für immer gelten, haben sie nur beschränkte Gültigkeit, und wie dies für die Verfinsterungen gilt, so auch für andere Gegenstände solcher Art.

17

Neuntes Kapitel

Da somit erhellt, dass Jedwedes nur aus seinen obersten Grundsätzen bewiesen werden kann, sofern das Bewiesene in dem Gegenstande als solchem enthalten ist, so ist dieses Wissen dann noch nicht vorhanden, wenn es auch aus wahren und unbeweisbaren oder unvermittelten Sätzen bewiesen worden ist. Dies wäre nur ein Beweis, wie der, welchen Bryson für die Quadratur des Kreises führte; denn solche Sätze dienen als Beweis für das Gemeinsame mehrerer Gebiete, was also auch in andern Dingen enthalten ist. Deshalb passen solche Beweise auch auf andere, nicht verwandte Dinge und deshalb weiss man den Gegenstand nicht als solchen, sondern nur nach nebensächlichen Bestimmungen, da sonst der Beweis nicht auch für eine andere Gattung von Dingen passen würde.

Man weiss nehmlich darum einen Gegenstand nicht blos in Bezug auf seine nebensächlichen Bestimmungen, wenn man ihn in Bezug auf jenes, was sein Ansich ist, aus den obersten Grundsätzen, welche für ihn als solche gelten, erkennt; z.B. wenn man die Eigenschaft, Winkel zu haben, welche zweien rechten gleich sind, bei dem Gegenstande, dem diese Eigenschaft an sich zukommt, aus den für ihn geltenden obersten Grundsätzen weiss. Mithin muss, wenn diese Bestimmung dem Gegenstande ansich einwohnt, der Mittelbegriff nothwendig aus demselben verwandten Gebiete genommen sein, und ist dies nicht der Fall, so müssen sich die obersten Grundsätze doch so verhalten, wie bei den, durch die Zahlenlehre innerhalb der Harmonielehre geschehenden Beweisen. In solchem Falle wird der Beweis zwar ebenso geführt, aber es ist doch ein Unterschied vorhanden; denn das *Dass* gehört hier einer anderen Wissenschaft an (denn das zu Grunde liegende Gebiet ist ein anderes) aber das *Warum* gehört der höheren Wissenschaft an, zu deren Ansich die betreffenden Bestimmungen gehören. Also auch aus diesen Fällen erhellt, dass jedwedes vollständig nur aus seinen eigenen obersten Grundsätzen bewiesen werden kann; diese obersten Grundsätze befassen nur hier ein beiden Wissenschaften gemeinsames Gebiet.

Ist dies nun klar, so erhellt auch, dass die eigenthümlichen obersten Grundsätze eines jeden Gebietes nicht bewiesen werden können; und diese obersten Grundsätze bilden zusammen die Grundsätze für Alles und die Wissenschaft dieser obersten Grundsätze ist die oberste von allen. Denn der, welcher etwas aus höheren Grundsätzen weiss, weiss es in höherem Grade; denn er weiss es aus Früherem, wenn er es aus Gründen weiss, die selbst nicht mehr begründet sind. Wenn also ein solcher in höherem Grade oder am meisten als ein Wissender gelten muss, so wird auch jene Wissenschaft die höchste sein und die, welche am meisten das Wissen gewährt. Der Beweis kann also nicht auf Dinge einer anderen Gattung ausgedehnt werden, als nur so, wie es mit den geometrischen Beweisen für die Mechanik oder Optik, und mit den arithmetischen Beweisen für die Harmonielehre angegebener Maassen geschehen kann.

Es ist indess schwer zu erkennen, ob man etwas weiss oder nicht, da es schwer zu erkennen ist, ob man Etwas aus dessen eigenthümlichen Grundsätzen weiss oder nicht, während doch nur im ersten Falle ein volles Wissen vorhanden ist. Man glaubt zwar schon zu wissen, wenn der Satz aus wahren und obersten Grundsätzen gefolgert ist; allein dies genügt nicht, vielmehr muss der Satz mit den obersten Grundsätzen auch zu ein und demselben Gebiete gehören.

Zehntes Kapitel

Ich nenne aber oberste Grundsätze eines Gebietes die, bei denen man das: *Dass* sie sind, nicht beweisen kann. Was nun die obersten Grundsätze und das daraus Abgeleitete bedeuten, wird offenbar angenommen; dass sie aber die Wahrheit enthalten, muss bei den obersten Grundsätzen ebenfalls angenommen werden, während das Uebrige bewiesen werden muss. So wird vorausgesetzt was die Eins und was das Gerade und das Dreieck bedeuten; auch muss man annehmen, dass die Eins und die Grösse *sind*; alles andere aber wird bewiesen.

Die obersten Grundsätze, deren man sich in den beweisenden Wissenschaften bedient, sind theils der betreffenden Wissenschaft eigenthümlich, theils sind es gemeinsame und zwar gemeinsame vermöge einer Aehnlichkeit, da dies in so weit geschehen kann, als der Satz zu einem Gebiete gehört, welches unter der betreffenden Wissenschaft steht. Ein eigenthümlicher Satz ist z.B. der, welcher besagt, was die Linie oder das Gerade sei; ein gemeinsamer Satz aber ist z.B. der, dass wenn man Gleiches von Gleichem abzieht, Gleiches übrig bleibt. Ein jeder Grundsatz kann benutzt werden, so weit er zu dem gemeinsamen Gebiete gehört; denn er wirkt dann dasselbe, auch wenn er nicht in seiner vollen Allgemeinheit genommen wird, sondern blos von den Grössen und in der Arithmetik nur von den Zahlen ausgesagt wird.

Es giebt auch eigenthümliche oberste Begriffe, deren Dasein man annimmt, und von welchen die Wissenschaft das ihnen an sich Zukommende betrachtet; so z.B. die Arithmetik das der Eins Zukommende und die Geometrie das dem Punkte und der Linie Zukommende; denn von diesen nimmt man nicht blos ihr Sein, sondern auch ihr So beschaffen sein an. Was die, solchen Dingen an sich zugehörigen Bestimmungen bedeuten, wird zwar ebenfalls vorausgesetzt, z.B. in der Arithmetik das, was das Urgerade und Gerade oder was eine Quadrat- oder eine Kubikzahl ist, und in der Geometrie das, was kein gemeinsames Maass hat, was gekrümmt, oder was das Zusammentreffen von Linien ist; aber dass diese Bestimmungen *wahr* sind, wird aus den gemeinsamen Grundsätzen und aus dem, was schon vorher bewiesen worden, dargelegt. Auch mit der Sternkunde verhält es sich so.

Denn jede beweisende Wissenschaft hat es mit Dreierlei zu thun; mit dem, was als seiend angenommen wird (dies ist die Gattung, von welcher sie die, ihr an sich zukommende Bestimmungen untersucht), sodann mit den sogenannten gemeinsamen Grundsätzen, aus denen, als den Ersten, die Beweise geführt werden, und drittens mit den, der Gattung zukommenden Bestimmungen, bei denen sie das, was eine jede bedeutet, ohne Beweis annimmt. Indess kommt es vor, dass einzelne Wissenschaften ein oder den andern dieser Punkte übergehn; so wird z.B. nicht als Satz aufgestellt, dass die Gattung bestehe, wenn dies klar ist (denn es ist z.B. nicht in gleicher Weise klar, dass es Zahlen giebt wie dass es Warmes und Kaltes giebt) oder man giebt nicht an, was die zukommenden Bestimmungen bedeuten, wenn dies bekannt ist; auch die Bedeutung gemeinsamer Grundsätze wird nicht erklärt, wie z.B. dass, wenn man Gleiches von Gleichem nimmt, Gleiches bleibt, weil dies bekannt ist. Dessenungeachtet handelt es sich von Natur um diese drei Punkte, erstens um den Gegenstand, welchen der Beweis betrifft, dann um das, was bewiesen wird und drittens um das, durch welches es bewiesen wird.

Sätze, welche nothwendig durch sich selbst sind und nothwendig so aufgefasst werden, sind keine Voraussetzungen und keine Forderungen; denn der Beweis bezieht sich nicht auf die äusserliche Rede oder den äusserlichen Beweis, sondern auf die Gedanken in der Rede und dies gilt auch von dem Schlusse; denn man kann gegen die äusserliche Rede immer Einwendungen erheben, aber nicht immer gegen den inneren Gedanken.

Wenn man nun Sätze, die an sich bewiesen werden können, aufstellt, ohne ihren Beweis zu führen, so sind dies *Voraussetzungen*, wenn sie dem Lernenden als glaubwürdig erscheinen; sie sind dann keine Voraussetzungen schlechthin, sondern nur in Bezug auf den Lernenden; wenn aber ein Satz aufgestellt wird, für den die Meinung nicht spricht oder der gegen die Meinung läuft, so ist dies eine *Forderung*. Hierdurch unterscheiden sich die Voraussetzungen von den Forderungen; letztere sind Sätze, die der Meinung des Lernenden zuwider sind, oder Sätze, die man als bewiesene aufstellt und gebraucht, ohne sie bewiesen zu haben.

Die blosen *Begriffe* sind keine Voraussetzungen (denn sie sagen weder dass sie sind, noch dass sie nicht sind), vielmehr sind die Voraussetzungen in den Sätzen enthalten. Die Begriffe braucht man nur zu verstehen, was keine Voraussetzung ist, so wenig wie man das Hören eine Voraussetzung nennen wird. So weit aber die Begriffe wirklich bestehen, bildet sich der Schluss durch das Sein derselben. Auch setzt der Geometer nicht Falsches voraus, wie Manche behaupten, welche verlangen, dass man von dem Falschen keinen Gebrauch machen dürfe, während doch der Geometer dies thue, wenn er sage, dass eine Linie einen Fuss lang sei, obgleich sie nicht so lang ist oder dass die gezogene Linie gerade sei, obgleich sie es nicht ist. Allein der Geometer folgert dieses nicht daraus, dass die Linie, die er *gezogen* hat, so beschaffen sei, sondern weil das mit dieser Linie Angedeutete so beschaffen ist. – Auch sind alle Voraussetzungen und Forderungen entweder allgemein oder beschränkt, während die Begriffe keines von Beiden sind.

Elftes Kapitel

Dass es nun Ideen oder ein besonderes Eines *neben* den vielen Einzelnen geben müsse, wenn ein Beweis zu Stande kommen solle, ist nicht nothwendig; aber richtig ist es, dass *Eines in Bezug* auf die vielen Einzelnen sein muss, denn das Allgemeine kann ohnedem nicht sein; und wenn es kein Allgemeines giebt, so giebt es auch kein Mittleres, also auch keinen Beweis. Es muss also Ein- und Dasselbe an Mehreren geben, und zwar nicht blos dem Worte, sondern der Sache nach.

Der Satz, dass es nicht möglich ist, Dasselbe zugleich zu bejahen und zu verneinen, wird in keinem Beweise benutzt; wenn aber derselbe zum Beweise benutzt werden sollte, so wird auch der Schlusssatz so lauten. Bei Beweis geschieht in diesem Falle so, dass die Aussage des Oberbegriffs von dem Mittelbegriff wahr sei und die Verneinung unwahr; dagegen macht es keinen Unterschied, ob man den Mittelbegriff und ebenso den Unterbegriff als bejahend und zugleich als verneinend setzt, denn wenn nur der Obersatz zugegeben wird, wonach man in Wahrheit den Menschen ein Geschöpf nennen kann, mag es selbst wahr sein, dass auch der Nicht-Mensch ein Geschöpf sei, also wenn nur wahr ist, dass der Mensch ein Geschöpf und nicht ein Nicht-Geschöpf ist, so wird Kallias, auch wenn Nicht-Kallias ein Geschöpf ist, doch ein Geschöpf sein und kein Nicht-Geschöpf. Der Grund davon ist, dass der Oberbegriff nicht blos von dem Mittleren, sondern auch von noch andern Dingen ausgesagt wird, weil er in Mehreren als blos in dem Mittleren des betreffenden Schlusses enthalten ist; deshalb macht es für den Schlusssatz keinen Unterschied, ob das Mittlere dieses und daneben auch nicht-dieses ist.

Der Satz, wonach jedwedes von einem Gegenstande entweder bejaht oder verneint werden muss, wird bei dem Unmöglichkeitsbeweise benutzt, aber auch hier geschieht es nicht immer, sondern nur so weit es genügt; was der Fall ist, wenn es für die betreffende Gattung genügt. Unter »betreffende Gattung« verstehe ich die Gattung, innerhalb welcher der Beweis geführt wird, wie ich schon früher bemerkt habe.

Alle Wissenschaften haben in Bezug auf die gemeinsamen obersten Grundsätze etwas mit einander gemein. Ich nenne gemeinsame Grundsätze die, deren man sich bedient, um den Beweis daraus zu führen, wo aber das, worüber der Beweis geführt wird, und das, was bewiesen wird, nicht auch als ein gemeinsames anzusehen ist. Auch die Dialektik ist allen Wissenschaften gemeinsam, und ebenso würde es ein Gemeinsames sein, wenn jemand versuchte, diese gemeinsamen obersten Grundsätze zu beweisen, z.B. der Satz, dass jedwedes von einem Gegenstande entweder bejaht oder verneint werden könne, oder dass, wenn man Gleiches von Gleichem nimmt, Gleiches bleibe und ähnliche solche Sätze. Die Dialektik ist aber nicht so auf einzelne Sätze oder ein einzelnes Gebiet beschränkt, sonst würde der Dialektiker sich nicht der Fragen bedienen; denn wenn man beweisen will, kann man sich nicht der dialektischen Fragen bedienen, weil der Beweis nicht dadurch geführt werden kann, dass das Entgegengesetzte nicht wahr sei, wie dies von mir in der Lehre von den Schlüssen dargelegt worden ist.

Zwölftes Kapitel

Wenn die behufs eines Schlusses erhobene Frage dasselbe ist, wie der entgegengesetzte Vordersatz, und wenn Vordersätze in jeder Wissenschaft diejenigen sind, aus denen ein auf diese Wissenschaft sich beziehender Schluss gezogen werden kann, so wird eine wissenschaftliche Frage die sein, aus welcher ein, der betreffenden. Wissenschaft eigenthümlichen Schluss gezogen werden kann. Deshalb kann nicht jede

Frage eine geometrische oder eine medicinische oder die sonst einer besondern Wissenschaft angehörige sein, sondern nur diejenigen sind es, aus welchen etwas bewiesen wird, worüber z.B. die Geometrie handelt, oder aus denen etwas mittelst der Geometrie bewiesen wird, wie z.B. optische Fragen. Das Gleiche gilt für die andern Wissenschaften. Ueber solche Fragen muss also aus geometrischen Grundsätzen und Schlusssätzen Rechenschaft gegeben werden; aber über diese Grundsätze selbst hat der Geometer als solcher keine Rechenschaft zu geben und dies gilt auch für die andern Wissenschaften. Man kann also nicht an jedem der eine Wissenschaft inne hat, jedwede Frage stellen, noch kann jedwede über Beliebiges aufgestellte Frage von ihm beantwortet werden, sondern die Fragen sind nach den Wissenschaften zu unterscheiden. Wenn in dieser Weise mit einem Geometer als solchen verhandelt wird so wird offenbar richtig verfahren, wenn daraus etwas bewiesen wird; geschieht dies aber nicht, so wird nicht richtig verhandelt. Wenn im letztem Falle der Geometer auch widerlegt wird, so geschieht dies doch nur nebenbei und man sollte deshalb an Personen, die keine Geometrie verstehen, keine geometrischen Fragen stellen, denn der Befragte wird die falsch gestellte Frage nicht verstehen. Gleiches gilt für die übrigen Wissenschaften.

Wenn es nun geometrische Fragen giebt, giebt es da auch ungeometrische Fragen? Und nach welcher Art von Unwissenheit bei jeder Wissenschaft bestimmt es sich, ob die gestellte Frage z.B. in der Geometrie entweder eine geometrische oder eine ungeometrische ist? Und ist der auf die Unwissenheit sich beziehende Schluss derjenige, welcher aus entgegengesetzten Sätzen abgeleitet wird oder der, welcher zwar ein Fehlschluss ist, aber doch innerhalb der Geometrie sich hält oder der, welcher seine Sätze einer andern Wissenschaft entnimmt? So ist z.B. eine Frage über etwas Musikalisches eine ungeometrische Frage, dagegen ist die Meinung, dass Parallellinien zusammentreffen können, zwar in gewisser Weise eine geometrische, aber in anderer Hinsicht eine ungeometrische Meinung; denn dies Wort ist doppelsinnig gleich dem Unrythmischen; einmal gilt etwas als ungeometrisch, weil es nichts Geometrisches an sich hat, wie das Unrythmische nichts Rythmisches und zweitens wird etwas ungeometrisch genannt, weil das darin enthaltene Geometrische sich falsch verhält. Diese Unwissenheit, welche sich auf solche falsche Sätze stützt, ist das Gegentheil der Wissenschaft. In der Mathematik ist indess der Fehlschluss nicht von dieser Art, weil in andern Wissenschaften die Zweideutigkeit von dem Mittelbegriff herkommt; hier wird dagegen der Oberbegriff von dem ganzen Mittelbegriff ausgesagt und der Mittelbegriff wird er wieder von dem ganzen Unterbegriff, während in den andern Wissenschaften das Ausgesagte nicht in seinem ganzen Umfange ausgesagt wird. Ob nun dies sich wirklich so verhält, kann man in der Mathematik gleichsam mit dem Verstande sehen, während es bei andern Untersuchungen leicht unbemerkt bleibt. So z.B.: Ist jeder Kreis eine Figur? Wird hier der Kreis verzeichnet, so ist es klar, dass er eine Figur ist. Aber wie? ist auch das Heldengedicht ein Kreis? Hier ist wieder klar, dass es kein Kreis ist.

Man darf auch einen Einwurf nicht auf eine Induktion stützen, im Fall ein Vordersatz in dem anzugreifenden Satze sich auf eine Induktion stützt. Denn sowie kein Satz als Vordersatz gelten kann, der nicht von Mehreren gilt (denn er gilt dann auch nicht von Allen, während der Schluss doch einen allgemeinen Obersatz verlangt), so kann auch der Einwurf dann nicht als ein zuverlässiger Vordersatz gelten. Denn die Vordersätze und die Einwürfe müssen gleicher Art sein, da der Satz, der als Einwurf aufgestellt worden, selbst zu einem beweisenden oder dialektischen Vordersatz geeignet sein muss.

Manche verletzen in ihren Reden die Regeln des Schlusses dadurch, dass sie für die beiden äussern Begriffe etwas ihnen beiden Zukommendes als Mittelbegriff aufstellen, wie es z.B. *Kaineus* thut, indem er folgert, dass das Feuer in geometrischer Proportion zunehme, nämlich, weil das Feuer schnell zunehme, wie er sagt, und weil dies auch von der geometrischen Proportion gelte. Allein dies ist kein richtiger Schluss. Dagegen wäre es ein solcher, wenn die geometrische Proportion in der schnellsten Weise wüchse, und das Feuer in der schnellsten Weise zunähme.

Mitunter kann man aus den angenommenen Vordersätzen keinen Schluss ziehen, mitunter kann es geschehen, aber es wird nicht bemerkt. Wenn es unmöglich wäre, aus falschen Vordersätzen einen wahren Schluss zu ziehen, so könnte man den Fehler leichter darlege, denn dann müssten Schlusssatz und Vordersatz sich gleichmässig umkehren lassen. So soll A als seiend angenommen werden; wenn aber A seiend ist, so ist es auch jenes, von dem ich weiss, dass es ist, z.B. B. Aus diesen Annahmen kann ich dann zeigen, dass auch A ist. Indess findet eine solche Umkehrung der Sätze vornehmlich nur in der Mathematik statt, weil man hier Bestimmungen, die blos nebenbei statt haben, nicht be-

25

217

nutzt, sondern nur Definitionen. (Auch dies ergiebt einen weiten Unterschied der mathematischen Methode von der dialektischen).

Das Wissen wird in seinem Inhalte nicht durch Einschiebung von Mittelbegriffe vermehrt, sondern durch Hinzunahme von Unterbegriffen; so dass z.B. A von B gilt und B von C, und dieses wieder von D und so fort ohne Ende. Es kann dies auch schief geschehen, wenn z.B. A sowohl von C wie von E gilt; z.B. jede Zahl ist irgend wie gross oder unbestimmt, welcher Satz mit A bezeichnet werden soll; nun sei die ungerade Zahl überhaupt B, die bestimmte ungerade Zahl C; dann wird A auch von C gelten. Es sei ferner die gerade Zahl überhaupt D und die bestimmte gerade Zahl E; also wird A auch von E gelten.

Dreizehntes Kapitel

Das Wissen, *dass* Etwas ist und das Wissen, *warum* Etwas ist, unterscheidet sich schon in ein und derselben Wissenschaft und zwar in zweifacher Weise; einmal darin, dass der Schluss nicht durch unvermittelte Sätze geschieht (denn dann wird nicht die erste Ursache gesetzt, während doch das Wissen des Warum die oberste Ursache befasst); zweitens darin, dass der Schluss zwar auf unvermittelte Sätze gestützt wird, aber doch nicht aus seiner Ursache abgeleitet wird, sondern aus einem Mittelbegriff der sich mit der Ursache austauscht; indem jener bekannter ist. Denn es kann kommen, dass von solchen Begriffen, wo einer für den anderen als Ausgesagtes benutzt werden kann, die Nicht-Ursache mitunter bekannter ist und deshalb der Beweis darauf gestützt wird; so z.B. wenn die Nähe der Planeten darauf gestützt wird, dass sie nicht funkeln. Denn es bedeute C die Planeten, B das Nicht-funkeln und A das Nahe-sein. Hier kann in Wahrheit B von C ausgesagt werden, denn die Planeten funkeln nicht; allein auch das A kann von dem B ausgesagt werden; denn das, was nicht funkelt, ist nahe, wie man entweder durch Induktion oder durch Sinneswahrnehmung feststellen kann. Somit muss auch A in C enthalten sein und somit ist bewiesen, dass die Planeten nahe sind. Ein solcher Schluss wird nicht aus dem *Warum*, sondern aus dem *Dass* abgeleitet; denn die Planeten sind nicht deshalb nahe, weil sie nicht funkeln, sondern weil sie nahe sind, funkeln sie nicht. Es lässt sich aber auch dieses durch jenes beweisen und ein solcher Beweis beruht dann auf dem *Warum*. Es seien z.B. C die Planeten, B das Nahe-sein, A das Nicht-funkeln. Hier ist auch B in C enthalten und A, das Nicht-funkeln in B enthalten; folglich ist auch A in C enthalten und der Schluss ruht dann nur auf dem *Warum*, denn es ist dann die erste Ursache gesetzt und daraus der Schluss abgeleitet. Ebenso verhält es sich bei dem Beweise, dass der Mond wegen seiner Lichtzunahme eine Kugel sei; denn wenn ein so zunehmender Körper eine Kugel ist und der Mond so zunimmt, so ist klar, dass er eine Kugel sein muss. Hier ist der Schluss darauf gestützt, *dass* es sich so verhält; wird aber der Mittelbegriff versetzt, so ergiebt sich ein Schluss aus dem *Warum*; denn bei dem Monde ist seine Lichtzunahme nicht die Ursache von seiner Kugelgestalt, sondern weil er die Gestalt einer Kugel hat, nimmt er in seinem Lichte in dieser besondern Art zu. Es ist dann C der Mond, B die Kugelgestalt, A die Lichtzunahme. In Fällen, wo der Mittelbegriff sich nicht vertauschen lässt und die Nicht-Ursache bekannter ist, wird nur das *Dass*, aber nicht das *Warum* bewiesen. Dies findet auch bei Schlüssen statt, wo der Mittelbegriff nicht zwischen dem Ober- und dem Unterbegriff steht, sondern ausserhalb derselben; auch dann wird nur das *Dass* aber nicht das *Warum* bewiesen, weil die Ursache nicht genannt wird. Z.B. wenn man auf die Frage, weshalb die Mauer nicht athmet, antwortet, weil sie kein Thier ist. Denn wäre dies die Ursache des Nicht-athmens, so müsste das Thier die Ursache des Athmens sein. Wenn nämlich die Verneinung die Ursache des Nicht-seins ist, so muss die Bejahung die Ursache des Seins enthalten; so, wenn das Warme und das Kalte sich nicht in richtigem Verhältniss befinden und deshalb der Mensch nicht gesund ist, so muss das richtige Verhältniss von Warm und Kalt die Ursache des Gesund-seins sein; und ebenso muss wenn die Bejahung die Ursache des Seins ist, die Verneinung die Ursache des Nicht-seins sein. Indess trifft bei dem gegebenen Beispiele das Gesagte nicht ein, denn nicht alle Thiere athmen. Der Schluss vermittelst einer solchen Ursache vollzieht sich in der zweiten Figur. Es sei z.B. A das Thier, B das Athmen, C die Mauer. Hier ist A in dem ganzen B enthalten (denn jedes Athmende ist ein Thier), aber A ist in keinem C enthalten, also ist auch B in keinem C enthalten; also athmet die Mauer nicht. Solche Aufstellung der Ursachen gleicht den übertriebenen Aussprüchen, und geschieht, wenn man den weiter abstehenden Begriff zum Mittelbegriff nimmt, wie z.B. in dem Ausspruche des Anacharsis, dass es bei den Skythen keine Flötenbläser gebe, weil dort es keine Weinstöcke gebe.

Dies sind sonach die Unterschiede der Schlüsse auf das *Dass* und auf das *Warum* innerhalb ein und derselben Wissenschaft und in Bezug auf die Stellung der Mittelbegriffe. In anderer Weise unterscheiden sich die Schlüsse aus dem *Warum* von denen aus dem *Dass* dann, wenn jeder aus einer andern Wissenschaft abgeleitet wird. Dies ist bei allen Wissenschaften der Fall, die sich so zu einander verhalten, dass die eine der andern untergeordnet ist, wie z.B. die Optik der Geometrie, die Mechanik der Stereometrie, die Harmonielehre der Arithmetik und die Lehre von den Himmelserscheinungen der Astronomie. Einige solcher Wissenschaften haben auch gleiche Namen; so heisst Astronomie sowohl die mathematische, wie die zur Schifffahrt nöthige; und Harmonielehre heisst sowohl die mathematische, wie die das Gehör betreffende. In solchen Fällen haben die auf der Sinneswahrnehmung beruhenden Wissenschaften das Wissen des *Dass* und die mathematischen das Wissen des *Warum*; denn die Mathematiker besitzen die Beweise aus den Ursachen, aber wissen oft das *Dass* nicht, da ja die Betrachter des Allgemeinen manches von den darunter gehörigen Einzelnen nicht wissen, weil sie darauf nicht achten. Dergleichen Wissen ist da vorhanden, wo es die Formen der Dinge als etwas seinem Wesen nach Verschiedenes gebraucht, denn das mathematische Wissen beschäftigt sich mit den Formen und nicht mit den denselben unterliegenden Gegenständen; denn wenn auch die Geometrie sich mit einem unterliegenden Gegenstande beschäftigt, so geschieht es doch nicht mit dem unterliegenden Gegenstande als solchen. So wie sich die Optik zur Geometrie verhält, so verhält sich ein anderes Wissen, z.B. das über den Regenbogen zu der Optik. Das Wissen, *dass* der Regenbogen *so* ist, gehört dem Physiker an, aber das Wissen, *warum* er so ist, gehört dem Optiker an und zwar entweder durchaus oder mit Hülfe mathematischer Sätze. Uebrigens verhalten sich auch viele andere, einander nicht untergeordnete Wissenschaften so zu einander, z.B. die Arzneiwissenschschaft zur Geometrie. So weiss z.B. der Arzt, *dass* die kreisrunden Wunden schwerer heilen, aber der Geometer weiss, *warum* dies der Fall ist.

Vierzehntes Kapitel

Von den Schlussfiguren ist die erste diejenige, welche am meisten das Wissen bewirkt. Denn die mathematischen Wissenschaften führen ihre Beweise in dieser Schlussfigur, z.B. die Arithmetik, die Geometrie, die

Optik und so zu sagen alle, welche ihre Untersuchungen auf das *Warum* richten. Denn der Schluss aus dem Warum geschieht beinah immer, oder in den meisten Fällen durch diese Schlussfigur. Deshalb führt dieselbe am meisten zum Wissen; denn das Wichtigste im Wissen ist die Erforschung des *Warum*. Auch das Wissen des *Was* kann man nur in dieser Figur erlangen, da in der zweiten Figur kein bejahender Schluss sich ergiebt und das Wissen des *Was* bejahender Art ist. In der dritten Figur giebt es wohl bejahende Schlüsse aber sie lauten nicht allgemein, während doch das *Was* der Dinge ein allgemeines ist. So ist der Mensch nicht blos in irgend einer Beziehung ein zweifüssiges Geschöpf. Ferner bedarf die erste Figur der andern nicht, während die andern durch die erste verstärkt und erweitert werden, bis man zu den unmittelbar geltenden Grundsätzen gelangt.

Hieraus erhellt, dass für die Wissenschaften die erste Schlussfigur die wichtigste ist.

Fünfzehntes Kapitel

So wie es statthaft war, dass A in B unvermittelt enthalten ist, so ist es auch statthaft, dass es unvermittelt darin nicht-enthalten ist. Unter »unvermittelt enthalten« oder »unvermittelt nicht-enthalten sein« verstehe ich, dass kein Mittleres zwischen ihnen besteht; denn nur dann ist das Eine in dem Andern nicht vermittelst eines Dritten enthalten oder nicht-enthalten. Wenn also das A oder das B ganz in dem Umfange eines Dritten enthalten ist, oder wenn beide darin enthalten sind, so geht es nicht an, dass A in B unvermittelt nicht-enthalten ist. Es sei z.B. A ganz in dem Umfange von C enthalten, wenn nun B in dem Umfange von C gar nicht enthalten ist, (denn es ist statthaft, dass A ganz in dem Umfange eines Dritten enthalten und B gar nicht darin enthalten ist), so ergiebt sich dann vermittelst eines Schlusses, dass A in B nicht enthalten ist; denn wenn C in dem ganzen A, aber in keinem B enthalten ist, so kann A in keinem B enthalten sein. Dasselbe gilt, wenn B ganz in dem Umfange eines Dritten, z.B. in D enthalten ist, denn dann ist D in dem ganzen B und A in keinem D enthalten und deshalb wird dann auch vermittelst eines Schlusses A in keinem B enthalten sein. In gleicher Weise lässt sich dies darlegen, wenn jedes von beiden ganz in dem Umfange eines Begriffes enthalten ist.

Dass es aber statthaft ist, dass B ganz in dem Umfange eines Dritten nicht enthalten ist, in welchem A enthalten ist, oder dass wieder A nicht in dem Umfange eines Dritten enthalten ist, in welchem B enthalten ist, erhellt auch aus den Doppelreihen verwandter Begriffe, wo die einander gegenüberstehenden Begriffe sich nicht austauschen lassen. Denn wenn kein Begriff in der einen Reihe A C D von einem in der andern Reihe B E Z ausgesagt werden kann, A aber ganz in dem Umfange von T enthalten ist, welches mit ihm zu derselben Reihe gehört, so ist klar, dass B nicht in dem Umfange von T enthalten sein kann; denn sonst würden die einander gegenüberstehenden Begriffsreihen sich austauschen lassen. Ebenso verhält es sich, wenn B ganz in dem Umfange eines dritten Begriffs seiner Reihe enthalten ist.

Wenn aber weder A noch B in irgend einem Begriffe enthalten sind, und A in dem B nicht enthalten ist, so muss dieses Nicht-enthalten sein ein unvermitteltes sein; denn würde dies durch ein Mittleres bewirkt, so müsste eines von beiden ganz in dem Umfange eines Dritten enthalten sein und es würde sich ein Schluss auf das Nichtenthaltensein des A in B entweder nach der ersten oder zweiten Figur ergeben. Geschähe dies nach der ersten Figur, so müsste B ganz in dem Umfange eines Dritten enthalten sein (denn zu dem Behufe muss der Untersatz bejahend lauten); geschähe es aber nach der zweiten Figur, so kann A oder B, wie es sich trifft, ganz in dem Umfange eines Dritten enthalten sein, denn der verneinende Vordersatz mag A oder B befassen, so ergiebt sich doch ein Schluss, und nur wenn beide Vordersätze verneinend gesetzt werden, findet kein Schluss statt.

Es ist somit klar, dass sehr wohl Eines in einem Andern unvermittelt nicht-enthalten sein kann und ich habe dargelegt, wann und wie dies stattfinden kann.

Sechzehntes Kapitel

Diejenige Unwissenheit, welche nicht in einem blossen Nicht-Wissen, sondern in einem fehlerhaften Wissens-Zustande besteht, ist der durch einen Schluss herbeigeführte Irrthum. Sie kann in Fällen, wo etwas in einem Andern unvermittelt enthalten oder nicht-enthalten ist, in zwiefacher Weise vorkommen; entweder so, dass man einfach fälschlich annimmt, das Eine sei in dem Andern enthalten oder nicht-enthalten, oder so, dass man die Annahme auf einen Schluss gründet. Bei der einfach falschen Annahme ist auch der Irrthum ein einfacher; geht er aber aus einem Schliessen hervor, so können verschiedene Fälle eintreten. So soll das A unvermittelt in keinem B enthalten sein; wenn nun hier vermittelst Annahme eines Mittelbegriffs C geschlossen wird, dass A in B enthalten sei, so ist der Irrthum durch ein Schliessen herbeigeführt. Nun können hier sowohl beide Vordersätze, wie auch nur *einer* falsch sein; denn wenn sowohl A in keinem C wie C in keinem B enthalten ist, aber dennoch für beide das Entgegengesetzte angenommen wird, so sind beide Vordersätze falsch; denn C kann sich so zu A und B verhalten, dass es weder unter dem A begriffen ist, noch in dem ganzen B enthalten ist. Denn B kann unmöglich ganz in dem Umfange eines Dritten enthalten sein, da A als unvermittelt nicht-enthalten in B gesetzt worden ist; und von A ist es nicht nothwendig, dass es in allem Seienden allgemein enthalten ist; mithin sind hier beide Vordersätze falsch.

Allein man kann auch dabei *einen* wahren Vordersatz benutzen; indess nicht beliebig einen von beiden, sondern nur den Satz A C; denn der Vordersatz C B ist immer ein falscher, weil B niemals in dem Umfange von C enthalten sein darf; aber der Satz A C kann wahr sein, z.B. dann wenn A sowohl in C wie in B unvermittelt enthalten ist; denn wenn ein und dasselbe von Mehreren unvermittelt ausgesagt wird, so wird von diesen letzteren keines in dem andern enthalten sein. Es macht hier selbst keinen Unterschied, wenn auch A in dem C nicht unvermittelt enthalten ist.

Die falsche Annahme, dass Etwas in einem Andern enthalten sei, wird nun blos durch solche Vordersätze und in dieser Weise veranlasst (denn in keiner andern Figur giebt es einen bejahenden allgemeinen Schluss); dagegen kann die falsche Annahme des Nichtenthaltenseins in der ersten und zweiten Figur geschehen.

Zunächst will ich angeben, auf wie viele Arten der Irrthum in der *ersten* Figur entstehen kann und wie dabei die Vordersätze sich verhalten müssen. Hier können beide Vordersätze falsch sein, z.B. wenn A sowohl in C wie in B unvermittelt enthalten ist; denn wenn man hier annimmt, dass A in keinem C, aber C in dem ganzen B enthalten sei, so sind diese beiden Vordersätze falsch. Es braucht aber auch nur ein Vordersatz falsch zu sein und zwar gleichviel welcher von beiden. Denn der Vordersatz A C kann wahr sein, aber der mit C B falsch und zwar der Vordersatz A C wahr, weil A nicht in allem Seienden enthalten ist und der Satz C B falsch, weil es unmöglich ist, dass C in dem B enthalten ist, wenn A in keinem C enthalten ist; denn dann würde der Vordersatz A C nicht wahr sein und überdem müsste dann, wenn beide Vordersätze wahr wären, auch der Schlusssatz wahr sein.

Aber es kann auch der Satz C B wahr sein, insofern der andere Vordersatz dann falsch ist; z. B wenn B sowohl ganz in dem Umfange von C, wie in dem von A enthalten ist; dann ist nothwendig das eine unter dem andern begriffen, und nimmt man dann an, dass A in keinem C enthalten sei, so wird dies ein falscher Vordersatz sein. Hieraus erhellt, dass der Schlusssatz falsch sein kann, sowohl wenn einer von beiden Vordersätzen falsch ist, als auch, wenn sie beide falsch sind.

Dagegen können in der *zweiten* Figur beide Vordersätze nicht *ganz* falsch sein. Denn wenn A in dem ganzen B enthalten ist, so kann man keinen dritten Begriff aufstellen, der in dem ganzen einen Begriff des Satzes A B enthalten und in dem ganzen andern nicht enthalten ist; und doch müssen die Vordersätze dahin lauten, dass der dritte Begriff in dem Einen enthalten, in dem Andern nicht-enthalten ist, wenn ein verneinender Schluss in zweiter Figur herauskommen soll. Werden also die Vordersätze so falsch angenommen, so werden sie umgekehrt offenbar sich gegentheilig verhalten, d.h. wahr sein, was doch unmöglich sein kann, wenn der Schluss falsch sein soll. Dagegen ist es statthaft, dass beide Vordersätze theilweise falsch sind; z.B. wenn in Wahrheit C in einigen A und in einigen B enthalten ist. Wird hier angenommen, dass C in dem ganzen A, aber in keinem B enthalten ist, so sind diese Vordersätze beide falsch, aber nicht ganz, sondern nur zum Theil. Dasselbe gilt auch dann, wenn die Verneinung in den andern Vordersatz verlegt wird.

Auch ist es statthaft, dass nur einer der Vordersätze falsch ist und zwar gleichviel welcher. Denn das, was im dem ganzen A enthalten ist, wird auch in dem ganzen B enthalten sein. Nimmt man nun an, dass C zwar in dem ganzen A enthalten, aber in dem ganzen B nicht enthalten sei, so wird der Satz C A wahr sein, aber der Satz C B falsch. Ferner wird das, was in keinem B enthalten ist, auch in dem ganzen A nicht enthalten sein; denn wäre es in dem ganzen A enthalten, so müsste es auch in B enthalten sein; allein in B sollte es nicht enthalten sein. Wird also angenommen, dass C zwar in dem ganzen A enthalten, aber in keinem B enthalten sei, so ist der Vordersatz C B wahr, aber der andere falsch. Dasselbe gilt, wenn die Verneinung in den andern Vordersatz verlegt wird. Denn das, was in keinem A enthalten ist, kann auch in keinem B enthalten sein. Nimmt man nun hier an, dass C zwar in dem ganzen A nicht enthalten, wohl aber in dem ganzen B enthalten sei, so ist der Vordersatz A C wahr, der andere aber falsch. Und wenn umgekehrt das, was in dem ganzen B enthalten, als in keinem A enthalten angenommen wird, so ist dies letztere falsch, denn wenn es in dem ganzen B enthalten ist, so muss es auch in einigen von A enthalten sein. Wird also angenommen, dass C in dem ganzen B enthalten sei, aber in keinem A, so wird der Vordersatz C B wahr sein, aber der Vordersatz C A falsch.

Hieraus erhellt, dass für unvermittelte Sätze ein täuschender Schluss entstehen kann, sowohl wenn beide Vordersätze falsch sind, als auch, wenn nur einer falsch ist.

Siebzehntes Kapitel

In denjenigen Fällen, wo Etwas in einem Andern vermittelt enthalten oder nicht-enthalten ist, können, wenn der falsche Schluss mittelst des eigentlichen Mittelbegriffs erfolgt, nicht beide Vordersätze falsch sein, sondern nur der mit dem grössern äussern Begriff. Ich verstehe aber unter dem eigentlichen Mittelbegriff denjenigen, durch welchen der Schluss auf den entgegengesetzten wahren Satz erfolgt So soll A in B durch den Mittelbegriff C enthalten sein; da nun hier, wenn ein Schluss möglich sein soll, der Vordersatz C B bejahend gesetzt werden muss, so erhellt, dass dieser Satz immer wahr sein muss, denn er lässt sich nicht in seinen Gegensatz umkehren. Dagegen muss der Satz A C falsch sein, denn wenn man diesen in seinen Gegensatz umkehrt, so kommt der entgegengesetzte wahre Schlusssatz heraus. Dasselbe findet statt, wenn auch der Mittelbegriff aus einer andern Reihe entnommen wird, wie z.B. D; wenn also D in dem ganzen Umfange von A enthalten ist und von dem ganzen B ausgesagt wird; auch hier muss der Vordersatz D B unverändert bleiben, aber der andere in seinen Gegentheil verkehrt werden; mithin ist der eine Vordersatz hier immer ein wahrer und der andere immer ein falscher. Auch ist ein solcher Irrthum ziemlich derselbe, als wenn der falsche Schluss durch den eigentlichen Mittelbegriff erfolgt.

Wird dagegen der Schluss nicht durch den eigentlichen Mittelbegriff gefolgert, so müssen, wenn der Mittelbegriff unter dem A enthalten, aber in keinem B enthalten ist beide Vordersätze falsch sein; denn sie müssen entgegengesetzt dem, wie sie in Wahrheit sich verhalten, angesetzt werden, wenn überhaupt ein Schluss zu Stande kommen soll, und wenn sie in dieser Weise angesetzt werden, müssen beide falsch werden. Wenn z.B. A in dem ganzen D enthalten ist und D in keinem B, so wird sich, nur dann, wenn man diese Sätze in die entgegengesetzten umwandelt, ein Schluss ziehen lassen, wobei aber beide Vordersätze falsch sind. Ist aber der Mittelbegriff, z.B. D, nicht unter dem A enthalten, so wird zwar der Vordersatz A D ein wahrer sein, aber D B ist dann falsch; denn dann ist der Vordersatz A D, nehmlich dass D in den A nicht enthalten sei, wahr, aber der Satz D B ist falsch, denn wäre er wahr, so müsste auch der Schlusssatz ein wahrer sein, während er doch ein falscher sein soll.

Erfolgt aber der Irrthum vermittelst eines in der *zweiten* Figur gezogenen falschen Schlusses, so können zwar beide Vordersätze nicht *ganz* falsch sein (denn wenn das B unter dem A enthalten ist, so ist es unmöglich, dass Etwas in dem einen von Beiden ganz und in dem andern gar nicht enthalten ist, wie früher dargelegt worden ist); dagegen kann einer von Beiden und zwar gleichviel welcher, ganz falsch sein; denn wenn C sowohl in A, wie in B enthalten ist und man nimmt an, dass es in A enthalten, aber in B nicht enthalten sei, so wird der Vordersatz A C wahr sein, aber der andere falsch. Umgekehrt wird, wenn man annimmt, dass C in dem B enthalten, aber in keinem A enthalten sei, zwar der Satz B C wahr sein, aber der andere wird falsch sein.

Somit ist dargelegt, wann und durch welche Vordersätze der Irrthum entsteht, wenn der irrthümliche Schlusssatz verneinend lautet; lautet er aber bejahend, so können nicht beide Vordersätze falsch sein, denn der Satz C B muss unverändert bleiben, wenn ein Schluss überhaupt möglich sein soll, wie ich schon früher bemerkt habe; mithin muss in solchem Falle immer der Satz C A falsch sein, denn dieser Satz ist der, welcher in seinem Gegentheil verkehrt worden ist. Dasselbe findet statt, wenn auch der Mittelbegriff aus einer andern Begriffsweise entnommen wird, wie ich schon bei dem falschen verneinend-lautenden Schlusssatz bemerkt habe; denn auch hier darf der Satz D B nicht verändert werden und der Satz A D muss in seinem Gegentheil verkehrt werden; der Irrthum ist also hier derselbe, wie in dem vorigen Falle. Wird aber der Schluss nicht durch den eigentlichen Mittelbegriff vermittelt, so muss, wenn D unter dem A enthalten ist, der Satz A D in seiner Wahrheit genommen werden, und nur der andere muss falsch sein; denn A kann sehr wohl in mehreren Dingen enthalten sein, die einander nicht untergeordnet sind. Ist dagegen das D nicht unter dem A enthalten, so ist klar, dass dieser Satz A D immer falsch sein wird (denn er wird bejahend angesetzt), während der Satz B D sowohl wahr, wie falsch sein kann; denn es ist möglich, dass A in keinem D enthalten, aber D in allen B enthalten ist. So ist z.B. das Geschöpf in keiner Wissenschaft enthalten, aber die Wissenschaft ist in der Musiklehre enthalten. Auch kann da sowohl das A in keinem D oder das D in keinem B enthalten sein. Somit erhellt, dass, wenn der Mittelbegriff nicht unter dem A enthalten ist, der irrthümliche Schluss sowohl zwei falsche Vordersätze, wie auch nur einen enthalten kann.

Hiernach ist dargelegt, wie vielfach und durch welche Vordersätze die irrthümlichen Schlüsse sich bilden können, sowohl bei Sätzen, wo die Begriffe unvermittelt sind, als bei Sätzen, wo der Beweis für sie durch Mittelbegriffe geführt werden kann.

Achtzehntes Kapitel

Es ist auch klar, dass wenn irgend ein Sinn Jemandem fehlt, nothwendig ihm auch ein Wissen fehlen muss. Dasselbe kann dann unmöglich erlangt werden, da man überhaupt nur durch Induktion oder durch Beweis ein Wissen erlangen kann; nun wird der Beweis zwar aus allgemeinen Sätzen abgeleitet, und die Induktion aus Einzelnen; aber es ist unmöglich, das Allgemeine anders, als durch Induktion kennen zu lernen, da man auch die durch abtrennendes Denken gewonnenen Begriffe nur vermittelst der Induktion verständlich machen und zeigen kann, dass jeder Gattung Bestimmungen einwohnen, durch die, wenn sie auch nicht getrennt für sich bestehen, doch das Einzelne als solches zu dieser Gattung gehört. Nun kann man aber diejenigen, welchen ein Sinn abgeht, nicht zu dem Einzelnen hinführen, denn nur der Sinn erfasst die einzelnen Dinge und man kann das Wissen von ihnen nicht erlangen und zwar weder aus den Allgemeinem ohne Induktion noch aus der Induktion ohne die sinnliche Wahrnehmung.

Neunzehntes Kapitel

Jeder Schluss geschieht vermittelst dreier Begriffe, und wenn man durch den Schluss beweisen kann, dass A in dem C enthalten ist, so geschieht es, weil A in dem B und dieses in C enthalten ist; während der verneinende Schluss darauf beruht, dass nach seinem einen Vordersatz Etwas in einem Andern enthalten ist, und dass nach seinem zweiten Etwas in einem Andern nicht enthalten ist. Es ist also klar, dass die obersten Grundsätze und die sogenannten Hypothesen von solcher Art sind; denn wenn man diese ansetzt, so kann man daraus mit Nothwendigkeit etwas beweisen; so wird z.B. der Satz, dass A in C enthalten ist, durch B bewiesen; ferner wird der Satz, dass A in B enthalten, durch einen andern Mittelbegriff bewiesen und dass B in C enthalten ist, in gleicher Weise. Wenn man nun bei den Schlüssen die Sätze nur nach der Meinung aufstellt und nur dialektisch verfährt, so ist klar, dass man blos darauf zu sehen hat, dass der Schluss aus den glaubhaftesten Sätzen abgeleitet werde. Wenn also auch für die Begriffe A und B in Wahrheit kein Mittelbegriff besteht, aber doch zu bestehen scheint, so wird der, welcher auf einen solchen den Schluss baut, dialektisch geschlossen haben. Will man aber durch den Schluss die Wahrheit erreichen, so muss man auf das wirklich Seiende sein Augenmerk richten. Dies verhält sich aber folgendermaassen: Es giebt Bestimmungen die *als solche* von einem andern ausgesagt werden und nicht blos anhängend; (ich nenne es aber anhängend, wenn man z.B. sagt, jenes Weisse dort ist ein Mensch und doch nicht in gleicher Weise sagt: Der Mensch ist weiss; denn der Mensch ist nicht als etwas Anderes weiss, während in jenem Fall das Weiss ist, weil es einem Menschen anhängt, der weiss ist.) Nun giebt es manche Bestimmungen der Art, dass sie als solche ausgesagt werden können.

Es soll nun C der Art sein, dass es selbst in keinem andern enthalten ist, aber B soll in diesem Ersten enthalten sein, ohne dass ein Anderes als Mittleres dies vermittelt. Ferner soll E in Z ebenso enthalten sein und Z ebenso in B. Muss man nun hier stehen bleiben, oder kann man ins Endlose weiter gehen? Und wenn wieder von A an sich nichts ausgesagt wird, aber A in T als dem Ersten enthalten ist und kein Mittelbegriff hier vorausgeht und wenn T in H enthalten ist und dieses in B, muss man da auch hier anhalten oder kann man hier ebenfalls ohne Ende weiter schreiten?

Dieser zweite Fall ist von dem ersten in so weit unterschieden, dass das Eine zwar ist, und dass wenn man mit diesem beginnt, was in keinem andern enthalten ist, aber in dem Anderes enthalten ist, es möglich ist, ohne Ende weiter aufzusteigen. Beim ersten Fall beginnt man dagegen mit dem, was zwar von einem andern ausgesagt wird, aber von dem selbst kein Anderes ausgesagt wird und man muss hier nach Unten schauen, ob es möglich ist, ohne Ende so weiter zu gehen.

Ist es ferner wohl möglich, dass wenn die beiden äussern Begriffe fest bestimmt sind, die Mittelbegriffe zwischen ihnen zahllos sein können? Ich meine dies so, dass wenn z.B. A in C enthalten ist und B ihr Mittelbegriff ist und wenn von B und A noch andere Mittelbegriffe vorhanden sind, ob auch diese Mittelbegriffe ohne Ende fortgehen können, oder ob dies unmöglich ist? Diese Untersuchung ist dieselbe mit der, ob die Beweise ohne Ende fortgehen und ob es einen Beweis für jeden Satz giebt oder ob die Beweise begrenzt sind?

Gleiches lässt sich auch über die verneinenden Schlüsse und Vordersätze sagen. Wenn z.B. A in keinem B enthalten ist, so ist dies entweder unvermittelt der Fall, oder es besteht zwischen ihnen ein Mittleres, in dem A schon zuvor nicht enthalten ist; wenn z.B. dies H ist, was dabei in dem ganzen B enthalten ist, und wenn ferner A noch vorher in einem dem H vorgehenden z.B. in T nicht enthalten ist, welches T aber in dem ganzen H enthalten ist. Denn auch bei solchen verneinenden Schlüssen gehen entweder die Mittelbegriffe, die den nachfolgenden Begriffen einwohnen, ohne Ende fort, oder es giebt irgendwo einen Stillstand.

Bei Sätzen, die sich umkehren lassen, verhält sich dies aber nicht ebenso. Bei solchen Sätzen, wo das Eine sich von dem Andern gegenseitig aussagen lässt, ist keines das erste oder das letzte. Hier verhalten sich alle Begriffe zu allen in gleicher Weise, mag das von dem Unterliegenden Ausgesagte oder mag das nach beiden Richtungen Gesagte ohne Ende fortgehen. Dies findet nur da nicht statt, wo die Umkehrung nicht in derselben Weise geschehen kann, sondern der eine Begriff nur ein Anhängendes und des Andere als ein An sich bei der Umkehrung erscheint.

Zwanzigstes Kapitel

Dass nun die Mittelbegriffe nicht ohne Ende fortgehen können, wenn die äussern Begriffe nach unten und nach oben ein Ende haben, ist klar. Nach oben nenne ich hier die Richtung auf das Allgemeinere, nach unten die auf das mehr Besondere. Denn wenn von dem A, welches von Z ausgesagt wird, die Mittelbegriffe ohne Ende fortgingen, welche hier mit B bezeichnet sein sollen, so erhellt, dass man von A nach unten hin eines von dem andern ohne Ende aussagen könnte (denn die Mittelbegriffe wären, ehe man zu Z gelangte, ohne Ende) und dass ebenso von Z aus nach oben die Reihe ohne Ende sein müsste, ehe man zu A gelangte. Wenn dies aber unmöglich ist, so können auch die Mittelbegriffe zwischen A und Z nicht ohne Ende fortgehen. Auch wird es keinen Unterschied machen, wenn jemand sagte, dass ein Theil der zwischen A und B auftretenden Sätze so aneinander grenzte, dass kein Mittelbegriff sich zwischen ihnen befinde, und dass nur der andere Theil nicht bis an sein Ende zu erfassen sei. Denn alle Begriffe, die ich dem B entnehme, beziehen sich entweder auf A oder auf Z, mögen dabei diese Mittelbegriffe endlos sein oder nicht. Nun macht es aber keinen Unterschied, von wo ab diese Mittelbegriffe endlos werden und ob dies sogleich oder nicht sogleich eintritt; denn jedenfalls werden dann die nachfolgenden Mittelbegriffe endlos sein.

Einundzwanzigstes Kapitel

Es erhellt, dass man auch bei den Beweis eines *verneinenden* Satzes zu einem Ende gelangen wird, wenn bei dem Beweis der bejahenden Sätze auf beiden Seiten ein Halt besteht. Es sei daher nicht möglich, von dem untersten Begriff nach oben ohne Ende fortzugehen (ich nenne »untersten Begriff« wie Z, den, welcher in keinem andern weiter enthalten ist, während aber ein anderer in ihm enthalten ist), und ebenso nicht möglich, von dem obersten Begriff ohne Ende bis zu dem untersten fortzugehen (ich nenne »obersten Begriff« den, welcher zwar von einem andern ausgesagt wird, aber von dem selbst kein anderer ausgesagt wird). Wenn dies nun bei den bejahenden Schlüssen statt hat, so wird die Reihe der Mittelbegriffe auch für die verneinenden Schlüsse ein Ende haben.

Der Beweis für eine Verneinung kann nämlich in dreifacher Weise geführt werden. Entweder so, dass in dem ganzen C das B enthalten, aber in keinem B das A enthalten ist. Was hier nun den Satz B C anlangt und überhaupt immer den Untersatz, so müssen bei diesen die Mittelbegriffe ein Ende haben, da diese Sätze bejahend lauten. Was aber den Obersatz anlangt, so ist klar, dass wenn der Oberbegriff A in einen dem B vorhergehenden Begriff, z.B. in D nicht enthalten ist, dieses D dann in dem ganzen B enthalten sein muss; und wenn weiter der Oberbegriff A in einem dem D vorgehenden Begriffe nicht enthalten ist, dieser letztere in dem ganzen D enthalten sein muss. Da also der Weg nach Unten einen Endpunkt hat, so wird auch der Weg nach Oben einen solchen haben und es wird sich ein Erstes ergeben, in welchem A unvermittelt nicht – enthalten ist.

Wenn ferner das B in dem ganzen A, aber in keinem C enthalten ist, so wird A in keinem C enthalten sein. Wenn nun hier der verneinende Satz B C bewiesen werden soll, so muss dies offenbar in der obigen Weise oder in der zweiten oder in der dritten Weise geschehen. Die erste Weise ist schon besprochen worden; es ist also der Beweis durch die zweite Weise zu besprechen. Hier würde also der Beweis so zu führen sein, dass z.B. D in dem ganzen B enthalten, aber in keinem C, da nothwendig Etwas in B enthalten sein muss. Und wenn dieses wieder in keinem C enthalten ist, so muss ein Anderes in D enthalten sein, was in C nicht enthalten ist. Da nun der bejahende Satz in seiner Begründung nach oben immer zu einem Endpunkt gelangt, so wird auch der verneinende Satz einen Halt erreichen.

Bei der dritten Weise ging der Beweis dahin, dass wenn A in dem ganzen B enthalten, C aber in B nicht enthalten ist, C nicht in dem ganzen A enthalten ist. Auch hier wird der verneinende Vordersatz entweder auf die bereits besprochenen beiden Weisen zu beweisen sein, oder der Beweis geschieht in der dritten Weise. Für jene beiden Weisen hat der Beweis, wie gezeigt worden, ein Ende; erfolgt er aber in der dritten Weise, so wird man wieder annehmen müssen, dass B in E enthalten, und dass C nicht in dem ganzen E enthalten, und dies muss auch ebenso geschehen, wenn man in den Mittelbegriffen weiter geht.

Da nun dargelegt worden, dass in diesem Fortgang nach Unten ein Halt eintreten muss, so wird auch für die Sätze, welche das C verneinen, ein Halt eintreten.

Es erhellt also, dass wenn man auch den Beweis nicht blos auf einem Wege, sondern auf allen versucht, also bald in der ersten, bald in der zweiten, bald in der dritten Weise, dennoch der Beweis immer einen Haltpunkt haben wird; denn die Zahl der Wege ist begrenzt und wenn man Begrenztes immer in begrenzter Weise vervielfacht, so ist auch das Produkt begrenzt.

Es erhellt sonach, dass die verneinenden Beweise nicht ohne Ende fortgehen können, wenn nämlich dies auch bei den bejahenden statt hat; dies wird sich aber für diejenigen, welche die Frage aus allgemeinen Gesichtspunkten betrachten, in folgender Weise ergeben.

Zweiundzwanzigstes Kapitel

Bei denjenigen Ausgesagten, welche das *Was* der Dinge bezeichnen, ist dies klar; denn wenn das wesentliche *Was* der Dinge definirbar oder erkennbar ist und wenn das Unbegrenzte nicht ganz durchgangen werden kann, so müssen nothwendig die Bestimmungen, welche das *Was* einer Sache enthalten, in sich begrenzt sein. Ueberhaupt meine ich es so, dass man in Wahrheit sagen kann: Das Weisse geht und jenes Grosse ist Holz und wieder: Jenes Holz ist gross und der Mensch geht. Allein ob man in dieser oder jener Weise spricht, das ist nicht dasselbe; denn wenn ich sage, das Weisse sei Holz, so sage ich, dass Das, bei welchem es sich getroffen hat, dass es weiss ist, Holz ist, aber ich meine nicht, dass das Weisse das dem Holze Unterliegende sei; denn nicht das Weisse, noch etwas als Weisses ist Holz geworden; deshalb ist das Weise nichts Anderes als ein dem Holze Anhängendes. Wenn ich dagegen sage, dass das Holz weiss sei, so meine ich nicht, dass ein besonderes Weisse bestehe, welches nebenbei Holz geworden ist. Es ist ebenso, als wenn ich einen Musiker weiss nenne; denn hier geschieht es, weil der Mensch weiss ist und dieser nebenbei ein Musiker ist. Vielmehr ist also das Holz das Unterliegende, was auch als Weisses nichts anderes geworden ist, als Holz oder ein Stück Holz. Will man hier bestimmte Regeln aufstellen, so darf nur diese letztere Ausdrucksweise als ein Aussagen gelten; dagegen ist jene Ausdrucksweise entweder gar kein Aussagen, oder kein eigentliches Aussagen, sondern nur ein nebensächliches Aussagen. Bei den eigentlichen Aussagen ist Weiss die ausgesagte Bestimmung und Holz der Gegenstand, von dem es ausgesagt wird; und es soll also feststehen, dass die ausgesagte Bestimmung immer von

42

dem Gegenstande im eigentlichen Sinne und nicht blos nebensächlich ausgesagt werde; denn nur so liefern die Beweise einen Beweis. Wenn also eine Bestimmung von einem Gegenstande ausgesagt wird, so muss sie entweder das *Was* desselben aussagen, oder wie er beschaffen, oder wie gross er ist, oder worauf er sich bezieht, oder ob er etwas bewirkt, oder etwas erleidet, oder wo und wenn er ist.

Ferner bezeichnen die Ausdrücke, welche ein Ding entweder allgemein oder als ein einzelnes bezeichnen, dasjenige, von dem etwas ausgesagt wird; alle Ausdrücke aber, welche kein Ding bezeichnen, sondern von einem Anderen, als Unterliegenden, ausgesagt werden, also etwas, was nicht besteht und nicht ein Ding entweder allgemein oder als ein einzelnes ist, bezeichnen ein blos Anhängendes; so z.B. das Weiss bei dem Menschen; denn der Mensch ist nicht das Weisse oder ein Weisses, aber wohl ein Geschöpf und der Mensch ist als solcher ein Geschöpf. Was aber kein selbstständiges Ding bezeichnet, muss von einem Gegenstande ausgesagt werden und darf nicht wie das Weisse sein, was als etwas Anderes seiend weiss ist. Denn den Ideen muss man den Abschied geben; es sind nur leere Laute und bestänten die Ideen wirklich, so wären sie doch nichts für die Begründungen, und bei den Beweisen handelt es sich doch um diese Begründungen.

Wenn ferner das Eine nicht die Beschaffenheit von einem Andern und zugleich dies Andere die Beschaffenheit von jenem ist und es überhaupt keine Beschaffenheit von Beschaffenheiten giebt, so kann das Eine von dem Andern nicht wechselsweise ausgesagt werden; man kann dann wohl in Wahrheit das Eine von dem Andern aussagen, aber nicht umgekehrt. Aber, wird man sagen, es kann doch etwas als Ding zweiter Ordnung ausgesagt werden, z.B. wenn es die Gattung oder der Art-Unterschied des Ausgesagten ist. Aber bei diesen ist gezeigt worden, dass sie nicht ohne Ende fortgehen, weder nach Unten noch nach Oben. So ist z.B. der Mensch ein Zweifüssiges; dieses ist ein Geschöpf und dieses wieder ein Anderes; ebensowenig kann man nach Unten ohne Ende das Geschöpf von dem Menschen und den Menschen vom Kallias und diesen von einem andern Seienden aussagen; viel mehr kann man jedes solches Ding definiren, während man das Endlose im Denken nicht bis zu Ende durchwandern kann. Mithin sind jene Dinge weder nach oben noch nach unten ohne Grenze; denn das, von welchem Endloses ausgesagt werden kann, lässt sich nicht definiren.

Als Gattungen können somit diese Bestimmungen nicht wechselsweise voneinander ausgesagt werden, denn sonst würde etwas als das ausgesagt, was es selbst ist. Auch bei den Beschaffenheiten und den übrigen Kategorien kann dies nicht geschehen, sie müssten denn blos als ein Nebenbei ausgesagt werden; denn alle diese Kategorien haften an einem Selbstständigen und werden von Dingen ausgesagt. Aber auch nach oben können die Kategorien nicht ohne Ende fortgehen; denn sie sagen von jedem Dinge aus, was es bedeutet, entweder eine Beschaffenheit oder eine Grösse oder eine andere solche Kategorie oder das, was in dem Dinge enthalten ist; diese Bestimmungen sind aber begrenzt und auch die Gattungen der Kategorien sind nur in einer bestimmten Anzahl vorhanden, denn sie sind entweder eine Beschaffenheit, oder eine Grösse, oder eine Beziehung, oder eine Wirksamkeit, oder ein Leiden, oder ein Wo oder ein Wenn. Nun steht aber fest, dass eines von Einem ausgesagt wird, und dass diese Kategorien nicht voneinander ausgesagt werden können, da sie keine Dinge sind; vielmehr hängen sie alle einem Dinge an, entweder als ein An sich oder in einer andern Weise. Von allen diesen sage ich, dass sie von einem Unterliegenden ausgesagt werden und dass das blos Anhängende kein Unterliegendes ist; denn von keinem solchen Anhängenden nimmt man an, dass es nicht an einem Anderen sei, was so benannt wird; vielmehr kommt das eine diesem Dinge, das andere einem andern Dinge zu und so fort.

Es wird also weder nach oben noch nach unten ohne Ende Eins vom Andern ausgesagt werden können; denn die Dinge sind, so weit von ihnen das ihrem Wesen nach ihnen Anhaftende ausgesagt wird, nicht ohne Ende; nach oben aber sind sowohl die Begriffe der Dinge, wie das ihnen Anhaftende auch nicht ohne Ende. Folglich muss etwas bestehen, von dem, als Erstem etwas ausgesagt wird; dieses kann dann weiter von etwas ausgesagt werden und man muss auch hier zuletzt zu Etwas als dem Letzten gelangen. Mithin muss sowohl Etwas bestehen, was nicht mehr von einem andern Früheren ausgesagt werden kann, wie etwas, von dem ein anderes Frühere nicht mehr ausgesagt werden kann.

Dies ist nun die eine Art, wie man dies beweisen kann; es giebt aber noch eine andere Art. Alles nämlich, von dem ein Früheres irgend wie ausgesagt wird, lässt sich beweisen; was sich aber beweisen lässt, kann man nicht in einer bessern Weise als durch Wissen innehaben und wissen kann man es nicht ohne Beweis. Wenn nun Etwas durch Anderes

44

uns bekannt werden kann, aber wir dieses Andere nicht wissen, noch in einer andern Weise, die besser als das Wissen ist, inne haben können, so werden wir auch das durch dieses Andere zu Erfassende nicht wissen. Wenn nun Etwas durch Beweis schlechthin gewusst werden kann, und dies Wissen nicht auf einzelnen Fällen beruht, noch auf blossen Voraussetzungen, so müssen die als Mittelbegriff bei dem Beweis eintretenden Kategorien der Zahl nach begrenzt sein. Denn wenn dies nicht der Fall wäre, sondern man immer noch höhere Mittelbegriffe annehmen könnte, so könnte zwar von Allem ein Beweis geführt werden, aber da man das Zahllose nicht einzeln bis aus Ende durchwandern kann, so würde man das Beweisbare dennoch nicht auf Grund von Beweisen wissen. Da man nun die Dinge auch nicht in einer bessern Weise, als wie durch Wissen inne haben, so würde man dann überhaupt nichts durch Beweis schlechthin wissen, sondern nur auf Grund von Voraussetzungen.

Schon von allgemeinen Gesichtspunkten aus wird man hiernach meiner Behauptung Glauben schenken; indess lässt sich auch *analytisch* im folgender Weise kürzer darthun, dass für das beweisbare Wissen, um das es sich hier handelt, die zum Beweise nöthigen Begriffe weder nach oben, noch nach unten ohne Ende fortgehen. Denn der Beweis geht nur auf diejenigen Bestimmungen, welche an-sich in den Dingen enthalten sind. Das An-sich ist aber doppelt; es gehören dazu alle Bestimmungen, welche in dem *Was* der Dinge enthalten sind und zweitens diese Dinge, welche in dem *Was* jener Bestimmungen enthalten sind. So ist z.B. das Ungerade in der Zahl enthalten und die Zahl selbst ist wieder in dem Begriff des Ungeraden enthalten und ebenso ist die Menge oder das Diskrete in dem Begriffe der Zahl enthalten. Keines von diesen beiden kann aber unbegrenzt sein, wie dies auch bei dem Ungeraden der Zahl nicht der Fall sein kann; denn dann würde in dem Ungeraden ein Anderes enthalten sein, welchem wieder das Ungerade zukommt und wenn dies ist, so wird die Zahl als Erstes den in ihr enthaltenen Bestimmungen zukommen. Wenn also dies bei Einem nicht endlos sein kann, so werden auch nach oben hin die Begriffe nicht endlos sein.

Sonach müssen alle obern Begriffe in einem Ersten enthalten sein, wie z.B. in der Zahl und umgekehrt muss auch die Zahl in ihnen enthalten sein, so dass sie sich austauschen lassen und keines über das Andere hinausgeht. Also sind auch alle Bestimmungen, die in dem *Was* eines Dinges enthalten sind, nicht zahllos, denn sonst könnte keine Definition gegeben werden. Wenn somit alle ausgesagten Bestimmungen zu dem An sich des Dinges gehören und diese Bestimmungen nicht zahllos sind, so wird das Beweisen sowohl nach Oben, wie nach Unten einen Endpunkt haben.

Ist dies aber der Fall, so wird auch die Zahl der Mittelbegriffe zwischen den beiden äussern Begriffen eines Schlusses immer begrenzt sein, und wenn dies sich so verhält, so ist klar, dass auch bei den Beweisen es gewisse oberste Grundsätze geben muss und dass nicht Alles bewiesen werden kann, obgleich, wie erwähnt, Einige dies auch von solchen Grundsätzen behaupten. Giebt es nämlich oberste Grundsätze, so kann weder für Alles ein Beweis geführt werden und ebenso wenig kann der Beweis ins Endlose verlaufen. Fände eines von diesen beiden   46
statt, so hiesse das so viel, als dass es überhaupt keinen Satz gebe, der unvermittelt und unauflösbar wäre, sondern jeder Satz müsste sich auf Mittelbegriffe stützen. Denn ein zu beweisender Satz wird nicht durch Hinzunahme äusserer Begriffe, sondern durch Einschiebung von Mittelbegriffen bewiesen. Wenn man also mit dem Beweisen eines Satzes ohne Ende weiter gehen könnte, so müssten auch die zwischen zwei äusseren Begriffen vorhandenen Mittelbegriffe zahllos sein. Dies ist jedoch nicht möglich, wenn die Begriffe nach Oben und nach Unten ein Ende haben und dass dies der Fall ist, habe ich vorhin aus allgemeinen Gesichtspunkten und jetzt analytisch dargethan.

Dreiundzwanzigstes Kapitel

Nachdem dies dargelegt worden, erhellt, dass, wenn dieselbe *eine* Bestimmung in zweien Dingen enthalten ist, z.B. wenn A in C und in D enthalten ist und das eine von diesen beiden letzteren von dem andern entweder gar nicht oder nur beschränkt ausgesagt werden kann, dass dann jene Bestimmung, wie A, diesen beiden nicht immer in Bezug auf etwas Gemeinsames zukommen wird. So ist z.B. in dem gleichseitigen und in dem ungleichseitigen Dreieck die Bestimmung, dass ihre Winkel zweien rechten gleich sind, vermöge Etwas, beiden Dreiecken Gemeinsamen enthalten; denn sie wohnt ihnen als gewissen Figuren inne, und nicht insofern sie etwas Anderes sind. Allein dies verhält sich nicht immer so. So soll z.B. B es sein, vermöge welches A in C und D enthalten ist. Wäre nun dies immer der Fall, so ist klar, dass dann auch

B in C und D vermöge einer engern gemeinsamen Bestimmung enthalten sein müsste und dass diese andere gemeinsame Bestimmung wieder vermöge einer dritten darin enthalten wäre; mithin würden zwischen zwei äussern Begriffen eine endlose Zahl von Mittelbegriffen sich einschieben, was doch unmöglich ist. Deshalb ist es nicht nothwendig, dass ein und dieselbe Bestimmung mehreren Dingen immer vermöge eines ihnen Gemeinsamen einwohne, denn es giebt auch unvermittelte Sätze. Jedoch müssen die Begriffe zu derselben Gattung gehören und aus denselben unvermittelten obersten Grundsätzen ableitbar sein, wenn das ihnen Gemeinsame zu den ihnen an-sich zukommenden Bestimmungen gehören soll; denn die Beweissätze dürfen nicht aus einer Gattung in die andern übergehen.

Es ist auch klar, dass wenn A in B enthalten ist, dies bewiesen werden kann, wenn ein Mittelbegriff zwischen beiden vorhanden ist. Diese Mittelbegriffe sind die Elemente und solcher Elemente sind so viel als Mittelbegriffe vorhanden; denn die unvermittelten Sätze sind die Elemente des Beweises und zwar sind sie es entweder alle oder doch die allgemein lautenden. Ist aber für den Satz A B kein Mittelbegriff vorhanden, so kann er auch nicht bewiesen werden, sondern man gelangt zu ihm auf dem Wege, auf dem überhaupt die obersten Grundsätze gewonnen werden.

Dasselbe gilt, wenn A von B verneint wird. Ist hier ein Mittelbegriff oder ein früherer Begriff vorhanden, in dem A nicht enthalten ist, so kann der Satz bewiesen werden; wo nicht, so kann dies nicht geschehen, vielmehr sind dann solche Begriffe die obersten und die Elemente und zwar sind deren so viele, als solche Begriffe vorhanden sind, weil die aus ihnen gebildeten Sätze die obersten Grundsätze des Beweises bilden. So wie eine Anzahl von unbeweisbaren Grundsätzen dahin lauten, dass Etwas Dieses sei und dass Etwas in Diesem enthalten sei, so lauten eine Anzahl anderer dahin, dass Etwas nicht Dieses und dass Etwas nicht in Diesem enthalten sei; es giebt daher sowohl Grundsätze für das Sein, wie für das Nicht-sein von Etwas.

Wenn etwas bewiesen werden soll, so muss man den Begriff nehmen, welcher von dem Unterbegriff B am nächsten ausgesagt wird; es sei z.B. C ein solcher und von C wieder A ein solcher. Wenn man immer so vorschreitet, so wird man bei dem Beweise niemals von Aussen einen Begriff oder eine in A enthaltene Bestimmung in Ansatz bringen, sondern immer den Mittelbegriff zwischen A und C aufnehmen, bis man zu einem Satze gelangt, der nicht weiter theilbar und ein einfacher ist; und dies ist dann der Fall, wenn kein Mittelbegriff mehr sich einschiebt und der damit gebildete Vordersatz einfach und unvermittelt ist. So wie nun in andern Dingen der Anfang einfach ist, aber nicht in allen dasselbe, sondern bei dem Gewicht die Mine, bei der Melodie der Viertelston, und so weiter in andern Dingen ein anderes, so ist bei dem Schlüsse der unvermittelte Vordersatz dies Eine und bei dem Beweise und der Wissenschaft ist es die Vernunft.

Bei den Schlüssen, womit ein bejahender Satz bewiesen wird, kommt sonach kein Mittelbegriff von Aussen hinzu; bei den verneinenden Schlüssen kommt zu den in der Mitte stehenden Begriff auch kein Begriff von Aussen hinzu; z.B. wenn A in dem B vermittelst des C nicht enthalten ist. Denn wenn C in dem ganzen B, aber A in keinem C enthalten ist, so würde, damit A in keinem C enthalten ist, wieder ein Mittelbegriff zwischen A und C zu setzen sein und man würde immer so fortfahren müssen. Soll man aber beweisen, dass D dem E nicht zukomme, weil C in dem ganzen D enthalten ist und in keinem E, oder in einigen E nicht enthalten ist, so wird der Mittelbegriff niemals ausserhalb E herbeizunehmen sein und dieses E ist es, in dem D nicht enthalten sein soll. Bei der dritten Schlussfigur wird der Mittelbegriff niemals, weder ausserhalb des Begriffes der etwas verneint, noch ausserhalb dessen, von welchem etwas verneint wird, zu nehmen sein.

Vierundzwanzigstes Kapitel

Da der Beweis bald für einen allgemeinen bald für einen beschränkten Satz geführt wird, und bald für einen bejahenden und bald für einen verneinenden Satz, so entsteht die Frage, welcher von diesen Beweisen der bessere sei; auch über den direkten und den in das Unmögliche führenden Beweis kann die gleiche Frage sich erheben.

Ich werde in dieser Hinsicht zunächst den allgemein und den beschränkt geführten Beweis in Betracht nehmen und wenn hierüber Klarheit erreicht worden, werde ich über den direkten und den Unmöglichkeits-Beweis sprechen.

Wenn jemand hierüber nachdenkt, so kann ihm leicht der beschränkt lautende Beweis als der bessere gelten; denn da derjenige Beweis der bessere ist, der zu einem Mehr-Wissen führt (denn darin besteht der Werth des Beweises) und da man jedwedes mehr weiss, wenn man es in Bezug auf es selbst und nicht in Bezug auf ein anderes weiss, wie man z.B. von dem Musiker Koriskos mehr weiss, wenn man weiss, dass Koriskos ein Musiker ist, als wenn man weiss, dass dieser Mensch, ohne ihn bestimmter zu kennen, musikalisch ist, so gilt dies auch in andern Fällen. Nun geht aber der allgemeine Beweis nur auf etwas Anderes, nicht auf das Eigentliche, z.B. dass das gleichseitige Dreieck nicht als solches, sondern als Dreieck überhaupt zwei rechte Winkel enthält; dagegen geht der beschränkte Beweis auf den Gegenstand selbst. Ist nun das Wissen des Gegenstandes selbst das bessere und ist das Wissen von Beschränktem mehr, wie das allgemeine Wissen von solcher Art, so wird auch der beschränkte Beweis der bessere sein. Da ferner das Allgemeine nicht etwas neben den Einzelnen ist, aber der Beweis desselben die Meinung beibringt, dass das, was bewiesen wird, etwas für sich sei und dass eine bestimmte Natur in dem so bewiesenen ent-halten sei, z.B. dass das allgemeine Dreieck neben den einzelnen Drei-ecken und die allgemeine Gestalt neben den einzelnen Gestalten und die allgemeine Zahl neben den einzelnen Zahlen bestehe, und da der Beweis für ein Seiendes besser ist, als für ein Nicht-Seiendes, und der Beweis besser, durch den man nicht getäuscht wird, als der, durch welchen dies geschieht und da der allgemeine Beweis der letztern Art ist (denn bei Führung dieses Beweises geht man, wie bei dem eines Aehnlichen vor, also dass das, was so beschaffen, also, was zwar weder Linie, noch Zahl, noch Körper, noch Fläche, doch etwas Aehnliches *neben* diesen sei); also, wenn der allgemeine Beweis mehr von solcher Art ist, und über das Seiende weniger Wissen gewährt, als der beschränk-te Beweis und wenn er auch zu einer falschen Meinung führt, so dürfte der allgemeine Beweis wohl schlechter sein, als der beschränkte.

Aber zunächst gilt dieser letztere Grund nicht weniger für das Allge-meine wie für das Einzelne. Denn wenn die zwei rechten Winkel der Gestalt einwohnen, nicht insofern sie eine gleichseitige ist, sondern in-sofern sie ein Dreieck ist, so weiss der, welcher den Satz nur von dem gleichseitigen Dreieck weiss, weniger von der Sache selbst, als der, welcher weiss, dass der Satz für das Dreieck gilt. Ueberhaupt aber wird es kein Beweis sein, wenn derselbe nicht darauf gestützt wird, dass der Satz von dem Dreieck als solchem gelte; wird er aber darauf gestützt, so weiss derjenige mehr, welcher das Einzelne vermöge seines in dem Allgemeinen Enthaltenseins kennt. Und wenn der Begriff des Dreiecks von vielen Dreiecken gilt, aber dabei sein Begriff derselbe bleibt und das Wort: Dreieck nicht für verschiedene Begriffe gebraucht wird, und wenn in jedem Dreieck die Winkel zweien rechten gleich sind, so hat das Dreieck nicht als gleichschenkliches, sondern das gleichschenkliche hat als Dreieck dergleichen Winkel. Deshalb weiss der, welcher das Allgemeine weiss, mehr, wie es sich verhält, als der, welcher nur den Satz in beschränkter Weise weiss, deshalb ist der allgemeine Beweis besser als der beschränkte. Wenn ferner ein Begriff *einer* ist und das Allgemeine nicht in doppelsinniger Weise gebraucht wird, so wird er wohl nicht weniger als diejenigen Mehreren, welche von dem beschränktem Begriff befasst werden, sondern er wird selbst mehr sein, da in dem Allgemeinen das unvergängliche enthalten ist, aber in dem Beschränktem und Einzelnen mehr das Vergängliche. Auch ist gar keine Nothwendigkeit vorhanden, dass man annehmen müsse, das Allgemeine sei etwas für sich neben den Einzelnen; man ist dazu hier nicht mehr genöthigt, wie bei allem anderen, was kein einzelnes Ding bezeichnet, sondern eine Beschaffenheit, oder eine Beziehung, oder ein Thun. Geschieht es dennoch, so ist nicht der Beweis daran schuld, sondern der Zuhörer.

Da ferner der Beweis ein Schluss ist, welcher den Grund und das Warum darlegt, so ist das Allgemeine mehr begründend, denn so weit ihm Etwas als ein An-sich einwohnt, ist es sich selbst der Grund dass ihm dasselbe einwohnt; das Allgemeine ist aber das erste, mithin enthält es den Grund, und deshalb ist auch ein allgemeiner Beweis der bessere; denn er giebt mehr den Grund und das Warum für den Gegenstand an. Auch sucht man das Warum soweit und glaubt es erst dann zu wissen, wenn der Grund sich nicht mehr darauf stützt, dass ein Anderes, als er selbst, werde oder bestehe; denn das Ziel und das äusserste Ende ist von dieser Art. So frägt jemand: Weshalb ist er gegangen? und man antwortet: Um Geld zu empfangen; und dies geschah, um zu bezahlen, was er schuldig war, und dies sollte geschehen, damit er nicht unrecht handle. Wenn man so weiter schreitet, bis etwas erreicht ist, was nicht mehr für ein Anderes, oder um eines Andern willen geschieht, so sagt man, dass er deshalb, als des Zieles wegen gegangen sei, oder dass deshalb etwas bestehe oder geworden sei, und man weiss dann am meisten, weshalb er gegangen ist. Da es sich nun ebenso mit allen Gründen und mit dem Weshalb verhält und da man da, wo man vermittelst der Gründe und des Weshalb, etwas weiss, ein grösseres Wissen hat, so wird man auch von andern Dingen dann am meisten wissen, wenn man weiss, dass es nicht mehr durch ein Anderes bedingt besteht. Wenn man also weiss, dass die drei Aussenwinkel eines Dreiecks zusammen vier rechten Winkeln gleich sein, weil das Dreieck gleichschenklich ist, so bleibt auch die Frage, weshalb dies bei der gleichschenklichen Gestalt stattfinde, und es ergiebt sich als Grund, weil es ein Dreieck ist, und für dieses ergiebt sich als Grund, weil es eine geradlinige Figur ist. Wenn für diesen Grund nun nicht wieder etwas Anderes als Grund besteht, so weiss man dann am meisten und man weiss dann ein Allgemeines; mithin ist der allgemeine Beweis der bessere.

Ferner geräth der Beweis, je mehr er ein beschränkter wird, desto mehr in das Endlose, während der allgemeine Beweis zu dem Einfachen und Begrenzten führt. Nun ist aber Etwas als Endloses nicht wissbar, als Begrenztes aber ist es wissbar; mithin ist etwas, als Allgemeines mehr wissbar, wie als Beschränktes; mithin ist auch das Allgemeine mehr beweisbar, und was mehr beweisbar ist, davon ist auch der Beweis ein stärkerer; denn das mit einander Gehende nimmt auch mit einander und gleichzeitig zu. Mithin ist der allgemeine Beweis besser, weil er mehr beweist. Auch ist derjenige Beweis vorzüglicher, vermöge dessen man Dieses und Anderes weiss, als der, vermöge dessen man nur Dieses weiss; nun weiss aber der, welcher das Allgemeine kennt, auch das Besondere, aber wer nur dieses kennt, weiss nicht das Allgemeine. Also ist auch deshalb der allgemeine Beweis vorzüglicher. Ferner auch deshalb, weil der allgemeine Beweis mehr ein Beweis durch einen Mittelbegriff ist, welcher dem obersten Grundsätze näher steht. Am nächsten steht nun der unvermittelte Satz, dies ist aber der oberste Grundsatz. Wenn nun der Beweis aus dem obersten Grundsatz genauer ist, als der, welcher nicht aus demselben geführt wird, so wird auch der Beweis aus Sätzen, die dem obersten Grundsatz näher stehen, genauer sein, als der aus entfernteren. Nun ist aber der allgemeine Beweis mehr aus solchen nähern Sätzen gebildet und deshalb auch der bessere. Wenn man z.B. zeigen sollte, dass A von dem D gelte und die Mittelbegriffe dafür B und C wären, so wäre B der höhere Begriff und deshalb der darauf gestützte Beweis mehr ein allgemeiner.

Manches von dem hier Gesagten beruht auf allgemeinen Gesichtspunkten; indess erhellt, der höhere Werth des allgemeinen Beweises am meisten daraus, dass wenn man von den Vordersätzen den obern kennt, man auch gewissermaassen den Untersatz kennt und ihn dem Vermögen nach weiss. Wenn z.B. jemand weiss, dass die Winkel in jedem Dreieck zweien rechten gleich sind, so weiss er auch gewissermaassen und dem Vermögen nach, dass das Gleichschenkliche zusammen zwei rechte Winkel enthält, wenn er auch nicht wirklich weiss, dass das Gleichschenkliche ein Dreieck ist. Dagegen weiss der, welcher nur diesen Satz weiss, das Allgemeine keineswegs, weder dem Vermögen, noch der Wirklichkeit nach. Auch ist der allgemeine Beweis ein gedachter, aber der beschränkte Satz läuft auf die Sinneswahrnehmung hinaus.

Fünfundzwanzigstes Kapitel

Soviel sei daher gesagt, dass der allgemeine Beweis besser ist, als der beschränkte. Dass aber der *bejahende* Beweis besser ist, als der *verneinende* erhellt aus Folgendem. Es wird, wenn alles Andere gleich bleibt, derjenige Beweis der Bessere sein, welcher aus weniger Forderungen, oder Voraussetzungen oder Vordersätzen abgeleitet wird; denn wenn auch die Vordersätze in beiden Fällen gleich bekannt sind, so wird man doch bei weniger solchen Sätzen das Wissen schneller erlangen; und dies ist doch ein Vorzug. Der Grund, weshalb der Beweis aus weniger Vordersätzen besser ist, ist indess ein allgemeiner. Wenn nehmlich die Mittelbegriffe gleich bekannt sind, die denselben vorgehenden Begriffe aber bekannter sind, so soll durch die Mittelbegriffe B, C, D der Beweis geführt werden, dass A in E enthalten, und es soll auch durch die Mittelbegriffe Z, H bewiesen werden, dass A in E enthalten ist. Hier ist das Wissen, dass im ersten Falle A in D enthalten ist das dem Grade nach gleiche, wie das, dass im zweiten Falle A in E enthalten ist; und im ersten Schlüsse ist das Wissen, dass A in D enthalten ist, das Frühere und Bekanntere, gegen das aus dem ersten Schlüsse sich ergebende Wissen, dass A in E enthalten; denn dasselbe wird hier aus dem Satze A D erst abgeleitet und der Grund ist immer das Glaubhaftere.

Sonach ist also der Beweis durch weniger vorgehende Sätze besser, wenn alles Uebrige gleich ist. Nun werden zwar sowohl die bejahenden, wie die verneinenden Beweise mittelst dreier Begriffe und zweier Vordersätze geführt; allein der bejahende Beweis setzt dabei nur dass etwas ist, der verneinende Beweis aber sowohl dass etwas ist, wie auch, dass etwas nicht ist; also vollzieht sich letzterer durch Mehreres und ist deshalb schlechter.

Ferner habe ich dargelegt, dass wenn beide Vordersätze verneinend lauten, kein Schlusssatz daraus abgeleitet werden kann; vielmehr kann nur der eine Vordersatz so lauten, der andere muss aber bejahend lauten. Hierzu kommt aber noch, dass bei einem an Vordersätzen zunehmenden Beweise, der bejahenden Vordersätze mehr werden müssen, während an verneinenden Vordersätzen in dem ganzen Schlüsse nie mehr als *einer* vorkommen kann. So soll z.B. A in keinem B, aber B in allen C enthalten sein. Im Falle nun beide Vordersätze vermehrt werden sollten, so müsste ein Mittelbegriff eingeschoben werden. Dieser Mittelbegriff soll für den Satz A B, D und für den Satz B C, E sein; hier muss E offenbar einen bejahenden Satz abgeben und D muss sich zu B bejahend und zu A verneinend verhalten, denn D muss in allen B, aber in keinem A enthalten sein; mithin entsteht nur *ein* verneinender Vordersatz, nehmlich der mit A D.

Dasselbe gilt auch für die übrigen Schlussfiguren; denn der Mittelbegriff zu einem bejahenden Satze muss sich immer bejahend zu den beiden Begriffen desselben verhalten. Dagegen kann der Mittelbegriff zu einem verneinenden Satze nur zu *einem* von beiden Begriffen verneinend lauten, so dass überhaupt nur ein verneinender Vordersatz sich ergeben kann und die übrigen bejahend lauten müssen. Wenn nun die Sätze, durch welche etwas bewiesen wird, bekannter und zuverlässiger sind, der verneinende Beweis aber auf den bejahenden Beweis sich stützt, während dieser jenen zum Beweise nicht benutzt, so wird der bejahende Beweis als der bekanntere und frühere und zuverlässigere auch der bessere sein.

Ferner ist die Grundlage des Schlusses der allgemeine unvermittelte Obersatz und dieser lautet in dem bejahenden Beweise bejahend, in dem verneinenden Beweise aber verneinend; da jedoch der bejahende Satz früher und bekannter ist als der verneinende, weil die Verneinung erst durch die Bejahung erkannt wird und durch die Bejahung des Früheren ist, ebenso wie das Sein früher ist, als das Nichtsein, so erhellt, dass die Grundlage des bejahenden Beweises besser ist, als die des verneinenden Beweises; und ein Beweis, welcher sich auf eine bessere Grundlage stützt, ist selbst der bessere. Auch ist er mehr der Anfang alles Wissens denn ohne den bejahenden Beweis gäbe es keinen verneinenden.

Sechsundzwanzigstes Kapitel

Wenn sonach der bejahende Beweis besser ist, als der verneinende, so erhellt auch, dass er besser ist als der zu dem unmöglichen fahrende Beweis. Indess muss man den Unterschied Beider kennen. Es soll also A in keinem B, aber B in dem ganzen C enthalten sein; hier muss also A in keinem C enthalten sein. Wenn die Sätze so angesetzt werden, so würde der Beweis ein direkt verneinender sein, dahin, dass A in C nicht enthalten ist. Der zu dem unmöglichen führende Beweis ist aber so beschaffen, dass, wenn damit bewiesen werden sollte, dass A in B nicht enthalten sei, man anzunehmen habe, es sei darin enthalten, und ferner dass B in C enthalten, so dass mithin A in C enthalten sein müsste. Von diesem Schlusssatz A in C gilt aber als bekannt und anerkannt, dass er unmöglich ist; also kann der Satz A in B nicht richtig sein. Denn wenn man anerkennt, dass B in C enthalten ist, so ist es unmöglich, dass A in B enthalten sei. Hiernach werden bei dieser Beweisart die Begriffe ähnlich geordnet, und der Unterschied liegt darin, welcher von beiden verneinenden Sätzen als der zuverlässigere gilt, ob dies der Satz ist, dass A in B nicht enthalten ist, oder der, dass A nicht in C enthalten ist. Gilt nun der Schlusssatz in seiner Verneinung als zuverlässiger, so entsteht der Beweis auf das Unmögliche; gilt aber der Obersatz des Schlusses als zuverlässiger, so entsteht der direkte Beweis. Nun ist der Satz, dass A in B enthalten der Natur nach früher, als der Satz, dass A in C enthalten sei; denn er geht dem Schlusssatze voran und dieser wird aus ihm abgeleitet. Ferner ist der Satz, dass A in C nicht enthalten ist, ein Schlusssatz, während der Satz, dass A in B nicht enthalten ist, der ist, aus welchem der Schlusssatz abgeleitet wird; und wenn man etwas widerlegen will, so wendet man sich nicht gegen den Schlusssatz, sondern gegen die Sätze, aus denen er abgeleitet worden ist. Nun ist aber das, durch welches etwas gefolgert wird, ein Schluss, welcher sich so verhält, wie das Ganze zum Theil oder wie der Theil zu dem Ganzen, während die Sätze A C und A B sich nicht so zu einander verhalten. Wenn sonach ein Beweis aus Bekannteren und Früheren der Bessere ist, so sind zwar beide Beweisarten aus verneinenden Sätzen abgeleitet und deshalb glaubwürdig; allein der direkte Beweis stützt sich auf Früheres, der Beweis auf das Unmögliche aber auch Späteres und deshalb wird ersterer besser sein, als letzterer. Da nun der bejahende Beweis wieder besser ist als der verneinende, so ist er auch besser als der Beweis auf das Unmögliche.

Siebenundzwanzigstes Kapitel

Diejenige Wissenschaft, welche zugleich das *Dass* und das *Warum* enthält, ist genauer und früher, als die, welche nicht beides enthält; jedoch darf das *Warum* in jener nicht von dem *Dass* getrennt sein. Ebenso ist die Wissenschaft, welche von dem Nicht-Unterliegenden handelt, genauer und früher, als die, welche von diesem handelt, wie z.B. die Arithmetik gegenüber der Harmonielehre. Auch ist die Wissenschaft, welche aus wenigeren obersten Grundsätzen abgeleitet ist, genauer und früher, als die, welche sich noch auf sinnliche Zusätze stützt, wie z.B. die Arithmetik gegenüber der Geometrie. Ich meine aber mit Zusatz es so, wie z.B. die Eins ist Etwas ohne Zusatz, der Punkt ist aber ein Etwas mit Zusatz, und die Wissenschaft davon stützt sich auf einen Zusatz.

Achtundzwanzigstes Kapitel

Die Wissenschaft ist *eine*, wenn sie *eine* Gattung zum Gegenstande hat und ihr Inhalt sich aus den obersten Grundsätzen derselben zusammensetzt und die Theile und Zustände dieser, so weit sie zum An-sich gehören, behandelt. Dagegen ist die eine Wissenschaft von der anderen verschieden, wenn ihre Anfänge nicht aus derselben Quelle abfliessen, noch ihre Sätze so beschaffen sind, dass die der einen sich aus denen der anderen ableiten lassen. Man erkennt dies dann, wenn man zu den nicht mehr beweisbaren Grundsätzen vorschreitet; denn diese müssen bei *einer* Wissenschaft zu derselben Gattung wie das daraus Abgeleitete gehören. Auch kann man dies daran erkennen, wenn die aus ihnen abgeleiteten Sätze innerhalb derselben Gattung bleiben und mit einander verwandt sind.

Neunundzwanzigstes Kapitel

Ein und dasselbe kann durch mehrere verschiedene Beweise dargelegt werden, auch wenn man den nächsten Mittelbegriff nicht aus derselben Reihe verwandter Begriffe entnimmt; z.B. wenn man für die Begriffe

A und B nicht blos die Mittelbegriffe C oder D und Z benutzt, sondern die Mittelbegriffe aus einer anderen Reihe entnimmt So sei z.B. A das sich Verändern D das sich Bewegen, B das sich Freuen und ferner H das ruhig sein. Hier kann nun in Wahrheit D von B und A von D ausgesagt werden; denn wer sich freut, bewegt sich und wer sich bewegt, verändert sich. Aber es kann auch wieder A von H und H von B in Wahrheit ausgesagt werden, denn jeder der sich freut, ist ruhig und wer ruhig wird, verändert sich. Sonach kann der Schluss aus verschiedenen Mittelbegriffen und auch aus solchen die nicht zu derselben Reihe verwandter Begriffe gehören, abgeleitet werden. Indess kann dies doch nicht in der Weise geschehen, dass keiner der Mittelbegriffe von dem andern ausgesagt werden könnte, vielmehr müssen Beide in dem Umfange eines höheren Begriffes enthalten sein. Auch bei den übrigen Schlussfiguren muss man untersuchen, wie vielfach der Beweis ein und desselben Satzes geführt werden kann.

Dreissigstes Kapitel

Von dem Zufälligen giebt es kein beweisbares Wissen. Denn das Zufällige ist weder ein nothwendiges noch ein meistentheils, sondern ein neben diesen Geschehendes, während der Beweis nur für eines von jenen Beiden statt hat, da jeder Schluss sich auf Vordersätze stützt, die entweder nothwendige sind oder meistentheils gelten. Wenn die Vordersätze nothwendig sind, ist es auch der Schlusssatz, gelten jene aber nur meistentheils so ist dies auch mit dem Schlusssatz der Fall. Da nun das Zufällige weder zu dem Notwendigen noch zu den meistentheils Geltenden gehört, so kann man es nicht beweisen.

Einunddreissigstes Kapitel

Auch durch die Sinne kann ein solches Wissen nicht erlangt werden; denn wenn auch der Sinn auf die Beschaffenheit und nicht blos auf das Einzelne geht, so muss doch das Wahrnehmen *dieses* Einzelnen und seinen Ort und sein Jetzt auffassen; aber das Allgemeine und bei Allen Geltende kann man nicht wahrnehmen; denn es ist kein Dieses und kein Jetzt, sonst wäre es kein Allgemeines, da man nur das, was immer oder überall gilt, allgemein nennt. Da nun die Beweise das Allgemeine bieten und dies nicht wahrnehmbar ist, so erhellt, dass ein

Wissen durch die Sinne nicht erlangt wird. Ja selbst wenn man wahrnehmen könnte, dass das Dreieck in seinen Winkeln zusammen zweien rechten gleich sei, so verlangte man doch einen Beweis dafür und hätte vorher noch kein Wissen, wie Einige behaupten; denn das Wahrnehmen erfasst nur das Einzelne, das Wissen aber beruht auf der Kenntniss des Allgemeinen. Wenn man daher auch auf dem Monde wäre und sähe, wie die Erde das Sonnenlicht versperrt, so würde man doch nicht die Ursache der Mondfinsterniss wissen, denn man würde nur wahrnehmen, dass *jetzt* das Sonnenlicht ausbleibt, aber nicht *warum* überhaupt, denn das Allgemeine kann nicht wahrgenommen werden. Wenn man indess dieses Ereigniss oft betrachtete, und damit das Allgemeine ausspürte, so würde man den Beweis gewinnen; denn wenn das Einzelne sich oft wiederholt, so wird das Allgemeine offenbar. Das Allgemeine ist werthvoller, weil es die Ursache offenbart und deshalb ist das allgemeine Wissen solcher Dinge, deren Ursache in einem Andern enthalten ist, werthvoller, als die sinnliche Wahrnehmung derselben oder das Denken derselben; doch verhält es sich mit den obersten Grundsätzen anders.

Hiernach ist klar, dass man durch Wahrnehmen unmöglich das Wissen des Beweisbaren erlangt, man müsste denn ein Wahrnehmen es nennen, wenn man das Wissen auf Grund von Beweisen hat. Indess beruht allerdings bei den zu lösenden Aufgaben Manches auf dem Mangel der Wahrnehmung. Denn wenn man nach dem Sehen von Manchen verlangt, so geschieht es nicht, als wenn man *durch* das Sehen das Wissen erlangen könnte, sondern weil man aus dem Sehen das Allgemeine gewinnt. Wenn man z.B. auch die Poren des Glases und den Durchgang des Lichtes sehen könnte, so wäre damit zwar offenbar, weshalb Etwas austrocknet, aber doch nur vermittelst des Sehens der besonderen einzelnen Fälle und vermittelst des gleichzeitigen Denkens, dass es sich so in allen Fällen verhalte.

Zweiunddreissigstes Kapitel

Dass nun für alle Schlüsse die obersten Grundsätze unmöglich dieselben sein können, ergiebt sich zunächst aus allgemeinen Betrachtungen. Denn von den Schlüssen sind die einen wahr, die andern falsch; und man kann zwar aus Falschem Wahres folgern, allein dies geschieht nur einmal, nehmlich wenn A von C richtig ausgesagt wird, aber der Mittelbegriff falsch ist; denn dann ist A weder in B, noch B in C enthalten.

Wenn man aber dann von diesen falschen Vordersätzen deren Mittelbegriffe aussagt, so werden sich diese Vordersätze als falsche erweisen, weil jeder falsche Schlusssatz nur aus falschen Vordersätzen abgeleitet werden kann, wie umgekehrt aus wahren Vordersätzen nur wahre abzuleiten sind; deshalb sind die obersten Grundsätze für das Falsche und für das Wahre verschieden. Auch können die falschen Schlusssätze nicht immer aus den ihnen zugehörigen falschen obersten Grundsätze abgeleitet werden; denn es giebt auch Falsches, was einander entgegengesetzt ist und nicht zugleich sein kann, wie z.B. dass die Gerechtigkeit die Ungerechtigkeit sei, oder dass sie die Feigheit sei; ferner, dass der Mensch ein Pferd oder ein Stier sei; oder dass von dem einander Gleichen das Eine grösser oder kleiner als das Andere sei.

Aber auch aus dem unmittelbar Vorliegenden lässt sich dies beweisen, weil selbst bei den wahren Schlüssen die obersten Grundsätze nicht für alle dieselben sein können, da sie bei vielen der Gattung nach verschieden sind und nicht zu einander passen, wie z.B. die Einsen zu den Punkten nicht passen, da jene ohne Zusatz sind, aber diese einen Zusatz enthalten, während zu dem Schlusse nothwendig gehört, dass die äusseren Begriffe entweder von Oben oder von Unten zu dem Mittelbegriffe passen, oder dass die Begriffe, welche den Aussenbegriffen von oben oder von unten beigefügt werden, zu denselben passen.

Aber selbst unter den gemeinsamen obersten Grundsätzen können keine solchen sein, aus denen alles bewiesen werden könnte. Ich verstehe hier unter »gemeinsamen« solche, wie z.B. dass Alles von einem Gegenstande entweder bejaht oder verneint werden könne. Denn die Gattungen des Seienden sind verschieden; manche Grundsätze gelten nur für Grössen, manche nur für Beschaffenheiten, mit welchen dann durch die gemeinsamen Grundsätze der Beweis geführt wird. Auch sind der Obersätze nicht viel weniger, als der Schlussfolgerungen. Denn auf den Vordersätzen beruht der Schluss und die Vordersätze entstehen, indem entweder ein Begriff hinzugenommen oder zwischen sie eingeschoben wird. Ferner ist die Zahl der Schlussfolgerungen ohne Ende, während die Begriffe dies nicht sind. Ferner sind die Sätze, mit welchen man den Beweis beginnt, theils nothwendige, theils nur statthafte.

Bei solchen Erwägungen erscheint es als unmöglich, dass die obersten Grundsätze nur in beschränkter Zahl bestehen sollten, wenn die Schlussfolgerungen zahllos sind. Wenn man aber diesem in der Weise entgegentreten wollte, dass von diesen Grundsätzen diese der Geometrie, jene der Logik, und jene der Arzneikunst u.s.w. angehörten, so würde ein solcher Einwand doch anerkennen, dass oberste Grundsätze der Wissenschaften bestehen; und es wäre lächerlich, sie für identisch zu erklären, weil sie mit sich selbst identisch seien; denn auf diese Weise würde Alles zu ein und demselben. Ebenso kann man nicht meinen, dass Alles beliebige aus allem bewiesen werden könne; denn dies wäre die Behauptung, dass für Alles dieselben obersten Grundsätze beständen, was sehr unverständig wäre. Dies geschieht weder in den allbekannten mathematischen Beweisen, noch zeigt es sich, wenn man die Schlüsse auflöst; denn die unvermittelten Vordersätze sind oberste Grundsätze und der Schlusssatz erhält einen andern Inhalt, indem ein zweiter unvermittelter Vordersatz hinzugenommen wird. Wenn aber Jemand sagte, dass diese unvermittelten ersten Vordersätze eben oberste Grundsätze seien, so ist doch dann *einer* in jeder Gattung vorhanden. Wenn man sonach nicht jedwedes aus jedem obersten Grundsätze, so wie es sich gehört, beweisen kann, und wenn diese Grundsätze auch nicht in der Art verschieden sein sollen, dass für jede Wissenschaft nur verschiedene bestehen, so bliebe nur übrig, dass die obersten Grundsätze von allen Wissenschaften mit einander verwandt wären, aber dabei aus diesen dies, aus jenen jenes bewiesen würde.

Allein auch dies ist offenbar nicht statthaft; denn ich habe gezeigt, dass für die der Gattung nach verschiedenen Gegenstände auch die obersten Grundsätze der Gattung nach verschieden sind. Denn diese Grundsätze sind von zweierlei Art, theils solche, *aus* denen bewiesen wird, theils solche, welche die Gegenstände betreffen, um die es sich handelt; erstere sind gemeinsame, letztere aber jeder Gattung eigenthümlich, wie z.B. der Zahl, der Grösse u.s.w.

Dreiunddreissigstes Kapitel

Das Wissbare und die Wissenschaft sind von dem Gemeinten und der Meinung verschieden, weil die Wissenschaft das Allgemeine und Nothwendige zum Gegenstande hat und das Nothwendige sich nicht auch anders verhalten kann. Nun giebt es zwar auch Wahres und Seiendes was sich anders verhalten kann; aber hiervon kann es offenbar keine Wissenschaft geben, denn dann müsste das, was sich auch anders verhalten kann, unmöglich sich anders verhalten können. Aber auch die Vernunft hat es nicht mit Solchem zu thun, denn Vernunft, behaupte ich, ist der Anfang der Wissenschaft. Auch ist die Wissenschaft kein unbeweisbares Wissen, welches in der Annahme unvermittelter Sätze besteht. Nun ist sowohl die Vernunft, wie die Wissenschaft, und die Meinung und das auf sie Gestützte wahr; und so bleibt nur übrig, dass die Meinung solches Wahre oder Falsche betrifft, was sich auch anders verhalten kann. Ein solches ist nun die Annahme eines unvermittelten, aber nicht nothwendigen Vordersatzes. Auch stimmt dies mit der Erfahrung, denn die Meinung ist unbeständig und ihre Natur ist solcher Art. Ueberdem glaubt Niemand, dass er nur etwas meine, wenn er 62 glaubt, dass es sich nicht anders verhalten könne, sondern dann hält er dies für ein Wissen. Glaubt er aber, dass Etwas sich zwar so verhalte wie er es sich vorstellt, dass es aber nichtsdestoweniger sich auch anders verhalten könnte, so hält er dies für ein Meinen; so dass also die Meinung solche Dinge, die Wissenschaft aber das Nothwendige betrifft.

Wie kann man nun dasselbe meinen und wissen und weshalb ist die Meinung kein Wissen, wenn jemand behauptete, dass alles, was er wisse, auch gemeint werden könne? Sowohl der Wissende, wie der Meinende wird dann seine Ansicht durch Mittelbegriffe begründen, bis er zu unvermittelten Sätzen gelangt; wenn also jener ein Wissen hat, so wird auch der Meinende ein Wissen haben. Denn wie das Wissen, geht auch das Meinen auf das *Dass* und auf das *Warum* und das *Warum* ist der Mittelbegriff. Oder sollte sich die Sache nicht vielmehr so verhalten, dass, wenn man dasjenige, was sich nicht anders verhalten kann, so besitzt, wie die Definitionen, durch welche die Beweise geführt werden, man nicht meinen, sondern wissen wird? Wenn man dagegen zwar das Wahre trifft, aber nicht weiss, dass es den Dingen nach ihrem Wesen und ihrem Begriffe zukommt, so wird man zwar eine wahre Meinung, aber kein Wissen haben, und zwar wird die Meinung dann sowohl das *Dass* wie das *Warum* enthalten, sofern dieselbe das unvermittelte mit befasst; ist dies aber nicht der Fall, so wird die Meinung nur das *Dass* befassen.

Ueberhaupt geht die Meinung und das Wissen nicht durchaus auf dasselbe, sondern nur in der Weise, wie auch das Falsche und das Wahre gewissermaassen dasselbe betreffen. Denn wenn die wahre und die falsche Meinung, wie Einige sagen, dasselbe beträfe, so ergäben sich widersinnige Folgen, insbesondere auch, dass der, welcher eine falsche Meinung hat, gar nicht meint. Denn da das »Dasselbe« in verschiedenem Sinne gebraucht wird, so kann die falsche Meinung sowohl eine Meinung sein, als auch nicht. So ist z.B. die Meinung, welche als wahr annimmt, dass der Durchmesser mit den Seiten des Quadrats ein gemeinsames Maass habe widersinnig; allein da der Durchmesser, auf den die Meinung geht, derselbe ist, wie bei dem Wissen, so betreffen beide in diesem Sinne dasselbe, aber in Betreff des wesentlichen Was, dem Begriffe nach, nicht dasselbe. In diesem Sinne bezieht sich also das Wissen und die Meinung auf dasselbe; aber das Wissen z.B. von dem Geschöpfe ist der Art, dass das Geschöpf unmöglich kein Geschöpf sein kann; aber bei der Meinung kann es auch kein Geschöpf sein. Es ist ebenso, als wenn das Wissen einen Menschen als solchen befasst, das Meinen aber zwar einen Menschen befasst, aber nicht als Menschen; denn darin, dass ein Mensch ist, befassen beide dasselbe, aber nicht wiefern er *als* Mensch befasst ist.

Hieraus erhellt, dass man nicht dasselbe zugleich meinen und wissen kann; denn dann nähme man an, dass dasselbe sich zugleich anders und auch nicht anders verhalten könnte, was unmöglich ist. In einer gewissen Beziehung kann allerdings beides dasselbe sein, wie ich gesagt habe, aber an sich selbst ist dies nicht möglich; denn man würde dann z.B. zugleich annehmen, dass etwas Mensch sei als Geschöpf, (denn dies war der Sinn davon, dass der Mensch unmöglich ein Nicht-Geschöpf sein könne) und Mensch nicht als Geschöpf; letzteres bezeichnet aber die fehlende Nothwendigkeit.

Die Frage, wie man das sonst hier Vorhandne dann denken, oder der Vernunft, oder der Wissenschaft, oder der Kunst, oder der Klugheit, oder der Weisheit zuweisen soll, gehört mehr zur Naturwissenschaft und zur Wissenschaft des Sittlichen.

Vierunddreissigstes Kapitel

Der *Scharfsinn* besteht in einem sofortigen richtigen Treffen des Mittelbegriffes, wenn z.B. jemand sieht, dass der Mond seine erleuchtete Seite immer nach der Sonne zugewendet hat, und dann schnell erkennt, dass dies deshalb geschieht, weil er sein Licht von der Sonne empfängt; oder wenn er bei Jemand, der mit einem Reichen spricht, sogleich erkennt, dass es um Geld zu borgen, geschieht; oder dass zwei Personen Freunde sind, weil sie beide denselben Menschen hassen. Denn der Scharfsinnige erkennt sofort alle die Mittelbegriffe bildenden Ursachen, so wie er die äusseren Begriffe bemerkt. So sei die der Sonne zugekehrte helle Seite

A; das von der Sonne Erleuchtetwerden B, und der Mond C. Nun ist in dem Monde, als dem C das B, nämlich das von der Sonne erleuchtetsein enthalten und im B das A, nämlich dass ein Gegenstand nach der Seite hin erleuchtet ist, von der er das Licht erhält; also ist A in C vermittelst des B enthalten.

Zweites Buch

Erstes Kapitel

Das, was zu wissen verlangt wird, ist der Zahl nach ebenso vieles, als das, was wir wissen. Wir verlangen nämlich noch viererlei, nach dem *Dass*, nach dem *Warum*, nach dem *Ob es ist* und nach dem *Was es ist*. Wenn man nämlich zu wissen verlangt, ob etwas dieses oder jenes ist und diese einzelnen Möglichkeiten aufzählt, z.B., ob die Sonne sich verfinstert oder nicht, so verlangt man nach dem *Dass*. Dies erhellt daraus, dass man sich beruhigt, wenn man findet, dass sie sich verfinstert; wenn man aber gleich Anfangs weiss, dass sie sich verfinstert, so verlangt man nicht zu wissen, ob das eine oder das andere stattfindet. Wenn man nun das *Dass* weiss, so verlangt man nach dem *Warum*; weiss man z.B. dass die Sonne sich verfinstert, oder dass die Erde sich bewegt, so will man wissen, warum jene sich verfinstert und warum die Erde sich bewegt. Hiermit verhält es sich also so. Manches verlangt man aber in anderer Weise zu wissen, z.B. ob es einen Kentauren oder einen Gott giebt oder nicht? Dieses: Ob es ist, meine ich im vollen Sinne und nicht so, wie bei der Frage: ob Etwas weiss oder nicht-weiss ist. Weiss man nun, dass Etwas *ist*, so verlangt man nach dem *Was* es ist, also z.B. was der Gott ist oder was der Mensch ist.

Zweites Kapitel

Dies und so vielerlei ist also das, was man zu wissen verlangt und welches man, wenn man es gefunden hat, weiss. Wenn man nun einfach das *Dass* oder das: *Ob* etwas ist sucht, so sucht man zu ermitteln, ob ein Mittleres dafür vorhanden ist; oder nicht. Wenn man aber das Dass oder das: Ob etwas ist, weiss, sei es in Bezug auf einzelne Bestimmungen oder überhaupt, und wenn man dann weiter das *Warum* oder das *Was* sucht, so will man wissen, *was* das Mittlere ist. Mit dem *Dass* oder dem: *Ob etwas ist*, sei es eine einzelne Bestimmung des Gegenstandes, oder dieser Gegenstand überhaupt, meine ich überhaupt es so, wie wenn man frägt, ob der Mond abnimmt oder zunimmt? Denn bei solchen Fragen will man nur von einer einzelnen Bestimmung wissen, ob sie ist oder nicht ist; oder man frägt nach dem Sein überhaupt, z.B. wenn man frägt, ob der Mond, oder die Nacht sei oder nicht sei? Bei allen diesen Fragen zeigt sich also, dass man entweder wissen will, ob ein Mittleres vorhanden ist, oder was dieses Mittlere ist. Denn das Mittlere ist die Ursache und diese wird bei allen diesen Fragen gesucht. Man frägt also: Nimmt der Mond ab? Ist eine Ursache hierfür vorhanden oder nicht? Findet man nun, dass etwas besteht, so sucht man dann zu ermitteln, *was* es ist. Denn das Mittlere ist entweder die Ursache des Seins überhaupt und nicht eines so oder so bestimmten Seins oder es ist die Ursache nicht des Seins überhaupt, sondern des Seins von einer Bestimmung, die dem Gegenstande an sich oder nebenbei anhaftet. Unter dem Seienden überhaupt verstehe ich das Unterliegende, z.B. dem Mond oder die Erde, oder die Sonne, oder das Dreieck; unter der einzelnen Bestimmung aber z.B. die Verfinsterung, oder die Gleichheit, oder die Ungleichheit, indem man ermittelt, ob eine solche Bestimmung in einem Mittleren enthalten ist, oder nicht. In allen diesen Fällen ist offenbar das *Was* und das: *Warum* etwas ist, dasselbe. Was ist z.B. eine Mondfinsterniss? Antwort: Eine Beraubung des Lichtes am Monde durch das Dazwischentreten der Erde. Und: *Warum* entsteht eine Verfinsterung? oder weshalb wird der Mond verfinstert? Antwort: Weil das Licht wegen des Dazwischentretens der Erde ausbleibt. Ferner: Was ist die Harmonie? Antwort: Ein bestimmtes Zahlenverhältniss in Bezug auf Höhe oder Tiefe der Töne; und: *Weshalb* stimmt das Hohe mit dem Tiefen? Antwort: Weil das Hohe und das Tiefe in einem bestimmten Zahlenverhältniss zu einander steht. Ebenso ist die Frage, ob das Hohe mit den Tiefe übereinstimmt? Dieselbe, wie die Frage: Ob ein bestimmtes Zahlenverhältniss zwischen ihnen besteht; und wenn man annimmt, dass es bestehe, so frägt es sich, welches Verhältniss es sei?

Dass die Frage auf das Mittlere geht, erhellt in allen den Fällen, wo das Mittlere in die Sinne fällt. Denn man frägt nur dann, ob etwas ist oder nicht ist, wenn die Wahrnehmung fehlt, z.B. ob die Mondfinsterniss ist oder nicht ist? Wäre man aber auf dem Monde, so würde man weder nach dem Sein der Finsterniss, noch nach ihrer Ursache fragen, sondern beides würde zugleich bekannt werden; denn aus der Wahrnehmung würde hier wohl auch das Wissen des Allgemeinen entstehn; denn die Wahrnehmung, dass jetzt die Erde sich dazwischenstellt macht auch klar, dass jetzt das Licht ausbleibt und daraus würde auch das Allgemeine erfasst werden.

Sonach ist also, wie ich gesagt habe, das Wissen des *Was* dasselbe mit dem Wissen das *Warum*. Dies Wissen geht nun entweder auf das einfache Sein ohne Beziehung auf eine dem Gegenstande einwohnenden Bestimmung oder es geht auf eine solche, z.B. dass das Dreieck zusammen zwei rechte Winkel enthält, oder dass Etwas grösser oder kleiner ist.

Drittes Kapitel

Somit ist klar, dass alle diese Fragen auf die Auffindung des Mittlern ausgehn. Wie aber der Beweis für das *Was* eines Gegenstandes geführt wird und in welcher Weise dabei auf die Vordersätze zurückgegangen wird und was die *Definition* ist und von welchen Dingen es eine giebt, werde ich nun besprechen, indem ich zunächst die hierbei auftretenden Bedenken erörtere. Ich beginne hier mit dem Bedenken, welches den bisherigen Untersuchungen am nächsten steht. Man könnte nämlich schwanken, ob das Wissen vermittelst der Definition und das Wissen vermittelst des Beweises dasselbe sei und auf dasselbe sich beziehe, oder ob nicht vielmehr dies unmöglich der Fall sein könne? Denn die Definition scheint das *Was* des Gegenstandes zu bieten und dieses *Was* ist immer etwas Allgemeines und Bejahendes; dagegen giebt es auch verneinende Schlüsse und solche, die nicht allgemein lauten; so sind in der zweiten Figur alle Schlüsse verneinend und die in der dritten Figur sind nicht allgemein. Ferner sind auch selbst in der ersten Figur nicht alle Schlüsse Definitionen, wie z.B. der Schluss, dass die Winkel jedes Dreiecks zweien rechten gleich sind. Der Grund hiervon ist, dass das wissenschaftliche unzweifelhafte Wissen darin besteht, dass man den Beweis inne hat; wenn also von solchen vorerwähnten Sätzen ein Beweis vorhanden ist, so erhellt, dass nicht auch eine Definition davon vorhanden ist; denn man könnte ja sonst auch vermöge der Definition dergleichen wissen, ohne den Beweis zu besitzen; da es sehr wohl sein kann, dass man nicht Beides zugleich inne hat. Auch giebt die Induktion dafür eine hinreichende Bestätigung, denn man hat niemals durch Definition das erkannt, was an sich besteht, noch das, was nebenbei dem Gegenstande anhängt. Ferner erhellt, dass, wenn die Definition eine Art Kundgebung von dem betreffenden Dinge ist, solche Bestimmungen wie die obigen vom Dreieck nicht das Ding selbst sind.

Es erhellt somit, dass nicht von Allem, wofür ein Beweis besteht, auch eine Definition vorhanden ist. Ist nun aber von alledem, wovon eine Definition vorhanden ist, auch ein Beweis vorhanden oder ist dies nicht der Fall? Auch hierfür lässt sich derselbe *eine* Grund, wie oben geltend machen; es giebt nämlich von einem Gegenstande als *einem* auch nur *ein* Wissen; wenn also das Wissen von etwas Beweisbaren darin besteht, dass man dessen Beweis inne hat, so würde dann sich etwas Unmögliches ergeben, weil dann der, welcher die Definition, aber nicht den Beweis inne hat, auch ein Wissen haben würde. Auch bilden die Definitionen den Ausgangspunkt für die Beweise und ich habe früher dargelegt, dass diese Anfänge sich nicht beweisen lassen. Denn entweder sind diese Anfänge beweisbar und es gäbe dann Anfänge von Anfängen und es ginge dies ohne Ende fort; oder diese Anfänge sind unbeweisbare Definitionen.

Aber sollte nicht, wenn auch nicht für Alles Definition und Beweis dasselbe ist, dies doch bei Einzelnen der Fall sei? Oder ist dies nicht vielmehr unmöglich, weil nämlich der Beweis nicht denselben Inhalt hat, wie die Definition. Letztere geht nämlich auf das *Was* und das Wesen, während die Beweise sämmtlich sich als solche zeigen, die das *Was* voraussetzen und annehmen. So geschieht es z.B. in den mathematischen Wissenschaften mit dem, was die Eins und das Ungerade ist; und ähnliches geschieht in den andern Wissenschaften. Auch legt jeder Beweis etwas in Bezug auf ein Anderes dar; z.B. dass es in ihm enthalten oder nicht enthalten ist; dagegen wird in der Definition nicht Eins von einem Andern ausgesagt, z.B. das Geschöpf nicht von dem Zweifüssigen und dass Zweifüssige auch nicht von dem Geschöpf, ebensowenig die Figur von der Ebene; denn die Ebene ist keine Figur und die Figur ist keine Ebene. Auch ist es etwas anderes, wenn man das *Was*, als wenn man das *Dass* darlegt. Die Definition offenbart nämlich das *Was*, der Beweis aber *Dass* entweder etwas in Bezug auf ein Anderes ist oder nicht ist. Auch ist der Beweis für verschiedene Dinge ein verschiedener, sofern sie sich nicht blos wie der Theil zum Ganzen verhalten; womit ich meine, dass z.B. auch das gleichschenkliche Dreieck zusammen zwei rechte Winkel enthält, wenn dies von den Dreiecken überhaupt bewiesen worden ist; denn jenes ist nur ein Theil, und dieses das Ganze. Nun verhält sich aber das: *Dass* etwas ist und das: *Was* etwas ist, nicht in dieser Weise zu einander, und keins ist ein Theil des Andern.

Es ist also klar, dass nicht aller Inhalt der Definition in einen Beweis gefasst werden kann und dass das, was der Beweis enthält, nicht alles in die Definition gehört; mithin können beide überhaupt nicht denselben Inhalt haben. Es ist somit klar, dass die Definition und der Beweis nicht dasselbe sind, noch der eine in dem andern enthalten sein kann; denn sonst müsste auch das, was beide bezwecken, sich ebenso verhalten.

Viertes Kapitel

So viel in Bezug auf die hier auftretenden Bedenken; aber giebt es wohl für das *Was* einen Schluss und Beweis oder nicht, wie letzteres nach der vorgehenden Ausführung angenommen wurde ? Der Schluss legt nun etwas in Bezug auf ein Anderes, und zwar durch ein Mittleres dar; das *Was* ist dagegen etwas dem Gegenstande Eigenthümliches und in dem *Was* wird das Wesen des Gegenstandes ausgesagt. Dieses beides muss sich also umkehren lassen. Wenn also A etwas Eigenthümliches von C ist, so ist es ein solches offenbar auch von B und ebenso B von C, so dass mithin sie alle das Eigenthümliche voneinander sind. Auch muss, wenn A als zu dem *Was* gehörig in allen B enthalten ist und wenn B allgemein von allen C als zu deren *Was* gehörig ausgesagt wird, dann A als in dem *Was* von C befindlich ausgesagt werden. Wenn aber die Vordersätze nicht so verdoppelt genommen werden, so ist es nicht nothwendig, dass A von C als zu dessen *Was* gehörig ausgesagt werde; wenn nämlich A zwar in dem *Was* des B enthalten ist, aber B nicht in dem *Was* der Dinge, von denen es ausgesagt wird. Somit müssen also sowohl A wie B das Wesen von C enthalten und es wird also auch B das *Was* von C enthalten. Wenn aber beide, A und B das *Was* und das wesentliche *Was* von C enthalten, so wird das wesentliche *Was* von C auch schon in dem vorausgehenden Mittelbegriff enthalten sein.

Wenn es also überhaupt angeht, zu beweisen, welches das *Was* z.B. des Menschen ist, so mag C der Mensch sein und A das *Was* desselben, also das zweifüssige Geschöpf oder sonst etwas anderes. Will man nun dies durch einen Schluss beweisen, so muss A von allen B ausgesagt werden können; und es wird hierfür ein anderer Mittelbegriff nöthig sein, welcher mithin ebenfalls das *Was* des Menschen enthält. Somit setzt man schon das, was man erst beweisen soll, denn B ist schon das *Was* des Menschen.

Man muss dies vorzüglich bei solchen Vordersätzen in Betracht nehmen, welche zu den obersten und unvermittelten gehören, da hier das, was ich gesagt, am deutlichsten hervortritt. Wer also durch Vordersätze, die sich umkehren lassen, beweisen will, z.B. *was* die Seele, oder *was* der Mensch, oder sonst irgend ein Ding ist, der setzt das erst zu Beweisende schon voraus; z.B. wenn jemand behauptet, die Seele sei das, was sich selbst die Ursache seines Lebens sei und ein solches sei die Zahl, welche sich selbst bewege. Hier muss man nothwendig im Voraus annehmen, dass die Seele sei wie eine sich selbst bewegende Zahl und man nimmt damit schon an, dass sie das sei, was sie ist. Denn wenn A dem B blos zukommt und ebenso B dem C, so wird A nicht das wesentliche *Was* von C sein, sondern es wird blos wahr sein, dass A in C enthalten ist; denn dies gilt auch für den Fall, wenn A etwas der Art ist, was von jedem B ausgesagt werden kann. Denn man kann z.B. wohl das »Geschöpf sein« von allen Menschen aussagen; denn es ist wahr, dass alles was Mensch ist, auch ein Geschöpf ist, wie auch, dass jeder Mensch ein Geschöpf ist; allein man kann dies nicht in dem Sinne, dass beide *eines* seien; und wenn man es nicht in diesem Sinne nehmen kann, so kann man auch nicht schliessen, dass A von dem C das wesentliche *Was* und dessen Wesen bilde. Setzt man aber ein A in diesem Sinne, so hat man bei dem Beweise schon vorher gesetzt, dass B als das wesentliche *Was* in dem *Was* von C enthalten ist und man hat dann keinen Beweis geführt, sondern hat das zu Beweisende gleich im Beginne als wahr vorausgesetzt.

Fünftes Kapitel

Auch durch das Verfahren, wo man einen Gegenstand *eintheilt*, gelangt man zu keinem Schluss, wie ich bei Untersuchung der Schlussfiguren gesagt habe. Denn aus dem Dasein der Eintheilungsglieder folgt nicht mit Notwendigkeit, dass der Gegenstand ein solcher ist; wie ja auch bei der Induktion kein Beweis geführt wird, denn der Schlusssatz darf nicht eine Frage sein, noch sich auf ein bloses Zugeben stützen, vielmehr *muss* er gelten, wenn die Vordersätze wahr sind, selbst wenn der Antwortende es nicht zugesteht. So fragt man z.B. bei der Eintheilung: Ist der Mensch ein lebendes Wesen oder leblos? Nimmt man nun ersteres an, so hat man damit doch keine Schlussfolgerung gezogen. Dasselbe gilt wenn man alle Geschöpfe in Land- und Wassergeschöpfe eintheilt, und man den Menschen als ein auf dem Lande lebendes annimmt. Auch wenn man beides zusammennimmt, also den Menschen für ein auf dem Lande lebendes Geschöpf erklärt, so besteht auch hierfür keine Nothwendigkeit, sondern es wird dies nur so angenommen. Nun macht es aber hierbei keinen Unterschied, ob man in viele oder wenige Bestimmungen einen Gegenstand eintheilt; die Sachlage bleibt dieselbe. Dieses Verfahren nützt also denen, welche es anwenden, selbst bei Dingen nichts, die sich beweisen lassen; denn alle diese Bestimmungen können sehr wohl in Bezug auf den Menschen wahr sein, ohne dass doch das *Was* und das *wesentliche Was* des Menschen dadurch offenbart wird; auch kann es kommen, dass dabei in Betreff des Wesens des Gegenstandes etwas zugesetzt oder weggelassen oder darüber hinausgegangen wird.

Hierin wird in den meisten Fällen gefehlt; indess kann man eine Lösung erlangen, wenn man alles, was in dem *Was* des Gegenstandes enthalten ist, ansetzt und dies durch fortgesetztes Eintheilen erreicht; indem man das Oberste sich fordert und dabei sodann nichts auslässt. Es müssen diese Bestimmungen nothwendig die Definition des Gegenstandes enthalten, wenn alles Wesentliche in die Eintheilung aufgenommen und nichts weggelassen wird; und es muss dies die Definition sein, denn man muss dann bis zu dem Untheilbaren gelangt sein.

Indess enthält auch ein solches Verfahren kein Schliessen, wenn es auch die Erkenntniss in einer andern Weise herbeiführt und nicht als widersinnig gelten kann, da ja auch die Induktion wohl nicht beweist und doch etwas erkennen lässt. Aber einen Schluss zieht derjenige nicht, welcher die Definition aus der Eintheilung abnimmt; sondern es verhält sich damit so, wie bei jenen Schlussfolgerungen, wo der Mittelbegriff fehlt. Wenn jemand in solchem Falle behauptet, dass wenn jenes wäre, auch dieses sei, so kann man fragen: Warum? und ebenso verhält es sich mit den Gliedern einer Eintheilung. Was ist z.B. der Mensch? Antwort: ein sterbliches, aufrechtstehendes, zweifüssiges, ungeflügeltes Geschöpf. Hier kann man bei jedem zugesetzten Beiwort fragen: Weshalb? Der Antwortende wird sagen und durch sein Eintheilen dies bewiesen zu haben glauben, weil Alles entweder sterblich oder unsterblich ist. Allein selbst eine vollständige solche Angabe ist keine Definition;

und wenn also auch durch die Eintheilung etwas bewiesen würde, so würde doch damit die Definition zu keinem Schluss.

Sechstes Kapitel

Aber sollte sich nicht das wesentliche *Was* eines Gegenstandes vermöge einer Voraussetzung beweisen lassen, indem man als Obersatz annimmt, der Begriff der Definition bestehe überhaupt aus den in dem Wesen eines Gegenstandes enthaltenen eigenthümlichen Merkmalen und in den Untersatz nun diese Merkmale aufnimmt, welche dem betreffenden Gegenstande zukommen und daraus dann folgert, dass also diese Merkmale seine Definition enthalten? Aber sollte nicht auch hier das *wesentliche Was* nur angenommen, aber nicht bewiesen sein? Denn dazu gehörte doch, dass es durch einen Mittelbegriff dargelegt würde. Auch nimmt man ja in keinem Schlüsse das auf, was das *Was* des Schliessens sei (denn die Vordersätze, aus denen der Schluss abgeleitet wird, verhalten sich immer wie das Ganze zu dem Theile) und es kann das wesentliche *Was* des Schlusses überhaupt nicht darin enthalten sein; vielmehr muss es ausserhalb der angenommenen Vordersätze bleiben, und wenn ein Zweifel erhoben wird, ob dies ein Schliessen sei oder nicht, so muss man dem damit begegnen, dass dies der Fall sei, weil es dem Begriffe des Schlusses entspreche, und wenn eingewendet wird, dass das wesentliche *Was* des Schlusses nicht abgeleitet werden könne, so muss man entgegnen, dass eben dieses Schliessen für uns das wesentliche *Was* des Schlusses enthalte. Mithin kann man auch ohne Angabe dessen, *was* der Schluss ist und worin sein wesentliches *Was* besteht, etwas durch Schlüsse ableiten.

Und wenn jemand den Beweis vermittelst einer Voraussetzung führen wollte, z.B. so: Wenn das Böse-sein in dem Mehrfältig-sein besteht, und das Entgegengesetztsein in dem Gegensatze gegen das Gegentheil bei den Dingen besteht, die ein Gegentheil haben, und wenn das Gute das Gegentheil des Schlechten ist und das Einfache das Gegentheil des Mehrfältigen ist, so ist das Gute demnach das Einfache; so erfolgt auch hier der Beweis nur durch Aufnahme des wesentlichen *Was* in die Vordersätze und diese Aufnahme geschieht, um das wesentliche *Was* zu beweisen. Bei dem Schlüsse müssen jedoch die Begriffe des Schlusssatzes verschieden sein, denn in den Beweisen wird gezeigt, dass jenes von diesem gelte, aber nicht, dass beide dasselbe seien, oder dass

das eine der Begriff des andern sei und beide sich austauschen lassen
Gegen beide Verfahrungsweisen, sowohl gegen die, wo man den Beweis
aus der Eintheilung entnimmt und gegen die, welche so wie hier angegeben, schliesst, tritt ferner dasselbe Bedenken ein, dass man fragen
kann: Warum ist der Mensch ein zweifüssiges, auf dem Lande lebendes
Geschöpf und weshalb ist er nicht ein Geschöpf *und auch* auf dem
Lande lebend? Denn aus den angenommenen Sätzen des Schlusses folgt
nicht nothwendig, dass diese ausgesagten Bestimmungen *Eins* werden,
sondern es ist nur eine Verbindung, wie z.B. bei einem Menschen,
wenn derselbe ein Musikverständiger und ein Sprachverständiger wäre.

Siebentes Kapitel

Wie soll nun bei der Definition das Wesen oder das *Was* des Gegenstandes bewiesen werden? Man kann weder, wie der, welcher aus zugestandenen Sätzen etwas beweist, darlegen, dass wenn gewisse Bestimmungen gelten, ein drittes dann sich ergebe; denn darin besteht der
Beweis; noch kann man es so machen, wie der, welcher vermittelst der
bekannten einzelnen Dinge und der Induktion darlegt, dass Alles sich
so verhalte, weil keines sich anders verhält; denn ein solcher beweist
nicht das *Was* eines Gegenstandes, sondern blos, *dass* er ist oder nicht
ist. Welche andere Verfahrungsweise bleibt da noch übrig ? Denn man
kann es doch nicht durch Wahrnehmen oder durch Zeigen mit dem
Finger beweisen.

Ferner: Wie soll man das *Was* beweisen? Denn wenn man weiss, *was*
der Mensch oder sonst ein Gegenstand ist, so muss man nothwendig
auch wissen, *dass* er ist. Denn von dem Nicht-Seienden weiss Niemand,
was es ist; man weiss wohl, was das Wort oder der Name bezeichnet,
wenn man »Bockhirsch« sagt, aber wissen kann man nicht, *was* er ist.
Aber selbst wenn man bewiese, was er ist und dass er ist, wie könnte
dies mit *einer* Rede geschehen? Denn die Definition wie der Beweis
würden jedes dann nur *Eines* von beiden darlegen, während doch das
Was des Menschen etwas anderes ist, als das Dasein des Menschen.

Ferner sagt man, dass durch den Beweis von allem, mit Ausnahme
des Wesens, bewiesen werden muss, *dass* es ist; aber das Sein macht
bei keinem Gegenstand sein Wesen aus; denn das Seiende ist keine
Gattung. Der Beweis geht also nur dahin, *dass* Etwas ist, wie es jetzt
auch die Wissenschaften machen. Denn der Geometer setzt voraus, was

das Dreieck bedeutet; und er beweist nur, dass es ist. Was wird nun der, welcher das *Was* eines Gegenstandes definirt, beweisen? doch nicht etwa, dass das Dreieck ist? Also wird der, welcher vermittelst der Definition das *Was* des Gegenstandes kennt, nicht wissen, dass er *ist*; was doch unmöglich ist.

Auch erhellt aus den jetzt üblichen Weisen der Definitionen, dass die, welche die Definition eines Gegenstandes geben, dabei nicht beweisen, dass er *ist*. Denn wenn auch die Linien vom Mittelpunkt des Kreises nach seinen Umring gleich sind, so kann man immer noch fragen: Weshalb *ist* aber der so definirte Gegenstand? Und: weshalb *ist* dies ein Kreis? Man könnte ja dasselbe auch anders, etwa Messing nennen. Die Definitionen legen also weder die Möglichkeit des Seins des definirten Gegenstandes dar, noch dass er das ist, was die Definition besagt; vielmehr kann man dabei immer noch nach dem Warum fragen.

Wenn also der Definirende nur entweder das *Was* oder was der Name bedeutet beweisen könnte, und wenn das erstere durchaus nicht stattfinden kann, so würde die Definition ein Satz sein, der dasselbe anzeigt, was ein Name des Gegenstandes anzeigt. Allein dies wäre widersinnig. Denn erstens gäbe es dann auch Definitionen von dem, was kein Wesen ist und von dem, was nicht ist; denn einen Namen geben kann man auch dem Nichtseienden. Ferner würden dann alle Sätze auch Definitionen sein; denn man könnte jeder Rede einen Namen geben, so dass wir dann Alle in Definitionen sprechen würden und die Ilias würde dann eine Definition sein. Ferner beweist keine Wissenschaft, dass dieser Name gerade diese Sache bedeute; und deshalb werden auch die Definitionen dies nicht darlegen.

Nach alledem scheint es, dass die Definition und der Schluss nicht dasselbe sind und dass auch nicht von demselben Inhalt ein Schluss und eine Definition statt hat; und ausserdem, dass die Definition Nichts beweist und nichts darlegt und dass man das Was eines Gegenstandes weder durch Definition noch durch Beweis erkennen kann.

Achtes Kapitel

Indess ist nochmals zu untersuchen, welche von diesen Behauptungen richtig sind und welche nicht und was die Definition ist und wie also von dem *Was* ein Beweis und eine Definition statt hat oder ob dies durchaus nicht der Fall ist. Ich habe nun bereits gesagt, dass das Wissen des *Was* und das Wissen der Ursache des *Was* dasselbe ist. Der Grund hiervon ist, dass die Ursache etwas ist und als solches sie entweder dasselbe mit dem Gegenstande, oder etwas Anderes und wenn etwas Anderes, so ist sie entweder beweisbar oder unbeweisbar. Ist die Ursache nun etwas anderes und lässt sie sich beweisen, so muss sie ein Mittleres sein und das *Was* muss in der ersten Schlussfigur bewiesen werden, denn hier ist das, was man beweist, allgemeiner und bejahender Natur. Damit wäre nun *ein* Weg zudem, was wir suchen, vermittelt, indem das *Was* durch ein Anderes beweisen würde. Denn von dem *Was* eines Gegenstandes muss immer der Mittelbegriff wieder ein *Was* enthalten, und von dem Eigenthümlichen des Gegenstandes muss der Mittelbegriff immer etwas Eigenthümliches enthalten. Somit wird also von dem wesentlichen *Was* derselben Sache theils etwas bewiesen, theils etwas nicht bewiesen.

Dass nun diese Weise zu verfahren kein eigentlicher Beweis ist, habe ich früher gesagt; indess ist es doch der logischen Form nach ein Schluss auf das *Was* einer Sache. In welcher Weise aber ein Beweis statthaft ist, will ich darlegen, indem ich wieder von vorn beginne. Denn wie man das *Warum* sucht, nachdem man das *Dass* erkannt hat und wie mitunter Beides zugleich offenbar wird, aber niemals das *Warum* vor dem *Dass* erkannt werden kann, so kann auch offenbar das wesentliche *Was* nicht ohne das *Dass* erkannt werden; denn man kann unmöglich das Was eines Gegenstandes kennen, wenn man nicht weiss, *ob* er ist. Nun kennt man das: *ob* Etwas ist manchmal nur aus einer nebensächlichen Bestimmung an demselben; manchmal aber auch, indem man etwas von der Sache selbst inne hat; so z.B. weiss man, dass der Donner ein Geräusch in den Wolken ist und dass die Mondfinsterniss eine Beraubung des Lichtes ist und dass der Mensch ein Geschöpf ist und dass die Seele ein sich selbst Bewegendes ist. Bei allen Dingen nun, von denen man nur aus einem Nebensächlichen weiss, dass sie sind, muss nothwendig die Kenntniss ihres *Was* fehlen; denn man weiss dann nicht, *dass* sie sind und ein Suchen nach dem *Was*, ohne dass man das *Dass* kennt, ist ein Suchen nach Nichts. Je mehr man aber etwas von der Sache selbst kennt, um so leichter ist es; und so weit man also weiss, *dass* ein Gegenstand ist, so weit nähert man sich auch dem Wissen seines *Was*.

Mit den Fällen, wo man etwas von dem *Was* des Gegenstandes kennt, soll es sich nun zunächst folgendermaassen verhalten: A bedeute die

Verfinsterung, C den Mond, B das Davortreten der Erde. Das Suchen nun, ob der Mond sich verfinstere oder nicht, ist das Suchen, ob B ist oder nicht. Dies ist aber nichts anderes, als den Grund der Mondfinsterniss suchen, und man sagt, dass wenn B ist, auch die Mondfinsterniss ist. Dies gilt auch, mag der Grund für die Bejahung oder für die Verneinung gelten, z.B. ob das Dreieck zusammen zwei rechte Winkel enthält oder ob es sie nicht enthält. Sobald man den Grund gefunden hat, weiss man sowohl das *Dass*, wie das *Warum*, sofern der Grund in einem unvermittelten Satze besteht. Ist dies nicht der Fall, so weiss man nur das *Dass*, aber nicht das Warum. Es sei z.B. C der Mond, A die Verfinsterung und B dass der Vollmond keinen Schatten haben kann, wenn sich zwischen uns und ihm nichts Wahrnehmbares befindet. Wenn nun dem C das B einwohnt, nämlich dass es keinen Schatten haben kann, wenn nicht zwischen ihm und uns ein Wahrnehmbares sich befindet, und wenn in dem C aber das A, nämlich dass er verfinstert worden, enthalten ist, so ist zwar klar, dass er verfinstert ist, aber das Warum ist noch nicht klar und wir wissen wohl, dass eine Verfinsterung da ist, aber nicht, was sie ist. Wenn also bekannt ist, dass A dem C zukommt, so ist das Suchen, warum es so ist, ein Suchen was B ist, ob es ein Dazwischenstehen der Erde, oder eine Wendung des Mondes, oder ein Verlöschen des Lichtes ist. Diese Frage betrifft nun den Grund des zweiten Gliedes, also hier das A; denn die Mondfinsterniss ist eine Lichtversperrung durch die Erde. So kann man fragen: Was ist der Donner? Antwort: Ein Verlöschen des Feuers in den Wolken. Frage: Warum donnert es? Antwort: Weil das Feuer in den Wolken verlöscht. Es sei also C die Wolke, A der Donner, B das Verlöschen des Feuers. Nun ist in C, in der Wolke, das B enthalten, denn das Feuer in ihr verlöscht. In dem B ist aber A, das Geräusch enthalten und B ist der Grund von A, dem Oberbegriff. Wenn nun für B ein weiterer Mittelbegriff besteht, so ist die Ableitung aus diesen weitem Mittelbegriffen zu bewirken.

Somit ist dargelegt, wie das *Was* eines Gegenstandes zwar erfasst und bekannt wird, aber dass weder ein Schluss, noch ein Beweis für das *Was* aufgestellt werden kann. Indess wird das *Was* doch durch den Schluss und den Beweis bekannt. Man kann also ohne Beweis das *Was* eines Gegenstandes nicht kennen lernen, wenn dasselbe etwas Anderes zu seiner Ursache hat, aber ebenso wenig giebt es einen Beweis für das *Was*, wie ich schon bei Erörterung der Bedenken gesagt habe.

Neuntes Kapitel

Von manchen Dingen ist ein Anderes die Ursache, von manchen Dingen ist dies nicht der Fall. Folglich ist auch das *Was* von manchen Dingen unvermittelt und zu den obersten Grundsätzen gehörig, und man muss dann bei solchen Dingen sowohl das *Sein*, wie das *Was* derselben voraussetzen, oder sie auf sonst eine Weise erkennbar machen. Auch in der Arithmetik verfährt man so, indem man voraussetzt, *was* die Eins ist und *dass* sie ist. Die Dinge dagegen, für welche ein Mittleres besteht und ein Anderes die Ursache ihres Wesens ist, lassen sich, wie gesagt, durch Beweis zwar kennen lernen, aber das *Was* derselben kann nicht bewiesen werden.

Zehntes Kapitel

Da nun die Definition in einer Angabe des *Was* des Gegenstandes besteht, so ist klar, dass manche Definition nur eine Angabe dessen ist, was der Name des Gegenstandes bedeutet, also dass sie nur eine Aussage in andern Worten ist, z.B. wenn man angiebt, was ein Gegenstand, welcher Dreieck heisst, bedeutet. Hat man in solchem Falle das Wissen, *dass* er ist, so sucht man nach dem *Warum* desselben. Aber von Dingen, von welchen man nicht weiss, *dass* sie sind, ist es schwer das Warum auf diese Art zu finden. Der Grund dieser Schwierigkeit ist bereits früher dahin angegeben worden, dass man da nicht einmal weiss, ob der Gegenstand besteht oder nicht, als höchstens nur aus nebensächlichen Bestimmungen. Die Einheit einer Rede ist zweifacher Art; die eine besteht in der Verbindung, wie z.B. bei der Ilias; die andere offenbart eines von dem andern und zwar nicht in Bezug auf blos nebenbei bestehende Bestimmungen.

Dies ist nun die *eine* Art der Definition, die andere ist die, welche das *Warum* eines Gegenstandes darlegt. Jene Art giebt nur das, was ein Gegenstand bedeutet; diese zweite Art ist aber offenbar eine Art Beweis seines *Was* und unterscheidet sich nur in der Art des Ausdrucks von einem Beweise. Denn es ist ein Unterschied, ob man sagt, *warum* es donnert und *was* der Donner ist; denn im ersten Falle sagt man, weil das Feuer in den Wolken verlöscht; aber auf die Frage: *Was* ist der Donner, antwortet man: Ein Geräusch des in den Wolken erlöschenden Feuers. In beiden Fällen sagt man also dasselbe, nur in einer andern

Wendung; das einemal grenzt es an einen Beweis, das anderemal ist es eine Definition. So lautet die Definition des Donners, dass sie ein Geräusch in den Wolken ist; aber dies ist auch der Schlusssatz des Beweises von dem *Was* des Donners. Dagegen ist die Definition von Gegenständen, wo kein Mittleres vorhanden ist, eine Angabe des *Was*, welche nicht beweisbar ist.

Sonach wird also die eine Definition die unbeweisbare Angabe des *Was* sein und die andere ein Schluss auf das *Was*, welcher nur in der Ausdrucksweise von dem Beweise verschieden ist und die dritte wird der auf das *Was* lautende Schlusssatz eines Beweises sein.

Aus dem Gesagten erhellt sonach, in welcher Weise ein Beweis des *Was* statt hat und in welcher Weise nicht, und von welchen Dingen ein Beweis des *Was* statt hat und von welchen nicht; ferner in wie vielfachen Sinne man von der Definition spricht und wie sie das *Was* darlegt und wie nicht und von welchen Dingen sie statt hat und von welchen nicht; ferner wie die Definition sich zum Beweise verhält und wie sie denselben Inhalt, wie der Beweis haben kann und wie nicht.

Elftes Kapitel

Da man dann zu wissen glaubt, wenn man die Ursache kennt und es vier Arten von Ursachen giebt, nämlich *eine* als das wesentliche *Was*, eine *zweite* als die, wo wenn Einiges ist, nothwendig sie sein muss; eine *dritte*, welche zuerst etwas bewegt und eine *vierte*, weshalb welcher etwas geschieht, so werden alle diese Ursachen durch einen Mittelbegriff dargelegt. Denn dass, wenn Dieses ist, ein Anderes nothwendig sein muss, kann durch Ansatz blos *eines* Vordersatzes nicht bewiesen werden, vielmehr sind mindestens zwei Vordersätze dazu nöthig und es tritt dies dann ein, wenn beide Sätze denselben einen Mittelbegriff haben. Wird dieser *eine* angesetzt, so muss der Schlusssatz sich mit Nothwendigkeit ergeben.

Auch erhellt dies in folgender Weise. Es frägt sich, warum ist der Winkel im Halbkreise ein rechter? oder: ist er ein rechter, weil etwas Anderes ist? Nun soll A den rechten Winkel bezeichnen, B die Hälfte von zwei rechten Winkeln, C der Winkel in einem Halbkreis. Dass nun A, der rechte Winkel, in C, dem Winkel im Halbkreise enthalten ist, davon ist B die Ursache; denn B ist dem A gleich und der Winkel C ist dem B gleich, denn B ist die Hälfte von zwei rechten Winkeln. Weil also B die Hälfte von zwei rechten Winkeln ist, deshalb ist A in dem C enthalten; letzteres war aber der Satz, dass im Halbkreise ein rechter Winkel enthalten ist. Dies ist aber dadurch, dass es den Grund bezeichnet, dasselbe mit dem wesentlichen *Was* des Gegenstandes. Auch ist bereits früher dargelegt worden, dass der Mittelbegriff das wesentliche *Was* als Ursache ist.

Ferner: Warum wurde gegen die Athener der Persische Krieg geführt? Was war die Ursache, dass die Athener bekriegt wurden? Antwort: Weil sie mit den Eretriern in das Gebiet von Sardes eingefallen waren; denn dies gab den ersten Anstoss. Es sei also A der Krieg, B das erste Einfallen, C seien die Athener. Es ist also das B in C enthalten, d.h. das erste Einfallen ist bei den Athenern und A ist in B enthalten; denn der Krieg wird gegen die geführt, welche zuerst verletzt haben. Das A ist also in B enthalten, d.h. das Bekriegtwerden in denen, die zuerst angefangen haben; dieses aber, das B, ist in C, d.h. in den Athenern enthalten, denn sie haben angefangen. Also ist auch hier der Mittelbegriff die Ursache, als das zuerst Bewegende.

Als Beispiel für die Fälle, wo die Ursache als das, *weswegen* etwas geschieht, erscheint, nehme man die Frage: Weshalb geht er spazieren? Antwort: Damit er gesund bleibe. Ferner: Weshalb ist dieses Haus? Antwort: Damit das Geräthe darin gesichert sei. Das eine geschieht also, um gesund zu bleiben, das andere, der Sicherung wegen. Die Fragen: *Warum* man nach der Mahlzeit spazieren gehen solle und *weswegen* es geschehen solle, sind nicht verschieden. C bedeute also den Spaziergang nach der Mahlzeit; B die gute Verdauung der Speisen; A das Gesundsein. Man nimmt also an, das in dem Spazierengehen nach der Mahlzeit die Wirkung enthalten sei, dass die Speisen nicht nach der obern Oeffnung des Magens aufstossen und dass dies der Gesundheit zuträglich sei; denn es scheint in dem C, dem Spazierengehen, das B, nämlich das Nicht-Aufstossen der Speisen enthalten zu sein und in letzterem A, das Gesundbleiben. Was ist nun die Ursache, dass A als Zweck in dem C enthalten ist? Antwort: Das B, nämlich das Kicht-Aufstossen der Speisen. Dieses B ist gleichsam der Grund von jenem A, denn A wird auf diese Weise erklärt. Aber warum ist B in dem C enthalten? Weil ein solches Verhalten die Gesundheit enthält. Man muss indess die Begriffe umstellen, dann wird jedes deutlicher einleuchten. Hier verhält sich das Warum umgekehrt wie bei der bewegenden Ursache; bei dieser muss das Mittlere zuerst werden; hier aber das letzte Glied, das C, und das Weshalb es geschieht, ist das der Zeit nach letzte.

Ein und Dasselbe kann zugleich das *Weswegen* oder ein Ziel und auch aus Nothwendigkeit sein; z.B. das Licht, was durch die Laterne dringt; denn das, was aus kleineren Theilen besteht, wandert nothwendig durch die grösseren Poren, das Licht wird also vermittelst seines Hindurchgehens und zugleich geschieht dies um eines Zieles wegen, damit man sich im Dunkeln nicht stosse. Wenn nun Ein und Dasselbe beides *sein* kann, so kann es auch beides werden. Wenn es z.B. donnert, sobald das Feuer in den Wolken verlöscht, so muss nothwendig ein Knittern und Geräusch entstehen und zugleich kann es, wie die Pythagoräer sagen, geschehen, um den in der Unterwelt Befindlichen zu drohen, damit sie sich fürchten. Das Meiste ist von solcher Art, insbesondere bei den Dingen, welche von Natur verbunden werden oder verbunden sind. Denn die Natur wirkt theils um eines Zieles willen, theils aus Nothwendigkeit. Die Nothwendigkeit ist aber eine zwiefache; die eine entspricht der Natur und dem Triebe, die andere verfährt mit Gewalt und gegen den Trieb. So wird der Stein mit Nothwendigkeit sowohl nach Oben, wie nach Unten getrieben, aber nicht durch dieselbe Nothwendigkeit. Dagegen ist in den Dingen, welche von dem Denken herrühren, ein Theil niemals von selbst entstanden, wie z.B. ein Haus oder eine Bildsäule nicht von selbst entsteht; auch sind sie nicht aus Nothwendigkeit, sondern eines Zweckes wegen gemacht. Anderes kann aber auch zufällig so sein, z.B. die Gesundheit und die Errettung aus einer Gefahr. Am meisten zeigt sich der Zweck bei Dingen, die so oder anders geschehen können, so weit hier nicht der Zufall es zu Stande bringt, so dass also ein guter Zweck das Weswegen bildet sei es durch die Natur, sei es durch Kunst. Durch Zufall kann aber niemals etwas eines Zweckes wegen geschehen.

Zwölftes Kapitel

Ein und Dasselbe kann Ursache sein für Dinge, die werden und für Dinge, die geworden sind und für Dinge, welche künftig werden; ebenso auch für die Dinge, welche sind. Denn das Mittlere ist die Ursache, jedoch nur als seiendes für die seienden Dinge und als werdendes für die werdenden Dinge und als gewordenes für die gewordenen Dinge und als künftig werdendes für die künftig werdenden Dinge. So frägt es sich z.B. wodurch ist die Mondfinsterniss geworden? Antwort: Weil die Erde in die Mitte zwischen Mond und Sonne gekommen war; und sie wird, weil dieses wird und sie wird werden, weil dieses in die Mitte kommen werden wird und sie *ist*, weil die Erde in der Mitte *ist*. Ferner: Was ist das Eis? Man nehme an, dass es gefrornes Wasser sei; das Wasser soll nun C sein, das Gefrorne A und die Ursache als das Mittlere, nämlich der völlige Mangel an Wärme sei B. Hier ist B in C enthalten und in B ist das Gefrorensein, oder A enthalten. Also wird Eis, wenn B wird und es ist geworden, wenn B geworden ist und es wird werden, wenn B werden wird.

Die Ursache dieser Art und Dasjenige, dessen Ursache sie ist, entstehen zugleich, wenn sie entstehen und sind zugleich, wenn sie sind; und ebenso verhält es sich mit dem Gewordensein und künftigen Werden derselben. Wo aber Ursache und Wirkung nicht zugleich in derselben stetigen Zeit sind, ist da, wie es mir scheint, ein Anderes die Ursache von der Wirkung? also ein Anderes Werdendes die Ursache von der werdenden Wirkung und ein Anderes künftig Werdendes die Ursache der künftig werdenden Wirkung und ein Anderes Gewordenes die Ursache von der gewordenen Wirkung? Der Schluss geht hier von dem später Gewordenen aus; aber der Anfang liegt auch für solche Fälle in dem, was vorher geworden ist und deshalb verhält es sich auch mit dem Werdenden so. Dagegen kann man von dem Früheren hier nicht schliessen, z.B. dass weil dieses geworden ist, nun später jenes werden müsse. Dies gilt auch für das Zu künftig-Werdende; denn man mag die Zwischenzeit bestimmt oder unbestimmt annehmen, immer wird man, wenn man in Wahrheit sagen kann, dass das Eine geworden ist, nicht in Wahrheit sagen können, dass das Spätere geworden sei. Denn für die Zwischenzeit wäre es falsch, zu sagen, das Spätere sei, während das Frühere schon geworden ist. Dies gilt auch für das Zukünftig-Werdende. Auch kann man nicht sagen, dass nachdem das Eine geworden sei, das Andere später werden werde; denn das Mittlere muss gleichartig sein, also von Gewordenen ein Gewordenes, von zukünftig Werdendem ein zukünftig Werdendes, von dem gegenwärtig Werdenden ein gegenwärtig Werdendes und von dem Seienden ein Seiendes; zwischen Gewordenen und zukünftig Werdenden ist aber kein Gleichartiges möglich; auch kann die Zwischenzeit weder unbestimmt, noch bestimmt sein; denn es würde falsch sein, wenn man sagen wollte, dass etwas in der Zwischenzeit sei.

Es ist jedoch hier zu untersuchen, was das Stetige ist, so dass nach dem Gewordensein das Werden in den Dingen enthalten ist. Hier ist aber klar, dass das Werdende nicht an das Gewordene angrenzen kann und auch nicht das Gewordene an das Gewordene, denn jedes ist begrenzt und untheilbar. Wie daher die Punkte nicht aneinander grenzen können, so können es auch die gewordenen Dinge nicht, denn beide sind untheilbar. Aus demselben Grunde kann auch das Werdende nicht an das Gewordene angrenzen, denn das Werdende ist theilbar, aber das Gewordene untheilbar. So wie sich daher die Linie zu dem Punkte verhält, so verhält sich das Werdende zu dem Gewordenen; denn in dem Werdenden sind unendlich viele Gewordene enthalten. Noch deutlicher soll hierüber in der allgemeinen Lehre über die Bewegung gehandelt werden.

Wie sich nun bei dem der Reihe nach Gewordenen die Ursache, als Mittleres verhält, darüber sei das Folgende bemerkt; denn auch in solchem Falle muss das Mittlere und das Oberste selbst unvermittelt sein; wie z.B. A geworden ist, weil C geworden ist; C ist aber später und A vor ihm geworden. Aber C ist der Anfang, weil es dem Jetzt näher steht, welches der Anfang der Zeit ist. C ist aber geworden, wenn D geworden ist. Wenn also D geworden ist, so muss A nothwendig vorher geworden sein. Der Grund hierfür ist C. Denn wenn D geworden ist, so muss C früher geworden sein und wenn C geworden ist, so muss A vor ihm geworden sein. Wenn man den Hergang so auffasst, wird da die Mittelursache irgendwo bei einem Unvermittelten anhalten, oder wird es immer fort ohne Ende weiter gehen? Allein das Gewordene grenzt nicht, wie bemerkt, an das Gewordene; also muss nothwendig von einem Mittleren und einen dem Jetzt Nächsten angefangen werden. Dies gilt auch für das künftig Werdende; denn wenn man in Wahrheit sagen kann, dass D werden wird, so muss man in Wahrheit sagen, dass A vorher werden wird. Nun ist aber C der Grund von diesem; denn wenn D sein wird, so wird vorher C sein und wenn C sein wird, so wird vorher A sein. Auch bei diesen ist die Theilung ohne Ende, denn auch das in Zukunft Werdende grenzt nicht aneinander. Es muss also auch bei diesen ein unvermittelter Anfang angenommen werden. Bei den menschlichen Werken verhält es sich ebenso; wenn ein Haus geworden ist, so müssen Steine behauen und geworden sein; und weshalb dies? Weil nothwendig ein Fundament gelegt worden sein muss, wenn ein Haus zu Stande gekommen sein soll; soll aber ein Fundament gelegt worden sein, so müssen vorher Steine geworden sein. Ebenso werden, wenn ein Haus in Zukunft werden soll, vorher die Steine werden müssen. Auch hier wird dies durch das Mittlere in gleicher Weise bewiesen; denn das Fundament wird das frühere sein.

Bei den werdenden Dingen sieht man mitunter ein Werden sich im 86 Kreise vollziehen; dies würde dann möglich sein, wenn das Mittlere und die äussern Begriffe gegenseitig voneinander ausgesagt werden können. Denn bei solchen Urtheilen findet die Umkehrung statt. Nun ist in den ersten Analytiken gezeigt worden, dass die Sätze im Schlüsse sich umkehren lassen und dies geschieht in dem Zirkelschluss. Bei wirklichen Vorgängen zeigt sich dies in folgender Weise: Wenn die Erde benetzt worden ist, so muss Dunst entstehen und wenn dieser entstanden, Wolken, und wenn diese geworden sind, Wasser, und wenn dieses geworden ist, muss die Erde benetzt werden. Nun war aber diese Benetzung das Erste und der Wechsel ist deshalb im Kreise gegangen; denn wenn irgend Eines von diesen Dingen ist, so entsteht auch das Andere und dann das Dritte, und wenn dieses ist, wieder das Erste.

Manches Werdende ist allgemeiner Natur (denn es verhält sich, oder wird so immer und in jedem Falle); anderes zwar nicht immer, aber meistentheils; so wächst z.B. nicht jedem Manne ein Bart, aber doch den meisten. In solchen Fällen kann auch der vermittelnde Grund nur ein meistentheils geltender sein. Denn wenn A von dem B allgemein ausgesagt wird und ebenso B allgemein von C, so muss auch A von C allgemein und für jedes Einzelne von C ausgesagt werden; denn dies ist die Natur des Allgemeinen, dass es für jedes Einzelne und immer gilt. Nun war aber angenommen, dass Etwas blos meistentheils gelte, folglich kann auch der vermittelnde Grund B nur meistentheils gelten. Für Alles, was in dieser Weise meistentheils ist oder wird, werden deshalb die unvermittelten obersten Grundsätze nur meistentheils gelten.

Dreizehntes Kapitel

Wie nun das *Was* eines Gegenstandes in den Definitionen wiedergegeben wird und in welcher Weise ein Beweis und eine Definition davon gegeben werden kann oder nicht, habe ich früher gesagt; jetzt werde ich sagen, wie man in dem *Was* dasjenige, was von ihm auszusagen ist, aufzusuchen habe.

87

Von dem, was *einem* einzelnen Dinge immer einwohnt, erstreckt sich Manches auch auf andere Dinge, nur nicht ausserhalb der Gattung. Unter dem: »Mehreren einwohnen« meine ich solche Bestimmungen, welche in jedem Einzelnen zwar allgemein enthalten sind, indess auch bei anderen vorkommen. So giebt es z.B. eine Bestimmung, welche in jeder Dreizahl enthalten ist, aber auch in Dingen, die keine Dreizahl sind; so ist das Seiende zwar in der Dreizahl enthalten, aber auch in Anderem, was keine Zahl ist. Auch das ungerade ist in jeder Drei enthalten und ist doch auch noch in Anderem enthalten, wie z.B. in der Fünf; aber nicht in Dingen einer andern Gattung; denn die Fünf ist doch eine Zahl, aber ausserhalb der Zahlen giebt es kein solches Ungerade.

Dergleichen Bestimmungen muss man nun so lange herausheben, bis man so viele derselben erlangt hat, dass die einzelnen zwar auch andern Dingen zukommen, aber sie alle zusammen keinem andern Dinge weiter; denn dann müssen sie das Wesen der Sache enthalten. So ist z.B. in jeder Drei die Zahl und das Ungerade enthalten und zwar ist sie die erste ungerade Zahl; ferner kann sie durch keine andere Zahl gemessen werden und ist gleichsam aus andern Zahlen nicht zusammengesetzt. Dieses ist somit die Drei; nämlich die erste ungerade Zahl und zwar die erste in dieser Weise. Einzelne dieser Bestimmungen sind auch in allen andern ungeraden Zahlen enthalten und das »erste« auch in der Zwei; allein alle zusammen sind in keinem andern Dinge enthalten.

Nun ist bereits früher uns bekannt geworden, dass die von dem *Was* der Dinge ausgesagten Bestimmungen nothwendige sind und dass die allgemeinen Bestimmungen nothwendige sind; wenn also bei der Drei oder bei einem andern Gegenstande die in dessen *Was* enthalten Bestimmungen so aufgesucht werden, so wird auch die Drei somit nothwendig aus diesen Bestimmungen bestehen. Dass sie aber das Wesen der Sache bilden, erhellt daraus, dass wenn diese Bestimmungen nicht das Wesen der Drei bildeten, sie doch irgend eine Gattung bilden müssten, die entweder einen Namen hätte, oder ohne Namen wäre, und dann würde eine solche für Mehreres, als die Drei gelten; denn es ist angenommen worden, dass die Gattung von der Beschaffenheit ist, dass sie möglicherweise sich auch auf mehreres Andere erstrecken kann; wenn aber diese Bestimmungen zusammen keinem andern Gegenstande, als den einzelnen Dreien zukommen, so werden sie das *Was* der Drei sein. Denn auch das ist festgestellt worden, dass das Wesen des einzel-

88

nen Gegenstandes eine solche Aussage ist, welche für alle Einzelnen derselben gilt. Deshalb werden die in dieser Art dargelegten Bestimmungen auch für jeden andern zu diesem Begriff gehörenden Gegenstand das *Was* desselben ausmachen.

Man muss, wenn man ein ganzes Gebiet regelrecht untersucht, die Gattung bis zu den ersten nicht weiter theilbaren untersten Arten trennen, also z.B. die Zahl in die Drei und die Zwei; dann muss man versuchen die Definitionen dieser Arten zu gewinnen, z.B. die Definitionen der geraden Linie, des Kreises und des rechten Winkels; dann muss man die Gattung aufsuchen, z.B. ob der Gegenstand zu den Grössen oder zu den Beschaffenheiten gehört und deren eigenthümliche Eigenschaften vermittelst der gemeinsamen obersten Bestimmungen in Betracht nehmen. Denn das, was den zusammengesetzten Dingen in Folge der in ihnen enthaltenen einfachen Bestandtheile zukommt, kann aus den Definitionen des Einfachen entnommen werden, weil die Definition und das Einfache der Anfang von allen Gegenständen sind und nur den einfachen Dingen deren Eigenschaften an sich zukommen, den andern Dingen aber nur beziehungsweise durch jene.

Die nach den Art-Unterschieden geschehenden Eintheilungen sind für ein solches Verfahren zu gebrauchen; wie sie aber zu Beweisen dienen, ist früher gesagt worden. Diese Eintheilungen werden daher hier nur zu gebrauchen sein, um das *Was* eines Gegenstandes aufzufinden.

Doch könnte man dies für Nichts halten, und vielmehr gleich alle Bestimmungen aufnehmen wollen, so etwa, wie wenn man ohne Eintheilung alles gleich beim Beginne aufnimmt. Allein es ist ein Unterschied, ob von den ausgesagten Bestimmungen die eine zuerst und die andere nachher ausgesagt wird, z.B. ob man sagt: ein Geschöpf, was zahm und zweifüssig ist, oder ein Zweifüssiges, was Geschöpf und zahm ist. Denn wenn das Ganze aus zwei Bestimmungen besteht und die *eine* das zahme Geschöpf ist und wenn dann aus diesem und dem Art-Unterschied der Mensch oder was sonst das so gewordene *eine* Ding sein mag, sich ergibt, so muss man auf der Eintheilung und die dadurch gewonnenen Bestimmungen bestehen. Auch kann man nur auf diesem Wege sich sichern, dass keine in dem *Was* enthaltene Bestimmung übersehen wird. Denn wenn man zuerst die Gattung angesetzt hat und dann eine von den tiefer unter ihr stehenden Eintheilungen hinzunimmt, so wird nicht das ganze Gebiet von solcher Definition befasst werden;

89

so sind z.B. alle Thiere nicht blos mit gespaltenen Flügeln oder zusammengewachsenen Flügeln versehen, sondern das ganze Gebiet umfasst hier alle überhaupt geflügelten Geschöpfe; erst bei diesem tritt jener Unterschied ein. Die erste Unterscheidung betrifft aber das Geschöpf und unter diese müssen *alle* Geschöpfe fallen. Ebenso muss man in jedem andern Falle verfahren, mag der Gegenstand ausserhalb einer bestimmten Gattung fallen, oder zu ihr gehören; so muss z.B. bei den Vögeln die Eintheilung derselben alle Vögel umfassen und ebenso bei den Fischen alle Fische. Wenn man so vorschreitet, so kann man wissen, dass man nichts übersieht, während man bei einem andern Verfahren nothwendig manches auslassen und nicht bemerken wird.

Indess braucht man behufs einer Definition und Eintheilung nicht alle einzelnen Dinge zu kennen, obgleich Manche behaupten, dass man unmöglich die unterschiedenen Bestimmungen der einzelnen Dinge kennen könne, wenn man nicht alle einzelnen kenne und das Einzelne sei ohne Kenntniss seiner unterschiedenen Bestimmungen nicht zu kennen; denn so weit das Einzelne von dem Andern sich nicht unterscheide, sei es mit ihm ein und dasselbe und so weit es sich von ihm unterscheide, sei es ein Anderes. Zunächst ist nun diese letzte Behauptung falsch; denn nicht jeder Unterschied macht Etwas zu einem Anderen; denn viele Unterschiede bestehen bei Dingen von derselben Art, aber sie betreffen nicht deren Wesen oder die ihnen an sich zukommenden Eigenschaften. Wenn man ferner dem Art-Unterschied gegenüber das widersprechend Entgegengesetzte ansetzt, so dass Alles entweder unter jenen oder unter dieses fallen muss und den zu definirenden Gegenstande in einem von beiden sucht und ihn kennt, so ist es gleichgültig, ob man weiss oder nicht weiss, welche Unterschiede von den Dingen des entgegengesetzten Gebietes ausgesagt werden können. Denn wenn man so vorschreitet, so gelangt man offenbar zu Bestimmungen, die nicht mehr getheilt werden können und man wird dann den Begriff des Wesens des zu definirenden Gegenstandes erlangt haben. Auch ist der Satz, dass alle Dinge unter die Eintheilung fallen müssen, wenn die Glieder derselben einander so entgegenstehen, dass nichts dazwischen bleibt, kein blosser Satz, dessen Zugeständniss man verlangt, sondern es ist eine Nothwendigkeit, dass alles unter eines oder das andere dieser Glieder falle, wenn der Eintheilungsgrund von der Gattung ausgegangen ist.

Um die Definition einer Sache vermittelst des Eintheilens zu erlangen, muss man auf Dreierlei Acht haben; man muss die ausgesagten Bestimmungen dem *Was* der Sache entnehmen, dann von diesen die erste vor die zweite stellen und endlich muss man diese Bestimmungen sämmtlich aufstellen. Jenes muss und zwar zuerst geschehen, weil man ebensowohl aus nur nebenbei bestehenden Bestimmungen durch Schluss folgern kann, dass die Sache besteht, wie dies vermittelst des Gattungsbegriffes geschehen kann. Zweitens wird dann die Ordnung so sein, wie es sich gehört, wenn man das Oberste zuerst ansetzt, und dies ist diejenige Bestimmung, welche von *allen* Einzelnen ausgesagt werden kann, während umgekehrt kein Einzelnes von ihm ausgesagt werden kann; denn dieser Art muss das Oberste sein. Wenn man dasselbe so angesetzt hat, so muss man weiter bei den niedern Bestimmungen ebenso verfahren; denn die zweite unterscheidende Bestimmung wird wieder die erste in Bezug auf alle zu ihr gehörenden Dinge sein und die dritte ist die erste für die unter diese fallenden Dinge. Denn wenn man das Obere wegnimmt, so wird dann die zunächst folgende Bestimmung die erste für die übrigen Dinge sein. Ebenso ist also auch mit den weitem unterschiedenen Bestimmungen zu verfahren. Dass aber zuletzt sämmtliche Bestimmungen bei diesem Verfahren gefunden werden, erhellt daraus, dass man mit der Eintheilung der obersten Gattung beginnt, also dass z.B. Alles entweder dieses oder jenes Geschöpf ist. Ist nun der Gegenstand zu dem einen gehörig, so wird wieder von diesem als Ganzen der Eintheilungsgrund genommen, bis zuletzt ein solcher nicht mehr besteht. Dann werden diese Bestimmungen einschliesslich des letzten Unterschiedes als Ganzes sich nicht mehr der Art nach von dem zu definirenden Gegenstande unterscheiden. Denn es ist klar, dass dann weder zu viele Bestimmungen zusammengefasst sind, weil sie alle aus dem *Was* des Gegenstandes entnommen sind, noch eine ausgelassen ist, da dies entweder die Gattung oder ein Art-Unterschied sein müsste. Nun ist aber die Gattung das Erste gewesen und zu ihm sind die Art-Unterschiede hinzugenommen worden; die Art-Unterschiede grenzen aber aneinander und ein noch weitergehender ist nicht vorhanden; denn dann müsste das Letzte sich wieder der Art nach unterscheiden, während doch angenommen worden, dass dies nicht mehr der Fall sei.

Bei dieser Ermittlung muss man auf Einzelne, welche einander ähnlich und nicht unterschieden sind, achten und zunächst sehen, welche Bestimmung in ihnen allen dieselbe ist; dann muss man wieder auf die davon unterschiedenen Andern achten, welche aber mit jenen zu derselben Gattung gehören und unter sich zwar von gleicher Art, aber von jenen verschieden sind. Wird nun bei diesen Etwas gefunden, was in allen dasselbe ist und verfahrt man mit den andern ebenso, so muss man dann bei beiden Klassen wieder etwas aufsuchen, was beiden gemeinsam ist, bis man zu *einem* urtheilbaren Begriff gelangt. Dieser wird dann die Definition der Sache sein. Kommt man aber hierbei nicht zu *einem* Begriff, sondern zu zweien oder mehreren, so kann offenbar das Gesuchte nicht ein Einiges sein, sondern Mehreres. Wenn man z.B. ermitteln will, was die Grossherzigkeit ist, so muss man auf einige grossherzige Personen achten, die man als grossherzige kennt und sehen, welche *eine* Bestimmung bei ihnen allen als grossherzigen vorhanden ist. Sind z.B. Alkibiades und Achilles und Ajax grossherzig, so frägt es sich, welche *eine* Bestimmung findet sich bei ihnen allen? Antwort: Dass sie Beleidigungen nicht ertrugen; denn der eine begann deshalb einen Krieg, der andere zürnte und der dritte tödete sich selbst. Alsdann betrachtet man andere Grossherzige, z.B. den Lysander und den Socrates; findet sich nun bei diesen, dass sie sowohl Glück wie Unglück mit Gelassenheit ertrugen, so nimmt man diese beiden Bestimmungen und sieht, welche gemeinsame Bestimmung die Gelassenheit bei Glück und Unglück und das Nichtertragen von Beleidigungen enthalten. Ist keine solche gemeinsame Bestimmung in ihnen enthalten, so gäbe es dann zwei Arten von Grossherzigkeit.

Der Begriff ist immer allgemeiner Natur; denn der Arzt sagt nicht, dass etwas *diesem* Auge heilsam sei, sondern, entweder dass es für alle Augen heilsam ist, oder er unterscheidet nach den Arten der Augen. Es ist aber leichter das Einzelne als das Allgemeine zu bestimmen; deshalb muss man von dem Einzelnen zu dem Allgemeinen übergehen. Auch bleiben die Fälle, wo dasselbe Wort verschiedene Begriffe bezeichnet, bei dem Allgemeinen leichter unbemerkt, als bei den untersten Arten.

So wie in den Beweisen das Schliessen enthalten sein muss, so in den Begriffen das Deutliche. Dies wird dann der Fall sein, wenn durch die von den Einzelnen ausgesagten Bestimmungen jede Gattung zunächst für sich definirt wird. So darf man also bei der Definition des Aehnlichen nicht gleich alles in Betracht nehmen, sondern erst das, was bei den Farben das Aehnliche ist und dann das bei den Gestalten; ebenso bei dem Scharfen, zunächst das Scharfe in der Stimme und man darf erst von da ab zu dem, allen diesen Arten Gemeinsamen vorschreiten und dabei muss man sich vorsehen, dass man nicht in Zweideutigkeiten gerathe. Wenn man ferner schon bei mündlichen Erörterungen keine bildlichen Ausdrücke gebrauchen soll, so erhellt, dass man auch nicht durch bildliche Ausdrücke und das, was durch solche bezeichnet wird, definiren darf; denn sonst würden diese Ausdrücke auch in den mündlichen Erörterungen nicht zu vermeiden sein.

Vierzehntes Kapitel

Um Streitsätze richtig lösen zu können, muss man die Zergliederungen und Eintheilungen benutzen und dabei so verfahren, dass man die ge- meinsame Gattung von allen an Grunde legt; also wenn beispielsweise die Geschöpfe den Gegenstand der Aufgabe bilden, so muss man ermitteln, welche Bestimmungen in allen Geschöpfen enthalten sind. Wenn diese Bestimmungen ermittelt sind, so muss man wieder sehen, welche Bestimmungen der obersten Art, die nach dem Gattungsbegriff folgt, allgemein zukommen, wären dies z.B. die Vögel, so hätte man zu ermitteln, welche Bestimmungen allen Vögeln zukommen. So hat man dann auch immer weiter mit der nächstfolgenden Art zu verfahren. Es ist klar, dass man auf diese Weise dann angeben kann, warum diese Bestimmungen den unter der Gattung stehenden Arten zukommen, z.B. weshalb dem Menschen oder dem Pferde dergleichen zukommen. So soll A das Geschöpf bezeichnen, B die Bestimmungen, welche allen Geschöpfen zukommen und C, D, E sollen die einzelnen Arten der Thiere sein. Hier ist klar, weshalb B dem D zukommt, nämlich vermittelst A; und ebenso ist es bei den andern Thierarten, da für alle derselbe Grund gilt.

Bisher habe ich von den Fällen gesprochen, wo gemeinsame Namen für diese Bestimmungen vorhanden sind; allein man darf sich nicht blos auf diese beschränken, sondern hat zu sehen, ob nicht noch sonst etwas Gemeinsames in dem Begriffe enthalten ist und ermitteln, welchen Arten dieses Gemeinsame zukommt und welche Bestimmungen von diesem Gemeinsamen ausgesagt werden. So kommt z.B. den Thieren, welche Hörner haben, zu, dass sie einen wiederkäuenden Magen haben, und dass sie nicht in beiden Kinnladen Vorderzähne haben. Hier muss man nun ermitteln, welchen Thieren das Hörner-haben zukommt, denn dann ist klar, weshalb ihnen jene genannten Bestimmungen zukommen, nämlich weil sie Hörner haben.

Ein anderes Verfahren ist das, wo man nach der Aehnlichkeit die Bestimmungen ermittelt. Man kann nämlich das, was man das Rückgrat des Dintenfisches und bei andern Fischen die Gräten und bei andern Thieren die Knochen nennen muss nicht als ein- und dasselbe annehmen; allein dennoch giebt es Bestimmungen, welche diesen Gegenständen so zukommen, als wenn sie eine gleiche derartige Natur hätten.

Fünfzehntes Kapitel

Mehrere Streitfragen sind dieselben, zum Theil deshalb, weil sie denselben Mittelbegriff als Grund haben, z.B. die Gegenwirkung. Von diesen sind wieder einige zwar der Gattung nach dieselben, aber sie haben im Einzelnen ihre eignen Unterschiede. So die Streitfrage, weshalb etwas widerhallt, und weshalb etwas sich spiegelt und weshalb der Regenbogen ist; alle diese Fragen sind der Gattung nach dieselben (denn in allen diesen Fällen ist eine Brechung vorhanden), aber in der Art sind sie verschieden. Andere Streitfragen unterscheiden sich von jenen dadurch, dass bei ihnen der eine Mittelbegriff unter einen andern enthalten ist. So bei der Aufgabe, weshalb der Nil gegen Ende des Monats stärker fliesst? weil nämlich das Ende des Monats stürmischer ist; aber weshalb ist das Ende des Monats stürmischer? weil der Mond dann abnimmt. Diese Aufgaben verhalten sich in der angegebenen Weise zu einander.

Sechzehntes Kapitel

In Bezug auf die Ursache und deren Wirkung könnte man zweifeln, ob wenn die Wirkung da ist, auch die Ursache da ist; wenn also z.B. das Laub fällt, oder eine Mondfinsterniss ist, ob dann auch die Ursache der Mondfinsterniss und des Laubfallens besteht? Z.B. ob die Ursache davon darin besteht, dass der Baum breite Blätter hat und die Ursache der Mondfinsterniss darin, dass die Erde zwischen Mond und Sonne sich befindet; denn wenn dies nicht der Fall ist, so wird etwas Anderes die Ursache davon sein. Ist dagegen die Ursache vorhanden, so ist auch die Wirkung da; ist also z.B. die Erde in der Mitte, so ist auch die Mondfinsterniss vorhanden oder hat der Baum breite Blätter, so verliert er auch sein Laub. Wenn es sich so verhält, so wäre beides gleichzeitig und eins könnte durch das andere bewiesen werden. Denn es sei A das Fallen des Laubes, B das Haben von breiten Blättern, und C der Weinstock. Wenn also A in B enthalten ist (denn jeder breitblättrige Baum verliert sein Laub) und B in C enthalten ist (denn jeder Weinstock hat breite Blätter), so wird auch A in C enthalten sein und jeder Weinstock wird sein Laub verlieren; der Grund davon liegt in dem Mittleren, dem B.

Man kann aber auch durch das Laubabfallen beim Weinstock beweisen, dass er breite Blätter hat. Denn D soll das Haben von breiten Blättern bedeuten, E das Fallen des Laubes und Z den Weinstock. Nun ist E in Z enthalten (denn alle Weinstöcke verlieren ihr Laub) und D ist in E enthalten (denn alles, was sein Laub verliert, ist breitblättrig), also ist jeder Weinstock breitblättrig, und der Grund liegt in seinem Laub verlieren. Wenn aber beide nicht gegenseitig die Ursache von einander sein können (denn die Ursache ist früher als die Wirkung) und wenn der Umstand, dass die Erde in der Mitte ist, die Ursache von der Mondfinsterniss ist, so kann die Mondfinsterniss nicht die Ursache davon sein, dass die Erde in der Mitte ist. Wenn nun der durch die Ursache geführte Beweis ein Beweis des *Warum* ist und wenn ein Beweis, welcher nicht durch die Ursache geführt wird, nur ein Beweis des *Dass* ist, so weiss man im letztem Falle wohl, *dass* die Erde in der Mitte ist, aber man kennt nicht das *Warum*. Es ist aber klar, dass die Mondfinsterniss nicht die Ursache davon ist, dass die Erde in der Mitte ist, sondern dass vielmehr letzteres die Ursache der Finsterniss ist; denn in dem Begriffe der Mondfinsterniss ist das in der Mitte sein enthalten und es ist also klar, dass dadurch jene erkannt wird; aber nicht dieses durch jene.

Oder sollte es mehrere Ursachen für *einen* Vorgang geben können? Denn wenn man dieselbe Bestimmung von mehreren oberen Begriffen aussagen kann, so soll A in dem obern Begriffe B enthalten sein und ebenso in einen andern obern Begriffe C und diese obern Begriffe sollen der erste in D, der andere in E enthalten sein. Demnach wird A in D und E enthalten sein und der Grund dafür ist bei D das B und bei E das C. Wenn nun mit dem Eintreten der Ursache auch die Sache da sein muss, aber aus dem Dasein der Sache nicht folgt, dass alles, was Ursache sein kann, da sein müsse, so muss wohl *eine* Ursache da sein, aber es müssen nicht alle Ursachen da sein. Oder es muss wohl, wenn die Aufgabe immer etwas Allgemeines stellt und die Ursache etwas

Ganzes ist, auch die Wirkung allgemein sein. So ist z.B. das Laub – abfallen bei einem bestimmten Ganzen aufgestellt, wenn letzteres auch in mehrere Arten zerfällt und es ist bei dessen Arten allgemein vorhanden, mögen dies nun Pflanzen überhaupt oder Pflanzen von bestimmterer Beschaffenheit sein. Deshalb muss auch das Mittlere bei diesen Arten sich gleich verhalten, und ebenso seine Wirkung und beide müssen sich umkehren lassen. Z.B.: Weshalb verlieren die Bäume ihr Laub? Geschieht es, weil der Saft vertrocknet, so muss, wenn der Baum sein Laub verliert, eine Vertrocknung des Saftes bei ihm vorhanden sein, und wenn eine Vertrocknung des Saftes statt hat (nur nicht in jedem beliebigen Baume), so muss er sein Laub verlieren.

Siebzehntes Kapitel

Ist es wohl möglich, dass für dieselbe Wirkung bei allen Dingen desselben Begriffs nicht ein und dasselbe, sondern Verschiedenes als Ursache besteht, oder ist dies nicht möglich? Wenn die Ursache das Ansich und nicht blos ein Zeichen oder ein Nebensächliches betrifft, so ist dies nicht möglich: denn das Mittlere ist der Grund, dass der Oberbegriff von dem Unterbegriff ausgesagt werden kann. Verhält es sich aber mit der Ursache nicht so, so ist jene Annahme möglich; denn man kann auch nebensächliche Bestimmungen eines Gegenstandes als Wirkungen einer Ursache betrachten, aber solche Sätze können nicht als Streitsätze gelten. Geschieht dies aber nicht, so muss das Mittlere sich übereinstimmend verhalten und wenn die Aussenbegriffe zweideutig sind, so wird auch der Mittelbegriff zweideutig sein und sind sie zu *einer* Gattung gehörig, so wird auch der Mittelbegriff so sich verhalten. Weshalb können z.B. bei einer Proportion die mittleren Glieder gewechselt werden? Die Ursache davon ist bei den Linien eine andere, wie bei den Zahlen; und doch ist sie dieselbe; nämlich so weit es Linien sind, ist die Ursache verschieden, so weit sie aber diese bestimmte Zunahme enthalten, ist die Ursache für beide dieselbe. So verhält es sich bei allen Dingen. Dass aber die eine Farbe der andern und die eine Figur der andern ähnlich ist, davon ist für jedes die Ursache eine andere; denn das »ähnlich« ist hier zweideutig; bei den Figuren besteht es darin, dass die Seiten in gleichen Verhältnissen stehn und die Winkel gleich sind; bei den Farben beruht aber das Aehnliche darauf, dass die sinnliche Empfindung dieselbe ist, oder auf etwas anderen der Art. Dinge, die nur der Aehnlichkeit nach dieselben sind, haben auch nur denselben Mittelbegriff der Aehnlichkeit nach. Dies beruht darauf, dass die Ursache der Wirkung und dem Gegenstande, an dem sie geschieht, entspricht und diese jener entsprechen. Nimmt man aber nur einen einzelnen Gegenstand, so reicht die Wirkung weitere so reicht z.B. die Bestimmung, dass die äussern Winkel vier rechten Winkeln gleich sind, weiter und gilt nicht blos bei dem Dreieck und Viereck, sondern bei allen geradlinigen Figuren; denn alle Figuren, bei denen die Aussenwinkel gleich vier rechten Winkeln sind, haben denselben Mittelbegriff. Der Mittelbegriff ist der Grund des Oberbegriffes und deshalb entstehen alle Wissenschaften durch Definitionen. So kommt das Laubverlieren dem Weinstock zu und erstreckt sich auch weiter; und es kommt auch dem Feigenbaum zu und geht auch darüber hinaus; aber es erstreckt sich nicht über alle Pflanzen mit breiten Blättern hinaus, sondern hat mit diesen den gleichen Umfang. Nimmt man aber den Oberbegriff zum Mittelbegriff, so wird er den Grund für das Laub verlieren. Dieser Oberbegriff ist nämlich für die andern der Mittelbegriff, weil alle Bäume von dieser Beschaffenheit sind. Weiter dann ist für dieses Abfallen der Mittelbegriff, dass der Saft vertrocknet, oder sonst ein Umstand der Art. Was ist also das Laubabfallen? Das Austrocknen des Saftes in dem Blattstiele.

Für die Untersuchung, wie Ursache und Wirkung einander entsprechen, wird folgende Darstellung Auskunft geben. A soll in dem ganzen B enthalten sein und B in jedem, was zu D gehört, aber auch noch in mehreren Andern. Hier wird B das Allgemeine für die unter D gehörenden Dinge sein. Denn ich nenne allgemein das, was mit dem, wovon es ausgesagt wird, sich nicht austauschen lässt und erstes Allgemeine, was zwar mit jedem Einzelnen sich nicht austauschen lässt, wohl aber mit ihnen allen zusammen und auch nicht darüber hinaus reicht. Für die unter D befassten Dinge ist nur B die Ursache, dass ihnen A zukommt; also muss A über noch mehr Dinge, als die in B enthaltenen, sich erstrecken. Denn wenn dies nicht der Fall wäre, wie sollte da B mehr als A die Ursache sein? Wenn nun A auch in allen E enthalten ist, so werden alle unter E enthaltenen Dinge eine von B verschiedene Einheit ausmachen; denn wie könnte man sonst sagen, dass A allem zukommt, was in E enthalten ist, aber dass E nicht allem dem zukommt, was unter A enthalten ist? Denn weshalb sollte Etwas nicht Ursache sein, wenn es so wie A in allen D enthalten ist? Also wird auch E eine

Einheit bilden? Man muss also auch hier nach einem Mittelbegriff suchen und dieser mag C sein. Also kann es wohl kommen, dass mehrere Ursachen für dieselbe Wirkung bestehen, aber doch nicht für die zu *einer* Art gehörenden Dinge. So kann z.B. Ursache des langen Lebens bei den vierfüssigen Thieren sein, dass sie keine Galle haben und bei den Vögeln ihre trockene Natur oder sonst ein Umstand. Wenn man also nicht gleich zu einen untheilbaren Begriff dabei gelangt und nicht blos Eines, sondern Mehreres als Mittleres auftritt, so sind auch der Ursachen mehrere.

Achtzehntes Kapitel

Ist nun von den Mittelbegriffen derjenige die Ursache, welcher zu dem obersten Allgemeinen gehört, oder sind die für die einzelnen Arten geltenden Mittelbegriffe die Ursachen für diese? Offenbar ist für jedes Ding das, was ihm am nächsten ist, die Ursache. Dass aber das Erste unter dem Allgemeinen sich befindet, davon ist das Allgemeine die Ursache. So ist z.B. dafür, dass B in D enthalten ist, C die Ursache; damit ist C die Ursache, dass A in D enthalten ist und B die Ursache, dass A in C enthalten ist; aber dafür, dass A in B enthalten ist, ist A selbst die Ursache.

99

Neunzehntes Kapitel

In Betreff des Schlusses und Beweises ist somit klar, was jedes von beiden ist und wie jedes entsteht; zugleich gilt dies auch für die beweisbare Wissenschaft, denn sie ist dasselbe mit jenen. Dagegen werden die Fragen, wie man die obersten Grundsätze erkennt und welches das sie erkennende Vermögen ist, von hier aus klar werden, wenn wir zunächst die hierbei sich erhebenden Bedenken erörtert haben werden.

Dass man kein Wissen durch Beweise erlangen kann, wenn man nicht die obersten und unvermittelten Grundsätze kennt, habe ich früher dargelegt. Dagegen könnte man darüber zweifelhaft sein, ob das Wissen dieser unvermittelten Sätze dasselbe sei, wie das Wissen, was durch Schlüsse vermittelt ist und ob es von beiden *eine* und dieselbe Wissenschaft giebt oder nicht, oder ob von dem einen es zwar eine Wissenschaft giebt, aber von dem anderen eine andere Art Kenntniss; und ob wir den Besitz der letztem nicht haben, sondern erwerben, oder ob sie uns einwohnt und wir sie nur nicht bemerken. Wäre letzteres der Fall, so wäre dies widersinnig; denn dann folgte, dass man ein Wissen habe, was noch genauer wäre, als das durch Beweis erlangte, ohne es zu bemerken. Erwirbt man aber dies Wissen, was man also früher nicht gehabt hat, so entsteht die Frage, wie man es lernen und wie man damit bekannt werden könne, obgleich doch kein Wissen vorher bestanden hat? Denn ohnedem ist dies unmöglich, wie ich bei der Lehre vom Beweise dargelegt habe. Es ist also klar, dass man ein solches Wissen unmöglich von Anfang ab haben kann, noch dass es entstehen kann, wenn man kein Wissen und Keinerlei Anlage dazu hat. Man muss also ein gewisses Vermögen dafür besitzen, aber kein solches, welches in Genauigkeit das auf den Beweis beruhende Wissen übertrifft.

Ein solches Vermögen scheint nun in allen Geschöpfen vorhanden zu sein; denn alle haben ein angebornes Unterscheidungsvermögen, was der Sinn genannt wird. In Folge dieses vorhandenen Sinnes erhält sich bei manchen Thieren von der Wahrnehmung etwas Bleibendes, bei andern aber nicht. Wo dies nicht statt hat, sei dies überhaupt nicht oder nur bei den Dingen nicht, für die sich etwas Bleibendes nicht erhält, da fehlt diesen Geschöpfen jedes Wissen neben dem Wahrnehmen; wo sich aber die Wahrnehmungen erhalten, da können die Geschöpfe, wenn sie etwas wahrgenommen haben, dies auch in der Seele behalten. Wenn dergleichen Vorstellungen sich viele gesammelt haben, so entsteht wieder ein Unterschied, indem bei manchen Geschöpfen aus solchen bleibenden Vorstellungen ein Begriff sich bildet, bei andern aber nicht. Aus den Wahrnehmungen bilden sich, wie gesagt, bleibende Vorstellungen und aus diesen, wenn sie in Bezug auf ein und denselben Vorgang oft eintreten, die Erfahrung; denn die der Zahl nach vielen Erinnerungen werden zur *einen* Erfahrung. Aus der Erfahrung, oder aus dem Ganzen und Allgemeinen, was in der Seele beharrt, aus dem Einen neben den Vielen, welches als Ein und Dasselbe in allen jenen enthalten ist, entsteht dann die Kunst und die Wissenschaft, und zwar die Kunst, wenn es sich um das Werden handelt und die Wissenschaft, wenn es sich um das Seiende handelt. Es bestehen also keine getrennten Vermögen in der Seele, noch entstehen sie aus andern stärker erkennenden Vermögen, sondern sie entstehen aus den Wahrnehmungen; gleich dem, wenn in der Schlacht eine Flucht entstanden ist und dann, wenn *Einer* stehen bleibt, auch der Andere und wieder ein Anderer stehen bleibt, bis es zum Obersten gelangt.

Die Seele ist aber von der Art, dass sie Dergleichen erleiden kann. Was ich früher hierüber gesagt habe, ist nicht deutlich gewesen; ich komme deshalb noch einmal darauf zurück. Wenn nämlich eine Vorstellung von gleichen Dingen sich erhält oder beharrt, so ist dies zuerst das Allgemeine in der Seele. (Denn man nimmt zwar das Einzelne wahr, aber die Wahrnehmung enthält auch das Allgemeine, z.B. den Menschen und nicht den Menschen Kallias.) Denn hält man wieder bei diesen zunächst erlangten Allgemeinen an, bis das Einfache und Allgemeine hervortritt, z.B. bei dem so beschaffenen Thiere, bis das Thier überhaupt hervortritt. Mit diesem geschieht es dann ebenso.

101 Es ist somit klar, dass wir mit den obersten Begriffen und Grundsätzen nur durch Induktion bekannt werden können, denn auch die Wahrnehmung bringt so das Allgemeine in die Seele. Nun sind aber von den denkenden Vermögen, mittelst deren wir die Wahrheit gewinnen, manche immer wahr, andere sind dagegen auch des Falschen fähig, wie die Meinung und das Schliessen. Immer wahr ist die Wissenschaft und die Vernunft und keine andere Gattung der Wissenschaft ist genauer, als die Vernunft. Nun sind aber die obersten Grundsätze bei den Beweisen das Bekanntere und alle Wissenschaften beruhen auf Gründen; deshalb wird es keine Wissenschaft von den obersten Begriffen und Grundsätzen geben. Nun giebt es aber nichts als die Vernunft was wahrhafter ist, als die Wissenschaften; deshalb wird die Vernunft die obersten Begriffe und Grundsätze erkennen. Dies ergiebt sich auch aus der Erwägung, dass der Ausgangspunkt aller Beweise nicht wieder ein Beweis sein kann, also auch der Ausgangspunkt aller Wissenschaft nicht wieder eine Wissenschaft. Da man nun neben der Wissenschaft keine andere wahrhafte Art des Wissens hat, so wird die Vernunft der Ausgangspunkt der Wissenschaften sein. Sie ist also gleichsam der Anfang des Anfanges und sämmtliche Wissenschaften verhalten sich ebenso

102 zu sämmtlichen Gegenständen.

Die Topik

(Topika)

Erstes Buch

Erstes Kapitel

Der Zweck dieser Abhandlung ist die Auffindung des Verfahrens, vermittelst dessen man in Bezug auf jeden aufgestellten Streitsatz Schlüsse aus glaubhaften Ansätzen zu Stande bringen kann, und vermittelst dessen, wenn man selbst einen Satz vertheidiget, nicht in Widersprüche sich verwickelt. Es ist deshalb zunächst anzugeben, was ein Schluss ist und in welche Arten er zerfällt, damit man wisse, was ein dialektischer Schluss ist, denn um diesen handelt es sich in der vorliegenden Abhandlung.

Der Schluss ist nun eine Rede, bei welcher Einiges vorausgesetzt wird und dann daraus etwas davon Verschiedenes sich mit Nothwendigkeit vermittelst jener Vordersätze ergiebt. Einen Beweis liefert der Schluss dann, wenn er aus *wahren* und allgemeinen obersten Sätzen, oder aus solchen abgeleitet wird, welche auf wahren und obersten Sätzen der betreffenden Wissenschaft beruhen, *Dialektisch* ist dagegen derjenige Schluss, welcher sich aus *glaubwürdigen* Sätzen ableitet. Wahre und oberste Sätze sind die, welche nicht vermittelst anderer, sondern durch sich selbst gewiss sind. Denn bei den obersten Grundsätzen der Wissenschaften darf man nicht nach einem Grunde für dieselben verlangen, sondern jeder dieser Grundsätze muss durch sich selbst gewiss sein. Glaubwürdig sind dagegen Sätze, wenn sie von Allen, oder von den Meisten oder von den weisen Männern und *zwar* bei letzteren von allen, oder von den meisten oder von den erfahrensten und glaubwürdigsten anerkannt werden. Ein *Trugschluss* ist ein solcher, welcher aus *scheinbar* glaubwürdigen Sätzen, ohne dass sie es wirklich sind, abgeleitet wird, oder welcher aus wirklich glaubwürdigen oder aus nur so scheinenden Sätzen blos scheinbar abgeleitet wird. Denn nicht alles, was glaubwürdig scheint, ist es auch wirklich und ebenso ist das, was glaubwürdig genannt wird, nicht auf den ersten Blick als falsch zu erkennen, während dies bei den Vordersätzen der Trugschlüsse der Fall ist, wo sogleich und meist selbst für Personen mit geringerer Umsicht die trügerische Natur derselben offenbar ist. Deshalb soll allein die zuerst genannte Art der Trugschlüsse als Schlüsse gelten, während die anderen zwar Trugschlüsse, aber keine Schlüsse sind, weil hier nur scheinbar, aber nicht wirklich ein Schliessen stattfindet.

Neben allen diesen hier genannten Schlüssen giebt es auch noch *Fehlschlüsse*, welche aus den, einer bestimmten Wissenschaft eigenthümlichen Sätzen abgeleitet werden, wie es deren z.B. bei der Geometrie und den mit dieser verwandten Wissenschaften giebt. Das Verfahren ist hier ein anderes, als bei den vorgenannten Schlüssen; denn der, welcher eine falsche Vorzeichnung macht, schliesst nicht aus wahren und obersten, noch aus glaubwürdigen Sätzen. Ein solches Verfahren fällt nicht unter den Begriff von jenen Schlüssen, denn man benutzt dabei keine Sätze, welche von Allen oder den Meisten anerkannt werden, noch solche, welche von den weisen Männern und bei diesen von allen oder den meisten oder den glaubwürdigsten anerkannt werden, sondern man benutzt zur Ziehung des Schlusses Sätze, welche zwar in das Gebiet der betreffenden Wissenschaften fallen, aber unwahr sind; denn der Fehlschluss wird dadurch bewirkt, dass man z.B. den Halbkreis nicht so, wie es sich gehört, umschreibt, oder gewisse Linien nicht so, wie es geschehen sollte, zieht.

Dies sind, kurz gefasst, die Arten der Schlüsse. Die Unterschiede dieser genannten und der später noch zu erwähnenden Arten im Allgemeinen angedeutet zu haben, mag hier genügen, weil ich nicht beabsichtige, von allen eine genaue Darstellung zu geben, sondern sie nur gleichsam im Umrisse hier durchgehen will und ich es für meine vorliegende Aufgabe für durchaus hinreichend halte, wenn man jede dieser Schlussarten irgendwie zu erkennen vermag.

Zweites Kapitel

Ich habe nun wohl zunächst anzugeben, für was und für wie vieles die Dialektik nützlich ist. Sie ist es für dreierlei; für die Uebung des Verstandes, für die mündliche Unterhaltung und für die zur Philosophie gehörigen Wissenschaften. Dass sie zur Verstandesübung nützlich ist, ergiebt sich aus ihr selbst; denn wenn man das hier gelehrte Verfahren inne hat, so wird man leichter einen aufgestellten Satz erörtern können. Für die mündliche Unterhaltung nützt sie, weil man dadurch die Meinungen der Menge kennen lernt und deshalb nicht mittelst fremdartiger, sondern mittelst der diesen Leuten bekannten Sätze mit ihnen verhandeln wird und weil man das, was sie nicht richtig auszudrücken scheinen, dadurch richtig stellen wird. Endlich gehört diese Beschäftigung für die zur Philosophie gehörenden Wissenschaften, weil man wenn man die Bedenken über einen Gegenstand nach den entgegengesetzten Richtungen darlegen kann, man um so leichter das Wahre und das Falsche in jeder Wissenschaft erkennen wird. Auch für die obersten Grundsätze, welche für *alle* Wissenschaften gelten, hat sie ihren Nutzen; denn aus den, einer bestimmten Wissenschaft eigenthümlich angehörigen Grundsätzen kann man über jene nichts entwickeln, weil jene die obersten Grundsätze für *alle* Wissenschaften sind; man muss sie deshalb nach dem, in dem einzelnen Falle Glaubwürdigen besprechen und erläutern, und dies ist die ausschliessliche und eigenthümlichste Aufgabe der Dialektik. Indem sie überhaupt forschender Natur ist, geleitet sie auch zu den obersten, allen Wissenschaften gemeinsamen Grundsätzen. 3

Drittes Kapitel

Wir werden diese Dialektik dann vollständig innehaben, wenn wir sie ebenso innehaben, wie die Redekunst oder die Heilkunst und ähnliche Kunstfertigkeiten, und dies ist dann der Fall, wenn wir von dem überhaupt Ausführbaren das, was wir wollen, zu Stande bringen. Denn auch der Redner wird nicht von jedem Gesichtspunkte aus überreden und der Arzt nicht durch jedes Mittel die Heilung bewirken, und man wird nur dann, wenn er von den für den betreffenden Fall statthaften Mitteln keines verabsäumt, sagen, dass er seine Wissenschaft genügend inne habe.

Viertes Kapitel

Zunächst ist zu untersuchen, mit welchen Gegenständen die vorliegende Abhandlung sich zu beschäftigen hat. Wenn ich die Anzahl und die Beschaffenheit der Gegenstände, worauf die Erörterungen sich beziehen und die Gründe, auf welche sie sich stützen, dargelegt haben werde, und ebenso die Weise, wie man dieselben leicht zur Hand hat, so werde ich meine Aufgabe genügend erledigt haben. Die Gegenstände meiner Abhandlung sind an Zahl und Inhalt dieselben wie bei den Erörterungen, die sich auf Schlüsse stützen; denn die Gründe werden aus Vordersätzen entnommen, und die Streitsätze sind es, auf welche die Schlüsse sich beziehen. Nun betrifft aber jeder Vordersatz und jeder Streitsatz entweder eine *Gattung* oder ein *Eigenthümliches* oder ein *Nebensächliches*; denn der Artunterschied ist, als zur Gattung gehörig, mit bei dieser zu behandeln. Das *Eigenthümliche* bezeichnet entweder das wesentliche *Was* des Gegenstandes oder nicht; deshalb ist es in diese zwei Arten zu sondern, und das, was das wesentliche *Was* anzeigt, soll der Begriff genannt werden. Das Uebrige soll mit dem für beide aufgestellten Namen des Eigenthümlichen ausschliesslich bezeichnet werden. Hieraus erhellt, dass der Gegenstand meiner Abhandlung sich in *vier* Theile sondert, in das Eigenthümliche, in den Begriff, in die Gattung und in das Nebensächliche. Man darf aber nicht meinen, dass jeder von diesen vier Theilen an sich schon ein Satz, oder eine Streitfrage sei, vielmehr bilden sich erst aus ihnen die Streitfragen und die Sätze. Der Unterschied zwischen diesen beiden liegt nur in der Form. Wenn man so frägt: Also ist das zweifüssige auf dem Lande lebende Geschöpf die Definition des Menschen? oder: Also ist Geschöpf der Gattungsbegriff des Menschen? so entsteht ein Satz. Wenn man dagegen frägt: Ist das zweifüssige auf dem Lande lebende Geschöpf die Definition des Menschen oder ist sie es nicht? und: Ist das Geschöpf der Gattungsbegriff des Menschen oder nicht? so entsteht eine Streitfrage. Ebenso ist es in anderen Fällen. Es werden also wohl auch die Streitfragen und die Sätze einander an Zahl gleichstehen; denn wenn man die Form ändert, so kann man aus jedem Satz eine Streitfrage machen.

Fünftes Kapitel

Ich habe nun zu sagen, was ein Begriff, eine Eigenthümlichkeit, eine Gattung und ein Nebensächliches ist. Der Begriff ist ein Satz, welcher das wesentliche *Was* des betreffenden Gegenstandes angiebt. Man giebt entweder einen solchen Satz anstatt des Wortes, oder einen Satz anstatt eines Satzes; denn man kann auch Einzelnes von dem, was in einem Satze ausgesagt wird, definiren. Wenn man die Definition nur in irgend einem anderem Worte bietet, so giebt man damit offenbar keine Definition des Gegenstandes, weil jede Definition eine Art von Satz sein muss. Indess trägt auch Dergleichen zur Definition bei, wie z.B. wenn man sagt: Schön sei das Geziemende; ebenso die Angabe, ob die Sinneswahrnehmung und die Erkenntniss dasselbe oder ob sie unterschieden seien. Denn auch bei der Definition handelt es sich meistens darum, ob sie dasselbe wie der Gegenstand oder verschieden sei. Ueberhaupt soll alles, was unter dasselbe Verfahren, wie es bei der Definition geschieht, fällt, als zur Definition gehörig angesehen werden; und dass alles hier Erwähnte dieser Art ist, ergiebt sich aus ihm selbst; denn wenn man darlegen kann, dass Etwas entweder dasselbe oder verschieden ist, so wird man in gleicher Weise auch mit den Definitionen es zu thun wohl im Stande sein; denn hat man gezeigt, dass sie nicht dasselbe mit dem Gegenstande ist, so wird man damit auch die Definition widerlegt haben. Indess lässt sich dieser Satz nicht umkehren; denn zur Begründung einer Definition genügt der Beweis, dass sie dasselbe wie ihr Gegenstand ist, nicht; wohl aber genügt es zur Widerlegung einer solchen, wenn man zeigt, dass Beide nicht dasselbe sind.

Eine *Eigenthümlichkeit* ist es, wenn dieselbe zwar das wesentliche *Was* des Gegenstandes nicht darlegt, aber doch nur bei ihm sich findet und wenn Gegenstand und Eigenthümlichkeit mit einander ausgetauscht werden können. So ist es z.B. eine Eigenthümlichkeit des Menschen, dass er der Sprachwissenschaft fähig ist; denn was ein Mensch ist, ist auch der Sprachwissenschaft fähig, und umgekehrt, was der Sprachwissenschaft fähig ist, ist auch ein Mensch. Niemand wird aber das, was auch bei einem anderen Gegenstande vorkommen kann, eine Eigenthümlichkeit jenes nennen; eine solche ist z.B. das Schlafen für den Menschen nicht, oder wenn etwas nur zu einer bestimmten Zeit bei dem Menschen stattfinden sollte. Selbst wenn man dergleichen eine Eigenthümlichkeit nennen wollte, so würde man das doch nicht ein Eigenthümliches überhaupt nennen, sondern es als ein Eigenthümliches für diese Zeit oder in Bezug auf etwas bezeichnen. So kann das: Auf der rechten Seite sein, manchmal eine Eigenthümlichkeit von Etwas sein, und du zweifüssige wird in Beziehung auf Anderes eine Eigenthümlichkeit genannt, z.B. bei dem Menschen in Bezug auf das Pferd und den Hund. Wenn etwas auch anderen Dingen zukommen kann, so kann der die Eigenthümlichkeit des Gegenstandes ausdrückende Satz offenbar nicht umgekehrt werden, denn es ist nicht nothwendig, dass ein Schlafendes ein Mensch sei.

Die *Gattung* ist das, was von mehreren und der Art nach verschiedenen Dingen als in dem *Was* derselben enthalten, ausgesagt wird. Den Ausdruck: Als in dem *Was* enthalten, ausgesagt werden, werde ich von alle dem gebrauchen, was sich zu der Antwort auf die Frage schickt, was der vorliegende Gegenstand sei. So schickt es sich z.B. auf die Frage, was das Vorliegende sei, wenn es ein Mensch ist, zu sagen, dass es ein Geschöpf ist. Zu der Frage über die Gattung gehört auch die Ermittelung, ob etwas mit einem anderen zu derselben Gattung gehöre oder nicht; denn auch dies gehört zu demselben Verfahren, durch welches die Gattung ermittelt wird. Hat man nämlich bei einer Erörterung gezeigt, dass das Geschöpf die Gattung für den Menschen ist, so wird man auch damit gezeigt haben, dass auch der Stier zu derselben Gattung gehört. Hat man aber von dem einen Gegenstande seine Gattung erwiesen und von einem anderen Gegenstande gezeigt, dass diese nicht dessen Gattung sei, so hat man auch dargelegt, dass beide nicht zu derselben Gattung gehören.

Ein *Nebensächliches* ist das, was in einem Gegenstande enthalten ist, aber doch keine der vorigen Bestimmungen ist, also weder der Begriff, noch eine Eigenthümlichkeit, noch die Gattung; das Nebensächliche kann in dem beliebigen *einen* Gegenstande sowohl enthalten, als auch nicht enthalten sein. So kann z.B. das Sitzen bei einem und demselben Menschen stattfinden und auch nicht stattfinden. Ebenso das Weisse; denn ein und derselbe Gegenstand kann einmal weiss, ein andermal nicht weiss sein. Von diesen beiden Definitionen des Nebensächlichen ist die letztere die bessere; denn wenn Jemand die erste verstehen soll, so muss er schon vorher wissen, was Begriff, Gattung und Eigenthümlichkeit ist; dagegen ist die zweite an sich genügend, um zu erkennen, was das Nebensächliche an sich ist. Zu dem Nebensächlichen muss auch alles gerechnet werden, was vergleichsweise auf einander bezogen wird; z.B.: ob das Schöne oder das Nützliche den Vorzug verdiene und ob das tugendhafte oder das genussvolle Leben das angenehmere ist und sonst dem ähnliche Reden. Denn in allen solchen Fällen handelt es sich darum, welchem von beiden das Ausgesagte mehr zukomme. Uebrigens erhellt hieraus auch dass das Nebensächliche mitunter beziehungsweise ein Eigenthümliches werden kann; so ist das Sitzen etwas Nebensächliches, wenn aber Jemand allein sitzt, so ist es für diesen ein Eigenthümliches und wenn er nicht allein, sondern Mehrere sitzen, so ist es für diese in Bezug auf die, welche nicht sitzen, ein Eigenthümliches. Somit kann das Nebensächliche sowohl für gewisse Zeiten, wie in Bezug auf bestimmtes Andere ein Eigenthümliches werden; indess wird es deshalb nicht ein Eigenthümliches überhaupt.

Sechstes Kapitel

Man darf übrigens nicht übersehen, dass alles, was sich über das Eigenthümliche, über die Gattung und über das Nebensächliche sagen lässt, auch passender Weise zur Definition gesagt werden kann. Denn wenn man darlegt, dass etwas dem unter die Definition fallenden Gegenstande nicht ausschliesslich zukommt, wie dies ja auch bei dem Eigenthümlichen geschehen kann, oder wenn die in der Definition angegebene Gattung nicht die richtige ist, oder wenn von den in dem Begriff aufgenommenen Bestimmungen eine im Gegenstande nicht enthalten ist, wie dies ja auch bei dem Nebensächlichen geltend gemacht wird, so würde man die Definition widerlegt haben. Deshalb wird alles das, was ich vorher gesagt habe, in gewisser Weise auch als zur Definition gehörig angesehen werden können. Allein deshalb darf man doch nicht *eine* und dieselbe Verfahrungsweise für alle diese Bestimmungen aufsuchen. Denn einestheils ist ein solches Verfahren nicht leicht zu finden und selbst wenn man es gefunden hätte, so würde es doch für die vorliegende Untersuchung zugleich unklar und nutzlos bleiben. Wird dagegen für jede der genannten Bestimmungen ein eigenthümliches Verfahren eingehalten, so wird man leichter das jeder Zugehörige durchgehen können. Ich werde deshalb, wie ich früher gesagt habe, die Eintheilung nur im Umrisse machen und dann jeder Bestimmung das ihr am meisten Zugehörige anfügen und als das bezeichnen, was zu deren Begriff und Gattung gehört.

Auf diese Weise wird das zu Sagende wohl am passendsten bei jedem Einzelnen geschehen können.

Siebentes Kapitel

Vor Allem habe ich jedoch in Bezug auf den Ausdruck: *Dasselbe*, anzugeben, in wie vielfacher Weise er gebraucht wird. Dieses *Dasselbe* dürfte, kurz ausgedrückt, in dreifachem Sinne genommen werden können; denn man pflegt es entweder in Bezug auf die Zahl oder auf die Art oder auf die Gattung zu gebrauchen. Der Zahl nach geschieht es da, wo mehrere Namen für *eine* Sache bestehen, wie z.B. bei den Worten Gewand und Kleid. Der Art nach bei Mehreren, die sich der Art nach nicht unterscheiden; in diesem Sinne ist z.B. der eine Mensch mit dem andern derselbe und ebenso das eine Pferd mit dem andern; solche Dinge werden der Art nach dieselben genannt, so weit sie unter dieselbe Art gehören. Ebenso werden Dinge der Gattung nach dieselben genannt, wenn sie unter dieselbe Gattung fallen, wie das Pferd, der Gattung nach dasselbe wie der Mensch ist. Indess könnte man meinen, dass, wenn man aus derselben Quelle geschöpftes Wasser auch als dasselbe bezeichne, dies doch noch in einer anderen Bedeutung als in der bisher genannten geschehe; allein dieser Fall kann doch nur zu den, der Art nach irgendwie als dieselben bezeichneten Dinge gerechnet werden, da solche Dinge alle einander verwandt und sehr nahe stehend sein dürften. Nun gilt alles Wasser überhaupt als der Art nach dasselbe, weil es einander ähnlich ist, und das aus derselben Quelle geschöpfte unterscheidet sich von anderem nur dadurch, dass bei ihm die Aehnlichkeit noch grösser ist und deshalb gebraucht man dafür auch den gleichen Ausdruck, wie bei Dingen, die als der Art nach dieselben genannt werden.

Am meisten gilt das der Zahl nach *Eine* bei Jedermann als dasselbe. Indess pflegt man auch hier dies Wort in mehrfachem Sinne zu gebrauchen; zunächst und hauptsächlich in dem Sinne, wo man mit dem Namen oder dem Begriffe dasselbe bezeichnet, wie z.B. mit den Namen Gewand und Kleid und mit dem zweifüssigen auf dem Lande lebenden Geschöpfe und dem Namen: Mensch. Sodann wenn man mit dem Namen und dem Eigenthümlichen dasselbe bezeichnet, so mit dem der Wissenschaft Fähigen und dem Menschen, und mit dem von Natur nach Oben Treibenden und dem Feuer. Drittens, wenn dasselbe nach einem Nebensächlichen bezeichnet wird, z.B. wenn der Sitzende oder der Musikalische mit dem Sokrates derselbe ist. Alle diese Ausdrücke wollen immer nur ein der Zahl nach *Eines* bezeichnen.

Dass das hier Gesagte richtig ist, kann man hauptsächlich aus dem Wechsel der Beziehungen entnehmen; denn es kommt oft vor, dass, wenn man dem Diener heisst, Jemanden von den dort Sitzenden, den man nach seinem Namen bezeichnet, zu rufen und der Diener, dem man es geheissen, dies nicht verstanden hat, man dann ihm heisst, den Sitzenden oder Sprechenden herbeizurufen, als wenn der Diener nach einer solchen nebensächlichen Bezeichnung uns besser verstehen werde.

Hier ist klar, dass man dabei annimmt, wie mit dem Namen und mit jenem Nebenumstande dieselbe Person bezeichnet werde.

Achtes Kapitel

Der Ausdruck: Dasselbe wird also, wie gesagt, in einem dreifachen Sinne gebraucht. Dass nun die Reden über einen Gegenstand aus den früher genannten vier Bestimmungen bestehen, durch diese gebildet werden und darauf sich beziehen, kann in *einer* Weise durch Induktion dargelegt werden; denn jeder Vordersatz und jeder Streitsatz zeigt sich, wenn man sie einzeln untersucht, entweder aus einer Definition oder aus einem Eigenthümlichen oder aus einer Gattung, oder aus Nebensächlichen gebildet. In einer zweiten Weise kann dies aus den Schlüssen dargelegt werden; denn jedes von einem Gegenstand Ausgesagte muss sich entweder mit dem Namen des Gegenstandes umkehren lassen oder nicht. Ist ersteres der Fall, so ist das Ausgesagte die Definition oder ein Eigenthümliches desselben, und zwar eine Definition, wenn sie das wesentliche *Was* des Gegenstandes angiebt, und ein Eigenthümliches, wenn dies nicht der Fall ist; denn das Eigenthümliche ist eben das, was sich mit dem Gegenstande des Satzes zwar umkehren lässt, aber das wesentliche *Was* desselben nicht angiebt. Tauscht sich aber das Ausgesagte mit dem Gegenstande im Satze nicht aus, so ist es entweder eine Bestimmung, die zu seiner Definition gehört oder nicht. Im ersten Falle ist es die Gattung, oder der Art-Unterschied, da die Definition aus der Gattung und den Art-Unterschieden besteht; gehört es aber nicht zu dem in der Definition Gesagten, so ist es offenbar ein Nebensächliches, denn als solches ist alles das in dem Gegenstande Enthaltene bezeichnet worden, was weder zu seiner Definition, noch zu seiner Gattung, noch zu seinem Eigenthümlichen gehört.

10

Neuntes Kapitel

Nunmehr habe ich die Kategorien-Gattungen anzugeben, zu welchen die erwähnten vier Bestimmungen gehören. Der Kategorien giebt es der Zahl nach zehn, das *Was*, das Grosse, das Beschaffene, das Bezogene, das *Wo*, das *Wenn*, der Zustand, das Haben, das Bewirken und das Erleiden. Zu einer dieser Kategorien wird immer das Nebensächliche und die Gattung und das Eigenthümliche und die Definition eines

Gegenstandes gehören; denn alle damit gebildeten Sätze bezeichnen entweder ein *Was* oder eine Beschaffenheit, oder eine Grösse oder eine der andern Kategorien, und es erhellt also aus jenen Bestimmungen selbst, dass ihr Inhalt bald ein Ding, bald eine Grösse, bald eine andere der Kategorien betrifft. Wenn man z.B. von dem in einem Satze aufgestellten Menschen sagt, dass das Aufgestellte ein Mensch oder ein Geschöpf sei, so sagt man, *was* er ist und giebt sein Wesen an; wenn man ferner von der im Satz aufgestellten weissen Farbe sagt, das Aufgestellte sei das Weisse oder eine Farbe, so giebt man an, was es ist und bezeichnet eine Beschaffenheit. Ebenso wenn man vor der im Satze aufgestellten, eine Elle langen Grösse sagt, dass das Aufgestellte ein, eine Elle langes Grosse sei, so giebt man an, was es ist und bezeichnet eine Grösse. Ebenso ist es mit den anderen Kategorien. In jedem solchen Falle wird, wenn entweder etwas von sich selbst ausgesagt oder wenn die Gattung genannt wird, dadurch das *Was* bezeichnet; wird aber etwas von einem anderen ausgesagt, so wird dann nicht das *Was* bezeichnet, sondern die Grösse, oder die Beschaffenheit, oder eine andere dieser Kategorien.

Dieser Art und Anzahl sind also die Bestimmungen, worüber die Sätze lauten und woraus sie gebildet werden. Ich werde nunmehr darlegen, wie man diese Sätze aufzustellen hat, und durch welche Mittel man sie leicht zur Hand hat.

Zehntes Kapitel

Ich werde nun zunächst bestimmen, was ein *dialektischer Satz* und was ein *dialektischer Streitsatz* ist; denn nicht jeder Satz und nicht jeder Streitsatz kann für einen dialektischen gelten, da kein Verständiger einen Satz aufstellen wird, der Niemandem glaubwürdig erscheint, oder einen Streitsatz hinstellen wird, welcher Allen oder den Meisten unzweifelhaft ist. Bei letzterem gäbe es keine Bedenken und einen allgemein für unglaubwürdig gehaltenen Satz wird Niemand zum Beweis benutzen. Vielmehr ist der dialektische Satz ein in Form einer Frage ausgesprochener Satz, welcher Allen oder den Meisten oder von den weisen Männern allen oder den meisten, oder den erfahrensten glaubwürdig erscheint und welcher nicht gegen die allgemeine Meinung verstösst; denn man kann wohl auch Sätze hier aufstellen, welche die weisen Männer billigen, sofern sie nur nicht der Meinung der Menge entgegen-

11

laufen. Zu den dialektischen Sätzen gehören auch die, welche den glaubwürdigen ähnlich sind; ferner die, welche das Gegentheil von glaubwürdigen Sätzen verneinen; ferner die, welche den über die erfundenen Künste herrschenden Meinungen entsprechen. Denn wenn es glaubwürdig ist, dass die Gegentheile zu *einer* Wissenschaft gehören, so wird es auch glaubwürdig sein, dass Gegentheile von demselben Sinnesorgan wahrgenommen werden, und wenn es glaubwürdig ist, dass, wenn es der Zahl nach nur *eine* Sprachlehre giebt, so muss es auch glaubwürdig sein, dass es nur *eine* Flötenkunst giebt, und wenn es mehrere Sprachlehren geben sollte, wird es auch mehrere Flötenkünste geben; da dies alles einander ähnlich und verwandt erscheint. Ebenso wird die Verneinung der Gegentheile von glaubwürdigen Sätzen als glaubwürdig gelten; denn wenn der Satz, dass man seinen Freunden Gutes erweisen solle, glaubwürdig ist, so ist es auch der Satz, dass man seinen Freunden kein Böses zufügen soll; denn das Gegentheil jenes Satzes ist, dass man seinen Freunden Böses zufügen solle, und die Verneinung dieses Gegentheils ist, dass man es nicht thun solle. Ebenso ist es, wenn man seinen Freunden Gutes erweisen soll, auch glaubwürdig, dass man seinen Feinden es nicht erweisen solle; denn auch dieser Satz ist eine Verneinung des Gegentheils, da das Gegentheil lautet, dass man seinen Feinden Gutes erweisen solle. Gleiches gilt für andere solche Fälle. Auch das Gegentheil vom Gegentheil wird vergleichsweise als glaubwürdig erscheinen; wenn man z.B. den Freunden Gutes erweisen soll, so wird man auch den Feinden Böses zufügen sollen; denn als Gegentheil von dem »den Freunden Gutes erweisen«, dürfte das »den Feinden Böses zufügen« gelten. Ob sich dies aber in Wahrheit so verhält, oder nicht, werde ich in der Lehre über die Gegentheile darlegen. Endlich ist klar, dass so weit über Künste eine allgemeine Meinung besteht, auch solche Meinung sich zu dialektischen Sätzen eignet. Deshalb wird man solche Sätze, welche von den in diesen Wissenschaften Erfahrenen gebilligt werden, als glaubwürdige aufstellen können, z.B. aus der Arzneilehre das, was der Arzt billigt und aus der Geometrie das, was der Geometer billigt. Das Gleiche gilt für die anderen Wissenschaften.

Elftes Kapitel

Ein *dialektischer Streitsatz* ist ein zur Untersuchung gestellter Satz, welcher sich entweder auf ein Befolgen oder Vermeiden oder auf die Wahrheit und die Erkenntniss bezieht, und zwar entweder als ein selbstständiger, oder als Unterstützung eines anderen Satzes solcher Art, insofern über solche Sätze sich überhaupt noch keine Meinung gebildet hat, oder bei welchen die Menge eine den Weisen entgegengesetzte Meinung, oder letztere eine der Menge entgegengesetzte Meinung haben, oder wo jeder dieser Theile in sich selbst nicht einig ist. Die Erkenntniss in Bezug auf solche Streitsätze ist für das Befolgen oder Vermeiden nützlich, z.B. ob man nach der Lust streben solle oder nicht; andere dienen nur dem Wissen, z.B. die Frage, ob die Welt ewig sei oder nicht? Andere haben an sich keinen Bezug auf eines dieser beiden Ziele, aber sie unterstützen andere Sätze von jener Art. Man mag nämlich Vieles nicht um sein selbst willen wissen, sondern nur um anderer Sätze willen, deren Wahrheit man dadurch erkennen will. Zu den Streitsätzen gehören auch die Sätze, bei welchen sich Schlüsse für und gegen sie aufstellen lassen; (denn dann ist zweifelhaft, ob die Sache sich so oder nicht so verhält, weil für beide Fälle annehmbare Gründe vorhanden sind), ferner Sätze, für die man, obgleich sie von grosser Bedeutung sind, keine Gründe zur Hand hat, weil die Auffindung derselben hier für schwierig gilt; z.B. der Satz: Ob die Welt ewig ist oder nicht? Denn auf solche Sätze kann mancher die Untersuchung wohl ausdehnen.

In dieser Weise besteht der Unterschied zwischen den Streitsätzen und den blossen Sätzen. Eine *These* ist aber eine der gewöhnlichen Meinung zuwiderlaufende Behauptung eines in der Philosophie erfahrenen Mannes; z.B. der Satz, dass es keine Widersprüche gäbe, wie *Antisthenes* behauptete; oder dass Alles sich bewege, wie *Heraklit* sagte, oder dass das Seiende nur *eines* sei, wie *Melissos* behauptete. Wenn aber blos irgend ein beliebiger Mensch etwas der gewöhnlichen Meinung Entgegengesetztes behauptet, so würde es thöricht sein, wenn man dies beachten wollte. Auch solche Sätze gehören zu den Thesen, wofür ein Grund geltend gemacht wird, welcher der gewöhnlichen Meinung widerspricht, z.B. dass nicht alles Seiende entweder entstanden ist oder ewig ist, wie die Sophisten behaupten; denn dass ein Musiker ein Sprachgelehrter bestehe, sei weder etwas Gewordenes noch etwas ewig

Gewesenes; denn dieser Satz dürfte, auch wenn man ihm nicht zustimmen sollte, doch eine These sein, da ein Grund dafür angegeben wird.

Sonach ist jede These auch ein Streitsatz, aber nicht jeder Streitsatz ist eine These, da manche Streitsätze auch der Art sind, dass weder deren Bejahung noch deren Verneinung die Meinung für sich hat. Dass aber jede These auch ein Streitsatz ist, erhellt daraus, dass nach dem Gesagten entweder die Menge mit den Weisen über die These nicht übereinstimmt, oder dass jede dieser Klassen in sich selbst uneinig sein muss, da die These eine gegen die Meinung anstossende Annahme ist. Gegenwärtig werden indess beinahe alle dialektischen Streitsätze Thesen genannt. Indess mag es gleichgültig bleiben, wie man sie nennen will; denn ich habe nicht um der Namen willen sie so von einander gesondert, sondern damit uns nicht die Unterschiede entgehen, welche zwischen ihnen bestehen.

Auch darf man nicht jeden Streitsatz und jede These beachten, sondern nur die, wo man im Zweifel ist, weil man der Gründe bedarf und nicht blos der Züchtigung oder der Wahrnehmung. Denn derjenige, welcher zweifelt, ob man die Götter verehren und seine Eltern lieben solle oder nicht, bedarf nur der Züchtigung, oder wer zweifelt, ob der Schneeweiss ist, oder nicht, bedarf nur der Wahrnehmung. Auch Streitsätze, für welche der Beweis auf der Hand liegt, oder für welche er zu verborgen ist, darf man nicht beachten; denn bei jenen besteht kein Zweifel und bei diesen sind deren für die blosse Uebung zu viele.

Zwölftes Kapitel

Nachdem dies bestimmt worden, habe ich auseinanderzusetzen, wie viele Arten von dialektischen Begründungen es giebt. Die eine Art ist die *Induktion*, die andere der *Schluss*. Was ein Schluss ist, habe ich bereits gesagt; die Induktion führt von dem Einzelnen zu dem Allgemeinen; z.B. wenn der sachverständige Steuermann und Fuhrmann die besten sind, so ist überhaupt der Sachverständige in jeder Sache der beste. Die Induktion ist verständlicher und deutlicher und der Wahrnehmung nach das Bekanntere, und sie wird von der Menge benutzt. Der Schluss ist dagegen zwingender und durchgreifender dem Gegner gegenüber.

14

Dreizehntes Kapitel

Die verschiedenen Arten von Sätzen, über welche die Erörterungen geschehen und die Elemente, aus welchen sie bestehen, sollen also so, wie ich bisher gesagt, unterschieden werden; der Hülfsmittel aber, durch welche man sich der Schlüsse und der Induktionen geschickt und geläufig bedienen kann, giebt es vier. Das eine besteht in der Aufstellung der Sätze; das zweite besteht in der Fertigkeit, die mehrfachen Bedeutungen eines Ausdruckes von einander zu sondern; das dritte besteht in der Auffindung der Unterschiede; und das vierte besteht in der Ermittelung der Aehnlichkeit. Die drei letzten Hülfsmittel sind gewissermaassen ebenfalls Sätze, denn man kann jedes von ihnen in einen Satz umwandeln; z.B. dass das Wünschenswerthe entweder das Sittliche, oder das Angenehme, oder das Nützliche sei; und dass die Wahrnehmung sich von dem Wissen dadurch unterscheide, dass, wenn man sie beide verloren hat, man nur letzteres wieder erlangen kann, jene aber nicht; ferner: dass sich das gesund Machende zur Gesundheit ebenso verhalte, wie das Wohlbefinden Bewirkende zu dem Wohlbefinden. Von diesen drei Sätzen ist der erste aus den mehrfachen Bedeutungen eines Wortes, der zweite aus den Unterschieden, der dritte aus den Aehnlichkeiten gebildet.

Vierzehntes Kapitel

Was nun die Sätze anlangt, so hat man sie in so vielfacher Weise auszuwählen, als sie früher von mir unterschieden worden sind. Man hat also entweder die Meinungen Aller, oder die der Meisten oder die der Weisen, und von diesen entweder die aller Weisen oder der meisten oder der bewandertsten zu berücksichtigen, so weit sie dem Scheinbaren nicht zuwider sind; ferner solche Meinungen über die Künste. Auch die Meinungen, welche dem Scheinbaren zuwider sind, kann man, wie gesagt, als verneinte zu einem Satze benutzen. Auch ist es zweckmässig, wenn man die Sätze nicht blos aus dem der Meinung Entsprechenden, sondern auch aus den diesem Aehnlichen entnimmt, wie z.B. den Satz, dass Gegentheile von ein und demselben Sinne wahrgenommen werden (weil ja auch nur *eine* Wissenschaft für sie besteht), und dass man bei dem Sehen etwas aufnimmt und nicht aussendet, weil es ja auch bei den übrigen Sinnen sich so verhält; denn wir hören, indem wir etwas aufnehmen und nicht etwas aussenden, und wir schmecken in gleicher Weise und ebenso nehmen wir mit den übrigen Sinnen wahr. Auch muss man das, was in allen oder in den meisten Fällen gilt, als obersten und glaubwürdigen Satz aufstellen; denn wer einen Gegenstand nicht überblickt, stellt die Sätze nicht so auf. Auch aus den Schriften muss man seine Gründe auswählen, und die Beschreibungen muss man bei jeder Gattung besonders geben, wie z.B. von dem Guten oder von dem Geschöpfe und zwar von dem Guten in seiner Allgemeinheit, indem man mit dem *Was* des Gegenstandes beginnt. Dabei muss man die Meinungen Einzelner mit erwähnen, z.B. dass *Empedokles* vier Elemente für alles Körperliche angenommen habe, denn den Ausspruch eines so angesehenen Mannes lässt man leicht gelten.

Die Sätze und die Streitsätze zerfallen im Allgemeinen in drei Klassen; sie betreffen entweder das Sittliche, oder das Natürliche, oder das Denken. Zu den Sittlichen gehört z.B. der Satz, dass man seinen Eltern mehr als den Gesetzen gehorchen solle, wenn die Gebote beider einander widerstreiten. Zu den das Denken betreffenden Sätzen gehört z.B. der Satz: Ob ein und dieselbe Wissenschaft die Gegentheile befasse oder nicht? Zum Natürlichen gehört der Satz: Ob die Welt ewig ist oder nicht? Auch die Streitsätze zerfallen in diese drei Klassen. Die Beschaffenheit jeder dieser drei Klassen kann man nicht leicht definiren; vielmehr muss man durch fleissig geübte Induktion suchen, jede dieser Klassen kennen zu lernen, und dabei die vorher gegebenen Beispiele beachten.

Für die Wissenschaft hat man nun diese Sätze der Wahrheit gemäss aufzustellen; für die Disputationen aber so, wie sie der Meinung entsprechen. Alle Sätze hat man möglichst allgemein aufzustellen und mehrere in *einen* Satz zusammenzuziehen, wie z.B. die Sätze, dass ein und dieselbe Wissenschaft die widersprechenden Gegensätze befasse, und dass dies auch für die Gegentheile gelte und auch für die Beziehungen. In gleicher Weise hat man allgemeine Sätze wieder so weit zu sondern, als es möglich ist, z.B. dass es sonach *eine* Wissenschaft sei, welche über das Gute und das Schlechte handele und *eine*, welche das Schwarze und das Weisse behandele, und *eine*, welche das Kalte und das Warme behandele u.s.w.

Fünfzehntes Kapitel

Für die Sätze selbst wird das bisher Gesagte genügen; was aber die *Vieldeutigkeit* derselben anlangt, so muss man nicht blos untersuchen, welche weitere Bedeutungen ein Ausdruck hat, sondern man muss auch deren Verhältniss zu einander darlegen; also z.B. nicht blos darlegen, dass die Gerechtigkeit und die Tapferkeit, beide in einem anderen Sinne, gut genannt werden, als das, was dem Wohlbefinden und der Gesundheit dient, sondern man muss auch darlegen, dass jene gut genannt werde, weil sie an sich selbst diese Beschaffenheit habe, diese aber, weil sie etwas dahin Gehörendes bewirke und nicht, weil sie selbst an sich der Art sei. Ebenso ist in anderen Fällen zu verfahren.

Ob ein Ausdruck vieldeutig, oder nur eindeutig der Art nach ist, hat man auf folgende Weise zu ermitteln. Man muss nämlich zunächst auf das Gegentheil des betreffenden Satzes achten und sehen, ob es für dieses verschiedene Ausdrücke giebt, sei es dass das Gegentheil der Art oder nur dem Namen nach nicht passt. Manches hat schon für sein Gegentheil verschiedene Namen. So ist dem Scharfen bei der Stimme das Tiefe entgegengesetzt, bei Körpern aber das Stumpfe. Also wird das Gegentheil des Scharfen mit verschiedenen Worten bezeichnet, und ist dies der Fall, so ist noch das Scharfe selbst mehrdeutig, denn es wird für jedes dieser Gegentheile als deren Gegentheil etwas Verschiedenes sein, und dasselbe Scharfe wird nicht das Gegentheil vom Stumpfen und vom Tiefen sein, obgleich doch das Wort: Scharf, das Gegentheil von beiden bezeichnet. Umgekehrt ist von dem Tiefen (Schweren) das Scharfe bei der Stimme und das Leichte bei der Last das Gegentheil; daher ist das Tiefe (Schwere) zweideutig, weil sein Gegentheil zweierlei ist. Ebenso steht dem Schönen bei den Geschöpfen das Hässliche und bei der Wohnung das Schlechte entgegen; mithin ist Schön ein zweideutiges Wort.

In manchen Fällen liegt bei dem Gegentheile der Unterschied nicht in dem Namen, aber er ist sofort in der Sache selbst erkennbar; z.B. bei dem Dunkel und Hell. Denn man nennt sowohl eine Stimme wie eine Farbe hell und dunkel; hier ist in den Worten kein Unterschied, aber in der Sache selbst ist er sofort offenbar; denn die Stimme wird nicht in demselben Sinne hell genannt wie die Farbe. Es erhellt dies auch aus den Wahrnehmungen beider; denn das der Art nach Gleiche wird durch denselben Sinn wahrgenommen, aber das Helle bei der

Stimme und bei der Farbe wird nicht mit demselben Sinne erfasst, sondern das eine mit dem Auge, das andere mit dem Gehör. Aehnlich verhält es sich mit dem Scharfen und Stumpfen bei Flüssigkeiten und bei Körpern; das eine wird durch das Gefühl, das andere durch den Geschmack wahrgenommen; auch hier ist kein Unterschied in den Worten, weder für die Eigenschaften noch für ihre Gegentheile, denn das Stumpfe und sein Gegentheil wird von beiden Arten von Gegenständen ausgesagt.

Auch kann man die Zweideutigkeit daran erkennen, dass das Eine ein Gegentheil hat, das Andere aber überhaupt nicht. So hat die Lust aus dem Trinken den Schmerz aus dem Dursten zum Gegentheil, aber der Lust aus der Erkenntniss, dass die Diagonale durch die Seite des Quadrats nicht gemessen werden kann, steht kein Schmerz gegenüber; also wird das Wort: Lust in mehrfachem Sinne gebraucht. Ebenso steht der geistigen Liebe der geistige Hass entgegen, aber der sinnlichen Liebeslust steht kein Gegentheil gegenüber; mithin ist das Wort: Liebe zweideutig. Auch lässt sich die Zweideutigkeit an dem Mittleren erkennen, wenn bei gewissen Gegensätzen ein Mittleres besteht und bei anderen nicht, oder wenn zwar beide ein Mittleres haben, aber nicht dasselbe. So ist z.B. bei dem Schwarzen und Weissen in den Farben das Helle das Mittlere; in der Stimme ist aber kein Mittleres für diese Gegensätze vorhanden. Selbst wenn es das Dumpfe sein sollte, da Manche meinen, dass die dumpfe Stimme die mittlere sei, so erhellt doch hieraus, dass das Weisse und ebenso das Schwarze zweideutige Worte sind. Dies gilt auch dann, wenn mehrere Mittlere zwischen den Gegensätzen bestehen und bei anderen nur eines, wie bei dem Weissen und Schwarzen. Denn bei den Farben giebt es für diese Gegensätze mehrere Mittlere, aber bei der Stimme ist nur das Dumpfe als das *eine* Mittlere vorhanden.

Man muss dann weiter darauf achten, ob das Widersprechende und Entgegengesetzte in mehrfachem Sinne gebraucht wird. Denn wenn dies der Fall ist, so wird auch das ihm Entgegengesetzte in mehrfachem Sinne gebraucht werden. So gebraucht man das: Nicht-sehen in mehrfachem Sinne; einmal für das: Ueberhaupt nicht sehen können, und dann für das: die Augen nur nicht gebrauchen. Ist sonach das Nichtsehen zweideutig, so muss auch das Sehen zweideutig sein, denn es bildet den Gegensatz zu den beiden Arten des Nichtsehens, also bezeichnet es einmal das Haben des Gesichtssinnes im Gegensatze zu dem

18

19

Fehlen desselben und zweitens das Gesicht gebrauchen im Gegensatze zu dem Nichtgebrauch desselben.

Auch auf das, nach dem Haben und dem Beraubtsein Bezeichnete, muss man hierbei Acht haben; denn wenn das eine in mehrfachem Sinne gebraucht wird, so ist auch das andere mehrdeutig. Wenn z.B. das Wahrnehmen mehrdeutig gebraucht wird, nämlich theils in Bezug auf die Seele, theils in Bezug auf den Körper, so wird auch das Nichtwahrnehmen mehrdeutig sein, nämlich entweder auf die Seele oder auf den Körper sich beziehen. Dass diese Beispiele aber in dem Gegensatze von Haben und Beraubtsein stehen, ist klar, da die Geschöpfe von Natur das Wahrnehmen in beiderlei Sinne besitzen, nämlich sowohl das in Bezug auf die Seele, wie das in Bezug auf den Körper.

Auch auf die Beugungen der Worte muss man Acht haben; wenn z.B. das »gerecht« mehrdeutig gebraucht wird, so wird es auch so mit dem »Gerechten« geschehen; denn in jeder Bedeutung von gerecht giebt es auch ein Gerechtes. Heisst es z.B. gerecht, einmal, wenn man nach seiner Ueberzeugung urtheilt, und zweitens, wenn man das Urtheil so fällt, wie es sich gehört, so wird auch das Gerechte diesen doppelten Sinn haben. Ebenso wird, wenn das »Gesunde« mehrdeutig ist, auch das »gesund« es sein; wenn also das Gesunde sowohl das ist, was gesund macht, wie das, was gesund erhält, und das, was ein Zeichen des Gesunden ist, so wird auch das »gesund«, sowohl in dem Sinne des Bewirkens, wie des Erhaltens und des Anzeigens gebraucht werden. Ebenso wird in allen anderen Fällen, wenn das ursprüngliche Wort mehrdeutig gebraucht wird, auch das von ihm durch Beugung gebildete Wort mehrdeutig sein. Auch wird das Wort selbst zweideutig sein, wenn das davon abgeleitete Wort es ist.

Man muss auch bei einem Worte darauf achten, ob die damit bezeichneten Dinge sämmtlich zu derselben Gattung gehören; ist dieses nicht der Fall, so ist das Wort offenbar mehrdeutig. So bezeichnet das Wort: gut, bei den Speisen das, was Lust gewährt; bei der Arzneikunst das, was gesund macht, bei der Seele aber eine Beschaffenheit, z.B.: massig oder tapfer oder gerecht sein; und dasselbe bedeutet es bei dem Menschen. Manchmal bezeichnet es auch die Zeit, wie: zu guter Zeit; denn man nennt das gut, was zur rechten Zeit geschieht. Oft bezeichnet: gut, auch ein Grosses, nämlich das richtige Maass, da man dieses auch das gute Maass nennt; deshalb ist das Wort: gut, vieldeutig! Ebenso ist das Helle vieldeutig; am Körper bezeichnet es die Farbe, bei der Stimme

20

das angenehm Klingende. Ebenso verhält es sich auch mit dem Scharfen; da es nicht in demselben Sinne bei allen Dingen gebraucht wird. So heisst die Stimme scharf, welche schnell schwingt, wie die Harmonielehrer mit Bezug auf die Schwingungszahlen sagen; dagegen heisst ein Winkel dann scharf (spitz), wenn er kleiner ist, als ein rechter und ein Messer heisst scharf, wenn es spitzwinkelig ist.

Auch muss man bei Gattungen, die mit demselben Worte bezeichnet werden, sehen, ob sie verschieden sind und ob etwa die eine der andern nicht untergeordnet ist. So bezeichnet das Wort: Esel sowohl ein Thier, wie ein Geräthe und die mit diesem Worte verbundenen Begriffe sind verschieden; das eine Mal bezeichnet man damit ein Thier, das andere Mal ein Geräthe. Ist aber die eine Gattung der andern untergeordnet, so brauchen die Begriffe nicht verschieden zu sein; denn der Rabe gehört sowohl zu der Gattung der Vögel, wie zu der der Thiere; nennt man also den Raben einen Vogel, so erklärt man ihn auch für ein Thier und beide Gattungen werden von demselben Gegenstande ausgesagt. Ebenso ist es, wenn man den Raben ein zweifüssiges geflügeltes Thier nennt, auch hier nennt man ihn einen Vogel und so werden beide Gattungen sowohl dem Namen, wie dem Begriffe nach von dem Raben ausgesagt. Bei Gattungen, die einander nicht untergeordnet sind, trifft dies aber nicht zu. Denn wenn man mit dem Worte: Esel das Geräthe meint, so bezeichnet man damit nicht das Thier, und wenn man das Thier Esel nennt, so meint man nicht damit das Geräthe.

Man hat jedoch bei dem betreffenden Worte nicht blos zu untersuchen, ob die Gattungen, welche mit denselben bezeichnet werden, verschieden und einander nicht untergeordnet sind, sondern man hat auch auf das gegentheilige Wort zu achten; denn wenn dieses mehrdeutig gebraucht wird, so ist dies auch mit jenem Worte der Fall. 21

Es ist auch gut, wenn man auf die Definitionen der zusammengesetzten Ausdrücke achtet, wie z.B. auf die Definition des hellen Körpers oder der hellen Stimme; denn wenn man hier in der Definition das Eigenthümliche beseitigt, so muss das Uebergebliebene denselben Sinn haben. Aber bei zweideutigen Worten ist dies nicht der Fall, wie in dem eben angeführten Beispiele mit einem Körper von einer bestimmten Farbe und einer Stimme, die wohlklingend ist; nimmt man nun den Körper und die Stimme hinweg, so ist das bei jeden von beiden Bleibende nicht das Gleiche und dies müsste doch der Fall sein, wenn das

»Hell« bei jedem von beiden Gegenständen in dem gleichen Sinn gebraucht würde.

Oft bemerkt man nicht, dass die Zweideutigkeit sich auch mit den Begriffen verbindet; deshalb muss man auch auf diese Acht haben. So z.B. wenn Jemand sagte, das, was die Gesundheit anzeigt und das, was sie bewirkt, sei das, was sich zur Gesundheit angemessen verhalte. Hier muss man sich nicht dabei beruhigen, sondern untersuchen, was er unter: »angemessen« in Bezug auf Beides gemeint habe; also ob es einmal ein solches sei, was die Gesundheit bewirke und dann wieder ein solches, welches ein gewisses Befinden anzeige.

Auch erkennt man die Zweideutigkeit eines Wortes daran, dass die damit bezeichneten Gegenstände nicht nach dem Mehr oder Weniger vergleichbar sind; wie z.B. die helle Stimme und der helle Mantel; ferner: der scharfe Saft und die scharfe Stimme. Diese Dinge werden nicht in gleichem Sinne hell und scharf genannt und das eine ist es auch nicht mehr als das andere. Deshalb sind die Worte: hell und scharf zweideutig; denn alles mit einem unzweideutigen Worte Bezeichnete kann mit einander verglichen werden und man kann es entweder als einander gleich erklären, oder das eine für mehr als das andere.

Da bei verschiedenen und einander nicht untergeordneten Gattungen auch die Art – Unterschiede verschieden sind, wie z.B. die des Geschöpfes und der Wissenschaft (denn deren Art-Unterschiede sind verschieden), so muss man darauf achten, ob die Art-Unterschiede verschiedener und nicht einander untergeordneter Gattungen denselben Namen führen, wie z.B. das Scharfe bei der Stimme und bei dem Körper; denn die Stimmen unterscheiden sich von einander durch das Scharfe und ebenso die Körper. Folglich ist das Wort »Scharf« zweideutig, denn die damit bezeichneten Unterschiede betreffen verschiedene, einander nicht untergeordnete Gattungen.

Ferner hat man darauf zu achten, ob von den unter demselben Namen begriffenen Dingen die Unterschiede verschieden sind, wie bei der Farbe an den Körpern und der Farbe beim Gesang; denn die Farbe an den Körpern wird unterschieden und verglichen vermittelst des Gesichts; aber die Farbe bei dem Gesange hat Unterschiede anderer Art. Deshalb ist die Farbe ein zweideutiges Wort, da bei denselben Dingen auch die Unterschiede dieselben sein müssen.

Auch hat man, da die Art kein Unterschied sein kann, darauf zu achten, ob mit demselben Worte einmal eine Art und das anderemal ein Art-Unterschied bezeichnet wird. So bezeichnet z.B. das »Hell« bei den Körpern eine Art der Farbe; aber bei der Stimme nur einen Art-Unterschied; denn eine Stimme unterscheidet sich von der anderen durch Helligkeit.

Sechzehntes Kapitel

Das Zweideutige der Ausdrücke ist demnach durch diese und ähnliche Mittel zu erforschen. Es sind aber, auch die *Unterschiede* der Dinge innerhalb derselben Gattung gegen einander zu ermitteln, z.B. wodurch sich die Gerechtigkeit von der Tapferkeit und wodurch sich die Klugheit von der Selbstbeherrschung unterscheidet. (Denn diese Tugenden gehören sämmtlich zu *einer* Gattung.) Ebenso hat man die Unterschiede bei verschiedenen Gattungen aufzusuchen, insofern diese Gattungen nicht sehr von einander abstehen; also z.B. die zwischen der Wahrnehmung und der Wissenschaft; denn bei sehr von einander entfernten Gattungen sind die Unterschiede ganz offenbar. 23

Siebzehntes Kapitel

Die *Aehnlichkeit* ist dagegen bei Dingen verschiedener Gattungen zu ermitteln und dabei zu prüfen, ob so, wie in der einen Gattung das eine zu dem anderen, so auch in der anderen Gattung das eine zu dem anderen sich verhält. So verhält sich die Wissenschaft zu dem Wissbaren, wie die Wahrnehmung zu dem Wahrnehmbaren. Ebenso hat man zu ermitteln, ob so wie in der einen Gattung das eine *in* dem anderen ist, auch in der anderen Gattung das eine ebenso *in* deren anderen ist, ob z.B. so wie das Gesicht im Auge, so die Vernunft in der Seele ist und ob so wie die Stille im Meere, auch die Stille in der Luft ist. Diese Uebung muss man hauptsächlich bei Dingen, die zu sehr weit von einander entfernten Gattungen gehören, vornehmen; denn bei den übrigen kann man das Aehnliche leichter auffinden. Auch muss man ermitteln, was in *allen* Dingen ein- und derselben Gattung als dasselbe enthalten ist; ob z.B. ein solches Gemeinsame für den Menschen, das Pferd und den Hund vorhanden ist. Insoweit ein solches in ihnen vorhanden ist, sind sie dadurch einander ähnlich.

Achtzehntes Kapitel

Die Ermittelung der Zweideutigkeit der Worte hilft sehr für die Klarheit (denn man wird bestimmter wissen, *was* man behauptet, wenn man die Zweideutigkeit der Worte kennt), und für eine solche Aufstellung der Schlüsse, dass sie die Sache und nicht blos den Namen betreffen. Denn wenn die Zweideutigkeit der gebrauchten Worte nicht gekannt wird, so kann es kommen, dass der Antwortende und der Fragende nicht dieselbe Sache im Sinne haben; ist aber die Zweideutigkeit klargelegt und steht fest, in welchem Sinne ein Satz gemeint ist, so würde der Fragende sich lächerlich machen, wenn er nicht nach diesem Sinne seine Gründe aufstellte. Die Kenntniss der Doppelsinnigkeit der Worte schützt auch davor, dass man nicht durch Fehlschlüsse getäuscht wird und sie kann ebenso benutzt werden, um Andere durch Fehlschlüsse zu täuschen. Denn wenn man weiss, in wie vielfachem Sinne ein Wort gebraucht wird, so wird man nicht durch Fehlschlüsse sich täuschen lassen, sondern es bemerken, wenn der Fragende seine Ausführung nicht auf denselben Sinn des betreffenden Wortes beschränkt. Wenn man aber selbst fragt, so kann man den Gegner durch einen Fehlschluss täuschen, im Fall er nicht etwa ebenfalls die Zweideutigkeit des Wortes kennen sollte. Dies Mittel ist indess nicht bei allen Gegenständen ausführbar, sondern nur da, wo der eine Sinn des zweideutigen Wortes einen wahren Satz ergiebt, der andere aber einen falschen. Indess gehört diese Art zu verfahren nicht zur eigentlichen Disputirkunst; deshalb haben die an einer Erörterung Theil nehmenden Personen sich durchaus davor in Acht zu nehmen, dass sie ihre Erörterungen blos um Worte führen; man müsste denn nicht anders als in dieser Weise über den aufgestellten Satz disputiren können.

Die Auffindung der *Unterschiede* nützt für die Schlüsse auf die Dieselbigkeit und auf den Unterschied der Dinge und dient zur Erkenntniss dessen, *was* ein jedes ist. Dass diese Auffindung für die Schlüsse auf die Dieselbigkeit und auf den Unterschied nützlich ist, erhellt daraus, dass wenn man irgend welchen Unterschied zwischen den zur Erörterung stehenden Gegenständen gefunden hat, man bewiesen haben wird, dass sie nicht dieselben sind. Ebenso ist sie zur Erkenntniss des *Was* des Gegenstandes nützlich, weil man den eigenthümlichen Begriff des Wesens eines Gegenstandes mittelst der eigenthümlichen Unterschiede desselben auszusondern pflegt.

Die Ermittelung des *Aehnlichen* nützt dagegen zur Bildung induktiver Begründungen und der auf Voraussetzungen gebauten Schlüsse; desgleichen zur Aufstellung von Definitionen. Zu induktiven Begründungen nützt sie deshalb, weil man dabei verlangt, dass das Allgemeine durch Herbeiführung des einander ähnlichen Einzelnen dargelegt werde und es ohne Kenntniss der Aehnlichkeit der Dinge nicht leicht ist, eine solche Induktion zu machen. Zu den auf eine Voraussetzung gebauten Schlüssen nützt sie, weil es wahrscheinlich ist, dass, wie *eines* von ähnlichen Dingen sich verhält, so auch die übrigen sich verhalten werden. Wenn man daher über das *Eine* die Mittel zur Erörterung in genügendem Maasse in Bereitschaft hat, so muss man vorher sich mit dem Gegner darüber einigen, dass, so wie es sich etwa bei diesem verhalten werde, es sich auch ebenso bei dem vorliegenden Gegenstande verhalten müsse. Hat man dann jenes *Eine* bewiesen, so hat man auch mittelst einer Voraussetzung das Vorliegende bewiesen; denn dadurch, dass man vorausgesetzt hat, so wie es etwa bei jenem Gegenstande sich verhalten werde, so werde es sich auch bei dem vorliegenden Falle verhalten, hat man den Beweis geführt.

Endlich ist jene Aufsuchung der Aehnlichkeiten zur Aufstellung der Definitionen nützlich, weil man damit übersehen kann, was in mehreren Einzelnen sich gleich ist und man so nicht zweifeln wird, in welche Gattung man bei der Definition den vorliegenden Gegenstand zu stellen habe; denn von diesen gemeinsamen Bestimmungen wird die, welche am meisten von dem *Was* des Gegenstandes ausgesagt wird, die Gattung sein. Auch bei Definitionen von Gegenständen, die sehr weit voneinander abstehen, ist die Kenntniss der Aehnlichkeiten von Nutzen; so z.B. die Kenntniss, dass die Stille im Meere und die Stille in der Luft dasselbe sind (denn jedes ist eine Ruhe); ebenso die Kenntniss, dass der Punkt in der Linie und die Eins in der Zahl enthalten sind; denn beide bilden den Anfang. Wenn man so das Allen Gemeinsame als Gattung aufgestellt hat, so wird der Gegner nicht meinen, dass man falsch definirt habe. Auch pflegen beinahe Alle, welche Definitionen aufstellen, so zu verfahren; denn sie erklären die Eins für den Anfang der Zahlen und den Punkt für den Anfang der Linien, woraus erhellt, dass sie das beiden Gemeinsame als deren Gattung aufstellen.

Dies sind also die Hülfsmittel, durch welche die Schlüsse gebildet werden; dagegen enthält das Folgende die Gesichtspunkte, für welche diese Hülfsmittel benutzt werden können.

Zweites Buch

Erstes Kapitel

Die Streitsätze lauten entweder allgemein oder beschränkt; allgemein ist z.B. der, dass jede Lust ein Gut sei und der, dass keine Lust ein Gut sei; beschränkt ist z.B. der Streitsatz, dass einige Arten der Lust ein Gut seien und der, das eine Art der Lust kein Gut sei. Beide Arten von Streitsätzen können in allgemeiner Weise begründet oder widerlegt werden; denn wenn man bewiesen hat, dass etwas in allen enthalten ist, so wird man auch bewiesen haben, dass es in einigen enthalten ist und ebenso wird man, wenn man bewiesen hat, dass Etwas in keinem enthalten ist, bewiesen haben, dass es nicht in allen enthalten ist.

Ich habe zunächst die Mittel zur allgemeinen Widerlegung zu besprechen, weil diese sowohl die allgemeinen, wie die beschränkten Streitsätze treffen und weil die Streitsätze mehr bejahend, als verneinend aufgestellt werden und daher dem Gegner deren Widerlegung zufällt. Am seltensten kann ein Satz, welcher nur etwas im eigentlichen Sinne Nebensächliches von einem Gegenstande aussagt, umgekehrt werden; denn nur das Nebensächliche ist geeignet, blos in gewisser Weise, und nicht allgemein von den Gegenständen ausgesagt zu werden; der Begriff und das Eigenthümliche und die Gattung müssen dagegen in dem Satze sich mit dem Gegenstande umkehren lassen. Wenn z.B. das zweifüssige auf dem Lande lebende Geschöpf in einem Gegenstande enthalten ist, so kann man auch umgekehrt sagen, dass der Gegenstand ein zweifüssiges, auf dem Lande lebendes Geschöpf ist. Ebenso verhält es sich mit der Gattung; denn wenn das Geschöpfsein in einem Gegenstande enthalten ist, so ist auch der Gegenstand ein Geschöpf; und dasselbe gilt für die Eigenthümlichkeiten; denn wenn in einem Gegenstande das der Sprachlehre Fähige enthalten ist, so ist der Gegenstand auch das der Sprachlehre Fähige. Von diesen Bestimmungen kann keine blos in gewisser Beziehung in dem Gegenstande enthalten, oder nicht enthalten sein, sondern sie muss überhaupt darin entweder enthalten oder nicht enthalten sein. Dagegen kann das Nebensächliche sehr wohl mir in gewisser Beziehung in einem Gegenstande enthalten sein, wie z.B. die weisse Farbe, oder die Gerechtigkeit. Wenn man deshalb darlegt, dass die weisse Farbe oder die Gerechtigkeit in einem Gegenstande enthalten sei, so nützt dies nichts für den Beweis, dass der Gegenstand an sich weiss oder gerecht sei; denn es bleibt dann immer noch zweifelhaft, ob er nicht blos in einer Beziehung weiss oder gerecht ist. Deshalb ist es bei nebensächlichen Bestimmungen nicht nothwendig, dass sie sich im Satze mit dem Gegenstande umkehren lassen.

Man muss auch die Fehler in den Streitsätzen unterscheiden; sie sind zweifacher Art; entweder sagen sie etwas Falsches aus, oder sie verletzen den bestehenden Sprachgebrauch. Einmal also fehlen diejenigen, welche etwas Falsches setzen oder das im Gegenstande nicht Enthaltene als darin enthalten behaupten; zweitens die, welche, indem sie den Gegenstand mit einem fremden Namen bezeichnen, z.B. die Platane einen Menschen nennen, den bestehenden Sprachgebrauch verletzen.

Zweites Kapitel

Ein Gesichtspunkt für die Widerlegung eines Streitsatzes, der ein Nebensächliches behauptet, ist der, dass man prüft, ob dieses angeblich Nebensächliche dem Gegenstande nicht vielmehr in einer anderer Weise zukomme. Am meisten wird hier mit den Gattungen gefehlt, z.B. wenn Jemand sagt, dass für das Weiss das Farbe-sein etwas Nebensächliches sei; denn dies ist falsch, vielmehr ist die Farbe seine Gattung. Man kann diesen Fehler auch schon an der Ausdrucksweise erkennen, z.B. wenn es heisst: dass bei der Gerechtigkeit es sich getroffen habe, dass sie eine Tugend sei. Oft ist es auch ohne weitere Unterscheidung klar, dass die Gattung als ein Nebensächliches ausgesagt worden ist, z.B. wenn Jemand sagte, das Weisse sei farbig gemacht worden, oder der Gang werde bewegt. Von keiner Art kann nämlich die Gattung beinamig ausgesagt werden, sondern alle Gattungen werden von ihren Arten einnamig ausgesagt, da die Arten sowohl den Namen, wie den Begriff der Gattung annehmen können. Wenn also Jemand das Weiss gefärbt nennt, so hat er das »gefärbt« nicht als die Gattung angegeben, da er das von dem Weiss ausgesagte nur beinamig ausgedrückt hat und ebenso wenig als ein Eigenthümliches oder als die Definition des Weiss; denn beide letzteren sind in keinem Gegenstande anderer Art enthalten, während doch gar vieles von anderen Arten gefärbt ist, z.B. Holz, Steine, Menschen, Pferde. Daraus erhält, dass in diesem Falle die Gattung als ein Nebensächliches behandelt und ausgesagt worden ist.

Ein anderer Gesichtspunkt in Bezug auf das Nebensächliche ist, dass man die Gegenstände untersucht, von denen etwas allgemein in dem Streitsatze behauptet oder verneint wird. Man muss sich hierbei jedoch auf die Arten beschränken und sich nicht in das endlose Einzelne verlieren; dann ist die Untersuchung mehr auf dem gebahnten Wege und hat es mit weniger Gegenständen zu thun. Man muss deshalb hier bei den obersten Begriffen die Untersuchung beginnen und dann der Reihe nach herabgehen bis zu den nicht mehr theilbaren Arten. Wenn z.B. Jemand behauptet, dass von Gegensätzlichem nur *eine* Wissenschaft bestehe, so muss man prüfen, ob bei den gegensätzlichen Beziehungen und bei den Gegentheilen und bei dem Gegensatze des Habens und Beraubtseins und bei den sich widersprechenden Gegensätzen überall nur *eine* Wissenschaft bestehe; und wenn sich hierbei nichts findet, bei welchen mehr als *eine* Wissenschaft besteht, so sind diese obersten Arten weiter bis zu den nicht weiter theilbaren Unterarten zu sondern. So hat man z.B. zu prüfen, ob es auch für das Gerechte und Ungerechte, oder für das Doppelte und Halbe, oder für die Blindheit und das Gesicht, oder für das Sein und das Nicht-Sein nur *eine* Wissenschaft giebt. Kann man nun hier bei einem Falle zeigen, dass nicht *eine* Wissenschaft für gewisse Gegensätze besteht, so wird man den Streitsatz widerlegt haben. Ebenso ist bei verneinenden Streitsätzen zu verfahren. Dieser Gesichtspunkt eignet sich sowohl für das Begründen, wie für das Widerlegen. Denn wenn trotz der von dem Gegner gemachten Eintheilungen der aufgestellte Satz sich in allen oder doch in vielen Fällen bestätigt, so kann man verlangen, dass der Gegner denselben als einen allgemeinen anerkenne, oder dass er einen Fall beibringe, wo es sich nicht so verhalte; thut er keines von beiden, so wäre es unverständig, wenn er den Satz nicht anerkennen wollte.

Ein anderer Gesichtspunkt ist hier, dass man das Nebensächliche und den Gegenstand definirt, entweder beide in Bezug auf einander, oder nur eines für sich, und dann prüft, ob in diesen Begriffen etwas sich nicht so verhält, wie der Gegner behauptet. Wenn es sich z.B. fragt, ob der Gottheit Unrecht gethan werden kann, so hat man zu untersuchen, was das Unrecht thun ist und wenn es in dem freiwilligen Verletzen besteht, so erhellt, dass man der Gottheit nicht Unrecht thun kann, weil man sie nicht verletzen kann. Ebenso, wenn es sich fragt, ob der gute Mensch neidisch sei, so hat man zu ermitteln, was der Neidische und was der Neid ist? Ist nun der Neid ein Schmerz über das anscheinende Wohlbefinden eines guten Menschen, so ist klar, dass der gute Mensch nicht neidisch ist, denn er wäre sonst schlecht. Und wenn es sich fragt, ob der Unwillige neidisch sei, so ermittele man, wer ein Unwilliger und wer ein Neidischer ist; dann wird sich ergeben, ob der Satz wahr oder falsch ist; wenn z.B. der Neidische der ist, welcher über das Wohlergehen der guten Menschen Schmerz empfindet, und wenn der Unwillige der ist, welcher über das Wohlergehen der schlechten Menschen Schmerz empfindet, so ist klar, dass der Unwillige nicht neidisch ist. Man muss auch von den in den Begriffen gebrauchen Worten die Begriffe ermitteln und nicht ruhen, bis man zur Klarheit gelangt ist; denn manchmal ergiebt sich aus dem vollständigen Begriffe noch nicht das Gesuchte; setzt man aber statt eines in dem Begriffe gebrauchten Wortes dessen Begriff, so ergiebt sich der Fehler.

Auch muss man aus dem Streitsatze sich selbst einen Satz bilden und dagegen dann einen Einwurf erheben; denn solche Einwürfe sind dann auch ein Angriff gegen den Streitsatz. Dieser Gesichtspunkt ist 30 beinahe derselbe mit dem, wonach man die einzelnen Gegenstände untersuchen soll, über die ein allgemeiner bejahender oder verneinender Satz aufgestellt worden ist; der Unterschied liegt nur in der Form.

Auch muss man unterscheiden, was man ebenso, wie die Menge, benennen kann, und was nicht so. Es nützt dies sowohl zur Begründung, wie zur Widerlegung eines Satzes. So hat man z.B. die Dinge mit denselben Namen, wie die Menge zu benennen; aber bei der Frage, welche Dinge eine bestimmte Beschaffenheit haben, oder nicht haben, darüber hat man sich nicht nach Volksmeinung zu richten. So kann man wohl, wie das Volk das, was die Gesundheit herbeiführt, gesund nennen; aber ob der aufgestellte Gegenstand die Gesundheit herbeigeführt oder nicht, hat man nicht nach dem, was die Menge sagt, sondern nach dem, was der Arzt sagt, zu bestimmen.

Drittes Kapitel

Auch kann bei zweideutigen Wörtern, mag der aufgestellte Satz bejahend oder verneinend lauten, der Beweis blos für *eine* Bedeutung des Wortes geführt werden, sofern es nicht für beide geschehen kann; doch kann davon nur dann Gebrauch gemacht werden, wenn dem Gegner die Zweideutigkeit verborgen ist; denn wäre sie ihm bekannt, so würde er entgegnen, dass man den Gegenstand nicht so erörtere, wie er selbst ihn auffasse, sondern in einem anderen Sinne.

Von diesem Mittel kann man sowohl bei dem Begründen, wie bei dem Widerlegen Gebrauch machen. Denn will man begründen, so genügt, dass man den Beweis für die *eine* Bedeutung führt, wenn man es nicht für beide vermag; will man aber widerlegen und zeigen, dass der Satz nicht aufrecht erhalten werden kann, so muss man dies in *einer* von beiden Bedeutungen thun, wenn man es nicht in beiden vermag. Bei der Widerlegung braucht auch von dem Gegner nichts vorher zugestanden zu werden; denn wenn man zeigt, dass von keinem der Dinge, welche das zweideutige Wort befasst, der Satz ausgesagt werden könne, so wird man schon den allgemein bejahenden Satz widerlegt haben und ebenso wird man den allgemein verneinenden Satz schon widerlegt haben, wenn man zeigt, dass es den betreffenden Dingen in *einer* Bedeutung des Wortes zukomme. Dagegen muss bei der Begründung man vorher übereinkommen, dass, wenn der bejahende Satz in *einer* Bedeutung des Wortes richtig sei, er dann in allen Bedeutungen als richtig gelten soll, sofern dies an sich wahrscheinlich ist. Ohne solche Uebereinkunft hilft für den Beweis, dass der Satz allgemeingültig sei, der Beweis desselben in der einen Bedeutung nichts. Will man z.B. beweisen, dass jede Seele unsterblich sei, weil die des Menschen unsterblich ist, so muss man vorher ausmachen, dass, wenn irgend eine Seele als unsterblich nachgewiesen worden, dann dies für alle Seelen gelte. Indess ist dies nicht immer erforderlich, sondern nur dann, wenn man nicht leicht, einen für *alle* Bedeutungen passenden Beweis zur Hand hat, wie dies bei dem Geometrieverständigen z.B. der Fall bei dem Satze ist, dass das Dreieck in seinen Winkeln zweien rechten gleich ist.

Ist dagegen die Zweideutigkeit des Satzes bekannt, so muss man die verschiedenen Bedeutungen sondern und für jede besonders die Widerlegung oder Begründung beschaffen. Wenn z.B. unter dem, was sich gehört, sowohl das Nützliche, wie das Sittliche verstanden wird, so muss man versuchen, für beide Bedeutungen den aufgestellten Satz zu begründen, oder zu widerlegen; also, dass das, was sich gehört, sowohl sittlich, wie nützlich sei, oder dass es keines von beiden sei. Kann aber der Beweis oder die Widerlegung nicht für beides beschafft werden, so ist der Beweis für die eine Bedeutung zu führen und dabei zu bemerken, dass der Satz in dem einem Sinne wahr sei und in dem anderen nicht. In derselben Weise ist zu verfahren, wenn der Bedeutungen mehr als zwei sind.

Ferner muss man untersuchen, ob der vorliegende Satz, wenn er auch nicht zweideutig ist, doch in anderer Weise einen mehrfachen Sinn habe. So kann z.B. die *eine* Wissenschaft von Mehrerem handeln, entweder von ihrem Ziele oder von den Mitteln zu diesem Ziele; so handelt z.B. die Heilkunst von den Mitteln, die Gesundheit herbeizuführen, oder von einer gesunden Lebensweise; oder von beiden Zwecken; ebenso handelt die eine Wissenschaft von beiden Gegentheilen (denn das eine Gegentheil ist nicht mehr Zweck für die Wissenschaft, als das andere) oder die *eine* Wissenschaft handelt von den wesentlichen Bestimmungen ihres Gegenstandes oder auch von den nebensächlichen; so ist der Satz, dass die Summe der Winkel des Dreiecks zweien rechten gleich ist, ein wesentlicher Satz der Geometrie; nebensächlich ist aber der, dass das gleichseitige Dreieck in seinen Winkeln zweien rechten gleich ist; denn nur weil ein Dreieck nebenbei ein gleichseitiges ist, erkennt man auch bei diesem, dass seine Winkel zweien rechten gleich sind. Ergiebt sich nun, dass eine bestimmte Wissenschaft in keiner Beziehung Mehreres befasst, so erhellt, dass sie überhaupt dessen nicht fähig ist; wenn es aber in gewisser Weise stattfindet, so ist klar, dass sie dessen fähig ist. Eintheilen muss man hierbei so weit, als es nöthig ist. Will man z.B. etwas begründen, so muss man nur solche Gegenstände vorführen, auf welche der aufgestellte Satz passt, und die Eintheilung nur so weit vornehmen, als sie für die Begründung dienlich ist. Bei der Widerlegung muss man dagegen solche Gegenstände beibringen, bei denen der Streitsatz nicht passt und das Andere bei Seite lassen. Auch hier ist dies nur ausführbar, wenn die mehrfachen Bedeutungen von dem Gegner nicht gekannt sind.

Ferner muss man die Bejahung und die Verneinung eines Satzes aus denselben Gesichtspunkten begründen; so muss man z.B. bei der Wissenschaft den bejahenden Satz, dass *eine* Wissenschaft Mehreres befasse, entweder für ihr Ziel, oder für die Mittel dazu, oder für das Nebensächliche begründen, und ebenso den verneinenden Satz, dass die eine Wissenschaft nicht Mehreres befasse, nach denselben Gesichtspunkten rechtfertigen. Dasselbe gilt für die *Begierden* und Alles, was sonst Mehreres befasst. Denn man begehrt Etwas bald als Endzweck, z.B. die Gesundheit; bald als Mittel zum Endzweck, z.B. die Arznei einzunehmen, bald als ein blos Nebensächliches, wie z.B. der, welcher gern Süsses trinkt, nach Wein verlangt, nicht weil es Wein ist, sondern weil es süss ist; denn an sich begehrt er nur das Süsse und den Wein nur nebenbei; denn wenn der Wein herbe ist, so mag er ihn nicht; daher begehrt er nach dem Wein nur nebenbei. Dieser Gesichtspunkt ist vorzüglich für Beziehungen benutzbar, denn die meisten Fälle dieser Art haben es mit Beziehungen zu thun.

Viertes Kapitel

Auch ist es zweckmässig, ein Wort in ein *bekannteres* umzutauschen, z.B. für das Wort: genau im Auffassen das Wort: klug, und statt des Wortes: vielgeschäftig das Wort: gerngeschäftig. Denn je verständlicher der Ausdruck der These ist, desto leichter ist sie anzugreifen. Dies Mittel ist ebenso für das Begründen, wie für das Widerlegen benutzbar.

Will man zeigen, dass demselben Gegenstande das Entgegengesetzte zukommen könne, so muss man auf die *Gattung* desselben Acht haben. Will man z.B. zeigen, dass bei der Wahrnehmung sowohl die Richtigkeit, wie der Irrthum vorkommt, so muss man darlegen, dass das Wahrnehmen ein Urtheilen ist und dass das Urtheilen sowohl wahr, wie falsch geschehen kann und dass deshalb auch bei der Wahrnehmung Richtigkeit und Irrthum vorkommen könne. Hier ist also der Beweis für die Art aus seiner Gattung entlehnt worden; denn das Urtheilen ist die Gattung und das Wahrnehmen eine Art desselben, da jeder Wahrnehmende in irgend einer Art urtheilt. Umgekehrt kann man aus der Art auf die Gattung schliessen; denn alles, was in der Art enthalten ist, muss auch von der Gattung ausgesagt werden können; giebt es z.B. ein schlechtes und ein gutes Wissen, so ist auch der entsprechende Seelenzustand schlecht oder gut, da dieser Seelenzustand die Gattung ist und das Wissen zu einer seiner Arten gehört. Der erst genannte Weg ist für das Begründen der falsche, der zweite aber der richtige; denn nicht alles, was von der Gattung ausgesagt werden kann, kann auch von einer einzelnen Art ausgesagt werden; so kann von dem Geschöpf das: geflügelt und vierfüssig ausgesagt werden, aber von dem Menschen nicht; ist aber der Mensch sittlich, so giebt es auch ein sittliches Geschöpf. Dagegen ist für das Widerlegen der erste Weg der richtige und der zweite der falsche. Denn alles, was in der Gattung nicht enthalten ist, ist auch in der Art nicht enthalten; alles, was dagegen in einer Art nicht enthalten ist, kann deshalb doch von der Gattung ausgesagt werden.

Da aber von dem, von welchem die Gattung ausgesagt wird, auch eine der Arten ausgesagt werden muss und da alles, was die Gattung an sich hat, oder beinamig nach der Gattung benannt wird, auch eine der Arten an sich haben muss oder beinamig nach einer der Arten benannt werden muss; da also, wenn z.B. Jemandem die Wissenschaft zukommt, ihm auch entweder die Sprachlehre, oder die Musiklehre oder eine der übrigen Wissenschaften zukommen muss, und da, wenn Jemand die Wissenschaft besitzt, oder beinamig nach der Wissenschaft benannt wird, er auch die Sprachlehre, oder die Musiklehre oder eine der anderen Wissenschaften besitzen muss oder nach einer derselben beinamung benannt werden muss, wie Sprachgelehrter, oder Musikgelehrter u.s.w., so muss man, wenn Jemand einen Satz, der von einem Gegenstande irgend eine Gattung aussagt, wie z.B. dass die Seele sich verändere, untersuchen, ob nach irgend einer von den verschiedenen Arten der Veränderung die Seele sich verändern könne, z.B. ob sie sich vermehren, oder vermindern, oder entstehen könne, und was sonst es noch für Arten der Veränderung giebt. Findet sich nun, dass sie nach keiner dieser Arten sich verändert, so ist klar, dass sie sich überhaupt nicht verändert. Dieser Gesichtspunkt passt sowohl für das Begründen, wie für das Widerlegen. Denn wenn die Seele sich nach *einer* Art verändert, so ist klar, dass sie sich auch überhaupt verändert und wenn sie sich nach *keiner* von allen Arten verändert, so ist klar, dass sie sich überhaupt nicht verändert.

Wenn man nicht leicht zur Widerlegung eines Satzes gelangen kann, so muss man auf die Definition des aufgestellten Gegenstandes sein Augenmerk richten, und zwar sowohl auf die richtigen, wie auf die von der Meinung angenommenen, und wenn es mit einer Definition nicht gelingt, dann es mit mehreren versuchen. Denn gegen einen, der definirt, kann man leichter ankämpfen, da die Angriffe gegen Definitionen die leichteren sind.

Man muss auch bei dem aufgestellten Gegenstande untersuchen, von welcher *Ursache* derselbe abhängt und welche Folge sich nothwendig 35 ergiebt, wenn der Gegenstand ist. Ersteres braucht derjenige, welcher etwas begründen will (denn wenn der Grund oder die Ursache als vorhanden nachgewiesen worden, so ist auch der vorliegende Satz erwiesen); letzteres braucht derjenige, welcher widerlegen will; denn wenn er darlegt, dass das aus dem Gegenstande Folgende nicht vorhanden ist, so wird er den Streitsatz widerlegt haben.

Auch die *Zeit* muss man berücksichtigen und prüfen, ob sie irgendwo mit dem Satze nicht stimmt; z.B. wenn der Gegner sagte, dass das, was ernährt wird, nothwendig zunehmen müsse; denn alle Geschöpfe werden zwar immer ernährt, aber sie nehmen nicht immer zu. Ebenso, wenn jemand sagte, dass das Wissen ein Erinnern sei; denn letzteres gilt mir für die vergangene Zeit, das Wissen aber auch für die gegenwärtige und kommende Zeit; denn man sagt, dass man das Gegenwärtige und das Zukünftige wisse, z.B. dass eine Mondfinsterniss eintreten werde; erinnern aber kann man sich nur des Vergangenen.

Fünftes Kapitel

Auch das sophistische Mittel ist zu benutzen, wonach man die Disputation zu Sätzen hinleitet, die man mit Leichtigkeit angreifen kann. Solche Sätze sind manchmal wirklich nothwendig, manchmal scheinbar nothwendig und manchmal weder das eine, noch das andere. Wirklich nothwendig sind sie dann, wenn der Antwortende bei seinem Bestreiten der den aufgestellten Satz treffenden Gründe selbst Behauptungen aufstellt, welche der Art sind, dass man sie mit Leichtigkeit angreifen kann. Auch sind solche Behauptungen da wirklich nothwendig, wo man behufs Widerlegung des Gegners das von ihm Behauptete zur induktiven Begründung eines allgemeinem, den aufgestellten Satz mit befassenden Satzes benutzen kann; denn wenn man dann diesen allgemeineren Satz widerlegt, so ist auch der aufgestellte mit widerlegt.

Scheinbar nützlich sind solche Behauptungen dann, wenn man nur scheinbar Brauchbares oder Dahingehörendes gegen den Streitsatz behauptet, ohne dass es wirklich der Art ist und nun der, welcher den Streitsatz vertheidigt, dies leugnet, oder wenn man nur durch eine glaubwürdige Induktion, wobei der Streitsatz mit benutzt wird, denselben zu widerlegen versucht. Der letzte Fall ist der, wo solche Behauptungen zwar in Bezug auf den aufgestellten Satz weder wirklich, noch scheinbar nothwendig sind, aber es doch dadurch gelingt, den Antwortenden bei einem, nicht zur Sache gehörenden Satze zu widerlegen. Doch muss man sich mit dem Gebrauch dieser letzten Weise zu disputiren sehr in Acht nehmen, denn sie durfte wohl gar nicht zur Dialektik gehören, sondern ihr fremd sein. Deshalb darf der Antwortende nicht ärgerlich darüber werden, sondern er mag immerhin die für den aufgestellten Satz nutzlosen Behauptungen zugeben und nur andeuten, was er daran nicht billigt, obgleich er es für den vorliegenden Fall zugiebt. Denn meistentheils kommt der Fragende mehr in Verlegenheit, wenn man ihm alles der Art zugiebt, so weit es für die Beweisführung nutzlos ist.

Ferner hat Jeder, welcher irgend etwas behauptet, in gewisser Weise Vielerlei behauptet, weil aus dem *einen* Satze nothwendig sich vielerlei Folgen ergeben. Hat z.B. Jemand behauptet, dass der Gegenstand ein Mensch sei, so hat er auch behauptet, dass er ein Geschöpf ist, und beseelt, und zweifüssig und fähig der Vernunft und Wissenschaft. Man kann also in solchem Falle durch Widerlegung irgend einer dieser Folgen auch den anfänglich aufgestellten Satz widerlegen. Man muss sich aber vorsehen und sich von dem wegwenden, was schwerer zu widerlegen ist; denn manchmal ist die Folge leichter zu widerlegen, manchmal aber der aufgestellte Satz selbst.

Sechstes Kapitel

Bei Gegenständen, denen nothwendig eine von zwei Bestimmungen einwohnen muss, w.z.B. dem Menschen die Krankheit oder die Gesundheit, kann man, wenn man in Bezug auf die eine Bestimmung den bejahenden oder verneinenden Satz leicht begründen kann, es auch leicht in Bezug auf die andere. Dieses Mittel ist für das Begründen ebenso brauchbar, wie für das Widerlegen; denn wenn man dargelegt hat, dass die eine Bestimmung in dem Gegenstande enthalten ist, so wird man auch dargelegt haben, dass die andere nicht in ihm enthalten ist, und hat man bewiesen, dass die eine nicht in ihm enthalten ist, so hat man zugleich bewiesen, dass die andere in ihm enthalten ist. Es erhellt also, dass dieses Mittel zu beiden benutzt werden kann.

Auch lässt sich mitunter ein Angriff ausführen, wenn man statt des Namens des Gegenstandes seinen Begriff einführt, weil er den Gegenstand besser ausdrücke als der Name nach seinem gegenwärtigen Gebrauch; so ist der Tapfere nicht wohlgemuth in dem Sinne, wie man dies letztere Wort gemeiniglich gebraucht, sondern er hat ein sich wohl verhaltendes Gemüth; ebenso ist das »hoffnungsvoll« in das »Gutes hoffende« umzuwandeln, und das »glücklich« ist in das »dessen Dämon gut ist« umzuwandeln, denn *Xenokrates* sagt, dass nur der glücklich sei welcher eine gute Seele habe, denn die Seele sei eines Jeden Dämon.

Da von den Dingen manches nothwendig ist, anderes meistentheils sich so verhält und wieder anderes so wie es sich trifft, so giebt der Gegner immer eine Gelegenheit zum Angriff, wenn er etwas Nothwendiges als ein meistentheils Eintretendes behauptet, oder wenn er das nur meistentheils Eintretende als ein Nothwendiges behauptet, sei es das meistentheils Eintretende selbst, oder dessen Gegentheil. Denn wenn er das Nothwendige als ein meistentheils Eintretendes aussagt, so erkennt er damit an, dass es nicht in allen hierher gehörenden Dingen enthalten ist, obgleich es doch als ein nothwendiges in allen enthalten sein muss, und er hat somit gefehlt. Stellt er aber das meistentheils Eintretende als ein Nothwendiges auf, so behauptet er, dass es in allen enthalten sei, obgleich es nicht in allen enthalten ist. Ebenso verhält es sich, wenn er das Gegentheil von dem meistentheils Eintretenden für nothwendig erklärt, denn das Gegentheil desselben gilt immer für noch wenigere Fälle; sind z.B. die Menschen meistentheils schlecht, so sind der guten Menschen weniger als der schlechten, und der Gegner hat dann noch gröber gefehlt, wenn er die Menschen für nothwendig gut erklärt. Ebenso verhält es sich, wenn er das Zufällige für nothwendig, oder für meistentheils eintretend erklärt, denn das Zufällige ist weder ein nothwendiges, noch ein meistentheils Eintretendes. Auch kann man, wenn der Gegner nicht bestimmt hat, ob er seinen Satz als einen nothwendigen oder nur als einen meistentheils gültigen behauptet, derselbe aber in Wahrheit nur ein meistentheils gültiger ist, gegen ihn so auftreten, als hätte er den Satz wie einen nothwendigen aufgestellt; z.B. wenn er ohne solche Unterscheidung die enterbten Söhne für schlecht erklärt, so kann man die Erörterung gegen ihn so führen, als hätte er den Satz wie einen nothwendigen aufgestellt.

Auch muss man darauf achten, ob jemand in einem Satze von Etwas dasselbige Etwas als ihm zukommend aussagt, indem er meint, es sei verschieden, weil es als Prädikat einen anderen Namen hat. So theilte *Prodikos* die Lust ein in die Freude, das Vergnügen und in den Frohsinn; allein dies sind alles Namen desselben Gegenstandes, nämlich der Lust. Wenn daher jemand sagt, dass dem Frohsinn die Freude als ein Nebensächliches einwohne, so würde er damit behaupten, dass etwas sich selbst nebensächlich einwohne.

Siebentes Kapitel

Da *Gegentheiliges* sechsfach mit einander verbunden werden kann, eine Gegentheiligkeit der Sätze aber nur bei vier dieser Verbindungen entsteht, so muss man sowohl bei der Widerlegung, wie bei der Begründung die Gegentheile so wählen, wie sie für den jedesmaligen Zweck am nützlichsten sind. Dass Gegentheiliges sich auf sechs Arten verbinden lässt, ist klar; denn einmal kann das Gegentheil des Gegenstandes und das Gegentheil des von ihm Ausgesagten mit einander oder mit dem andern verbunden werden, was in zweifacher Art geschehen kann; z.B. den Freunden Gutes thun und den Feinden Böses thun; oder umgekehrt: den Freunden Böses thun und den Feinden Gutes thun; oder es kann von demselben Gegenstande das Gegentheilige ausgesagt werden, was ebenfalls zweifach geschehen kann; z.B. den Freunden Gutes thun und den Freunden Böses thun, oder den Feinden Gutes und den Feinden Böses thun; oder endlich wenn dasselbe Ausgesagte den entgegengesetzten Gegenständen beigelegt wird, was ebenfalls zweifach geschehen kann, z.B. den Freunden Gutes thun und den Feinden Gutes thun oder den Freunden Böses thun und den Feinden Böses thun.

Von den hier genannten Verbindungen des Gegentheiligen ergeben die ersten beiden kein Gegentheil; denn den Freunden Gutes zu thun und den Feinden Böses zu thun sind keine Gegentheile, denn beides soll geschehen und gehört zu derselben Pflicht; ebenso wenig sind es die Sätze: den Freunden Böses und den Feinden Gutes thun; denn auch dies ist beides zu unterlassen und bezieht sich auf das gleiche Verbot. Denn das Verbotene kann nicht das Gegentheil des Verbotenen sein, wenn nicht das eine das Zuviel und das andere das Zuwenig ausdrückt, da sowohl das Uebermass wie das Zuwenig, als Verbotenes, einander gegentheilig gegenüberstehen.

Die vier anderen Fälle bilden dagegen wirkliche Gegensätze; denn, den Freunden Gutes zu thun, ist das Gegentheil von: den Freunden Böses zu thun; da das eine geboten, das andere verboten ist und das eine zu thun, das andere nicht zu thun ist. Ebenso verhält es sich mit den übrigen Fällen, denn von jedem dieser Sätze ist der eine zu thun, der andere nicht zu thun, und der eine gehört zu dem guten Handeln, der andere zu dem schlechten Handeln.

Hieraus erhellt, dass zu *einem* Satze mehrere Gegentheile aufgestellt werden können; denn dem Satze, dass man den Freunden Gutes thun sole, steht sowohl der Satz, dass man den Feinden Gutes thun solle, als Gegentheil gegenüber, wie der Satz, dass man den Freunden Böses thun solle. Ebenso wird sich, wenn man die anderen Fälle prüft, ergeben, dass jedem Satze zwei andere gegentheilig gegenüberstehen. Deshalb muss man von diesen beiden Gegentheilen immer denjenigen Satz wählen, welcher gegen den aufgestellten Streitsatz am brauchbarsten ist.

Auch muss man, wenn das Nebensächliche ein Gegentheil hat, prüfen, ob dieses Gegentheil nicht demselben Gegenstande einwohnt, dem jenes Nebensächliche beigelegt worden ist. Ist das Gegentheil im Gegenstande enthalten, so kann jenes nicht in ihm enthalten sein, denn Gegentheile können nicht zugleich in demselben Gegenstande enthalten sein.

Ebenso muss man prüfen, ob etwas von einem Gegenstande ausgesagt wird, wo, wenn es der Fall wäre, dies und auch sein Gegentheil in ihm enthalten sein müsste; wie z.B. wenn jemand sagt, dass die Ideen in uns enthalten seien; denn dann würde folgen, dass sie sich sowohl bewegten, wie nicht bewegten und dass sie sowohl mit den Sinnen wahrzunehmen und auch blos mit dem Denken zu erfassen seien; denn diejenigen, welche Ideen annehmen, setzen sie als unbewegt und nur als durch das Denken erfassbar; sollten sie aber in uns enthalten sein, so könnten sie nicht unbewegt sein, denn wenn wir uns bewegen, so muss sich auch alles in uns Enthaltene mit bewegen. Auch müssten die Ideen, wenn sie in uns wären, wahrnehmbar sein, denn durch den Gesichtssinn kann man die in Jedem befindliche Gestalt erkennen.

Ferner muss man, wenn von einem Gegenstande ein Nebensächliches ausgesagt wird, was ein Gegentheil hat, prüfen, ob der Gegenstand auch des Gegentheils fähig ist, wie er es für das Nebensächliche ist; denn ein und derselbe Gegenstand kann sowohl ein Nebensächliches, wie dessen Gegentheil annehmen. Wenn also z.B. der Hass in dem Zorn enthalten wäre, so würde der Hass zu den Gefühlen gehören, denn zu solchen gehört der Zorn; man muss also prüfen, ob zu den Gefühlen auch die Liebe gehört; wäre dies nicht der Fall, sondern gehörte diese zu den Begehrungen, so könnte der Hass nicht in dem Zorne enthalten sein. Das Gleiche würde gelten, wenn von dem Begehren das Nicht-Wissen ausgesagt würde; denn dann wäre das Begehren auch des Wissens fähig, da es des Nicht-Wissens fähig erklärt worden, was doch nicht glaubwürdig erscheint. Deshalb kann dieser Gesichtspunkt zum Widerlegen benutzt werden. Für die Begründung, dass das Nebensächliche im Gegenstande enthalten sei, kann aber dieser Gesichtspunkt nicht benutzt werden; wohl aber dafür, dass er dieses Nebensächlichen fähig sei. Denn hat man bewiesen, dass der Gegenstand des Gegentheiligen nicht fähig sei, so hat man auch bewiesen, dass das Nebensächliche nicht in ihm enthalten ist, und er dessen auch nicht fähig ist. Hat man aber gezeigt, dass das Gegentheil in ihm enthalten ist, oder dass er dessen fähig ist, so hat man damit zwar noch nicht bewiesen, dass das Nebensächliche in ihm enthalten ist, aber wohl, dass er dessen fähig ist, und nur so weit ist dann der Beweis geführt.

Achtes Kapitel

Da es vier Arten von *Gegensätzen* giebt, so ist sowohl für das Widerlegen, wie für das Begründen es nützlich, dass man untersucht, ob der Streitsatz, wenn dessen Subjekt und Prädikat in ihren Verneinungen genommen und dabei mit einander ausgetauscht werden, richtig bleibt. Man kann dabei die Induktion benutzen; wird z.B. der Mensch für ein Geschöpf erklärt, so folgt, dass das Nicht-Geschöpf kein Mensch ist. Dies gilt auch für die anderen Fälle, hier ist der umgekehrte, auf die Verneinungen lautende Satz richtig; denn von dem Menschen wird das Geschöpf ausgesagt, aber von dem Nicht-Menschen nicht das Nicht-Geschöpf, sondern umgekehrt kommt dem Nicht-Geschöpf der Nicht-Mensch zu. Bei allen Sätzen kann man also verlangen, dass, wenn die Sätze richtig sind, auch die Umkehrung der Sätze, welche die Verneinungen enthalten, richtig sei. Soll z.B. das Sittliche angenehm sein, so muss auch das Nicht-Angenehme nicht sittlich sein; ist dies nicht wahr, so ist auch jener Satz nicht wahr. Ebenso muss, wenn das Nicht-Angenehme nicht sittlich ist, das Sittliche angenehm sein. So erhellt, dass für diese beiden Sätze auch die Umkehrung gilt, wenn Gegenstand und Ausgesagtes dabei in ihre Verneinungen umgewandelt werden.

Ebenso kann man für die Widerlegung, wie für die Begründung die Prüfung benutzen, ob bei einem Satze das Gegentheil vom Ausgesagten dem Gegentheil vom Gegenstande zukomme, und ob dies sowohl für den Satz als solchen, wie für den umgekehrten Satz gilt. Auch hier muss man Fälle im Einzelnen nehmen, so weit sie zu diesem Zweck benutzbar sind. So bleibt z.B. der Satz auch ohne Umkehrung gültig für die Tapferkeit und Feigheit, denn der einen kommt die Tugend, der andern das Laster zu, und das eine ist zu wählen, das andere zu fliehen. Hier entsprechen sich die gegentheiligen Sätze als solche und ohne Umkehrung, denn das zu Fliehende ist das Gegentheil von dem zu Wählenden. Dasselbe gilt für ähnliche Fälle.

Dagegen gelten die Gegentheile eines Satzes in anderen Fällen nur, wenn der Satz umgekehrt wird; so wird von dem Wohlbefinden die Gesundheit ausgesagt, aber dem Schlechtbefinden kommt keineswges die Krankheit zu, vielmehr umgekehrt der Krankheit das Schlechtbefinden. Hier muss also offenbar der auf sein Gegentheil lautende Satz, wenn er richtig bleiben soll, umgekehrt werden. Indess kommt letzteres bei den auf die Gegentheile umgestalteten Sätzen selten vor, vielmehr gelten sie meistentheils ohne Umkehrung als richtig. Bleibt nun ein Satz nicht richtig, wenn die Gegentheile in ihm gesetzt werden, sei es ohne, oder mit Umkehrung, so ist klar, dass auch in dem aufgestellten Satze das Ausgesagte dem Gegenstande nicht beigelegt werden kann. Ist dagegen der Satz, in seine Gegentheile umgewandelt, richtig, so muss auch in dem aufgestellten Satze das Ausgesagte in Wahrheit dem Gegenstande zukommen.

Aehnlich wie bei den Gegentheilen ist die Prüfung bei den Fällen, wo es sich um ein Haben und eine Beraubung handelt, anzustellen; ausgenommen, dass bei den auf eine Beraubung lautenden Sätzen die Umkehrung nicht stattfindet; vielmehr muss der in seine Gegensätze umgewandelte Satz stets ohne Umkehrung richtig bleiben. So kommt dem Gesicht z.B. das Wahrnehmen zu, also der Blindheit das Nicht-Wahrnehmen; denn das Wahrnehmen ist dem Nicht-Wahrnehmen so, wie das Haben der Beraubung entgegengesetzt, da das eine ein Haben des Gesichts und das andere eine Beraubung des Gesichts ist.

Aehnlich wie das Haben und die Beraubung sind auch die Sätze, welche eine Beziehung ausdrücken, beim Disputiren benutzbar; denn auch bei ihnen muss der Satz gültig bleiben, wenn seine Begriffe in ihre Gegensätze umgewandelt werden. Wenn z.B. das Dreifache ein Vielfaches ist, so ist das Drittheil ein Bruchtheil; denn das Dreifache ist das Gegentheil zu dem Drittheil und das Vielfache zu dem Bruchtheile. Wenn ferner das Wissen ein Vorstellen ist, so ist auch das Wissbare ein Vorstellbares und wenn das Sehen ein Wahrnehmen ist, so ist das Sichtbare ein Wahrnehmbares. Man könnte einwenden, dass bei solchen Beziehungen diese Umwandelung in die Gegensätze nicht überall zutreffe, weil das Wahrnehmbare zwar ein Wissbares sei, aber das Wahrnehmen nicht ein Wissen. Indess scheint dieser Einwand nicht richtig zu sein; da bei Vielen das Wahrgenommene für ein Wissen gilt. Dieser Gesichtspunkt kann übrigens auch für das Gegentheilige benutzt werden, also dass das Wahrnehmbare kein Wissbares sei, weil die Wahrnehmung kein Wissen sei.

Neuntes Kapitel

Auch muss man auf die *verwandten Begriffe* und auf solche achten, welche mit demselben Worte, aber in einer *verschiedenen Beugung* bezeichnet werden, da dies für Widerlegungen und Begründungen benutzt werden kann. Verwandt nennt man Begriffe, wie z.B. das Gerechte und der Gerechte mit der Gerechtigkeit verwandt ist und das Tapfere und der Tapfere mit der Tapferkeit. Ebenso ist das Bewirkende und das Beschützende mit dem verwandt, was es bewirkt, oder beschützt, wie z.B. das Gesunde mit der Gesundheit und das Zuträgliche mit dem Wohlbefinden. In dieser Weise können auch alle anderen verwandten Begriffe benutzt werden. Verwandt heissen also solche Begriffe wie die vorgenannten; in dem Wortlaut gebeugt sind aber Begriffe, wie die Nebenwörter: geehrt, tapfer, gesund und andere in dieser Weise geformten. Die mit gebeugten Worten bezeichneten Begriffe scheinen auch verwandt zu sein; so ist das gerecht mit der Gerechtigkeit und das tapfer mit der Tapferkeit verwandt. Verwandt nennt man alle Begriffe, die zu derselben Begriffsreihe gehören, wie z.B. die Gerechtigkeit, der Gerechte, das Gerechte, gerecht. Hieraus erhellt, dass wenn von irgend *einem* Worte in solcher Reihe bewiesen worden, dass sein Gegenstand gut oder lobenswerth ist, es dann für alles Andere derselben Reihe auch bewiesen ist. Ist so die Gerechtigkeit lobenswerth, so gehören auch der Gerechte und das Gerechte und das gerecht zu dem Lobenswerthen. Die Nebenworte: gerecht und lobenswerth werden durch die gleiche Beugung, letzteres vom Lobenswerthen, und das gerecht von der Gerechtigkeit abgeleitet.

44

Man hat übrigens nicht blos auf das hier Gesagte zu achten, sondern auch auf das Verhalten des Gegentheils vom Ausgesagten zu dem Gegentheile des Gegenstandes; ist z.B. das Gute nicht nothwendig angenehm, so ist auch das Böse nicht nothwendig unangenehm; oder wenn dieses nothwendig unangenehm ist, so ist auch jenes nothwendig angenehm. Ebenso ist, wenn die Gerechtigkeit ein Wissen ist, die Ungerechtigkeit eine Unwissenheit und wenn das gerecht ein »wissentliches«

und »erfahrenes« ist, so ist das ungerecht ein »unwissentliches« und »unerfahrenes«. Gilt dagegen dies bei diesen nicht, so gilt auch jener Satz nicht bei jenen, wie in dem vorigen Falle; denn das: ungerecht dürfte wohl eher mit: erfahren, als mit: unerfahren sich vereinigen; ein Fall, der früher bei der Umkehrung der in ihre Gegentheile umgewandelten Sätze besprochen worden ist; hier verlange ich aber nur, dass, wenn ein Satz richtig ist, derselbe auch richtig bleibe, wenn seine Begriffe beide in ihr Gegentheil umgewandelt werden.

Auch die Gegensätze von Entstehen und Vergehen, von Bewirken und Zerstören können bei den Widerlegungen und bei den Begründungen benutzt werden; denn das, aus welchem das Gute entsteht, ist selbst gut, und wenn etwas selbst gut ist, so ist es auch das, was aus ihm entsteht. Ebenso ist, wenn etwas Entstandenes schlecht ist, auch das, woraus es entstanden ist, schlecht. Bei dem Verderbenden verhält es sich umgekehrt. Denn wenn das Verderbende das Gute verdirbt, so ist es selbst schlecht und wenn es das Schlechte verdirbt, so ist es selbst gut. Dasselbe Verhältniss besteht bei dem Bewirkenden und Zerstörenden; denn was das Gute bewirkt, ist selbst gut, und was das Gute zerstört, ist selbst schlecht.

Zehntes Kapitel

Auch die *Aehnlichkeiten* sind zu benutzen, wenn mehreres einander ähnlich ist; ist z.B. die Wissenschaft nur *eine* für vielerlei, so ist es auch die Meinung und wenn der Besitz des Gesichts das Sehen ist, so ist der Besitz des Gehörs das Hören. Ebenso verhält es sich mit anderen Aehnlichkeiten, und zwar gleichviel, ob diese Aehnlichkeit wirklich besteht, oder nur nach der Meinung vorhanden ist. Dieses Mittel ist für die Begründung und für die Widerlegung brauchbar; denn das, was für eines der einander ähnlichen Dinge gilt, gilt auch für die übrigen und was für eines von ihnen nicht gilt, gilt auch für die übrigen nicht. Man muss auch prüfen, ob die Aehnlichkeit für Einzelnes sich auf die Aehnlichkeit für die Mehrzahl erstreckt; mitunter stimmt nicht beides. Ist z.B. das Wissen ein Denken, so wäre auch das Vieles-Wissen ein Vieles-Denken; allein letzteres ist nicht richtig, denn man kann wohl Vieles wissen, aber nicht Vieles denken. Ist nun dies nicht der Fall, so gilt auch die Aehnlichkeit für das Einzelne nicht, wonach das Wissen ein Denken sein soll.

Auch das *Mehr* und das *Weniger* ist zu benutzen. Es giebt hier *vier* unterschiedene Gesichtspunkte für das Mehr und Weniger; in dem einem folgt dem Mehr des einen auch das Mehr des andern; ist z.B. die Lust ein Gut, so ist auch die grössere Lust ein grösseres Gut und ist das Unrecht-Handeln schlecht, so ist das Mehr-Unrecht-Handeln schlechter. Dieses Mittel ist für beide Richtungen des Disputirens zu benutzen; nimmt nämlich mit der Steigerung des Gegenstandes wie in dem erwähnten Falle auch das von ihm ausgesagte Nebensächliche zu, so kommt das Ausgesagte offenbar dem Gegenstande nebensächlich zu; ist dies aber nicht der Fall, so kommt es ihm nicht zu. Man muss zu dem Behuf einzelne Fälle benutzen. Ein anderer Gesichtspunkt ist es, wenn ein und dasselbe zweien Gegenständen beigelegt wird; ist das Ausgesagte hier in dem einen Gegenstande, wo es am wahrscheinlichsten ist, nicht enthalten, so ist es auch in dem andern, wo es weniger wahrscheinlich ist, nicht enthalten, und ist umgekehrt das Ausgesagte in dem Gegenstande, wo es weniger wahrscheinlich ist, enthalten, so ist es auch in dem enthalten, wo es mehr wahrscheinlich ist. Dasselbe gilt, wenn zwei Bestimmungen demselben Gegenstande beigelegt werden; ist hier das eine Ausgesagte in dem Gegenstande, obgleich es für diesen wahrscheinlicher ist, nicht enthalten, so ist auch das andere Ausgesagte in dem Gegenstande, wo es unwahrscheinlicher ist, nicht enthalten; und ist das eine in dem Gegenstande enthalten, obgleich es weniger wahrscheinlich war, so ist auch das andere, welches wahrscheinlicher war, im Gegenstande enthalten. Wenn ferner zwei Bestimmungen von zwei Gegenständen ausgesagt werden, so ist, wenn in dem einen Gegenstande, wo es wahrscheinlicher wäre, das von ihm Ausgesagte nicht enthalten ist, auch das andere Ausgesagte in dem andern Gegenstande nicht enthalten; und ist das Ausgesagte in einem Gegenstande vorhanden, wo dies weniger wahrscheinlich war, so ist das andere auch in dem andern Gegenstande enthalten.

Auch für das *Aehnliche*, der Wahrheit oder der Meinung nach, giebt es gleiche drei Gesichtspunkte, wie solche eben für das *Mehr* hier dargelegt worden sind. Entweder ist *eine* Bestimmung in zwei Gegenständen in wirklicher oder nur gemeinter ähnlicher Weise enthalten. Ist sie hier nun in dem einen Gegenstande nicht enthalten, so ist sie es auch nicht in dem andern, und ist sie es in dem einen, so ist sie es auch in dem andern Gegenstande. Oder es besteht für *zwei* Bestimmungen die Aehnlichkeit, dass sie beide in demselben Gegenstande enthalten sein werden; ist dies nun für die eine nicht der Fall, so gilt dies auch für die andere, und ist die eine im Gegenstande enthalten, so ist es auch die andere. Endlich gilt es auch so wie dort, wenn für das Enthaltensein von zwei Bestimmungen in zwei Gegenständen eine Aehnlichkeit besteht; ist hier die eine in dem einen nicht enthalten, so gilt dies auch für die andere in Betreff ihres Gegenstandes, und ist die eine in ihrem Gegenstande enthalten, so ist auch die andere in ihrem Gegenstande enthalten.

Elftes Kapitel

So vielfach lässt sich also das aus der Steigerung und der Aehnlichkeit entnommene Mittel zum Angriffe des Gegners benutzen. Ebenso kann auch die *Hinzufügung* zu gleichem Behufe benutzt werden. Macht z.B. die Hinzufügung des einen zu dem andern letzteres gut, oder weiss, während es vorher nicht weiss oder nicht gut war, so ist das Hinzugefügte gut oder weiss, weil es auch das Ganze so macht. Wenn ferner das Hinzugefügte einen Gegenstand mehr in dem steigert, was er vorher war, so wird das Hinzugefügte selbst dieser Art sein. Dies gilt auch für andere ähnliche Fälle. Indess ist dieses Mittel nicht immer anwendbar, sondern nur für Bestimmungen, bei denen es angeht, dass der Gegenstand in denselben gesteigert werden kann. Auch kann dieses Mittel nicht umgekehrt zur Begründung benutzt werden; denn wenn das Hinzugefügte den Gegenstand nicht gut macht, so ist deshalb es selbst noch nicht nicht-gut. So macht das dem Schlechten hinzugefügte Gute das Ganze nicht nothwendig gut und ebenso das Weisse das Schwarze nicht nothwendig weiss.

Wenn ferner bei einer Bestimmung eine Steigerung oder Minderung statt hat, so muss dieselbe überhaupt in dem Gegenstand enthalten sein; denn was nicht gut oder nicht weiss ist, kann auch nicht weisser oder besser genannt werden. Denn das Schlechte ist bei keinem Gegenstande ein mehr oder weniger Gutes. Auch kann dieses Mittel nicht umgekehrt zur Widerlegung benutzt werden, da Vieles, was von einem Gegenstande ausgesagt werden kann, keine Steigerung annimmt und doch in ihm enthalten ist; so kann der einzelne Mensch als solcher weder vermehrt noch vermindert werden, aber deshalb ist er doch ein Mensch.

Dasselbe Mittel kann auch für die Beziehungen und für die Zeit- und Ortsbestimmungen benutzt werden; denn wenn ein Gegenstand in gewisser Beziehung etwas sein kann, so kann er es auch überhaupt sein. Dasselbe gilt für die Zeit und den Ort, denn das überhaupt – Gültige kann es unmöglich blos in einer Beziehung oder nur für einen Ort oder eine bestimmte Zeit sein. Man kann indess einwenden, dass es allerdings von Natur gute Menschen nur in gewissen Beziehungen gebe, z.B. in Bezug auf Freigebigkeit oder Selbstbeherrschung, während es doch von Natur überhaupt gute Menschen nicht gebe; denn Niemand sei z.B. von Natur klug. Ebenso könne ein Vergängliches eine Zeit lang unvergänglich sein, während es doch nicht überhaupt unvergänglich sein könne. Auch könne eine gewisse Lebensweise an einem bestimmten Orte zuträglich sein, wie z.B. in ungesunden Gegenden, während diese Lebensweise überhaupt nicht zuträglich sei. Ebenso könne an *einem* Orte nur *Eines* möglich sein, während an allen Orten überhaupt dieses Eine nicht das allein Mögliche sei. So gehöre es auch zu diesem Gesichtspunkte, dass an *einem* Orte es sittlich sei, dem Vater zu opfern, wie bei den Triballern, während es doch überhaupt nicht sittlich sei. Indess bezieht sich dies wohl nicht gerade auf den Ort, sondern auf bestimmte Personen, gleichviel wo sie sind; überall wird es für die Triballer sittlich bleiben. Ebenso kann man sagen, es sei zu gewissen Zeiten allerdings zuträglich, Arznei einzunehmen, so wenn man krank sei, überhaupt sei es aber nicht zuträglich. Indess bezieht sich wohl auch dies nicht auf eine bestimmte Zeit, sondern für den in einem bestimmten Zustand Befindlichen, da es gleich ist, wo er sich befindet, wenn er nur in dem betreffenden Zustande sich befindet.

Das »überhaupt« ist dann vorhanden, wenn man etwas, ohne dass noch Weiteres hinzugesetzt wird, z.B. sittlich, oder unsittlich nennt. So wird man nicht sagen, dass das Opfern des eigenen Vaters sittlich sei, sondern nur, dass dies bei gewissen Menschen sittlich sei; also ist es nicht überhaupt sittlich. Dagegen wird man ohne Zusatz es für sittlich erklären, den Göttern zu opfern, denn es ist überhaupt sittlich. Wenn also etwas ohne Zusatz für sittlich, oder schlecht oder für sonst etwas der Art gilt, so kann man sagen, dass es überhaupt der Art ist.

Drittes Buch

Erstes Kapitel

Ob von zwei oder mehreren Dingen eines das wünschenswerthere oder bessere sei, ist nach folgenden Gesichtspunkten zu prüfen. Ich bemerke zunächst, dass ich diese Prüfung nicht bei Dingen austeile, die weit von einander abstehen und sehr verschieden sind (denn Niemand zweifelt, ob die Glückseligkeit dem Reichthume vorzuziehen sei), sondern nur bei Dingen, die einander sehr nahe stehen und wo man zweifelt, ob man das eine dem anderen vorziehen solle, weil man nicht sieht, dass eines das andere übertrifft. Bei diesen Dingen ist klar, dass, wenn gezeigt worden, dass das eine das andere in einem oder mehreren Punkten übertrifft, man zustimmen wird, dass das vorzuziehen sei, welches das andere übertrifft.

Zunächst ist nun das länger Dauernde und das Festere vor dem in diesen Punkten Geringeren vorzuziehen; ebenso das, was der kluge und gute Mann oder das richtige Gesetz vorziehen würde, oder was die für die einzelnen Gebiete tüchtigen Männer als solche vorziehen, oder was die in den einzelnen Gebieten Erfahrenen, oder die Meisten oder Alle von ihnen vorziehen; z.B. das, was in der Heilkunst oder Baukunst die meisten der Aerzte oder alle von ihnen vorziehen, oder überhaupt was die Meisten oder Alle vorziehen, oder was alle Welt vorzieht, z.B. das Gute, da Alles nach dem Guten strebt. Man muss hierbei sein Augenmerk auf den Gesichtspunkt richten, der für den vorliegenden Streitfall am brauchbarsten ist. Allgemein besser und wünschenswerther ist das, was zu einer besseren Wissenschaft gehört und für den Einzelnen das, was zu seiner Wissenschaft gehört.

Ferner ist das, was als solches etwas ist, dem vorzuziehen, was nicht zur Gattung gehört; so die Gerechtigkeit dem Gerechten; denn das eine gehört zur Gattung des Guten, das andere nicht, und jenes ist es als Gutes, dieses aber nicht. Denn nichts gilt als Gattung, was nicht in der Gattung enthalten ist; so ist der weisse Mensch nicht in der Gattung der weissen Farbe enthalten. Dasselbe gilt für andere Fälle.

Auch ist das um sein selbst willen Wünschenswerthe besser, als das um eines andern willen Wünschenswerthe, z.B. das Gesundsein besser als das Turnen; denn jenes ist an sich wünschenswerth, dieses um eines andern willen. Ebenso ist das an sich Seiende wünschenswerther als das Nebensächliche; z.B. dass die Freunde gerecht seien, ist wünschenswerther, als dass die Feinde gerecht seien; denn jenes ist an sich wünschenswerth, dieses nur nebenbei, denn man wünscht nur deshalb nebenbei, dass die Feinde gerecht seien, damit sie uns keinen Schaden zufügen. Dieser Gesichtspunkt ist derselbe, wie der vorhergehende; er unterscheidet sich nur in der Form; denn dass unsere Freunde gerecht seien, wünscht man an sich selbst, auch wenn man davon keinen Vortheil hat, und selbst wenn sie in Indien sind; dass aber die Feinde gerecht seien, wünscht man um eines andern willen, nämlich damit sie uns keinen Schaden zufügen.

Auch das, was an sich Ursache des Guten ist, ist wünschenswerther, als was die Ursache desselben nur nebenbei ist; so ist die Tugend wünschenswerther als das Glück, denn jene ist an sich selbst die Ursache der Güter, dieses aber nur nebenbei; dasselbe gilt für andere Fälle. Ebenso verhält es sich mit den Gegentheilen; denn das, was an sich Ursache des Uebels ist, ist mehr zu fliehen, als was nur nebenbei Uebles verursacht, wie z.B. die Schlechtigkeit und der Zufall; denn jene ist an sich ein Uebel, der Zufall aber nur nebenbei.

Ebenso ist das überhaupt Gute wünschenswerther, als das, was nur für einen Einzelnen gut ist, z.B. das Gesundsein gegen das Operirtwerden; denn jenes ist überhaupt gut, dieses nur für den, der des Operirt-werdens bedarf. Ebenso ist das von Natur Gute dem nicht von Natur Guten vorzuziehen, wie die Gerechtigkeit dem Gerechten; denn jene ist von Natur gut, dieses ist aber erworben. Ferner ist das dem Besserem und Geehrterem Einwohnende vorzüglicher, als z.B. das dem Gotte Einwohnende gegen das dem Menschen Einwohnende, oder das, was der Seele einwohnt gegen das, was dem Leibe einwohnt. Ebenso ist das dem Bessern Eigenthümliche vorzüglicher, als das den Geringerem Eigenthümliche, wie z.B. das dem Gott Eigenthümliche gegen das dem Menschen Eigenthümliche; denn in Bezug auf das beiden Gemeinsame unterscheiden sie sich nicht, sondern nur in dem Eigenthümlichen übertrifft das eine das andere. Ebenso ist das in dem Besserem, oder Früherem, oder Geehrterem Enthaltene das Bessere; z.B. die Gesundheit besser, als die Stärke und die Schönheit; denn die Gesundheit ist in dem Feuchten und Trockenen, in dem Warmen und Kalten, und überhaupt in den Elementen, aus denen das Geschöpf besteht, enthalten; die Stärke und Schönheit aber in dem später Hinzukommenden; denn die Stärke ist in den Nerven und Knochen enthalten und die Schönheit scheint ein Ebenmass der Glieder zu sein. Auch ist der Zweck vorzüglicher als die Mittel für ihn und von diesen das dem Zweck näher stehende Mittel vorzüglicher, als das entferntere. Auch ist jedes Mittel, was dem Zweck des Lebens dient, vorzüglicher, als die Mittel für anderes; so ist das auf die Glückseligkeit Abzweckende vorzüglicher, als das auf die Klugheit Abzweckende. Ebenso ist das Mögliche vorzüglicher als das Unmögliche und von zweierlei Ausführbarem das, was einen besseren Zweck vermittelt. Der Werth eines Mittels gegen den Werth eines Zwecks bestimmt sich dagegen nach dem Verhältniss, insofern der eine Zweck den andern Zweck mehr übertrifft, als der letztere Zweck sein Mittel. Wenn z.B. die Glückseligkeit an Werth die Gesundheit weit mehr übertrifft, als die Gesundheit das, was gesund macht, so ist das Mittel, was die Glückseligkeit bewirkt, mehr werth, als die Gesundheit selbst. Denn um so viel, als die Glückseligkeit mehr werth ist, als die Gesundheit, um so viel überwiegt auch das, was die Glückseligkeit bewirkt, das, was die Gesundheit bewirkt. Nun übertrifft aber die Gesundheit ihr eigenes Mittel in geringerem Masse, und deshalb übertrifft das Mittel für die Glückseligkeit das Mittel der Gesundheit in höherem Masse, als die Gesundheit dieses ihr Mittel übertrifft. Hieraus erhellt, dass das, was die Glückseligkeit bewirkt, vorzüglicher ist, als die Gesundheit selbst, denn es überragt das Mittel der Gesundheit mehr, als die Gesundheit selbst ihr Mittel überragt.

Ferner ist das an sich Sittlichere auch ehrenvoller und lobenswerther; so die Freundschaft im Vergleich zum Reichthum und die Gerechtigkeit im Vergleich zur Stärke; denn jene sind an sich ehrenwerth und lobenswerth, diese aber nicht an sich, sondern nur in Bezug auf ein Anderes; da Niemand den Reichthum an sich, sondern nur um eines Andern willen schätzt, während man die Freundschaft an sich schätzt, wenn man auch nichts Anderes durch sie erlangt.

Zweites Kapitel

Wenn zwei Dinge einander sehr nahe stehen und man keine Vorzüglichkeit des einen vor dem andern herausfinden kann, so muss man auf das ihnen *Beifolgende* achten; denn das, welchem ein grösseres Gut beifolgt, ist vorzüglicher; sind das Beifolgende aber Uebel, so ist dasjenige das vorzüglichere, welchem das geringere Uebel beifolgt; denn wenn auch beide Dinge wünschenswerth sind, so kann ihnen doch Unangenehmes beifolgen. Diese Beifolge ist aber in zweifacher Richtung zu beachten, denn Manches geht voraus, Anderes folgt erst nach; so ist mit dem Lernenden die Unwissenheit vorher verbunden, aber nachher folgt das Wissen. Meistentheils ist die spätere Folge die bessere. Bei den Erörterungen muss man diejenige Folge wählen, welche dafür am besten zu verwenden ist.

Mehrere Güter sind vorzüglicher, als wenigere Güter, entweder überhaupt, oder auch wenn die einen in den anderen enthalten sind; d.h. die wenigeren in den mehreren. Eine Ausnahme ist da vorhanden, wo das eine um des andern willen gewünscht wird; denn da sind beide nicht wünschenswerther, als das eine allein, um dessentwillen das andere gewünscht wird; so ist das Geheiltwerden und die Gesundheit nicht vorzüglicher, als letztere allein, da man das Geheiltwerden nur der Gesundheit wegen wünscht. Selbst Uebel können wünschenswerther sein als Güter, z.B. die Glückseligkeit in Verbindung mit einem Uebel in Vergleich zur Gerechtigkeit und Tapferkeit. Ferner ist derselbe Gegenstand, wenn mit Lust verbunden, wünschenswerther, als ohne Lust und derselbe Gegenstand ohne Schmerzen wünschenswerther als mit Schmerzen.

Ferner ist jedes Ding zu der Zeit, wo damit das Meiste geleistet werden kann, am wünschenswerthesten; so ist die Freiheit von Kummer im Alter wünschenswerther als in der Jugend, da diese Freiheit im Alter mehr zu leisten vermag; deshalb ist auch die Klugheit im Alter wünschenswerther, denn Niemand wählt sich junge Leute zu Führern, weil er ihre Klugheit nicht hoch stellt. Mit der Tapferkeit verhält es sich umgekehrt, denn die Geltendmachung der Tapferkeit ist in der Jugend nöthiger; ebenso ist es mit der Selbstbeherrschung, da die jüngeren Leute mehr als die älteren von den Leidenschaften beunruhigt werden.

Auch ist das wünschenswerther, was zu jeder Zeit oder doch die meiste Zeit das Nützlichere ist; deshalb ist die Gerechtigkeit und die Selbstbeherrschung vorzüglicher, als die Tapferkeit, da jene immer, diese aber nur zu Zeiten nützlich ist. Auch das ist wüschenswerther, wo, wenn Alle es besitzen, man nichts weiter braucht, gegen das, wo, wenn es auch Alle haben, man doch noch anderes braucht; wie z.B. die Gerechtigkeit im Vergleich zur Tapferkeit; denn wenn Alle gerecht sind, braucht man die Tapferkeit nicht; aber wenn auch Alle tapfer sind, bleibt doch die Gerechtigkeit noch nöthig.

Auch bestimmt sich die Vorzüglichkeit nach dem Untergang oder Verlust und nach dem Entstehen, oder Erlangen, und deren Gegentheilen. Dinge, deren Untergang mehr zu vermeiden ist, sind vorzüglicher. Dasselbe gilt von deren Verlust und von deren Gegentheilen. Dinge, deren Verlust oder deren Gegentheil mehr zu vermeiden ist, sind selbst wünschenswerther, als solche, deren Verlust weniger zu vermeiden ist. Mit dem Entstehen und Erlangen verhält es sich umgekehrt; Dinge, deren Erlangung oder Entstehung wünschenswerther ist, sind selbst wünschenswerther.

Ein anderer Gesichtspunkt ist der, wonach das dem Guten Nähere besser und wünschenswerther ist, als das Entferntere. Dasselbe gilt für das dem Guten Aehnlichere, wie z.B. für die Gerechtigkeit im Vergleich zu dem Gerechten. Auch dasjenige von zweien, was einem Besseren ähnlicher ist, als das andere, ist vorzüglicher; deshalb gilt bei Manchen der Ajax für besser als der Odysseus; weil jener dem Achilles ähnlicher ist. Indess lässt sich dagegen einwenden, dass dies nicht richtig ist; denn Ajax kann gerade in dem Punkte, wo Achilles der Beste ist, ihm nicht ähnlicher sein, während Odysseus gut ist, und nur dem Achilles nicht ähnlich. Man muss also auch prüfen, ob die grössere Aehnlichkeit nicht eine lächerliche Eigenschaft betrifft, wie dies bei dem Affen in Bezug auf den Menschen der Fall ist, während das Pferd vorzüglicher als der Affe ist, obgleich es dem Menschen nicht ähnlich ist; denn der Affe ist nicht besser als das Pferd, obgleich er dem Menschen ähnlicher ist. Wenn ferner von zwei Dingen das eine dem Besseren, das andere dem Geringeren ähnlicher ist, so wird das dem Besserem Aehnlichere das bessere gegen das andere sein. Indess lässt sich auch hiergegen ein Einwurf erheben; denn das eine kann dem Besseren nur wenig ähnlich sein, das andere aber dem Geringeren sehr ähnlich; wie z.B. Ajax dem Achilles nur wenig ähnlich, Odysseus aber dem Hektor sehr ähnlich war. Dies gilt auch dann, wenn das eine, was dem Bessern ähnlich ist, ihm nur in seinen schlechten Eigenschaften ähnlich ist, während das dem Geringeren Aehnliche es in seinen besseren Eigenschaften ist, wie z.B. das Pferd dem Maulesel und der Affe dem Menschen.

Einen anderen Gesichtspunkt bietet das Hervorragendere; es ist vorzüglicher als das weniger Hervorragende; ebenso das Schwierigere; denn man hat dasjenige lieber, was schwerer zu erlangen ist. Ebenso ist das Eigenthümliche dem Gemeinsamen vorzuziehen; ebenso das, was weniger ein Gemeinsames mit dem Schlechten ist; denn dasjenige ist wünschenswerther, welchem keine Unannehmlichkeit folgt, als das, dem solche folgt.

Wenn ferner eine Gattung überhaupt besser ist, als die andere, so ist auch das Beste in jener besser, als das Beste in dieser. Ist z.B. der Mensch überhaupt besser, als das Pferd, so ist auch der beste Mensch besser, als das beste Pferd. Ferner ist, wenn das Beste in einer Gattung besser ist, als das Beste in einer anderen Gattung, auch jene Gattung überhaupt besser als diese; ist z.B. der beste Mensch besser als das beste Pferd, so ist auch der Mensch überhaupt besser als das Pferd.

55

Ferner ist das vorzüglicher, an dem die Freunde Theil nehmen können, gegen das, wo dies nicht der Fall ist. Ebenso das, was man lieber seinem Freunde gethan wünscht, als dem, welchen man gerade trifft. So ist das Gerecht-handeln und Gutes-thun wünschenswerther, als nur so zu scheinen, als thäte man es; denn man will den Freunden lieber wirklich Gutes erweisen, als nur so scheinen, während in Bezug auf die, welche man gerade trifft, das Umgekehrte gilt.

Auch das über das Nothwendige hinaus Gehende ist besser, als das Nothwendige und manchmal auch wünschenswerther; denn das Wohl-Leben ist besser, als das Leben; jenes geht über das Nothwendige hinaus, während das Leben an sich nur zu dem Nothwendigen gehört. Mitunter ist indess das Bessere nicht auch das Wünschenswerthere. Denn wenn es auch besser ist, so ist es deshalb doch nicht nothwendig und nicht wünschenswerther. So ist die Beschäftigung mit der Philosophie besser als das Geldsammeln, aber für den, dem es am Nothwendigen gebricht, ist es nicht das wünschenswerthere; da jene Thätigkeit zu dem Ueber-fluss gehört, wo das Nothwendige schon vorhanden ist und wo man etwas von den edlen Beschäftigungen sich noch hinzu verschaffen will. Sonach dürfte das Nothwendige wohl das Wünschenswerthe, das darüber Hinausgehende aber das Bessere sein.

Auch ist das vorzüglicher, was nicht durch Anderes erreicht werden kann, gegen das auch durch Anderes Erreichbare; wie z.B. es bei der Gerechtigkeit gegen die Tapferkeit statt findet. Ferner wenn Etwas ohne ein Anderes wünschenswerth ist, aber ein Zweites nicht ohne ein Anderes; so ist die Macht ohne die Klugheit nicht wünschenswerth, wohl aber die Klugheit ohne die Macht. Wenn man ferner von zwei Dingen das eine verleugnet, damit es scheine, dass man das zweite besitze; dann ist letzteres das wünschenswerthere; so verleugnet man die schwere

Arbeit, damit man für eine Person von vornehmem Stande gehalten werde.

Ferner ist das, dessen Abwesenheit beklagt wird, wünschenswerther, wenn diese Klage weniger tadelnswerth ist, und ebenso ist dasjenige wünschenswerther, bei dem es tadelnswerther ist, dass man sich über dessen Abwesenheit nicht beklagt.

Drittes Kapitel

Wenn ferner von zwei Dingen derselben Art das eine die ihm eigenthümliche Güte hat, so ist es wünschenswerther, als das, welches sie nicht hat; und wenn beide sie haben, das, welches sie in höherem Grade hat.

Wenn ferner das eine, das, welchem es einwohnt, gut macht, und das andere dies nicht thut, so ist jenes wünschenswerther; wie auch das Warme mehr wärmt, als das Nicht-Warme. Und wenn beide wirksam sind, so ist das wirksamere vorzuziehen; oder das, welches den bessern und hauptsächlicheren Gegenstand gut macht, wie z.B. das, welches die Seele gut macht, gegen das, welches den Körper gut macht.

Ferner gilt dieser Vorzug der bessern Sache auch von den danach beinamig bezeichneten Dingen und von dem Gebrauch derselben, sowie von den darauf bezüglichen Handlungen und Worten, und soweit diese vorzüglicher sind, ist es auch die Sache; denn diese Sätze gelten auch umgekehrt; ist z.B. das Gerecht-handeln vorzüglicher als das Tapfer-handeln, so ist auch die Gerechtigkeit vorzüglicher, als die Tapferkeit, und ist die Gerechtigkeit vorzüglicher, als die Tapferkeit, so geht auch das Gerecht-handeln dem Tapfer-handeln vor. So ziemlich dasselbe gilt auch in andern Fällen.

Wenn ferner für denselben Gegenstand das eine ein grösseres Gut ist, als das andere, so ist jenes vorzüglicher, und ebenso das, was für einen bedeutenderen Gegenstand gut ist, als das, was für einen geringeren gut ist. Auch wenn zwei Güter für denselben Gegenstand beide wünschenswerther sind, als ein drittes, so ist von jenen beiden das wünschenswerther, was in Bezug auf das dritte wünschenswerther ist, als das andere. Wenn ferner das Uebermass bei einem Gegenstande vorzüglicher ist, als das Uebermass bei einem andern, so ist auch der Gegenstand dort vorzüglicher, als hier; z.B. die Freundschaft gegen das Vermögen; denn das Uebermass in der Freundschaft ist wünschenswerther, als das im Vermögensbesitz. Ebenso wenn man lieber selbst Etwas sich verschaffen mag, als dass es ein Anderer uns verschafft; deshalb sind Freunde mehr werth, als Geld.

Auch aus der Hinzufügung ist das Vorzüglichere abzuleiten, wenn die Hinzufügung des einen das Ganze vorzüglicher macht, als der Zusatz des andern. Man darf dies jedoch nicht auf die Fälle ausdehnen, wo der Gegenstand das eine Hinzugefügte mit benutzt, oder dasselbe ihm sonst behülflich ist, aber das andere, wenn es hinzugefügt wird, nicht zu benutzen ist und nichts hilft, wie z.B. die Säge und die Sichel in Verbindung mit der Zimmermannskunst; für diese Kunst ist die Verbindung mit der Säge wünschenswerther als die Verbindung mit der Sichel; allein deshalb ist die Säge nicht überhaupt wünschenswerther als die Sichel. Ebenso ist es, wenn ein Zusatz zu dem geringeren Gegenstande ihn zu dem bessern macht. Dasselbe, wie für die Hinzufügung, gilt auch für die Hinwegnahme. Wenn das von einem Gegenstande Hinweggenommene ihn geringer macht, als die Hinwegnahme eines Andern, so ist jenes Weggenommene das Grössere, da es den Ueberrest zu dem Kleinern macht.

Vorzüglicher ist ferner das, was an sich wünschenswerth ist gegen das, was es nur der Meinung nach ist; z.B. die Gesundheit gegen die Schönheit. Eine solche Meinung für einen Gegenstand ist daran kenntlich, dass man sich um den Gegenstand nicht mehr bemüht, wenn es Niemand bemerkt. Vorzüglicher sind ferner die Dinge, die sowohl an sich, als der Meinung wegen wünschenswerth sind, gegenüber denen, die es blos in einer dieser Rücksichten sind. Ebenso ist das vorzüglicher und besser, was mehr um sein selbst willen geachtet wird. An sich achtungswerther ist nämlich das, was man auch, wenn sonst nichts weiter vorhanden wäre, doch um sein selbst willen wählen würde.

Auch muss man die mehrfachen Bedeutungen und Beziehungen unterscheiden, weshalb etwas als wünschenswerth gilt; so kann es um des Nutzens, oder um des Sittlichen oder um des Angenehmen willen geschehen. Das, was in allen diesen Beziehungen oder in mehreren derselben wünschenswerth ist, ist es mehr als das, wo dies nicht in dem Masse der Fall ist. Wenn aber dieselbe entscheidende Beschaffenheit für mehrere Dinge gilt, so muss man sehen, in welchem sie mehr ent- halten ist, und ob es das angenehmere, oder das sittlichere, oder das nützlichere ist. Auch wegen des Besseren hat man etwas vorzuziehen, so z.B. geht das der Tugend wegen Wünschenswerthe dem vor, was man der Lust wegen wünscht. Ebenso bestimmt sich das, was man vermeiden muss; dasjenige, was dem Wünschenswerthen hinderlicher ist, ist mehr zu vermeiden; so die Krankheit mehr als die Hässlichkeit; denn die Krankheit hindert mehr am Angenehmen und Sittlichen.

Auch wenn dargelegt worden, dass etwas gleich sehr zu fliehen, wie zu begehren ist, so ist ein solches weniger wünschenswerth, als das, was blos zu begehren ist.

Viertes Kapitel

Die Vergleichungen mehrerer Gegenstände in Bezug auf deren Vorzüglichkeit sind also in der besagten Weise vorzunehmen. Dieselben Gesichtspunkte sind aber auch für die Frage benutzbar, welche Gegenstände überhaupt wünschenswerth oder zu vermeiden sind; man hat dann nur das Uebermass des einen Gegenstandes über den anderen wegzulassen. Ist nämlich das Geehrtere mehr zu wählen, so ist das Geehrte zu wählen, und ist das Nützlichere mehr zu wählen, so ist das Nützliche zu wählen. In dieser Weise verhält es sich mit Allem, was eine solche Vergleichung gestattet. Bei manchen Gegenständen ergiebt sich sofort aus deren Vergleichung, dass entweder beide oder das eine wünschenswerth sind, z.B. wenn das eine von Natur gut und das andere nicht von Natur als gut gilt; denn es ist klar, dass das von Natur Gute vorzuziehen ist.

Fünftes Kapitel

Die Gesichtspunkte in Bezug auf das Mehr oder Weniger sind möglichst allgemein zu nehmen, dann kann man sie für mehr Fälle benutzen. Man kann von den erwähnten Gesichtspunkten manche allgemeiner machen wenn man den Ausdruck ein wenig verändert, so ist z.B. das von Natur so Beschaffene mehr so beschaffen, als das nicht von Natur so Beschaffene. Wenn ferner das Eine den Gegenstand, dem es einwohnt, zu einem von solcher Beschaffenheit macht, als es selbst ist und das Andere dieses nicht bewirkt, so ist jenes mehr von solcher Beschaffenheit, als das andere; wenn aber beide es bewirken, so ist dasjenige mehr von solcher Beschaffenheit, welches den Gegenstand mehr zu einem von solcher Beschaffenheit macht.

Wenn ferner in Vergleich mit demselben Gegenstande das eine mehr, das andere weniger von solcher Beschaffenheit ist, oder wenn das eine mehr von der Beschaffenheit ist, als der Gegenstand, das andere aber nicht von dieser Beschaffenheit, so ist offenbar das erstere mehr von dieser Beschaffenheit, als das andere.

Dasselbe gilt bei der Hinzufügung für das, was, wenn einem Gegenstand hinzugefügt, denselben mehr zu einen von solcher Beschaffenheit macht, als das andere; oder wenn es einem Gegenstande von geringerer solcher Beschaffenheit hinzugefügt, denselben zu einem von grösserer solcher Beschaffenheit macht, als das andere den seinigen. Ebenso verhält es sich mit der Wegnahme. Wenn durch Wegnahme des einen der Rest des Gegenstandes weniger von derselben Beschaffenheit behält, als durch die Wegnahme des andern, so ist ersteres mehr von solcher Beschaffenheit. Wenn ferner von zweien das eine mit seinem Gegentheil sich weniger vermischt, als das andere, so ist seine Beschaffenheit mehr eine solche, als die des anderen; so ist z.B. das Weisse, was sich weniger mit dem Schwarzen vermischt, deshalb mehr weiss. Auch das, was neben dem früher Gesagten für den, dem vorliegenden Gegenstand eigenthümlichen Begriff empfänglicher ist, ist ein Mehr in seiner Art; wenn z.B. der Begriff des Weissen die durch das Gesicht unterscheidbare Farbe ist, so ist dasjenige mehr weiss, was mehr die durch das Gesicht unterscheidbare Farbe ist.

Sechstes Kapitel

Wenn ein Streitsatz nicht als ein allgemeiner, sondern als ein beschränkter aufgestellt ist, so können zunächst alle jene bisher genannten allgemeinen Gesichtspunkte sowohl für die Begründung wie für die Widerlegung desselben benutzt werden. Denn beweist oder widerlegt man einen Satz allgemein, so gilt dies auch für den beschränkten Satz, da, wenn eine Bestimmung in allen Einzelnen enthalten ist, sie auch in einigen enthalten ist, und da, wenn sie in keinem Einzelnen enthalten, sie auch nicht in einigen enthalten ist. Am meisten passend und für die meisten Fälle brauchbar sind die Gesichtspunkte, welche aus den Gegensätzen oder den verwandten Begriffen oder aus der Beugung der Worte entnommen werden. Denn man kann mit gleicher Wahrscheinlichkeit behaupten, dass, wenn jede Lust gut ist, jeder Schmerz schlecht ist, und dass, wenn eine einzelne Lust gut ist, dann ein einzelner Schmerz schlecht ist. Wenn ferner ein einzelnes Wahrnehmen kein Vermögen ist, so ist auch ein einzelnes Nicht-wahrnehmen kein Unvermögen, und wenn ein einzelnes Vorgestelltes ein Gewusstes ist, so ist auch die Vorstellung ein Wissen. Ferner ist, wenn ein einzelnes Ungerechtes ein Gutes ist, auch ein einzelnes Gerechtes ein Schlechtes; und wenn von den gerecht Geschehenen eines schlecht ist, so ist auch von den ungerecht Geschehenen eines gut. Ist ferner von dem Angenehmen ein Einzelnes zu vermeiden, so ist auch eine Lust zu vermeiden und ebenso ist, wenn von dem Angenehmen etwas nützlich ist, auch eine Lust nützlich. Ebenso verhält es sich mit dem Zerstörenden, sowie mit dem Entstehen und mit dem Untergange. Denn wenn etwas, was die Lust oder das Wissen zerstört, gut ist, so wird auch eine gewisse Lust oder ein gewisses Wissen ein Uebel sein. Wenn ferner der Untergang eines bestimmten Wissens zu dem Guten gehört, oder das Entstehen desselben zu den Uebeln, so wird auch ein solches Wissen zu den Uebeln gehören; ist z.B. das Vergessen dessen, was man Schlechtes gethan hat, ein Gut und das Im-Gedächtniss-Behalten des Schlechten ein Uebel, so wird auch das Wissen dessen, was man Schlechtes gethan hat, zu den Uebeln gehören. Ebenso verhält es sich mit den übrigen Gesichtspunkten; denn die Glaubwürdigkeit ist bei allen diesen Annahmen die gleiche.

Auch die auf dem Mehr oder Weniger oder auf der Aehnlichkeit beruhenden Gesichtspunkte sind für beschränkte Sätze benutzbar. Denn wenn das zu einer Gattung Gehörige mehr von einer gewissen Beschaffenheit sein würde, als das zu einer anderen Gattung Gehörige, aber dennoch keines in jener Gattung von dieser Beschaffenheit ist, so kann auch das zu der anderen Gattung Gehörige nicht von dieser Beschaffenheit sein. Wenn z.B. eine gewisse Wissenschaft mehr als eine gewisse Lust ein Gut sein würde, aber dennoch jene Wissenschaft kein Gut ist, so wird auch jene Lust kein Gut sein. Ebenso kann man die Aehnlichkeit und das Geringerere benutzen. Diese Gesichtspunkte passen sowohl zum Widerlegen wie wie zum Vertheidigen; doch kann nur aus der Aehnlichkeit Beides geschehen, das Weniger kann dagegen nur zum Begründen, aber nicht zum Widerlegen benutzt werden. Denn wenn Wissenschaft und Kraft in Bezug auf das Gut-sein einander ähnlich sind, und wenn eine Kraft wirklich ein Gutes ist, so ist auch die Wissenschaft ein solches; ist aber keine Kraft ein Gutes, so ist es auch keine Wissenschaft. Ist aber eine Kraft weniger ein Gutes als eine Wissenschaft, und ist eine Kraft doch ein Gutes, so wird auch eine Wissenschaft es sein. Ist dagegen in solchem Falle keine Kraft ein Gutes, so ist deshalb nicht nothwendig, dass auch die Wissenschaft kein Gutes sei. Hieraus erhellt, dass man die Folgerung aus dem Weniger nur für das Begründen benutzen kann.

Zur Widerlegung bedarf man aber nicht immer eine andere Gattung, sondern man kann auch aus ein und derselben Gattung das dazu benutzen, was am meisten ein solches ist. Ist z.B. der Satz aufgestellt, dass eine Wissenschaft ein Gut sei, und ist gezeigt worden, dass die Klugheit kein Gut ist, so wird es auch keine andere Wissenschaft sein, da die, welche am meisten als ein Gut erscheint, es nicht ist. Auch kann, wenn es zuvor ausgemacht ist, man daraus, dass etwas in *einem* Gegenstande enthalten oder nicht enthalten ist, darlegen, dass es in allen oder in keinem enthalten; z.B., wenn ausgemacht ist, dass, wenn die Seele des Menschen unsterblich ist, es auch die anderen Seelen seien, und wenn jene es nicht ist, auch die anderen es nicht sein. Ist sonach behauptet, dass Etwas in Einem enthalten sei, so muss man zeigen, dass es in Einem dieser Art nicht enthalten, denn dann wird vermöge der Uebereinkunft folgen, dass es in keinem dieser Art enthalten ist. Wird aber behauptet, dass Etwas in Einem nicht enthalten sei, so muss man zeigen, dass es in Einem dieser Art enthalten ist; denn es wird sich dann ebenso ergeben, dass es in Allen enthalten ist. Es erhellt, dass durch solche Uebereinkunft der beschränkt aufgestellte Satz zu einem allgemeinen gemacht wird; denn man fordert, dass der Gegner das, was er beschränkt zugesteht, allgemein zugestehen solle, da man setzt, dass, wenn es in Einem enthalten, es dann in Allen enthalten sein müsse.

Ist der Streitsatz unbestimmt aufgestellt, so lässt er sich nur in *einer* Art widerlegen; z.B. wenn behauptet wird, dass die Lust ein Gut oder dass sie kein Gut sei, und dieser Satz nicht näher bestimmt wird. Wäre behauptet, dass eine Lust ein Gut sei, so muss man allgemein zeigen, dass keine Lust ein Gut sei, wenn man den aufgestellten Satz widerlegen will. Ebenso muss man, wenn behauptet worden, dass *eine* Lust kein Gut sei, allgemein zeigen, dass jede Lust ein Gut sei; in anderer Weise lässt sich die Widerlegung nicht führen; denn wenn man nur gezeigt hat, dass *eine* Lust ein Gut oder kein Gut sei, so ist damit der aufgestellte Satz nicht widerlegt. Hieraus erhellt, dass die Widerlegung nur auf *eine* Art geschehen kann. Die Begründung kann aber auf zweierlei Art geschehen. Hat man nämlich allgemein gezeigt, dass *jede* Lust ein Gut sei, oder auch nur, dass *eine* Lust ein Gut sei, so ist der unbestimmt aufgestellte Satz bewiesen. Dasselbe gilt, wenn man zeigen will, dass *eine* Lust kein Gut sei; man wird dann, wenn man gezeigt hat, dass *keine* Lust ein Gut sei, oder dass eine Lust kein Gut sei, in jeder dieser Weisen, also entweder allgemein oder beschränkt bewiesen haben, dass eine Lust kein Gut ist. Macht aber der aufgestellte Satz selbst einen Unterschied, so kann man ihn in zweifacher Art widerlegen. Wird z.B. behauptet, dass die eine Lust ein Gut sei und die andere kein Gut, so wird sowohl durch den Beweis, dass *jede* Lust ein Gut ist, wie durch den, dass keine ein Gut ist, der aufgestellte Satz widerlegt. Ist aber behauptet, dass nur *eine* Lust ein Gut sei, so kann man auf dreifache Weise den Satz widerlegen; denn zeigt man, dass entweder jede Lust ein Gut ist, oder dass keine ein Gut ist oder dass mehr als *eine* es sind, so wird der Satz widerlegt sein. Lautet endlich der Satz noch bestimmter, z.B. dass die Klugheit allein von den Tugenden eine Wissenschaft sei, so kann die Widerlegung in vierfacher Weise geschehen; man kann zeigen, dass *jede* Tugend eine Wissenschaft sei, oder dass *keine* eine solche sei, oder dass eine *andere*, z.B. die Gerechtigkeit eine Wissenschaft sei, oder endlich dass die Klugheit selbst keine Wissenschaft sei; und man wird in jedem dieser Fälle den Satz widerlegt haben.

Es ist auch nützlich, dass man auf die Einzelnen achte, in denen das Ausgesagte enthalten oder nicht enthalten sein soll, wie dies schon bei den allgemeinen Sätzen dargelegt worden ist. Auch bei den Gattungen muss man, wie ich schon gesagt habe, aufmerken und deren Arten bis zu deren nicht weiter theilbaren Arten verfolgen; denn mag behauptet sein, dass etwas in allen oder in keinen enthalten sei, so kann immer der, welcher vieles Einzelne dafür beigebracht hat, verlangen, dass entweder der Satz allgemein zugestanden werde, oder dass der Gegner Fälle, wo es sich nicht so verhalte, vorbringe. Bei Sätzen, wo das dem Gegenstande beigelegte Nebensächliche sich in Arten oder in Einzelne sondern lässt, muss man prüfen, ob eines davon etwa nicht in dem Gegenstande enthalten ist; so hat man z.B. bei dem Satze, dass die Zeit sich nicht bewege und auch keine Bewegung sei, die verschiedenen Arten der Bewegung durchzugehen; ist keine derselben in der Zeit enthalten, so ist klar, dass die Zeit sich nicht bewegt, und auch keine Bewegung ist. Ebenso hat man bei dem Satze, dass die Seele keine Zahl sei, die Zahlen in die geraden und ungeraden einzutheilen; findet sich nun, dass die Seele weder gerade noch ungerade ist, so ist klar, dass sie keine Zahl ist.

In Bezug auf das nebensächlich den Gegenständen Beigelegte hat man also nach solchen Gesichtspunkten und in dieser Weise bei Begründung oder Widerlegung aufgestellter Sätze zu verfahren.

Viertes Buch

Erstes Kapitel

Ich habe nunmehr die Untersuchung der Gesichtspunkte vorzunehmen, welche bei der Gattung oder bei einer Eigenthümlichkeit zu benutzen sind. Beide bilden die Unterlagen für die Gesichtspunkte bei den Definitionen, obgleich bei den Disputationen die Untersuchung selten auf die Gattung und das Eigenthümliche gerichtet wird.

Wenn man nun über die Gattung eines seienden Gegenstandes etwas behaupten will, so muss man zunächst auf alles diesem Gegenstande Zugehörige Rücksicht nehmen und sehen, ob die Gattung von einem ihm Zugehörigen nicht ausgesagt werden kann, wie dies bei nebensächlichen Bestimmungen allerdings der Fall sein kann. Ist z.B. das Gute als die Gattung der Lust aufgestellt worden, so prüfe man, ob es eine Lust giebt, die nicht gut ist; findet sich eine solche, so ist klar, dass das Gute nicht die Gattung für die Lust sein kann, da die Gattung von allen zu ihr gehörenden Arten ausgesagt wird. Sodann prüfe man, ob das Ausgesagte etwa nicht zu dem *Was* des Gegenstandes gehört, sondern ein Nebensächliches ist, wie z.B. das Weisse beim Schnee und das Sich-selbst-Be wegen bei der Seele. Denn der Schnee ist nicht das, was das Weiss ist, und deshalb auch das Weiss nicht die Gattung des Schnees, und die Seele ist nicht das, was das sich selbst Bewegende ist, sondern es trifft sich nur so, dass sie sich bewegt, wie es dem Geschöpf nebensächlich ist, dass es geht und gehend ist. Auch ist das Sich-Bewegen kein *Was*, sondern es bezeichnet nur ein Thun oder Leiden, und dasselbe gilt für das Weiss, denn es giebt nicht an, *was* der Schnee ist, sondern nur eine Beschaffenheit desselben; so dass also Beides nicht als ein *Was* des Gegenstandes ausgesagt wird.

Vorzüglich muss man hierbei die Definition des Nebensächlichen im Auge behalten und prüfen, ob sie auf das als Gattung Angegebene passt, wie dies in den vorhin genannten Beispielen der Fall ist; denn es kann ein Gegenstand sich sowohl bewegen, wie nicht bewegen und ebenso weiss und nicht weiss sein. Deshalb ist keine dieser Bestimmungen die Gattung, sondern nur ein Nebensächliches, indem letzteres darin besteht, dass es in einem Gegenstande enthalten und auch nicht enthalten sein kann.

Dasselbe gilt, wenn Gattung und der Gegenstand nicht zu derselben Kategorie gehören, sondern das eine ein selbstständiges Ding, das andere eine Beschaffenheit ist, oder das eine eine Beziehung, das andere eine Beschaffenheit; so ist z.B. der Schnee und der Schwan ein selbstständiges Ding, das Weiss ist aber kein solches, sondern eine Beschaffenheit; deshalb kann das Weiss nicht die Gattung vom Schnee und auch nicht vom Schwan sein. Ebenso ist die Wissenschaft eine Beziehung, das Gute und das Schöne aber eine Beschaffenheit; deshalb kann das Gute und Schöne nicht die Gattung von der Wissenschaft sein; denn die Gattungen der Beziehungen müssen selbst Beziehungen sein, wie z.B. bei dem Doppelten; denn das Vielfache, was die Gattung von jenem ist, ist selbst eine Beziehung. Allgemein ausgedrückt müssen Gattung und Gegenstand oder Art zu derselben Kategorie gehören; ist also die Art ein Ding, so muss es auch die Gattung sein, und ist die Art eine Beschaffenheit, so muss es auch dessen Gattung sein; ist z.B. das Weiss eine Beschaffenheit, so ist es auch die Farbe, und dasselbe gilt für die übrigen Kategorien.

Ferner muss man prüfen, ob nothwendiger Weise oder möglicher Weise das, was als die Art einer Gattung aufgestellt worden, an dieser Gattung theilnehmen kann. Das Kennzeichen für dieses Theilnehmen ist es, wenn die Gattung den Begriff des Theilnehmenden annehmen kann. Nun ist aber klar, dass die Arten an der Gattung Theil nehmen, aber die Gattungen nicht an ihren Arten; denn die Art nimmt den Begriff ihrer Gattung an, aber die Gattung nicht den Begriff ihrer Arten. Man hat also zu prüfen, ob etwa die in dem Satz angegebene Gattung an ihrer Art Theil nimmt, oder doch Theil nehmen könnte; z.B. wenn jemand von etwas als dessen Gattung das Seiende oder die Eins angäbe; denn dann wäre dies ein Fall, wo die Gattung an der Art Theil nähme, weil von jedem Seienden das Seiende und die Eins ausgesagt wird, also auch der Begriff desselben.

Ferner muss man prüfen, ob die angegebene Art zwar in Bezug auf einen Gegenstand sich als richtig erweist, aber nicht die Gattung; z.B. wenn das Seiende oder das Wissbare als Gattung des Gemeinten angegeben wird; denn das Gemeinte kann auch von dem Nicht-Seienden ausgesagt werden, da vieles Nicht-Seiende doch gemeint wird. Nun ist aber klar, dass das Seiende und das Wissbare von dem Nicht- Seienden nicht ausgesagt werden kann; daher ist weder das Seiende noch das Wissbare die Gattung von dem Gemeinten; denn von Allem, von welchen die Art ausgesagt wird, muss auch die Gattung ausgesagt werden können.

Ferner hat man zu prüfen, ob das, was als zu der Gattung gehörig behauptet worden, dennoch an keiner ihrer Arten Theil nehmen kann; denn das, was an keiner Art einer Gattung Theil nehmen kann, kann auch nicht zur Gattung gehören, es müsste denn eine von den am nächsten stehenden Arten sein, welche nicht an den Arten, sondern nur an der Gattung Theil nehmen. Wird z.B. die Bewegung als die Gattung der Lust behauptet, so muss man prüfen, ob die Lust etwa keine Ortsbewegung und keine Veränderung ist und auch keine von den sonst angenommenen Arten der Bewegung. Ist dies der Fall, so erhellt, dass die Lust an keiner Art von Bewegung Theil nimmt, also auch nicht an der Bewegung als Gattung, da nothwendiger Weise das, was an der Gattung Theil nimmt, auch an einer ihrer Arten Theil nehmen muss. Deshalb würde dann die Lust weder zu einer Art der Bewegung gehören, noch zu einem Einzelnen, welches einer Art der Bewegung angehört. Denn auch das Einzelne nimmt an der Art und der Gattung Theil; so nimmt z.B. dieser einzelne Mensch sowohl an der Art: Mensch, wie an der Gattung: Geschöpf Theil.

Ferner muss man prüfen, ob die in eine Gattung gestellte Art sich weiter als diese Gattung erstreckt, wie z.B. wenn das Gemeinte als eine Art des Seienden behauptet wird; denn das Gemeinte befasst ebenso das Nicht-Seiende, wie das Seiende; es kann deshalb nicht eine Art von dem Seienden sein, denn die Gattung erstreckt sich immer weiter als die Art. Ferner muss man prüfen, ob die Art und die Gattung gleichen Umfang haben und von denselben Gegenständen ausgesagt werden, wie z.B. das Seiende und das Eine; denn jedwedem Gegenstande kommt das Seiende und das Eine zu, deshalb kann von letzteren beiden keines die Gattung des anderen sein, da sie von denselben Dingen in gleicher Weise ausgesagt werden. Ebenso würde es sein, wenn man das Erste und das Anfangende als Art und Gattung von einander behaupten wollte; denn das Anfangende ist das Erste und das Erste ist das Anfangende; deshalb sind entweder beide nur ein und dieselbe Gattung, oder keines ist die Gattung des anderen. Der letzte Grund für alles dies ist, dass die Gattung mehr befasst, als die Art und der Art-Unterschied; denn auch der Art – Unterschied wird von weniger Gegenständen als die Gattung ausgesagt.

Auch muss man sehen, ob von einem, der Art nach nicht verschiedenen Gegenstande die angegebene Gattung nicht gilt, oder der Meinung nach nicht gilt; will man aber selbst etwas begründen, so muss man sehen, ob von einem solchen die Gattung gilt; denn für alles, was sich der Art nach nicht unterscheidet, ist die Gattung dieselbe. Ist bei *einem* von solchen der Art nach gleichen Gegenständen gezeigt, dass die Gattung von ihm ausgesagt werden kann, so gilt dies dann für alle derselben Art, und ist bei *einem* Gegenstande gezeigt, dass die Gattung nicht für ihn gilt, so gilt sie für keinen Gegenstand dieser Art. Wenn z.B. von den Linien jemand behauptet, dass sie nicht weiter in Arten theilbar seien und deshalb behauptet, dass das Untheilbare ihre Gattung sei, so steht dem entgegen, dass die Linien sich eintheilen lassen und deshalb ist das Untheilbare nicht ihre Gattung, wenn auch die Arten der Linien nicht weiter theilbar sind; da z.B. alle geraden Linien einander der Art nach sämmtlich gleich sind.

Zweites Kapitel

Auch muss man prüfen, ob für die aufgestellte Art noch eine andere Gattung besteht, welche weder über der angegebenen Gattung, noch unter ihr steht; z.B. wenn jemand für die Gerechtigkeit die Wissenschaft als Gattung behauptete; denn auch die Tugend ist ihre Gattung und keine von diesen beiden Gattungen steht über oder unter der anderen; deshalb kann die Wissenschaft nicht wohl die Gattung der Gerechtigkeit sein, da, wenn dieselbe Art unter zwei Gattungen steht, die eine Gattung über der anderen stehen muss. Indess treten hier in einigen Fällen Bedenken hervor; denn Manche halten die Klugheit sowohl für eine Tugend, wie für eine Wissenschaft, und meinen, dass keine dieser Gattungen unter der anderen stehe; indess wird doch nicht allgemein anerkannt, dass die Klugheit eine Wissenschaft sei. Will man indess jener Ansicht beitreten, so wird man doch nothwendig annehmen müssen, dass mehrere Gattungen für dieselbe Art entweder einander untergeordnet sein müssen oder dass sie beide unter *einem* höheren Begriffe stehen, wie ja sich dies auch für die Tugend und die Wissenschaft ergiebt. Denn beide stehen unter ein und derselben Gattung; beide sind nämlich ein Besitz und ein Gegenstand. Man muss deshalb prüfen, ob etwa die angegebene Gattung sich in keiner dieser beiden Weisen verhält; denn wenn sie und die andere Gattung einander nicht untergeordnet sind, noch beide unter einer höheren Gattung stehen, so wird die angegebene Gattung nicht die richtige sein.

Auch muss man die Gattung von der behaupteten Gattung und so immer weiter die höheren Gattungen untersuchen und sehen, ob sie sich sämmtlich von der aufgestellten Art aussagen lassen und ob sie als das *Was* derselben ausgesagt werden; denn alle höheren Gattungen müssen von der aufgestellten Art als deren *Was* ausgesagt werden können. Stimmt dies in einem Punkte nicht, so ist klar, dass die angegebene Gattung nicht die richtige ist. Man muss ferner prüfen, ob die angegebene Gattung an der Art Theil nimmt, und zwar ob dies sowohl bei ihr selbst wie bei einer der höheren Gattungen Statt hat; denn keine höhere Gattung nimmt an einer niederen Theil. Dies ist also bei dem Widerlegen in der angegebenen Weise zu benutzen. Wird dagegen bei dem Begründen zwar zugestanden, dass die angegebene Gattung in der Art enthalten ist, aber bestritten, dass sie als Gattung darin enthalten sei, so ist es nützlich, wenn man darlegen kann, das eine der höheren Gattungen von dem *Was* der Art ausgesagt wird. Denn wenn auch nur *eine* davon von dem *Was* der Art ausgesagt wird, so sind alle über und unter dieser stehenden Gattungen, wenn sie von der Art ausgesagt werden, in dem *Was* derselben enthalten; folglich gilt dies auch von der im Streitsatz benannten Gattung. Dass, wenn die eine Gattung in dem *Was* enthalten ist, auch alle übrigen, sofern sie von der betreffenden Art ausgesagt werden, in dem *Was* derselben enthalten sind, muss durch Beispiele dargelegt werden. Wird aber überhaupt bestritten, dass die genannte Gattung in der Art des Streitsatzes enthalten sei, so nützt es nichts, dass man zeigt, wie die höheren Gattungen von dem *Was* dieser Art ausgesagt werden. Hat man z.B. als Gattung des Gehens die Ortsveränderung aufgestellt, so nützt es für den Beweis dieses Satzes nichts, dass man zeigt, das Gehen sei eine Veränderung, da es auch noch andere Veränderungen neben der Veränderung des Ortes giebt, sondern man muss auch ausserdem beweisen, dass das Gehen an keiner anderen Art derselben Eintheilung, ausser an der Ortsveränderung Theil nehme; denn das an der Gattung Theilnehmende muss auch an einer der obersten, der Gattung zunächst stehenden Arten Theil nehmen. Nimmt nun das Gehen weder an der Vergrösserung noch an der Verminderung, noch sonst an einer anderen Veränderung Theil, so ist klar, dass es an der Ortsveränderung Theil nimmt und dass also diese die Gattung des Gehens ist.

Ferner muss man prüfen, ob das, was als Gattung für die unter der Art begriffenen Gegenstände aufgestellt worden, auch von dem *Was* derselben ausgesagt wird und ob dies ebenso bei den höheren Gattungen stattfindet. Stimmt dies irgendwo nicht, so ist klar, dass die angegebene Gattung nicht die richtige ist. Denn wäre dies der Fall, so würden auch alle oberen Gattungen und sie selbst von dem *Was* derjenigen Dinge ausgesagt werden, von deren *Was* die Art ausgesagt wird. Diesen Gesichtspunkt kann man zur Widerlegung benutzen, wenn die Gattung nicht von dem *Was* der Dinge ausgesagt wird, von denen die Art ausgesagt wird; und umgekehrt kann man ihn zur Begründung benutzen, wenn die Gattung von dem *Was* ausgesagt wird. Es ergiebt sich dann, dass sowohl die Gattung wie die Art bei demselben Gegenstande von seinem *Was* ausgesagt werden wird und also der Gegenstand unter zwei Gattungen gehört. Deshalb müssen dann diese Gattungen unter einander stehen. Hat man nun gezeigt, dass das, was man als die Gattung beweisen will, nicht unter der angegebenen Art steht, so muss die Art unter jener stehen, und damit ist bewiesen, dass jenes die Gattung ist.

Auch muss man prüfen, ob die Begriffe der Gattungen zu der aufgestellten Art und zu den an der Art theilnehmenden Gegenständen passen; denn die Begriffe der Gattungen müssen von der Art und von den einzelnen zu ihr gehörenden Gegenständen ausgesagt werden können. Stimmt dies bei einem nicht, so erhellt, dass die angegebene Gattung nicht die richtige ist.

Man muss ferner prüfen, ob etwa der Art-Unterschied als Gattung aufgestellt worden ist, z.B. wenn das Unsterbliche als Gattung der Gottheit aufgestellt worden ist, denn das Unsterbliche bildet den Art-Unterschied bei den lebenden Wesen, indem von ihnen ein Theil sterblich und der andere Theil unsterblich ist; offenbar ist also hier gefehlt worden; denn bei keinem Gegenstande kann sein Art-Unterschied dessen Gattung sein, wie daraus erhellt, dass kein Art-Unterschied das *Was* eines Dinges bezeichnet, sondern mehr eine Beschaffenheit, wie z.B. das »auf dem Lande lebend«, oder das »zweifüssig«.

Auch muss man prüfen, ob etwa der Art-Unterschied in die Gattung aufgenommen worden ist, z.B. ob das Ungerade als Zahl gesetzt worden ist. Denn das Ungerade ist nicht eine Art der Zahl, sondern nur ein Unterschied derselben, und der Art-Unterschied nimmt nicht an der Gattung Theil; denn alles an der Gattung Theilnehmende ist entweder eine Art oder ein einzelner Gegenstand, während der Art-Unterschied keines von beiden ist. Es erhellt also, dass der Art-Unterschied nicht an der Gattung Theil hat. Deshalb kann auch das Ungerade keine Art der Zahl, sondern nur ein Unterschied derselben sein, da es an der Gattung »Zahl« nicht Theil nimmt.

Ferner muss man prüfen, ob etwa die Gattung in der Art aufgenommen worden ist, wie das der Fall wäre, wenn man die Berührung als ein Stetiges, oder die Mengung als eine Mischung oder, wie *Plato* that, die Ortsveränderung als ein Fortgetragen-werden definirte; denn die Berührung braucht kein Stetiges zu sein, aber umgekehrt ist das Stetige eine Berührung; denn nicht alles, was sich berührt, ist stetig, wohl aber berührt sich alles Stetige. Ebenso verhält es sich mit den anderen Fällen; denn nicht jede Mengung ist eine Mischung (denn die Mengung trockener Dinge ist keine Mischung) und nicht jede Ortsveränderung ist ein Fortgetragen-werden; so ist das Gehen wohl kein Fortgetragen – werden, denn das Fortgetragen-werden braucht man wohl nur von dem, was nicht freiwillig seinen Ort verändert, wie dies bei den leblosen Körpern der Fall ist. Es erhellt also, dass in diesen Fällen die Art von Mehreren wie die Gattung gilt, während doch das Umgekehrte stattfinden muss.

Ferner ist zu prüfen, ob nicht der Art-Unterschied zur Art gemacht worden ist, z.B. ob das Unsterbliche als die Gottheit ausgesagt worden. Denn die Art würde dann von gleich viel Dingen oder von noch mehreren gelten, als die wirkliche Art, weil der Art-Unterschied von gleichviel Dingen wie die Art oder von noch mehreren ausgesagt wird. Ferner muss man prüfen, ob etwa der Art-Unterschied als Gattung gesetzt worden; wie z.B. wenn die Farbe als das Unterscheidbare, oder die Zahl als das Ungerade definirt worden ist; oder ob die Gattung etwa als Art-Unterschied aufgeführt worden; denn es ist möglich, dass jemand auch einen solchen Satz aufstellt, z.B. dass die Mengung der Unterschied der Mischung sei, oder dass die Ortsveränderung der Unterschied des Fortgetragen-werdens sei. Man muss dies Alles auf dieselbe Weise prüfen; denn diese Gesichtspunkte nehmen an einander Theil. So muss die Gattung mehr Dinge umfassen als der Art-Unterschied, und sie darf auch an dem Art-Unterschied nicht Theil nehmen. Beachtet man dies bei Aufstellung eines Satzes, so kann keiner der hier erwähnten Fehler vorkommen, da bei diesen fehlerhaften Sätzen die Gattung von weniger Dingen, als der Art-Unterschied ausgesagt wird oder die Gattung an dem Art-Unterschied Theil nimmt.

Wenn ferner keiner der für eine Gattung bestehenden Art-Unterschiede von der aufgestellten Art ausgesagt werden kann, so kann es auch nicht die aufgestellte Gattung selbst; so kann von der Seele weder das Gerade noch das Ungerade ausgesagt werden und deshalb auch nicht die Zahl. Dasselbe gilt, wenn die aufgestellte Art der Natur nach früher ist, denn dann wird auch die Gattung aufgehoben; und die Art wird eher das Gegentheil sein. Dasselbe gilt, wenn die vorliegende Art die aufgestellte Gattung oder den Art-Unterschied verlassen kann, wie z.B. die Seele das Sich-Bewegen und die Meinung das Wahre und Falsche verlassen kann; denn dann kommt solche Gattung und solcher Art-Unterschied der vorliegenden Art nicht zu, weil die Gattung und der Art-Unterschied der Art eben soweit folgen, als diese sich erstreckt.

Drittes Kapitel

Auch muss man prüfen, ob der in die Gattung gestellte Gegenstand etwas enthalte, was ein Gegentheil dieser Gattung ist, oder ob er wenigstens eines solchen fähig ist; denn dann würde Ein- und Dasselbe gleichzeitig Entgegengesetztes an sich haben, da die Gattung niemals den ihr zugehörenden Gegenstand verlässt und also dann an dem Entgegengesetzten Theil hätte oder doch haben könnte. Ferner muss man prüfen, ob die Art an etwas Theil nimmt, was überhaupt den unter die Gattung fallenden Gegenständen unmöglich zukommen kann. Wenn z.B. die Seele am Leben Theil hat und keine Zahl leben kann, so kann auch die Seele nicht eine Art von der Zahl sein.

Auch muss man prüfen, ob die Art mit der aufgestellten Gattung etwa nur gleichnamig ist, aber nicht den Begriff der Gattung enthält. Man hat dabei die über die zweideutigen Worte aufgestellten Gesichtspunkte zu benutzen ; denn Gattung und Art müssen in ein und derselben Bedeutung gebraucht werden.

Ferner prüfe man, ob, da jede Gattung in mehrere Arten sich theilen muss, noch eine andere Art der betreffenden Gattung neben der einen angegebenen Art vorhanden ist; denn wenn dies nicht der Fall wäre, so würde die betreffende Gattung überhaupt nicht die richtige sein.

Auch muss man prüfen, ob die Gattung in bildlicher Weise ausgedrückt worden, z.B. wenn die Selbstbeherrschung als Einstimmung bezeichnet worden ist; denn jede Gattung muss im eigentlichen Sinne von ihren Arten ausgesagt werden, während die Einstimmung statt der Selbstbeherrschung nicht im eigentlichen, sondern im bildlichen Sinne hier gebraucht wird, da jede Einstimmung sich nur auf Töne bezieht.

Auch muss man untersuchen, ob es ein Gegentheil von der aufgestellten Art giebt. Diese Untersuchung kann mehrfach geschehen. Zunächst so, dass man untersucht, ob das Gegentheil in derselben Gattung vorkommt, weil es von der Gattung selbst kein Gegentheil giebt. Denn wenn es ein solches nicht giebt, so muss das Gegentheil in der betreffenden Gattung selbst vorkommen. Hat aber die Gattung ein Gegentheil, so muss man untersuchen, ob das Gegentheil der Art in dem Gegentheil der Gattung enthalten ist; denn dies muss der Fall sein, wenn es ein Gegentheil von der Gattung giebt. Dies alles lässt sich durch Beispiele klar machen. Ferner untersuche man, ob das Gegentheil von der aufgestellten Art überhaupt in keiner Gattung enthalten ist, also selbst eine Gattung ist, wie z.B. das Gute; denn wenn dieses in keiner Gattung enthalten ist, so wird auch dessen Gegentheil in keiner Gattung enthalten sein, sondern es ist dann selbst eine Gattung, wie dies bei dem Guten und Schlechten der Fall ist, da keines von diesen beiden in einer Gattung enthalten, sondern jedes selbst eine Gattung ist. Auch muss man darauf achten, ob, wenn die Gattung und die Art ein Gegentheil haben, zwischen der einen und ihrem Gegentheil ein Mittleres sich befindet, und ob bei der anderen und ihrem Gegentheil nicht. Denn wenn es zwischen den Gattungen ein Mittleres giebt, so giebt es ein solches auch zwischen den Arten, und umgekehrt giebt es zwischen den Gattungen ein Mittleres, wenn ein solches zwischen den Arten vorhanden ist, wie z.B. zwischen der Tugend und der Schlechtigkeit, also auch zwischen der Gerechtigkeit und Ungerechtigkeit; denn zwischen beiden befindet sich ein Mittleres. Man könnte einwerfen, dass es zwischen Krankheit und Gesundheit kein Mittleres gebe, obgleich es doch zwischen dem Schlechten und Guten ein Mittleres gebe. Allein es ist wohl auch hier zwischen beiden ein Mittleres sowohl bei den Arten wie bei den Gattungen, nur nicht in gleicher Weise, sondern bei dem einen in der Form der Verneinung und bei dem anderen in der Weise eines Unterliegenden; denn es ist zu vermuthen, dass beide ein Mittleres haben; wie auch bei der Tugend und der Schlechtigkeit und

74

bei der Gerechtigkeit und Ungerechtigkeit ein solches besteht, was bei beiden durch die Verneinung der Gegentheile bezeichnet wird. Wenn ferner es kein Gegentheil von der Gattung giebt, so muss man sowohl untersuchen, ob in derselben Gattung das Gegentheil sich befindet, wie ob das Mittlere sich darin befindet. Denn wenn eine Gattung zwei Aeusserste oder Gegentheil in sich befasst, so befindet sich auch ein Mittleres darin, wie z.B. es zwischen dem Weissen und Schwarzen der Fall ist; denn die Farbe ist die Gattung von beiden und auch von allen, zwischen ihnen liegenden mittleren Farben. Man kann indess hier einwerfen, dass Mangel und Uebermass zu derselben Gattung gehören (denn beide gehören zu dem Schlechten), während doch das Masshaltende, als das Mittlere von beiden, nicht zu dem Schlechten, sondern zu dem Guten gehört.

Man muss auch prüfen, ob bei einem angestellten Satze zwar die Gattung ein Gegentheil hat, aber nicht die Art. Denn hat die Gattung ein Gegentheil, so muss es auch die Art haben; wie z.B. die Tugend an der Schlechtigkeit ihr Gegentheil hat, so hat es auch die Gerechtigkeit an der Ungerechtigkeit. Auch bei Prüfung anderer Fälle wird man finden, dass bei ihnen das Gleiche gilt. Einen Einwurf ergiebt indess die Gesundheit und die Krankheit; denn die Gesundheit überhaupt ist das Gegentheil der Krankheit, aber eine einzelne bestimmte Krankheit hat kein Gegentheil, z.B. das Fieber, die Augenkrankheit und jede andere.

Bei der Widerlegung hat man nun auf diese mehrfachen Gesichtspunkte Acht zu haben; denn wenn das hier Verlangte sich in dem einzelnen Fall nicht vorfindet, so ist klar, dass die Gattung nicht die wahre ist. Bei der Begründung hat man nur eine dreifache Prüfung anzustellen; erstens, ob das Gegentheil der Art in der aufgestellten Gattung enthalten ist, insofern es nämlich kein Gegentheil von der Gattung giebt. Ist hier das Gegentheil der Art in der Gattung mit enthalten, so ist klar, dass auch die aufgestellte Art in dieser Gattung enthalten ist. Ferner muss man prüfen, ob das Mittlere zwischen der Art und ihrem Gegentheil in der aufgestellten Gattung enthalten ist; denn wenn in einer Gattung das Mittlere enthalten ist, so müssen auch die beiden Aeussersten in ihr enthalten sein. Ferner muss man, wenn die Gattung ein Gegentheil hat, prüfen, ob das Gegentheil der Art auch in dem Gegentheil der Gattung enthalten ist; denn ist dies der Fall, so ist auch die aufgestellte Art in der aufgestellten Gattung enthalten.

Ferner hat man sowohl bei dem Widerlegen wie bei dem Begründen, zu prüfen, ob auch die mit einer Beugung des Stammes der Gattung und der Art bezeichneten Gegenstände und der ihnen verwandten Begriffe sich ebenso, wie die aufgestellte Art und Gattung zu einander verhalten; denn was von dem einen gilt, muss für alle diese Gegenstände gelten, sowohl bei bejahenden wie bei den verneinenden Sätzen; wenn z.B. die Gerechtigkeit ein Wissen ist, so ist auch gerecht so viel wie wissend, und der gerechte Mann ein Wissender; wenn dieses in *einem* Falle nicht richtig ist, so ist es auch in allen nicht richtig.

Viertes Kapitel

Die Untersuchung ist auch weiter auf das einander *Aehnliche* zu richten; so verhält sich z.B. das Angenehme ebenso zur Lust, wie das Nützliche zum Guten; denn jedes von beiden bringt das andere hervor. Ist nun die Lust das Gute, so ist auch das Angenehme das Nützliche; denn es wird dem offenbar etwas Gutes bewirken, wem die Lust ein Gut ist. Aehnlich ist die Prüfung auf die Entstehung und den Untergang zu richten; ist z.B. das Haus-Bauen eine Thätigkeit, so ist das ein-Haus-gebaut-haben ein Thätig-gewesen-sein, und ist das Lernen ein Erinnern, so ist auch das Gelernt-haben ein Sich-erinnert-haben; und wenn das Auflösen ein Untergang ist, so ist das Sich-aufgelöst-haben ein Untergegangen – sein, und die Auflösung ein Untergang. Ebenso verhält es sich mit dem, was ein Entstehen oder Untergehen bewirkt, und mit dem Vermögen und dem Gebrauch. Ueberhaupt hat man sowohl bei dem Widerlegen wie bei dem Begründen auf jedwede Aehnlichkeit so Acht zu haben, wie ich es hier für die Entstehung und den Untergang dargelegt habe. Denn wenn das, was den Untergang bewirkt, etwas ist, was die Auflösung bewirkt, so ist auch das Untergehen ein Aufgelöst-werden und wenn das, was erzeugt, ein Thätiges ist, so ist auch das Erzeugen eine Thätigkeit und die Erzeugung eine That. Aehnlich verhält es sich mit dem Vermögen und dem Gebrauch desselben; denn wenn das Vermögen ein Zustand ist, so ist auch das ein – Vermögen – haben ein Zustand – haben, und wenn der Gebrauch eines Vermögens eine Thätigkeit ist, so ist auch das Gebrauchen ein Thätig-sein und das Gebraucht-haben ein Thätig-gewesen-sein.

Ist das dem aufgestellten Gegenstande Entgegengesetzte eine Beraubung, so kann man die Widerlegung in zwiefacher Weise führen; einmal, wenn das Entgegengesetzte zu der aufgestellten Gattung gehört; denn die Beraubung kann mit ihrem Gegensatze, dem Haben, überhaupt nicht in derselben Gattung enthalten sein, oder wenigstens nicht in der Gattung, welche der Art am nächsten steht; so ist z.B. das Gesicht eine Art des Wahrnehmens als der ihr am nächsten stehenden Gattung, aber die Blindheit ist kein Wahrnehmen. Zweitens kann die Widerlegung geschehen, wenn die Beraubung sowohl der aufgestellten Art, wie der aufgestellten Gattung entgegengesetzt ist, aber das Entgegengesetzte der Art nicht in dem der Gattung Entgegengesetzten enthalten ist; denn dann wird die aufgestellte Art auch nicht in der aufgestellten Gattung enthalten sein. Bei der Widerlegung sind also diese besagten Gesichtspunkte zu benutzen; bei der Begründung kann aber nur *ein* Gesichtspunkt benutzt werden. Ist nämlich die entgegengesetzte Art in der entgegengesetzten Gattung enthalten, so wird auch die aufgestellte Art in der aufgestellten Gattung enthalten sein; ist z.B. die Blindheit die Beraubung eines Sinnes, so ist auch das Gesicht das Haben eines Sinnes.

Ferner muss man auch umgekehrt das Entgegengesetzte prüfen, wie schon bei Behandlung des Nebensächlichen gesagt worden; ist nämlich das Süsse ein Gutes, so ist auch das Nicht-Gute kein Süsses; denn wenn dies sich nicht so verhielte, so wäre auch ein Nicht-Gutes süss; allein dies ist unmöglich, da das Gute die Gattung des Süssen ist; denn das, von dem die Gattung nicht ausgesagt werden kann, kann auch zu keiner ihrer Arten gehören. Auch für die Begründung kann dieser Gesichtspunkt ebenso benutzt werden; denn wenn das Nicht-Gute kein Süsses ist, so ist das Süsse ein Gutes, so dass das Gute die Gattung für das Süsse ist.

Besteht die Art in einer *Beziehung*, so muss man prüfen, ob auch die Gattung eine Beziehung ist; denn ist es jene, so muss es auch diese sein, wie z.B. von dem Doppelten das Vielfache die Gattung ist; beide gehören zu den Beziehungen. Ist dagegen die Gattung eine Beziehung, so braucht deren Art es nicht zu sein; denn die Wissenschaft gehört zu den Beziehungen, die Sprachlehre aber nicht. Ja selbst das vorgehende Beispiel ist wohl nicht richtig; denn die Tugend befasst das Sittliche und das Gute, und die Tugend gehört zu den Beziehungen, während das Sittliche und das Gute nicht, sondern zu den Beschaffenheiten gehören. Auch ist zu prüfen, ob die Art sowohl als solche wie nach ihrem Gattungsbegriff auf denselben Gegenstand bezogen werden kann; so heisst z.B. das Doppelte das Doppelte von der Hälfte. Deshalb muss auch das Vielfache, als die Gattung des Doppelten, das Vielfache von der Hälfte heissen; geht dies nicht an, so wird auch das Vielfache nicht die Gattung von dem Doppelten sein.

Ebenso ist dies dann nicht der Fall, wenn die aufgestellte Art nach ihrem Gattungsbegriff nicht dieselbe Beziehung hat, wie nach ihren sämmtlichen höheren Gattungsbegriffen; denn wenn das Doppelte das Vielfache der Hälfte ist, so muss es auch das die-Hälfte-Uebertreffende sein und überhaupt nach allen höheren Gattungsbegriffen von der Hälfte ausgesagt werden können. Als ein Einwurf, dass die Art als solche und nach ihrem Gattungsbegriff nicht dieselbe Beziehung zu behalten brauche, kann benutzt werden, dass die Wissenschaft von dem Wissbaren ausgesagt wird, das Haben und der Zustand aber nicht von dem Wissbaren, sondern von der Seele.

Ferner ist zu prüfen, ob die Gattung und die Art gleichmässig von den Beugungen des Bezogenen ausgesagt werden, also z.B., ob sie gleichmässig von *dem* einen, und von *des* einen und sonst noch von anderen Beugungen ausgesagt werden. Denn wie die Art, so muss auch die Gattung sich aussagen lassen; wie es z.B. bei dem Doppelten geschehen kann, so muss es auch bei den oberen Gattungen desselben geschehen können, denn *von* etwas wird sowohl das Doppelte wie das Vielfache ausgesagt. Dies gilt auch für die Wissenschaft; denn sowohl sie, als ihre Gattungen, der Zustand und das Haben sind solche *von* etwas. Doch kann man einwerfen, dass dies mitunter nicht der Fall sei, denn das »Verschiedene« und das »Gegentheil« sind es *von* Etwas, das »Andere« aber, welches die Gattung von ihnen ist, ist das Andere *eines* Etwas; denn man sagt, das Andere dieses Gegenstandes.

Ferner muss man prüfen, ob, wenn die Beziehung der Art und ihrer Gattung und höheren Gattungen zu dem betreffenden Gegenstande in derselben Wortbeugung ausgedrückt wird, sich diese Sätze auch in gleicher Weise umkehren lassen, wie dies bei dem Doppelten und Vielfachen der Fall ist; denn beide werden sowohl selbst, wie auch umgekehrt das Bezogene als das eines Gegenstandes ausgesagt; denn sowohl das Halbe wie die kleinern Bruchtheile werden als die *eines* anderen, nämlich *des* von ihnen bezogenen ausgesagt. Dies gilt auch von der Wissenschaft und von der Vorstellung; denn beide sind es *von* etwas und auch bei der Umkehrung bleibt die Wortbeugung bei beiden die gleiche, denn das Wissbare und das Vorstellbare ist es *für* etwas. Bleibt bei der Umkehrung die Wortbeugung des Bezogenen in Bezug auf die Art und Gattung nicht die gleiche, so erhellt, dass die Gattung und die Art nicht zu einander gehören.

Man muss ferner prüfen, ob die Art und die Gattung nach gleichen Wortbeugungen des Bezogenen ausgedrückt werden; denn beide müssen gleichmässig und nach gleich viel Beugungen ausgedrückt werden, wie dies z.B. bei dem Geschenk und der Gabe der Fall ist. Denn man sagt vom Geschenk, es ist das Geschenk *von* etwas *an* jemand und ebenso von der Gabe, sie ist die Gabe *von* etwas *an* jemand. Die Gabe ist hier die Gattung und das Geschenk die Art; denn das Geschenk ist eine Gabe, die nicht zurückgegeben zu werden braucht. In manchen Fällen findet indess diese Gleichmässigkeit nicht statt, denn das Doppelte ist das Doppelte *eines* Gegenstandes, das Ueberragende und das Grössere ist aber das *eines* Gegenstandes und *an einem* Gegenstande; denn alles Ueberragende und Grössere ist das Ueberragende *eines* Gegenstandes und auch *an einem* Gegenstande. Sie sind deshalb nicht die Gattungen des Doppelten, da sie nicht in der gleichen Wortbeugung des Bezogenen wie die Art ausgedrückt werden; oder es ist nicht allgemein richtig, dass die Beziehung der Art und der Gattung zu der gleichen Wortbeugung des Bezogenen erfolgt.

Man muss auch prüfen, ob bei den Beziehungen das Entgegengesetzte von der aufgestellten Gattung auch die Gattung von der entgegengesetzten Art ist; wenn z.B. das Vielfache die Gattung von dem Doppelten ist, so muss auch das Vielgetheilte die Gattung von dem Halben sein; denn das Entgegengesetzte von der Gattung muss die Gattung von dem der Art Entgegengesetzten sein. Auch wenn jemand die Wissenschaft für eine Wahrnehmung erklärte, müsste das Wissbare auch ein Wahrnehmbares sein. Dies ist indess nicht der Fall, denn nicht alles Wissbare ist wahrnehmbar; da auch von dem durch die Vernunft Erkannten einiges wissbar ist. Deshalb ist das Wahrnehmbare nicht die Gattung vom Wissbaren und ist dies richtig, so ist auch die Wahrnehmung nicht die Gattung von der Wissenschaft.

Von den auf einander Bezogenen ist bei einem Theile derselben das eine nothwendig *in* dem anderen oder *an* dem anderen, auf das es bezogen wird, enthalten; z.B. der Zustand und das Haben und das Ebenmass (denn diese sich Beziehenden können in keinem anderen Gegenstand, als in dem, auf welchen sie sich beziehen, bestehen); ein anderer Theil muss zwar nicht in dem, auf welchen er sich bezieht, enthalten sein, allein er kann es doch, z.B. wenn das Wissbare die Seele ist, denn die Seele kann zwar das Wissen von ihr selbst haben, aber es ist dies keine Nothwendigkeit, denn es kann ja das Wissen von ihr auch in einem Anderen enthalten sein; ein dritter Theil endlich kann nicht in dem enthalten sein, auf welchen er sich bezieht, wie z.B. das Gegentheil nicht in seinem Gegentheile oder die Wissenschaft nicht in dem Wissbaren, ausgenommen wenn das Wissbare die Seele oder ein Mensch wäre. Deshalb muss man Acht haben, ob der Gegner das sich Beziehende der einen Art in die Gattung einer anderen Art stellt, z.B. wenn er das im Gedächtniss-Haben ein Bleiben des Wissens nennte; denn jedes Bleiben ist nur dem bleibenden Gegenstande und an demselben; und deshalb ist das Verbleiben des Wissens nur in dem Wissen selbst. Das im Gedächtniss-Haben wäre also darnach in dem Wissen enthalten, wenn es ein Bleiben des Wissens sein sollte. Allein dies kann nicht sein; denn alles im Gedächtniss-Haben ist in der Seele. Dieser Gesichtspunkt kann auch für ein nebensächliches Ausgesagtes benutzt werden, denn es ist gleichgültig, ob man das Bleiben für die *Gattung* des im Gedächtniss-Haben erklärt, oder ob man sagt, dass dem im Gedächtniss-Haben das Bleiben nur nebensächlich zukomme; denn mag das Gedächtniss in irgend welcher Weise ein Bleiben des Wissens genannt werden, so kann immer derselbe Grund dagegen geltend gemacht werden.

Fünftes Kapitel

Es ist ferner unrichtig, wenn man das blosse Haben zur Thätigkeit rechnet, oder die Thätigkeit zu dem blossen Haben, wie wenn man z.B. das Wahrnehmen eine durch den Leib gehende Bewegung nennt; denn das Wahrnehmen ist ein blosses Haben, die Bewegung aber ein Thätigsein. Ebenso fehlerhaft wäre es, wenn man das Gedächtniss ein festes Haben nennte; denn das Gedächtniss ist kein blosses Haben, sondern vielmehr eine Thätigkeit.

Man fehlt auch dann, wenn man das blosse Haben zu den mit ihm verbundenen Vermögen rechnet, z.B. wenn man die Sanftmuth eine Macht über den Zorn, und die Tapferkeit und Gerechtigkeit eine Macht gegen die Furcht und die Gewinnsucht nennt; denn tapfer und sanft- müthig wird der Leidenschaftslose genannt; seiner selbst mächtig aber der, welcher zwar in einer Leidenschaft ist, aber von ihr nicht hingerissen wird. Allerdings verbindet sich mit der Tapferkeit und der Sanftmuth eine solche Macht, dass, wenn die Leidenschaft entsteht, man von ihr nicht hingerissen wird, sondern sie zügelt; indess ist dies nicht das Wesen des Tapfer – und des Sanft-müthig-seins, sondern dies besteht darin, dass man überhaupt von solchen Leidenschaften nicht ergriffen wird.

Mitunter wird auch ein irgendwie Beifolgendes als Gattung der aufgestellten Art gesetzt, wie z.B. der Schmerz als die Gattung des Zornes und die Annahme als Gattung des Glaubens. Allerdings begleiten beide in gewisser Weise die genannten Arten, aber die Gattung derselben sind sie nicht; denn der Zornige hat zwar Schmerz, aber der Schmerz ist in ihm dem Zorn vorausgegangen; der Zorn ist nicht die Ursache des Schmerzes, sondern der Schmerz Ursache des Zornes, also ist der Zorn überhaupt keine Art des Schmerzes. Ebenso ist der Glaube keine blosse Annahme, denn auch der, welcher noch nicht glaubt, kann das Gleiche annehmen; und doch wäre dies nicht möglich, wenn der Glaube eine Art des Annehmens wäre. Denn es kann etwas nicht in derselben Gattung bleiben, wenn es seine Art ganz ablegt, wie ja auch dasselbe Geschöpf nicht das eine Mal Mensch sein und das andere Mal Nicht-Mensch sein kann. Wollte aber jemand behaupten, dass der, welcher etwas annimmt, nothwendig es auch glaube, so stellt er die Annahme und den Glauben einander gleich, so dass auch dann die Annahme nicht die Gattung sein kann, denn die Gattung muss sich weiter erstrecken, als die Art.

Auch muss man prüfen, ob in einem Gegenstande als solchem sowohl die aufgestellte Art, wie die aufgestellte Gattung von Natur enthalten sein kann; denn das, in welchem die Art enthalten ist, in dem ist auch die Gattung enthalten. So ist in dem Weissen auch die Farbe und in dem, welcher die Sprachwissenschaft inne hat, auch die Wissenschaft enthalten. Sollte nun jemand die Scham eine Furcht und den Zorn einen Schmerz nennen, so würde die Art und die Gattung nicht in demselben Gegenstande enthalten sein; denn die Scham ist in dem denkenden Theile der Seele, die Furcht aber in dem eifrigen Theile enthalten, und der Schmerz ist in dem begehrlichen Theile enthalten (denn in diesem ist auch die Lust enthalten), der Zorn aber im eifrigen. Deshalb sind die genannten keine Gattungen, da sie von Natur nicht in denselben Zuständen, wie ihre Arten, enthalten sind. Aehnlich wäre der Fehler, wenn man die Liebe in den begehrlichen Theil der Seele stellen wollte, denn sie würde dann kein Wollen sein, da alles Wollen in dem denkenden Theile der Seele enthalten ist. Dieser Gesichtspunkt ist auch für das nebensächlich Ausgesagte brauchbar; denn das Nebensächliche und das, dem es anhaftet, müssen in demselben Gegenstande zusammentreffen, und wo dies nicht der Fall ist, erhellt, dass das Nebensächliche dem Gegenstande nicht zukommt.

Ferner ist zu prüfen, ob nicht die aufgestellte Art nur in Bezug auf etwas von sich an der aufgestellten Gattung Theil nimmt. Denn die Art kann nicht nur in etwas an der Gattung Theil nehmen; so ist der Mensch nicht blos in etwas von sich ein Geschöpf und ebenso die Sprachlehre nicht blos in etwas eine Wissenschaft. Dies gilt auch für alle anderen Fälle. Man muss deshalb Acht haben, ob Einzelne der betreffenden Art nur in etwas von sich an der Gattung Theil nehmen, z.B. wenn man sagt, das Geschöpf sei ein Wahrnehmbares oder Sichtbares; denn in Bezug auf seinen Körper ist es dies wohl, aber nicht in Bezug auf seine Seele; deshalb ist das Sichtbare und das Wahrnehmbare nicht die Gattung des Geschöpfes.

Mitunter wird auch nicht bemerkt, dass man bei Aufstellung von Sätzen das Ganze des Gegenstandes in einen Theil desselben verlegt, z.B. wenn man das Geschöpf für einen beseelten Körper erklärt; denn der Theil kann durchaus nicht von dem Ganzen ausgesagt werden, und deshalb kann auch der Körper nicht die Gattung des Geschöpfes sein, da er nur ein Theil desselben ist.

Man muss auch Acht haben, ob nicht etwas Tadelnswerthes oder Unzulässiges als ein Vermögen behandelt und in das Können gesetzt worden ist; z.B. wenn ein Sophist, oder ein Verleumder, oder ein Dieb für einen solchen erklärt wird, welcher vermögend sei, fremdes Gut wegzunehmen, oder zu verleumden, oder Scheingründe aufzustellen; denn keiner der Genannten heisst deshalb so, weil er *vermögend* ist, so etwas zu thun, da auch die Gottheit und der sittliche Mensch vermögen das Schlechte zu thun, ohne dass sie deshalb von jener Art sind, vielmehr werden alle schlechten Menschen so genannt, weil sie das Schlechte *vorziehen*. Auch ist jedes Vermögen wünschenswerth; dies gilt auch von den Vermögen der schlechten Menschen, und deshalb sagt man, dass auch die Gottheit und die guten Menschen diese Vermögen haben und das Schlechte thun können. Deshalb gehören die Vermögen nicht zu einer tadelnswerthen Gattung; denn wäre dies der Fall, so würde etwas Tadelnswerthes wünschenswerth sein, weil gewisse Vermögen dann tadelnswerth wären.

Auch achte man darauf, ob etwas, was *an sich* ehrenwerth oder wünschenswerth ist, auch zu dem Vermögen gezählt worden oder als ein Mögliches oder zu Thuendes aufgestellt worden ist; denn jedes Vermögen und alles Mögliche und Ausführbare ist nur um eines andern willen wünschenswerth.

Auch prüfe man, ob etwas, was zu zwei oder mehr Gattungen gehört, nur in eine derselben gestellt worden ist; denn Manches kann man nicht in nur *eine* Gattung stellen, wie z.B. den Betrüger und Verleumder; denn der Betrüger und Verleumder ist weder ein solcher, welcher etwas will, aber auszuführen nicht vermag, noch einer, der dies vermag, aber es nicht will, sondern nur derjenige, welcher beides ist. Deshalb muss man solche Gegenstände nicht in nur *eine*, sondern in beide Gattungen stellen.

Mitunter wird umgekehrt die Gattung wie ein Art-Unterschied und der Art-Unterschied wie eine Gattung behandelt; so wird das Erstaunen als ein Uebermass des Verwunderns und der Glaube als ein hoher Grad der Annahme bezeichnet, obgleich doch weder das Uebermass noch der hohe Grad die Gattung, sondern nur der Art-Unterschied sind. Vielmehr wird das Erstaunen ein übermässiges Verwundern und der Glaube ein starkes Annehmen sein; deshalb bilden das Verwundern und die Annahme die Gattung und das Uebermass und der hohe Grad den Art – Unterschied. Auch würde, wenn man das Uebermass und den hohen Grad als die Gattung aufstellen wollte, auch das Leblose glauben und sich wundern können; denn der hohe Grad und das Uebermass wohnt jedem Gegenstande ein, dessen hoher Grad oder Uebermass es ist. Wenn deshalb das Erstaunen ein Uebermass des Wunderns ist, so wird dem Wundern das Erstaunen einwohnen, also das Wundern sich erstaunen. Ebenso wird der Glaube der Annahme einwohnen, wenn er ein starker Grad der Annahme ist und daher die Annahme glauben. Auch wird es dem, der solches aufstellt, begegnen, dass er den hohen Grad hochgradig und das Uebermass übermässig nennt; denn der Glaube ist dann etwas Hochgradiges; ist nun der Glaube ein hoher Grad, so würde der hohe Grad hochgradig sein. Ebenso wird das Erstaunen übermässig sein; ist also das Erstaunen ein Uebermass, so wäre das Uebermass übermässig. Beides kann aber nicht wohl sein, so wenig, wie die Wissenschaft ein Wissbares und die Bewegung ein Bewegtes ist.

Manchmal liegt der Fehler darin, dass ein Zustand des Gegenstandes als Gattung des Gegenstandes gesetzt wird; dies thut z.B. der, welcher die Unsterblichkeit für ein ewiges Leben erklärt; denn die Unsterblichkeit scheint ein Zustand, oder ein mit dem Leben Verbundenes zu sein, wie sich ergeben dürfte, wenn man anerkennt, dass jemand aus einem Sterblichen ein Unsterblicher geworden; denn Niemand wird dann sagen, dass er dann ein anderes Leben begonnen habe, sondern dass in demselben *einen* Leben nur die Veränderung eines Zustandes stattgehabt habe oder sich damit verbunden habe. Deshalb ist das Leben nicht die Gattung von der Unsterblichkeit.

Auch ist es ein Fehler, wenn man das, welches etwas erleidet, zur Gattung dieses Erleidens macht; z.B. wenn man den Wind für eine bewegte Luft erklärt; vielmehr ist es eine Bewegung der Luft; denn es bleibt dieselbe Luft, mag sie bewegt werden oder ruhen, deshalb ist der Wind überhaupt keine Luft; da es sonst auch einen Wind bei unbewegter Luft gäbe, weil ja dieselbe Luft beharrt, welche der Wind sein soll. Dasselbe gilt für andere Fälle. Wenn man nun auch in diesem Falle zugeben kann, dass der Wind eine bewegte Luft ist, so darf man doch nicht in allen anderen Fällen zulassen, dass die Gattung unrichtig bezeichnet wird, sondern nur diejenigen Sätze als richtig anerkennen, wo die Gattung richtig angegeben worden ist. Denn mitunter wird sonst der Satz die Wahrheit nicht treffen, z.B. bei dem Koth und dem Schnee, denn den Schnee nennt man gefrornes Wasser und den Koth mit Feuchtem gemengte Erde; allein weder der Schnee ist Wasser noch der Koth Erde, und deshalb können sie auch beide nicht die Gattungen von jenen sein, da die Gattung immer in Wahrheit von der Art sich muss aussagen lassen. Ebenso ist der Wein kein gegohrenes Wasser, wie *Empedokles* sagt: »das im Holze gegohrene Wasser«. Denn der Wein ist überhaupt kein Wasser.

Sechstes Kapitel

Auch hat man zu prüfen, ob etwa die angegebene Gattung überhaupt von Nichts die Gattung ist. Denn dann wird sie offenbar auch nicht die Gattung von der angegebenen Art sein. Man kann dies daran erkennen, dass die an der aufgestellten Gattung theilnehmenden Dinge sich in keiner Weise der Art nach unterscheiden, wie das z.B. bei dem Weissen der Fall ist; denn mehreres Weisse unterscheidet sich der Art nach nicht von einander. Da nun aber bei jeder Gattung die Arten verschieden sind, so kann das Weisse nicht die Gattung von etwas sein.

Man hat ferner zu prüfen, ob nicht etwas, was von jedem Dinge ausgesagt werden kann, als Gattung oder Art-Unterschied aufgestellt worden ist, denn es giebt mehreres dergleichen; so kann z.B. das Seiende und das Eine von jedwedem ausgesagt werden. Ist also das Seiende als Gattung aufgestellt worden, so ist klar, dass es die Gattung von jedwedem ist, da es von jedwedem ausgesagt wird, während doch die Gattung nur von ihren Arten ausgesagt werden darf, und es würde dann auch das Eine eine Art des Seienden sein. Es ergäbe sich also, dass von Allem, wovon die Gattung ausgesagt würde, auch die Art ausgesagt werden könnte, während doch die Art nur von weniger Gegenständen ausgesagt werden darf. Sollte aber das jedwedem Zukommende als der Art-Unterschied aufgestellt sein, so würde offenbar der Art-Unterschied von Gleich-vielem oder Mehrerem als die Gattung, ausgesagt werden; denn wenn die Gattung ebenfalls jedwedem zukommt, so kommt dann der Art- Unterschied Gleich-vielem zu; wird aber die Gattung nicht von jedwedem ausgesagt, so würde der Art-Unterschied sogar von Mehrerem, als die Gattung ausgesagt.

Ferner ist zu prüfen, ob die aufgestellte Gattung als in der unterliegenden Art enthalten so ausgesagt wird, wie z.B. das Weissin dem Schnee enthalten ist. Es ist dann klar, dass die Gattung nicht die wahre ist, da die Gattung nur *von* der unterliegenden Art ausgesagt werden kann.

Ferner muss man prüfen, ob auch die Gattung mit der Art einnamig ausgesagt wird; denn die Gattung muss von allen ihren Arten einnamig ausgesagt werden.

Ferner ist zu prüfen, ob nicht etwa, wenn von der aufgestellten Art und Gattung ein Gegentheil besteht, die bessere der einander entgegengesetzten Arten in die schlechtere Gattung gestellt ist; dann muss die andere Art in der entgegengesetzten Gattung enthalten sein, da Gegentheile auch zu gegentheiligen Gattungen gehören, und es würde dann die bessere Art in der schlechteren Gattung und die schlechtere Art in der besseren Gattung enthalten sein, während doch die bessere Art auch zur besseren Gattung gehört. Ebenso muss man prüfen, ob nicht etwa, wenn die zu derselben Art gehörenden Dinge sich zu beiden Gattungen gleich verhalten, dieselben in die schlechtere, statt in die bessere Gattung gestellt worden sind, wie z.B. bei der Seele, die sowohl bewegend wie bewegt genannt werden kann; denn sie scheint sowohl stillstehend wie beweglich zu sein, und ist ersteres das Bessere, so muss man dieses als die Gattung aufstellen.

Ferner kann die Widerlegung aus dem Gesichtspunkte des *Mehr* oder *Weniger* dann entnommen werden, wenn die Gattung das Mehr annimmt, aber die Art nicht und zwar weder sie selbst, noch das nach ihr benannte Einzelne. Nimmt z.B. die Tugend das Mehr an, so thut es auch die Gerechtigkeit und das Gerechte; denn man nennt ja den einen Menschen gerechter, als den anderen. Nimmt also die aufgestellte Gattung das Mehr an, die Art aber weder als solche, noch in den nach ihr benannten Einzelnen, so wird die aufgestellte Gattung nicht die wahre sein.

Ferner ist zu prüfen, ob etwa eine Gattung, die mehr, oder wenigstens ebenso viel, als die aufgestellte Gattung, es zu sein scheint, doch nicht die wahre Gattung ist; denn dann ist auch die aufgestellte Gattung nicht die wahre. Dieser Gesichtspunkt ist vorzüglich in den Fällen zu benutzen, wo von der Art mehrere zu dem *Was* derselben gehörende Bestimmungen ausgesagt werden und nicht bestimmt ist und man auch nicht leicht selbst angeben kann, welche davon deren Gattung ist; z.B. wenn von dem Zorne sowohl der Schmerz, wie die Annahme, dass man gering geschätzt werde, als zu dem *Was* des Zornes gehörend ausgesagt werden können; denn der Zornige empfindet Schmerz und er nimmt auch an, dass er gering geschätzt werde. Dieselbe Prüfung kann man auch bei der Art anstellen, wenn man sie mit einer anderen vergleicht; denn wenn eine solche andere Art, obgleich sie noch mehr, oder doch ebenso sehr wie die andere zu der aufgestellten Gattung gehörig erscheint, doch nicht in der aufgestellten Gattung enthalten ist, so ist klar, dass auch die aufgestellte Art nicht in dieser Gattung enthalten sein wird.

In dieser Weise ist bei Widerlegungen von diesem Gesichtspunkte Gebrauch zu machen. Für die Begründung kann er aber nicht benutzt werden, wenn sowohl die aufgestellte Art wie Gattung das Mehr annehmen kann, denn trotzdem braucht das eine nicht die Gattung des anderen zu sein. So nimmt das Schöne ebenso wie das Weiss das Mehr an und doch ist keines die Gattung des anderen. Dagegen ist die gegenseitige Vergleichung der Arten und Gattungen ein brauchbarer Gesichtspunkt; ist z.B. sowohl das eine, wie das andere in gleicher Weise die Gattung, so ist, wenn das eine die richtige Gattung ist, es auch das andere. Ebenso brauchbar ist der Fall, wenn das eine es weniger, das andere es mehr ist, z.B. wenn von der Selbstbeherrschung die Macht mehr als die Tugend deren Gattung zu sein scheint; ist hier nun die Tugend die Gattung, so ist es auch die Macht. Dasselbe lässt sich auch auf die Arten anwenden; ist z.b. diese und jene Art gleichmässig zu einer Art des vorliegenden Gegenstandes geeignet, und ist die eine wirklich eine Art desselben, so ist es auch die andere, und ist die, welche sich als die geringere darstellt, eine wirkliche Art des Gegenstandes, so ist es auch die, welche sich als die noch mehr dazu geeignete darstellt.

Auch ist behufs der Begründung zu prüfen, ob die Gattung, welche von den aufgestellten Arten behauptet wird, von dem Was derselben ausgesagt wird, und zwar nicht blos von *einer* der aufgestellten Arten, sondern von mehreren und verschiedenen Arten; denn dann wird sie offenbar die Gattung sein. Ist aber nur *eine* Art aufgestellt worden, so muss man prüfen, ob diese Gattung nicht auch von dem *Was* anderer Arten ausgesagt werden kann, denn dann wird die Gattung auch von mehreren und verschiedenen Arten ausgesagt werden.

Da indess Manche der Ansicht sind, dass auch der Art – Unterschied zu dem *Was* der Arten gehöre, so muss man die Gattung von den Art-Unterschieden absondern, indem man dazu die früher angegebenen Gesichtspunkte benutzt; also zunächst den, dass die Gattung sich weiter erstreckt, als der Art-Unterschied; ferner den, dass zur Angabe des *Was* einer Art die Gattung sich mehr eignet als der Art-Unterschied. So bezeichnet derjenige, welcher den Menschen ein Geschöpf nennt, mehr das *Was* des Menschen, als der, welcher ihn als auf dem Lande lebend bezeichnet. Ferner giebt der Art-Unterschied immer nur eine Beschaffenheit der Gattung an, aber die Gattung keine Beschaffenheit des Art-Unterschieds; denn wer sagt: Auf dem Lande lebend, giebt eine Beschaffenheit des Geschöpfes an; aber wer Geschöpf sagt, giebt damit keine Beschaffenheit des auf dem Lande Lebenden an.

In dieser Weise ist also der Art-Unterschied von der Gattung abzusondern. Da ferner der Musikalische als solcher ein Wissender ist, so wird auch die Musik eine Wissenschaft sein, und ebenso wird, wenn das Gehende durch das Gehen sich bewegt, der Gang eine Bewegung sein. Hiernach muss man also prüfen, in welche Gattung man den Gegenstand bei Aufstellung eines Satzes einreihen will. So kann man das Wissen für eine Ueberzeugung erklären, wenn der Wissende als solcher überzeugt ist; denn dann ist offenbar das Wissen eine Ueberzeu-

gung. Dieser Gesichtspunkt ist auch in anderen solchen Fällen festzu-
halten.

Da ferner etwas, was von einem Gegenstande immer ausgesagt werden kann, sich in dem Falle schwer von dessen Gattung unterscheiden lässt, sofern der dies aussprechende Satz sich nicht umkehren lässt, so kann man, wenn etwas einem Gegenstande immer beifolgt, aber letzterer nicht immer dem Etwas, wie z.B. die Ruhe der Windstille und das Ge-sonderte der Zahl immer beifolgt, aber dies nicht umgekehrt der Fall ist (denn nicht alles Gesonderte ist die Zahl und nicht jede Ruhe ist eine Windstille) das immer Beifolgende als Gattung aufstellen, sofern es sich mit dem andern nicht umkehren lässt. Stellt aber der Gegner eine solche Behauptung auf, so muss man dies nicht überall gelten las-sen; denn man kann als Einwurf dagegen geltend machen, dass jedem Werdenden das Nicht-sein zukomme (denn das Werdende *ist nicht*) und dass dieser Satz sich auch nicht umkehren lasse (denn nicht alles Nicht-seiende ist ein Werdendes), und dabei ist doch das Nicht-seiende keine Gattung des Werdenden; denn von dem Nicht-seienden giebt es überhaupt keine Arten.

In Bezug auf die Feststellung der Gattung ist also nach den angege-benen Regeln zu verfahren.

Fünftes Buch

Erstes Kapitel

Ob etwas, was als ein *Eigenthümliches* oder Nicht-Eigenthümliches aufgestellt worden ist, von dieser Art ist, ist in nachstehender Weise zu prüfen.

Das Eigenthümliche wird bald als ein solches aufgestellt, was an sich und immer es ist, oder als ein solches, was es nur in Bezug auf ein Anderes ist, oder was es nur manchmal ist. So ist dem Menschen an sich eigenthümlich, dass er ein von Natur zahmes Geschöpf ist; eine Eigenthümlichkeit in Bezug auf ein Anderes ist z.B. die zwischen der Seele und dem Leibe, dass jene das Befehlende, dieser das Gehorchende ist; eine immer bestehende Eigenthümlichkeit ist es z.B. bei der Gottheit, dass sie ein unsterbliches Wesen ist; eine zeitweise Eigenthümlichkeit ist es z.B. bei diesem Menschen, dass er in der Turnhalle spazieren geht.

Wird die Eigenthümlichkeit *beziehungsweise* aufgestellt, so besteht die Behauptung entweder aus zwei oder vier Sätzen. Wird nämlich dieselbe Eigenschaft bei dem einen Gegenstand als eine Eigenthümlichkeit behauptet und bei dem andern verneint, so entstehen nur zwei Sätze; z.B. wenn von dem Menschen in Bezug auf das Pferd als Eigenthümlichkeit behauptet wird, dass er zweifüssig sei; denn man könnte da den Angriff entweder dahin richten, dass der Mensch nicht zweifüssig sei, oder dass das Pferd zweifüssig sei, und auf jede dieser beiden Arten würde das Eigenthümliche widerlegt sein. Wird dagegen dem einen Gegenstand eine Eigenthümlichkeit beigelegt und bei dem andern sie bestritten, so ergeben sich vier Sätze, wie z.B. bei der Behauptung, dass das Zweifüssige eine Eigenthümlichkeit des Menschen in Bezug auf das Pferd sei und dass das Vierfüssige eine Eigenthümlichkeit des Pferdes in Bezug auf den Menschen sei. Denn man kann den Angriff hier einmal dahin richten, dass der Mensch nicht zweifüssig sei, sodann dahin, dass er von Natur vierfüssig sei, und ebenso kann man versuchen, zu beweisen, weshalb das Pferd als zweifüssig und endlich, weshalb es nicht als vierfüssig anzusehen sei. Wird auf eine dieser Arten das Gegentheil dargelegt, so ist die Behauptung widerlegt.

Die Eigenthümlichkeit ist ein *Ansich*-seiendes Eigenthümliches, wenn sie von allen Einzelnen der betreffenden Art gilt und den Gegenstand von jedwedem andern absondert. So gilt von jedem Menschen als ein solches Eigenthümliche, dass er ein sterbliches, der Wissenschaft fähiges Geschöpf ist; dagegen ist die Eigenthümlichkeit nur eine bezügliche, wenn sie das betreffende Eigenthümliche nicht von allem andern, sondern nur von einem besonders Aufgestellten unterscheidet. So ist es eine Eigenthümlichkeit der Tugend gegenüber der Wissenschaft, dass jene im Mehreren vorkommen kann, diese aber nur in dem denkenden Theile der Seele und in den Geschöpfen, welche von Natur diesen denkenden Theil besitzen. Eine *immergültige* Eigenthümlichkeit ist dann vorhanden, wenn sie jederzeit von dem Gegenstand in Wahrheit ausgesagt werden kann und niemals ihn verlässt; so ist es eine solche Eigenthümlichkeit bei dem Geschöpf, dass es aus einer Seele und einem Leibe besteht. Eine *zeitweilige* Eigenthümlichkeit ist es, wenn sie nur für einige Zeit von dem Gegenstande in Wahrheit ausgesagt werden kann und nicht nothwendig ihm immer zukommt, wie z.B. das Spazierengehen auf dem Markte bei einem Menschen.

Die bezügliche Eigenthümlichkeit kann man entweder so aufstellen, dass sie für alle Einzelnen und alle Zeit gilt, oder so, dass sie meistentheils und bei den meisten gilt. So gehört z.B. zur ersten Art die Eigenthümlichkeit des Menschen in Bezug auf das Pferd, dass er zweifüssig ist; denn der Mensch ist immer und jedweder Mensch ist zweifüssig und kein Pferd ist jemals zweifüssig. Zu der zweiten Art gehört z.B. die dem denkenden Theile in Bezug auf die begehrlichen und eifrigen Theile der Seele zukommende Eigenthümlichkeit, dass jener Theil befiehlt und diese gehorchen; denn der denkende Theil befiehlt allerdings nicht immer, sondern mitunter wird auch ihm befohlen, und ebenso wird dem begehrlichen und eifrigen Theile nicht immer befohlen, sondern manchmal befiehlt auch er, wenn die Seele des Menschen eine schlechte ist.

Von den Eigenthümlichkeiten eignen sich am meisten diejenigen zur Besprechung, welche zu dem Ansich-Eigenthümlichen gehören und immer bestehen, oder die, welche in Bezug auf Anderes bestehen. Denn bei letzteren lassen sich, wie ich bereits dargelegt habe, mehrere Streitsätze bilden, und diese bestehen nothwendig entweder aus zwei oder aus vier Sätzen, und deshalb können in Bezug auf sie mehr Gründe aufgestellt werden. Die Eigenthümlichkeiten, welche ein Ansich enthalten und immer bestehen, bieten dagegen nach vielen Gesichtspunkten Gelegenheit zum Angriff und können für vielerlei Zeiten geprüft werden, und zwar die, welche Eigenthümlichkeiten an sich sind, deshalb, weil die Eigenthümlichkeit als solche für den Gegenstand in Bezug auf jeden anderen Gegenstand gelten muss; denn unterschiede er sich dadurch nicht von *allen* anderen, so wäre die Eigenthümlichkeit nicht richtig aufgestellt. Ebenso kann man die immer bestehende Eigenthümlichkeit für verschiedene Zeiten prüfen, denn wenn sie jetzt nicht vorhanden ist, oder wenn sie blos früher einmal bestanden hat, oder wenn sie in der Zukunft nicht bleiben wird, so ist sie keine solche Eigenthümlichkeit. Ist aber eine Eigenthümlichkeit nur für eine bestimmte Zeit aufgestellt, so prüft man sie nur auf diese so bestimmte Zeit, und deshalb kann der Angriff sich nicht auf Vieles ausdehnen. Zur Erörterung besonders geeignet ist eine Streitfrage dann, wenn in Bezug auf sie viele und gute Gründe sich geltend machen lassen.

92

Was nun die bezüglichen Eigenthümlichkeiten anlangt, so hat man bei diesen nach den bei den nebensächlichen Bestimmungen erwähnten Gesichtspunkten zu untersuchen, ob die Eigenthümlichkeit dem einen zukommt und dem anderen aber nicht. Was aber die Eigenthümlichkeiten anlangt, welche an sich bestehen oder immer gelten, so ist hier die Prüfung nach folgenden Gesichtspunkten vorzunehmen.

Zweites Kapitel

Zunächst untersuche man, ob die Eigenthümlichkeit gut, oder nicht gut ausgedrückt worden ist. Dies bestimmt sich einmal nach dem Umstand, ob die Eigenthümlichkeit durch etwas Bekannteres ausgedrückt ist, als der Gegenstand selbst für uns ist, dessen Eigenthümlichkeit sie sein soll, oder ob dies nicht der Fall ist. Ist ersteres nicht geschehen, so kann dies zur Widerlegung benutzt werden; ist es aber geschehen, so dient dies der Begründung des Satzes. Die Eigenthümlichkeit ist nicht durch Bekannteres ausgedrückt, wenn dabei die Eigenthümlichkeit überhaupt unbekannter ist oder unbekannter als der Gegenstand, dessen Eigenthümlichkeit sie sein soll; denn dann ist sie nicht gut ausgedrückt; da man die Eigenthümlichkeit der besseren Erkenntniss des Gegenstandes wegen hervorhebt; deshalb muss sie bekannter sein, als der Gegenstand, da er dann besser erkannt werden wird. Wenn man z.B. als Eigenthümlichkeit des Feuers angäbe, dass es der Seele am ähnlichsten sei, so gebraucht man die Seele als etwas, was weniger bekannt ist, wie das Feuer (denn man weiss mehr was das Feuer, als was die Seele ist), und es würde die Eigenthümlichkeit des Feuers nicht gut ausgedrückt sein, wenn man sagte, es sei das der Seele Aehnlichste.

Sodann ist weiter die Eigenthümlichkeit nicht gut ausgedrückt, wenn nicht das Einwohnen derselben in dem Gegenstand ebenfalls bekannter, als dieser selbst, ist; denn die Eigenthümlichkeit muss nicht allein selbst bekannter sein, als ihr Gegenstand, sondern auch ihr Einwohnen muss bekannter, als der Gegenstand sein; denn wer nicht weiss, ob sie dem Gegenstande einwohnt, wird auch nicht wissen, ob sie dem Gegenstande allein einwohnt. Somit wird in diesen beiden Fällen die Eigenthümlichkeit nicht deutlich ausgedrückt sein. Wenn z.B. jemand als eine Eigenthümlichkeit des Feuers aufstellte, dass es das ursprünglichste Element sei, aus welchem die Seele entstanden sei, so würde er mit diesen Bestimmungen, wonach die Seele in dem Feuer enthalten und ursprünglich in ihm enthalten sein solle, etwas Unbekannteres, als das Feuer selbst ist, aufstellen, und es wäre die Eigenthümlichkeit des Feuers damit nicht gut ausgedrückt, dass man sagte, sie sei das, aus welchem ursprünglich die Seele entstanden sei. Dagegen lässt sich mittelst dieses Gesichtspunktes ein Streitsatz begründen, wenn die Eigenthümlichkeit durch etwas Bekannteres und zwar in beiderlei Hinsicht ausgedrückt wird. Das Eigenthümliche wird dann für diesen Gegenstand gut ausgedrückt sein; denn von den zur Begründung benutzbaren Gesichtspunkten für die Frage, ob die Eigenthümlichkeit gut ausgedrückt sei, ergeben manche nur das Richtige für den in Frage stehenden Gegenstand, andere führen aber allgemein zu einer richtigen Angabe des Eigenthümlichen. Wenn also jemand als die Eigenthümlichkeit lebender Wesen angegeben hat, dass sie wahrnehmen, so hat er die Eigenthümlichkeit durch Bekannteres und in bekannterer Weise nach beiden Gesichtspunkten ausgedrückt, und es wird also dann das Wahrnehmen in guter Weise als die Eigenthümlichkeit lebender Wesen ausgedrückt sein.

Ferner kann man es zur Widerlegung benutzen, wenn eines von den Worten, mit denen die Eigenthümlichkeit ausgedrückt worden ist, zweideutig ist, oder wenn die ganze Rede doppelsinnig ist; denn die Eigenthümlichkeit ist dann nicht gut ausgedrückt. So ist das Wort: Wahrnehmen zweideutig; es bezeichnet einmal den Besitz der Sinne und dann auch den Gebrauch derselben; deshalb würde die Eigenthümlichkeit des lebenden Wesens nicht gut ausgedrückt sein, wenn als solche das Wahrnehmen angegeben wäre. Deshalb muss man für die Bezeichnung der Eigenthümlichkeit sich sowohl der zweideutigen Worte wie der doppelsinnigen Reden enthalten, denn das Zweideutige macht den Ausspruch unklar, und wer den Satz angreifen will, weiss dann nicht, in welchem Sinne er denselben nehmen soll. Das Eigenthümliche soll ja die Kenntniss erweitern. Dazu kommt, dass der, welcher die Eigenthümlichkeit so ausdrückt, eine Widerlegung erfahren muss, insofern jemand gegen den nicht passenden Sinn der zweideutigen Rede seine Schlüsse richtet. Für die Begründung müssen deshalb weder die Worte noch die ganze Rede eine Doppelsinnigkeit enthalten; erst dann ist die Eigenthümlichkeit gut ausgedrückt. So ist z.B. weder das Wort: Körper, noch der Ausdruck: am meisten nach oben sich bewegend, noch der daraus gebildete Satz mehrdeutig, und deshalb wird die Eigenthümlichkeit des Feuers, als eines am meisten nach oben sich bewegenden Körpers, dadurch gut ausgedrückt sein.

Ferner dient es zur Widerlegung, wenn der Gegenstand, dessen Eigenthümlichkeit angegeben wird, zweideutig ausgedrückt und nicht bestimmter gesagt ist, von welchem der mehreren Gegenstände die Eigenthümlichkeit behauptet wird; denn dann ist die Eigenthümlichkeit mangelhaft angegeben. Weshalb sie dies ist, erhellt aus dem früher Gesagten, denn die dort sich ergebenden Mängel müssen auch hier eintreten. So bedeutet z.B. das: »Dieses wissen« mehreres (denn einmal bedeutet es, dass einer das Wissen hat, dann, dass er das Wissen gebraucht, dann, dass er das Wissen von diesem Gegenstande hat und dann, dass er das Wissen an demselben gebraucht); wäre also mit diesem Ausdruck der Gegenstand des Eigenthümlichen bezeichnet und nicht angegeben, in welchem Sinne der Ausdruck gemeint sei, so wäre das Eigenthümliche schlecht ausgedrückt. Dagegen dient es zur Begründung eines Satzes, wenn der Gegenstand, von dem die Eigenthümlichkeit angegeben wird, nicht zweideutig, sondern nur als einer und einfach bezeichnet wird; denn dann ist die Eigenthümlichkeit von ihm gut bezeichnet. So ist z.B. das Wort: Mensch nur eindeutig, und es wird deshalb die Eigenthümlichkeit ein von Natur zahmes Geschöpf zu sein, in Bezug auf den Menschen gut ausgedrückt sein.

Ferner muss man behufs der Widerlegung auch darauf achten, ob bei der Bezeichnung der Eigenthümlichkeit ein und dasselbe mehrfach gesagt worden ist. Dies wird oft, sowohl bei Aufstellung der Eigenthümlichkeiten, wie bei den Definitionen versehen. Eine so ausgedrückte Eigenthümlichkeit ist nicht gut aufgestellt; denn der Zuhörer wird durch solche Widerholung gestört, und es muss deshalb die Sache unklar werden, und ausserdem den Schein eines blossen Possenspiels annehmen. Dieser Fehler wird auf zweierlei Weise begangen; einmal dann, wenn man dasselbe Wort wiederholt gebraucht; z.B. wenn jemand als die Eigenthümlichkeit des Feuers angiebt, dass es ein Körper sei, welcher der leichteste von allen Körpern sei (denn hier ist das Wort: Körper mehrmals gesagt), zweitens wenn jemand die Worte mit dem Begriffe vertauscht; z.B. wenn jemand als die Eigenthümlichkeit der Erde angäbe, sie sei ein Ding, was seiner Natur nach am meisten von allen Körpern nach unten treibe und dann statt des Wortes: Körper, den Ausdruck »solcher Dinge« einschöbe; denn der Körper und ein solches Ding sind ein und dasselbe. Dann wäre auch das Wort: Ding mehrfach gebraucht und deshalb in keiner von beiden Weisen die Eigenthümlichkeit gut ausgedrückt. Für die Begründung dient es aber, wenn dasselbe Wort nicht wiederholt gebraucht wird; denn dann ist die Eigenthümlichkeit gut ausgedrückt. Wenn also z.B. jemand als die Eigenthümlichkeit des Menschen bezeichnet, dass er ein der Wissenschaft fähiges Geschöpf sei, so gebraucht er dasselbe Wort nicht wiederholt, und die Eigenthümlichkeit wird dann in diesem Punkte gut ausgedrückt sein.

Es kann ferner für die Widerlegung benutzt werden, wenn bei Angabe der Eigenthümlichkeit ein solches Wort gebraucht worden ist, was von jedwedem ausgesagt werden kann; denn das, was sich von anderen Dingen nicht unterscheidet, kann hier nicht benutzt werden, da das als Eigenthümlichkeit Angenommene den Gegenstand so bezeichnen muss, dass man ihn von allen anderen unterscheiden kann, sowie dies auch die Definition thun muss, und deshalb wird ein solches Eigenthümliches nicht gut ausgedrückt sein. Wenn z.B. jemand als Eigenthümlichkeit der Wissenschaft angäbe, dass sie in einer durch Gründe nicht zu erschütternden Annahme, die *Eines* sei, bestehe, so gebrauchte er bei dieser Bezeichnung des Eigenthümlichen das: *Eines*, was jedwedem Dinge zukommt. Deshalb gehört es zu dem Begründen, dass man kein solches gemeinsames Wort benutzt, sondern nur ein solches, welches die Eigenthümlichkeit von Anderem abscheidet; dann wird die Eigenthümlichkeit gut aufgestellt sein. Benennt also z.B. jemand als Eigenthümlichkeit des Geschöpfes, dass es eine Seele habe, so benutzt er kein allen gemeinsames Wort und es wird deshalb die so ausgedrückte Eigenthümlichkeit des Geschöpfes in diesem Punkte gut bezeichnet sein.

Ferner kann es für die Widerlegung benutzt werden, wenn von einem Gegenstande mehrere Eigenthümlichkeiten aufgestellt worden sind, ohne dass dies ausdrücklich gesagt worden ist; denn dann ist die Eigenthümlichkeit nicht gut ausgedrückt, da ja auch bei den Definitionen dem das Wesen ausdrückenden Begriffe nichts weiter hinzugefügt werden darf. Ebenso darf auch bei den Eigenthümlichkeiten neben dem Satze, welcher die betreffende Eigenthümlichkeit ausdrückt, nichts weiter daneben gesagt werden, denn dies wäre nutzlos. Bezeichnet jemand als die Eigenthümlichkeit des Feuers den feinsten und leichtesten Körper, so hat er mehrere Eigenthümlichkeiten genannt (denn jedes von beiden kann in Wahrheit nur dem Feuer ausgesagt werden) und deshalb würde der Ausdruck, dass das Eigenthümliche des Feuers darin bestehe, dass es der feinste und leichteste Körper sei, nicht gut sein. Dagegen nützt es für die Begründung, wenn man Eigenthümlichkeiten des Gegenstandes aufstellt, sondern nur *eine*; denn dann ist in

97

dieser Beziehung die Eigenthümlichkeit gut ausgedrückt. Giebt also z.B. jemand als die Eigenthümlichkeit des Feuchten an, dass es ein Körper sei, welcher sich jeder Gestalt füge, so hat er nur *eine* und nicht mehrere Eigenthümlichkeiten angegeben, und die Eigenthümlichkeit des Feuchten wird dann in diesem Punkte gut aufgestellt sein.

Drittes Kapitel

Bei der Widerlegung ist ferner darauf zu achten, ob der Gegenstand selbst, von dem die Eigenthümlichkeit angegeben wird, oder ein Einzelnes von ihm zu ihrer Bezeichnung benutzt wird; denn dann ist die Eigenthümlichkeit nicht gut ausgedrückt, da dieselbe der Belehrung dienen soll. Wird nämlich etwas durch sich selbst bezeichnet, so bleibt es gleich unbekannt wie vorher; auch ist das, was zu ihm gehört, erst das Spätere und deshalb nicht das Bekanntere und damit ist also von dem Gegenstande nichts mehr, als vorher, zu lernen. Wenn z.B. jemand als die Eigenthümlichkeit des Geschöpfes bezeichnet, dass eine Art desselben der Mensch sei, so benutzt er zur Bezeichnung der Eigenthümlichkeit des Geschöpfes etwas, was unter ihm enthalten ist, und die Eigenthümlichkeit ist deshalb nicht gut ausgedrückt. Deshalb darf man bei der Bezeichnung der Eigenthümlichkeit eines Gegenstandes weder diesen selbst, noch eine seiner Unterarten benutzen; erst dann wird in dieser Beziehung die Eigenthümlichkeit gut aufgestellt sein. Giebt also jemand z.B. als Eigenthümlichkeit des lebenden Wesens an, dass es aus einer Seele und einem Leibe bestehe, so hat er dazu weder es selbst, noch eine seiner Arten dazu benutzt, und die Bezeichnung der Eigenthümlichkeit wird also dann in diesem Punkte gut geschehen sein.

Ebenso hat man auch bei anderen Bezeichnungen der Eigenthümlichkeit darauf zu achten, ob es den Gegenstand bekannter macht, oder nicht. Zur Widerlegung dient dies, wenn bei Bezeichnung der Eigenthümlichkeit etwas benutzt worden ist, was entweder dem Gegenstand von Natur entgegengesetzt ist, oder mit ihm, oder mit einer Unterart derselben völlig übereinstimmt; denn dann ist die Bezeichnung der Eigenthümlichkeit mangelhaft, da weder das der Natur des Gegenstandes Entgegengesetzte, noch das damit Uebereinstimmende, noch eine Unterart desselben den Gegenstand bekannter macht. Bezeichnete z.B. Jemand als Eigenthümlichkeit des Guten das, was dem Schlechten am meisten entgegengesetzt ist, so benutzte er zur Bezeichnung der Eigenthümlichkeit nur das dem Guten Entgegengesetzte, und sie wäre dann nicht gut ausgedrückt. Vielmehr muss bei Aufstellung einer Eigenthümlichkeit zur Bezeichnung derselben weder das dem Gegenstande Entgegengesetzte, noch das, was mit ihm von ganz gleicher Natur ist, noch eine blosse Unterart desselben benutzt werden; nur dann wird in dieser Beziehung die Bezeichnung gut geschehen sein. Setzt also jemand als Eigenthümlichkeit der Wissenschaft, dass sie die glaubwürdigste Annahme sei, so benutzt er dabei weder ihr Gegentheil, noch etwas der Natur nach mit ihr ganz Gleiches, noch eine Unterart derselben, und deshalb ist die Eigenthümlichkeit der Wissenschaft dann in diesem Punkte gut ausgedrückt.

Ferner dient es zur Widerlegung, wenn als Eigenthümlichkeit etwas genannt worden ist, was *nicht immer* mit dem Gegenstand verbunden ist, sondern manchmal auch ihm nicht eigenthümlich ist; denn auch dann ist die Eigenthümlichkeit nicht richtig. Dann wird nämlich weder bei dem Gegenstande, in dem die Eigenthümlichkeit wahrgenommen wird, der Satz nothwendig wahr sein, noch wird bei dem Gegenstande, wo sie nicht wahrgenommen wird, die Verneinung nothwendig wahr sein.Ueberdem wird selbst zu der Zeit, wo die Eigenthümlichkeit angegeben worden, es nicht klar sein, ob sie besteht, da sie der Art ist, dass sie auch ausbleiben kann; deshalb ist die Eigenthümlichkeit auch keine deutliche. Hat z.B. jemand als die Eigenthümlichkeit des Thieres angegeben, dass es manchmal sich bewegt und manchmal steht, so hat er eine solche angegeben, die es auch manchmal nicht ist, und deshalb ist sie nicht gut aufgestellt. Dagegen dient es der Begründung, wenn die Eigenthümlichkeit eine solche ist, die nothwendig immer dem Gegenstande zukommt; dann wird in diesem Punkte die Eigenthümlichkeit gut aufgestellt sein. Giebt z.B. jemand als Eigenthümlichkeit der Tugend an, dass sie ihren Inhaber sittlich mache, so hat er ein der Tugend stets Zukommendes als Eigenthümlichkeit bezeichnet, und sie wird dann in dieser Beziehung gut ausgedrückt sein.

Ferner giebt es einen Grund zur Widerlegung ab, wenn jemand nur eine jetzt vorhandene Bestimmung als Eigenthümlichkeit angiebt, ohne zu sagen, dass er nur eine für jetzt geltende angeben wolle; denn dann ist die Eigenthümlichkeit nicht richtig aufgestellt, indem ja alles Ungewöhnliche vorweg bestimmt ausgedrückt werden muss, da man gewöhnt ist, nur das, was einem Gegenstande immer als Eigenthümliches zukommt, mit diesem Worte zu bezeichnen. Sodann kann man auch in einem solchen Falle nicht wissen, ob der, welcher so unbestimmt sich ausdrückt, wirklich nur das jetzt vorhandene Eigenthümliche gemeint hat. Man darf aber in dieser Weise keinen Anlass zum Tadel geben. Hätte z.B. jemand als die Eigenthümlichkeit eines Menschen angegeben, dass er sich mit einem Anderen niedergesetzt habe, so hätte er nur eine zur Zeit vorhandene Eigenthümlichkeit aufgestellt, und er hätte dann die Eigenthümlichkeit nicht richtig bezeichnet, weil er sich nicht bestimmter ausgedrückt hätte. Dagegen dient es der Begründung, wenn man bei Aufstellung einer nur jetzt vorhandenen Eigenthümlichkeit dies ausdrücklich hervorhebt; denn dann ist die Aufstellung eine richtige. Sagt man z.B.: das Eigenthümliche eines bestimmten Menschen sei das Spazierengehen, und hebt man dabei hervor, dass dies nur für die gegenwärtige Zeit gelten solle, so ist die Bezeichnung gut geschehen.

Zur Widerlegung dient es ferner, wenn als Eigenthümlichkeit eine solche Bestimmung angegeben wird, deren Vorhandensein nur durch die Sinne wahrgenommen werden kann; denn die Aufstellung ist dann nicht gut geschehen, da alles Wahrnehmbare, was nicht auch wirklich in die Wahrnehmung fällt, unbekannt bleibt; es bleibt dann unerkennbar, ob die Eigenthümlichkeit noch besteht, weil sie eben nur durch Wahrnehmen erkannt werden kann. Dies gilt für solche Bestimmungen, die nicht immer mit Nothwendigkeit dem Gegenstande zukommen. Setzt z.B. jemand als Eigenthümlichkeit der Sonne, dass sie das glänzendste, über die Erde sich bewegende Gestirn sei, so bedient er sich auch Eigenthümlichkeit der Bewegung über die Erde, die nur durch den Sinn erkannt werden kann, und die Eigenthümlichkeit ist dann nicht gut aufgestellt; da, wenn die Sonne untergegangen ist, es dann unerkennbar sein wird, ob sie sich über der Erde bewegt, weil da die Wahrnehmung uns im Stich lässt. Dagegen dient es zur Begründung eines aufgestellten Satzes, wenn eine solche Eigenthümlichkeit aufgestellt worden, die nicht blos durch die Sinne erkennbar ist, oder die, wenn sie eine solche ist, wenigstens als eine nothwendige sich herausstellt; denn dann ist in dieser Beziehung die Aufstellung gut geschehen. Das ist z.B. dann der Fall, wenn man als Eigenthümlichkeit der Oberfläche angiebt, dass sie das sei, was zuerst gefärbt wird; hier benutzt man zwar etwas Sinnliches, die Farbe, aber doch ein solches, was offenbar immer besteht, und deshalb wird in dieser Beziehung diese Eigenthümlichkeit der Oberfläche gut aufgestellt sein.

Ferner giebt es einen Grund zur Widerlegung, wenn jemand den Begriff einer Sache als ihre Eigenthümlichkeit aufstellt; denn sie wäre dann nicht richtig aufgestellt, da die Eigenthümlichkeit das *Was* der Sache nicht angeben soll. Gäbe z.B. jemand als Eigenthümlichkeit des Menschen an, dass er ein zweifüssiges, auf dem Lande lebendes Geschöpf sei, so hätte er das *Was* des Menschen als die Eigenthümlichkeit desselben angegeben und wäre nicht richtig verfahren. Dagegen dient es der Begründung, wenn man als Eigenthümlichkeit etwas bezeichnet, was zwar im Satze sich mit seinem Gegenstande austauschen lässt, aber doch das *Was* der Sache nicht angiebt; und dann würde die Eigenthümlichkeit richtig aufgestellt sein; z.B. wenn jemand als Eigenthümlichkeit des Menschen angäbe, dass er ein von Natur zahmes Geschöpf sei; dann würde diese Eigenthümlichkeit zwar im Satze sich mit dem Menschen austauschen lassen, aber sie würde doch nicht das wesentliche Was des Menschen angeben, und deshalb würde die Bezeichnung in diesem Punkte richtig sein.

Ferner giebt es einen Grund zur Widerlegung, wenn die Eigenthümlichkeit nicht von dem *Was* des Gegenstandes aufgestellt worden ist. Denn man muss bei der Eigenthümlichkeit, wie bei der Definition, zunächst die Gattung angeben, und dann erst das Uebrige dem anpassen und so es von Anderem absondern; ohnedem wird das Eigenthümliche nicht richtig ausgedrückt sein. Sagte also z.B. jemand, es sei die Eigenthümlichkeit des Geschöpfes, dass es eine Seele habe, so hätte er das Was des Geschöpfes nicht genannt, und deshalb wäre die Eigenthümlichkeit des Geschöpfes nicht richtig aufgestellt. Dagegen dient es der Begründung, wenn auch das Was des Gegenstandes genannt wird und dann das Uebrige hinzugefügt wird; dann ist die Eigenthümlichkeit in diesem Punkte gut aufgestellt. Z.B. wenn man als die Eigenthümlichkeit des Menschen aufstellte, dass er ein Geschöpf sei, was der Wissenschaft fähig sei; denn dann wäre das Eigenthümliche an das Was geknüpft und deshalb in diesem Punkte die Eigenthümlichkeit des Menschen gut aufgestellt.

Viertes Kapitel

Nach den bisher angegebenen Gesichtspunkten ist also zu prüfen, ob das Eigenthümliche richtig *ausgedrückt* worden ist; dagegen kann aus dem Nachfolgenden ersehen werden, ob die angegebene Bestimmung überhaupt eine Eigenthümlichkeit *ist* oder *nicht ist*. Die Gesichtspunkte, wonach das Eigenthümliche richtig ausgedrückt wird, fallen mit denen, woraus auch eine wahre Eigenthümlichkeit ergiebt, zusammen; jene werden also durch diese mit befasst. Behufs der Widerlegung hat man zunächst bei den einzelnen Gegenständen, von denen insgesammt eine 102 Eigenthümlichkeit aufgestellt worden ist, zu prüfen, ob sie etwa bei keinem derselben vorhanden ist, oder ob sie bei demselben nicht als solchem zutrifft, oder ob die Eigenthümlichkeit es nicht von jedem Gegenstande in dem Sinne ist, in welchem sie für den aufgestellten Gegenstand ausgesagt ist; denn in solchem Falle wird die aufgestellte Eigenthümlichkeit nicht die richtige sein. Wenn es z.B. bei dem Geometer nicht richtig ist, dass er in seinen Schlüssen sich nicht irren könne (denn der Geometer kann durch eine falsche Verzeichnung der Figur sich irren), so kann es nicht als die Eigenthümlichkeit eines wissenschaftlichen Mannes gelten, dass er sich nicht irre. Wenn dagegen die Begründung etwas als die Eigenthümlichkeit für alle erweist, und zwar in dem Sinne, wie sie dem Gegenstande beigelegt worden ist; dann ist die aufgestellte Eigenthümlichkeit die wahre. Wenn z.B. für jeden Menschen, und zwar als Menschen, als Eigenthümlichkeit gilt, dass er ein der Wissenschaft fähiges Geschöpf ist, so wird dies eine Eigenthümlichkeit des Menschen sein, dass er ein der Wissenschaft fähiges Geschöpf ist. Dagegen kann dieser Gesichtspunkt dann für die Widerlegung benutzt werden, wenn bei dem Gegenstande, wo der Name richtig ist, der Begriff nicht passt und wenn umgekehrt, da, wo der Begriff passt, der Name nicht der rechte ist; für die Begründung dient es aber, wenn da, wo der Name richtig ist, auch der Begriff passt und wenn da, wo der Begriff ausgesagt werden kann, auch der Name es kann.

Es dient ferner zur Widerlegung, wenn für die Gegenstände, für welche der Name gilt, der Begriff der angegebenen Eigenthümlichkeit nicht passt, oder wenn von dem, was der Begriff der angegebenen Eigenthümlichkeit befasst, der Name des Gegenstandes nicht ausgesagt werden kann. Wenn z.B. von der Gottheit in Wahrheit gesagt werden kann, dass sie ein an der Wissenschaft Theil habendes Wesen sei, so kann, da der Name Mensch die Gottheit nicht befasst, auch das an der Wissenschaft Theil-haben keine Eigenthümlichkeit des Menschen sein. Dagegen dient es zur Begründung, wenn da, wo der Begriff der Eigenthümlichkeit passt, auch der Name des Gegenstandes ausgesagt werden kann und wenn da, wo dieser Name passt, auch der Begriff des Eigent-

hümlichen ausgesagt werden kann; denn es wird dann die Eigenthümlichkeit die wahre sein, wenn auch in dem vom Gegner aufgestellten
Satze dies bestritten wird. Wenn z.B. da, wo das: eine – Seele – Haben
richtig ist, auch der Name: Geschöpf passt, und wenn da, wo der Name:
Geschöpf richtig ist, das: eine-Seele-Haben vorhanden ist, so ist das:
»eine-Seele-Haben« eine Eigenthümlichkeit des Geschöpfes.

Ferner kann es zur Widerlegung benutzt werden, wenn ein Unterliegendes als das Eigenthümliche eines im Unterliegenden Enthaltenen
aufgestellt wird; wenn z.B. als die Eigenthümlichkeit des leichtesten
Körpers das Ferner- und somit das Unterliegende als die Eigenthümlichkeit eines von ihm Ausgesagten angegeben wird; denn das Feuer
kann nicht eine Eigenthümlichkeit des leichtesten Körpers sein. Das
Unterliegende kann nämlich deshalb nicht die Eigenthümlichkeit einer
in ihm enthaltenen Bestimmung sein, weil letztere die Eigenthümlichkeit
von mehreren und der Art nach verschiedenen Gegenständen bilden
kann. Denn in ein und demselben Gegenstande sind mehrere der Art
nach verschiedene Eigenschaften vorhanden, welche von ihm allein
ausgesagt werden, und er würde das Eigenthümliche von allen diesen
Eigenschaften bilden, wenn das Eigenthümliche in dieser Weise aufgestellt würde. Dagegen dient es der Begründung, wenn das *in* dem Unterliegenden Enthaltene als eine Eigenthümlichkeit des Unterliegenden
ausgesagt wird; denn es wird dann das, was nach der Aufstellung des
Gegners keine Eigenthümlichkeit ist, doch eine solche sein, sofern es
nur von den Gegenständen allein ausgesagt wird; von denen es als Eigenthümliches behauptet wird. Hat z.B. jemand als Eigenthümlichkeit
der Erde die Eigenschaft angegeben, dass sie der der Art nach schwerste
Körper sei, so hat er diese Eigenschaft nur von dem Unterliegenden
angegeben und von dem Gegenstande, von dem allein sie ausgesagt
werden kann, und die Eigenthümlichkeit der Erde ist dann richtig angegeben.

Ferner kann es zur Widerlegung benutzt werden, wenn die Eigenthümlichkeit nach dem Teilhaben angegeben worden ist; denn ein so
aufgestelltes Eigenthümliche ist keines; da das, was in der Weise des
Theilhabens einem Gegenstande einwohnt, zu dem *Was* desselben gehört; es würde der Art-Unterschied in Bezug auf eine besondere Art
sein. Wenn z.B. jemand sagte: das »zweifüssig auf dem Lande lebend«
sei die Eigenthümlichkeit des Menschen, so wäre dies falsch. Dagegen
dient es der Begründung, wenn man die Eigenthümlichkeit weder nach

seinem Theilhaben aufstellt, noch dieselbe das wesentliche *Was* des Gegenstandes anzeigt, wenn sie mit dem Gegenstande im Satze ausgetauscht wird. Denn dann wird es das Eigenthümliche sein, wenn auch der Gegner es leugnet. Hat z.B. jemand als Eigenthümlichkeit des Geschöpfes aufgestellt, dass es von Natur des Wahrnehmens fähig sei, so hat er sie weder nach dem Theilhaben aufgestellt, noch damit das *Was* des Gegenstandes ausgesagt, wenn sie mit dem Gegenstande im Satze ausgetauscht wird, und deshalb wird die von Natur bestehende Wahrnehmungsfähigkeit eine Eigenthümlichkeit des Geschöpfes sein.

Ferner dient, es zur Widerlegung, wenn die Eigenthümlichkeit nicht zugleich mit dem angegebenen Gegenstande besteht, sondern entweder später oder früher als der Gegenstand bestehen kann; denn ein solches ist entweder niemals oder nicht immer eine Eigenthümlichkeit. So kann z.B. das »über-den-Markt-Gehen« schon früher oder später als der Mensch bei einem Wesen statt haben, und es kann deshalb nicht eine Eigenthümlichkeit des Menschen sein und zwar entweder niemals, oder wenigstens nicht für alle Zeit. Dagegen dient es der Begründung, wenn die Eigenthümlichkeit immer gleichzeitig mit dem Gegenstande und zwar nothwendig besteht, und sie weder dessen Begriff noch ein Art-Unterschied desselben ist, denn dann wird sie, wenn sie auch in dem aufgestellten Streitsatze nicht als Eigenthümlichkeit anerkannt wird, doch immer ein Eigenthümliches sein. So besteht z.B. das der Wissenschaft fähige Geschöpf nothwendig immer zugleich mit dem Menschen, und jenes ist weder ein Art-Unterschied noch der Begriff des Menschen; deshalb wird das der Wissenschaft fähige Geschöpf die Eigenthümlichkeit des Menschen sein.

Zur Widerlegung dient es ferner, wenn von denselben Gegenständen, insoweit sie solche sind, das Eigenthümliche nicht bei allen dasselbe ist; denn dann ist die aufgestellte Bestimmung kein Eigenthümliches. Wenn z.B. es keine Eigenthümlichkeit des Begehrten ist, dass es Manchen gut zu sein scheint, so wird diese Bestimmung auch keine Eigenthümlichkeit des Gewünschten sein; denn das Begehrte und Gewünschte sind ein und dasselbe. Dagegen gehört es zur Begründung, dass dieselbe Eigenthümlichkeit für alles gelte, was dasselbe und zwar als solches ist; denn dann wird es, auch wenn der Gegner dies bestreitet, ein Eigenthümliches sein. Wenn z.B. vom Menschen als solchem die Eigenthümlichkeit aufgestellt wird, dass er eine dreitheilige Seele habe, und dies von den Sterblichen als solchen gilt, so wird diese Bestimmung auch eine Eigenthümlichkeit jenes sein. Dieser Gesichtspunkt ist auch bei dem neben sächlich-Ausgesagten benutzbar; denn den einzelnen gleichen Dingen muss als solchen auch dasselbe Nebensächliche einwohnen oder nicht einwohnen.

Auch dient es der Widerlegung, wenn bei den der Art nach gleichen Dingen die Eigenthümlichkeit der Art nach nicht überall dieselbe ist. Denn dann ist die angegebene Bestimmung keine Eigenthümlichkeit des betreffenden Gegenstandes. So sind z.B. der Mensch und das Pferd der Gattung nach gleich; aber es ist keine stets gültige Eigenthümlichkeit des Pferdes, von selbst still zu stehen, und deshalb wird auch bei dem Menschen das sich-von-selbst-Bewegen keine Eigenthümlichkeit sein; denn das sich-von-selbst-Bewegen und von-selbst-Stehen-bleiben ist der Art nach dasselbe, insofern dem Geschöpf als solchen jedes von beiden zukommt. Dagegen dient es der Begründung, wenn bei der Art nach gleichen Dingen dieselbe Bestimmung als Eigenthümlichkeit gilt; denn dann wird trotz des entgegengesetzten Streitsatzes es eine Eigenthümlichkeit sein. So ist es dem Menschen eigenthümlich, dass er ein zweifüssiges auf dem Lande lebendes Geschöpf ist, und dem Vogel ist es eigenthümlich, dass er ein zweifüssiges Fliegendes ist; jedes von beiden ist der Art nach sich gleich, da der Mensch und der Vogel Arten ein und derselben Gattung sind, indem sie beide unter den Geschöpfen befasst sind und die letzteren Bestimmungen zu dem Art-Unterschiede des Geschöpfes gehören.

Indess führt dieser Gesichtspunkt zum Irrthum, wenn von den angegebenen Bestimmungen die eine nur *einer* Art zukommt, die andere aber *mehreren* Arten; wie dies z.B. bei dem »vierfüssigen auf dem Lande lebenden« der Fall sein würde.

Da indess die Worte: Dasselbe und Verschieden vieldeutig sind, so ist es einem sophistischen Gegner gegenüber schwierig, das Eigenthümliche von einem Gegenstande und nur von diesem allein anzugeben. Denn das, was in einem Gegenstande enthalten ist, dem etwas Nebensächliches anhaftet, wird auch in dem Nebensächlichen zusammen mit seinem Gegenstande genommen enthalten sein. So wird das, was in dem Menschen enthalten ist, auch in dem weissen Menschen enthalten sein, wenn dieser Mensch ein weisser ist, und das, was in dem weissen Menschen enthalten ist, wird auch in dem Menschen überhaupt enthalten sein. Hier könnte nun der Sophist das Mehrere bei solchen Eigenthümlichkeiten verfälschen, indem er das Unterliegende für sich als ein

Anderes wie das mit dem Nebensächlichen behaftete Unterliegende erklärte, und z.B. sagte, dass der Mensch und der weisse Mensch jedes ein Anderes wäre, indem der Sophist den Zustand und den danach benannten Gegenstand zu Verschiedenem machte, weil das, was in einem Zustande enthalten sei, auch dem danach benannten Gegenstande einwohne und umgekehrt das dem Gegenstande Einwohnende auch dem Zustande. Gälte z.B. jemand in Bezug auf eine Wissenschaft als ein Wissender, so wäre die Eigenschaft, wonach etwas durch keine Gründe zu einer anderen Ueberzeugung zu bringen ist, nicht die Eigenthümlichkeit der Wissenschaft; denn auch der Wissende sei einer, welcher zu keiner anderen Ueberzeugung zu bringen sei. Behufs der Vertheidigung muss man also dagegen geltend machen, dass der Gegenstand, dem eine Eigenschaft zukommt und diese Eigenschaft selbst mitsammt dem Gegenstande, dem sie zukommt, überhaupt hier nicht zwei verschiedene Dinge seien, sondern dass derselbe Gegenstand dann nur verschieden benannt werde, weil sein Sein verschieden ist; denn für den Menschen ist dessen Mensch-sein nicht dasselbe wie für den weissen Menschen dessen »weisser-Mensch-sein«.

Auch muss man auf die Wortbeugungen Acht haben und sagen, dass deshalb, weil der Wissende nicht *Das* durch Gründe nicht zu Ueberredende sei, auch die Wissenschaft nicht *Das* durch Gründe nicht zu Ueberredende sei; sondern dass jener *Der* durch Gründe nicht zu Ueberredende und die Wissenschaft *Die* nicht durch Gründe zu Ueberredende sei; denn gegen den, der in jeder Weise mit Einwürfen kommt, muss man sich auch auf jede Weise vertheidigen.

Fünftes Kapitel

Ferner dient es zur Widerlegung, wenn jemand ein von Natur einwohnendes Eigenthümliches in seinem aufgestellten Satze als ein solches bezeichnet, was immer in dem Gegenstande enthalten ist; denn ein so aufgestelltes Eigenthümliches lässt sich widerlegen. Wenn z.B. jemand als das Eigenthümliche des Menschen das Zweifüssige aufstellt und er dies als ein natürliches Eigenthümliches kennzeichnen will, aber in seinem Satze es als ein immer am Menschen Vorhandenes ausdrückt, so wird dies so ausgedrückte Zweifüssige nicht das Eigenthümliche des Menschen sein, denn nicht jeder Mensch hat zwei Füsse. Für die Begründung ist es also nöthig, dass, wenn man das Eigenthümliche als das Natürliche eines Gegenstandes bezeichnen will, man dies auch in dem Satze dem entsprechend ausdrücke, denn dann wird das so Bezeichnete in dieser Hinsicht nicht umgestossen werden können. Hat also z.B. jemand als das Eigenthümliche des Menschen angegeben, dass er ein der Wissenschaft fähiges Geschöpf sei, und bezeichnet er sowohl nach seiner Absicht, wie nach seinen Worten sie als eine natürliche Eigenthümlichkeit, so wird Niemand diesen Satz in dieser Fassung umstossen können.

Es ist ferner schwierig, das Eigenthümliche da anzugeben, wo es sowohl von einem Ursprünglichen, als auch von einem anderen darauf Bezüglichen ausgesagt werden kann; giebt man es nämlich als das Eigenthümliche des auf das Ursprüngliche bezogenen Gegenstandes an, so wird es auch für das Ursprüngliche selbst gelten müssen, und wenn man es von dem Ursprünglichen aufstellt, so wird es auch von dem auf das Ursprüngliche bezogenen Anderen gelten müssen. Giebt man z.B. als Eigenthümlichkeit der Oberfläche an, dass sie gefärbt werden könne, so wird dies auch von dem Körper derselben in Wahrheit gesagt werden können und sagt man es von dem Körper, so wird es auch von 108 dessen Oberfläche gelten; so dass also Gegenstände, wo derselbe Begriff der Eigenthümlichkeit gilt, nicht immer dem Namen nach richtig bezeichnet sein werden.

Bei manchen Eigenthümlichkeiten wird meist darin gefehlt, dass man nicht näher bestimmt, wie das Eigenthümliche oder von welchen Gegenständen es gemeint sei. Man setzt nämlich im Allgemeinen das Eigenthümliche entweder als ein von Natur Einwohnendes, wie z.B. das Zweifüssige bei dem Menschen, oder als ein einfach Seiendes, wie z.B. das nur-vier-Finger-Haben, bei diesem bestimmten Menschen, oder als ein der Art Einwohnendes, wie z.B. beim Feuer, dass es der leichteste Körper ist, oder als eine Eigenschaft überhaupt, wie z.B. das Leben bei dem Geschöpf, oder als eine Beziehung auf Anderes, wie z.B. das Kluge bei der Seele, oder als ein Oberstes, wie z.B. des Klugen bei dem vernünftigen Theile der Seele, oder als ein Haben, wie z.B. bei dem Inhaber der Wissenschaft das der- Ueberredung-unzugänglich-Sein (denn nur weil er etwas inne hat, ist er der Ueberredung unzugänglich), oder als ein Gehabt-werden, wie bei der Wissenschaft das der- Ueberredung-unzugänglich-Sein; oder als ein Erfasst-werden, wie das Wahrnehmen bei dem Geschöpf (denn auch Anderes, z.B. der Mensch nimmt wahr, allein er thut es nur vermöge seiner Theilnahme an dem Begriff Geschöpf), oder als ein Theilhaben, wie das Leben bei einem einzelnen Geschöpfe.

Setzt man nun in dem ersten dieser Fälle nicht das »von Natur« hinzu, so begeht man einen Fehler, weil das von Natur Eigenthümliche auch einmal dem, welchem es von Natur zukommt, fehlen kann, wie z.B. einem Menschen, dass er zwei Füsse hat. Ebenso fehlt man, wenn man das einfach daseiende Eigenthümliche nicht als solches bezeichnet, weil solches Eigenthümliche auch später nicht so sein kann, wie es jetzt besteht, wie z.B. dass der Mensch vier Finger habe! Ebenso ist es ein Fehler, wenn man nicht bestimmt angiebt, ob man die Eigenthümlichkeit von dem Ursprünglichen oder ob man sie von einem anderen darauf sich Beziehenden aufstellt; weil dann der Name des Gegenstandes und der Begriff der Eigenthümlichkeit nicht immer zusammen stimmen

werden, wie wenn z.B. das Gefärbtsein als Eigenthümlichkeit der Oberfläche oder des Körpers bezeichnet wird. Ebenso wird gefehlt, wenn man nicht vorher sagt, ob man die Eigenthümlichkeit auf das Haben, oder das Gehabtwerden stütze; denn stützt man die Eigenthümlichkeit auf letzteres, so wird sie dem Besitzer zukommen, stützt man sie aber auf das Haben, so wird sie dem Besessenen zukommen, z.B. wenn das »der Ueberredung durch Gründe unzugänglich-Sein« als Eigenthümlichkeit der Wissenschaft oder des Wissenden aufgestellt wird. Giebt man ferner nicht im Voraus an, ob auf dem Theilhaben an einem höheren Begrifflichen oder auf dem Befasstwerden des höheren Begrifflichen die Eigenthümlichkeit sich stützt, so wird das Eigenthümliche auch in anderen Dingen enthalten sein; denn wenn es auf dem Befasstwerden des Höheren beruht, so wird es dem Untergeordneten zukommen, und wenn es auf dem Theilhaben am Höhern beruht, dem Untergeordneten; z.B. wenn jemand das Leben als die Eigenthümlichkeit eines einzelnen Geschöpfes oder des Geschöpfes überhaupt aufstellt.

Man begeht ferner einen Fehler, wenn man bei Bestimmung des Eigenthümlichen der Art nach nicht angiebt, dass es nur einem Einzelnen von den darunter Befindlichen zukomme, von welchen das Eigenthümliche aufgestellt wird; denn das höchste Mass einer Eigenschaft kommt nur einem zu, z.B. wenn man von dem Feuer als Eigenthümlichkeit die grösste Leichtigkeit aussagt. Mitunter kann auch gefehlt werden, wenn man das Eigenthümliche der Art nach bestimmt, denn es muss in solchem Falle nur *eine* Art von dem angegebenen Gegenstande bestehen; dies trifft aber manchmal nicht zu, so z.B. auch bei dem Feuer nicht;

denn es giebt nicht blos *eine* Art von Feuer, vielmehr sind die Kohlengluth und die Flamme und das Licht der Art nach verschieden, obgleich jedes von ihnen Feuer ist. Deshalb darf, wenn man die Eigenthümlichkeit der Art nach bestimmt, es neben der genannten nicht noch andere Arten geben, weil dann das benannte Eigenthümliche der einen Art mehr, der anderen weniger zukommen wird; wie wenn z.B. beim Feuer das Leichteste-sein als Eigenthümlichkeit genannt worden; denn das Licht ist leichter als die Kohlengluth und die Flamme. Eine solche Bestimmung des Eigenthümlichen ist daher unzulässig, wenn nicht auch der benannte Gegenstand selbst da sich steigert, wo die Eigenthümlichkeit sich steigert, denn wo dies nicht der Fall ist, wird bei der gesteigerten Eigenthümlichkeit die Steigerung des Gegenstandes fehlen. Dazu kommt noch, dass die Eigenthümlichkeit dann als dieselbe angegeben wird für den Gegenstand überhaupt und für die besondere Art, welche in der Gattung am meisten diese Eigenthümlichkeit besitzt, wie das z.B. bei dem Feuer statt hat, wenn von ihm ohne näheren Zusatz als Eigenthümlichkeit angegeben wird, dass es der leichteste Körper sei; denn auch von dem Licht ist es die Eigenthümlichkeit, da das Licht der leichteste Körper ist. Wenn sonach der Gegner eine Eigenthümlichkeit mangelhaft aufstellt, so muss man ihn hiernach angreifen; stellt man aber selbst den Satz auf, so muss man dem Gegner zu diesem Einwurfe keine Gelegenheit geben, sondern gleich bei Aufstellung des Satzes bestimmt angeben, in welchem Sinne die Eigenthümlichkeit zu verstehen sei.

Bei dem Widerlegen hat man ferner darauf zu achten, ob der Gegenstand selbst als das Eigenthümliche von ihm aufgestellt worden ist; denn dann ist dies keine Eigenthümlichkeit, weil jeder Gegenstand als solcher von sich nur sein Sein angiebt, und eine das Sein angebende Bestimmung keine Eigenthümlichkeit, sondern eine Definition ist. Giebt z.B. jemand als die Eigenthümlichkeit des Sittlichen das sich Geziemende an, so hat er das Sittliche als das Eigenthümliche des Sittlichen selbst angegeben (denn das Sittliche und das Geziemende sind dasselbe) und deshalb ist das Geziemende nicht die Eigenthümlichkeit des Sittlichen. Bei dem Aufstellen eines Satzes muss man also darauf achten, dass man nicht den Gegenstand als die Eigenthümlichkeit von ihm selbst aufstellt, aber dabei müssen doch das Eigenthümliche und der Gegenstand, also beide von einander, ausgesagt werden können; denn dann wird die Eigenthümlichkeit die richtige sein, wenn der Gegner auch das Entgegengesetzte aufgestellt haben sollte. Setzt also z.B. jemand als Eigenthümlichkeit des Geschöpfes das Beseelt-sein, so hat er den Gegenstand nicht selbst als seine Eigenthümlichkeit aufgestellt, und doch kann Beides auch voneinander ausgesagt werden; das Beseeltsein wird daher die Eigenthümlichkeit des Geschöpfes sein.

Zur Widerlegung dient es ferner, wenn jemand von einem in seinen Theilen gleichartigen Gegenstande eine Eigenthümlichkeit angegeben hat, welche für seine Theile nicht richtig ist, oder wenn die vom Theile angegebene Eigenthümlichkeit nicht von dem Ganzen ausgesagt werden kann; denn die Eigenthümlichkeit ist dann nicht die wahre. Dies geschiet mitunter; denn Mancher giebt wohl von solchen gleichartigen Dingen die Eigenthümlichkeit nur im Hinblick auf das Ganze an und manchmal nur die, welche nur von dem Theile ausgesagt werden kann, indem er nur darauf seine Aufmerksamkeit richtet; allein es wird dann in beiden Fällen die Eigenthümlichkeit nicht richtig angegeben sein. So geschieht dies z.B. nur in Bezug auf das Ganze, wenn jemand als die Eigenthümlichkeit des Meeres aufstellt, dass es das meiste salzige Wasser enthalte; hier hat er zwar die Eigenthümlichkeit von dem aus gleichen Theilen bestehenden Ganzen angegeben; aber sie selbst passt nicht für die einzelnen Theile des Meeres (denn ein einzelnes Meer enthält nicht das meiste salzige Wasser), und deshalb kann dies keine Eigenthümlichkeit des Meeres sein. Ebenso ist es derselbe Fehler, wenn nur auf die Theile gesehen wird, z.B. wenn jemand als die Eigenthümlichkeit der Luft angiebt, dass sie eingeathmet werden könne. Hier hat er zwar die Eigenthümlichkeit von etwas in seinen Theilen Gleichartigem angegeben, aber doch so, dass es nur von einem Theile der Luft, aber nicht von der ganzen gilt (denn die ganze Luft kann nicht eingeathmet werden), und deshalb ist diese Bestimmung keine Eigenthümlichkeit der Luft. Bei Aufstellung eines Satzes hat man daher zu prüfen, ob die Eigenthümlichkeit für *jeden* Theil des gleichartigen Gegenstandes gilt, denn dann ist es auch die Eigenthümlichkeit für den ganzen und die wahre, wenn der Gegner es auch bestreitet. Wenn z.B. von *jedem* Theile der Erde als Eigenthümlichkeit gilt, dass sie von Natur nach unten sich bewegt, so ist dies auch von einem einzelnen Theile der Erde die Eigenthümlichkeit, und so wird dieses »von – Natur – nach – unten – sich – Bewegen« in Wahrheit die Eigenthümlichkeit der Erde sein.

Sechstes Kapitel

Man muss ferner die Prüfung auf die Gegensätze richten, und zwar muss man zunächst bei den gegentheiligen Dingen behufs der Widerlegung untersuchen, ob etwa zu dem Gegentheile des Gegenstandes das Gegentheil von dessen Eigenthümlichen nicht als Eigenthümliches gehören sollte; denn dann ist auch das aufgestellte Eigenthümliche es nicht von seinem Gegenstande. Da z.B. das Gegentheil der Gerechtigkeit die Ungerechtigkeit und das Gegentheil des Besten das Schlechteste ist, so ist, wenn das Beste nicht das Eigenthümliche der Gerechtigkeit ist, auch das Schlechteste nicht die Eigenthümlichkeit der Ungerechtigkeit. Zur Begründug dient es dagegen, wenn das Gegentheil des Eigenthümlichen auch das Eigenthümliche von dem Gegentheile des Gegenstandes ist; denn dann wird auch ersteres das Eigenthümliche des Gegenstandes sein. Ist z.B. das Schlechte das Gegentheil des Guten und das Wünschenswerthe das Gegentheil von dem zu Fliehenden und ist das Wünschenswerthe die Eigenthümlichkeit des Guten, so wird auch das zu Fliehende die Eigenthümlichkeit des Schlechten sein.

Zweitens dienen die gegensätzlichen Beziehungen zur Widerlegung, wenn bei zwei Beziehungen das sich Beziehende nicht das Eigenthümliche des andern sich Beziehenden ist; denn dann wird auch das eine Bezogene nicht das Eigenthümliche des anderen Bezogenen sein. Wenn z.B. das Doppelte sich auf das Halbe bezieht und das Ueberragende sich auf das Ueberragte bezieht, und wenn das Ueberragende nicht das Eigenthümliche des Doppelten ist, so wird auch das Ueberragte nicht das Eigenthümliche des Halben sein. Zur Begründung dient es aber, wenn das Entgegengesetzte hiervon stattfindet; dann wird, wenn von dem ersten Stücke beider Beziehungen das eine der Gegenstand und das andere das ihm zukommende Eigenthümliche sind, dies auch für die zweiten Stücke in beiden Beziehungen gelten. Bezieht sich also z.B. das Doppelte auf das Halbe und die Zwei auf die Eins und ist das Eigenthümliche des Doppelten dasselbe wie das Verhältniss der Zwei zur Eins, so wird auch das Eigenthümliche des Halben das Verhältniss der Eins zur Zwei sein.

Drittens dient es zur Widerlegung, wenn von dem Haben das nach dem Haben Benannte nicht sein Eigenthümliches ist; denn dann wird auch das von der Beraubung nach der Beraubung Benannte nicht dessen Eigenthümliches sein. Ebenso kann, wenn das nach der Beraubung

Benannte nicht das Eigenthümliche der Beraubung ist, auch das nach dem Haben Benannte nicht das Eigenthümliche des Habens sein. Da z.B. das Unempfindlich-sein nicht als die Eigenthümlichkeit der Taubheit gilt, so wird auch das Empfindlich-sein nicht das Eigenthümliche des Gehörs sein. Zur Begründung dient es aber, wenn das nach dem Haben Benannte die Eigenthümlichkeit des Habens ist, denn dann wird auch das nach der Beraubung Benannte das Eigenthümliche der Beraubung sein, und umgekehrt wird, wenn letzteres gilt, dasselbe auch von dem Haben und dessen Eigenthümlichen gelten. Ist z.B. das Sehen die Eigenthümlichkeit des Gesichts, inwiefern wir dasselbe haben, so wird auch das Nichtsehen die Eigenthümlichkeit der Blindheit sein, insofern wir des Gesichts beraubt sind, obgleich wir von Natur das Gesicht besitzen.

Ferner dienen die Bejahungen und Verneinungen zur Widerlegung, und zwar zunächst die ausgesagten Bestimmungen selbst. Dieser Gesichtspunkt kann nur zu Widerlegungen benutzt werden. Ist z.B. das dem Gegenstand bejahend Beigelegte, oder das danach Benannte das Eigenthümliche desselben, so ist die Verneinung desselben oder das danach Benannte nicht das Eigenthümliche des Gegenstandes; und wenn das von dem Gegenstand Verneinte, oder danach Benannte das Eigenthümliche desselben ist, so ist die Bejahung und das nach ihr Benannte nicht das Eigenthümliche des Gegenstandes. Wenn z.B. das Eigenthümliche des Geschöpfes in der Beseelung besteht, so wird das Seelenlose nicht die Eigenthümlichkeit des Geschöpfes sein.

Sodann kann das Ausgesagte so wie dessen Verneinung und der Gegenstand, von dem es ausgesagt oder nicht ausgesagt wird, zur Widerlegung benutzt werden, wenn die bejahte Bestimmung von dem bejahten Gegenstand nicht das Eigenthümliche ist; denn dann wird auch die Verneinung jener nicht die Eigenthümlichkeit des die Verneinung des Gegenstandes enthaltenden Gegenstandes sein. Ist ferner die Verneinung der Eigenthümlichkeit nicht das Eigenthümliche von der Verneinung des Gegenstandes, so wird auch die bejahte Bestimmung nicht das Eigenthümliche des bejahten Gegenstandes sein. Ist z.B. das Geschöpf nicht das Eigenthümliche des Menschen, so wird auch das Nicht-Geschöpf nicht das Eigenthümliche des Nicht-Menschen sein. Und wenn das Nicht-Geschöpf nicht als das Eigenthümliche des Nicht-Menschen gilt, so wird auch das Geschöpf nicht das Eigenthümliche des Menschen sein. Bei der Aufstellung eines Satzes hat man dagegen zu prüfen, ob von dem bejahten Gegenstande die bejahte Bestimmung sein Eigenthümliches ist; denn dann wird auch von der Verneinung des Gegenstandes die Verneinung dieser Bestimmung dessen Eigenthümliches sein; und ist die Verneinung dieser Bestimmung das Eigenthümliche der Verneinung des Gegenstandes, so wird auch die Bejahung der Bestimmung das Eigenthümliche des Gegenstandes sein. Ist z.B. das Nicht-Leben das Eigenthümliche des Nicht-Geschöpfes, so wird auch das Leben das Eigenthümliche des Geschöpfes sein, und wenn das Leben sich als die Eigenthümlichkeit des Geschöpfes zeigt, so wird auch das Nicht-Leben die Eigenthümlichkeit des Nicht-Geschöpfes sein.

Drittens kann in Bezug auf das Unterliegende die Widerlegung erfolgen, wenn die angegebene Bestimmung das Eigenthümliche desselben ist, denn dann kann dasselbe nicht auch das Eigenthümliche seiner Verneinung sein; und ist es das Eigenthümliche seiner Verneinung, so kann es nicht das Eigenthümliche des Unterliegenden selbst sein. Ist z.B. das Beseelte das Eigenthümliche des Geschöpfes, so kann es nicht das Eigenthümliche vom Nicht-Geschöpfe sein. Zur Begründung könnte man es dagegen benutzen wollen, wenn die angegebene Bestimmung nicht das Eigenthümliche des Unterliegenden ist, indem sie dann das Eigenthümliche von dessen Verneinung sein müsste; allein dieser Gesichtspunkt ist trügerisch, denn eine bejahend ausgedrückte Bestimmung kann nicht das Eigenthümliche von der Verneinung eines Gegenstandes sein, und eine verneinend ausgedrückte Bestimmung kann nicht das Eigenthümliche von einem bejahend ausgedrückten Gegenstande sein; denn eine bejahend ausgedrückte Bestimmung ist in der Verneinung des Gegenstandes überhaupt nicht enthalten, und die Verneinung einer Bestimmung kann zwar in einem beziehend ausgedrückten Gegenstande enthalten sein, aber nicht als dessen Eigenthümliches.

Ist ferner der Gegenstand und auch die ausgesagte Bestimmung in mehrere Arten theilbar, so kann es zur Widerlegung benutzt werden, wenn von den übrigen Alten der Bestimmung keine ein Eigenthümliches von den übrigen Arten des Gegenstandes ist; denn dann wird auch die erste Art, welche als Eigenthümlichkeit der ersten Art des Gegenstandes aufgestellt worden, nicht dessen Eigenthümlichkeit sein. Ist z.B. das der Wahrnehmung Fähige nicht das Eigenthümliche von einem der sterblichen Geschöpfe, so wird auch das des Denkens Fähige nicht das Eigenthümliche der Gottheit sein. Dagegen dient es zur Begründung, wenn von den übrigen Arten, in welche die ausgesagte Bestimmung zerfällt, die einzelnen des Eigenthümlichen von den übrigen Arten des Gegenstandes sind, denn dann wird auch die erste Art der ausgesagten Bestimmung das Eigenthümliche des Gegenstandes sein; wenn auch der Gegner dies in seinem aufgestellten Satze bestreitet. Ist z.B. das Eigenthümliche der Klugheit, dass sie an sich und von Natur die Tugend des denkenden Theils der Seele ist, so wird, wenn man auch die übrigen Tugenden nach diesem Gesichtspunkte betrachtet, das Eigenthümliche der Selbstbeherrschung sein, dass sie an sich und von Natur die Tugend des begehrlichen Theils der Seele ist.

Siebentes Kapitel

Auch die Beugungen der Worte können zur Widerlegung benutzt werden. Wenn die Bestimmung, welche in der Beugung ihres Wortes nicht die Eigenthümlichkeit des in gleicher Beugung seines Wortes benannten Gegenstandes ist, so wird auch die aufgestellte Bestimmung nicht die Eigenthümlichkeit des aufgestellten Gegenstandes sein. Ist z.B. von dem Gerecht das Sittlich nicht die Eigenthümlichkeit, so wird auch von dem Gerechten das Sittliche nicht die Eigenthümlichkeit sein. Dagegen kann es zur Begründung benutzt werden, wenn die in einer Beugung bezeichnete Bestimmung das Eigenthümliche des in der gleichen Beugung ausgedrückten Gegenstandes ist, denn dann wird auch die aufgestellte Bestimmung das Eigenthümliche des aufgestellten Gegenstandes sein. Ist es z.B. das Eigenthümliche *des* Menschen zweifüssig und auf dem Lande lebend zu sein, so wird es auch *dem* Menschen zukommen, ein Zweifüssiges, auf dem Lande Lebendes zu sein. Indess muss man hierbei nicht blos die aufgestellten Worte nach ihren Beugungen prüfen, sondern auch deren Gegensätze, und zwar so, wie in den früheren Fällen. Es dient dann zur Widerlegung, wenn die Beugung des Wortes der gegensätzlichen Bestimmung nicht das Eigenthümliche von dem Gegenstande ist, der mit der gleichen Beugung des Namens des gegensätzlichen Gegenstandes bezeichnet wird, denn dann wird dies auch nicht von der aufgestellten Bestimmung des aufgestellten Gegenstandes gelten. Ist z.B. das Gut nicht das Eigenthümliche des Gerecht, dann ist auch das Schlecht nicht das Eigenthümliche des Ungerecht. Dagegen dient es zur Begründung, wenn die gleiche Wortform vom Gegentheil der aufgestellten Bestimmung des in gleicher Wortform ausgedrückten Gegentheils des aufgestellten Gegenstandes ist; denn dann wird auch der aufgestellte Satz richtig sein. Ist z.B. das Beste die Eigenthümlichkeit des Guten, so wird auch das Schlechteste die Eigenthümlichkeit des Bösen sein.

Sodann kann auch aus dem ähnlichen Verhalten ein Grund für die Widerlegung entnommen werden, wenn das sich ähnlich Verhaltende nicht das Eigenthümliche des sich ähnlich verhaltenden Gegenstandes ist; denn dann wird auch das Aufgestellte nicht das Eigenthümliche des Gegenstandes sein. Verhält sich z.B. der Baumeister zur Herstellung eines Hauses ähnlich, wie der Arzt zur Herstellung der Gesundheit, und ist das Eigenthümliche des Arztes nicht die Herstellung der Gesundheit, so ist auch das Eigenthümliche des Baumeisters nicht die Herstellung des Hauses. Für die Begründung dient es aber, wenn das sich ähnlich Verhaltende auch die Eigenthümlichkeit des sich ähnlich verhaltenden Gegenstandes ist, denn dann wird auch das Aufgestellte die Eigenthümlichkeit des aufgestellten Gegenstandes sein. Wenn z.B. der Arzt sich zu dem, was gesund macht, ähnlich verhält, wie der Turnlehrer zu dem, was kräftig macht, und ist das Eigenthümliche des Turnlehrers, kräftig zu machen, so wird auch das Eigenthümliche des Arztes sein, gesund zu machen.

Ferner kann aus dem sich *Gleich*-Verhalten ein Grund zur Widerlegung entnommen werden, wenn das mit der aufgestellten Eigenschaft sich Gleich – Verhaltende nicht die Eigenthümlichkeit des aufgestellten Gegenstandes ist; denn dann wird auch die aufgestellte Eigenschaft selbst nicht das Eigenthümliche des aufgestellten Gegenstandes sein. Ist dagegen das mit der aufgestellten Eigenschaft sich Gleichverhaltende die Eigenthümlichkeit des sich gleichverhaltenden Gegenstandes, so wird die aufgestellte Eigenschaft nicht das Eigenthümliche des aufgestellten Gegenstandes sein. Verhält sich z.B. die Klugheit zu dem Sittlichen, wie zu dem Unsittlichen insofern gleich, als sie das Wissen von beiden ist, und besteht das Eigenthümliche der Klugheit nicht darin, dass sie das Wissen des Sittlichen ist, so wird auch das Eigenthümliche derselben nicht darin bestehen, dass sie das Wissen des Unsittlichen ist. Ist dagegen das Eigenthümliche der Klugheit das Wissen des Sittlichen, so wird das Wissen des Unsittlichen nicht ihr Eigenthümliches sein; denn ein und dieselbe Eigenschaft kann nicht von mehreren Gegenständen das Eigenthümliche sein. Für die Begründung kann dagegen dieser Gesichtspunkt nicht benutzt werden, da hier die eine gleiche Bestimmung mit mehreren Gegenständen verglichen wird.

Ferner giebt es einen Grund zur Widerlegung, wenn die aufgestellte *seiende* Bestimmung nicht die Eigenthümlichkeit des *seienden* Gegenstandes ist; denn dann wird es auch nicht die *vergehende* Bestimmung von dem vergehenden Gegenstande sein und ebenso nicht die *werdende* Bestimmung von dem *werdenden* Gegenstande. Ist z.B. die Eigenthümlichkeit des *seienden* Menschen nicht das *seiende* Geschöpf, so ist auch die Eigenthümlichkeit des *werdenden* Menschen nicht das *werdende* Geschöpf und die Eigenthümlichkeit des *vergehenden* Menschen nicht das *vergehende* Geschöpf. Derselbe Gesichtspunkt kann aus dem Werden für das Sein und Vergehen und aus dem Vergehen für das Sein und Werden entnommen werden, wie er jetzt für das Werden und Vergehen aus dem Sein entnommen worden ist. Für die Begründung dient es dagegen, wenn die für das Sein aufgestellte Bestimmung das Eigenthümliche des seienden Gegenstandes ist, denn dann wird diese Bestimmung als werdende auch die Eigenthümlichkeit des werdenden Gegenstandes und als vergehende die Eigenthümlichkeit des vergehenden Gegenstandes sein. Ist es z.B. für den seienden Menschen das Eigenthümliche sterblich zu sein, so wird auch für den vergehenden Menschen das vergehende Sterbliche und für den werdenden Menschen das werdende Sterbliche die Eigenthümlichkeit sein. Derselbe Grund kann aus dem Werden und Vergehen für das Sein der betreffenden Gegenstände und Eigenthümlichkeiten benutzt werden, wie es bei der Widerlegung geschehen ist.

Ferner hat man auch auf die *Idee* des aufgestellten Gegenstandes zu achten. Zur Widerlegung dient es, wenn das aufgestellte Eigenthümliche des Gegenstandes der Idee desselben nicht einwohnt, oder wenigstens nicht in der Beziehung, in welcher es als das Eigenthümliche vom Gegenstande aufgestellt worden ist; denn dann ist die aufgestellte Eigenthümlichkeit nicht die richtige. Ist z.B. in dem Menschen – an – sich die Unveränderlichkeit, insofern er Mensch ist, nicht enthalten, sondern nur in ihm, soweit er Idee ist, so wird die Unveränderlichkeit nicht das Eigenthümliche des Menschen sein. Zur Begründung dient es aber, wenn die aufgestellte Eigenthümlichkeit in der Idee enthalten ist und in Bezug auf das ihr einwohnt, vermöge dessen die Eigenthümlichkeit dem Gegenstand einwohnt, deren Einwohnen der Gegner bestreitet. Ist es z.B. in dem Geschöpf-an-sich enthalten, dass es aus Seele und Leib besteht, und ist dies in ihm insofern, als es Geschöpf ist, enthalten, so wird es auch die Eigenthümlichkeit des wirklichen Geschöpfes sein, dass es aus Seele und Leib besteht.

Achtes Kapitel

Auch in Bezug auf das *Mehr und Weniger* hat man behufs Widerlegung eines Satzes zu prüfen, ob das Mehr des Eigenthümlichen etwa nicht das Eigenthümliche von dem Mehr des Gegenstandes ist; denn dann kann auch das Weniger des Eigenthümlichen nicht das Eigenthümliche von dem Weniger des Gegenstandes sein, und dies gilt auch für das Wenigste und für das Meiste und für das Einfache der aufgestellten Eigenthümlichkeit und des aufgestellten Gegenstandes. Ist z.B. das mehr-Gefärbtsein keine Eigenthümlichkeit des vermehrten Körpers, so wird auch das weniger-Gefärbtsein keine Eigenthümlichkeit des verminderten Körpers sein und überhaupt das Gefärbtsein keine Eigenthümlichkeit des Körpers sein. Dagegen dient es der Begründung, wenn die Steigerung der aufgestellten Eigenthümlichkeit auch die Eigenthümlichkeit des gesteigerten Gegenstandes ist; denn dann wird auch das Weniger und das Geringste und das Höchste der aufgestellten Eigenthümlichkeit das Eigenthümliche des in gleicher Weise veränderten Gegenstandes sein, und ebenso wird die einfache Eigenthümlichkeit die des einfachen Gegenstandes sein. Ist also z.B. die gesteigerte Wahrnehmung das Eigenthümliche des Geschöpfes von höherem Grade, so wird auch dem niederen Geschöpfe eine niedere Wahrnehmung eigenthümlich zukommen; und dasselbe gilt auch für die Veränderung beider nach dem höchsten oder geringsten Grad hin und ebenso für dieselben, einfach aufgefasst.

Ebenso hat man bei der Widerlegung an dem einfachen Zustande zu prüfen, ob da die aufgestellte Bestimmung keineswegs als die Eigenthümlichkeit des aufgestellten Gegenstandes gelten kann; denn dann ist sie auch nicht die Eigenthümlichkeit, wenn die Bestimmung und der Gegenstand als ein Mehr oder Weniger oder als ein Höchstes oder Geringstes genommen werden. Ist also z.B. das Sittliche keine Eigenthümlichkeit des Menschen, so wird auch für ein Geschöpf, was mehr als der Mensch ist, das höhere Sittliche nicht die Eigenthümlichkeit sein. Dagegen dient es der Begründung, wenn das Einfache wirklich das Eigenthümliche des einfachen Gegenstandes ist, denn dann wird dies auch für das Mehr und Weniger, wie für das Höchste und Niedrigste beider der Fall sein. Ist also z.B. das in-der-Höhe-sich-Bewegen von Natur die Eigenthümlichkeit des Feuers, so wird dies auch für das

Mehr von beiden von Natur gelten. In dieser Weise hat man auch in anderen Fällen nach allen diesen Richtungen die Prüfung anzustellen.

Zweitens dient es zur Widerlegung, wenn eine angegebene Bestimmung nicht die Eigenthümlichkeit des aufgestellten Gegenstandes ist, obgleich hier mehr dafür spricht, denn dann wird dasselbe auch für die angegebene Eigenthümlichkeit eines anderen Gegenstandes gelten, wo weniger dafür spricht. Wenn z.B. das Wahrnehmen mehr das Eigenthümliche des Geschöpfes sein würde, als das Wissen das Eigenthümliche des Menschen, aber doch das Wahrnehmen keine Eigenthümlichkeit des Geschöpfes ist, so wird auch das Wissen keine Eigenthümlichkeit des Menschen sein. Dagegen dient es der Begründung, wenn in dem weniger wahrscheinlichen Falle die angegebene Bestimmung die Eigenthümlichkeit des Gegenstandes ist; denn dann wird auch in dem mehr wahrscheinlichen Falle die angegebene Bestimmung die Eigenthümlichkeit des Gegenstandes sein. Ist z.B. das von Natur Zahmsein weniger eine Eigenthümlichkeit des Menschen, als das Leben die Eigenthümlichkeit des Geschöpfes, ist aber das von Natur Zahmsein dennoch die Eigenthümlichkeit des Menschen, so wird auch das Leben die Eigenthümlichkeit des Geschöpfes sein.

Drittens dient es zur Widerlegung, wenn eine Bestimmung von dem einen Gegenstande mehr dessen Eigenthümliches sein müsste, als von dem andern und sie es dennoch von dem ersten nicht ist; denn dann wird sie es auch von dem letztem nicht sein; ja selbst wenn sie von dem ersteren das Eigenthümliche wäre, würde sie es doch deshalb nicht von dem letztem sein. So würde z.B. das Gefärbtsein mehr das Eigenthümliche der Oberfläche als des Körpers sein; nun ist es aber selbst von der Oberfläche nicht das Eigenthümliche, also noch weniger vom Körper; aber selbst wenn es das Eigenthümliche der Oberfläche wäre, so wäre es deshalb noch nicht das Eigenthümliche des Körpers. Für die Begründung kann jedoch dieser Gesichtspunkt nicht benutzt werden, denn ein und dieselbe Bestimmung kann nicht das Eigenthümliche von verschiedenartigen Gegenständen sein.

Viertens dient es zur Widerlegung, wenn das, was einem Gegenstande mehr eigenthümlich sein sollte, als ein anderes, es demnach nicht ist; denn dann wird auch das andere ihm nicht eigenthümlich zukommen. So würde es dem Geschöpfe eigenthümlicher zukommen, dass es

wahrnimmt, als dass es theilbar ist; ist nun aber das Wahrnehmen keine Eigenthümlichkeit desselben, so wird es auch das Theilbare nicht sein. Umgekehrt dient es zur Begründung, wenn das, was einem Gegenstande weniger als Eigenthümlichkeit zukommen sollte, doch eine solche von ihm ist; denn dann wird das mehr dazu Geeignete ebenfalls ihm eigenthümlich sein. So ist z.B. dem Geschöpfe es weniger eigenthümlich, wahrzunehmen, wie zu leben; ist nun aber jenes doch eine Eigenthümlichkeit des Geschöpfes, so ist auch das Leben eine solche.

Ferner dient es zur Widerlegung, wenn bei *ähnlich* sich verhaltenden Gegenständen die angegebene Bestimmung bei dem einen keine Eigenthümlichkeit desselben ist, denn dann wird die ähnliche Bestimmung bei dem ähnlichen Gegenstande auch keine Eigenthümlichkeit desselben sein. Wenn z.B. zu dem begehrlichen Theil der Seele das Begehren als Eigenthümliches sich ähnlich verhält, wie zu dem denkenden Theile der Seele das Denken, und wenn das Begehren nicht das Eigenthümliche des begehrlichen Theiles der Seele ist, so wird auch das Denken nicht die Eigenthümlichkeit des denkenden Theiles der Seele sein. Umgekehrt dient es zur Begründung, wenn unter gleichen Verhältnissen die eine Bestimmung ein Eigenthümliches ihres Gegenstandes bildet, denn dann wird dies auch für die anderen in Bezug auf ihren Gegenstand gelten. Verhält sich nämlich in Bezug auf Eigenthümlichkeit das Klage als das Oberste zu dem denkenden Theile der Seele wie das Massige als das Oberste zu dem begehrlichen Theil der Seele, und ist jenes wirklich eine Eigenthümlichkeit des denkenden Theiles der Seele, so wird auch letzteres eine Eigenthümlichkeit des begehrlichen Theiles der Seele sein.

Zweitens dient es zur Widerlegung, wenn bei ähnlichem Verhalten zweier Bestimmungen zu einem Gegenstande die eine Bestimmung nicht das Eigenthümliche des Gegenstandes ist; denn dann wird es auch die andere nicht sein. So verhält sich z.B. in Bezug auf Eigenthümlichkeit das Sehen und das Hören bei dem Menschen gleich; aber da das Sehen keine Eigenthümlichkeit des Menschen ist, so ist dies auch mit dem Hören nicht der Fall. Umgekehrt dient es zur Begründung, wenn bei gleichem Verhalten die eine Bestimmung eine Eigenthümlichkeit des Gegenstandes ist; denn dann wird dies auch von der anderen gelten. Verhält sich z.B. in Bezug auf Eigenthümlichkeit der begehrliche Theil der Seele ursprünglich ebenso wie der denkende Theil, und ist der begehrliche Theil ursprünglich eine Eigenthümlichkeit der Seele, so ist es auch ursprünglich der denkende Theil.

Drittens dient es der Widerlegung, wenn bei einem ähnlichen Verhalten einer Bestimmung zu mehreren Gegenständen diese Bestimmung für den einen Gegenstand keine Eigenthümlichkeit ist; denn dann wird sie es auch für den anderen nicht sein. Aber selbst wenn diese Bestimmung eine Eigenthümlichkeit für *einen* Gegenstand sein sollte, so ist sie dann noch nicht auch eine Eigenthümlichkeit für die andern. Verhält sich z.B. in Bezug auf Eigenthümlichkeit das Brennen ebenso zur Flamme wie zur glühenden Kohle, ist aber das Brennen keine Eigenthümlichkeit der Flamme, so wird es auch für die glühende Kohle keine Eigenthümlichkeit sein. Ist das Brennen aber eine Eigenthümlichkeit der Flamme, so kann sie nicht eine Eigenthümlichkeit der glühenden Kohle sein. Für die Begründung kann also dieser Gesichtspunkt nicht benutzt werden.

Die Fälle des gleichen Verhaltens zu den Fällen des gleichen Enthaltens unterscheiden sich dadurch, dass bei jenen die Fälle nur nach der Aehnlichkeit aufgestellt werden, ohne dass man auf das wirkliche Enthaltensein der Bestimmung im Gegenstande achtet, während die letzteren nur nach dem wirklichen Enthaltensein verglichen werden.

Neuntes Kapitel

Es dient ferner zur Widerlegung, wenn die Eigenthümlichkeit in Bezug auf ein Vermögen aufgestellt worden ist, und zwar in Bezug auf das Vermögen eines Gegenstandes, der möglicherweise auch nicht – sein kann, obgleich doch das Vermögen nicht ohne den Gegenstand bestehen kann; denn dann kann die angegebene Bestimmung keine Eigenthümlichkeit des Gegenstandes sein. Nennt z.B. jemand als Eigenthümlichkeit der Luft, dass sie athmenbar sei, so hat er die Eigenthümlichkeit nur nach einem Vermögen bezeichnet (denn athmenbar ist das, was geathmet werden *kann*), und er hat die Eigenthümlichkeit auch in Bezug auf einen nicht-daseienden Gegenstand aufgestellt; denn die Luft kann da sein, auch wenn kein Geschöpf besteht, welches von Natur zum Einathmen der Luft geeignet ist. Nun kann aber, wenn kein Geschöpf besteht, auch nicht eingeathmet werden, und deshalb kann auch die Eigenthümlichkeit der Luft nicht so etwas wie das »Eingeathmet-werden« zu der Zeit sein, wo es keine athmenden Geschöpfe giebt; folglich ist das Athmenbare überhaupt keine Eigenthümlichkeit der Luft.

Umgekehrt dient es zur Begründung, im Fall das Eigenthümliche in ein Vermögen verlegt wird, wenn dabei das, was das Vermögen haben soll, entweder als seiend aufgestellt wird, oder als nicht seiend, sofern nämlich demselben als einem Nicht-seienden das Vermögen zukommen kann; denn dann ist es ein Eigenthümliches, wenn auch der Gegner es in dem aufgestellten Streitsatz leugnet. Wenn z.B. jemand als Eigenthümlichkeit des Seienden aufstellt, dass es das Vermögen habe, zu erleiden, oder zu bewirken, so hat er die Eigenthümlichkeit zwar nur nach einem Vermögen bezeichnet, aber doch dieselbe von dem Gegenstande als *seienden* angegeben. Da nun, wenn der Gegenstand *ist*, er auch vermag zu erleiden oder zu bewirken, so wird deshalb es in Wahrheit die Eigenthümlichkeit des Seienden sein, dass es das Vermögen hat zu leiden oder zu bewirken.

Ferner dient es der Widerlegung, wenn jemand du Eigenthümliche in der Weise eines *Uebermässigen* aufgestellt hat; denn dann wird es nicht das Eigenthümliche sein. Wenn nämlich die Eigenthümlichkeit so aufgestellt wird, so kann es kommen, dass die angegebene Eigenthümlichkeit nach ihrem Begriffe nicht mehr zum Gegenstande seinem Namen nach passt. Denn wenn der Gegenstand untergegangen ist, so wird dann doch die Eigenthümlichkeit bestehen bleiben und dann als solche desjenigen Gegenstandes gelten, welchem dann am meisten nächst dem Untergegangenen diese Eigenschaft zukommt. Giebt z.B. jemand von dem Feuer als Eigenthümlichkeit an, dass es der leichteste Körper sei, so wird, wenn das Feuer überhaupt nicht mehr sein sollte, ein anderer Körper dann der leichteste sein und also diese Eigenthümlichkeit nicht mehr die des Feuers sein. Dagegen dient es zur Begründung, wenn das Eigenthümliche nicht in der Weise des höchsten Grades ausgedrückt wird; denn dann wird dasselbe in diesem Punkte richtig aufgestellt sein. Giebt z.B. jemand als Eigenthümlichkeit des Menschen an, dass er von Natur ein zahmes Geschöpf sei so ist das Eigenthümliche nicht in dem höchsten Grade ausgedrückt und insofern richtig aufgestellt.

124

125

Sechstes Buch

Erstes Kapitel

Die Untersuchung in Bezug auf die *Begriffe* zerfällt in fünf Theile. Entweder stimmen überhaupt die zu dem Namen gehörenden Gegenständen und deren Begriff nicht zusammen (denn die Definition vom

Menschen muss für jeden Menschen passen) oder der Gegenstand ist, obgleich eine Gattung für ihn besteht, in keine gestellt, oder nicht in die ihm zukommende (denn bei der Definition muss man den Gegenstand erst in seine Gattung einstellen und dann den Art-Unterschied ihm anpassen, da von den zur Definition gehörenden Bestimmungen die Gattung am meisten das Wesen des zu definierenden Gegenstandes bezeichnet); oder der Begriff kommt dem Gegenstande nicht eigenthümlich zu (denn die Definition muss demselben eigenthümlich zukommen, wie ich schon früher bemerkt habe); oder es ist, wenn auch alles bisher Gesagte eingehalten worden, doch damit das wesentliche *Was* des Gegenstandes weder bestimmt noch ausgedrückt. Endlich ist es neben dem bisher Gesagten noch ein Fehler, wenn zwar die Definition richtig, aber nicht gut ausgedrückt ist.

Ob nun der aufgestellte Begriff für alle Dinge, die den Namen führen, richtig ist, muss nach den bei den nebensächlichen Bestimmungen erwähnten Gesichtspunkten geprüft werden; denn auch dort dreht die ganze Prüfung sich um die Frage, ob das aufgestellte Nebensächliche richtig ist oder nicht. Betrifft nämlich die Erörterung die Frage, ob das Nebensächliche in dem Gegenstande enthalten sei, so muss man auch dort zeigen, dass der Satz der Wahrheit gemäss aufgestellt worden; geht sie aber auf das nicht-enthalten-Sein, so muss man zeigen, dass das Nebensächliche im Gegenstande nicht enthalten sei. Ob aber der Gegenstand in die ihm zugehörige Gattung gestellt worden und ob der aufgestellte Begriff der eigenthümliche sei, muss nach den bei der Gattung und bei deren Eigenthümlichen früher angegebenen Gesichtspunkten geprüft werden.

Ich habe daher nur noch anzugeben, wie zu verfahren ist, wenn das wesentliche *Was* nicht angegeben worden ist, oder wenn im Ausdrucke der Definition gefehlt worden. Zunächst will ich den letzteren Fall untersuchen; denn es ist leichter, etwas überhaupt zu machen, als es gut zu machen; also wird bei letzterem mehr gefehlt werden, da diese Aufgabe schwieriger ist, und mithin wird auch bei diesem Punkte der Angriff leichter als bei dem anderen sein.

Der unrichtige Ausdruck kann bei einer Definition in zweierlei Weise vorkommen; einmal wenn man sich unklarer Ausdrücke bedient; (denn der Definirende muss die möglichst deutlichen Ausdrücke gebrauchen, da die Definition zur Erweiterung der Erkenntniss aufgestellt wird;) sodann, wenn mehr, als es soll, in die Definition gebracht worden ist; denn alles Überflüssige in der Definition ist ungehörig. Von diesen beiden Fehlern zerfällt jeder wieder in mehrere Theile.

Zweites Kapitel

Eine Weise des *unklaren Ausdrucks* ist es, wenn die gebrauchten Worte zweideutig sind, wie z.B. wenn das Entstehen als eine Einführung in das Sein, oder wenn die Gesundheit als ein Zusammenstimmen des Warmen und Kalten definirt wird; denn die Ausdrücke: Einführung und Zusammenstimmen sind zweideutig, und man weiss nicht, welche von den mehreren Bedeutungen dieser Worte gemeint sein soll. Ebenso ist es ein Fehler, wenn der Name des zu Definirenden zweideutig ist und man nicht bestimmt, welche Bedeutung man im Sinne hat. Da dann nicht klar ist, von welcher Bedeutung des Wortes die Definition aufgestellt worden, so bleibt dem Gegner die boshafte Einrede, dass der aufgestellte Begriff nicht auf alles passe, wovon man die Definition aufgestellt habe. Dem ist der Definirende vorzüglich da ausgesetzt, wo die Zweideutigkeit von ihm nicht bemerkt worden ist. Indess kann man auch dann, wenn der Definirende gesagt hat, in wie vielfachem Sinne das definirte Wort gebraucht werde, noch einen Schluss dagegen aufstellen; wenn nämlich die Definition für keine der verschiedenen Bedeutungen des Wortes zureicht, so wird sie auch für die hier gesetzte Bedeutung nicht genügen.

Ein anderer Fehler ist es, wenn die Definition *bildlich* ausgedrückt worden ist; z.B. wenn die Wissenschaft unerschütterlich, oder die Erde eine Amme oder die Selbstbeherrschung ein Zusammenstimmen genannt worden ist; denn jeder bildliche Ausdruck ist unklar. Ueberdem kann auch der, welcher solche bildliche Ausdrücke gebraucht, in der Weise bedrängt werden, dass man seine Worte so auffasst, als hätte er sie im eigentlichen Sinne gemeint; denn dann kann der aufgestellte Begriff, wie z.B. bei der Selbstbeherrschung, nicht passen, weil alles Zusammenstimmen im eigentlichen Sinne nur für Töne gilt. Auch würde, wenn das Zusammenstimmen die Gattung der Selbstbeherrschung sein sollte, derselbe Gegenstand in zwei Gattungen gehören, die einander nicht übergeordnet wären; denn weder das Zusammenstimmen ist der weitere Begriff und befasst die Tugend, noch ist die Tugend der weitere Begriff für das Zusammenstimmen.

127

Es ist ferner ein Fehler, wenn man sich bei der Definition nicht der gebräuchlichen Worte bedient, so nennt z.B. *Plato* das Auge »wimpernumschattet«; oder wenn man die Spinnen »faulbissig« oder das Mark »knochenerzeugt« nennt; denn alle ungewöhnlichen Ausdrücke sind unklar.

Manches wird weder zweideutig noch bildlich, noch mit den eigentlichen Worten ausgedrückt; z.B. wenn das Gesetz als das Mass oder Bild des von Natur Gerechten erklärt wird; allein dergleichen ist schlimmer als der Gebrauch bildlicher Ausdrücke, denn diese machen doch das Bezeichnete durch die Aehnlichkeit mit dem gebrauchten Bilde kenntlich, da jeder, welcher bildliche Ausdrücke gebraucht, dies nach einer gewissen Aehnlichkeit thut. Aber diese hier genannte Weise macht den Gegenstand nicht bekannter, denn es besteht keine Aehnlichkeit, nach der das Gesetz ein Mass oder Bild genannt werden könnte, und ebenso pflegt man das Gesetz nicht eigentlich so zu nennen. Meint man es also im eigentlichen Sinne, dass das Gesetz ein Mass oder Bild sei, so spricht man unwahr; denn Bild ist das, welches durch Nachahmung entstellt, und eine solche Nachahmung ist bei dem Gesetze nicht vorhanden; ist es aber nicht im eigentlichen Sinne gemeint, so ist der Ausspruch offenbar undeutlich und schlechter, als irgend ein bildlicher Ausdruck.

Auch ist es ein Fehler, wenn aus der aufgestellten Definition nicht auch der *Begriff des Gegentheiles* klar wird; denn bei gut ausgedrückten Definitionen wird auch das dem definirten Gegenstande Entgegengesetzte mit deutlich. Auch ist es ein Fehler, wenn man aus der aufgestellten Definition für sich nicht ersehen kann, wessen Definition sie sein soll; eine solche gleicht den Werken der Maler aus alten Zeiten, wo man ohne Unterschied nicht erkennen konnte, was das Einzelne sein sollte.

Drittes Kapitel

Nach diesen Gesichtspunkten ist also zu prüfen, ob eine Definition unklar ausgedrückt worden; ob aber die Definition sich etwa *zu weit* erstrecke, ist zunächst danach zu prüfen, ob dabei Bestimmungen benutzt sind, welche in Allem enthalten sind, sei es in allem Seienden überhaupt oder in allen zu derselben Gattung mit dem definirten Gegenstand gehörigen Gegenständen; denn dann ist die Definition nothwendig zu weit gefasst, da die Gattung das zu Definirende von den anderen Dingen und der Art-Unterschied es von dem, in der Gattung sonst noch Enthaltenen absondern soll. Das, was in Allen enthalten ist, sondert der Gegenstand von Nichts ab, und das, was allen zu derselben Gattung Gehörigen zukommt, sondert der Gegenstand von den anderen Arten nicht ab. Deshalb ist die Aufnahme einer solchen Bestimmung in die Definition nutzlos.

Man muss ferner prüfen, ob, wenn auch eine Bestimmung in der Definition dem Gegenstande eigenthümlich zukommt, doch, auch nach Wegnahme dieser Bestimmung, das Uebrige noch eigenthümliche De- finition des Gegenstandes enthält und sein Wesen darlegt. So ist z.B. der Zusatz zur Definition des Menschen, dass er der Wissenschaft fähig sei, überflüssig, da, auch wenn man diesen Zusatz weglässt, das Uebrige dem Menschen ausschliesslich eigen ist und sein Wesen klar macht. Ueberhaupt ist alles in einer Definition überflüssig, bei welchem, auch wenn es wegbleibt, das Uebrige das zu Definirende klar macht. So ist auch der Begriff der Seele fehlerhaft, wonach sie als eine sich selbst bewegende Zahl bestimmt wird; denn schon das »sich selbst Bewegende« bezeichnet die Seele, wie *Plato* sie definirt hat. Oder sollte dieser Ausspruch zwar eine Eigenthümlichkeit der Seele bezeichnen, aber nach Weglassung der Zahl nicht deren Wesen ausdrücken? Was hier das Wahre ist, ist schwer deutlich zu machen, indess muss man in allen solchen Fällen dasjenige benutzen, was am brauchbarsten ist. Ist z.B. als Definition des Schleimes aufgestellt, dass er die erste von der Nahrung herrührende unverdaute Feuchtigkeit sei, so kann man einwenden, dass das »Erste« nur Eines sei und nicht Mehreres, deshalb sei der Zusatz »unverdaut« überflüssig, denn auch mit Weglassung desselben werde die Definition noch immer die Eigenthümlichkeit des Schleimes ausdrücken, da es nicht möglich sei, dass diese und noch eine andere Feuchtigkeit die erste sei. Allein man kann auch erwidern, dass der Schleim nicht von der Nahrung überhaupt, sondern von dem unverdaulichen Theile derselben die erste Flüssigkeit sei und deshalb das Unverdauliche nicht wegbleiben dürfe; denn ohnedem sei der Begriff nicht richtig, da der Schleim nicht von der ganzen Nahrung die erste Feuchtigkeit sei.

Man hat ferner zu prüfen, ob eine der in die Definition aufgenommenen Bestimmungen in allen unter die zu definirende Art fallenden Einzelnen enthalten ist; eine Definition, wo dieses nicht stattfindet, ist schlechter, als die, welche etwas enthält, was allem Seienden gemeinsam ist, denn im letzteren Falle kann das Uebrige noch den eigenthümlichen Begriff enthalten, und deshalb wird auch die ganze Definition die eigenthümliche bleiben, da überhaupt, wenn zu dem Eigenthümlichen noch irgend eine wahre Bestimmung hinzugefügt wird, das Ganze doch eine eigenthümliche Definition bleibt. Ist aber eine in der Definition aufgenommene Bestimmung nicht in allen zu der definirten Art gehörenden Einzelnen enthalten, so kann die ganze Definition keine eigenthümliche sein, denn der Gegenstand kann nicht umgekehrt von der Definition ausgesagt werden. Wird z.B. als Definition des Geschöpfes aufgestellt, dass es ein zweifüssiges, oder vier Ellen hohes Landthier sei, so kann von ihr nicht umgekehrt das Geschöpf ausgesagt werden, weil nicht alle unter diese Art fallenden Einzelnen vier Ellen hoch sind.

Es ist ferner ein Mangel, wenn in der Definition etwas mehrfach gesagt wird; z.B. wenn man von der Begierde sagt, sie sei ein Verlangen nach dem Angenehmen. Denn jede Begierde geht auf das Angenehme, so dass das Verlangen nach dem Angenehmen ganz dasselbe ist, wie die Begierde nach dem Angenehmen; ein solche Definition der Begierde würde also darauf hinauslaufen, dass sie ein Verlangen nach dem Angenehmen sei; denn ob man Begierde, oder Verlangen nach dem Angenehmen sagt, ist gleich, mithin gehen beide auf das Angenehme.

Oder sollte dies doch nicht widersinnig sein? Denn auch der Mensch ist zweifüssig, so dass also das Zweifüssige in der Definition schon in dem zweifüssigen Menschen enthalten ist. Nun ist aber das zweifüssige auf dem Lande lebende Geschöpf dasselbe wie der Mensch, mithin würde der Mensch ein zweifüssiges auf dem Lande lebendes Geschöpf sein. Allein dies beweist nicht, dass die Definition verkehrt sei, denn das Zweifüssige wird nicht von dem auf dem Lande lebenden Geschöpfe ausgesagt (denn dann würde das Zweifüssige zweimal von demselben Gegenstande ausgesagt), sondern das Zweifüssige wird von dem zweifüssigen auf dem Lande lebenden Geschöpfe und deshalb nur einmal ausgesagt. Ebenso verhält es sich mit der Begierde; denn das Angenehme wird nicht von dem Verlangen, sondern in Bezug auf das Ganze ausgesagt, mithin wird diese Bestimmung auch hier nur einmal ausgesagt. Ueberhaupt ist es nichts Widersinniges, wenn dasselbe Wort zweimal ausgesprochen wird, sondern widersinnig ist es nur, wenn ein und dasselbe vom Etwas mehrfach ausgesagt wird, wie es z.B. in der Definition des *Xenokrates* geschieht, wo er die Klugheit als die Tugend definirt, welche das Seiende sondert und betrachtet. Denn das Sondern fällt unter das Betrachten, so dass durch das noch zugesetzte Wort das Betrachten zweimal gesagt wird. Derselbe Fehler ist es, wenn man die Erkältung für eine Beraubung der natürlichen Wärme erklärt; denn jede Beraubung bezieht sich auf ein von Natur Vorhandenes; mithin ist der Zusatz »natürlich« hier überflüssig, und es genügte, wenn man die Erkältung eine Beraubung der Wärme nennte, da das Wort: Beraubung von selbst andeutet, dass es sich um die natürliche Wärme handele.

Ferner ist es ein Mangel, wenn zu der, in der Definition enthaltenen allgemeinen Bestimmung noch eine beschränktere hinzugefügt wird; z.B. wenn man das Billige als eine Minderung des Zuträglichen und Gerechten definirt; denn das Gerecht ist etwas Zuträgliches und deshalb ist es in demselben enthalten, und das »Gerechte« ist deshalb überflüssig. Man hat damit zu dem schon im Allgemeinen befassten noch das Besondere daneben ausgesprochen. Ebenso mangelhaft ist es, wenn man die Arzneilehre die Wissenschaft von dem den Geschöpfen und den Menschen Gesunden nennt, oder das Gesetz als das Bild des natürlichen Sittlichen und Gerechten definirt; denn das Gerecht ist ein Sittliches, und man hat dann ein und dasselbe zweimal gesagt.

Viertes Kapitel

Ob nun die Definition in der richtigen Weise, oder nicht, aufgestellt worden, ist nach diesen und anderen solchen Gesichtspunkten zu prüfen; ob aber das wesentliche *Was* des Gegenstandes darin angegeben und definirt worden ist, oder nicht, ist nach folgenden Gesichtspunkten zu prüfen.

Dies ist zunächst dann nicht geschehen, wenn die Definition nicht in Bestimmungen aufgestellt ist, die früher und bekannter als der definirte Gegenstand sind. Denn man stellt den Begriff nur auf, um den fraglichen Gegenstand kennen zu lernen, dies kann aber nicht aus jedwedem beliebigen Merkmal, sondern nur aus solchen geschehen, die früher und bekannter sind als der Gegenstand, wie dies auch bei den Beweisen geschieht; (denn aller Unterricht und alles Lernen verhält sich so). Wenn also die Definition nicht durch solche Merkmale geschieht, so ist offenbar keine aufgestellt. Auch können, wenn dies nicht geschieht, mehrere Definitionen von demselben Gegenstande aufgestellt werden; denn dann ist auch die Definition durch frühere und bekanntere

Merkmale eine und zwar die bessere, und es würden dann beide Definitionen als solche gelten müssen. Dies ist aber unzulässig; denn jedes Seiende hat als das, *was* es ist, nur *ein* Sein; könnten also mehrere Definitionen von demselben Gegenstande aufgestellt werden, so müsste für den, welcher sie aufstellt, das Sein des Gegenstandes, wie es jede der Definitionen aufstellt, dasselbe sein; allein dies ist nicht möglich, wenn die Definitionen verschieden sind. Offenbar hat also derjenige, welcher die Definition nicht mittelst früherer und bekannterer Merkmale aufstellt, keine richtige Definition aufgestellt.

Wenn ein Begriff nicht in *bekannteren* Merkmalen aufgestellt wird, so hat dies einen zweifachen Sinn; die Merkmale können entweder überhaupt unbekannter sein, oder sie können uns unbekannter sein; beides kann vorkommen. Ueberhaupt bekannter ist das Frühere gegen das Spätere, wie z.B. der Punkt gegen die Linie, die Linie gegen die Fläche und die Fläche gegen den Körper und ebenso die Eins gegen die Zahl; denn die Eins ist das Frühere und der Ausgangspunkt jeder Zahl. Dasselbe gilt für die Buchstaben gegen die Silben. Für uns findet dagegen mitunter das Umgekehrte statt; denn die Körper fallen am meisten in die Sinneswahrnehmung und die Fläche wieder mehr als die Linie und die Linie mehr, als der Punkt. Die Menge lernt diese Gegenstände in dieser Ordnung kennen, und diese Kenntniss ist Sache des zufälligen Denkens, während jene aus dem genauen und über das Gewöhnliche hinausgehenden Denken hervorgeht.

Im Allgemeinen ist es besser, wenn man sich bestrebt, das Spätere durch das Frühere kennen zu lernen; diese Weise entspricht mehr der Wissenschaft. Indess wird es allerdings für die, welche auf diese Weise die Kenntniss sich nicht zu verschaffen vermögen, wohl nöthig, den Begriff ihnen durch das ihnen Bekannte beizubringen. Solcher Definitionen giebt es für den Punkt, für die Linie und für die Fläche, indem sie alle das Frühere durch Späteres bekannt machen; sie lauten dahin, dass der Punkt die Grenze der Linie, die Linie die Grenze der Fläche und die Fläche die Grenze des Körpers sei. Indess darf man nicht übersehen, dass der so Definirende nicht vermag, durch solche Definition das wesentliche *Was* des Gegenstandes darzulegen, wenn nicht etwa zufällig das überhaupt Bekanntere auch für uns das Bekanntere ist; denn eine richtige Definition muss durch die Angabe der Gattung und der Art-Unterschiede erfolgen und diese gehören zu dem überhaupt Bekannteren und Früheren gegen die Arten; denn mit Aufhebung der

Gattung und des Art-Unterschiedes wird zugleich die Art aufgehoben und deshalb sind jene das Frühere gegen die Art. Sie sind aber auch das Bekanntere; denn um die Art zu kennen, muss man schon die Gattung und deren Art-Unterschiede kennen (denn wer den Menschen kennt, kennt auch das Geschöpf und das »auf dem Lande lebende«), aber aus der Kenntniss der Gattung und des Art-Unterschiedes folgt nicht nothwendig die Kenntniss der Art; mithin ist die Art das Unbekanntere. Auch müssen die, welche behaupten, dass dergleichen Definitionen, welche aus Merkmalen gebildet werden, die dem Einzelnen bekannt sind, die richtigen seien, anerkennen, dass es dann viele Definitionen von demselben Gegenstande gäbe. Denn dem Einen ist dies, dem Anderen jenes bekannter und keineswegs Allen dasselbe; daher müsste man für jeden eine andere Definition aufstellen, wenn die Definition überhaupt aus den, den Einzelnen bekannteren Merkmalen gebildet werden sollte. Auch bleibt für denselben Menschen nicht immer dasselbe das Bekannte; anfangs ist es das Wahrgenommene, kommt er aber zu einem schärferen Denken, so ist es umgekehrt; also wäre selbst für denselben Menschen nicht immer dieselbe Definition die richtige, wenn, wie jene sagen, die Definition durch die dem Einzelnen bekannteren Merkmale erfolgen sollte. Es erhellt also, dass man nicht so, sondern durch die überhaupt bekannteren Merkmale definiren muss; denn nur dann bleibt es immer bei *einer* und derselben Definition. Allerdings mag das überhaupt Bekannte nicht immer das sein, was Allen bekannt ist, sondern nur denen, deren Denken in gutem Zustande sich befindet; ähnlich wie das überhaupt Gesunde nur für die passt, deren Körper in gutem Zustande sich befindet. Deshalb muss man zwar den einzelnen Fall in dieser Beziehung genau durchdenken, aber bei der mündlichen Erörterung dies nur so benutzen, wie es da am nützlichsten ist. Unzweifelhaft kann aber eine Definition dann am leichtesten umgestossen werden, wenn sie weder aus den überhaupt bekannteren, noch aus den uns bekannteren Merkmalen gebildet sein sollte.

Die eine Art, wo die Definition nicht durch Bekannteres gegeben wird, ist, wie bemerkt, die, wo man das Frühere durch das Spätere klar macht; eine andere Art ist es, wenn der Begriff von beharrenden und bestimmten Gegenständen durch Unbestimmtes und Veränderliches gegeben wird; denn das Beharrliche und Bestimmte ist früher als das Unbestimmte und Veränderliche.

Der Fehler, dass die Definition nicht aus *früheren* Bestimmungen aufgestellt wird, kann in dreifacher Weise begangen werden; einmal, wenn das zu Definirende durch sein Gegensätzliches definirt wird, z.B. wenn das Gute durch das Schlechte definirt wird; denn die Gegensätze sind von Natur zugleich. Auch nehmen Manche an, dass für beide Gegensätze nur *eine* Wissenschaft bestehe und dass auch deshalb der eine Gegensatz nicht bekannter sein könne, als der andere. Indess darf man nicht übersehen, dass manches nicht wohl anders definirt werden kann; so kann z.B. das Doppelte nicht ohne das Halbe definirt werden, und dies gilt für alles, was an sich zu den Beziehungen gehört; denn bei diesen allen gilt die Regel, dass das eine sich irgendwie zu dem anderen verhält. Es ist deshalb unmöglich, das eine ohne das andere zu definiren, und deshalb muss in dem Begriff des einen auch das andere mit aufgenommen werden. Man muss nun zwar alles dies kennen, aber benutzen soll man es nur so weit, wie es für den betreffenden Streitfall brauchbar erscheint.

Die zweite Weise ist die, wo man das zu Definiren deselbst zur Definition benutzt. Man bemerkt dies nicht, wenn man in der Definition einen anderen Namen gebraucht, z.B. wenn man die Sonne als das am Tage scheinende Gestirn definirt; denn wenn man den Tag zur Definition benutzt, so benutzt man auch die Sonne. Um dergleichen bemerkbar zu machen, muss man statt des Namens den Begriff benutzen; z.B. statt des Tages die Bewegung der Sonne über die Erde hin. Wer sich so ausdrückte, hätte offenbar die Sonne genannt, und deshalb bedient sich der, welcher bei der Definition den Tag benutzt, in Wahrheit der Sonne selbst.

Ferner wird dieser Fehler begangen, wenn von zwei einander nebengeordneten Arten die eine durch die andere definirt wird, z.B. wenn das Ungerade als das um Eins vergrösserte Gerade definirt wird; denn die aus derselben Gattung abgeleiteten nebengeordneten Arten sind von Natur zugleich, und zu solchen gehört das Ungerade und das Gerade, da sie beide die Unterscheidung der Zahlen bilden.

Ein gleicher Fehler ist es, wenn der höhere Begriff durch untergeordnete Begriffe definirt wird, z.B. wenn man die gerade Zahl als die durch Zwei theilbare Zahl oder das Gute als den Besitz der Tugend definirt; denn das durch Zwei Theilbare ist von der Zwei abgeleitet, die zu den geraden Zahlen gehört, und die Tugend ist etwas Gutes; also sind dies niedere Begriffe von dem zu Definirenden. Ueberdem muss der, welcher zur Definition des höheren Begriffs die niederen benutzt, auch den höheren Begriff selbst mit in die Definition aufnehmen; denn wer die Tugend zur Definition des Guten benutzt, benutzt auch das Gute selbst dazu, da die Tugend zum Guten gehört. Ebenso benutzt der, welcher das durch zwei Theilbare gebraucht, das Gerade, da jenes das in-zwei-Theile-getheilt-Werden bedeutet, die Zwei aber eine gerade Zahl ist.

Fünftes Kapitel

Allgemein aufgefasst ist dies also *ein* fehlerhafter Gesichtspunkt, wenn man den Begriff nicht durch Früheres und Bekannteres bestimmt, und dieser Fehler kann auf die hier genannten mehreren Weisen begangen werden. Ein zweiter Gesichtspunkt ist es, dass man prüft, ob, wenn der Gegenstand zu einer Gattung gehört, er etwa in keine Gattung gestellt worden ist. Dieser Fehler trifft alle Definitionen, wo das *Was* des Begriffes nicht vorweg angegeben wird, z.B. wenn der Körper dahin definirt wird, dass er drei Dimensionen habe, oder wenn man den Menschen dahin definirt, dass er zu zählen verstehe; denn dort ist nicht gesagt, *was* drei Dimensionen habe und hier nicht, welches Seiende zu zählen versteht. Die Gattung soll nur das *Was* des Gegenstandes angeben und wird unter den in der Definition enthaltenen Bestimmungen als die erste aufgestellt.

Ein anderer Fehler dieser Art ist es, wenn der zu definirende Gegenstand mehr befasst, als in der Definition angegeben ist, z.B. wenn die Sprachlehre definirt wird, als die Lehre, vermöge deren man das Vorgesagte niederschreiben kann; es fehlt darin, dass auch die Kenntniss des Lesens dazu gehört; denn der, welcher die Sprachlehre durch das Schreiben-können definirt, hat sie nicht besser definirt, als der, welcher sie durch das Lesen-können definirt; deshalb hat keiner von beiden, sondern nur der richtig definirt, welcher beides in die Definition aufgenommen hat; denn mehrere Definitionen von *einem* Gegenstande kann es nicht geben. Bei manchen Gegenständen verhält es sich nun so, wie ich gesagt habe, bei anderen ist es aber nicht richtig, nämlich überall da nicht, wo nicht beide Bestimmungen an sich dem Gegenstande angehören, z.B. wenn man die Heilkunst als die definirt, welche die Krankheit und die Gesundheit bewirken könnte; denn nur das eine wird an sich von ihr ausgesagt, das andere aber nur nebenbei; denn im Allgemeinen gehört das Krankmachen nicht zur Heilkunst. Deshalb hat der, welcher beides in die Definition aufnimmt, nicht besser definirt als der, welcher nur *eines* aufgenommen hat, ja eher schlechter, da auch jeder beliebige Andere vermag, jemanden krank zu machen.

Ferner wird dieser Fehler begangen, wenn das zu Definirende in Bezug auf Mehreres ausgesagt wird und man die Definition nicht auf das Bessere, sondern auf das Schlechtere beschränkt; denn jede Wissenschaft und jedes Vermögen ist doch auf das Beste gerichtet.

Ferner ist nach den früher über die Gattungen dargelegten Gesichtspunkten zu prüfen, ob der definirte Gegenstand in die ihm zugehörige Gattung gestellt worden ist.

Ferner gehört hierher der Fehler, wenn man die Gattung überspringt, z.B. wenn man die Gerechtigkeit eine Gemüthsrichtung nennt, welche die Gleichheit bewirkt, oder welche gleich vertheilt; denn der Definirende überspringt dabei die Tugend und indem er die Gattung, zu der die Gerechtigkeit, gehört, überspringt, giebt er das wesentliche *Was* des Gegenstandes nicht an; denn das Wesen jedes Gegenstandes ist in seiner Gattung enthalten. Es ist dies derselbe Fehler, als wenn man den Gegenstand nicht in seine nächste Gattung stellt; denn thut man letzteres, so hat man auch alle höheren Gattungen mit angegeben, da alle höheren Gattungen durch die untere mit ausgesagt werden. Man muss daher den Gegenstand entweder in seine nächste Gattung stellen, oder zu der höheren Gattung alle Art-Unterschiede hinzufügen, durch welche die nächste Gattung bestimmt wird; denn dann wäre nichts versehen, und statt des Namens der nächsten Gattung wäre deren Begriff angegeben. Ist aber nur die höhere Gattung angegeben, so ist damit die nächste Gattung nicht ersetzt, denn wer: Pflanze sagt, nennt damit noch nicht den Baum.

Sechstes Kapitel

Man muss ferner rücksichtlich der *Art – Unterschiede* prüfen, ob auch die der Gattung zukommenden Unterschiede angegeben worden sind. Denn wenn die Definition die eigenthümlichen Art-Unterschiede des Gegenstandes nicht angiebt oder Bestimmungen als solche aufstellt, welche überhaupt kein Art-Unterschied sein können, wie z.B. das Geschöpf, oder das Wesen, so hat man offenbar nicht definirt, da dergleichen überhaupt keine Art-Unterschiede von irgend etwas sind. Auch muss man prüfen, ob ein entgegengesetzter Art – Unterschied zu dem angegebenen vorhanden ist; ist dies nicht der Fall, so ist der angegebene offenbar kein Unterschied innerhalb der betreffenden Gattung, da jede Gattung durch entgegengesetzte Unterschiede in ihre Arten eingetheilt wird; das Geschöpf z.B. durch die Unterschiede: auf dem Lande lebend, 138 geflügelt, im Wasser lebend und zweifüssig.

Man muss auch prüfen, ob der Art-Unterschied, wenn er auch seinen Gegensatz hat, doch nicht zu der Gattung gehört, denn dann kann keiner von beiden zur Gattung wahrhaft gehören, da alle gegensätzlichen Art-Unterschiede ihrer eigenen Gattung zukommen müssen. Aber selbst wen der gegensätzliche Unterschied in der Gattung enthalten ist, kann es kommen, dass er doch durch seinen Zusatz zur Gattung keine Art hervorbringt; auch dann ist offenbar diese Bestimmung kein artbildender Unterschied innerhalb der Gattung, und ist diese Bestimmung kein Art-Unterschied, so ist es auch die aufgestellte nicht, da jene den Gegensatz zu dieser bildet.

Auch muss man prüfen, ob die Gattung etwa durch eine Verneinung eingetheilt wird, wie dies z.B. geschieht, wenn man die Linie als eine breitlose Länge definirt; denn dies sagt nichts anderes, als dass sie keine Breite habe. Dann nimmt die Gattung an der Art Theil, da jede Länge entweder Breite oder keine Breite hat, weil bei jedem Gegenstande entweder die Bejahung oder die Verneinung einer Bestimmung wahr sein muss, und mithin wird auch die Gattung der Linie eine Länge sein, die entweder Breite hat oder nicht hat. Die Länge ohne Breite ist aber der Begriff einer Art, ebenso wie die Länge, welche eine Breite hat, denn das Breite Habende oder nicht Habende sind die Art-Unterschiede. Nun besteht der Begriff der Art aus der Gattung und dem Art-Unterschied, mithin würde die Gattung an dem Begriff der Art Theil nehmen. Ebenso würde dies mit dem Art-Unterschied der Fall sein, da einer der beiden Unterschiede nothwendig von der Gattung ausgesagt wird.

Dieser Gesichtspunkt kann gegen diejenigen benutzt werden, welche das Dasein von Ideen behaupten. Giebt es nämlich eine Länge an sich, wie könnte man da von der Gattung aussagen, dass sie Breite habe *oder* keine? Jede Länge muss doch eines von beiden sein, wenn sie der Gattung wahrhaft zugehören soll. Dies geht aber bei der Idee der Länge nicht an, denn es giebt Längen, die Breite haben *und* welche, die keine haben. Deshalb ist dieser Gesichtspunkt nur gegen die zu benutzen, welche von der Gattung behaupten, dass sie ein der Zahl nach Einzelnes 139 sei, und dies thun die, welche Ideen annehmen, denn sie behaupten, dass die Länge an sich und das Geschöpf an sich Gattungen seien.

Mitunter mag es wohl nothwendig sein, bei den Definitionen auch Verneinungen zu benutzen; z.B. bei denen der Beraubungen; denn blind ist der, welcher das Gesicht nicht hat, obgleich er seiner Natur nach es haben sollte. Auch ist es gleich, ob man eine Gattung durch eine solche bejahende, welcher nothwendig die verneinende behufs der Eintheilung entgegengestellt werden muss. Wird z.B. eine Art als eine Länge definirt, die keine Breite hat, so muss dieser die eine Breite habende Länge als zweite Art entgegengestellt werden und keine andere Art weiter, so dass doch die Verneinung bei der Eintheilung der Gattung benutzt wird.

Auch ist es ein Fehler, wenn die Art als Art-Unterschied benutzt wird; z.B. wenn die Beschimpfung als eine Beleidigung mit Verspottung definirt wird; denn die Verspottung ist eine Art der Beleidigung; sie ist deshalb kein Unterschied, sondern eine Art selbst.

Auch muss man prüfen, ob etwa die Gattung als Art-Unterschied benutzt worden ist; z.B. wenn man die Tugend als eine gute oder sittliche Gemüthsrichtung definirt; denn das Gute ist die Gattung der Tugend; oder vielmehr ist es nicht die Gattung, sondern der Art-Unterschied, wenn es richtig ist, dass ein und dasselbe nicht zu zwei Gattungen gehören kann, sofern diese einander nicht untergeordnet sind. Hier ist nun weder das Gute die höhere Gattung von der Gemüthsrichtung, noch diese die höhere von dem Guten; denn nicht jede Gemüthsrichtung ist gut und nicht jedes Gute ist eine Gemüthsrichtung, deshalb kann keine von beiden eine der andern übergeordnete Gattung sein. Ist nun die Gemüthsrichtung die Gattung von der Tugend, so erhellt, dass das »gut« nicht die Gattung, sondern den Art-Unterschied bezeichnet. Auch giebt die Gemüthsrichtung das *Was* der Tugend an, während das Gute kein *Was*, sondern eine Beschaffenheit bezeichnet, da der Art-Unterschied immer eine Beschaffenheit anzeigt. Deshalb muss man auch untersuchen, ob der angegebene Art-Unterschied etwa keine Beschaffenheit, sondern einen Gegenstand bedeutet; denn jeder Art-Unterschied dürfte eine Beschaffenheit bezeichnen.

Auch muss man prüfen, ob der angegebene Unterschied dem definirten Gegenstande nur nebensächlich anhaftet; denn kein Art-Unterschied gehört zu den nebensächlichen Bestimmungen eines Gegenstandes so wenig wie die Gattung; der Art-Unterschied kann nicht den zur Art gehörigen Gegenständen anhaften und auch nicht anhaften.

Auch ist es keine richtige Definition, wenn der Art-Unterschied, oder die Art oder eine der Unterarten der Gattung beigelegt wird; denn diese Bestimmungen können von der Gattung nicht ausgesagt werden, da die Gattung einen grösseren Umfang, als alle diese, hat. Ebenso ist es ein Fehler wenn die Gattung dem Art-Unterschied beigelegt wird; denn die Gattung kann nicht von dem Art-Unterschied, sondern von den Gegenständen, denen der Art-Unterschied beigelegt wird, ausgesagt werden. So wird z.B. das Geschöpf von den Menschen und vom Stier und von den andern Landthieren ausgesagt, aber nicht von dem Art-Unterschiede selbst, der dieser Art zukommt. Könnte das Geschöpf von jedem seiner einzelnen Art-Unterschiede ausgesagt werden, so würden viele Geschöpfe von der Art ausgesagt werden, denn die Art-Unterschiede werden von der Art ausgesagt.

Auch würden alle Art-Unterschiede dann Arten oder Einzelgegenstände sein, wenn sie Geschöpfe wären, da jedes Geschöpf entweder eine Art oder ein Einzelgegenstand ist.

Ebenso muss man prüfen, ob etwa die Art oder etwas von ihren Unterarten von dem Art-Unterschied ausgesagt wird; denn dies ist unstatthaft, da der Art-Unterschied von mehr Gegenständen, als die Art, ausgesagt wird. Auch würde dann der Art-Unterschied selbst zu einer Art werden, da eine von den Arten von ihm ausgesagt wird; denn wenn der Mensch von dem Art-Unterschied ausgesagt wird, so ist offenbar der Art-Unterschied ein Mensch. Auch muss man prüfen ob auch der Art-Unterschied das Frühere gegen die Art ist; denn er muss das Spätere in Bezug auf die Gattung und das Frühere in Bezug auf die Art sein.

Auch muss man prüfen, ob etwa der aufgestellte Art-Unterschied zu einer anderen Gattung gehört, welche der wahren weder über- noch untergeordnet ist; denn derselbe Art-Unterschied kann wohl nicht zwei, einander nicht untergeordneten Gattungen angehören, sonst würde, wenn dies zulässig wäre, auch die Art selbst zu zwei, einander nicht untergeordneten Gattungen gehören; denn jeder Art-Unterschied bringt die ihm zugehörige Gattung mit hinzu; wie z.B. das »mit Füssen versehen« und das Zweifüssige das Geschöpf mit hinzubringt. Deshalb würden dem Gegenstande, von dem der Art-Unterschied ausgesagt wird, auch jede der beiden Gattungen zukommen. Indess ist es doch wohl nicht unmöglich, dass der Art-Unterschied zu zwei einander nicht untergeordneten Gattungen gehört; vielmehr muss man noch hinzusetzen, dass dies nur dann nicht möglich sei, wenn beide Gattungen auch nicht unter derselben höheren Gattung stehen. So sind beide, das Füsse habende Geschöpf und das Flügel habende Geschöpf, Gattungen, die einander nicht untergeordnet sind, und dennoch gilt bei beiden das Zweifüssige als ein Art-Unterschied. Deshalb muss man noch hinzusetzen, dass beide Gattungen auch nicht unter *einer* höheren stehen dürfen; denn die hier genannten stehen beide unter der Gattung Geschöpf. Hieraus ergiebt sich auch, dass nicht nothwendig jeder Art-Unterschied die ihm eigenthümliche Gattung mit sich führt, weil ein und derselbe Unterschied zweien, einander nicht untergeordneten Gattungen angehören kann; vielmehr muss der Art-Unterschied wenigstens die eine Gattung und die ihr übergeordneten Gattungen mit sich führen, wie z.B. das zweifüssige Geflügelte und das zweifüssige Landthier das Geschöpf mit sich führen.

Auch muss man prüfen, ob etwa bei der Definition als Art-Unterschied des Wesens eine *Ortsbestimmung* aufgestellt worden ist; denn das Wesen eines Dinges kann sich von dem eines andern nicht durch einen Unterschied im Orte unterscheiden. Deshalb tadelt man es auch, wenn die Geschöpfe in Land- und Wasser-Geschöpfe eingetheilt werden, weil dieser Unterschied nur einen Unterschied des Ortes angiebt. Indess ist der Tadel hier wohl nicht begründet, denn das »im Wasser lebend« bedeutet weder, dass etwas in einem Wasser oder an einem Orte lebe, sondern vielmehr eine Beschaffenheit; denn selbst wenn das Geschöpf auf dem Trocknen ist, bleibt es doch ein Wasserthier, und ebenso bleibt ein Landthier selbst im Wasser ein Landthier und wird kein Wasserthier. Dessen-ungeachtet bleibt es ein Fehler, wenn der Umstand wirklich einen Unterschied im Orte bezeichnet.

Auch ist es ein Fehler, wenn ein *Zustand* des definirten Gegenstandes als Art – Unterschied desselben aufgestellt wird. Denn jeder Zustand tritt, wenn er über einen bestimmten Grad gesteigert wird, aus dem Wesen des Gegenstandes heraus, während der Art-Unterschied dies nicht thut; denn der Art-Unterschied dient mehr der Erhaltung seines Gegenstandes und kein Gegenstand kann ohne den ihm zugehörigen Art-Unterschied bestehen; denn wenn es kein auf dem Lande Lebendes giebt, giebt es auch keinen Menschen. Ueberhaupt ist alles, wodurch ein Gegenstand zu einem anderen wird, niemals ein Art-Unterschied desselben, weil ein solcher durch seine Steigerung aus dem Wesen des Gegenstandes hinaustritt. Ist also so etwas als Art-Unterschied aufgestellt worden, so ist es ein Fehler, denn durch die Art-Unterschiede werden wir niemals ein anderes Ding.

Auch ist es ein Fehler, wenn bei der Definition eines bezogenen Gegenstandes der Art-Unterschied nicht auch als eine Beziehung aufgestellt wird; denn bei Beziehungen, wie dies z.B. für die Wissenschaften gilt; denn man nennt sie theoretische, oder praktische oder technische, und jeder dieser Unterschiede bezeichnet eine Beziehung; das Theoretische ist theoretisch in Bezug auf etwas und das Technische technisch in Bezug auf etwas und ebenso das Praktische.

Man muss auch prüfen, ob der Definirende bei einem, auf etwas sich beziehenden Gegenstande das, wozu er von Natur bestimmt ist, als solches angegeben hat, denn Manches von solchen Gegenständen lässt sich nur zu dem benutzen, zu welchem es von Natur bestimmt ist und zu sonst nichts weiter; Manches kann aber auch noch anderweit benutzt werden. So kann man z.B. das Gesicht nur zum Sehen gebrauchen, die Striegel aber wohl auch zum Wasserschöpfen. Danach wäre es ein Fehler, wenn jemand die Striegel als ein Instrument zum Wasserschöpfen definirte, denn es ist dazu seiner Natur nach nicht bestimmt. Diese natürliche Bestimmung wird daran erkannt, dass der verständige Mann als solcher, oder die Wissenschaft, welcher der Gegenstand eigenthümlich angehört, denselben so gebrauchen würde. 143

Auch ist es ein Fehler, wenn bei einem Gegenstande, der zu Mehrerem gerechnet werden kann, nicht das nächste in der Definition genannt wird; z.B. wenn man die Klugheit als die des Menschen, oder der Seele und nicht als die des denkenden Theiles der Seele bezeichnet; denn zunächst ist die Klugheit eine Tugend des denkenden Theiles der Seele, und in Bezug auf diesen Theil sagt man, dass die Seele oder der Mensch klug sei.

Ferner ist es ein Fehler, wenn der Gegenstand, von dem das Definirte als dessen Zustand oder Erleiden, oder sonst wie definirt worden ist, dieses Zustandes nicht fähig ist; denn jeder Zustand und jedes Erleiden kann von Natur nur in dem entstehen, dessen Zustand oder Erleiden es ist; so kann die Wissenschaft nur in der Seele entstehen, da sie ein Zustand derselben ist. Mitunter wird hierbei gefehlt, z.B. wenn man den Schlaf als ein Unvermögen wahrzunehmen, oder den Zweifel als die Gleichheit entgegengesetzter Gründe, oder den Schmerz als eine gewaltsame Trennung zusammengewachsener Theile definirt, denn der Schlaf ist nicht in dem Wahrnehmen enthalten und doch müsste er

dies sein, wenn er ein Unvermögen des Wahrnehmens sein soll. Ebenso ist der Zweifel nicht in den entgegengesetzten Gründen enthalten und der Schmerz nicht in den zusammengewachsenen Theilen; denn sonst müsste auch das Leblose Schmerz empfinden, wenn der Schmerz überhaupt bei ihnen vorkommen kann. Auch die Definition der Gesundheit ist dieser Art, wenn sie als die Zusammenstimmung des Warmen und Kalten definirt wird; denn dann müsste das Warme und Kalte gesund sein; denn das Zusammenstimmen bei einem Gegenstande ist in den Bestimmungen enthalten, deren Zusammenstimmung es ist, und deshalb wäre die Gesundheit in diesen enthalten. Auch kommt es bei solchen Definitionen vor, dass die Wirkung in die Ursache, oder umgekehrt, verlegt wird; denn die Trennung der zusammengewachsenen Theile ist nicht der Schmerz selbst, sondern sie bewirkt nur denselben, und ebenso ist das Unvermögen wahrzunehmen nicht der Schlaf, son-
144 dern das eine bewirkt das andere; denn wir schlafen entweder in Folge des Unvermögens wahrzunehmen, oder wir sind unvermögend wahrzunehmen in Folge des Schlafes. Ebenso dürfte die Gleichheit der entgegengesetzten Gründe nur die Ursache des Zweifels sein, denn erst dann, wenn bei der Ueberlegung der beiderseitigen Folgen dieselben nach jeder der beiden Seiten als gleich erscheinen, schwankt man darüber, was man thun soll.

Auch muss man sehen, ob die verschiedenen *Zeiten* etwa nicht zusammenpassen, wie dies z.B. der Fall wäre, wenn man das Unsterbliche als ein *jetzt* unvergängliches Wesen definirte; denn das *jetzt* unvergängliche Wesen ist blos *jetzt* unsterblich. Oder sollte dies doch wohl nicht in diesen Worten liegen? denn das *jetzt* Unvergängliche ist ein zweideutiger Ausdruck; er bedeutet entweder, dass der Gegenstand jetzt nicht *vergeht*, oder dass er jetzt nicht *vergehen kann*, oder dass er jetzt so beschaffen ist, dass er *niemals vergehen* kann. Sagt man also, dass ein Geschöpf jetzt unvergänglich sei, so sagt man damit, dass es der Art sei, dass es niemals vergehen könne. Dies ist aber dasselbe, wie das unsterblich sein, und deshalb folgt daraus nicht, dass es nur *jetzt* unsterblich sei. Aber immerhin kann es kommen, dass die ausgesagte Bestimmung nur jetzt oder früher in dem Gegenstande enthalten ist, der Gegenstand selbst aber nicht der Art ist; dann wird die Definition nicht dasselbe mit dem Gegenstande sein. Man hat deshalb diesen Gesichtspunkt so, wie ich gesagt habe, zu benutzen.

Siebentes Kapitel

Auch muss man prüfen, ob das zu Definirende mehr von etwas Anderem als von dem in der aufgestellten Definition Angegebenen ausgesagt wird; dies ist z.B. der Fall, wenn die Gerechtigkeit als ein *Vermögen*, gleich zu vertheilen, definirt wird; denn gerecht ist vielmehr der, welcher *vorzieht*, gleich zu vertheilen, als der, welcher es nur vermag. Deshalb ist also die Gerechtigkeit nicht ein *Vermögen*, gleich zu vertheilen; sonst würde derjenige von allen gerecht sein, der am meisten im Stande wäre, gleich zu vertheilen.

Auch ist es ein Fehler, wenn der Gegenstand das Mehr annimmt, aber bei dem, was die Definition bezeichnet, dies nicht der Fall ist; oder wenn umgekehrt das in der Definition Bezeichnete das Mehr annimmt aber nicht der Gegenstand; denn entweder müssen beide das Mehr annehmen, oder keines, weil das, was die Definition angiebt, mit dem Gegenstande genau dasselbe ist. Ebenso ist es ein Mangel der Definition, wenn zwar beide das Mehr annehmen, aber dies bei beiden nicht gleichzeitig stattfindet, wie z.B. wenn die Liebe als ein Begehren nach dem Zusammensein definirt wird; denn der mehr Liebende verlangt nicht mehr nach dem Zusammensein; deshalb nehmen beide nicht gleichzeitig das Mehr an, was doch sein muss, wenn sie dasselbe sein sollen.

Ferner ist es ein Mangel, wenn der Gegenstand von dem einen zweier Dinge mehr ausgesagt wird und das in der Definition Ausgedrückte weniger, wie dies z.B. der Fall ist, wenn das Feuer als der leichteste Körper definirt wird; denn die Flamme ist mehr Feuer als das Licht, aber der leichteste Körper ist die Flamme weniger als das Licht, obgleich doch bei beiden die Steigerung stattfinden müsste, wenn sie dasselbe sind. Ebenso fehlerhaft ist die Definition, wenn das eine den zwei Dingen gleichmässig zukommt, das andere aber nicht gleichmässig, sondern dem einen mehr als dem andern.

Auch ist es ein Fehler, wenn die Definition in Bezug auf zwei Dinge abgesondert aufgestellt wird, z.B. wenn das Schöne als das definirt wird, was für das Gesicht *oder* für das Gehör angenehm ist, und wenn das Seiende als das definirt wird, was vermögend ist zu leiden *oder* zu wirken. Dann folgt, dass dasselbe zugleich schön und nicht schön ist, und dass das Seiende zugleich das Nicht – Seiende ist; denn nach dieser Definition ist das für das Gehör Angenehme dasselbe, wie das Schöne und also auch das für das Gehör Unangenehme dasselbe wie das Nicht-Schöne, da für dieselben Dinge auch die Gegensätze dieselben sind und dem Schönen das Nicht-Schöne gegenübersteht, wie dem für das Gehör Angenehmen das für das Gehör Unangenehme; folglich ist das für das Gehör Unangenehme dasselbe mit dem Nicht-Schönen. Ist nun ein Gegenstand zwar für das Gesicht angenehm, aber nicht für das Gehör, so ist er demzufolge sowohl schön, wie nicht-schön. Ebenso lässt sich zeigen, wie bei solchen Definitionen das Seiende dasselbe ist, wie das Nicht-Seiende.

Auch in Bezug auf die in der Definition vorkommenden Gattungen, Art-Unterschiede und sonstigen Bestimmungen muss man prüfen, ob etwa, wenn man statt der Worte deren Begriffe setzt, etwas Nicht-Uebereinstimmendes sich ergiebt.

Achtes Kapitel

Wenn das zu Definirende eine Beziehung enthält, sei es als solches, oder in seiner Gattung, so muss man prüfen, ob das, worauf es selbst oder dessen Gattung sich bezieht, in der Definition auch angegeben ist, wie dies z.B. nicht der Fall wäre, wenn man die Wissenschaft als eine durch Ueberredung nicht zu ändernde Annahme definirte, oder den Willen als ein schmerzloses Verlangen; denn das Wesen jedes Bezogenen besteht in der Beziehung auf ein Anderes, da in jedem Bezogenen es enthalten ist, dass es sich zu etwas verhalte. Deshalb muss man die Wissenschaft ein Annehmen des Wissbaren und den Willen ein Verlangen nach dem Guten nennen. Der gleiche Fehler wäre es, wenn man die Sprachkenntniss als eine Kenntniss der Schriften definirte; denn es muss in der Definition entweder das genannt werden, auf was sich das zu Definirende oder seine Gattung bezieht. Bei allen Dingen ist aber deren Ziel das Beste, um dessentwegen das Uebrige geschieht; deshalb muss man das Beste oder das Endziel in der Definition angeben und die Begierde deshalb nicht als ein Verlangen nach dem Angenehmen, sondern als ein Verlangen nach der Lust definiren; denn um deretwillen verlangt man nach dem Angenehmen.

Auch muss man prüfen, ob das, auf welches das zu Definirende in der Definition bezogen wird, ein Entstehen oder ein Thätigsein ist; denn von diesen ist keines ein Ziel, da das Ziel mehr in dem Gethan-haben und in dem Entstanden-sein als in dem Entstehen und Thun enthalten ist. Indess gilt dieser Gesichtspunkt wohl nicht für alle Fälle; denn die meisten Menschen wollen wohl lieber sich vergnügen, als mit dem Vergnügen aufhören und deshalb würden sie wohl hier das Thätig-sein mehr für das Ziel erklären, als das Gethan-haben. 147

Auch muss man in manchen Fällen prüfen, ob in der Definition der Gegenstand nach seiner Grösse oder Beschaffenheit oder nach einer sonstigen Bestimmung etwa nicht näher angegeben ist, z.B. wenn man bei dem Ehrgeizigen nicht angiebt, nach welcher und wie grosser Ehre er verlangt; denn alle Menschen verlangen nach der Ehre, und deshalb nützt es nichts, den nach der Ehre Verlangenden einen Ehrgeizigen zu nennen, sondern man muss die erwähnten Zusätze machen. Ebenso muss bei dem Habsüchtigen gesagt werden, in welchem Masse er nach dem Gelde verlangt und bei dem Unmässigen, in welchen Lüsten er es ist. Denn nicht jeder, der von irgendwelcher Lust überwältigt wird, heisst ein Unmässiger, sondern es gilt dies nur für gewisse Arten der Lust. Ferner wäre es der gleiche Fehler, wenn man die Nacht den Schatten der Erde oder wenn man das Erdbeben eine Bewegung der Erde, oder den Schnee eine Verdichtung der Luft, oder den Wind als eine Bewegung der Luft definirte; vielmehr muss noch der Grad oder die Beschaffenheit oder die Ursache dieser ausgesagten Bestimmungen angegeben werden. Ebenso muss man in anderen solchen Fällen verfahren; denn wenn der Art-Unterschied in irgend einer Weise weggelassen wird, so ist das wesentliche *Was* des Gegenstandes nicht ausgedrückt. Man muss also hier immer den Angriff auf den mangelhaften Punkt richten; denn nicht jedwede Bewegung der Erde und nicht jedweder Grad einer solchen ist ein Erdbeben, und nicht jedwede Bewegung der Luft und jedweder Grad derselben ist ein Wind.

Auch ist es bei der Definition der Begierden, und wo es sonst noch passt, ein Fehler, wenn nicht das »scheinbare« hinzugesetzt wird; z.B. wenn der Wille als ein Verlangen nach dem Guten und die Begierde als ein Verlangen nach dem Angenehmen und nicht als ein Verlangen nach dem scheinbaren Guten und dem scheinbaren Angenehmen defi-nirt wird. Denn oft erkennen die Verlangenden das wahre Gute und das wahre Angenehme nicht und deshalb braucht das, was sie verlangen, nicht das Gute und das Angenehme zu sein, sondern nur das, was ihnen so erscheint. Deshalb muss man auch hiernach die Aufstellung machen. Indess ist, selbst wenn dies nicht verabsäumt worden, derjenige, welcher 148
Ideen annimmt, auf diese Ideen hinzuweisen; denn von dem Erschei-

nenden giebt es keine Ideen, und die Idee müsste hier in Bezug auf eine andere ausgesagt werden. So würde z.B. die Begierde-an-sich als nach dem Angenehmen-an-sich und das Wollen-an-sich als das des Guten-an-sich definirt werden müssen. Hier kann man aber nicht sagen: die Begierde nach dem scheinbar guten oder scheinbar angenehmen, denn es wäre widersinnig, ein scheinbar Gutes-an-sich und ein scheinbar Angenehmes-an-sich aufzustellen.

Neuntes Kapitel

Man muss ferner, wenn es sich um Definition eines Habens handelt, auch auf den Inhaber achten, und wenn es sich um die Definition des Inhabers handelt, auf das Haben, und ebenso hat man bei ähnlichen solchen Gegenständen zu verfahren. Wird z.B. das Angenehme als etwas Nützliches aufgestellt, so prüfe man auch, ob der Geniessende davon Nutzen hat. Im Allgemeinen trifft es sich, dass der Definirende mit solchen Definitionen gewissermassen Mehreres definirt. Denn wer die Kenntniss definirt, definirt gewissermassen auch die Unkenntniss, und wer das Wissbare definirt, auch das Nicht-Wissbare, und ebenso definirt er mit dem Wissen auch das Nicht-Wissen. Denn wenn das erste erklärt worden ist, wird auch das andere gewissermassen mit klar. Man muss hier überall darauf achten, dass die Uebereinstimmung nicht verletzt werde und zu dem Behuf die für die Gegentheile und für die Reihen verwandter Begriffe angegebenen Gesichtspunkte benutzen.

Man muss ferner bei den Beziehungen darauf achten, ob auf etwas von dem, worauf die Gattung bezogen wird, auch die Art sich bezieht; z.B. ob, wenn die Vorstellung auf das Vorstellbare überhaupt bezogen wird, auch die einzelne Vorstellung auf das einzelne Vorstellbare bezogen worden ist, und ob, wenn das Vielfache auf das Vielgetheilte bezogen worden ist, das einzelne Vielfache auch auf das einzelne Vielgetheilte bezogen worden ist; denn wenn dies nicht geschehen sein sollte, so wäre es ein Fehler.

Man muss ferner prüfen, ob für den entgegengesetzten Gegenstand auch der entgegengesetzte Begriff passt, z.B. ob für das Halbe der entgegengesetzte Begriff von dem Begriff des Doppelten aufgestellt worden ist; wenn z.B. das Doppelte das Einfache überragt, so muss das Halbe das sein, was von dem Einfachen überragt wird. Dasselbe gilt für die Gegentheile; denn der Begriff des Gegentheils wird auch von dem Gegentheile selbst nach einer der Gegenüberstellungen des Gegentheiligen gelten müssen. Ist z.B. nützlich das, was das Gute bewirkt, so ist schädlich das, was das Schlechte bewirkt oder was das Gute zerstört; denn eines von diesen beiden muss nothwendig das Gegentheil des zuerst Genannten sein. Ist nun keines von beiden das Gegentheil des zuerst Genannten , so kann offenbar auch keine der aufgestellten Definitionen den Begriff des Gegentheils ausdrücken, und deshalb kann auch die anfangs aufgestellte Definition nicht die richtige sein. Da indess manche von den Gegentheilen in der Weise einer Beraubung des ersten ausgedrückt werden, wie z.B. die Ungleichheit als eine Beraubung der Gleichheit gilt (denn ungleich wird das Nicht-Gleiche genannt), so ist klar, dass das als Beraubung ausgedrückte Gegentheil nur vermittelst seines Gegentheils definirt werden kann; aber letzteres darf nicht durch jenes definirt werden, denn sonst würde von beiden gegentheiligen Gegenständen jeder durch den andern erklärt. Man muss also bei den gegentheiligen Dingen auf diese Fehler Acht haben; z.B. wenn jemand sagt, die Gleichheit sei das Gegentheil von der Ungleichheit; denn dann würde sie durch das, nur nach der Beraubung bezeichnete Gegentheil definirt. Auch würde bei solchem Definiren das Definirte selbst dazu benutzt, wie sich ergiebt, wenn man statt des Namens den Begriff setzt; denn es ist einerlei, ob man Ungleichheit oder Beraubung der Gleichheit sagt, und dann ist also die Gleichheit das Gegentheil von der Beraubung der Gleichheit, mithin ist sie selbst zu ihrer Definition benutzt. Wenn aber keine der einander entgegengesetzten Bestimmungen als eine Beraubung gelten kann und die Definition doch in solcher Weise aufgestellt wird, z.B. dass das Gute das Gegentheil des Bösen sei, so ist klar, dass dann das Böse das Gegentheil des Guten sein muss, und man kann dann von beiden gegentheiligen Bestimmungen die Definition in gleicher Weise aufstellen, so dass sich ergiebt, wie auch hier das zu Definirende zu seiner Definition benutzt wird. Denn in dem Begriffe des Bösen ist das Gute mit enthalten; ist also das Gute das Gegentheil des Bösen, so ist das Böse von dem Gegentheil des Guten nicht verschieden, und das Gute ergiebt sich dann als das Gegentheil vom Gegentheil des Guten, woraus erhellt, dass es durch sich selbst definirt wird.

150

Es ist ferner ein Fehler, wenn in der Definition etwas als Beraubung aufgestellt worden ist, aber nicht angegangen worden, wessen Beraubung es sein solle; ob es z.B. die Beraubung des Habens oder des Gegentheils oder wessen sonst sein solle; oder wenn der Gegenstand, in welchem die betreffende Bestimmung von Natur besteht, überhaupt nicht genannt worden ist, oder nicht der Gegenstand, in welchem sie zunächst von Natur besteht; z.B. wenn jemand die Unwissenheit als eine Beraubung definirt, ohne sie eine Beraubung des Wissens zu nennen; oder ohne dass er das angiebt, in welchem dieselbe von Natur entstehen kann; oder ohne dass er das angiebt, in welchem dieselbe von Natur entstehen kann; oder ohne dass er das angiebt, in welchem sie zunächst entsteht, z.B. wenn er als solches nicht den denkenden Theil der Seele, sondern den Menschen oder die Seele angiebt; in allen diesen Fällen wird er gefehlt haben. Ebenso wäre es ein Fehler, wenn er die Blindheit nicht als die Beraubung des Sehens durch die Augen definirt; denn bei einer richtigen Definition muss das *Was* und dasjenige, dessen Beraubung das Definirte ist, und ebenso, *was* das Beraubte ist, angegeben werden.

Auch muss man prüfen, ob etwas durch Beraubung definirt worden ist, was nicht in dieser Weise besteht. Diesen Fehler würden z.B. die begehen, welche diejenige Unwissenheit so definirten, welche nicht als blosse Verneinung des Wissens gemeint ist. Denn in diesem Sinne ist nicht das, was gar kein Wissen hat, unwissend, sondern vielmehr ist der sich Irrende unwissend; deshalb nennt man weder das Leblose, noch die kleinen Kinder unwissend, und diese Unwissenheit gilt deshalb nicht als eine Beraubung des Wissens.

Zehntes Kapitel

Auch muss man prüfen, ob zu denselben Beugungen des Wortes auch dieselben Beugungen des Begriffes passen; ist z.B. das die Gesundheit *Bewirkende nützlich*, so *nützt* auch das, was die Gesundheit *bewirkt* und *hat* genützt, was die Gesundheit bewirkt hat.

Auch in Bezug auf die betreffende Idee muss man prüfen, ob die aufgestellte Definition zu ihr passt; denn mitunter trifft dies nicht zu, z.B. wenn *Plato* das Sterbliche in Anpassung an die Definitionen der Geschöpfe definirt; denn die Idee ist nicht sterblich, z.B. der Mensch-an-sich, und deshalb stimmt dann der Begriff nicht mit seiner Idee. Ueberhaupt können alle Definitionen, in welche etwas zu Bewirkendes oder zu Erleidendes aufgenommen ist, mit der Idee nicht übereinstimmen, denn die, welche das Dasein von Ideen behaupten, halten sie für leidlos und unveränderlich. Gegen solche Ansichten sind daher auch dergleichen Gesichtspunkte zu benutzen.

Ferner muss man prüfen, ob etwa der Gegner bei zweideutigen Worten *einen* Begriff für alle Bedeutungen des Wortes aufgestellt habe; denn nur bei Worten, die blos *eine* Bedeutung haben, kann *ein* Begriff aufgestellt werden; wenn also der bei zweideutigen Worten angegebene Begriff für alle seine Bedeutungen passt, so ist klar, dass er von keinem der zu diesem Worte gehörenden Gegenstände der Begriff sein kann. An diesem Fehler leidet auch die von *Dionysios* gegebene Definition des Lebens, wonach es die der Gattung von Natur anhaftende Bewegung sein soll; denn diese Definition passt ebenso für die Pflanzen, wie für die Thiere und das Wort: Leben bezeichnet wohl nicht blos ein Einfaches, sondern ist bei den Thieren etwas Anderes, als bei den Pflanzen. Man kann nun, wenn man will, den Begriff davon entweder so aufstellen, als wenn das Wort überhaupt nur das Leben der *einen* Art von Dingen bezeichnete; oder man kann auch, selbst wenn man die Zweideutigkeit kennt und den Begriff blos von der *einen* Art aufstellen will, es doch übersehen, dass man nicht den Begriff *dieser* Art, sondern den für beide Arten gemeinsam angiebt. Indess wird man trotzdem in beiden Fällen gefehlt haben. Da indess die Zweideutigkeit mancher Worte nicht bemerkt zu werden pflegt, so muss man als Fragender dergleichen Worte so benutzen, als hätten sie nur *eine* Bedeutung (denn dann passt der Begriff von der einen Art nicht auf die andere Art, so dass der Gegner glauben wird, dass er nicht richtig definirt habe, weil Worte mit nur *einer* Bedeutung für alles zu ihnen Gehörige passen müssen); soll man aber selbst antworten, so muss man die verschiedenen Bedeutungen von einander trennen. Da indess manche Antwortende behaupten, dass ein Wort, was nur *eine* Bedeutung hat, mehrdeutig sei, sobald der von ihnen aufgestellte Begriff für alles unter das Wort Fallende nicht passt, und da sie umgekehrt zweideutige Worte für eindeutig erklären, wenn ihre Definition für jede der Bedeutungen passt, so muss man über diese Frage im Voraus entweder sich vereinigen, oder vorweg beweisen, dass das Wort, je nach seiner Natur, zweideutig oder eindeutig sei, denn der Gegner wird hier eher beitreten, wenn er das daraus weiter Folgende nicht bereits kennen gelernt hat. Wenn aber der Gegner hierbei nicht zustimmt und behauptet, dass das eindeutige Wort ein mehrdeutiges sei, weil der aufgestellte Begriff nicht auf einzelne bestimmte noch unter das Wort fallende Gegenstände passt, so muss man prüfen, ob der für diese letzteren Gegenstände aufzustellende Begriff auch für alle anderen, von dem Wort befassten Gegenstände passe, denn dann ist klar, dass das Wort ein eindeutiges ist, da dieser letzte Begriff für alles passt. Ist dies aber nicht der Fall, so ergäbe sich das Widersinnige, dass es dann für diese anderen Gegenstände des Wortes *mehrere* wahre Definitionen gäbe, da dann zwei Definitionen für diese passen würden, die zuerst aufgestellte und die spätere.

Wenn ferner jemand ein vieldeutiges Wort definirt hätte und diese Definition nicht auf Alles passte und er dann behauptete, das Wort sei nicht zweideutig, sondern passe nur nicht für Alles, und deswegen passe auch die Definition nicht für Alles, so muss man einem solchen entgegnen, dass man sich der überlieferten und gebräuchlichen Ausdrucksweise bedienen müsse und nicht daran rütteln dürfe, wenn man auch Einzelnes nicht so wie die Menge bezeichnen könne.

153

Elftes Kapitel

Wenn jemand von einem zusammengesetzten Ausdruck eine Definition aufstellt, so muss man prüfen, ob, wenn die Definition des einen Theiles des Ausdrucks abgetrennt wird, das Uebrige die Definition des übrigen Theiles des Ausdruckes ist; denn wenn dies nicht der Fall ist, so kann auch die ganze Definition nicht die richtige Definition des ganzen Gegenstandes sein. Wenn z.B. jemand eine begrenzte gerade Linie definirte als die Grenze einer begrenzten Ebene, wo die Mitte die beiden Enden verdeckt, so bildet hier die Grenze einer begrenzten Ebene die Definition der begrenzten Linie, und das Uebrige, welches lautet: wo die Mitte die beiden Enden verdeckt, muss dann die Definition des Geraden sein. Allein die unbegrenzte gerade Linie hat weder eine Mitte, noch Enden und ist doch gerade, und deshalb ist dieser übrige Theil der Definition nicht die Definition des übrigen Theiles des Ausdrucks.

Auch muss man prüfen, ob bei Definitionen von zusammengesetzten Ausdrücken die Definition etwa gleichgliedrig mit dem Definirten aufgestellt worden ist. Gleichgliedrig heisst eine Definition dann, wenn sie ebensoviel Hauptworte und Zeitworte befasst, als der zusammengesetzte Ausdruck Theile hat. Denn in solchen Fällen müssen nothwendig die Worte im Ausdruck und dessen Definition sich austauschen lassen, entweder alle oder wenigstens einige, da ja in der Definition nicht mehr als vorher in dem Ausdruck gesagt ist. Also muss man dann die Definitionen der einzelnen Worte auch für diese gebrauchen können und zwar bei allen Worten, oder doch bei den meisten. In dieser Weise könnte ja auch bei einfachen Ausdrücken, wenn man nur die Hauptworte austauscht, dies eine Definition abgeben, z.B. wenn man statt Ueberzieher Mantel setzte.

Noch grösser ist der Fehler, wenn man die bekannteren Worte mit unbekannteren vertauscht, z.B. wenn man statt: weisser Mensch, sagte: hellglänzender Sterblicher; denn dies ist keine Definition, da ein solcher Ausdruck weniger deutlich ist.

Auch muss man bei dem Austausch von Hauptworten bei solchen Definitionen prüfen, ob etwa beide nicht dasselbe bedeuten, z.B. wenn jemand die theoretische Wissenschaft eine theoretische Annahme nennt. Denn Annahme ist mit Wissenschaft nicht dasselbe, was doch sein muss, wenn das Ganze dasselbe sein soll. Hier ist zwar das: theoretisch beiden Ausdrücken gemeinsam, aber das andere ist verschieden.

Auch wäre es ein Fehler, wenn man bei einer solchen Definition mittelst blossen Wechsels der Worte, diesen Wechsel nicht bei dem Art-Unterschied, sondern bei der Gattung vornähme, wie dies in dem vorigen Beispiel geschehen ist. Denn das Theoretische ist ein unbekannteres Wort, als die Wissenschaft, da letzteres die Gattung und jenes den Art-Unterschied bezeichnet und die Gattung überall das Bekanntere ist. Es hätte also nicht das Wort, was die Gattung bezeichnet, sondern das für den Art-Unterschied umgetauscht werden sollen, da dieses das weniger bekannte ist. Indess dürfte dieser Tadel wohl lächerlich erscheinen; denn es kann ja sehr wohl kommen, dass der Art-Unterschied durch ein bekannteres Wort, als die Gattung, bezeichnet wird, und wenn dies der Fall ist, so ist klar, dass der Austausch der Worte nicht bei dem Art-Unterschied, sondern bei der Gattung geschehen muss. Kann indess das Wort nicht mit einem Worte, sondern nur mit dessen Begriff vertauscht werden, so ist offenbar nöthiger, den Art-Unterschied, als die Gattung zu definiren, da die Definition um der Erkenntniss willen aufgestellt wird und dann der Art-Unterschied weniger bekannt ist, als die Gattung.

Ist nur die Definition von dem Art-Unterschied aufgestellt worden, so muss man prüfen, ob diese Definition nicht etwa noch Anderes befasst; z.B. wenn jemand die ungerade Zahl für die Zahl erklärt, welche keine Mitte habe; denn dann muss noch weiter bestimmt werden, in welcher Art sie keine Mitte habe; da die Zahl beiden Ausdrücken gemein ist und nur der Begriff des ungeraden ausgetauscht worden ist. Nun hat aber auch die Linie und der Körper eine Mitte, ohne dass sie ungerade sind und deshalb kann jener Ausdruck nicht für die Definition des Ungeraden gelten. Hat aber der Ausdruck: eine Mitte haben, mehrere Bedeutungen, so ist näher anzugeben, in welcher Art dies gemeint sei. Deshalb ist hier entweder eine fehlerhafte Definition aufgestellt, oder man hat bewiesen, dass überhaupt keine Definition aufgestellt worden ist.

Zwölftes Kapitel

Ferner ist es ein Mangel, wenn das Definirte zu dem Seienden gehört, das unter der Definition Befasste aber zu dem Nicht-seienden gehört; z.B. wenn das Weisse für eine mit Feuer gemischte Farbe erklärt worden ist. Denn das Unkörperliche lässt sich nicht mit Körperlichen vermischen, und deshalb kann auch die Farbe sich nicht mit dem Feuer vermischen; das Weisse ist aber etwas Seiendes.

Auch die, welche bei Beziehungen nicht unterscheiden, auf was der Gegenstand bezogen werde, sondern zu Vieles dafür angeben, stellen entweder eine durchaus falsche Definition auf, oder fehlen in einem einzelnen Punkte. Dies ist z.B. der Fall, wenn jemand die Heil-Wissenschaft als eine solche erklärt, die sich auf Seiendes bezieht. Denn bezieht sich dieselbe auf gar nichts Seiendes, so ist diese Definition ganz falsch; bezieht sich dieselbe aber auf einiges Seiende und auf anderes nicht, so ist die Definition in diesem Punkte falsch; denn sie muss sich auf alles Seiende beziehen, wenn sie an sich und nicht blos nebenbei als auf das Seiende sich beziehend erklärt wird, wie dies auch bei anderen Bezogenen der Fall ist; denn alles Wissbare heisst so in Bezug auf die Wissenschaft, und ebenso verhält es sich mit anderen Bezogenen, da bei allen Beziehungen die Bezogenen sich umkehren lassen. Sollte aber eine Definition, die das Bezogene nicht an sich, sondern nur nebenbei meint, als eine richtige gelten, so würde jede Beziehung nicht blos auf *Eines*, sondern auf Mehreres sich beziehen. Denn ein und dasselbe kann sowohl ein Seiendes, wie auch ein Weisses und ein Gutes sein; mithin würde jeder, welcher eines von diesen als das Bezogene aufstellte, richtig definirt haben, sofern die Definition, welche das Bezogene blos in einem nebensächlichen Sinne meint, eine richtige Definition sein soll. Auch wäre es dann unmöglich, dass eine solche Definition dem betreffenden Gegenstande eigenthümlich zukäme. Denn nicht blos die

Heil-Wissenschaft, sondern noch viele von den anderen Wissenschaften
beziehen sich auf ein Seiendes, so dass also jede derselben eine Wissenschaft des Seienden wäre. Eine solche Definition ist daher von keiner Wissenschaft zulässig, da die Definition dem Definirten ausschliesslich zukommen muss.

Mitunter wird nicht der Gegenstand überhaupt definirt, sondern nur der, welcher in gutem oder vollkommenen Zustande sich befindet. Dahin gehört es, wenn der Redner als derjenige definirt wird, welcher in allen Fällen die überzeugenden Gründe erfasst und nichts davon übersieht, und wenn der Dieb als der definirt wird, welcher etwas heimlich an sich nimmt; denn dieser Art ist offenbar nur der *gute* Redner und der *geschickte* Dieb; denn Dieb überhaupt ist nicht der, welcher heimlich nimmt, sondern wer heimlich nehmen *will*.

Es ist ferner ein Fehler, wenn das um sein selbst willen Wünschenswerthe als ein etwas zu Stande zu Bringendes, oder als ein etwas Auszuführendes oder überhaupt als etwas definirt wird, was um eines andern willen wünschenswerth ist; z.B. wenn man die Gerechtigkeit als eine Erhalterin der Gesetze oder die Weisheit als die Bewirkerin der Glückseligkeit definirt; denn das, was nur etwas bewirkt, oder erhält, gehört zu dem, was um eines andern willen wünschenswerth ist. Nun hindert zwar nichts, dass das um sein selbst willen Wünschenswerthe auch um anderer Dinge willen wünschenswerth ist, aber dennoch bleibt eine solche Definition des um sein selbst willen Wünschenswerthen fehlerhaft; denn das Beste von jeder Sache ist in ihrem Wesen enthalten. Deshalb muss das um sein selbst willen Wünschenswerthe besser sein, als das um anderes willen und deshalb muss auch die Definition dies mehr hervorheben.

Dreizehntes Kapitel

Auch muss man prüfen, ob die Definition den Gegenstand so aufstellt, als *sei er* Mehreres, oder bestehe *aus* Mehreren, oder sei Eines *mit* einem Andern. Wird der Gegenstand so aufgestellt, dass er Mehreres sei, so folgt, dass er in beiden und doch in keinem von beiden enthalten ist, z.B. wenn man die Gerechtigkeit als die Selbstbeherrschung und als die Tapferkeit definirte. Denn wenn von zwei Personen jede die eine dieser Tugenden hat, so werden sie beide zusammengerecht sein, aber doch keiner allein, da sie beide zusammen wohl die Gerechtigkeit haben, aber keiner allein sie hat. Wenn nun auch dergleichen nicht als widersinnig gelten kann, weil es bei anderen Dingen vorkommen kann (denn es kann ja sein, dass Zwei eine Mine Goldes haben, aber keiner allein sie hat), so würde es doch durchaus widersinnig sein, wenn die *entgegengesetzten* Bestimmungen von ihnen ausgesagt würden, und dies würde eintreten, wenn dem Einen von ihnen die Selbstbeherrschung und die Feigheit zukäme und dem Andern die Tapferkeit und die Zuchtlosigkeit; denn dann kommt beiden die Gerechtigkeit und die Ungerechtigkeit zu; denn wenn die Gerechtigkeit in der Selbstbeherrschung und Tapferkeit besteht, so muss auch die Ungerechtigkeit aus der Zuchtlosigkeit und Feigheit bestehen. Ueberhaupt könnten alle die Fälle, wo man zeigen kann, dass die Theile nicht dasselbe sind, wie das Ganze, für den hier aufgestellten Gesichtspunkt benutzt werden; denn bei solchen Definitionen werden die Theile für dasselbe, wie das Ganze, erklärt. Am einleuchtendsten ist dies bei solchen Gegenständen, wo die Zusammensetzung der Theile klar vorliegt, wie z.B. beim Hause und ähnlichen Dingen; denn hier zeigt sich, dass, wenn auch alle Theile vorhanden sind, das Ganze doch nicht zu sein braucht, dass folglich die sämmtlichen Theile nicht dasselbe wie das Ganze sind.

Wird aber die Definition nicht in der Weise, dass der Gegenstand Mehreres sei, aufgestellt, sondern dass er aus Mehreren entstanden sei, so muss man zunächst prüfen, ob auch aus den angegebenen Einzelnen *Eines* entstehen kann; denn Mehreres verhält sich mitunter so zu einander, dass *aus* demselben Nichts entstehen kann, wie z.B. die Linie und die Zahl. Auch muss man prüfen, ob das zu Definirende seiner Natur nach aus *einem* Gegenstande ursprünglich entsteht, während nach der Definition es aus Mehreren hervorgehen soll, die nicht ursprünglich aus *Einem* hervorgehen, sondern Jedes aus einem Andern; denn dann kann offenbar auch das zu Definirende aus diesem Mehreren nicht hervorgehen; denn das, was die Theile enthält, muss auch das Ganze enthalten. Mithin müsste das Ganze, wenn die aufgestellte Definition richtig sein sollte, nicht *ursprünglich* aus *Einem*, sondern ursprünglich aus Mehrerem hervorgehen. Sollten aber sowohl die Theile wie das Ganze ursprünglich aus *Einem* hervorgehen, so muss man prüfen, ob beide etwa nicht aus demselben, sondern das Ganze aus Diesem und die Theile aus Anderem hervorgehen. Ferner, ob mit dem Ganzen auch die Theile zu Grunde gehen; denn umgekehrt muss es wohl kommen, dass mit dem Untergange der Theile auch das Ganze untergeht; allein

wenn das Ganze untergeht, brauchen nicht auch die Theile unterzuge-
hen. Ferner hat man zu prüfen, ob das Ganze zwar gut, oder schlecht
ist, die Theile aber keines von beiden, oder ob umgekehrt die Theile
zwar gut oder schlecht sind, das Ganze aber keines von beiden; denn
aus dem, was weder gut noch schlecht ist, kann nicht etwas werden,
was gut oder schlecht ist, und aus dem, was schlecht oder gut ist, kann
nicht etwas werden, was keines von beiden ist.

Ferner muss man prüfen, ob von den Theilen der eine mehr gut, als
der andere schlecht ist, das Ganze aber nicht mehr gut als schlecht ist;
z.B. wenn die Schamlosigkeit als aus der Tapferkeit und einer falschen
Meinung hervorgehend definirt worden ist. Denn hier ist die Tapferkeit
mehr gut, als die falsche Meinung schlecht ist; deshalb muss auch in
dem daraus Hervorgehenden das Mehr sich so verhalten und entweder
das Ganze einfach gut oder wenigstens mehr gut als schlecht sein. Indess
dürfte dies wohl nur da nothwendig sein, wo jeder der Theile nicht an
sich gut oder schlecht ist, denn es giebt Vieles, was für sich allein nicht
gut ist, aber wohl, wenn es gemischt wird, und umgekehrt giebt es
Vieles, wo das Einzelne gut ist, aber gemischt das Ganze schlecht oder
keines von beiden. Am deutlichsten zeigt sich dies bei dem, was gesund
oder krank macht; denn manche Arzneimittel sind der Art, dass jedes
für sich gut ist, dass sie aber gemischt eingegeben schlecht wirken.

Man hat ferner zu prüfen, ob, wenn Etwas aus einem Besseren und
einem Schlechteren hervorgehen soll, das Ganze auch schlechter ist als
das Bessere und besser als das Schlechtere. Doch ist auch dies wohl da
nicht nothwendig, wo die Theile, aus denen das Ganze besteht, nicht   159
an sich gut sind; denn dann kann das Ganze trotzdem nicht gut werden,
wie z.B. in dem vorher angegebenen Falle.

Auch hat man zu prüfen, ob das Ganze mit dem einen der Dinge,
aus denen es bestehen soll, dieselbe Bedeutung hat; denn dies darf nicht
sein; auch nicht bei den Silben, denn die Silbe hat mit keinem der
Buchstaben, aus denen sie besteht, gleiche Bedeutung.

Ferner muss auch die Art der Verbindung in der Definition angegeben sein, denn es genügt zur Erkenntniss des Gegenstandes nicht, dass
man sagt, er entstehe aus diesen Stücken. Das Wesen der zusammengesetzten Dinge besteht nicht blos in diesem Werden *aus* Anderem, sondern in dem, wie sie daraus werden; wie z.B. bei dem Hause; denn ein
solches entsteht nicht aus jeder beliebigen Zusammensetzung seiner
Bestandtheile.

Ist nämlich bei einer Definition gesagt worden, dass Dieses *mit* Jenem den zu definirenden Gegenstand bilde, so muss man zunächst geltend machen, dass der Ausdruck: Dieses mit Jen**em** oder mit Jen**en** dasselbe besagt, wie der Ausdruck, dass der Gegenstand *aus* Diesen bestehe; denn wer sagt: Honig *mit* Wasser, meint entweder damit: Honig *und* Wasser oder das *aus* Honig und Wasser Werdende. Giebt hier der Gegner nun zu, dass das: »Dieses mit Jenem« dasselbe, wie einer dieser beiden letzten Ausdrücke bedeute, so wird dann auf seine Definition Dasselbe an Entgegnungen passen, was für diese beiden Ausdrücke vorher gesagt worden ist. Ist aber von ihm angegeben, in wie vielfacher Bedeutung der Ausdruck »das Eine mit dem Andern« gebraucht werde, so muss man prüfen, ob keine dieser Bedeutungen hier anwendbar ist; z.B. wenn »das Eine *mit* dem Andern« so gebraucht worden wie: »das Eine *in* einem, zu dessen Aufnahme fähigem Anderen«, wie z.B. die Gerechtigkeit und die Tapferkeit *in* der Seele sind oder wie Mehreres in demselben Orte oder in derselben Zeit ist. Für solche Verhältnisse kann der Ausdruck: »mit einander« durchaus nicht gebraucht werden, und deshalb ist die aufgestellte Definition dann für keines richtig, da in solchen Fällen das Eine nicht *mit* dem Andern ist. Wenn aber von den verschiedenen Bedeutungen jenes Ausdruckes die eine richtig dahin geht, dass jedes der Mehreren *in* demselben Zeitpunkte ist, so muss
man weiter prüfen, ob jedes der mehreren Gegenstände auf etwas Anderes bezogen werden kann. Hätte z.B. jemand die Tapferkeit als eine Kühnheit mit richtiger Kenntniss definirt, so lässt sich hier der Besitz der Kühnheit absondern und die richtige Kenntniss auf das Gesunde beziehen, und da wäre doch gewiss derjenige kein Tapferer, der zu derselben Zeit das eine *mit* dem anderen hätte. Auch prüfe man, ob beides sich auf dasselbe beziehen lässt, z.B. auf Arzneimittel; so kann jemand sehr wohl die Kühnheit, wie die richtige Kenntniss in Bezug auf Arzneimittel haben, und doch würde der, welcher so das eine mit dem anderen hätte, kein *Tapferer* sein; vielmehr dürfen nicht jedes auf etwas Anderes, noch beide auf jedes Beliebige sich beziehen lassen, sondern beide nur auf das Ziel der Tapferkeit, also auf die Gefahren im Kriege, oder auf das, was etwa sonst noch als Ziel der Tapferkeit gelten kann.

Auch fallen manche der so aufgestellten Definitionen durchaus nicht unter die besagten Eintheilungen des Ausdrucks »mit«; z.B. wenn der Zorn als ein Schmerz *mit* der Annahme, dass man gering geschätzt werde, definirt worden ist. Denn es soll zwar damit gesagt sein, dass der Schmerz *durch* eine solche Annahme verursacht werde, aber der Ausdruck, dass etwas *durch* ein anderes werde, besagt nach keiner der vorhergehenden Eintheilungen dasselbe mit dem: dass etwas *mit* einem anderen sei.

Vierzehntes Kapitel

Wenn ferner die Definition ein Ganzes als eine Verbindung bestimmter Theile angiebt, z.B. die des Geschöpfes als eine Verbindung der Seele und des Leibes, so muss man zunächst prüfen, ob etwa die Art der Verbindung nicht angegeben worden ist, z.B. wenn das Fleisch, oder die Knochen als eine Verbindung von Feuer, Erde und Luft definirt worden sind. Denn es nützt nichts, blos die Verbindung zu nennen, man muss auch angeben, *welche Art* von Verbindung es sei, da nicht aus jeder beliebigen Verbindung dieser Stücke Fleisch entsteht, sondern Fleisch durch eine Verbindung *dieser* und Knochen durch eine Verbindung *jener* Art; ja es scheint keines von beiden das, was es ist, durch eine Verbindung zu sein, denn jede Verbindung hat zu ihrem Gegentheil die Auflösung, aber keiner der beiden Gegenstände hat ein solches Gegentheil. Wenn ferner es gleich glaubwürdig ist, dass jedes Zusammengesetzte eine Verbindung ist, wie, dass es keine Verbindung ist, aber von den Geschöpfen, obgleich jedes ein zusammengesetztes ist, keines eine Zusammensetzung ist, so wird auch von dem anderen Zusammengesetzten keines eine Zusammensetzung sein.

Wenn ferner derselbe Gegenstand seiner Natur nach zu verschiedenen Zeiten das Entgegengesetzte enthalten kann, derselbe aber nur durch das eine der Entgegengesetzten definirt worden ist, so ist klar, dass dies keine richtige Definition ist; denn sonst gäbe es von dem *einen* Gegenstand mehrere Definitionen, da man dann den Gegenstand ebensogut durch das eine, wie durch das andere definiren könnte, weil er für beide von Natur gleich empfänglich ist. Solcher Art wäre z.B. die Definition der Seele, wenn sie ein des Wissens fähiges Geschöpf genannt würde, denn sie ist ebenso auch der Unwissenheit fähig.

Wenn man die vom Gegner aufgestellte Definition nicht im Ganzen angreifen kann, weil man das Ganze nicht näher kennt, so muss man es bei einem Theile derselben versuchen, welcher uns näher bekannt ist und nicht richtig definirt zu sein scheint; denn kann man bei diesem

Theile die Definition widerlegen, so fällt auch die ganze Definition. Sind die Definitionen aber unklar aufgestellt, so muss man sie zu berichtigen und in eine bessere Form zu bringen suchen und sehen, ob sich auf diesem Wege etwas ergiebt, was man angreifen kann; denn der Antwortende muss entweder das von dem Anderen Aufgestellte annehmen, oder selbst deutlicher sagen, was er mit der Definition meine. So wie man in den Volksversammlungen einen anderen Gesetzentwurf vorzubringen pflegt und damit, wenn dieser besser ist, den zuerst eingebrachten beseitigt, so muss man auch bei den Definitionen verfahren und selbst eine andere Definition aufstellen. Denn wenn diese als die bessere erscheint und das zu Definirende mehr klar legt, so ist offenbar die vom Gegner aufgestellte Definition umgestossen, da es nicht mehrere Definitionen von demselben Gegenstande geben kann.

Bei allen Definitionen ist es keiner der geringsten Gesichtspunkte, dass man zunächst für sich den vorliegenden Gegenstand richtig zu definiren oder gut gefasste Definitionen sich in das Gedächtniss zu rufen versuche; denn indem man dann darauf, wie auf ein Muster schaut, wird man es nothwendig bemerken, wenn an der vom Gegner aufgestellten Definition etwas Nöthiges fehlt, oder etwas Ueberflüssiges zugesetzt ist, so dass man dadurch mehr Mittel zum Angriff bekommt.

So viel sei über die Definitionen gesagt.

Siebentes Buch

Erstes Kapitel

Ob zwei Dinge *ein und dasselbe* oder verschieden sind und zwar in der wichtigsten der davon angenommenen Bedeutungen (als deren wichtigsten habe ich aber die genannt, wonach das der *Zahl* nach *Eine* ein und dasselbe ist), dies muss man nach den Beugungen der Worte, nach den Reihen der verwandten Begriffe und nach den Gegensätzen prüfen. Wenn z.B. die Gerechtigkeit dasselbe ist wie die Tapferkeit, so gilt dies auch für den Gerechten und Tapferen und für das gerecht und tapfer. Ebenso ist es mit den Gegensätzen; sind nämlich zwei Bestimmungen dieselben, so sind auch ihre Gegensätze dieselben und zwar nach jedweder Art von Entgegensetzung; dann ist es gleich, ob man den Gegensatz von der einen oder der anderen Bestimmung nimmt, da sie dasselbe

sind. Ebenso hat man dies aus dem zu entnehmen, was diese Bestimmungen zu Stande bringt, oder zerstört, und aus dem Werden und
Untergehen derselben und überhaupt aus Allem, was sich bei beiden
gleich verhält; denn bei Allem, was überhaupt als ein und dasselbe gilt,
sind auch das Werden und das Untergehen und das, was es zu Stande
bringt und zerstört, dasselbe.

Auch muss man prüfen, ob, wenn von dem einen am meisten irgend
etwas ausgesagt wird, dies auch von dem anderen dieser beiden Gegenstände geschehen kann. So zeigte *Xenokrates*, dass das glückselige und
das sittliche Leben ein und dasselbe sei, weil von allen verschiedenen
Lebensweisen die sittliche und die glückselige am meisten wünschenswerth sei und weil das wünschenswertheste und grösste immer nur *eines*
sei. Das Gleiche findet in anderen solchen Fällen statt, aber jedes von 164
den beiden, die als das grösste und wünschenswertheste genannt werden,
muss der Zahl nach *eines* sein; denn ohnedem ist die Dieselbigkeit
derselben nicht bewiesen. Wenn z.B. von den Griechen die Peloponnesier *und* die Lakedämonier die tapfersten sind, so ist es nicht nothwendig, dass die Peloponnesier dieselben wie die Lakedämonier sind, da
weder jene noch diese der Zahl nach Eines sind; vielmehr müssen dann
die einen von den anderen befasst werden, wie z.B. die Lakedämonier
von den Peloponnesiern; ist dies nicht der Fall, so Würde folgen, dass
gegenseitig die einen besser wären als die anderen, sofern nämlich die
einen von den anderen nicht mit befasst werden, denn es müssen dann
die Peloponnesier tapferer sein als die Lakedämonier, da ja die einen
von den anderen nicht mit befasst werden; denn sie sollen ja besser als
alle die übrigen sein. Ebenso müssen die Lakedämonier dann tapferer
sein als die Peloponnesier, denn auch sie sollen ja tapferer als *alle* übrigen sein, und so wären sie gegenseitig die einen tapferer als die anderen.
Es ist also klar, dass das, was für das Beste und Grösste erklärt wird,
Eines der Zahl nach sein muss, wenn dadurch die Dieselbigkeit bewiesen
werden soll. Deshalb hat auch *Xenokrates* seinen Satz nicht bewiesen,
denn das glückselige und das sittliche Leben sind nicht *Eines* der Zahl
nach; deshalb brauchen sie auch nicht dasselbe zu sein, denn beide sind
wohl die wünschenswerthesten, allein nur weil das eine von dem anderen befasst wird.

Man muss ferner prüfen, ob das, wodurch das eine dasselbe ist, auch
das ist, wodurch das andere dasselbe ist; denn wenn beide nicht durch

ein und dasselbe dieselben sind, so sind sie auch offenbar gegen einander nicht dasselbe.

Auch muss man auf das solchen angeblich Dieselbigen nebensächlich Zukommende Acht haben und ebenso, welchen Dingen diese Dieselbigen nebensächlich zukommen; denn das, was dem einen nebensächlich zukommt, muss auch dem anderen nebensächlich zukommen, und welchen Dingen das eine nebensächlich zugehört, denen muss auch das andere nebensächlich zugehören. Stimmen sie in einem dieser Punkte nicht überein, so sind sie offenbar nicht dasselbe.

Auch muss man prüfen, ob etwa beide nicht zu *einer* Kategorien-Gattung gehören, sondern das eine etwa eine Beschaffenheit und das andere eine Grösse oder eine Beziehung bezeichnet. Ferner ob etwa die Gattung von beiden nicht dieselbe ist, sondern das eine ein Gut, das andere ein Uebel, oder das eine eine Tugend, das andere eine Wissenschaft ist; oder ob zwar die Gattung für beide dieselbe ist, aber von beiden nicht dieselben Art-Unterschiede ausgesagt werden, z.B. dass das eine eine theoretische, das andere eine praktische Wissenschaft ist. Ebenso ist in anderen Fällen zu verfahren.

Auch nach dem Vermehren ist die Dieselbigkeit zu prüfen; ob nämlich das eine die Vermehrung annimmt und das andere nicht, oder ob beide zwar sie annehmen, aber nicht gleichzeitig. So verlangt der mehr Liebende nicht auch mehr nach dem Beisammensein, und deshalb sind die Liebe und das Verlangen nach dem Beisammensein nicht ein und dasselbe.

Ebenso ist in Bezug auf einen Zusatz zu prüfen, ob, wenn dasselbe beiden hinzugefügt wird, das Ganze bei beiden etwa nicht dasselbe ist; oder ob, wenn *dasselbe* von jedem weggenommen wird, der Ueberrest bei beiden etwa nicht derselbe ist; z.B. wenn man sagte, dass das Doppelte von der Hälfte und das Vielfache von der Hälfte dasselbe sei. Wenn man hier von jedem die Hälfte wegnimmt, so müsste dann der Rest bei beiden derselbe sein, allein dies ist nicht der Fall; also bedeuten das Doppelte und das Vielfache nicht dasselbe.

Auch muss man nicht blos prüfen, ob schon aus der blossen Aufstellung sich etwas unmögliches ergiebt, sondern auch ob die Möglichkeit der Aufstellung auch bei einer gewissen Voraussetzung bestehen bleibt, wie z.B. wenn behauptet würde, dass das Luftleere und das mit Luft Erfüllte dasselbe sei; denn offenbar ist, wenn die Luft austritt, die Leere nicht geringer, sondern grösser, während, wenn sie voll Luft ist, dies nicht der Fall ist. Wenn also bei einer Voraussetzung, mag sie wahr sein oder nicht (denn dies macht keinen Unterschied), das eine von beiden aufgehoben wird, das andere aber nicht, so können sie beide nicht dasselbe sein. Ueberhaupt muss man nach den von jedem der beiden ausgesagten Bestimmungen und nach den Gegenständen, von denen beide ausgesagt werden, prüfen, ob etwa hier nicht alles zusammenstimmt; denn die von dem einen ausgesagten Bestimmungen müssen sich auch von dem anderen aussagen lassen, und von den Gegenständen, von welchen das eine ausgesagt wird, muss auch das andere sich aussagen lassen.

Da ferner der Ausdruck: »Dasselbe« in vielerlei Sinne gebraucht wird, so muss man auch prüfen, ob die aufgestellten Gegenstände in einem anderen Sinne dieselben seien, denn das der Art, oder Gattung nach dasselbe braucht, oder kann nicht auch der Zahl nach dasselbe sein; man muss deshalb auch prüfen, ob sie in diesem Sinne dieselben sind, oder nicht.

Ebenso muss man prüfen, ob das eine ohne das andere sein kann; denn dann würden sie nicht dasselbe sein.

Zweites Kapitel

So viel Gesichtspunkte lassen sich in Bezug auf den Ausdruck: Dasselbe, benutzen. Auch erhellt aus dem Gesagten, dass alle zur Widerlegung der Dieselbigkeit benutzbaren Gesichtspunkte auch für die Widerlegung bei den Definitionen benutzt werden können, wie ich früher gesagt habe. Denn wenn der Name und der Begriff nicht dasselbe bezeichnen, so ist klar, dass die aufgestellte Definition nicht als solche gelten kann. Dagegen ist von den für die Begründung der Dieselbigkeit brauchbaren Gesichtspunkten keiner für die Begründung der Definition zu benutzen; denn der Beweis, dass der aufgestellte Satz und der Gegenstand dasselbe sind, hilft nichts für den Beweis, dass jener die Definition enthalte, vielmehr muss die Definition auch Alles, was ich sonst früher noch angegeben habe, enthalten.

Drittes Kapitel

Eine aufgestellte Definition zu widerlegen kann also immer in dieser Weise und durch diese Mittel versucht werden. Will man aber eine aufgestellte Definition begründen, so muss man zunächst sich vergegenwärtigen, dass durch keines, oder nur durch wenige der besprochenen Mittel eine Definition erschlossen werden kann, sondern man fängt vielmehr gleich mit einer Definition an, wie dies in der Geometrie und bei den Zahlen und anderen dergleichen Unterrichtsgegenständen geschieht. Auch ist es die Aufgabe einer anderen Wissenschaft, genau darzulegen, was eine Definition ist und wie man definiren soll; während es hier für den gegenwärtigen Zweck genügt, wenn ich sage, dass ein Schluss auf die Definition und das wesentliche *Was* eines Gegenstandes allerdings gezogen werden kann. Denn wenn die Definition ein Ausspruch ist, welcher das wesentliche *Was* des Gegenstandes bezeichnet und wenn das in der Definition Angegebene nur von dem wesentlichen *Was* des Gegenstandes allein ausgesagt werden kann, in dem *Was* aber die Gattung und der Art-Unterschied angegeben wird, so ist klar, dass, wenn man nur diese Bestimmungen als in dem *Was* des Gegenstandes enthalten aufnimmt, ein solcher Satz nothwendig die Definition des Gegenstandes sein muss; denn eine andere Definition kann es nicht geben, da in dem *Was* des Gegenstandes nichts Anderes ausgesagt wird.

Dass also ein Schlusssatz auf die Definition gezogen werden kann, ist klar; woher aber dazu das Nöthige zu entnehmen ist, habe ich anderwärts genauer angegeben. Für die hier vorliegende Untersuchung aber können dieselben Gesichtspunkte benutzt werden. Man hat also auf die Gegentheile und die anderen Gegensätze zu achten, indem man dabei die Begriffe im Ganzen und nach ihren Theilen untersucht. Denn wenn der entgegengesetzte Begriff dem entgegengesetzten Gegenstande entspricht, so muss auch der aufgestellte Begriff dem vorliegenden Gegenstande entsprechen. Da indess die Gegentheile in mehrfacher Weise auf einander bezogen werden können, so muss man diejenigen Gegentheile nehmen, deren Definition sich am meisten als die gegentheilige herausstellt. Die *ganzen* Definitionen hat man also in dieser Weise zu untersuchen, die Theile derselben aber folgendermassen. Zunächst also prüfe man, ob die angegebene Gattung die richtige ist Denn wenn der gegentheilige Gegenstand in der gegentheiligen Gattung enthalten ist, aber der vorliegende Gegenstand nicht in derselben Gattung enthalten ist, so muss er offenbar in der dieser entgegengesetzten enthalten sein, da gegentheilige Gegenstände nothwendig entweder in ein und derselben, oder in gegentheiligen Gattungen enthalten sein müssen. Auch muss von dem gegentheiligen Gegenstande auch der gegentheilige Art-

Unterschied ausgesagt werden können, z.B. von dem Weissen das Schwarze, denn das eine dient dem Gesicht zum Unterscheiden, das andere zum Vereinen. Können demnach von den gegentheiligen Gegenständen die gegentheiligen Art-Unterschiede ausgesagt werden, so gelten auch die aufgestellten Art-Unterschiede von dem vorliegenden Gegenstande.

Ist nun auf diese Weise die Gattung und der Art-Unterschied richtig aufgestellt, so ist auch die aufgestellte Definition die richtige. Indess ist es wohl nicht immer nothwendig, dass von den gegentheiligen Gegenständen gegentheilige Art-Unterschiede ausgesagt werden, sofern nämlich beide nicht zu derselben Gattung gehören; vielmehr können, wenn sie zu gegentheiligen Gattungen gehören, die gleichen Art-Unterschiede von ihnen ausgesagt werden, wie z.B. von der Gerechtigkeit und Ungerechtigkeit; denn die eine ist eine Tugend, die andere eine Schlechtigkeit der Seele, und mithin können die für die Seele geltenden Art-Unterschiede von beiden ausgesagt werden, da es ja auch eine Tugend und eine Schlechtigkeit für den Leib giebt. Es ist deshalb wohl das Richtige, dass von gegentheiligen Gegenständen entweder die gegentheiligen oder dieselben Art-Unterschiede gelten müssen. Wenn also von dem gegentheiligen Gegenstande der gegentheilige Art-Unterschied ausgesagt werden kann, von dem vorliegenden Gegenstande aber nicht, so ist klar, dass jener Art-Unterschied von ihm ausgesagt werden kann. Ueberhaupt kann man, da die Definition aus der Gattung und den Art-Unterschieden besteht, sagen, dass, wenn die Definition des gegentheiligen Gegenstandes einleuchtend ist, auch die von dem vorliegenden Gegenstande aufgestellte Definition es sein wird. Denn der gegentheilige Gegenstand muss entweder zu derselben, oder zu der gegentheiligen Gattung gehören, und ebenso müssen die Art-Unterschiede des gegentheiligen Gegenstandes entweder die gegentheiligen oder dieselben sein, und deshalb muss von dem vorliegenden Gegenstande und seinem Gegentheile entweder ein und dieselbe Gattung gelten und nur die Art-Unterschiede müssen entweder alle oder einige gegentheilig sein, während die übrigen die gleichen sein können; oder es müssen umgekehrt die Art – Unterschiede dieselben sein, aber die Gattungen gegentheilige, oder es müssen sowohl Gattungen wie Art-Unterschiede gegentheilige sein; denn beide können nicht für beide Gegenstände dieselben sein, weil sonst dieselbe Definition für den Gegenstand und für sein Gegentheil gelten müsste.

Auch die *Beugungen* der Worte und die verwandten Begriffe können zur Aufstellung der Definition benutzt werden; denn die Gattungen müssen hierbei den Gattungen und die Begriffe den Begriffen entsprechen. Ist z.B. die Vergesslichkeit ein Verlust des Wissens, so ist auch das Vergessen ein Verlieren des Wissens und das Vergessen-haben ein Verloren-haben des Wissens. Stimmt hier irgend eine dieser Beugungen überein, so müssen bei einer richtigen Definition auch die übrigen stimmen. Ist ferner der Untergang eine Auflösung des Wesens, so ist auch das Untergehen ein Auflösen des Wesens und das, das Untergehen Bewirkende, ein das Auflösen Bewirkendes; und ist das Untergängliche das Auflösbare des Wesens, so ist auch der Untergang die Auflösung des Wesens. Dasselbe gilt für andere Fälle; stimmt irgend eine von diesen Beugungen der Worte, so müssen bei richtigen Definitionen auch alle übrigen stimmen.

Auch das gleiche Verhalten der Gegenstände zu einander kann zur Definition benutzt werden; denn wenn das Gesunde die Gesundheit bewirkt, so wird auch das Behagliche das Wohlbehagen bewirken und das Nützliche das Gute; denn jeder dieser Gegenstände verhält sich in gleicher Weise zu seinem eigenthümlichen Ziele; gilt also bei dem einen die Definition, dass es sein Ziel bewirkt, so wird auch von jedem der übrigen dieselbe Art der Definition gelten.

Auch das Mehr und Gleich dient zur Aufstellung der Definitionen, so weit dieser Gesichtspunkt bei Vergleichung von zweien mit zweien anwendbar ist. Ist z.B. die Definition von diesem Gegenstande es mehr, als die Definition von dem andern Gegenstande, so ist, wenn die Definition von letzterem Gegenstande doch die richtige ist, auch jene die richtige Definition von jenem Gegenstande. Ist aber die Definition des einen Gegenstandes und die des andern Gegenstandes in diesem Punkte sich gleich, und ist die eine Definition die richtige, so ist es auch die andere von ihrem Gegenstande. Dagegen hilft, wenn *eine* Definition mit zwei Gegenständen verglichen wird, oder zwei Definitionen mit *einem* Gegenstande, diese Prüfung nach dem Mehr nichts, denn es kann weder zwei Definitionen zu *einem* Gegenstande noch zwei Gegenstände zu *einer* Definition geben.

Viertes Kapitel

Diese jetzt genannten Gesichtspunkte, sowie die aus der Verwandtschaft der Begriffe und aus den Beugungen der Worte sind die, welche am meisten zu gebrauchen sind; man muss deshalb auf sie am meisten achten und sie zur Hand haben; denn sie lassen sich in den meisten Fällen gebrauchen. Auch von den übrigen Gesichtspunkten muss man vorzugsweise die im Auge behalten, welche für die meisten Fälle passen, da sie wirksamer sind, als die übrigen; dahin gehört z.B., dass man auf die Einzelnen und die Arten achtet und prüft, ob die Definition auf sie alle passt, da mit der Art nur gleichartige Dinge bezeichnet werden. Auch kann man diesen Gesichtspunkt gegen diejenigen brauchen, welche das Dasein von Ideen annehmen, wie ich früher gezeigt habe. Auch ist zu prüfen, ob der Name des Gegenstandes bildlich gebraucht worden ist, oder ob etwas von ihm selbst, als von einem verschiedenen, ausgesagt worden ist. Wenn sonst noch ein gemeinsamer und durchschlagender Gesichtspunkt vorhanden ist, so hat man auch diesen zu benutzen.

171

Fünftes Kapitel

Dass die Begründung einer Definition schwerer ist als ihre Widerlegung, wird sich aus dem Folgenden ergeben. Denn eine Definition zu finden und neben dem Gefragten solche Vordersätze aufzustellen, aus denen der Beweis dafür sich ergiebt, ist nicht leicht, wie z.B. dafür, dass in der aufgestellten Definition die Gattung und der Art-Unterschied enthalten und dass diese zu dem *Was* des Gegenstandes gehören. Ohne solche Sätze kann aber kein Schluss auf die Richtigkeit der Definition gezogen werden. Denn wenn dies und jenes zu dem *Was* des Gegenstandes gehört, so bleibt unerkennbar, ob die aufgestellte Definition oder eine andere die wahre ist, da die Definition ein das wesentliche *Was* des Gegenstandes bezeichnender Satz ist. Auch erhellt dies aus Folgendem: Es ist leichter Eines als Vieles zu erschliessen; zur Widerlegung genügt nun, die Erörterung auf *einen* Satz zu richten (denn wenn irgend Eines widerlegt ist, hat man die Definition selbst widerlegt); zur Begründung gehört aber, dass man Alles beweist, was als in der Definition enthaltend aufgestellt ist. Ferner muss für die Begründung der Schluss allgemein aufgestellt werden; denn die Definition muss von jedem einzelnen durch den Namen befassten Gegenstand ausgesagt wer-

432

den können und auch mit demselben sich austauschen lassen, wenn die aufgestellte Definition die eigenthümliche sein soll.

Für die Widerlegung bedarf es aber keines allgemeinen Beweises; es genügt, wenn man zeigen kann, dass der Begriff für *einen* unter dem Namen befassten Gegenstand nicht der wahre ist; selbst wenn man die Widerlegung allgemein begründen müsste, wäre dabei doch ein Beweis, wie der, dass Definition und Gegenstand sich austauschen lassen, nicht nöthig; für die allgemeine Widerlegung reicht es aus, wenn gezeigt wird, dass von einzelnen Gegenständen, von denen der Name ausgesagt wird, die Definition nicht ausgesagt werden kann; das Umgekehrte, dass von einzelnen der Gegenstände, von welchen die Definition gilt, der Name nicht ausgesagt werde, braucht nicht bewiesen zu werden. Ueberdem ist auch die Definition dann widerlegt, wenn sie zwar für Alles, was der Name befasst, gut ist, aber nicht lediglich für dieses Alles.

Ebenso verhält es sich bei dem Eigenthümlichen und der Gattung; bei beiden ist es leichter, einen sie betreffenden Satz zu widerlegen als zu begründen. Für das Eigenthümliche ergiebt sich dies aus dem Gesagten; denn da das Eigenthümliche meistentheils durch einen Mehreres enthaltenden Satz ausgedrückt wird, so kann man durch Widerlegung eines einzelnen Theiles des Satzes den ganzen widerlegen, während bei der Begründung jede einzelne Bestimmung bewiesen werden muss. Auch das, was sonst in Bezug auf die Definition gesagt worden ist lässt sich beinah Alles auf das Eigenthümliche anwenden, denn bei der Begründung des Eigenthümlichen muss von Jedem, was unter seinen Namen fällt, gezeigt werden, dass das Eigenthümliche in ihm enthalten ist, während für die Widerlegung es genügt, wenn man zeigt, dass es in *einem* von diesen Gegenständen nicht enthalten ist. Selbst wenn das Eigenthümliche in allen von dem Namen befassten Gegenständen enthalten ist, aber nicht ausschliesslich in denselben, so ist dasselbe, wie die Definition, widerlegt. Die Gattung ist aber deshalb schwerer zu begründen als zu widerlegen, weil man nur auf *eine* Art beweisen kann, dass sie in jedem Einzelnen enthalten ist, während die Widerlegung in zwiefacher Weise geschehen kann; denn die aufgestellte Gattung ist widerlegt, wenn man zeigt, dass sie in keinem Einzelnen oder dass sie nur in einigen Einzelnen enthalten ist. Auch genügt für die Begründung der Gattung nicht, dass gezeigt wird, sie sei in allen einzelnen Gegenständen enthalten, sondern es muss auch dargelegt werden, weshalb sie als Gattung darin enthalten ist; bei der Widerlegung genügt es aber, wenn man zeigt, dass sie nicht als Gattung entweder in einigen oder in allen enthalten ist. Es scheint daher, dass, wie in andern Fällen, das Zerstören leichter ist, als das Anfertigen, so auch hier das Widerlegen leichter ist als das Begründen.

Bei den nebensächlichen Bestimmungen ist das allgemeine Zukommen derselben leichter zu widerlegen als zu begründen; denn bei letzterem muss gezeigt werden, dass es allen zukommt, während zur Widerlegung der Beweis genügt, dass es *einem* nicht zukommt. Dagegen ist das beschränkte Zukommende Nebensächlichen leichter zu begründen als zu widerlegen; denn bei jenem braucht man nur zu zeigen, dass es 173 einzelnen zukommt, während bei diesem man zeigen muss, dass es keinem zukommt.

Hieraus erhellt auch, dass von allen Widerlegungen die der Definition die leichteste ist; denn sie enthält im Vergleich zu den andern die meisten Bestimmungen, und je mehr solcher sind, desto leichter kann ein Schluss gegen die Definition gefunden werden, indem da, wo Vieles beobachtet werden muss, leichter gefehlt werden kann, als da, wo nur Weniges zu beobachten ist. Auch kann die Definition vermittelst der andern hier behandelten Bestimmungen angegriffen werden; denn wenn die Definition dem Gegenstande nicht eigenthümlich zukommt, oder wenn die aufgestellte Gattung nicht die richtige ist, oder wenn etwas in der Definition nicht in dem Gegenstande enthalten ist, so ist die Definition widerlegt. Bei jenen anderen Bestimmungen kann man aber nicht die für die Definition anwendbaren oder alle die andern sonstigen Mittel zur Widerlegung benutzen; denn nur die für das Nebensächliche anwendbaren Mittel der Widerlegung können bei allen andern benutzt werden. Es muss zwar in dem Gegenstande jede der hier behandelten Bestimmungen enthalten sein; wenn aber auch die Gattung dem Gegenstande nicht eigenthümlich einwohnt, so ist damit die Gattung niemals widerlegt. Ebenso braucht das Eigenthümliche nicht wie die Gattung und das Nebensächliche nicht wie die Gattung oder das Eigenthümliche in dem Gegenstande enthalten zu sein, sondern es genügt bei letzterem, wenn es überhaupt darin enthalten ist, deshalb kann man die Mittel der Widerlegung bei dem einen nicht auch bei dem andern benutzen, ausgenommen bei der Definition.

Es ist also klar, dass die Definition am leichtesten zu widerlegen und am schwersten zu begründen ist; denn bei ihr muss alles das, was bei den andern Bestimmungen nöthig ist, bewiesen werden (nämlich dass die aufgestellten Bestimmungen in dem Gegenstande enthalten sind, und dass die aufgestellte Gattung die richtige ist und dass der aufgestellte Begriff dem Gegenstande eigenthümlich ist) und daneben auch noch, dass die Definition das wesentliche *Was* des Gegenstandes ausdrückt

und dass dies in angemessener Weise geschehen ist.

Von den anderen Bestimmungen steht das Eigenthümliche der Definition in dieser Beziehung am nächsten; denn es ist leichter zu widerlegen, weil es meistentheils durch mehrere Worte ausgedrückt wird, und zu begründen ist es von den übrigen am schwersten, weil man Vieles zu beweisen hat und ausserdem noch, dass das Aufgestellte dem Gegenstande ausschliesslich zukommt und sich mit ihm austauschen lässt.

Am leichtesten von Allen ist das Nebensächliche zu begründen; denn bei den übrigen Bestimmungen muss man nicht allein beweisen, dass sie in dem Gegenstande enthalten sind, sondern dass sie auch als solche darin enthalten sind, während bei dem Nebensächlichen es genügt, wenn nur das Enthaltensein desselben in dem Gegenstande bewiesen wird. Die Widerlegung ist dagegen bei ihm die schwerste, weil in ihm die wenigsten Bestimmungen zum Angriff geboten werden; denn bei dem Nebensächlichen wird nicht gesagt, *wie* es im Gegenstande enthalten ist. Daher kann bei den andern Bestimmungen die Widerlegung in zweifacher Weise geschehen, entweder dahin, dass sie nicht in dem Gegenstande enthalten sind, oder dass sie nicht als solche darin enthalten sind, während man das Nebensächliche nur durch den Beweis, dass es in dem Gegenstande nicht enthalten, widerlegen kann.

Damit werden die Gesichtspunkte, durch die man gut ausgerüstet

ist, um jeden Streitsatz anzugreifen, wohl vollständig aufgezählt sein.

Achtes Buch

Erstes Kapitel

Ich habe nun noch über die Folgeordnung und über die Art und Weise, wie man fragen soll, zu sprechen. Zunächst muss der, welcher das Fragen übernehmen will, den Gesichtspunkt ausfindig machen, von wo aus ein Angriff geschehen kann; sodann hat er bei sich selbst die Fragen über jedes Einzelne zu stellen und zu ordnen, und drittens endlich hat er dies dann gegen den Andern auszusprechen. Bis zur Auffindung des passenden Gesichtspunktes ist die Untersuchung bei dem Philosophen dieselbe wie bei dem Disputirenden. Dagegen ist die Ordnung des Stoffes und die Fragestellung dem letzteren eigenthümlich; denn in Bezug auf alles dieses Uebrige ist es dem Philosophen und dem, der für sich allein forscht, sofern nur die Vordersätze, auf welchen der Schluss beruht, wahr und bekannt sind, gleichgültig, dass der antwortende Gegner sie etwa nicht anerkenne, weil sie den obersten Grundsätzen zu nahe stehen, oder weil der Gegner das daraus Abzuleitende voraussieht; vielmehr wird der Philosoph sich bestreben, seine Ansätze möglichst aus Bekannterem und den obersten Grundsätzen nahe Stehendem aufzustellen, da die wissenschaftlichen Schlüsse aus diesen abgeleitet werden.

Ueber die Gesichtspunkte, woraus die Angriffsmittel zu entnehmen, habe ich bisher gesprochen; und wenn ich jetzt über die Folgeordnung und über die Fragestellung sprechen soll, so muss ich die Sätze, welche neben den nothwendigen noch zu benutzen sind, eintheilen. Nothwendig heissen die, mittelst welchen der Schluss sich bildet; die neben diesen zu benutzenden sind viererlei; entweder dienen sie der Induktion, damit das Allgemeine zugegeben werde, oder sie werden zum Ueberfluss und der Ausschmückung halber aufgenommen, oder sie dienen der Verhüllung des Schlusssatzes, oder zur Verdeutlichung der Rede. Neben diesen hat man keine weiteren Sätze zu benutzen, sondern man muss mittelst dieser die Fragen zu stellen und zu unterstützen suchen. Die auf die Verhüllung abzielenden Sätze sind nur des Streites wegen nöthig; da indess dieses ganze disputirende Verfahren es mit einem Gegner zu thun hat, so muss man auch solche Sätze benutzen.

Die nothwendigen Sätze, durch welche der Schluss erfolgt, muss man nicht gleich voranstellen, sondern zurückstellen, weil sie auf Höheres sich stützen. So darf man z.B. vom Gegner nicht das Anerkenntniss verlangen, dass Gegentheile zu *einer* Wissenschaft gehören, im Fall man diesen Satz benutzen will, sondern man muss diese Behauptung für entgegengesetzte Begriffe aufstellen. Denn wenn dies zugegeben ist, so kann es auch für die Gegentheile bei dem Schliessen benutzt werden, da diese zu dem Entgegengesetzten gehören. Wird dieser Satz aber nicht zugegeben, so muss man ihn durch Induktion zu begründen versuchen, indem man einzelne Gegentheile dem Gegner vorhält. Denn die nothwendigen Sätze muss man entweder durch Induktion, oder durch Schlüsse feststellen, oder die einen durch Induktion, die anderen durch Schlüsse. Die Sätze, welche sehr klar sind, kann man auch unmittelbar aufstellen; denn das, was man folgern will, wird durch seinen Abstand vom Schlusssatze und ebenso bei der Induktion nicht so leicht erkannt. Wenn man diese Mittel nicht leicht zu benutzen vermag, so kann man die nöthigen Vordersätze auch unmittelbar aufstellen. Die neben den nothwendigen Sätzen noch aufzustellenden muss man jener wegen aufstellen, und man muss jeden so benutzen, dass man von dem Einzelnen zum Allgemeinen und von dem Bekannteren zu dem Unbekannteren die Begründung fortführt, wobei als bekannter die Sätze anzusehen sind, welche auf der Sinneswahrnehmung überhaupt, oder für die meisten Menschen beruhen. Will man aber den Beweis verhüllen, so muss man zuvor die Vordersätze durch Schlüsse feststellen, mittelst welcher dann der Schluss gegen den im Anfang aufgestellten Streitsatz sich ergeben soll, und von diesen Vordersätzen möglichst viele so begründen. Dies wäre dann der Fall, wenn jemand nicht blos die nothwendigen Vordersätze unmittelbar, sondern auch einige darauf hinführende vorher durch Schlüsse begründete. Auch darf man seinen letzten Schlusssatz nicht vorher aussprechen, sondern ihn zuletzt aus allen vereinigten Schlüssen ableiten; denn auf diese Weise wird der Satz als Schlusssatz am weitesten von seiner anfänglichen Aufstellung abstehen. Im Ganzen genommen muss bei diesem versteckten Verfahren der Fragende so verfahren, dass er die ganze Beweisführung in Fragen kleidet und den Schlusssatz zwar ausspricht, aber doch der Grund, wodurch dieser Schlusssatz sich ergiebt, vom Gegner noch zu suchen bleibt. Dies wird sich am meisten nach dem vorher angegebenen Gesichtspunkte machen lassen; denn wenn nur der letzte Schlusssatz ausgesprochen wird, so ist nicht ersichtlich, wie er sich ergiebt, weil der Antwortende nicht im voraus ersieht, durch welche Sätze er sich ergeben wird, indem die vorausgehenden Schlüsse nicht in der richtigen Reihenfolge vom Fragenden hingestellt werden. Der Beweis für den letzten Schlusssatz wird nämlich dann zweckmässig geordnet sein, wenn die Vordersätze dazu nicht genannt worden sind, sondern nur diejenigen Sätze, durch welche erst jene vorbereitet werden, aus denen der letzte Schluss sich ergiebt.

Auch ist es rathsam, die Vordersätze nicht zusammenhängend aufzustellen, aus denen die Schlüsse abgeleitet werden sollen, sondern mit den Vordersätzen für die einzelnen Schlusssätze abzuwechseln; denn wenn man die für jeden Schluss nöthigen Sätze hinter einander angiebt, so wird der daraus sich ergebende Schlusssatz mehr offenbar.

Man muss auch versuchen, den allgemeinen Vordersatz, wo es angeht, durch eine Definition zu erlangen, und zwar nicht unmittelbar, sondern durch verwandte Begriffe; denn die Antwortenden werden irre geführt, wenn die Definition nur für einen verwandten Begriff aufgestellt wird, und glauben dann, dass sie den allgemeinen Satz damit nicht zugestehen. Wenn z.B. der Satz gebraucht würde, dass der Erzürnte wegen der an-scheinenden Geringschätzung seiner nach Bestrafung des Anderen verlange, und man stellte dann nur den Satz auf, dass der Zorn ein Verlangen nach Bestrafung wegen der anscheinenden Geringschätzung sei. Hier ist klar, dass, wenn diese Definition zugestanden wird, man den allgemeinen Satz erlangt hat, welchen man braucht. Wenn man aber unmittelbar auf diesen Satz die Definition richtet, so trifft es sich oft, dass der Antwortende sie nicht zugesteht, weil er dagegen eher einen Einwurf bei der Hand hat, wie etwa, dass der Erzürnte nicht nach der Bestrafung verlange, weil man auch manchmal seinen Eltern zürne, ohne doch deren Bestrafung zu verlangen. Nun ist zwar dieser Einwurf nicht zutreffend, denn mitunter genügt als Strafe schon, dass die Person, welcher man zürnt, sich betrübe und sich Sorgen mache; dessenunge-achtet hat aber solcher Einwurf etwas für sich, weil dadurch wenigstens der Schein abgewendet wird, als wolle der Antwortende den aufgestellten Satz ohne allen Grund nicht einräumen. Dagegen kann gegen die ähn-liche Definition des Zornes nicht so leicht ein Einwurf erhoben werden.

Auch ist es rathsam, einen Satz nicht um sein selbst willen, sondern um eines anderen willen aufzustellen; denn gegen die den Streitsatz treffenden Sätze nehmen sich die Antwortenden in Acht. Im Allgemei-nen muss man es möglichst unerkennbar lassen, ob man den aufgestell-ten Satz oder seinen Gegensatz benutzen wolle; denn wenn das, was man gegen den Streitsatz benutzen will, nicht hervortritt, so giebt der Gegner eher das, was ihm wahr scheint, zu.

Auch muss man die Frage auf Aehnliches stellen; denn dies erscheint glaubhafter und verhüllt mehr das Allgemeine; z.B. muss man fragen, ob nicht, da das Wissen ebenso, wie das Nichtwissen immer beide Ge-gentheile befasse, auch derselbe Sinn beide Gegentheile befasse, oder umgekehrt, ob, da der Sinn für beide derselbe sei, nicht auch die Wis-senschaft für beide dieselbe sei? Dieses Mittel ähnelt der Induktion, aber ist doch keine; denn bei der Induktion wird aus dem Einzelnen das Allgemeine erlangt; dagegen ist der durch einen ähnlichen Satz unterstützte Satz nicht der allgemeine, welcher all' das Aehnliche befasst.

Auch muss der Fragende sich mitunter selbst einen Einwurf machen, denn die Antwortenden schöpfen gegen Diejenigen keinen Verdacht, welche anscheinend bei dem Angriff redlich verfahren. Auch nützt es, wenn man bei einigen Sätzen hinzufügt, es sei allbekannt und selbstverständlich; denn wenn die Gegner keinen Einwurf zur Hand haben, so scheuen sie sich das Allbekannte zu leugnen. Zugleich schützt man solche Sätze vor ihrer Ableugnung, wenn man sich derer selbst bedient. Auch muss man nicht zu eifrig sich zeigen, wenn es auch im Allgemeinen nützlich ist, da die Antwortenden gegen die eifrigen Fragesteller sich mehr verneinend verhalten. Auch ist es rathsam, den Satz in Form eines Gleichnisses aufzustellen; denn wenn ein Satz in Form eines andern aufgestellt wird oder nicht als ein solcher, wie er benutzt werden soll, so wird er eher eingeräumt. Auch muss man Sätze, die man beweist, nicht unmittelbar aufstellen, sondern mehr solche, aus denen jene nothwendig folgen. Denn die Antwortenden geben letztere eher zu, weil das daraus Abzuleitende nicht ebenso klar erkennbar ist; wird aber Letzteres eingeräumt, so ist auch jener Satz erlangt. Auch muss man das, was man am meisten zugestanden zu haben wünscht, zuletzt zur Frage stellen; denn die Antwortenden verneinen die zuerst aufgestellten Sätze am meisten, weil die meisten Fragenden das, was ihnen am meisten am Herzen liegt, zuerst vorbringen. Bei manchen Personen muss man jedoch letzteres zuerst aufstellen; denn bedenkliche Gegner pflegen das erste am leichtesten zuzugeben, sofern der daraus zu ziehende Schluss nicht ganz offenbar ist, und werden erst gegen das Ende schwierig. Dasselbe gilt für Personen, die sehr hitzig im Antworten sind; solche geben das Meiste zu und greifen nur gegen das Ende zu Spitzfindigkeiten, wonach der Schlusssatz aus dem Zugegebenen nicht folgen sollte. Solche geben im Anfange bereitwillig Sätze zu, indem sie auf ihre Gemüthsrichtung sich verlassen und meinen, sie könnten in Nichts überwiesen werden. Auch die Weitläufigkeit in der Begründung und das Einschieben von für den Beweis nützlichen Sätzen ist rathsam, ähnlich Denjenigen, welche die zu dem Beweise nöthigen Figuren falsch hinzeichnen. Denn sind der Sätze viele, so ist der falsche Satz mehr verhüllt. Deshalb machen die Fragenden mitunter nur nebenbei Zusätze, welche der Gegner nicht bemerkt, aber die er, wenn sie geradezu aufgestellt worden wären, nicht zugestanden haben würde.

Zur Verhüllung der Beweisführung sind sonach die vorgenannten Mittel zu benutzen; zur Verzierung des Vertrags ist dagegen die Induktion und die Abscheidung verwandter Begriffe zu benutzen. Was die Induktion ist, ist bekannt; das Abscheiden geschieht dagegen in der Weise, dass man z.B. bemerkt, die eine Wissenschaft sei besser als die andere, entweder weil sie genauer sei oder bessere Gegenstände behandle, ferner, dass die Wissenschaften in theoretische, praktische und technische zerfallen. Dergleichen Bemerkungen helfen die Begründung ausschmücken, ohne dass sie doch für das Beweisthema nöthig sind.

Zur Verdeutlichung dient die Anführung von Beispielen und Gleichnissen. Die Beispiele müssen aber den Gegenstand betreffen und von bekannteren Dingen hergenommen sein; also so, wie Homer sie bietet und nicht so, wie Choirilos; denn nur dann werden die Aufstellungen deutlicher werden.

Zweites Kapitel

Bei den Disputationen muss man sich der Schlüsse mehr gegen die im Disputiren Geübten, als gegen die Menge bedienen; dagegen der Induktion mehr gegen die Menge. Ich habe hierüber mich schon früher geäussert. In manchen Fällen kann man auf induktivem Wege durch Fragen das Allgemeine feststellen; in andern Fällen ist es aber nicht leicht, weil die gleichen Gegenstände nicht sämmtlich einen gemeinsamen Namen haben; ist es jedoch nothwendig, das Allgemeine festzustellen, so muss man die Wendung gebrauchen, dass es sich in allen solchen Fällen ebenso verhalte; denn zu unterscheiden, was von den Einzelfällen sich ebenso verhält und was nicht, gehört zu den schwierigsten Aufgaben. Auch gerathen die Disputirenden hierüber oft mit einander in Streit, indem die einen behaupten, dass Dinge einander gleich seien, die es nicht sind, die andern aber die wirkliche Gleichheit bezweifeln. Man muss deshalb versuchen, *einen* Namen für alle Einzelfälle aufzustellen, damit der Antwortende nicht mehr die Gleichheit des Vorgebrachten bezweifeln kann, und der Fragende nicht fälschlich etwas als gleichbedeutend einschwärzen kann; denn vieles, was nicht gleichbedeutend ist, hat doch einen solchen Anschein.

Wenn trotz einer auf vieles Einzelne gestützten Induktion der Antwortende doch den allgemeinen Satz nicht zugiebt, so kann man verlangen, dass er einen Einwurf dagegen vorbringe. Wenn aber der

Sprechende selbst Manches von der Regel ausnimmt, so hat er kein Recht, für das Uebrige einen Einwurf dahin zu verlangen, dass es sich nicht so verhalte; vielmehr hat der Fragende erst seine Induktion aus-zuführen, ehe er verlangen kann, dass ein Einwurf dagegen aufgestellt werde. Auch kann der Fragende verlangen, dass der Gegner seinen Einwurf nicht gerade gegen den aufgestellten Satz erhebe, es müsste denn sich dabei eben nur um einen einzigen Fall handeln, wie z.B. in dem Satze, dass die Zwei die erste der geraden Zahlen sei; vielmehr muss der Antwortende seinen Einwurf auf andere Fälle richten, oder sagen, dass es sich nur um diesen *einen* Gegenstand handle. Wenn aber derselbe seinen Einwurf gegen den Satz als allgemeinen erhebt, aber dieser Einwurf von ihm nicht aus demselben Gebiete entnommen wird, sondern aus einem andern, blos gleichnamigen, wenn er z.B. behauptet, dass jemand nicht seine eigene Farbe, oder Hand, oder seine eigenen Füsse haben könne (denn auch der Thiermaler habe Farbe und der Koch Füsse, die nicht die seinen sind), so muss man zunächst diese mehreren Bedeutungen sondern und dann erst fragen; denn so lange der Doppelsinn unbemerkt bleibt, kann es scheinen, der Einwurf sei gegen den richtigen Satz erhoben.

Wenn aber der Einwurf nicht einen blos gleichnamigen, sondern den eigentlichen Gegenstand trifft und so den Fragenden aufhält, so muss dieser das, was von dem Einwurf betroffen wird, absondern und nur das Uebrige wieder in einen allgemeinen Satz fassen, bis er das Brauchbare getroffen hat. Dies gilt z.B. für die Vergesslichkeit und das Vergessen-haben; wenn nämlich der Satz, dass der, welcher das Wissen verloren habe, vergessen habe, nicht zugestanden wird, weil, wenn die Sache verloren gegangen, man zwar das Wissen derselben verloren, aber diese selbst doch nicht vergessen habe. Deshalb muss man, nach Beseitigung dessen, wo der Einwurf zutrifft, das Uebrige in einen allge-meinen Satz fassen, z.B. sagen, dass, wenn jemand trotz des Fortbeste-hens der Sache die Wissenschaft von ihr verloren habe, so habe er sie vergessen. Ebenso muss man verfahren, wenn gegen den Satz, dass dem grösseren Gut das grössere Uebel entgegensteht, der Einwurf entgegen-gestellt wird, dass der Gesundheit, obgleich sie ein geringeres Gut als das Wohlbefinden sei, doch ein grösseres Uebel entgegensteht, weil die Krankheit ein grösseres Uebel sei, als das Uebelbefinden. Hier muss man also das, wogegen der Einwurf erhoben worden, beseitigen und den Satz mehr so fassen, dass dem grösseren Gut das grössere Uebel entgegenstehe, ausgenommen, wenn das eine das andere mit sich führe, wie das Wohlbefinden die Gesundheit. Auch muss man dies nicht blos in Folge eines Einwandes thun, sondern selbst dann, wenn ohne Vorbringung eines Einwurfes der Satz blos geleugnet worden ist; denn man kann einen solchen Einwurf erwarten. Wird hier das, was dieser Einwurf trifft, im Voraus ausgenommen, so wird der Gegner genöthigt sein, den Satz anzuerkennen, indem er bei dem so beschränkten Satz keinen solchen Einwurf mehr gegen Einzelnes in Bereitschaft hat; und leugnet der Gegner dennoch, so wird er, wenn man einen Einwurf von ihm verlangt, nichts darauf vorbringen können. Es giebt also solche Sätze, die zum Theil wahr, zum Theil falsch sind, und bei solchen kann man durch Aufstellung einer Ausnahme das Uebrige zu einem wahren Satze erheben. Ist aber ein Satz induktiv durch viele vorgebrachte Fälle begründet worden und kein Einwurf dagegen erhoben worden, so kann man fordern, dass er anerkannt werde; denn ein solcher Satz, welcher durch viele Einzelheiten bestätigt worden und gegen den kein Einwurf erhoben worden, genügt für Disputationen.

Wenn man einen Satz sowohl geradezu, wie vermittelst der Unmöglichkeit des Gegentheils beweisen kann, so ist es für den, welcher einen wirklichen Beweis führen und nicht blos den Gegner im Disputiren besiegen will, gleichgültig, ob er den Beweis auf die eine oder andere Art führen will; dagegen ist bei Disputationen der Unmöglichkeitsbeweis zu vermeiden; denn den directen Beweis kann man nicht bezweifeln; ist aber der Beweis durch die Unmöglichkeit des Gegentheils geführt, so kann der Gegner, im Fall die Unmöglichkeit nicht ganz offenbar ist, immer sagen, es sei doch nicht unmöglich; die Fragenden erreichen also damit nicht das, was sie wollen.

Man muss im Allgemeinen das behaupten, was in vielen Fällen sich so verhält, und wogegen ein Einwurf überhaupt nicht vorhanden ist, oder nicht leicht aufgefunden werden kann; denn da der Gegner hier die Fälle, wo die Regel nicht gilt, nicht übersehen kann, so wird er sie als wahr zugestehen.

Den eigentlichen Schlusssatz muss man mit in eine Frage bringen, denn wenn dies geschieht und der Gegner ihn bestreitet, so ist kein Schluss vorhanden. Denn oft geschieht es, dass selbst, wenn solcher Schlusssatz nicht in die Frage aufgenommen, sondern nur als die nothwendige Folge dargelegt wird, der Gegner ihn doch bestreitet, und indem er so verfährt, hält er sich nicht für widerlegt, weil er die Folgen aus den aufgestellten Sätzen nicht übersieht. Ist aber der Schlusssatz, ohne zu sagen, dass er sich als Folge ergiebt, nur in eine Frage aufgenommen worden, und der Andere bestreitet ihn, so scheint überhaupt kein Schluss zu Stande gekommen zu sein.

Indess ist nicht jede aufgestellte allgemeine Frage zur Disputation geeignet; z.B. die Frage: Was ist der Mensch? oder in wie vielen Bedeutungen wird das Wort: Gut ausgesagt?, denn nur derjenige Satz ist zur Disputation geeignet, auf den man mit *ja* oder *nein* antworten kann, was man in diesen beispielsweise genannten Fällen nicht kann und deshalb sind solche Fragen nicht zum Disputiren geeignet, es müsste denn der Fragende selbst das Gefragte trennen und selbst eintheilen, und z.B. fragen: Wird das Gute also in dieser oder jener Bedeutung gesagt? Denn dann ist die Antwort entweder bejahend oder verneinend leicht zu ertheilen. Deshalb muss der Fragende versuchen, solche Sätze in dieser Form aufzustellen. Zugleich kann der Fragende aber auch mit Recht von dem Antwortenden verlangen, dass er selbst angebe, in welchen Bedeutungen er das Gute meine, wenn er der von ihm selbst vorgenommenen Eintheilung und Aufstellung des Satzes nicht beistimmt.

Wer *einen* Satz lange Zeit hindurch zur Frage stellt, fragt nicht in richtiger Weise; denn hat der Gefragte die Frage beantwortet, so fragt jener entweder vielerlei Fragen oder wiederholt ein und dieselbe. Er treibt also leeres Geschwätz oder er kann den Satz nicht beweisen, denn jeder Beweis bedarf nur weniger Vordersätze. Antwortet aber der Gefragte gar nicht, so thut man unrecht, die Frage zu wiederholen, sondern man muss dann den Gegner tadeln oder von der Disputation abstehen.

Drittes Kapitel

Manche aufgestellten Sätze sind schwer anzugreifen und leicht aufrecht zu erhalten, nämlich die, welche die obersten und die untersten Begriffe betreffen; denn die obersten bedürfen einer Definition und die untersten müssen durch viele Begriffe hindurch erschlossen werden, wenn man sie im Zusammenhang mit den obersten erhalten will; denn sonst erscheint der Angriff derselben nur als ein sophistischer; da, wenn man nicht von den, dem betreffenden Gebiet eigenthümlichen obersten Grundsätzen beginnt und von da stetig bis zu den untersten fortschreitet, die Beweisführung unmöglich ist. Nun verlangen aber die Antwortenden keine Definition, und ebenso wenig geben sie Acht, wenn der

Fragende definirt; ist aber der Sinn des aufgestellten Streitsatzes nicht offenbar geworden, so ist auch der Angriff desselben nicht leicht. Am meisten trifft dies nun bei den höchsten Grundsätzen ein; denn alles Andere wird mittelst ihrer bewiesen, aber sie selbst können nicht durch Anderes bewiesen werden, und man kann deshalb Grundsätze dieser Art nur durch Definitionen kennen lernen.

Auch Sätze, die den höchsten Grundsätzen sehr nahe stehen, sind schwer anzugreifen; denn gegen diese lassen sich nicht viele Gründe herbeischaffen, da hier nur wenige Mittel-Begriffe zwischen ihnen und den höchsten Grundsätzen bestehen, durch welche der Beweis für das Folgende geführt werden muss.

Am schwersten sind diejenigen Definitionen anzugreifen, zu welchen solche Worte benutzt werden, die erstens entweder ganz unbekannt oder zweideutig sind, und bei denen zweitens nicht zu erkennen ist, ob sie im eigentlichen Sinne oder im bildlichen Sinne von dem zu definirenden Gegenstande gebraucht werden. Sind also die Definitionen unklar, so kann man keinen Angriff unternehmen, und weiss man 185 nicht, ob die Unklarheit von einer bildlichen Ausdrucksweise herkommt, so kann man auch nicht einmal einen Tadel aussprechen.

Ueberbaupt ist bei jedem Streitsatz, der sich schwer anfechtbar zeigt, zu vermuthen, dass eine Definition dazu gegeben werden muss, oder dass vieldeutige Worte, oder Worte im bildlichen Sinne dabei gebraucht sind, oder dass der Satz den obersten Grundsätzen nahe steht, oder man ist zunächst darüber nicht im Klaren, gegen welchen der hier genannten Punkte das verstösst, was die Verlegenheit in Bezug auf den Angriff veranlasst. Ist dies erst aufgeklärt, so erhellt, dass die Definition aufgestellt werden muss, oder die verschiedenen Bedeutungen gesondert, oder die Mittelsätze herbeigeschafft werden müssen, durch welche die unteren Sätze zu beweisen sind.

Bei vielen Streitsätzen kann eine Disputation darüber und ein Angriff gegen dieselben deshalb nicht leicht geführt werden, weil die nöthige Definition nicht richtig aufgestellt worden ist; z.B. bei dem Streit, ob das Gegentheil von *Einem Eines* oder Mehrere sind. Ist aber hier zuvor definirt, was Gegentheile sind, so kann man nach irgend einem Gesichtspunkte leichter feststellen, ob die Mehreren das Gegentheil von Einem sein können oder nicht. Ebenso muss man bei allen anderen Sätzen verfahren, zu denen noch eine Definition nöthig ist. Auch in der Mathematik kann Manches wegen unterlassener Definition nicht leicht dargelegt werden, z.B. dass eine Linie, welche ein Parallelogramm parallel mit einer seiner Seiten durchschneidet, die Seite und die Fläche in gleichem Verhältniss theilt. Wird aber der Ausdruck: »in gleichem Verhältniss« definirt, so erhellt die Richtigkeit des Satzes; denn sowohl von der Fläche, wie von den Seiten werden dieselben Theile weggenommen und dieses ist die Definition des gleichen Verhältnisses. Ueberhaupt lassen sich, wenn die Definitionen von den obersten Begriffen der elementaren Sätze in der Mathematik feststehen, z.B. was die Linie und was der Kreis ist, die Beweise am leichtesten aufstellen, wobei man freilich gegen solche Sätze wenig zu sagen vermag, da der Mittelbegriffe bei deren Beweis nur wenige sind. Sind aber die Definitionen der obersten Begriffe nicht festgestellt, so ist der Angriff gegen solche Sätze schwer, oder wohl auch ganz unmöglich. Aehnlich wie bei diesen mathematischen Begriffen verhält es sich auch bei denen, welche bei den Disputationen vorkommen.

Man darf es daher nicht übersehen, dass, im Fall ein Satz schwer angreifbar ist, bei demselben in Bezug auf die besprochenen Punkte ein Mangel besteht. Im Fall ein Grundsatz oder ein Vordersatz schwieriger zu bekämpfen ist, als der zur Erörterung gestellte Satz, so kann man zweifeln, ob man solche Sätze nicht lieber zugeben solle. Thut man dies nicht, und will man auch darauf die Erörterung ausdehnen, so legt man dem Gegner etwas Schwigeres auf, als der aufgestellte Streitsatz selbst enthält. Will man aber sie zugeben, so wird dem Gegner es möglich, aus weniger glaubwürdigen Sätzen das mehr Glaubwürdige zu beweisen. Da man nun die Begründung des Streitsatzes dem Gegner nicht zu schwer machen soll, so müsste man dergleichen Vordersätze zugestehen; da aber der Streitsatz aus bekannteren Vordersätzen abgeleitet werden soll, so dürfte man jene Sätze wieder nicht zugestehen. Daher hat man vielmehr wohl dem Lernenden dergleichen Sätze nicht zuzugestehen, sofern sie nicht bekannter sind, als der Streitsatz; aber dem Gegner bei der Disputation darf man sie einräumen, sofern sie als wahr erscheinen. Hieraus erhellt, dass von dem Fragenden bei der Disputation und von dem Lehrer nicht in gleicher Weise verlangt werden kann, dass sie solche Vordersätze zugestehen.

Viertes Kapitel

Das Bisherige wird für die Fragestellung und Ordnung des Stoffes genügen, was aber die *Antworten* anlangt, so habe ich zunächst die Aufgabe des gut Antwortenden, wie des gut Fragenden näher zu bezeichnen. Der Fragende hat die Erörterung in der Art zu leiten, dass der Antwortende genöthigt ist, das Unwahrscheinlichste zu behaupten, indem es zur Begründung des Streitsatzes nöthig wird; dagegen muss der Antwortende sich so verhalten, dass nicht auf ihn die Schuld fällt, wenn solche unmögliche oder verkehrte Sätze sich ergeben, sondern dass dies an dem aufgestellten Satze selbst liege; denn der Fehler ist nicht derselbe mit dem, wo man Streitsätze aufstellt, die man nicht hätte aufstellen sollen, oder wo man einen aufgestellten Satz nicht in der gehörigen Weise vertheidigt.

187

Fünftes Kapitel

Für die, welche der Uebung und des Versuchs willen Disputationen über Sätze anstellen wollen, sind bisher keine Regeln aufgestellt worden. Offenbar sind jedoch für die Lehrer und Lernenden die Ziele hierbei nicht dieselben, wie für die, welche darüber mit einander disputiren wollen. Ebenso sind die Ziele der letzteren und derer, die das Gespräch nur behufs Ermittelung der Wahrheit führen wollen, verschieden. Dem Schüler muss man immer das Richtig-scheinende zugeben, denn kein Lehrer versucht, den Schülern Falsches zu lehren. Bei den Disputationen muss aber der Fragende sich den Schein bewahren, dass er alles das thue, was nöthig ist und der Antwortende, dass er in keinem Punkte besiegt werde. Für solche Zusammenkünfte aber, wo die mündlichen Besprechungen nicht um des Streites willen geschehen, sondern wo man sich bestrebt, dadurch die Wahrheit zu erreichen, sind nirgends von Jemand Regeln darüber aufgestellt worden, was der Antwortende im Auge behalten solle, was er zugeben solle und was nicht, damit der aufgestellte Satz als gut oder nicht gut vertheidigt gelten kann. Da somit Andere uns hierüber nichts überliefert haben, werde ich selbst versuchen, darüber etwas zu sagen.

Dem Antwortenden liegt also bei einem solchen Gespräche ob, den aufgestellten Satz aufrecht zu erhalten, mag er glaubwürdig, oder unglaubwürdig, oder keines von beiden sein, und mag er dies allgemein

sein, oder nur in beschränkter Weise sein, z.B. wenn er nur einem
Einzelnen so erscheint, mag er selbst oder ein Anderer dieser Einzelne
sein. Dabei ist es gleichgültig, in welcher dieser Weisen der Satz
glaubwürdig, oder unglaubwürdig ist; denn die Art, richtig zu antworten
und das Gefragte zuzugeben oder nicht, bleibt dieselbe. Ist nun der
aufgestellte Satz unglaubwürdig, so muss der Schlusssatz des Gegenbeweises glaubwürdig sein, und unglaubwürdig, wenn jener glaubwürdig
ist; denn der Fragende folgert immer das, was dem aufgestellten Satze
widerspricht. Ist aber der aufgestellte Satz weder glaubwürdig, noch
unglaubwürdig, so wird der Schlusssatz des Gegenbeweises auch der
Art sein. Da nun bei einem gut beschaffenen Schluss das, was man erweisen will, aus glaubwürdigeren und bekannteren Sätzen abgeleitet
werden muss, so erhellt, dass, wenn der aufgestellte Satz überhaupt
unglaubwürdig ist, der Antwortende weder das zugestehen darf, was
überhaupt nicht glaubwürdig erscheint, noch das, was weniger glaubwürdig scheint, als der Schlusssatz des Gegenbeweises. Denn ist der
aufgestellte Satz unglaubwürdig, so ist der Schlusssatz des Gegenbeweises
glaubwürdig, und deshalb muss Alles, was der Antwortende zugiebt,
glaubwürdig sein und auch mehr glaubwürdig, als der Schlusssatz des
Gegenbeweises, weil das weniger Bekannte aus Bekannterem gefolgert
werden soll. Ist also von den gefragten Sätzen einer nicht so beschaffen,
so darf ihn der Antwortende nicht zugeben.

Ist dagegen der aufgestellte Satz überhaupt glaubwürdig, so muss
offenbar der Schlusssatz des Gegenbeweises überhaupt unglaubwürdig
sein. Der Antwortende kann daher dann Alles zugeben, was glaubwürdig
scheint und von dem, was nicht so scheint, Alles, was weniger unglaubwürdig ist, als der Schlusssatz des Gegenbeweises. Dann wird der Antwortende die Erörterung seinerseits gut geführt haben. Ebenso ist zu
verfahren, wenn der aufgestellte Satz weder glaubwürdig, noch unglaubwürdig erscheint; dann kann der Antwortende Alles, was ihm glaubwürdig scheint, zugeben, und von anderen Sätzen die, welche ihm glaubwürdiger erscheinen, als der Schlusssatz des Gegenbeweises, denn dann
kann dieser Gegenbeweis nur zu Glaubwürdigerem führen.

Hiernach ist also bei allgemein glaubwürdigen oder allgemein unglaubwürdigen Sätzen durch Vergleichung derselben zu ermessen, was
zuzugeben ist. Ist aber die Glaubwürdigkeit oder Unglaubwürdigkeit
keine allgemeine, sondern gilt sie nur dem Antwortenden als eine solche,
so muss er nach sich selbst beurtheilen, was er als glaubwürdig oder

nicht glaubwürdig zugeben kann. Richtet sich aber der Antwortende nach dem Dafürhalten eines Dritten, so ist klar, dass er auf dieses Dritten Urtheil Rücksicht nehmen muss und danach prüfen, was er zugeben kann und was nicht. Wer deshalb die Meinungen Anderer aufnimmt, z.B. den Satz, dass gut und schlecht dasselbe seien, wie *Heraklit* behauptete, der darf auch nicht zugeben, dass Gegentheiliges nicht zugleich an demselben Gegenstande bestehen könne, nicht etwa, weil er selbst dieser Ansicht ist, sondern weil er dem Heraklit gemäss so sprechen muss. Auch die, welche gegenseitig von einander die zu vertheidigenden Sätze übernehmen, verfahren so, denn sie bestreben sich so zu sprechen, wie der, welcher den Satz aufgestellt hat.

189

Sechstes Kapitel

Es erhellt somit, worauf der Antwortende Acht haben muss, mag der aufgestellte Satz allgemein oder nur Einzelnen als glaubwürdig erscheinen. Da nun jeder zur Frage gestellte Satz nothwendig entweder glaubwürdig oder unglaubwürdig oder keines von beiden sein muss, und da ferner jedes Gefragte entweder zur Sache gehört oder nicht, so hat der Antwortende, wenn er es für glaubwürdig, aber nicht zur Sache gehörend hält, es zuzugeben, indem er die Glaubwürdigkeit zugesteht; erscheint ihm aber das Gefragte nicht glaubwürdig und auch nicht zur Sache gehörig, so hat er es zwar zuzugeben aber dabei zu bemerken, dass es ihm nicht glaubwürdig erscheine, damit er nicht als einfältig erscheine. Ist das Gefragte aber zur Sache gehörend und glaubwürdig, so hat er zwar die Glaubwürdigkeit anzuerkennen, aber auch zu sagen, dass es dem anfänglich aufgestellten Streitsatze zu nahe stehe und dass dieser mit Annahme des Gefragten widerlegt werde. Ist aber der gefragte Satz, dessen Zugeständniss der Fragende fordert, zwar zur Sache gehörig, aber sehr unglaubwürdig, so muss der Antwortende zwar einräumen, dass mit Zugestehung desselben sein Streitsatz falle, aber bemerken, dass etwas sehr Einfältiges gefragt werde.

Ist das Gefragte aber weder glaubwürdig, noch unglaubwürdig und nicht zur Sache gehörig, so muss er es zugeben, ohne weiter etwas zu bemerken; ist es aber zur Sache gehörig, so muss er auch noch andeuten, dass der anfänglich aufgestellte Satz durch das Zugeständniss des Gefragten widerlegt werde. Wenn der Antwortende so verfährt, so wird er nicht selbst seine Besiegung verschulden, weil er bei seinen Zuge-

190

ständnissen immer das daraus sich Ergebende vorausgesehen, und der Fragende wird seinen Beweis nur dadurch zu Stande bringen, dass ihm Alles, was glaubwürdiger ist, als sein Schlusssatz, zugegeben wird. Will der Fragende aber versuchen, aus Sätzen, die unglaubwürdiger sind, als sein Schlusssatz, seinen Beweis zu führen, so verfährt derselbe dann offenbar nicht richtig, und deshalb ist ihm dann das Gefragte nicht zuzugeben.

Siebentes Kapitel

Ebenso muss man unklaren und mehrdeutigen Sätzen entgegentreten. Denn es ist dem Antwortenden, wenn er etwas nicht versteht, gestattet, zu sagen, dass er es nicht verstehe, und bei zweideutigen Fragen ist er weder genöthigt, das Gefragte einzuräumen, noch zu bestreiten. Deshalb darf er offenbar, wenn das Gefragte unverständlich ist, vor Allem nicht zögern und muss sagen, dass er es nicht verstehe; denn wenn er etwas undeutlich Gefragtes zugiebt, geräth er oft in Schwierigkeiten. Ist dann die Frage zwar verständlich, aber zweideutig, so hat der Antwortende, wenn das Gefragte in jeder seiner Bedeutungen wahr oder falsch ist, dasselbe einfach entweder einzuräumen oder zu verneinen; ist dagegen das Gefragte in dem einen Sinne wahr und wird bei dem anderen falsch so ist auf die Zweideutigkeit aufmerksam zu machen und weshalb es in dem einen Sinne wahr, in dem andern falsch sei; da, wenn der Antwortende erst später diesen Unterschied geltend macht, es ungewiss bleibt, ob er auch im Anfang die Zweideutigkeit erkannt habe. Hat der Antwortende aber die Zweideutigkeit nicht vorher bemerkt, sondern nur an die eine Bedeutung gedacht und deshalb das Gefragte zugegeben, so muss er dem Fragenden, welcher das Zugeständniss in dem andern Sinne benutzt entgegnen, dass er das Zugeständniss nicht in dem letzteren Sinne der Frage, sondern in dem andern Sinne abgegeben habe. Denn wenn verschiedene Gegenstände unter dasselbe Wort oder dieselbe Rede fallen, so tritt leicht eine Uneinigkeit ein. Ist dagegen das Gefragte deutlich und unzweideutig, so muss darauf mit *ja* oder *nein* geantwortet werden.

Achtes Kapitel

Da nun jeder auf den Schluss bezügliche Satz entweder zu denen gehört, aus welchen der Schlusssatz abgeleitet werden kann, oder zu denen, aus welchen ein Vordersatz zu diesem Schluss gewonnen werden soll, und da daraus, dass vieles einander Aehnliche gefragt wird, erhellt, dass der betreffende Satz behufs Ableitung eines andern aufgestellt wird (denn das Allgemeine wird meistentheils mit Hülfe der Induktion oder der Aehnlichkeit aufgestellt) so muss der Antwortende das Einzelne alles zugeben, wenn es wahr oder glaubwürdig ist; aber er muss versuchen, gegen die Allgemeinheit einen Einwurf aufzustellen; denn wollte er, obgleich kein Einwurf wirklich oder anscheinend vorhanden ist, den Satz dennoch bestreiten, so würde dies nur zeigen, dass er unnöthige Schwierigkeiten macht. Denn wenn er trotz vieler beigebrachten, den Satz bestätigenden Fälle den Satz in seiner Allgemeinheit doch nicht zugiebt, ohne einen Einwurf zu machen, so ist klar, dass er blos Schwierigkeiten machen will, und dies würde noch viel mehr angenommen werden müssen, wenn er keinen Angriff gegen die Wahrheit des Satzes zu unternehmen vermöchte. Indess kann man selbst in diesem Fall nicht immer einen solchen Beweggrund annehmen; denn es giebt viele Sätze, die der gewöhnlichen Meinung widerstreiten und die man doch schwer widerlegen kann, z.B. den Satz Zeno's, dass die Bewegung unmöglich sei und dass man die Rennbahn nicht durchlaufen könne. Durch solche Sätze darf man sich also nicht abhalten lassen, die ihnen entgegengesetzten Sätze dennoch aufzustellen. Also ist ein Missmuth bei dem Antwortenden nur dann offenbar vorhanden, wenn er keinen Einwurf erhebt, noch den Beweis des Fragenden angreift, noch selbst einen entgegengesetzten Satz aufstellt. Denn ein Missmuth ist bei Disputationen dann vorhanden, wenn man eine Antwort giebt, welche die Schlussfolgerung unmöglich macht, ohne sie doch in der angegebenen Weise zu rechtfertigen.

192

Neuntes Kapitel

Es ist auch gut, wenn der Antwortende, bevor der Fragende den Angriff beginnt, für sich den Satz oder die Definition, welche er vertheidigen will, überlegt; denn es ist klar, dass er denjenigen Gründen entgegentreten muss, durch welche der Fragende den aufzustellenden Streitsatz widerlegen will.

Doch muss er sich in Acht nehmen, einen unglaubwürdigen Satz aufrecht zu erhalten. Dies Unglaubwürdige findet in zweifacher Weise statt; erstens dann, wenn man etwas behauptet, aus dem etwas Widersinniges folgt, z.B. wenn jemand behauptete, entweder bewege sich Alles, oder nichts; und zweitens, wenn man Etwas behauptet, was von einem schlechten Charakter zeugt oder der eigenen Ueberzeugung widerspricht, wie z.B., dass die Lust das Gute sei, oder dass Unrecht thun besser sei, als Unrecht leiden. Denn man hasst nicht den, welcher der Vertheidigung wegen im Streit dergleichen behauptet, aber den, welcher es als seine Meinung ausspricht.

Zehntes Kapitel

Wenn eine Begründung zu einem falschen Schlusssatz führt, so muss man dem so entgegentreten, dass man den Satz widerlegt, durch welchen die falsche Folgerung entsteht; denn die wahre Lösung eines solchen Falles besteht nicht darin, dass man irgend einen Satz beseitigt, selbst wenn er auch falsch sein sollte, weil eine Begründung mehreres Falsche in sich haben kann; z.B. wenn jemand die Sätze aufstellte, dass, wer sitzt, schreibe und dass Sokrates sitze; woraus folgen würde, dass Sokrates schreibe. Wenn nun hier auch widerlegt worden wäre, dass Sokrates sitze, so wäre doch die Begründung deshalb in ihrem Mangel nicht widerlegt, obgleich dieser Untersatz falsch ist; denn die Begründung ist nicht deshalb falsch, da, wenn jemand zufällig sässe aber nicht schriebe, jene Widerlegung nicht passen würde. Deshalb muss man nicht diesen letzten Satz widerlegen, sondern den Obersatz, dass wer sitzt, schreibe, da nicht jeder Sitzende schreibt. Deshalb ist die Widerlegung nur dann allgemein gültig wenn derjenige Satz widerlegt wird, aus dem das Falsche hervorgeht; und derjenige kennt diese Widerlegung, welcher weiss, dass auf diesem Satze die Begründung beruht, wie dies z.B. bei denen der Fall ist, welche eine mathematische Figur falsch zeichnen, um den Schüler irre zu führen. Es genügt also in solchem Falle nicht, dass man einen Einwurf erhebt, oder einen anderen Satz widerlegt, der auch falsch ist, sondern man muss den Satz zeigen, aus dem das Falsche hervorgeht; denn dann kann ersehen werden, ob, wenn ein Einwurf erhoben wird, man den Fehler schon kennt, oder ihn noch nicht kennt.

Man kann überhaupt auf vierfache Weise hindern, dass eine Begründung zu einem Schlusssatz gelange; entweder kann man den Satz widerlegen, aus dem das Falsche folgt; oder man kann dem Fragenden einen Einwurf entgegenstellen; denn oft hat der Antwortende ihn damit zwar nicht widerlegt, aber der Fragende kann seinen Angriff dann nicht weiter fortführen; drittens kann man sich gegen das Gefragte richten, denn es kann kommen, dass aus dem Gefragten, selbst wenn es zugestanden würde, nicht das folgt, was der Fragende bezweckt, weil er schlecht gefragt hat und der Schlusssatz noch eines weiteren Zugeständnisses bedarf. Kann also der Fragende die Begründung nicht zu Ende führen, so muss sich der Einwurf gegen die Person des Fragenden richten; im andern Falle gegen das Gefragte selbst. Der vierte und schlechteste Einwurf stützt sich auf die Zeit; denn Manche erheben solche Einwürfe, dass zu deren Erörterung es einer längern Zeit bedarf, als die gegenwärtige Disputation dauern kann.

Man kann also, wie gesagt, in viererlei Weise einen Einwurf erheben; jedoch ist nur die zuerst besprochene Weise eine Widerlegung, die übrigen dienen nur dazu, die Begründung des Schlusssatzes aufzuhalten oder zu erschweren.

Elftes Kapitel

Der Tadel gegen die Begründung eines Satzes selbst ist nicht derselbe, wie der gegen die Fragestellung denn oft trifft den Gefragten die Schuld, weil er das nicht einräumt, was zur guten Widerlegung des Streitsatzes 194 hätte benutzt werden können; denn es ist nicht blos Sache des Einen, dass das gemeinsame Werk gut zu Ende geführt werde. Manchmal muss also der Fragende seinen Angriff gegen den Antwortenden und nicht gegen den aufgestellten Satz richten, nämlich wenn der Antwortende aus Böswilligkeit das Gegentheil von dem Gefragten hartnäckig festhält. Erbitterte Personen führen so die Erörterungen nur um zu streiten und nicht nach den Regeln des Disputirens. Da aber diese Disputationen nicht des Unterrichts wegen geschehen, sondern zur Uebung und um seine Kräfte zu versuchen, so erhellt, dass in solchen Disputationen nicht blos das Wahre, sondern auch das Falsche durch Schlüsse festgestellt werden darf, und dass dies auch nicht immer durch wahre Vordersätze, sondern auch durch falsche geschehen darf. Denn wenn auch der Gegner einen wahren Satz aufstellt, muss man ihn doch bei der Disputation widerlegen und deshalb einen falschen Satz aufstellen. Manchmal muss auch, wenn der Gegner einen falschen Satz aufstellt, man denselben durch falsche Sätze widerlegen. Denn es kann sein, dass jemand das Unwahre mehr als das Wahre billigt, so dass, wenn die Erörterung sich auf das von ihm Gebilligte stützt, er mehr überführt als belehrt sein wird. Indess dürfen Ueberschreitungen nicht blos des Streites wegen geschehen, sondern nur in der Weise, wie es beim Disputiren sich gehört, da auch der Geometer seinen Satz, mag er falsch oder wahr sein, nur auf geometrische Weise begründet.

Welche Schlüsse bei den Disputationen zulässig seien, ist früher von mir gesagt worden. Da nun jeder Genosse schlecht ist, der dem gemeinsamen Werk hindernd in den Weg tritt, so gilt dies auch für die Disputationen, denn auch hier besteht ein für Alle Gemeinsames, ausgenommen, wenn man sich dabei blos streiten will. Wollen zwei sich blos streiten, so können sie allerdings nicht beide dasselbe Ziel erreichen, denn mehr als einer kann unmöglich Sieger sein. Dabei ist es gleich, ob dies im Antworten oder im Fragen geschieht; denn wer nur um des Streites willen Fragen stellt, disputirt nicht richtig, ebenso fehlt der Andere, wenn er das Glaubwürdige nicht zugiebt oder nicht auf das wartet, was der Fragende etwa fragen wird. Aus dem Gesagten erhellt, dass man die Erörterung und den Fragenden nicht gleicherweise tadeln kann; denn es kann wohl sein, dass die Erörterung schlecht geschieht, aber der Fragende doch die Erörterung nach Möglichkeit gut mit dem Antwortenden geführt hat, da man gegen ärgerliche Gegner nicht gerade die Schlüsse, die man will, sondern nur diejenigen zu Stande bringen kann, welche nach den Antworten möglich sind.

Indess ist es nicht zu berechnen, wenn die Menschen ihre anfängliche Ansicht festhalten und wenn sie das Gegentheil davon behaupten, denn oft nehmen sie, wenn sie bei sich eine Sache überlegen, das sich Widersprechende an und leugnen erst, was sie später anerkennen, deshalb geben sie, wenn sie gefragt werden, oft das Gegentheil von dem im Anfang Zugestandenen zu. Deshalb müssen die Disputationen dadurch schlecht werden. Die Schuld trifft dann den Antwortenden, der bald denselben Satz zugiebt, bald wieder bestreitet; hieraus erhellt, dass der Tadel nicht immer den Fragenden trifft, wenn die Disputation schlecht ausfällt.

Gegen die Disputation selbst kann nun in fünffacher Weise ein Tadel erhoben werden. Erstlich dann, wenn aus dem, was gefragt worden, weder der Schlusssatz noch ein anderer gefolgert werden kann, indem von dem, was gefragt wurden und aus dem der Schlusssatz folgen soll, Alles oder das Meiste falsch oder unglaubwürdig ist, und dieser Schlusssatz selbst dann sich nicht ergiebt, wenn von den gefragten Sätzen etwas abgenommen oder zugesetzt, oder theils abgenommen, theils zugesetzt wird. Zweitens ist die Disputation mangelhaft, wenn aus solchen falschen Vordersätzen und solchen, wie ich sie eben genannt habe, kein Schluss gegen den Streitsatz sich ergiebt. *Drittens* ist die Disputation mangelhaft, wenn der Schlusssatz sich erst ergiebt, wenn noch etwas hinzugefügt wird, dies aber schlechter ist, als das Gesagte und weniger glaubwürdig als der Schlusssatz. *Viertens* ist die Disputation zu tadeln, wenn sie Ueberflüssiges mit befasst, was zu beseitigen ist; denn mitunter wird in den Vordersätzen mehr behauptet als nothwendig ist, so dass der Schlusssatz sich aus ihnen nicht so, wie sie sind, ergiebt. *Endlich* ist es fehlerhaft, wenn der Schlusssatz aus Vordersätzen abgeleitet wird, welche unglaubwürdiger und weniger sicher sind als der Schlusssatz; oder wenn diese Vordersätze zwar wahr sind aber schwieriger zu beweisen sind als der aufgestellte Streitsatz.

Man darf jedoch nicht verlangen, dass bei allen Streitsätzen die Schlüsse gleich glaubwürdig und einleuchtend seien; denn schon von Natur ist Manches leichter, Manches schwerer zu erreichen, und deshalb führt derjenige die Erörterung am besten, welcher den Beweis aus den möglichst glaubwürdigen Sätzen ableitet. Man muss auch bei einer Disputation unterscheiden, ob diese an sich Tadel verdient, oder nur in Bezug auf den aufgestellten Streitsatz. Denn es kann wohl sein, dass die Erörterung an sich zu tadeln ist, aber in Bezug auf den aufgestellten Streitsatz doch Lob verdient und umgekehrt, dass die Erörterung an sich zu loben ist, aber in Bezug auf den Streitsatz zu tadeln ist. Ersteres ist dann der Fall, wenn der Schlusssatz aus mehreren und leichter einzusehenden und wahren Vordersätzen hätte abgeleitet werden können. Es kann auch kommen, dass eine abgeschlossene Disputation schlechter ist, als die, welche zu keinem Schlusssatz geführt hat; nämlich wenn bei jener der Schlusssatz aus einfältigen Sätzen abgeleitet wird, während der aufgestellte Streitsatz nicht solcher Art ist; diese dagegen nur noch einiger glaubwürdigen oder wahren Sätze bedarf, ohne dass der Beweis auf diesem Hinzuzunehmenden beruht. Wenn aus falschen Vordersätzen ein wahrer Schlusssatz abgeleitet wird, so darf man dies nicht tadeln; denn in den Analytiken habe ich dargelegt, dass zwar Falsches nur aus

Falschem abgeleitet werden kann, aber dass Wahres auch aus falschen Vordersätzen gefolgert werden kann.

Wenn die Begründung zwar etwas beweist, aber in dem Streitsatze noch mehr daneben enthalten ist, so gilt der Schluss nicht auch gegen dieses, und wenn dies doch so scheint, so ist der Beweis nur ein sophistischer und kein wahrer. Ein Philosophem ist ein streng zu beweisender Schluss; ein Epichrem ist der in einer Disputation geführte Schluss; ein Sophisme ist ein nur des Streites halber aufgestellter Schluss und ein Aporem ist ein das Gegentheil in der Disputation begründender Schluss.

Wenn ein Satz aus zwei glaubwürdigen Vordersätzen abgeleitet wird, aber der eine Vordersatz glaubwürdiger ist, als der andere, so kann recht wohl der abgeleitete Schlusssatz glaubwürdiger sein, als jeder der beiden Vordersätze. Wenn aber von jenen Vordersätzen der eine glaubwürdig ist, der andere aber weder glaubwürdig, noch unglaubwürdig, oder wenn der eine glaubwürdig, der andere aber unglaubwürdig ist, so wird, wenn dies Glaubwürdige und Unglaubwürdige in gleichem Grade statt hat, auch der Schlusssatz in gleichem Grade glaubwürdig oder unglaubwürdig sein; ist aber die Glaubwürdigkeit oder Unglaubwürdigkeit des einen Vordersatzes grösser als die des anderen, so wird auch der Schlusssatz der Art sein.

Ein Fehler bei dem Schliessen ist auch dann vorhanden, wenn der Beweis durch Schwierigeres geführt wird, während er durch Einfacheres, was auch in der Erörterung enthalten ist, hätte geführt werden können. Wäre z.B. der Satz zu beweisen, dass eine Meinung es mehr sei, als eine andere, so beginge jemand diesen Fehler, wenn er behauptete, dass die Idee jeder Sache am meisten deren Natur enthalte und dass es in Wahrheit eine Idee von der Meinung gebe, sie also mehr Meinung sei, als die einzelnen Meinungen. Wo nun die Natur einer Sache eine Steigerung zulasse, da gelte dies auch für das darauf Bezogene. Nun sei aber die Idee der Meinung auch wahr, da sie genauer sei, als die einzelnen Meinungen. Nun sei angenommen worden, dass die Idee der Meinung wahr sei und dass die Idee von jeder Sache deren Natur am meisten enthalte; deshalb werde also auch die am meisten wahre Meinung am meisten Meinung sein. Worin liegt hier wohl der Fehler? Doch wohl darin, dass der wahre Grund für das, worüber disputirt wird, dadurch verhüllt wird.

Zwölftes Kapitel

Eine Begründung kann in zweifacher Weise klar sein; in der einen Weise, welche am allgemeinsten als eine klare gilt, dann, wenn die Schlussfolgerung der Art ist, dass man nichts weiter an Zugeständnissen dazu bedarf; in der anderen Weise, welche insbesondere so heisst, wenn die Folgerung zwar aus Sätzen erfolgt, aus denen sie mit Nothwendigkeit sich ergiebt, aber der Schlusssatz erst aus weiteren Schlüssen sich ergiebt; ferner wenn nur sehr glaubwürdige Sätze dabei fehlen.

Falsch wird eine Begründung in vierfacher Weise; erstens, wenn sie zwar den Schein einer Begründung hat, aber es nicht in Wahrheit ist; sie heisst das streitsüchtige Schliessen; zweitens, wenn die Begründung zwar einen Beweis enthält, aber dieser nicht gegen den aufgestellten Satz geht. Dies kommt am meisten bei den Unmöglichkeits-Beweisen vor; drittens, wenn damit zwar der aufgestellte Satz widerlegt wird, aber nicht vermittelst der Regeln derjenigen Wissenschaft, zu welcher er gehört. Dies geschieht dann, wenn der Schluss anscheinend aus der Heilkunde abgeleitet wird, ohne dass dies wirklich der Fall ist, oder scheinbar aus der Geometrie, ohne dass dies wirklich der Fall ist, oder wenn er aus scheinbar Wahrscheinlichen, aber nicht aus wirklichen Wahrscheinlichen abgeleitet wird, wobei es gleichgültig ist, ob die gezogene Folgerung wahr oder falsch ist. Viertens, wenn der Schlusssatz aus falschen Vordersätzen abgeleitet ist; hier kann der Schlusssatz bald wahr, bald falsch sein; denn Falsches kann zwar nur aus falschen Sätzen geschlossen werden, aber Wahres kann auch aus Unwahrem geschlossen werden, wie früher schon bemerkt worden ist.

Wenn nun die Begründung falsch ist, so liegt dieser Fehler mehr an der Person als an der Sache, und auch selbst nicht immer an der Person, sondern nur dann, wenn sie es nicht bemerkt, da man an sich eine Begründung aus falschen Sätzen oft vielen, die aus wahren Sätzen geschehen, vorzieht, sofern man aus falschen, aber sehr glaubwürdig scheinenden Sätzen etwas als wahr Behauptetes aufhebt. Denn eine solche Begründung dient als Beweis für andere Wahrheiten; insofern nämlich in den aufgestellten Sätzen etwas nicht durchaus wahr ist, gegen welches dann der Beweis geführt wird. Wird dagegen etwas Wahres durch Falsches und sehr Unglaubwürdiges gefolgert, so würde eine solche Begründung schlechter sein als die, welche aus falschen Sätzen Falsches folgert, weil dort man auch leicht auf einen falschen Schlusssatz gerathen kann. Hieraus erhellt, dass man bei der Prüfung jeder Begründung als solcher zunächst zu sehen hat, ob sie zu einem Schlusssatze führt, zweitens, ob der Schluss wahr oder falsch ist, und drittens, wie die Vordersätze beschaffen sind. Wenn nämlich die Begründung aus falschen, aber glaubwürdigen Sätzen erfolgt, so ist sie logisch, erfolgt sie aber aus wahren, aber unglaubwürdigen Sätzen, so ist sie schlecht; erfolgt sie endlich aus falschen und zugleich sehr unglaubwürdigen Sätzen, so ist es klar, dass sie schlecht ist, und zwar entweder überhaupt, oder rücksichtlich des betreffenden Gegenstandes.

Dreizehntes Kapitel

In welchen Fällen der Fragende bei Disputationen das Zugeständniss von Sätzen oder von deren Gegentheilen ohne Recht verlangt, darüber habe ich, soweit es Disputationen betrifft, welche die Wahrheit zum Ziele haben, in den Analytiken gehandelt; soweit dies aber bei gewöhnlichen Disputationen vorkommt, die nur Wahrscheinliches verlangen, soll hier das Nöthige gesagt werden. Ein solches unbegründetes Verlangen, dass Sätze vom Gegner anerkannt werden sollen, kann in fünffacher Weise geschehen. Zunächst und am offenbarsten dann, wenn die Anerkennung gerade dessen verlangt wird, was zu beweisen ist. Dies kann an sich nicht leicht unbemerkt bleiben, aber bei Worten, die nur *eine* Bedeutung haben und wo Wort und Begriff dasselbe bezeichnen, kann es wohl vorkommen. Die zweite Weise ist die, wo die Anerkennung eines Satzes, der nur in beschränktem Umfange zu beweisen ist, in seiner Allgemeinheit verlangt wird; z.B. wenn jemand zu beweisen hat, dass gegentheilige Dinge zu *einer* Wissenschaft gehören und er verlangt, dass man diesen Satz von Gegensätzen überhaupt anerkennen solle; denn hier verlangt er, dass das, was er zu beweisen hat, zugleich noch mit vielem Anderen anerkannt werden solle. Die dritte Weise ist es, wenn ein allgemeiner Satz zu beweisen ist und man verlangt, dass derselbe in beschränkterem Umfange anerkannt werden solle; z.B., wenn von *allem* Gegentheiligen zu beweisen ist, dass immer nur *eine* Wissenschaft Beides befasst und für einzelne Gegentheile das Anerkenntniss dieses Satzes verlangt wird; denn auch hier wird das Anerkenntniss von Etwas verlangt, was mit mehrerem Andern erst zu beweisen ist. Viertens, wenn jemand den aufgestellten Satz theilt und für diese Theile einzeln deren Anerkenntniss verlangt; z.B. wenn er zu beweisen hat, dass die

Heilkunst sowohl das Gesunde wie Kranke zum Gegenstande habe und er nur das Anerkenntniss des Satzes für jeden dieser Theile besonders verlangt. Fünftens, wenn zwei Sätze gegenseitig auseinander abgeleitet werden können und das Anerkenntniss des einen von beiden verlangt wird, z.B. wenn zu beweisen ist, dass die Diagonale eines Quadrats durch seine Seite nicht gemessen werden kann, und das Anerkenntniss verlangt wird, dass die Seite des Quadrats von der Diagonale desselben nicht gemessen werden kann. Das unbegründete Verlangen, dass das Entgegengesetzte von dem, was anfänglich behauptet worden, anerkannt werde, kann in ebenso vielfacher Weise geschehen, wie es bei dem anfangs aufgestellten Satze geschehen kann. Erstens, wenn jemand das Anerkenntniss der Bejahung und auch der Verneinung desselben Satzes verlangt; zweitens, wenn jemand das Anerkenntniss eines Satzes mit gegentheiligen Begriffen verlangt, z.B., dass das Gute und das Schlechte dasselbe sei. Drittens, wenn jemand zunächst einen allgemeinen Satz aufgestellt hat und dann den entgegengesetzten Satz in beschränktem Umfange anerkannt verlangt; z.B. wenn er zunächst sagt, dass von Gentheilen es nur *eine* Wissenschaft gebe und dann verlangt, dass die Wissenschaft vom Gesunden eine andere sei, als die vom Kranken; oder wenn er umgekehrt erst das Zugeständniss dieses Satzes verlangt und dann verlangt, dass man den entgegengesetzten Satz allgemein anerkennen solle. Ferner, wenn jemand das Gegentheil von dem anerkannt verlangt, was aus den aufgestellten Sätzen sich mit Nothwendigkeit ergiebt; endlich, wenn jemand zwar nicht unmittelbar die Gegensätze anerkannt verlangt, aber doch zwei solche Sätze, aus deren Verbindung der Gegensatz sich zusammensetzt. Der Unterschied zwischen der Forderung, gegentheilige Sätze anzuerkennen und der Forderung, dass anfänglich aufgestellte Sätze anerkannt werden sollen, liegt darin, dass letztere ein Fehler in Bezug auf den Schlusssatz sind (denn in Hinblick auf diesen Schlusssatz, sagt man, dass das anfänglich Aufgestellte anerkannt verlangt werde). Bei den einander entgegengesetzten Sätzen liegt aber der Fehler darin, dass sie als Vordersätze benutzt, in dem entgegengesetzten Verhältniss zu einander stehen.

Vierzehntes Kapitel

Was nun die Uebung und Pflege solcher Disputationen anlangt, so muss man auch zunächst in der Umkehrung der Schlüsse eine Geschicklichkeit verschaffen; denn dadurch erlangt man mehr Mittel zum Bekämpfen der aufgestellten Streitsätze und lernt aus wenigen Sätzen viele Gründe entwickeln. Die Umkehrung besteht in der Umkehrung des Schlusssatzes, um dann mit Benutzung der übrigen gefragten Sätze einen der zugegebenen Sätze zu widerlegen. Denn wenn der Schlusssatz nicht gilt, so muss nothwendig einer der Vordersätze falsch sein, da der Schlusssatz sich nur darauf stützt, dass alle Vordersätze richtig sind. Es muss ferner bei jedem Streitsatze der Angriff sowohl gegen die Bejahung wie gegen die Verneinung desselben in Betracht gezogen werden, und wenn man einen Beweis nach der einen Richtung gefunden hat, muss man sich gleich zur Widerlegung desselben wenden. Auf diese Weise erlangt man die nöthige Uebung sowohl für das Fragen, wie für das Antworten. Hat man keinen Gegner, so muss man sich in dieser Weise für sich allein üben. Man muss dann die Beweismittel für und gegen neben einander stellen, indem man für den entgegengesetzten Satz die Angriffsmittel aufsucht. Es hilft viel für die Bekräftigung eines Satzes, und ebenso gewährt es viele Hülfe bei der Widerlegung desselben, wenn jemandem viele Gründe zu Gebote stehen, sowohl dafür, dass Etwas sich so verhalte, wie dass es sich nicht so verhalte; man kann dann nach beiden Richtungen hin wachsam sein. Selbst für die Erkenntniss und für die philosophische Forschung ist es kein geringes Hülfsmittel, wenn man übersehen kann oder schon erwogen hat, welche Folgen aus der Bejahung und aus der Verneinung eines aufgestellten Satzes sich ergeben; denn man kann dann das Richtige von beiden erwählen. Dergleichen verlangt indess eine gute natürliche Anlage und zwar eine gute Anlage in Bezug auf die Wahrheit, d.h. auf das Vermögen, richtig das Wahre zu erfassen und das Falsche zu vermeiden. Gute Naturen vermögen dies; denn indem sie das lieben und das hassen, was sich gehört, sind sie am besten im Stande, aufgestellte Behauptungen richtig zu beurtheilen.

Für die am meisten zur Verhandlung gelangenden Streitsätze muss man vorzugsweise die Gründe genau innehaben, besonders für die obersten Grundsätze; denn bei diesen geben die Antwortenden oft vor Ungeduld die Vertheidigung auf. Auch muss man in der Benutzung der Begriffe wohlbewandert sein und sowohl von den glaubwürdigen, wie von den obersten Grundsätzen immer welche zur Hand haben, da durch diese die Schlüsse zu Stande kommen. Auch muss man die Begriffe, auf welche die Disputationen meistentheils gerathen, genau innehaben; denn so, wie es für die Geometrie von Nutzen ist, wenn man sich in deren Elementen geübt hat, und so, wie es bei der Zahlenlehre einen grossen Unterschied macht, ob man im Einmaleins sicher ist, um die vielfachen Zahlen zu erkennen, so nützt es auch bei den mündlichen Erörterungen, wenn man die obersten Grundsätze zur Hand hat und die Vordersätze auswendig kann. Denn so, wie bei dem in der Gedächtnisskunst Geübten die blosse Aufzählung der Merkzeichen auch sofort die Sachen selbst in das Gedächtniss zurückruft, so werden auch jene Mittel eine grössere Geschicklichkeit im Schliessen verschaffen, wenn man sie einzeln der Zahl nach übersieht. Sätze muss man übrigens sich mehr als Begriffe in das Gedächtniss einprägen; denn es ist schwer, auch nur einigermassen in den obersten Grundsätzen und Aufstellungen gewandt zu sein.

Auch muss man sich üben, die *eine* Begründung des Gegners in viele zu verwandeln und das ihn möglichst wenig merken zu lassen. Es wird dies dann gelingen, wenn man so viel als möglich die Begriffe, welche mit denen des Streitsatzes verwandt sind, vermeidet. Die allgemeinsten Sätze können am meisten in dieser Weise ausgedehnt werden, z.B. dass es von mehreren Gegenständen nicht *eine* Wissenschaft giebt, denn so allgemein gefasst erstreckt sich dieser Satz auch auf die Beziehungen und auf die Gegentheile und auf die verwandten Begriffe.

Auch muss man bei Wiedergabe der Sätze des Gegners dieselben zu allgemeineren machen, selbst wenn er sie in beschränktem Sinne aufgestellt hat; denn auch damit kann man aus einer Begründung viele machen. Aehnliches geschieht in der Rednerkunst mit den nicht ausdrücklich ausgesprochenen Sätzen. Umgekehrt muss man sich selbst möglichst davor hüten, seine Schlüsse allgemein zu machen. Auch muss man immer auf die Begründungen Acht haben und prüfen, ob sie über Gemeinsames sich erstrecken; denn alle beschränkten Begründungen sind auch allgemeine und in dem Beweise eines Beschränkten ist auch der Beweis des Allgemeinen enthalten, da man ohne einen allgemeinen Satz überhaupt keinen Schluss ziehen kann.

Die Uebung in den induktiven Begründungen muss man mit den Anfängern, und die durch Schlüsse geschehenden mit den Geübteren vornehmen. Man muss auch sich bemühen, von dem im Schliessen Erfahrenen die Vordersätze abzulernen und von den in der Induktion Erfahrenen die Beispiele; da jeder in den seinigen am meisten geübt ist. Ueberhaupt muss man suchen, aus den zur Uebung angestellten

Disputationen einen Schluss für Etwas, oder eine Widerlegung, oder einen Satz oder einen Einwurf davon zu tragen, mag dabei richtig gefragt worden sein oder nicht, und mag dies von einem selbst oder von dem anderen geschehen sein, oder von beiden in einzelnen Punkten. Dadurch erlangt man das Geschick zu disputiren, und die Uebungen geschehen nur um dieser Geschicklichkeit willen. Am meisten muss die Aufstellung von Vordersätzen zu einem Schluss und von Einwürfen geübt werden, denn im Ganzen genommen ist der wahre Disputant derjenige, welcher die Vordersätze zu den Schlüssen und die Einwürfe gut aufzustellen versteht. Jenes besteht darin, dass man Vieles zu *Einem* macht; (denn das, gegen welches die Begründung gerichtet ist, muss im Ganzen genommen werden). Das Aufstellen von Einwürfen besteht dagegen darin, dass man das *Eine* zu Vielem macht, denn entweder theilt man, oder widerlegt man, indem man von den aufgestellten Sätzen den einen zu-giebt, den anderen aber nicht.

Man muss sich auch nicht mit jedem in eine Disputation einlassen und nicht mit dem, welchen man gerade trifft, eine Uebung anstellen. Denn mit manchen Personen muss die Erörterung nothwendig schlecht ausfallen; denn wenn man überhaupt den Versuch, mit einem durchaus Geübten zu disputiren, vermeidet, so ist dies zwar billig, aber doch nicht gerade anständig. Deshalb darf man nicht leicht mit jedem, den man trifft, Erörterungen beginnen; denn sie müssen nothwendig schlecht ausfallen, da auch die, welchen es nur um die Uebung zu thun ist, sich nicht immer enthalten können, die Erörterung in streitsüchtiger Weise zu führen.

Auch muss man immer die Beweise für solche Streitsätze bereits fertig haben, bei welchen man mit den wenigsten Mitteln sie doch zu den meisten Sätzen benutzen kann. Dergleichen Beweise sind die allgemeinen und solche, gegen die der Angriff am schwersten aus dem Alltäglichen und Offenliegenden entnommen werden kann.

Ende.

Ueber die sophistischen Widerlegungen

(Peri sophistikôn elenchôn)

Erstes Kapitel

Ich werde über die sophistischen Widerlegungen sprechen und über die, welche nur scheinbar Widerlegungen, aber in Wahrheit Fehlschlüsse und keine Widerlegungen sind, indem ich der Natur der Sache nach mit den ersteren beginne.

Dass nun manche derselben wirklich logisch-richtige Schlüsse sind, andere aber nicht, sondern solche nur zu sein scheinen, ist klar. So wie dies bei andern Dingen in Folge einer gewissen Aehnlichkeit stattfindet, so verhält es sich auch bei den Begründungen. So benehmen sich manche Menschen gut; bei andern scheint es nur so, indem sie sich gehörig aufblasen und zurecht richten. Ebenso sind Manche schön durch ihre Schönheit; Andere scheinen nur so, indem sie sich aufputzen. Auch bei leblosen Dingen findet sich das Gleiche; manches von ihnen ist echtes Silber oder Gold; anderes ist keines von beiden, aber hat ein solches Aussehen, wie z.B. das Geräthe aus Messing oder aus einer Mischung von Zinn und Silber, oder das von einer goldgelben Farbe. In derselben Weise ist auch der eine Schluss und die eine Widerlegung wirklich eine solche; andere sind es nicht, aber scheinen dem Unerfahrenen es zu sein, da die Unerfahrenen nur so, wie Entfernte, von Weitem hinsehen. Der wirkliche Schluss besteht aus gewissen Vordersätzen und sagt etwas von diesen Verschiedenes, aber vermittelst derselben mit Nothwendigkeit aus: und die wirkliche Widerlegung ist ein Schluss, welcher das Entgegengesetzte von einem gezogenen Schlusssatze ergiebt. Manche Widerlegungen leisten dies nicht, aber scheinen es zu leisten, indem sie dabei von mancherlei Gesichtspunkten ausgehen, unter welchen der Gesichtspunkt, welcher sich auf die Worte stützt, der natürlichste ist und am meisten vorkommt. Da man nämlich bei den Disputationen die Dinge, über welche man streitet, nicht selbst herbeinehmen kann, sondern statt deren sich der Worte, als Zeichen der Dinge bedient, so meint man, dass das, was bei den Worten sich ergiebt, auch bei den Dingen gelten müsse, ähnlich wie bei dem Rechnen mit den Rechensteinen. Allein mit den Worten verhält es sich hierbei nicht, wie mit den Gegenständen; die Zahl der Worte und die Menge der Begriffe ist begrenzt, aber die Zahl der Dinge ist unbegrenzt. Deshalb muss derselbe Begriff und das *eine* Wort mehrere Dinge bezeichnen. So wie nun die, welche in der Behandlung der Rechensteine nicht besonders bewandert sind, von den Kennern irre geführt werden, ebenso machen auch die in der Bedeutung der Worte Unerfahrenen bei dem Begründen Fehlschlüsse, sowohl wenn sie selbst sprechen, wie wenn sie Andere hören. Aus diesen und anderweit zu besprechenden Gründen kommt zwar scheinbar ein Schluss oder eine Widerlegung zu Stande, aber nicht in Wirklichkeit.

Da nun Manchem mehr daran liegt, weise zu scheinen, als es zu sein und dabei es nicht zu scheinen (denn die sophistische Weisheit ist nur eine scheinbare, keine wirkliche, und der Sophist verdient sich Geld mit scheinbarer, aber nicht mit wirklicher Weisheit), so erhellt, dass solche Leute nothwendig lieber so scheinen wollen, als trieben sie das Geschäft eines Weisen, als dass sie es wirklich trieben, aber dabei den Schein davon nicht hätten. Das Geschäft des Wissenden ist aber, um dieses neben jenes zu stellen, der Art, dass er von den Dingen, die er kennt, nichts Unwahres sagt und dass er vermag, die falschen Behauptungen eines Anderen aufzudecken, d.h. dass er theils selbst Rechenschaft abzulegen, theils sie von Andern abzunehmen im Stande ist. Wer nun den Sophisten machen will, muss jene besagte Art des Disputirens zu erlangen suchen; denn sie ist für seinen Zweck dienlich, weil eine solche Geschicklichkeit ihm den Schein eines Weisen geben wird, worauf es bei ihm abgesehen ist.

Dass es nun eine solche Art von Begründungen giebt und dass die, welche man Sophisten nennt, eine solche Geschicklichkeit erstreben, ist klar, und ich werde nun darüber sprechen, wie viele Arten der sophistischen Begründungen es giebt, aus wie vielen Erfordernissen der Zahl nach diese Geschicklichkeit sich zusammensetzt und wie viele Theile diese Untersuchung hat und von dem, was sonst noch zu dieser Kunst erforderlich ist.

Zweites Kapitel

Es giebt vier Arten von mündlichen Erörterungen, die *belehrende*, die *dialektische*, die *erprobende* und die *streitsüchtige*. Die belehrenden Erörterungen stützen sich auf die eigenthümlichen obersten Grundsätze der betreffenden Wissenschaft und nicht auf das, was dem Antwortenden als glaubwürdig gilt; (denn der Lernende muss vertrauen); die dialektischen stützen den Beweis ihres Gegensatzes auf das, was glaubwürdig ist; die, welche den Gegner auf die Probe stellen wollen, auf das, was der Antwortende billigt, und auf das, was der, welcher vorgiebt, die Wissenschaft inne zu haben, nothwendig wissen muss. (In welcher Weise dies geschieht, ist anderwärts auseinandergesetzt worden.) Die streitsüchtigen Begründungen endlich stützen sich auf scheinbare, aber nicht wirklich glaubwürdige Sätze, oder auf nur scheinbare Beweise. Ueber die beweisenden Begründungen habe ich in den Analytiken gehandelt; über die dialektischen und die auf Prüfung des Gegners abzielenden anderwärts; über die nur auf Kampf und Streit abzielenden Erörterungen werde ich aber jetzt sprechen.

Drittes Kapitel

Ich habe zuerst die vielerlei Ziele Derjenigen anzugeben, welche nur des Kampfes und Wetteifers wegen disputiren. Dieser Ziele sind fünf, nämlich die *Widerlegung*, das *Falsche*, das *Unglaubwürdige*, der *Sprachfehler* und fünftens die *Verleitung* des Gegners zu leerem *Geschwätz*. (Dies besteht darin, dass der Antwortende genöthigt wird, vielmal dasselbe zu sagen.)

Entweder wollen die Sophisten diese Ziele wirklich erreichen, oder doch wenigstens scheinbar. Am meisten trachten sie danach, den Gegner scheinbar widerlegt zu haben; an zweiter Stelle suchen sie darzuthun, dass der Gegner Falsches behauptet habe; drittens suchen sie ihn zu unglaubwürdigen Behauptungen zu verleiten; viertens suchen sie ihn zu Sprachfehlern zu veranlassen (dies geschieht dadurch, dass der Antwortende in Folge der Erörterung zur Begehung grober Sprachfehler gebracht wird); endlich suchen sie ihn zu nöthigen, dass er vielemal dasselbe sagt.

Viertes Kapitel

Die *Widerlegung* kann der Sophist auf zweierlei Art erreichen; die eine stützt sich auf die Ausdrucksweise, die andere benutzt dieses Mittel nicht. Der Mittel, wo durch die Ausdrucksweise der Schein einer Widerlegung gewonnen wird, sind sechs an Zahl; nämlich die *Gleichnamigkeit*, die *Zweideutigkeit*, die *Verbindung*, die *Trennung*, die *Betonung* und die *Form der Rede*. Die Richtigkeit dieser Aufzählung lässt sich sowohl induktiv, wie durch Schlüsse beweisen, wenn irgend ein besonderer Fall herbeigenommen wird. Desgleichen dadurch, dass man nur auf so viele Arten mit denselben Worten und Reden Verschiedenes ausdrücken kann.

Die *Gleichnamigkeit* wird in solchen Reden benutzt, wie z.B. dass die Wissenden lernen, denn die Schüler lernen das auswendig Hergesagte; das Lernen bezeichnet nämlich zweierlei; einmal das Einsehen, indem von dem Gewussten Gebrauch gemacht wird, und zweitens das Erwerben des Wissens. Ferner, dass das Uebel das Gute ist; wenn das, was sein muss, ist gut, und das Uebel muss sein. Das »muss« bezeichnet nämlich zweierlei; einmal das Nothwendige, was bei den Uebeln sehr oft vorkommt (denn manches Uebel ist nothwendig), und zweitens sagt man auch von dem Guten, dass es geschehen muss. Ferner gehören hierher die Reden, dass Sitzen und Stehen dasselbe sei; ebenso Krank- und Gesund-sein; denn wer aufsteht, steht, und wer gesund geworden, ist gesund, aufstehen könne aber nur der Sitzende und gesund werden nur der Kranke.

Hier bezeichnet der Ausdruck, dass der Kranke irgend etwas thue oder erleide, nicht immer dasselbe, sondern bald, dass der *jetzt* Kranke oder Sitzende etwas thue oder erleide, bald derjenige, der vorher krank gewesen ist. Allerdings sind beide, der krank Seiende und der Kranke geheilt worden, aber gesund ist nicht der krank Seiende, sondern der Kranke, nämlich der nicht jetzt, sondern Vorher-Kranke.

Die *Zweideutigkeit* wird in solchen Reden benutzt, wie z.B.: Lass mich die Feinde ergreifen. Ferner: Was einer erkennt, erkennt das? Denn in diesem Satze kann das »erkennt« sowohl auf die erkennende Person, wie auf den erkannten Gegenstand bezogen werden. Ferner: Was einer sieht, sieht das? Nun sieht er die Säule, also sieht die Säule. Ferner: Also was Du sagst, es sei, das sagst Du zu sein? Nun sagst Du, der Stein sei, also sagst Du, dass Du ein Stein seiest. Ferner kann der Schweigende sprechen? Denn das »der Schweigende kann sprechen« bedeutet zweierlei, einmal, dass der Sprechende schweigt und zweitens, das der Vortrag schweigt.

Es giebt sonach drei Weisen, in denen die Gleichnamigkeit und die Zweideutigkeit benutzt werden kann; die eine ist die, wo die Rede oder das Wort im eigentlichen Sinne Mehreres bedeutet; z.B. das Wort Adler oder Hund; zweitens wenn man so zu sprechen gewöhnt ist; drittens, wenn Worte verbunden Mehreres bedeuten getrennt aber nur *eine* Bedeutung haben, wie z.B. das Buchstabenwissen; denn hier bezeichnet jedes dieser Worte getrennt nur *Eines*, aber beide zusammen Mehreres; nämlich einmal, dass die Buchstaben selbst ein Wissen haben, und zweitens, dass ein Anderer das Wissen von ihnen hat.

Die Gleichnamigkeit und die Zweideutigkeit stützt sich also auf diese Wendungen; auf der *Verbindung* beruhen dagegen folgende Fälle, z.B. dass der Sitzende zu gehen und der Nicht-Schreibende zu schreiben vermöge. Hier bedeutet es nicht dasselbe, ob man getrennt oder verbunden aussagt, dass der Sitzende zu gehen und der Nicht-Schreibende zu schreiben vermöge; denn man kann diese Worte auch so verbinden, dass der Nicht-Schreibende schreibe und sie bedeuten dann, dass derselbe, während er nicht schreibt, schreibe. Verbindet man aber die Worte nicht in dieser Art, so bedeuten sie, dass jemand, auch wenn er nicht schreibt, doch das Vermögen zu schreiben habe. Ferner: Er lernt jetzt die Wissenschaften, da er lernte, was er weiss. Ferner, dass der, welcher nur *Eines* tragen kann, *Vieles* tragen kann.

Die *Trennung* wird benutzt, wenn man z.B. sagt: Die Fünf ist zwei und drei, also ist die Fünf gerade und ungerade. Ferner: Das Grössere ist gleich; denn es ist ebenso viel und noch etwas dazu. Dieselbe Rede bedeutet nämlich getrennt nicht immer dasselbe, wie verbunden, so: durch mich ist der Freie der Knecht geworden; und: der göttliche Achilleus liess der fünfhundert Männer hundert.

Die Benutzung der *Betonung* kann bei mündlichen Erörterungen nicht leicht geschehen, wohl aber in Schriften und Gedichten. So berichtigen Manche auch den Homer, wenn ihm vorgeworfen wird, dass er Verkehrtes spreche mit den Worten: »*Wie* vom Regen verfaulende Baumstämme«, indem sie dies durch die Betonung verbessern und aus dem »*wie*« ein »*nie*« machen. Ebenso ist es bei der Stelle, welche den Traum des Agamemnon betrifft, weil Zeus gesagt: Gieb ihm, was er zu haben sich wünscht, indem Zeus nämlich nicht selbst gesagt habe: *Wir* geben, was er gebeten, sondern dem Traumgotte es zu geben aufgetragen habe. So verhält es sich also mit der Betonung.

In der Form des Ausdruckes kann die Widerlegung geschehen, wenn Verschiedenes in gleicher Weise sprachlich ausgedrückt wird; z.B. wenn das Männliche weiblich und das Weibliche männlich ausgedrückt wird;

oder wenn dies mit dem zwischen beiden Stehenden so geschieht und wenn weiter dass Beschaffene als ein Grosses, oder das Grosse als ein Beschaffenes, oder das Bewirkende wie ein Erleidendes, oder ein Zustand wie ein Wirken, oder sonst in einer Weise, wie es früher gesondert worden, bezeichnet wird; denn es kommt vor, dass etwas, was kein Thätiges ist, wie ein Thätiges in der Sprache behandelt wird, so wird z.B. das Gesunden in sprachlichem Ausdruck wie das Schneiden und das Hausbauen behandelt, obgleich jenes eine Beschaffenheit oder ein gewisses Verhalten bezeichnet und dieses ein Thun. Ebenso verhält es sich in den übrigen hierher gehörenden Fällen.

Fünftes Kapitel

Die auf die Ausdrucksweise sich stützenden Widerlegungen gehen also von diesen Gesichtspunkten aus; dagegen giebt es von den *nicht auf die Ausdrucksweise* sich stützenden Widerlegungen *sieben* Arten; die erste stützt sich auf das *Nebensächliche*, die zweite auf das *überhaupt* Gesagte oder auf das *nicht-überhaupt*, sondern in Beziehung auf ein wie, oder wo, oder wenn, oder ein im Verhältniss Gesagte; die dritte benutzt die *Unbekanntschaft* mit den sophistischen Widerlegungen; die vierte das dem Gegenstande *Zukommende*, die fünfte benutzt bei ihrem Beweis den im Anfang aufgestellten Satz als zugestanden; die sechste benutzt einen *Nicht-Grund* als Grund, die siebente macht mehrere *Fragen* zu *einer*.

Ein Fehlschluss vermittelst des *Nebensächlichen* ist dann vorhanden, wenn man behauptet, dass irgend etwas sowohl der Sache selbst, wie dem von ihr Ausgesagten zukomme; denn derselben Sache kann Vieles zukommen, und es ist nicht nothwendig, dass Alles, was dem von ihr Ausgesagten zukommt, auch der Sache selbst zukomme. Ist z.B. Koriskos von dem Menschen verschieden, so wird gefolgert, dass er auch von sich selbst verschieden sei, weil er ein Mensch ist; oder wenn Koriskos ein anderer ist, als Sokrates, Sokrates aber ein Mensch ist, so behaupten sie, man habe zugegeben, Koriskos sei von dem Menschen verschieden, weil es sich getroffen hat, dass derjenige ein Mensch ist, der als von Koriskos verschieden erklärt worden ist.

Ein Fehlschluss, welcher sich auf das *überhaupt*, oder auf das *nur beziehungsweise* und nicht eigentlich Ausgesagte stützt, ist vorhanden, wenn etwas beschränkt Gesagtes so genommen wird, als sei es überhaupt gesagt, z.B. wenn das Nicht-Seiende vorstellbar ist, das Nicht-Seiende deshalb *sein* soll; denn das Etwas-sein ist nicht dasselbe wie das Sein überhaupt. Oder umgekehrt, wenn gefolgert wird, das Seiende sei nicht-seiend, wenn es etwas von dem Seienden nicht ist, z.B. kein Mensch. Aber es ist nicht dasselbe, überhaupt nicht zu sein, oder nur dieses Einzelne nicht zu sein; es scheint nur deshalb so, weil beide Ausdrucks-weisen einander sehr nahe stehen und das Etwas-sein wenig von dem Ueberhaupt-sein verschieden scheint und ebenso das Etwas-nicht-sein von dem Ueberhaupt-nicht-sein. Ebenso verhält es sich mit den Schlüssen, welche sich auf das nur beziehungsweise und das überhaupt Gesagte stützen. Wenn z.B. der Indier, der ganz schwarz ist, an den Zähnen weiss ist, so soll er weiss und auch nicht-weiss sein; oder wenn Beides irgendwie statt hat, so soll deshalb das Entgegengesetzte zugleich in dem Gegenstande enthalten sein. Manche dieser Fehlschlüsse kann jeder leicht als solche erkennen, z.B. wenn einer zugestanden erhält, dass der Aethiopier schwarz sei und weiter fragte, ob er an den Zähnen weiss sei, und man anerkennte, dass er hier weiss sei, und jener nun folgerte, der Aethiopier sei sowohl schwarz als nicht-schwarz und meinte, er habe mittelst der Ausdehnung des gefragten Satzes richtig geschlossen. Bei manchen Fehlschlüssen wird jedoch dies oft nicht be-merkt, wenn nämlich aus einem nur beschränkt Gesagten auch dasselbe überhaupt zu folgen scheint und wenn aus den Fragen nicht leicht er-sehen werden kann, was als das Hauptsächliche zu behandeln ist. Letzteres kommt bei Gegenständen vor, denen das Entgegengesetzte in gleichem Verhältniss einwohnt; hier möchte man zugeben, dass über-haupt Beides, oder Keines von dem Gegenstande auszusagen sei. Ist z.B. ein Gegenstand halb weiss und halb schwarz, so fragt es sich, ob er weiss, oder ob er schwarz zu nennen ist.

Die *dritte* Art der sophistischen Widerlegungen beruht darauf, dass nicht festgehalten wird, was ein Schluss und was eine Widerlegung ist, sondern diese mit Weglassung eines Theiles des Gesagten erfolgen. Denn die wahre Widerlegung besteht in einem Schlusssatze, der das Entgegengesetzte ist von demselben und *einem*, was der Gegner behaup-tet, und welcher sich nicht blos auf den Namen, sondern auf die Sache bezieht, und welcher auch nicht gleichnamige Worte benutzt, sondern Worte, die dasselbe bezeichnen. Der Schlusssatz muss ferner sich auf das stützen, was zugegeben ist, er muss sich nothwendig ergeben, er darf das zu Beweisende dabei nicht schon als ein Bewiesenes benutzen, er muss sich auf dasselbe und in Bezug auf dasselbe richten und in gleicher Weise und für dieselbe Zeit sich ergeben, wie der vom Gegner aufgestellte Satz. Nach diesen verschiedenen Richtungen kann nun auch eine falsche Widerlegung über etwas aufgestellt werden. Manche lassen etwas von dem, was verhandelt worden, weg und gelangen so zu dem Schein einer Widerlegung; wie z.B. dass ein und dasselbe ein Doppeltes und nicht ein Doppeltes sei; denn die Zwei ist das Doppelte von der Eins, aber nicht das Doppelte von der Drei; oder dass ein und dasselbe das Doppelte und nicht das Doppelte von sich selbst sei. Dies gilt indess nicht für dieselbe Eigenschaft; denn es ist wohl das Doppelte in der Länge, aber nicht in der Breite. Oder wenn die Widerlegung zwar denselben Gegenstand und in derselben Beziehung und in gleichem Sinne betrifft, aber nicht für dieselbe Zeit; deshalb ist sie nur eine scheinbare Widerlegung. Man könnte diese Art der Widerlegungen wohl auch zu denen rechnen, welche sich auf die Ausdrucksweise stützen.

Die sophistischen Widerlegungen, welche den erst zu beweisenden Satz bei ihrem Schlusse schon *als einen bewiesenen ansetzen*, können ebenso und so vielfach geschehen, wie dieser Fehler überhaupt geschehen kann. Der Schein der Widerlegung entsteht dadurch, dass man nicht übersehen kann, was dasselbe ist und was verschieden ist.

Die sophistischen Widerlegungen, welche sich auf das *Beifolgende* stützen, erfolgen, weil man meint, dass das Beifolgende oder Ausgesagte sich auch umkehren lasse. Wenn nämlich, im Fall das *Eine* ist, nothwendig auch das Andere ist, so meint man, dass wenn Letzteres ist, nothwendig auch das Erstere sei. Daher kommen auch die Irrthümer in den Meinungen, welche sich auf Sinneswahrnehmungen stützen; denn man hat schon oft die Galle für Honig gehalten, weil die gelbe Farbe auch mit dem Honig verbunden ist; ebenso meint man, dass weil die Erde, wenn es regnet, feucht wird, es auch, wenn die Erde feucht ist, geregnet habe. Allein dies ist nicht nothwendig. Auch von den rednerischen Begründungen gehören die Beweise, welche sich auf Zeichen stützen, zu denen, die das Beifolgende benutzen. Wenn sie z.B. beweisen wollten, dass der Betreffende ein Ehebrecher sei, so benutzten sie das Beifolgende, nämlich dass er ein Stutzer sei, oder dass man ihn des Nachts hat herumstreichen sehen. Indess findet sich dergleichen bei Vielen, aber deshalb sind sie keine Ehebrecher. Aehnliches findet sich auch bei den Beweisen durch Schlüsse, wie z.B. bei dem Ausspruch des *Melissos*, dass das All unbegrenzt sei. Er nahm an, dass das All ungeworden sei (weil aus dem Nicht-Seienden nichts entstehen könne), das Gewordene aber habe einen Anfang gehabt; sei also das All nicht geworden, so habe es auch keinen Anfang, also sei es unbegrenzt. – Allein dies folgt nicht nothwendig; denn wenn auch alles Gewordene einen Anfang hat, so ist doch nicht Alles, was einen Anfang hat, geworden, und zwar so wenig, wie, wenn der Fiebernde warm ist, nothwendig der Warme fiebern muss.

Die Widerlegungen, welche einen *Nicht-Grund* als einen Grund benutzen, geschehen, wenn der Nicht-Grund so hinzugenommen wird, als wenn mittelst dessen die Widerlegung zu Stande gekommen sei. Dergleichen kommt bei den auf das Unmögliche führenden Schlüssen vor, da man bei ihnen einen der Vordersätze als falsch darlegen muss. Wenn also zu den Fragen, welche für den unmöglichen Schlusssatz nothwendig sind, auch etwas mit hinzugenommen wird, so wird es oft scheinen, als habe die Widerlegung auf Grund dieses Zusatzes sich ergeben, wie z.B., wenn die Widerlegung zeigen will, dass die Seele und das Leben nicht dasselbe sei, und sie dies so folgert: Wenn das Entstehen das Gegentheil des Untergehens ist und ein bestimmtes Entstehen das Gegentheil eines bestimmten Untergehens; und wenn der Tod ein bestimmtes Untergehen und das Gegentheil von Leben ist, so folgt, dass das Leben ein Entstehen und Leben gleich Entstehen ist. Da dies aber unmöglich ist, so ist auch die Seele und das Leben nicht dasselbe. – Allein dies ist kein richtiger Beweis, denn jener unmögliche Schlusssatz ergiebt sich auch dann, wenn man das Leben nicht für dasselbe mit der Seele erklärt, da nur das Leben das Gegentheil vom Tode, als einem Untergehen ist, und das Entstehen das Gegentheil vom Untergehen. Dergleichen Begründungen sind also nicht überhaupt logisch unrichtig, aber wohl in Bezug auf den vorliegenden Satz. Dergleichen wird selbst von den Fragenden oft nicht bemerkt.

Dieser Art sind also die Begründungen, welche sich auf das Mitfolgende und auf eine Nicht-Ursache stützen; die Widerlegungen aber, welche sich darauf stützen, dass *mehrere Fragen* zu *einer* gemacht werden, entstehen dann, wenn der Gefragte dieses Mehrere nicht bemerkt und als wäre nur Eines gefragt, auch nur *eine* Antwort giebt. In manchen Fällen lässt sich leicht ersehen, dass es mehrere Fragen sind und dass deshalb keine Antwort darauf zu geben ist, z.B. auf die Frage, ob die Erde das Meer sei, oder der Himmel? In anderen Fällen ist dies weniger ersichtlich, und der Gefragte gilt dann, wie bei Fragen, die nur *Eines* betreffen, wenn er nicht antwortet, als einer, der einverstanden ist, oder er wird scheinbar widerlegt; so z.B. bei der Frage: Ist dieser und jener ein Mensch? Wird dies bejaht, so folgert der Sophist, dass wenn jemand diesen und jenen schlägt, er *einen* Menschen und nicht *die* Menschen schlage. Ferner: Wenn von Mehreren Einiges gut, Anderes nicht gut ist, ist da Alles gut oder nicht gut? Welches von beiden man hier auch antwortet, immer lässt sich daraus eine Widerlegung oder etwas Falsches scheinbar ableiten; denn sagt man, dass von den Nicht-guten Einiges gut sei, oder von den Guten Einiges nicht-gut, so ist das falsch, oder wenn man etwa noch der Antwort etwas hinzufügt, so kann sogar eine wahre Widerlegung sich ergeben; wie z.B. wenn jemand zu-giebt, dass in gleicher Weise *Eines* und *Vieles* weiss, und nackend und blind genannt werde; weil, wenn *ein* Blindes das ist, was kein Gesicht hat, obgleich es nach seiner Natur es haben müsste, auch *mehrere* Blinde die seien, welche kein Gesicht, haben, obgleich sie es nach ihrer Natur haben müssten. Also sagt der Sophist, werden, wenn *Eines* ein Gesicht hat, das *Andere* aber nicht, *beide* entweder Sehende, oder Blinde sein, was doch unmöglich ist.

Sechstes Kapitel

Man muss also die scheinbaren Schlüsse und Widerlegungen entweder so, wie hier geschehen, eintheilen, oder alle auf die Unwissenheit dessen, was eine wahre Widerlegung ist, zurückführen und in dieser Weise beginnen; denn alle diese besprochenen Arten von Widerlegungen lassen sich auf den Begriff der Widerlegung zurückbringen. Erstens kann dies geschehen, wenn sie nicht richtig schliessen, weil der Schlusssatz aus den aufgestellten Vordersätzen folgen muss, und zwar mit Nothwendig-keit und nicht blos scheinbar. Dann kann die Zurückführung auch in Bezug auf die einzelnen Bestimmungen geschehen, welche in dem Be-griffe der Widerlegung enthalten sind. Von denen, die auf der Aus-drucksweise beruhen, stützt sich ein Theil auf das Doppelsinnige, z.B. auf die Gleichnamigkeit, oder auf einen zweideutigen Satz, oder auf die gleiche Beziehungsform (denn man ist gewöhnt, dies alles wie ein Dieses zu nehmen), dagegen beruhen die Widerlegungen vermittelst der Ver-bindung, oder der Trennung der Worte, oder mittelst der Betonung darauf, dass die Rede nicht denselben Sinn beibehält, oder dass das

Wort nicht gleich betont wird; obgleich dies ebenso hätte geschehen sollen, wie ja auch die Sache dieselbe bleiben muss, wenn eine Widerlegung oder ein Schluss zu Stande kommen soll. Ist z.B. ein Satz für den Umwurf zugestanden, so darf der Schlusssatz nicht auf den Mantel, sondern muss auf den Umwurf lauten; da zwar auch der Satz für den Mantel wahr ist, aber der Schluss nicht dahin führt; vielmehr bedarf es dann auch einer Frage, dass er dasselbe im Umwurf bedeute, wenn nach dem Grunde dafür gefragt wird.

Die auf das Nebensächliche gestützten Widerlegungen erkennt man ebenfalls durch die Definition des Schlusses; denn auch die Widerlegung muss so definirt werden mit der Ausnahme, dass sie auf das Entgegengesetzte lauten muss, da die Widerlegung ein Schluss auf das Entgegengesetzte ist; kann also von dem Nebensächlichen kein Schluss auf den Gegenstand selbst abgeleitet werden, so kann dies auch mit keiner Widerlegung geschehen. Denn wenn, sofern jene Bestimmungen sind, nothwendig dieses sein muss, und dieses zufällig weiss von Farbe ist, so folgt dies »Weiss« nicht nothwendig aus dem Schlusse. Auch wenn die Winkel des Dreiecks zweien rechten gleich sind und dem Dreieck nebenbei zukommt, dass es eine Figur, oder das Erste, oder das Grundlegende ist, so folgt keineswegs aus diesem Schlusse, dass das Dreieck eine Figur oder das Erste oder das Grundlegende ist, denn der Beweis stützt sich nicht darauf, dass das Dreieck eine Gestalt, oder das Erste ist, sondern darauf, dass es ein Dreieck ist. Aehnliches gilt für andere solche Fälle. Ist also die Widerlegung ein Schluss, so wird die auf das Nebensächliche gestützte Widerlegung keine gültige Widerlegung sein. Auf diese Weise werden auch die Handwerker und überhaupt die Sachverständigen von den der Sache Unkundigen widerlegt, indem sie ihre Schlüsse gegen die Kundigen auf Nebensächliches stützen. Wenn diese nun dies nicht unterscheiden können, so geben sie es entweder auf Befragen zu, oder werden auch, wenn sie dies nicht thun, als widerlegt angesehen.

Die Widerlegungen, welche sich fälschlich auf das Beziehungsweise und überhaupt Gültige stützen, sind daran erkenntlich, dass die Bejahung und Verneinung nicht denselben Gegenstand betrifft. Denn von dem nur irgendwie Weissen ist die Verneinung das irgendwie-nicht-Weisse, und von dem Weiss überhaupt das nicht-Weiss überhaupt. Wenn also der Fragende das Zugeständniss, dass der Gegenstand irgendwie weiss sei, als ein solches nimmt, was das Weiss überhaupt zugesteht,

so macht er zwar keine Widerlegung, aber erreicht den Schein einer
solchen, weil der Gegner nicht weiss, was eine Widerlegung ist.

Am leichtesten erkennbar sind die, welche schon früher als die gegen
den Begriff der Widerlegung verstossenden aufgeführt worden; deshalb
haben sie auch diesen Namen erhalten; denn der Schein der Widerlegung wird hier dadurch erreicht, dass etwas in deren begründenden
Sätzen weggelassen wird, und wer so die Eintheilung der Widerlegungen
machen will, der muss allen solchen Widerlegungen die gemeinsame
Bezeichnung »der Weglassung von Etwas bei der Begründung« geben.

Die Widerlegungen, welche das zu Beweisende als bewiesen benutzen,
und die, welche einen Nicht-Grund als einen Grund aufnehmen, offenbaren sich durch den Begriff des Schlusses als falsch; denn der
Schlusssatz muss sich dadurch ergeben, dass gerade diese Vordersätze
den Grund dafür bilden, was bei den aus einem Nicht-Grund abgeleiteten Schlusssätzen nicht der Fall ist. Ebenso darf der Schlusssatz sich
nicht auf den im Anfange aufgestellten und erst zu beweisenden Satz
stützen, welches die nicht innehalten, welche sich auf eine solche Benutzung des erst zu beweisenden Satzes stützen.

Die auf das Mitfolgende sich stützenden Widerlegungen bilden einen
Theil der das Nebensächliche benutzenden, denn das Mitfolgende ist
ein Nebensächliches und unterscheidet sich von dem eigentlichen Nebensächlichen nur dadurch, dass letzteres blos für *einen* Gegenstand
benutzt werden kann; z.B. bei dem Satze, dass das Gelbe und der Honig,
oder das Weisse und der Schwan dasselbe seien, während das Mitfolgende immer für Mehreres benutzt werden kann. Die in einer einzelnen
Bestimmung einander Gleichen werden dabei als solche behandelt, die
sich auch selbst einander gleich sind, und dadurch vollzieht sich die
auf das Mitfolgende gestützte Widerlegung. Sie ist aber nicht in allen
Fällen eine wahre; z.B. wenn das Weisse bei einem Gegenstande nur
ein Nebensächliches ist; denn der Schnee z.B. und der Schwan sind im
Weiss einander gleich. Ebenso wenn man, wie in der Begründung des
Melissos, dass das »Geworden-sein« und das »einen Anfang-haben« ein
und dasselbe sei; oder wenn man das einander Gleich-Gewordene auch
als dieselbe Grösse habend annimmt. Denn Melissos folgert, dass, weil
das Gewordene einen Anfang habe, auch das, was einen Anfang habe,
geworden sei; als wenn beides, das »einen Anfang- Haben«, das »Gewordene« und das »Begrenzte«, dasselbe sei. Ebenso geschieht es bei
dem Gleich-Gewordenen; weil Dinge, welche dieselbe und eine Grösse

annehmen, einander gleich werden, so soll auch das Gleich-Gewordene dieselbe Grösse haben. Es wird also hier das Mitfolgende zum Schlusse benutzt. Da nun die auf das Nebensächliche sich stützende Widerlegung in der Unkenntniss der wahren Widerlegung besteht, so erhellt, dass dies auch für die auf das Mitfolgende sich stützende gilt. Es ist dies auch noch anderwärts zu beachten.

Die Widerlegungen, wo mehrere Fragen in *eine* gezogen worden sind, beruhen darauf, dass man den Begriff des Vordersatzes nicht zergliedert und sondert; denn ein Vordersatz sagt Eines von Einem aus; denn dieselbe Definition gilt sowohl für das Einzelne, wie für den Gegenstand überhaupt; so gilt die des Menschen überhaupt auch für den einzelnen Menschen, und dasselbe findet auch für andere Gegenstände statt. Wenn nun der einzelne Vordersatz derjenige ist, welcher Eines von Einem aussagt, so wird eine gleich gefasste Frage auch überhaupt einen Vordersatz abgeben. Nun geht der Schluss aus Vordersätzen hervor, und die Widerlegung ist ein Schluss, also muss auch die Widerlegung aus Vordersätzen hervorgehen. Ist nun der Vordersatz die Aussage Eines von Einem, so erhellt, dass auch diese Art der Widerlegung in einer Unkenntniss der wahren Widerlegung besteht, denn der Vordersatz *scheint* nur ein solcher zu sein, ist es aber nicht wirklich. Hat also der Gefragte die Antwort auf die Frage so, als wäre sie *eine*, gegeben, so kommt die Widerlegung wirklich zu Stande; hat er aber nicht geantwortet und dadurch scheinbar zugestimmt, so ist auch die Widerlegung eine scheinbare.

Somit fallen alle Gesichtspunkte unter die Unkenntniss der wahren Widerlegung, und zwar weil bei denen, welche auf der Ausdrucksweise beruhen, der Gegensatz, in welchem das Eigenthümliche der Widerlegung besteht, nur ein scheinbarer ist und weil die übrigen den Begriff des Schlusses nicht einhalten.

Siebentes Kapitel

Die Täuschung entsteht bei den auf der Zweideutigkeit der Worte oder der Rede beruhenden Schlüssen dadurch, dass man die verschiedenen Bedeutungen des Mehrdeutigen nicht zu sondern vermag (denn Manches lässt sich nicht leicht sondern, wie z.B. das Vieldeutige der Worte, sowie das Eine, das Seiende und das Dasselbige). Bei den auf der Verbindung oder Trennung beruhenden Widerlegungen geschieht sie, weil man meint, die Rede habe, sei sie verbunden oder getrennt, keinen verschiedenen Sinn, wie dies ja auch meistentheils der Fall ist. Gleiches gilt für die auf die Betonung sich stützenden Widerlegungen; denn die Rede mit erhobener oder mit nachlassender Stimme scheint überhaupt nicht Verschiedenes zu bezeichnen oder wenigstens in vielen Fällen nicht.

Die Widerlegungen, welche sich auf die Form des Ausdrucks stützen, täuschen durch die Gleichheit der Sprachform; indem es sich da schwer unterscheiden lässt, was in gleichem und was in verschiedenem Sinne gemeint ist, und da der, welcher dies vermag, der Erkenntniss des Wahren ziemlich nahe ist und am meisten versteht, durch Zunicken es zu unterstützen, dass der Gegner alles von einem Gegenstande Ausgesagte als ein Selbstständiges auffasse und wie *Eines* verstehe; denn dem *Einen* und dem selbstständigen Dinge scheint am meisten auch das »Dieses« und das »Seiende« mitzufolgen. Deshalb muss man dieses Mittel zu denen zählen, welche sich auf die Ausdrucksweise stützen, weil erstens die Täuschung leichter geschieht, wenn man etwas in Gemeinschaft mit anderen Personen, als wenn man es für sich allein prüft (denn die Prüfung mit Anderen geschieht mittelst der Worte, aber die für sich allein geschehende nicht minder auch mittelst Erwägung der Sache selbst); und dann täuscht man sich wohl auch für sich selbst, wenn man die Untersuchung nur auf die Worte richtet; auch entspringt ja jede Täuschung aus einer Aehnlichkeit und die Aehnlichkeit liegt in der Ausdrucksweise. Bei den Widerlegungen, die sich auf ein Nebensächliches stützen, geschieht die Täuschung, wenn der Gegner nicht unterscheidet, was dasselbe und was verschieden ist, und was *Eines* und was Vieles ist, und dass nicht alles das, was den von einem Gegenstande ausgesagten Beschaffenheiten zukommt, auch dem Gegenstande selbst zukommt. Ebenso verhält es sich bei den auf das Mitfolgende gestützten Widerlegungen, da das Mitfolgende ein Theil des Nebensächlichen ist. Auch scheint es in vielen Fällen so, und es wird auch behauptet, dass, wenn Dieses von Diesem sich nicht trennt, auch das Andere von dem Anderen sich nicht trennt. Bei den auf Weglassung von Etwas aus der Rede und auf dem »irgend wie« und dem »überhaupt« beruhenden Widerlegungen geschieht die Täuschung, weil sie nur bei etwas Kleinem sich vollzieht; denn da das »*ein*« und das »in gewisser Weise« und das »wie« und das »jetzt« das in der Rede darauf Folgende noch nicht erkennen lassen, so giebt man leicht die Zustimmung zu dem Satze überhaupt. Aehnlich ist es bei denjenigen Widerlegungen, welche den anfangs aufgestellten Satz als einen bewiesenen benutzen und welche sich auf einen Nicht-Grund stützen und welche mehrere Fragen wie *eine* stellen. In allen diesen Arten geschieht die Täuschung durch eine Kleinigkeit, indem man aus diesem Grunde es mit den Begriffen der Vordersätze und des Schlusses nicht so genau nimmt.

16

Achtes Kapitel

Nachdem ich ermittelt habe, in wie vielerlei Weisen die scheinbaren Schlüsse zu Stande kommen, so habe ich damit auch ermittelt, wie die sophistischen Schlüsse und Widerlegungen zu Stande kommen dürften. Zu einem sophistischen Schluss und einer solchen Widerlegung rechne ich nämlich nicht blos den scheinbaren Schluss und die scheinbare Widerlegung, sondern auch die, welche zwar die logischen Regeln einhalten, aber nur scheinbar den Gegenstand betreffen. Es sind dies die, welche nicht in Bezug auf den Gegenstand widerlegen und die Unwissenheit des Antwortenden darlegen, was das Geschäft der prüfenden Kunst ist, die einen Theil der Dialektik bildet und welche etwas Falsches zu schliessen vermag, weil der Antwortende aus Unwissenheit die Begründung zugiebt. Dagegen lassen die sophistischen Widerlegungen, selbst wenn sie ihren entgegengesetzten Satz durch einen Schluss beweisen, nicht erkennen, ob der Gegner unwissend ist, weil sie auch den Kundigen durch solche Begründungen in Schwierigkeiten verwickeln.

Dass nun diese Art der Widerlegungen auf demselben Verfahren beruht, ist klar; denn durch alle die Mittel, welche bei den Zuhörern den Schein erzeugen, als sei aus den gefragten Vordersätzen der Schlusssatz richtig abgeleitet worden, wird auch bei den Antwortenden diese Meinung entstehen, und die falschen Schlüsse werden deshalb ebenfalls durch alle diese Mittel, oder doch durch mehrere derselben zu Stande gebracht, da auch der Nicht-Gefragte glauben wird, er habe das zugegeben, was er auf Befragen zugeben würde. Nur bei einigen Widerlegungen trifft es sich, dass das noch Nöthige gefragt und so das Falsche offenbar gemacht wird, wie dies bei den auf der Ausdrucksweise ruhenden und auf die Sprachfehler gerichteten Widerlegungen der Fall ist. Wenn nun die falschen Schlüsse für den entgegengesetzten Satz zu den scheinbaren Widerlegungen gehören, so ist klar, dass die Schlüsse auf das Falsche sich auf eben dieselben Mittel stützen werden, durch welche der scheinbare Schluss zu Stande kommt. Die scheinbare Wider-

17

legung stützt sich aber auf einzelne Theile des Wahrhaften; denn wenn Einzelnes weggelassen wird, so verwandelt sich die Widerlegung in eine scheinbare, wie dies bei denen geschieht, die sich auf etwas stützen, was aus der Begründung nicht folgt, so wie bei denen, welche zu dem Unmöglichen führen, und bei Widerlegungen, die zwei Fragen zu einer machen und damit gegen den Begriff des Vordersatzes verstossen; ferner bei denen, welche das Nebensächliche als ein An-sich benutzen, oder bei der Art derselben, welche sich auf das Mitfolgende stützt; ferner bei denen, wo der Schluss nur für die Worte, aber nicht für die Sache sich ergiebt; ferner bei denen, welche ihren Gegensatz nicht so allgemein wie den zu widerlegenden Streitsatz fassen und ihn nicht auf dasselbe, und nicht in Bezug auf dasselbe richten und so gegen einzelne oder gegen alle diese Erfordernisse verstossen; ferner bei denen, welche in ihrem Schlusssatze sich auf einen Obersatz stützen, der doch erst bewiesen werden soll. Damit wären die Weisen dargelegt, in welchen die Fehlschlüsse entstehen; in noch weiteren Weisen dürfte dies nicht geschehen, vielmehr werden alle in den hier angegebenen Verfahrungsweisen sich bewegen.

Die sophistische Widerlegung ist nun keine Widerlegung überhaupt, sondern nur eine Widerlegung in Bezug auf eine bestimmte Person, und dasselbe gilt für den sophistischen Schluss. Denn wenn der Fragende gerade nicht zugestanden bekommt, dass das zweideutige Wort nur *Eines* bedeutet und dass das in gleichen Sprachformen ausgedrückte Mehrere nur dieses Bestimmte bedeutet, und wenn nicht bei den übrigen Arten Aehnliches geschieht, so kommt weder eine Widerlegung, noch ein Schluss zu Stande, und zwar weder überhaupt, noch in Bezug auf den Gefragten. Gesteht dieser es ihm aber zu, so werden sie zwar gegen diesen Zugestehenden Widerlegungen sein, aber nicht überhaupt; denn es ist ihm nicht etwas zugestanden, was in Wirklichkeit nur *einen* Sinn hat, sondern was nur so scheint, und darauf ist die Widerlegung gestützt.

Neuntes Kapitel

Die Frage, wie viele der Dinge überhaupt sind, wo die Gefragten widerlegt werden können, darf man nicht erheben, wenn man nicht die Wissenschaft von *allen* Dingen besitzt; dies kann aber durch keine Kunst erreicht werden, denn die Wissenschaften sind wohl unbegrenzt und folglich auch die Beweise. Auch giebt es wahre Widerlegungen, da bei allem, was sich beweisen lässt, derjenige, welcher das Gegentheil des Wahren behauptet, auch widerlegt werden kann. Hat z.B. jemand behauptet, dass die Diagonale des Quadrats und dessen Seiten durch ein gleiches Mass messbar seien, so würde er wahrhaft durch einen Beweis widerlegt werden, dass ein solches für beide gültiges Mass nicht besteht. Man müsste daher Alles wissen, da manche Widerlegungen sich auf die Grundsätze der Geometrie und die daraus gefolgerten Lehrsätze stützen können und andere auf die Sätze der Arzneikunst und wieder andere auf die Sätze anderer Wissenschaften. Aber auch die falschen Widerlegungen haben kein begrenztes Gebiet; denn in jeder Wissenschaft können auch falsche Schlüsse gezogen werden; so geometrische in der Geometrie und medicinische in der Medicin. Ich meine eben mit den Worten: »in jeder Wissenschaft« die in derselben vorhandenen obersten Grundsätze. Man kann also offenbar die Gesichtspunkte für alle Widerlegungen nicht erschöpfen, sondern man muss sich auf diejenigen beschränken, welche aus der Dialektik zu entnehmen sind; da die Gesichtspunkte bei dieser gleichmässig für alle Wissenschaften und jedes Vermögen gelten. Die Widerlegungen innerhalb einzelner Wissenschaften hat daher nur derjenige, welcher dieselben inne hat, zu prüfen und zu sehen, ob sie nur scheinbar eine Widerlegung sind, oder wenn sie wirkliche sind, weshalb dies der Fall ist; die Widerlegungen dagegen, welche aus gemeinsamen und nicht blos für *eine* Wissenschaft geltenden Gesichtspunkten entnommen sind, haben die Dialektiker zu prüfen. Kennt man hier die Mittel, durch welche sich glaubwürdige Schlüsse für jedwedes beschaffen lassen, so kennt man auch die Mittel für die glaubwürdigen Widerlegungen; denn die Widerlegung ist ein Schluss auf die Verneinung des durch einen vorgehenden Schluss dargelegten Satzes, so dass ein oder zwei auf die Verneinung lautende Schlüsse die Widerlegung bilden. Nun kennen wir bereits die Zahl der Gesichtspunkte, welche die Widerlegungen überhaupt für sich benutzen, und wenn man diese kennt, so kennt man auch die Auflösung, d.h. die Aufdeckung der Fehler solcher Widerlegungen; denn die Einwürfe gegen ihre Mittel ergeben auch die Lösung. Wir haben nun auch die Anzahl der Mittel kennen gelernt, auf welche die scheinbaren Widerlegungen sich stützen, und zwar nicht die für irgend einen Einzelnen scheinbaren, sondern nur die für die in der Dialektik erfahrenen Personen, da die Mittel, durch welche die Widerlegungen für irgend welchen Einzelnen zu scheinbaren werden, unbegrenzt sind und deshalb nicht erschöpft werden können. Deshalb kann nur der Dialektiker die Zahl der Mittel übersehen, durch welche vermittelst der gemeinsamen Grundsätze die wirkliche und die scheinbare Widerlegung erreicht wird, sei die Widerlegung eine dialektische, oder eine nur scheinbar dialektische, oder eine nur versuchsweise zur Prüfung des Gegners angestellte.

Zehntes Kapitel

Es besteht also kein Unterschied in den Begründungen, wie Einige behaupten, nach denen es Begründung in Bezug auf die Worte und andere in Bezug auf den Sinn des erörterten Satzes geben soll. Vielmehr ist die Voraussetzung verkehrt, wonach die Begründungen, welche sich an die Worte halten, von denen verschieden sein sollen, die sich an den Sinn des Satzes halten, und es ist verkehrt, dass beide nicht dieselben seien. Denn was ist ein Streiten nicht nach dem Sinn anders, als dass man die Worte nicht in dem Sinne nimmt, in welchem der Gefragte sie eingeräumt hat und in welchem er sich einbildet, gefragt worden zu sein? Ein solches Streiten ist also ein Streiten um Worte, aber auch ein Streiten um den Sinn, wenn die weitere Ausführung von dem Fragenden nur auf den Sinn gestützt wird, welchen der Antwortende mit seiner Antwort gemeint hat. Wenn ferner bei einem doppelsinnigen Worte sowohl der Fragende wie der Gefragte meinen, das Wort habe nur *einen* Sinn, und die Erörterung z.B. den Satz betrifft, dass Alles *Eines* sei, so wird auch eine solche Erörterung sich auf das Wort oder auf den von dem Gefragten damit verknüpften Sinn beziehen. Meint aber einer der Streitenden, dass das Wort vielerlei bedeute, so wird er die Erörterung nicht als eine auf den Sinn sich beziehende führen. Denn einmal beziehen sich solche Disputationen, wo die Worte eine mehrfache Bedeutung haben, auf die Worte und den Sinn; und sodann findet dies auch bei jeder andern Disputation statt; denn das: »nach dem Sinn« liegt nicht in der Begründung, sondern darin, wie der Antwortende das, was er zugegeben hat, gemeint hat. Auch wäre es dann statthaft, alle Disputationen nur für solche zu nehmen, welche blos die Worte betreffen, denn der Ausdruck »die Worte betreffen« heisst hier so viel als nicht den Sinn betreffen. Sollte dies nicht für alle Disputationen gelten, so müsste es dann noch welche geben, die weder auf die Worte, noch auf den Sinn sich bezögen, während doch Jene ihre Eintheilung als für alle Erörterungen gültig behaupten und dieselben nur in solche, welche Worte und in solche, welche den Sinn betreffen, eintheilen, ohne eine dritte Art aufzustellen. Indess sind von den Schlüssen, welche sich auf eine Zweideutigkeit stützen, nur *einige* auf die Worte gestützt, denn es ist eine verkehrte Behauptung, wie ich schon gesagt habe, dass alle auf die Ausdrucksweise gestützten Schlüsse solche seien, welche über die Worte aufgestellt würden; vielmehr beruhen manche Fehlschlüsse nicht darauf, dass der Antwortende sich zu ihnen irgendwie verhält, sondern darauf, dass schon die Frage ein Wort enthält, was mehrere Bedeutungen hat.

Ueberhaupt ist es verkehrt, die Widerlegungen zu untersuchen, ohne zuvor den Schluss besprochen zu haben; denn die Widerlegung ist eine Art des Schlusses, und deshalb muss man über den Schluss eher sprechen, als über die falschen Widerlegungen; da diese nur der scheinbare Schluss auf den Gegensatz sind. Der Fehler ist deshalb hier entweder in dem Schlusse oder in dem Gegensatze enthalten (denn letzterer muss vorliegen), oder auch in beiden, wenn die Widerlegung nur eine scheinbare ist. So liegt der Fehler bei dem Ausspruch, dass das Schweigende spreche, in dem aufgestellten Gegensatze und nicht in dem Schlusse; dagegen bei dem Satze, dass jemand das, was er nicht hat, geben könne, in beiden, und bei dem Satze, dass das Gedicht des Homer eine Gestalt sei, weil es einen Kreis bilde, in dem Schlusse. Ist in keinem dieser beiden Stücke gefehlt, so ist der Schluss ein wahrer.

Um indess auf meinen Ausgangspunkt zurückzukehren, so könnte man auch fragen, ob die Begründungen in der Mathematik sich auf den Sinn beziehen oder nicht? Ob insbesondere, wenn der Antwortende meint, dass das Wort: Dreieck mehrere Bedeutungen habe und sein Zugeständniss sich nicht auf die Gestalt bezogen habe, an welcher bewiesen worden, dass deren Winkel zwei rechte enthalten, man sagen könne, der Beweis des Fragenden habe sich auf den Sinn, den der Antwortende mit dem Worte verbunden, bezogen, oder nicht bezogen?

Wenn ferner das Wort zwar vieldeutig ist, der Antwortende dies aber nicht weiss und auch nicht glaubt, sollte in diesem Falle derselbe nicht in Bezug auf den Sinn disputirt haben? Oder sollte man etwa anders fragen, als so, dass man dem Antwortenden die Wahl lässt, also in der Art, dass man früge: Kann der Schweigende sprechen oder nicht? Oder: Ist es nicht so, oder ist es so? Wenn hier nun der Antwortende sagte: Durchaus nicht, der Gegner aber bewiese, dass es der Fall sei, sollte da nicht die Disputation sich auf den Sinn bezogen haben, trotzdem sie zu denen gehören dürfte, welche die Worte betreffen? Es giebt daher keine besondere Art der Disputation, die sich nur auf den Sinn bezöge, aber wohl betreffen manche nur die Worte; zu dieser Art gehören jedoch nicht alle Widerlegungen, und zwar weder alle wirklichen, noch alle blos scheinbaren, da es auch scheinbare Widerlegungen giebt, die sich nicht auf den Ausdruck stützen, wie die, welche ein Nebensächliches wie ein Wesentliches benutzen und andere mehr.

Wenn man aber verlangt, dass ich, wenn ich behaupte, der Schweigende spreche, sagen sollte, wie dies theils so, theils anders zu verstehen sei, so ist dies zunächst verkehrt (denn mitunter scheint das Gefragte nicht vieldeutig, und es ist unmöglich da zu theilen, wo die Vieldeutigkeit nicht bemerkt wird); und wäre dies dann etwas Anderes als ein Belehren? Der Fragende müsste dann seinen Gegner offenbar machen, wie die Sache sich verhielte, während der Gegner sie weder untersucht hat, noch weiss, noch vermuthet, dass die Frage zweideutig ist. Was hindert dann, dass auch bei nicht zweideutigen Worten dies geschehen müsste, z.B. bei der Frage, ob die Einheiten in den vierfachen Zahlen den zwiefachen Zahlen gleich seien? Denn die zwiefachen Zahlen sind bald so, bald so darin enthalten. Ferner bei der Frage: Ob für Gegentheile *eine* Wissenschaft bestehe oder nicht? denn es gehört auch das Gewusste und das Nichtgewusste zu den Gegentheilen. Wer also hier erst eine Erläuterung verlangt, scheint nicht zu wissen, dass das Lehren von dem Disputiren verschieden ist und dass der Lehrer nicht fragen, sondern selbst die Sache erklären, der Disputirende aber fragen muss.

Elftes Kapitel

Auch liegt es dem, welcher etwas beweisen will, nicht ob, von dem Anderen eine Bejahung oder Verneinung zu verlangen, sondern dies kommt nur dem zu, welcher eine Prüfung vornimmt. Denn die prüfende Kunst gehört zur dialektischen Kunst; sie verhandelt nicht mit dem Kenner, sondern mit dem Unwissenden, der sich für einen Kenner ausgibt. Wer nun in Bezug auf die Sache nur die allgemeineren Grundsätze benutzt, ist ein Dialektiker, und der, welcher dies nur scheinbar thut, ein Sophist. Der nur dem Streit dienende Schluss und der sophistische Schluss sind zum Theil scheinbare Schlüsse, mit welchen sich die auf die Probe stellende Dialektik beschäftigt, und wobei der Schlusssatz auch wahr sein kann; denn die Täuschung ist hier nur in dem Mittelbegriff oder in dem Grunde des Schlusssatzes enthalten; zum Theil sind beide aber Fehlschlüsse, die nur scheinbar die Grundsätze einer besonderen Wissenschaft benutzen, aber in Wahrheit das richtige Verfahren nicht einhalten. So sind die falschen Verzeichnungen keine dem Streit dienende Schlüsse (weil die Fehlschlüsse hier sich wirklich innerhalb der betreffenden Wissenschaft halten) und dies gilt auch, wenn die falsche Verzeichnung sich auf etwas Wahres bezieht, wie z.B. die Verzeichnung des *Hippokrates*, oder die Quadratur des Kreises 23 vermittelst der mondförmigen Abschnitte. Dagegen ist das Verfahren des *Bryson*, womit er die Quadratur des Kreises versuchte, ein sophistisches, selbst wenn damit die Quadratur des Kreises wirklich erreicht würde, weil seine Vordersätze nicht aus der geometrischen Wissenschaft entlehnt sind. Sonach giebt es zwei Arten der auf den Streit abzielenden Schlüsse; die eine hält die allgemeinen oder formalen Regeln nur scheinbar ein, die andere hält die Regeln der betreffenden Wissenschaft nur scheinbar ein, selbst wenn der Schluss ein richtiger ist. Denn er hält sich nur scheinbar an die Sache; ist also betrügerisch und unrecht. Denn so wie es im Wettkampfe eine Art Unrecht giebt und wie es in der Schlacht ein unrechtes Verfahren giebt, so ist bei dem Disputiren das auf den Streit abzielende Verfahren die unrechte Kampfweise. Dort ergreifen die, welche durchaus den Sieg gewinnen wollen, jedwedes Mittel und hier thun dasselbe die blos Streitsüchtigen. Solche Menschen, welche nur, um den Sieg zu gewinnen, das Disputiren betreiben, scheinen auch streitsüchtig zu sein, und die, welche nur des Ansehens wegen, damit sie Geld verdienen, streiten, sind Sophisten. Denn die Kunst der Sophisten will, wie ich schon gesagt, durch den Schein der Weisheit Geld erwerben, und deshalb streben sie nach scheinbaren Beweisen. Beide, die Streitsüchtigen und die Sophisten benutzen dieselben Begründungen, aber nicht des gleichen Zieles wegen. Auch kann dieselbe Begründung sophistisch und streitsüchtig sein, aber nicht in Beziehung auf Gleiches, da die streitsüchtige nur geschieht, um scheinbar den Sieg zu gewinnen, und die sophistische um des Scheines der Weisheit willen; da die sophistische Weisheit nur eine scheinbare, aber keine wirkliche Weisheit ist.

Der Streitsüchtige verhält sich zu dem Dialektiker ungefähr wie der, welcher falsche Verzeichnungen zu seinen Beweisen benutzt, zu dem Geometer; denn er macht aus denselben Gründen Fehlschlüsse gegen die Dialektik, aus denen der falsche Verzeichner dem Geometer entgegentritt. Der falsche Verzeichner ist aber kein Streitsüchtiger, weil er seinen Beweis an der falschen Figur doch aus den Grundsätzen und Schlusssätzen der Geometrie ableitet; der andere aber wendet zwar die Regeln der Dialektik an, aber im Uebrigen ist er offenbar ein Streitsüchtiger. So ist z.B. der Beweis für die Quadratur des Kreises vermittelst der mondförmigen Abschnitte kein streitsüchtiger, wohl aber der von *Bryson* dafür aufgestellte Beweis. Jener Beweis lässt sich nicht für andere Wissenschaften, als die Geometrie benutzen, weil dieser Beweis auf den der Geometrie eigenthümlichen Grundsätzen beruht; dagegen richtet sich der Beweis des Bryson an die Menge, welche das Mögliche und Unmögliche bei jedem Dinge nicht zu unterscheiden vermag; denn für solche wird sein Beweis passen; oder er hat die Quadratur des Kreises wie *Antiphon* aufgestellt. Oder wenn Jemand leugnete, dass das Spazierengehen nach der Mahlzeit gut sei, und zwar aus den Gründen *Zeno's* gegen die Bewegung, so wäre seine Begründung keine ärztliche, da sie für vieles Andere auch passte.

Wenn nun die streitsüchtige Begründung sich ganz so zu der dialektischen verhielte, wie der falsche Verzeichner zu dem Geometer, so gäbe es in der Geometrie keine streitsüchtigen Begründungen; allein die dialektische Begründung ist auf keine bestimmte Gattung von Gegenständen beschränkt, auch *beweist* sie keinen Satz und stützt sich nicht auf die dem Gegenstande eigenthümlichen Gesetze; denn Alles kann nicht blos zu *einer* Gattung gehören, und selbst wenn dies möglich wäre, könnte alles Seiende nicht unter denselben obersten Grundsätzen stehen. Deshalb stellt keine jener Wissenschaften, welche über die besondere Natur ihrer Gegenstände Beweise führen, Fragen; bei ihnen ist es nicht erlaubt, irgend ein Stück blos auf das Zugeständniss zu stützen und der Schluss kann hier nicht aus beiden, d.h. aus Zugegebenen und obersten Grundsätzen sich ableiten. Dagegen bewegt sich die dialektische Wissenschaft in Fragen; denn würde sie etwas wirklich beweisen wollen, so würde sie, wenn auch nicht über Alles, doch nicht über die obersten und die jedem Gebiet eigenthümlichen Grundsätze Fragen stellen, da, wenn ihr das Betreffende nicht zugegeben würde, sie keine Unterlage mehr hätte, von wo aus sie die Erörterung gegen den Einwurf fortführen könnte. Das dialektische Verfahren stellt auch den Gegner auf die Probe. Diese Kunst gleicht nicht der Geometrie, vielmehr kann auch der Unwissende sie üben: denn auch der, welcher von der Sache nichts versteht, kann den Unwissenden auf die Probe stellen, wenn dieser die

Aufstellungen jenes zugiebt; dies kann er nicht vermöge seiner Wissenschaft und auch nicht vermöge des dem Gegenstande Eigenthümlichen, sondern vermöge anderer, dem Gegenstande zukommenden Bestimmungen, welche der Art sind, dass der, welcher sie kennt, die betreffende Wissenschaft selbst nicht zu kennen braucht und dass der, welcher sie nicht kennt, nothwendig auch der betreffenden Wissenschaft unkundig sein muss. Hieraus erhellt, dass es keinen Gegenstand giebt, über den die auf die Probe stellende Kunst sich nicht ausdehnen könnte; vielmehr erstreckt sie sich über Alles, da alle Wissenschaften auch von gewissen gemeinsamen Grundsätzen Gebrauch machen. Aus diesem Grunde macht jedermann von der dialektischen und auf die Probe stellenden Kunst Gebrauch, selbst solche thun dies, welche sie nicht kennen, da Alle bis zu einem gewissen Grade es versuchen, diejenigen, welche etwas zu verstehen vorgeben, zu beurtheilen. Sie benutzen dazu die für alle Wissenschaften geltenden gemeinsamen Grundsätze, welche sie dennoch kennen, wenn sie auch anscheinend über Dinge, die nicht zur Sache gehören, sprechen. Alle unternehmen deshalb Widerlegungen, da sie, ohne die dialektische Kunst gelernt zu haben, doch dasjenige innehaben, was, wenn kunstgemäss gebraucht, die Dialektik ausmacht und was vermöge der Kunst zu schliessen, den auf die Probe stellenden Dialektiker ausmacht. Da nun Vieles gleicher Art ist und von Allem gilt und nicht der Art ist, dass es eine besondere Natur oder eine besondere Gattung wäre, sondern so, wie z.B. die Verneinungen; da aber Anderes nicht solcher Art ist, sondern das den Dingen Eigenthümliche ausmacht, so kann man mittelst jener *einen* Weise über Alles auf die Probe stellen und es besteht auch eine Kunst der Art, die aber nicht so beschaffen ist, wie die beweisenden Wissenschaften. Deshalb verhält sich der Streitsüchtige nicht durchaus so, wie der, welcher eine falsche Verzeichnung benutzt, denn er benutzt nicht die Grundsätze eines bestimmten Gebiets zu seinen Fehlschlüssen, sondern streitet über alle Gattungen der Dinge.

Dies sind nun die Weisen und Gesichtspunkte der sophistischen Widerlegungen, und man kann daraus leicht entnehmen, dass der Dialektiker dieselben in Betracht nehmen und auch selbst zu Stande zu bringen vermögen muss, denn die Lehre von den Schlüssen befasst auch diese ganze Untersuchung.

Zwölftes Kapitel

So viel über die scheinbaren Widerlegungen; was aber die Darlegung, dass etwas Falsches behauptet worden, und die Verleitung des Gegners zu unglaubwürdigen Behauptungen anlangt (denn dies war das Zweite, wonach die sophistische Kunst strebt), so kommt dies zunächst dadurch am meisten zu Stande, dass in einer besonderen Weise gefragt wird und die Fragen gestellt werden. Denn das Fragen, was auf keinen bestimmten Satz sich richtet, geht auf dieses Ziel aus, da bei planlosem Sprechen leichter Fehler begangen werden, und ein planloses Sprechen ist vorhanden, wenn kein Satz zur Besprechung vorliegt. Sodann kann auch, selbst wenn ein bestimmter Satz zur Besprechung aufgestellt ist, vermittelst vielen Fragens, sowie durch die Aufforderung an den Gegner, doch das zu sagen, was er darüber meint, derselbe leicht zu unglaubwürdigen oder falschen Behauptungen verleitet werden. Wenn hierbei der Gefragte etwas in dieser Art behauptet, oder verneint, so kann der Sophist die Erörterung so leiten, dass solche Behauptung leicht zu widerlegen ist. Indess können die Sophisten gegenwärtig mit diesen Mitteln weniger schaden, als früher; denn die Gefragten verlangen jetzt von ihnen die Angabe, wie solches sich zu dem im Anfang aufgestellten Satze verhalte? Denn das elementare Mittel, den Gegner zur Behauptung von etwas Falschem oder Unglaubwürdigem zu bringen, besteht darin, dass die Frage nicht gleich für einen bestimmten Satz gestellt wird, sondern dass man vorgiebt, man früge nur, um zu lernen; die Untersuchung, welche dann der Gefragte unternimmt, giebt Gelegenheit zu Kunstgriffen.

Um das Falsche in den Behauptungen des Gegners darzulegen, bestellt ein eigenthümliches sophistisches Mittel darin, dass die Sophisten den Gegner zu solchen Behauptungen verleiten, wo sie viele Gründe für die Widerlegung zur Hand haben. So zu verfahren, kann sowohl recht, als unrecht sein, wie ich früher dargelegt habe.

Um ferner den Gegner zu unglaubwürdigen Behauptungen zu veranlassen, dient es, dass man ermittelt, zu welcher Schule derselbe sich hält, und dann die Fragen auf das richtet, was da an Sätzen gelehrt wird, welche der Menge unglaubwürdig erscheinen; denn in jeder Schule finden sich dergleichen. Jenes elementare Mittel besteht dann darin, dass solche Sätze der einzelnen Schulen als Vordersätze benutzt werden. Der passende Schutz in solchem Falle ist dann der, dass man zeigt, wie das Unglaubwürdige nicht aus der Begründung folge; denn der streitende Sophist will immer auch dies.

Auch der Gegensatz des innerlich Gewollten und des offen Ausgesprochenen dient für dieses Ziel. Denn die Absichten stimmen oft nicht zu den Worten, vielmehr sprechen die Menschen in der anständigsten Weise, während sie innerlich das wollen, was ihnen Gewinn zu bringen scheint. So sagen sie, man müsse einen ehrenvollen Tod einem angenehmen Leben vorziehen, und man müsse eher als ein Gerechter darben, als wie auf schlechte Weise reich sein; aber innerlich wollen sie das Entgegengesetzte. Antwortet nun der Gefragte so, wie er es innerlich wünscht, so wird die öffentliche Meinung gegen ihn geltend gemacht, und spricht er dieser gemäss, so wird er auf die verheimlichten Absichten gedrängt. In beiden Fällen muss dann der Gefragte Unglaubwürdiges behaupten und entweder gegen die offen ausgesprochene oder gegen die heimliche, von ihm gehegte Meinung sprechen.

Am meisten wird dasjenige Mittel, um jemand zu unglaubwürdigen Behauptungen zu verleiten, benutzt, was auch Kallikles in dem geschriebenen Dialog Gorgias anwendet und was in früheren Zeiten als untrüglich galt, nämlich der Widerspruch zwischen dem Naturgemässen und dem Gesetzlichen, weil Natur und Gesetz Gegentheile seien und z.B. die Gerechtigkeit nach dem Gesetze etwas Schönes, aber nach der Natur nichts Schönes sei. Wenn also der Gegner der Natur gemäss spricht, so muss man ihm mit dem Gesetz entgegentreten, und wenn er dem Gesetz gemäss spricht, ihm die Natur vorhalten; auf beide Weisen muss er dann Unglaubwürdiges behaupten. Man nahm dabei damals an, dass das naturgemässe Handeln das wahre sei, das gesetzliche Handeln aber nur das fordere, was der Menge gefalle. So konnten die Sophisten sowohl in früheren Zeiten, wie auch jetzt es dahin bringen, dass der Antwortende entweder widerlegt wurde oder Unglaubwürdiges behauptete.

Manche Fragen haben das Eigne, dass die Antwort nach beiden Alternativen unglaubwürdig ausfällt; z.B. die Fragen, ob man eher den weisen Männern oder eher dem Vater gehorchen solle? ferner: Ob man das Nützliche, oder das Gerechte thun solle? und ob man eher Unrecht erleiden, als einen Anderen beschädigen solle? Der Sophist muss dem Antwortenden in den Gegensatz zwischen der Meinung der Menge und der der Weisen verwickeln; spricht er also, wie die Kenner der Sache, so muss er auf die Meinung der Menge geleitet, und wenn er nach der

28

Meinung der Menge spricht, auf die Meinung der Kenner geleitet werden. Denn nach diesen muss der Glückliche auch immer gerecht sein, während der Menge es verkehrt vorkommt, dass ein König nicht glücklich sei. Uebrigens ist die Verleitung zu solchen unglaubwürdigen Behauptungen derjenigen ganz gleich, welche in den Gegensatze von Natur und Gesetz verwickelt. Denn das Gesetz ist das, was die Menge billigt, während die Weisen der Natur und Wahrheit gemäss sich aussprechen.

Dreizehntes Kapitel

Um den Gegner zu unglaubwürdigen Behauptungen zu verleiten, sind also die hier angegebenen Mittel zu benutzen; was aber die Verleitung zu leerem Geschwätz anlangt, so habe ich bereits gesagt, was ich unter solchem Geschwätz verstehe. Alle solche Reden der Sophisten wollen das erreichen, wie z.B. dass, wenn es gleich ist, ob man etwas nach seinem Namen oder nach seinem Begriff bezeichnet, mithin das Doppelte dasselbe ist, wie das Doppelte der Hälfte, und, wenn es somit ein Doppeltes der Hälfte giebt, es dann auch ein Doppeltes von der Hälfte der Hälfte gebe; und wenn man dann hier wieder statt des Doppelten das Doppelte der Hälfte setzt, so wird letztere drei Mal ausgesagt werden, als das Doppelte der Hälfte von der Hälfte der Hälfte. Ferner: Giebt es eine Begierde nach dem Angenehmen? Nun ist aber die Begierde ein Streben nach dem Angenehmen; also ist die Begierde nach dem Angenehmen ein Streben nach dem Angenehmen des Angenehmen.

Alle solche Reden bewegen sich in Beziehungen, bei denen nicht blos die Gattungen der Dinge, sondern diese auch in Bezug auf Etwas ausgesagt werden und zwar bezogen auf ein und dasselbe. So ist das Streben auch das Streben nach etwas und die Begierde auch die Begierde nach etwas, und das Doppelte ist das Doppelte von Etwas und auch das Doppelte von der Hälfte. Bei Gegenständen aber, deren Wesen nicht ganz in einer Beziehung besteht, wie z.B. bei den Richtungen des Gemüths oder bei den Leidenschaften oder bei sonst etwas der Art, wird in deren Begriffe noch dargelegt, dass sie in Bezug auf ein Bestimmtes ausgesagt werden. So ist z.B. das Ungerade eine Zahl, welche eine Mitte hat; nun giebt es aber ungerade Zahlen, also ist die Zahl eine Zahl, die eine Mitte hat. Ist ferner das Stumpfnäsige eine Hohlheit der

Nase, und giebt es stumpfnäsige Nasen, so giebt es eine hohle Nase-Nase.

Mitunter scheint es so, als verleite man zu leerem Geschwätz, ohne dass es doch der Fall ist, indem man nicht noch besonders fragt, ob das Doppelte, für sich ausgesprochen, etwas bedeute oder nichts bedeute, und ob, wenn es etwas bedeutet, es dasselbe oder etwas Anderes bedeute, als der begriffliche Ausdruck, sondern gleich den Schlusssatz zieht. Hier scheint der Name, weil er derselbe bleibt, auch dasselbe zu bezeichnen.

Vierzehntes Kapitel

Was ein Sprachfehler ist, habe ich früher dargelegt. Ein solcher kann erstens wirklich begangen werden; zweitens kann es nur so scheinen, dass man einen begeht, ohne dass es doch geschieht, und drittens kann er begangen werden, ohne dass es so scheint, wie z.B. Protagoras sagte, dass der Zorn und der Helm Worte weiblichen Geschlechts seien; wer also *der* verderbliche Zorn und *der* Helm sagte, der beging nach ihm einen Sprachfehler, aber nicht nach der Meinung der übrigen Menschen; wer dagegen: *die* verderblichen sage, der fehle nach ihm zwar scheinbar aber nicht wirklich. Es erhellt, dass man dies wohl auch durch Kunstgriffe erreichen kann; deshalb scheinen viele Reden der Sophisten einen Sprachfehler zu beweisen, ohne dass es wirklich der Fall ist, wie ja das Gleiche auch bei den Widerlegungen geschehen kann.

Beinah alle scheinbaren Sprachfehler werden entweder durch das Neutrum veranlasst, oder dadurch, dass gewisse Beugungen der Worte das Männliche oder Weibliche nicht ausdrücken, sondern das zwischen ihnen liegende Neutrum. So bezeichnet das »Dieser« das männliche Geschlecht und das »Diese« das weibliche; dagegen will das »Dieses« (als Neutrum) das zwischen jenen beiden Befindliche bezeichnen, oft aber bezeichnet es auch eines von jenen beiden; z.B. bei der Frage: Was ist dieses? Antwort: Dieses ist *die* Kalliope, oder *das* Holz, oder *der* Koriskos. Bei den männlichen und weiblichen Worten lauten die Beugungsfälle sämmtlich verschieden; dagegen ist es bei den zwischen ihnen stehenden Worten nur theilweise der Fall. Oft wird nun blos »dieses« (das Neutrum) eingeräumt, aber geschlossen wird dann, als hätte man »diesen« gesagt. Ebenso wird ein Beugungsfall statt eines andern benutzt, der Fehlschluss kommt dann dadurch zu Stande, dass das »Dieses« für mehrere Beugungsfälle gilt, denn das »Diesen« bezeichnet bald den

Nominativ, bald den Accusativ, und es muss beide Bedeutungen wechselsweise annehmen. Wird es mit dem »er ist« verbunden, so ist das »Dieser« gemeint und mit dem »sein« verbunden, wird das »Diesen« gemeint; z.B. »der Koriskos ist« und »den Koriskos sein«. Auch mit den weiblichen Worten verhält es sich ebenso; desgleichen mit dem sogenannten »Geräthe«, was bald eine männliche, bald eine weibliche Benennung hat. Blos die Stücke, welche sich auf z oder b endigen, werden mit dem Neutrums-Namen des Geräthes belegt, wie *das* Holz und *das* Sieb; die Worte aber, die nicht so endigen, sind männlicher oder weiblicher Art, und auch von diesen bezieht man einige auf das Geräthe; so ist der Schlauch männlichen Geschlechts und die Bettstelle weiblichen Geschlechts. Daher wird sich auch bei diesen das »Ist« und das »Sein« in der gleichen Weise unterscheiden.

In gewisser Weise gleicht die Benutzung der Sprachfehler denjenigen Widerlegungen, welche sich darauf stützen, dass Ungleiches doch dieselbe Bezeichnung führt; so wie dort der Sprachfehler in Bezug auf die Gegenstände selbst begangen wird, so geschieht es hier mit den Namen; so ist z.B. »Mensch« und »Weisses« sowohl ein Gegenstand, wie ein Name. Man muss daher suchen, den Sprachfehler aus den hier genannten Beugungen der Namen zu folgern.

Dies sind sonach die Arten und die Unterarten und die besprochenen Gesichtspunkte bei streitigen Erörterungen. Indess macht es einen grossen Unterschied, ob die Fragen hierbei so gestellt werden, dass der Kunstgriff nicht bemerkt werden soll, wie dies bei den dialektischen Fragen geschieht. Ich werde daher, anschliessend an das bisher Gesagte, dies zunächst besprechen.

Fünfzehntes Kapitel

Ein Mittel zur sophistischen Widerlegung des Gegners besteht in der Länge derselben; denn es ist schwer, Vieles auf einmal zu übersehen. Um eine solche Länge zu erreichen, muss man die früher genannten Mittel benutzen. Ein anderes Mittel ist die Schnelligkeit der Rede; denn die hintennach Kommenden können weniger voraussehen. Auch der Zorn und der Wetteifer sind Mittel dafür, da alle, welche in Conflict gerathen, sich weniger in Acht nehmen können. Die Mittel, um den Antwortenden in Zorn zu versetzen, bestehen darin, dass man ihm merken lässt, man wolle ihm Unrecht thun und im Allgemeinen in einem unverschämten Benehmen. Ferner hilft es für das Widerlegen, wenn man mit den Fragen wechselt, insofern man für denselben Satz mehrere Gründe hat, oder wenn man Gründe sowohl für dessen Bejahung wie Verneinung hat; denn dann muss der Gegner gleichzeitig entweder auf Mehreres, oder auf das Entgegengesetzte Acht haben. Ueberhaupt kann alles das, was ich früher in Bezug auf das Verbergen des Zieles gesagt habe, auch für die streitsüchtigen Begründungen benutzt werden; denn man verbirgt etwas, damit es nicht bemerkt werde, und man will es vom Gegner nicht bemerkt haben, um ihn zu täuschen.

32

Wenn aber der Gegner das verneint, wovon er glauben mag, dass der Fragende es zu seinem Beweise benutzen will, so muss dieser die Fragen auf das Entgegengesetzte richten, als wollte er dieses beweisen, oder er muss seine Fragen so stellen, dass der Gefragte nicht entnehmen kann, ob der Fragende die Bejahung oder die Verneinung benutzen will; denn der Gefragte wird weniger schwierig in seinen Zugeständnissen sein, wenn er nicht entnehmen kann, ob der Fragende die Bejahung oder die Verneinung benutzen will. Im Falle aber der Antwortende Einzelnes stückweise zugiebt, so darf der Fragende, welcher induktiv verfahren will, das Allgemeine nicht mehrmals zur Frage stellen, sondern er muss dies Allgemeine so, als wäre es bereits zugegeben, für seine Begründung benützen; denn mitunter glauben die Gefragten selbst, es zugestanden zu haben, und auch den Zuhörern scheint es so, weil sie die Induktion im Gedächtniss haben und die Fragen nicht für nutzlos gestellt halten.

In den Fällen, wo für das Allgemeine das Wort fehlt, muss man sich mit einem Aehnlichen für seine Zwecke zu helfen suchen, denn es wird oft nicht bemerkt, dass nur ein Aehnliches vorliegt. Auch muss man, um das Zugeständniss eines Satzes zu erlangen, das Entgegengesetzte daneben stellen und in dieser Weise fragen. Wenn z.B. der Fragende das Zugeständniss des Satzes braucht, dass man dem Vater in Allem gehorchen müsse, so muss er fragen, ob man den Eltern in Allem gehorchen müsse, oder in Allem nicht gehorchen? Und statt des »oft« muss man das »viel« benutzen und fragen, ob man den Eltern in Vielem oder in Wenigem zu Willen sein müsse? denn der Gegner wird, wenn er so wählen muss, sich eher für das »viel« entscheiden, weil, wenn man die Gegentheile nebeneinander stellt, diese dem Menschen grösser oder gross erscheinen und schlechter oder besser.

Am stärksten und häufigsten erzeugt jene am meisten sophistische Täuschung den Schein, dass man den Gegner widerlegt habe, wonach man, ohne einen Schluss gezogen zu haben, den Streitsatz gar nicht in eine Frage aufnimmt, sondern ihn als Schlusssatz ausspricht, als hätte man erwiesen, dass das und das nicht wahr sei, was der Gegner gesagt habe.

Auch ist es ein sophistisches Verfahren, wenn man verlangt, dass der Gegner antworten solle, welcher Meinung er in Bezug auf den aufgestellten unglaubwürdigen Satz sei, indem man etwas Glaubwürdiges vorangeschickt hat, welches zum Beweise des unglaubwürdigen Satzes benutzt werden kann, und dann mit der Frage beginnt, ob er letzteres nicht für richtig halte? denn wenn die Frage etwas betrifft, was bejaht zur Widerlegung des Gegners führt, so muss der Antwortende sich entweder einer Widerlegung aussetzen, oder er muss etwas Unglaubwürdiges behaupten. Denn giebt er das Gefragte zu, so wird er widerlegt, und thut er dies nicht und sagt er, dass es ihm auch nicht so scheine, so spricht er etwas Unglaubwürdiges aus; antwortet er aber, dass es ihm so scheine, ohne jedoch die Frage zuzugeben, so führt auch dies zu einer Art von Widerlegung.

Ferner ist es, wie bei den rhetorischen Ausführungen, auch bei den sophistischen Widerlegungen rathsam, auf die Sätze des Antwortenden zu achten, welche entweder mit anderen von ihm ausgesprochenen in Widerspruch stehen, oder mit Sätzen, die er selbst als wahr oder sittlich anerkannt hat, oder die wenigstens einen solchen Schein für sich haben oder ihnen ähnlich sind, sei es, dass jene Sätze den meisten, oder allen von diesen letzteren Sätzen widersprechen. Wie nun die Antwortenden oft bei einer ihnen drohenden Widerlegung das Zweideutige benutzen, im Fall die Sache sich so gestaltet, dass sie widerlegt werden könnten, so müssen auch die Fragenden sich dieses Mittels gegen diejenigen bedienen, die ihnen mit Einwürfen kommen, und sie müssen, im Fall in dem einen Sinne das, was sie behaupten, sich ergiebt, in dem anderen Sinne aber nicht, sagen, dass sie es im ersten Sinne gemeint haben, wie Kleophon es in der Tragödie Mandrobulos thut. Auch muss der Fragende mitunter von der Begründung Abstand nehmen, um dem Gegner weitere Einwendungen abzuschneiden; antwortet man aber selbst und der Fragende merkt, dass er mit einem Beweisgrunde nicht durchkommen werde, so muss man, wenn er diesen Grund aufgeben will, ihm zuvorkommen und ihm zureden, dass er den Beweisgrund nicht fallen

lasse. Mitunter muss der Fragende sich gegen Anderes, was den Streitsatz nicht betrifft, wenden und diesen selbst fallen lassen, wenn er ihn
mit nichts angreifen kann. So machte es *Lykophron*, als von ihm gefordert wurde, er solle die Leier prüfen. Wenn aber der Antwortende
verlangt, dass der Fragende einen bestimmten Satz angreife und der
Fragende billigerweise den Grund angeben muss, weshalb er von dem
ursprünglich aufgestellten Satze abgehe, so muss er Einiges vorbringen,
aber sorgfältig den allgemeinen Schlusssatz in seinen Widerlegungen
verschweigen und nur das Entgegengesetzte behaupten, also das, was
der Antwortende gesagt, verneinen und was jener verneint hat, bejahen;
aber er darf nicht den Schlusssatz, zu welchem er gelangen will, bestimmter bezeichnen, z.B. dass es von Gegentheilen nur *eine* Wissenschaft
gebe, oder dass es nicht blos *eine* davon gebe. Auch darf der Fragende
den Schlusssatz seines Beweises bei seinen Fragen nicht voranstellen,
und Manches darf er gar nicht in seine Fragen aufnehmen, sondern
muss es so benutzen, als wäre es zugestanden.

Sechszehntes Kapitel

Ich habe somit gesagt, woher bei den streitsüchtigen Erörterungen die
Fragen zu entnehmen sind und wie man zu fragen hat; nunmehr habe
ich über die Antworten zu sprechen und anzugeben, wie man die Widerlegungen des Fragenden zu entkräften und was man dabei zu beobachten hat; ferner, zu was dergleichen Erörterungen nützlich sind.

Für die Philosophie sind sie aus zwei Gründen nützlich. Da nämlich
diese Erörterungen meistentheils sich auf die Ausdrucksweise stützen,
so gewähren sie erstens eine grössere Gewandtheit in Bezug auf zweideutige Ausdrücke; man lernt schärfer unterscheiden, in welchen
Punkten die Sachen und die Worte zu denselben und in welchen sie
zu verschiedenen Folgerungen führen. Zweitens nützen sie auch für die
Untersuchungen, die man für sich allein anstellt; denn wenn man leicht
von einem Andern durch Fehlschlüsse irre geführt wird und dies nicht
bemerkt, so kann man Gleiches oft auch in den für sich allein angestellten Untersuchungen durch sich selbst erleiden. Aber es dient auch
drittens dem eignen Ansehn, wenn es bekannt ist, dass man die Fähigkeit besitzt, über Alles in Erörterungen einzutreten, und dass man in
jedem Gebiete bewandert ist. Denn wenn man in einer solchen Erörterung die Sätze des Gegners nur tadelt und ihre Mängel durch nichts

aufdecken kann, so geräth man leicht in den Verdacht, als ob man ärgerlich geworden und zwar nicht um der Wahrheit willen, sondern
wegen der eigenen Unerfahrenheit.

Wie aber der Gefragte solchen streitsüchtigen Begründungen entgegenzutreten hat, ist klar, sofern ich im Vorgehenden die Ursachen
richtig dargelegt habe, aus welchen die Fehlschlüsse hervorgehen und
das Irreführende der Fragen deutlich aufgezeigt habe. Es ist aber nicht
dasselbe, eine Begründung vorzunehmen und da ihre Fehler zu erkennen
und aufzulösen, wie als Antwortender dem Fragenden schnell entgegenzutreten. Denn oft erkennt man selbst das nicht, was man weiss, wenn
dasselbe umgestellt worden ist. Auch hier, wie in andern Dingen, hängt
die Schnelligkeit und Langsamkeit der Entgegnung von der Uebung
ab. Weiss man also etwas, aber giebt man nicht Acht, so kommt man
oft zu spät und versäumt die rechte Zeit. Auch begegnet einem bei
diesen Erörterungen mitunter dasselbe wie bei den mathematischen
Figuren; auch hier kann man oft den Beweis in seine Theile zerlegen,
aber diese nicht wieder zusammensetzen. Ebenso weiss man bei den
sophistischen Widerlegungen oft, wohinaus die Begründung führen
wird, und doch vermag man nicht, dieselbe zu widerlegen.

Siebzehntes Kapitel

Sowie man einen nur glaubwürdigen Schluss manchmal einem wahren
vorziehen muss, so muss man als erste Vorschrift, auch mitunter bei
Auflösung der sophistischen Widerlegungen, mehr das Glaubwürdige
als das Wahre benutzen. Ueberhaupt hat man Streitsüchtige nicht als
solche, welche wahrhaft widerlegen, zu bekämpfen, sondern als solche,
welche nur den Schein dessen erstreben, da man ja nicht anerkennt,
dass sie wirkliche Schlüsse bilden, und es daher genügt, den blossen
Schein derselben aufzudecken. Wenn also die wahre Widerlegung in
dem unzweideutigen Beweis des Entgegengesetzten aus bestimmten
Vordersätzen bestellt, so braucht der Gegner bei Bekämpfung eines
sophistischen Schlusses nicht über die Zweideutigkeit und Gleichnamigkeit im Allgemeinen zu sprechen, da er selbst keinen Schluss aufstellt;
sondern er hat nur den verschiedenen Sinn der Sätze darzulegen, damit
der gezogene Schluss sich als eine blos scheinbare Widerlegung ergebe.
Man hat sich deshalb hier nicht vor der wirklichen Widerlegung, sondern vor der blos scheinbaren in Acht zu nehmen, da Fragen mit

zweideutigen Worten und mehrfachem Sinne, sowie andere dergleichen verfängliche Mittel sowohl die wahre Widerlegung verdunkeln, wie nicht erkennen lassen, ob der Antwortende widerlegt ist, oder nicht; denn zuletzt ist es dann dem Widerlegten immer noch erlaubt, zu sagen, dass dasjenige nicht widerlegt worden sei, was *er* behauptet habe, da das betreffende Wort Verschiedenes bezeichne. Wenn er daher auch noch so sehr dasselbe wie der Gegner gemeint hat, so bleibt es doch ungewiss, ob er widerlegt worden, da man nicht wissen kann, ob er jetzt es ernstlich meint. Wären dagegen bei einer Frage die verschiedenen Bedeutungen vorher auseinandergelegt worden, so wäre die sophistische Widerlegung leicht erkannt worden. Das was früher die auf den Streit Ausgehenden mehr, als jetzt, verlangten, nämlich dass der Gegner blos mit *Ja* oder *Nein* das Gefragte beantworten solle, würde dann auch jetzt geschehen können. Da aber jetzt nicht mehr richtig gefragt wird, müssen die Befragten einen Theil der Frage in ihre Antwort mit aufnehmen, um den Mangel der Frage zu beseitigen; wird jedoch gehörig bei der Frage unterschieden, so muss allerdings der Antwortende darauf mit Ja oder Nein antworten. Wenn man annähme, dass die auf eine Zweideutigkeit sich stützende Widerlegung eine wahre Widerlegung sei, so könnte der Antwortende kaum der Widerlegung entgehen; denn bei sichtbaren Gegenständen muss er bald das Wort, was er gebraucht hat, verneinen, bald das, was er verneint hat, gebrauchen. Auch nützt das Mittel, womit Manche sich hier helfen wollen, nichts. Sie sagen nämlich nicht, Koriskos ist gebildet und ungebildet, sondern dieser Koriskos ist gebildet und dieser Koriskos ungebildet. Allein die Rede bleibt dieselbe, ob ich »Koriskos«, oder »diesen Koriskos« gebildet oder ungebildet nenne, denn es bleibt immer bei der, beide zugleich treffenden Verneinung oder Bejahung. Indess bezeichnet der letztere Ausdruck doch wohl nicht dasselbe, und wohl auch der blosse Name vorher nicht; es ist also allerdings ein Unterschied vorhanden. Wollte man aber sich so helfen, dass man bei dem ersten einfach Koriskos sagte und bei dem andern das »ein« oder »dieser« hinzusetzte, so wäre dies verkehrt; denn diese Bezeichnung kommt auch dem ersten zu, und es kommt kein Unterschied heraus, mag man das »dieser« dem einen oder dem andern zusetzen.

Da indess, wenn der Antwortende die Zweideutigkeit nicht aufdeckt, es ungewiss bleibt, ob er widerlegt worden ist, oder nicht, so ist, da in den Disputationen diese Aufdeckung erlaubt ist, klar, dass es ein Fehler

37

ist, wenn er diese Aufdeckung nicht vornimmt, sondern die Frage einfach zugiebt, und es gleicht dann seine Rede einer widerlegten, wenn auch nicht er selbst widerlegt worden ist. Indess kommt es oft vor, dass der Antwortende zwar die Zweideutigkeit bemerkt, aber zaudert, sie aufzudecken, wegen der Mienen derer, welche mit dergleichen Zweideutigkeiten sich wappnen, und weil er den Schein vermeiden will, als sei er über alles unzufrieden; auch glaubt er wohl nicht, dass daraus die Widerlegung entnommen werden dürfte, und so begegnet es ihm, dass etwas Unglaubwürdiges gegen ihn bewiesen wird. Ist also die Aufdeckung der Zweideutigkeit gestattet, so darf er, wie ich vorher gesagt habe, damit nicht zögern.

Wenn der Fragende aus zwei Fragen nicht *eine* machte, so würde auch der auf die Zweideutigkeit gestützte Fehlschluss nicht gelingen, sondern es würde sich entweder eine wahre Widerlegung oder gar keine ergeben. Denn was ist da für ein Unterschied zwischen dem Fall, wo gefragt wird, ob Kallias und Themistokles gebildet seien, und dem Fall, dass Beide denselben Namen führen, aber doch verschiedene Personen sind? Denn wenn der Name mehr als *Eines* bezeichnet, so ist auch mehr als Eines gefragt worden. Wenn es also unrichtig ist, auf zwei Fragen *eine* Antwort mit einfachem Sinn zu verlangen, so erhellt, dass Niemand auf eine zweideutige Frage einfach zu antworten braucht, selbst wenn auch die Antwort für alle Bedeutungen derselben richtig wäre, für welchen Fall es Manche verlangen. Denn dies ist ebenso, als wenn man früge: Sind Koriskos und Kallias zu Hause, oder nicht zu Hause? mögen nun beide zu Hause sein oder nicht beide; denn in beiden Fällen sind es mehrere Sätze, und wenn man auch beide Fragen mit *einer* Antwort richtig beantworten kann, so wird dadurch die Frage doch nicht zu *einer*. Es ist ja möglich, dass man selbst zehntausend gestellte verschiedene Fragen mit *einem* Ja oder Nein richtig beantworten kann; allein deshalb darf man sie doch nicht mit *einer* Antwort beantworten, da das Zwiegespräch dadurch aufgehoben wird. Es ist dies ebenso, als wenn man verschiedenen Dingen denselben Namen gäbe. Darf man also auf mehrere Fragen nicht mit *einer* Antwort antworten, so erhellt, dass man auch zweideutige Fragen nicht mit Ja oder Nein beantworten darf; denn wenn dies geschieht, hat der Betreffende nicht geantwortet, sondern nur gesprochen. Trotzdem wird bei dem Disputiren dies verlangt, weil von dem Gefragten nicht immer bemerkt wird, was daraus gefolgert werden kann.

So wie nun nach dem Bisherigen manche Widerlegungen keine sind, aber den Schein solcher haben, so giebt es auf dieselbe Weise auch Auflösungen derselben, welche zwar solche zu sein scheinen, aber keine sind, und ich habe bereits gesagt, dass man diese scheinbaren Lösungen mitunter als die wirklichen bei dem streitsüchtigen Disputiren und bei Aufdeckung der Zweideutigkeiten benutzen solle. Auf Fragen, die etwas Wahrscheinliches betreffen, hat man mit den Worten: Es mag so sein, zu antworten; dann wird man sich am wenigsten einer sophistischen Widerlegung aussetzen; muss man aber etwas Unglaubwürdiges sagen, so muss man da besonders hinzufügen, dass es so scheine, denn dann wird weder eine sophistische Widerlegung erfolgen, noch etwas Unglaubwürdiges nachgewiesen werden können. Da bekannt ist, wie das erst zu Beweisende in den Vordersätzen als schon bewiesen aufgenommen zu werden pflegt, und Alle glauben, dass, wenn die Widerlegung nahe bevorsteht, man Einzelnes umstossen und nicht einräumen müsse, weil es erst zu beweisen sei und nicht als schon bewiesen behandelt werden dürfe, so muss man, wenn der Fragende etwas behauptet, was zwar eine nothwendige Folge des Streitsatzes, aber falsch oder unglaubwürdig ist, von demselben Mittel Gebrauch machen; denn das, was nothwendig aus dem Streitsatze sich ergiebt, gehört ja auch zu dem Streitsatz selbst. Wenn ferner der Fragende das Allgemeine nicht mit einem bestimmten Namen, sondern vergleichsweise bezeichnet, so muss man geltend machen, dass er das Allgemeine nicht in dem Sinne nehme, wie es zugestanden und wie es von ihm zunächst aufgestellt worden sei; denn auch auf solche Weise wird oft eine sophistische Widerlegung herbeigeführt. Wenn aber alle diese Mittel nicht anwendbar sind, so muss man zu der Behauptung schreiten, dass der Beweis nicht richtig geführt sei, indem man dem Gegner unter Benutzung der früher von der Widerlegung angegebenen Definition entgegentritt.

Bei den im eigentlichen Sinne gebrauchten Worten muss man entweder einfach, oder mit Unterscheidung der einzelnen Fälle antworten; bei dem aber, was man noch in einem anderen Sinne verstehen kann, also wo nicht deutlich, sondern unvollständig gefragt worden, da kann eine Widerlegung zu Stande kommen; so kann z.B. bei der Frage: Ist das, was zu Athen gehört, Eigenthum von Athen? eine solche Widerlegung geschehen, wenn der Gefragte darauf mit *Ja* antwortet. Aehnlich stellt man Fragen, z.B. die andere Frage: Ob der Mensch zu den Geschöpfen gehört? Antwort: Ja; also schliesst der Fragende, ist der Mensch das Eigenthum der Geschöpfe. – Denn vom Menschen sagt man, er gehört zu den Geschöpfen, weil er ein Geschöpf *ist* und von dem Lysander sagt man, er gehört zu den Lacedämoniern, weil er ein solcher *ist*. Es ist also klar, dass man unklar gestellte Fragen nicht einfach zugestehen darf.

Wenn von zwei Bestimmungen, sofern die eine besteht, nothwendig auch die andere bestehen muss, umgekehrt aber aus dem Bestehen der letzteren nicht das der ersteren nothwendig folgt, so hat man in solchen Fällen eher das Geringere zuzugeben, da dem Fragen den es schwer fällt, aus mehreren Sätzen seinen Beweis zu führen. Wenn aber der Fragende einwendet, dass für die eine Bestimmung ein Gegentheil bestehe, aber nicht für die andere, so muss der Antwortende, wenn dies richtig ist, behaupten, dass auch für letztere ein Gegentheil bestehe, nur fehle der Name dafür.

Es giebt Manches, wo die Menge, wenn der Antwortende es nicht zugesteht, sagen dürfte, dass er unwahr spreche; bei Anderem ist dies aber nicht der Fall, wie da, wo die Meinungen getheilt sind (so gilt es für die Menge nicht als ausgemacht, ob die Seelen der Thiere vergehen oder unsterblich sind). Wo es nun ungewiss ist, wie die alternative Frage von der Menge entschieden zu werden pflegt, da muss man eher so, wie die Sinnsprüche es thun antworten; denn Sinnsprüche nennt man sowohl die richtigen Aussprüche, wie die allgemeinen Verneinungen, z.B. dass für die Diagonale und die Seiten eines Quadrats kein gemeinsames Mass bestehe. Auch kann der Antwortende da, wo über eine Frage verschiedene Ansichten bestehen, der Widerlegung am leichtesten entgehen, wenn er in den Worten des Streitsatzes wechselt. Hier wird man sein Verfahren nicht für sophistisch halten, weil es unklar ist, auf welcher Seite die Wahrheit ist, und bei der Verschiedenheit der Ansichten wird er nicht als einer gelten, der Falsches behauptet, während der Wechsel in den Worten seinen Ausspruch unwiderlegbar machen wird.

Ferner muss der Antwortende in Bezug auf die Fragen, welche er voraussieht, im voraus Einwürfe machen und sie im voraus aufstellen; denn auf diese Weise wird er dem Fragenden am besten entgegentreten.

Achtzehntes Kapitel

Die *wahre* Auflösung besteht in der Aufdeckung des falschen Schlusses und in der Bezeichnung derjenigen Frage, vermittelst welcher das Falsche gefolgert worden ist. Der falsche Schluss ist aber ein doppelter (entweder ist es ein logisch richtiger, aber materiell falscher Schluss, oder der Schluss ist nur scheinbar ein Schluss, aber nicht wirklich). Eine wahre Auflösung befasst daher bei den blos scheinbaren Schlüssen auch die Aufzeigung der Frage, durch welche der Schein eines Schlusses vom Gegner erreicht worden ist. Die Aufdeckung der logisch richtigen Schlüsse erfolgt somit durch Widerlegung, und die der nur scheinbaren Schlüsse durch Trennung und Theilung. Da nun die logisch richtigen Schlüsse entweder einen materiell richtigen, oder materiell falschen Schlusssatz haben, so lassen sich die letzteren in zwiefacher Weise auflösen; entweder kann man Etwas von dem Gefragten widerlegen, oder man kann zeigen, dass der Schlusssatz nicht wahr ist. Wenn der Fehler in den Vordersätzen liegt, so muss man das Falsche in diesen widerlegen, denn der Schlusssatz ist da richtig gezogen. Wer also die sophistischen Begründungen auflösen will, der muss zunächst prüfen, ob logisch richtig geschlossen ist, oder nicht; demnächst, ob der Schlusssatz materiell wahr ist, oder falsch. Man muss also durch Zertheilung oder durch Widerlegung die Auflösung vollführen, und zwar die Widerlegung entweder auf eine oder die andere der beiden vorhin angegebenen Weisen. Es ist aber ein grosser Unterschied, ob man beim Disputiren eine Begründung auflösen soll, oder ob dies ausserhalb des Disputirens geschehen soll; denn das Voraussehen des Kommenden ist schwer, dagegen in Musse das Geschehene zu übersehen, ist leichter.

Neunzehntes Kapitel

Bei denjenigen sophistischen Widerlegungen, welche sich auf die Gleichnamigkeit oder auf Zweideutigkeiten stützen, enthalten entweder die Fragen Worte mit mehreren Bedeutungen, oder der Schlusssatz ist zweideutig. So ist bei dem Satze, dass der Schweigende spreche, der Schlusssatz doppelsinnig, aber bei dem Satze, dass der Wissende nicht wisse, ist eine der Fragen zweideutig. Das, was durch das Doppelsinnige bezeichnet wird, ist bald wirklich vorhanden, bald nicht; denn das Zweideutige bezeichnet bald ein Seiendes, bald ein Nicht-Seiendes.

Wenn die Zweideutigkeit in dem Schlusssatze liegt, so ergiebt sich für den Sophisten keine Widerlegung, wenn er nicht die Zustimmung des Antwortenden für den Gegenstand erlangt, wie in dem Beispiele: Blinde sehen; denn ohne den Gegensatz wäre hier keine Widerlegung vorhanden. Wo dagegen die Zweideutigkeit in den Fragen liegt, da braucht der Antwortende nicht im voraus das Zweideutige zu verneinen, weil die Begründung hier nicht *auf* diese Zweideutigkeit geht, sondern *vermittelst* ihrer erfolgt.

Bemerkt man gleich im Anfange das Zweideutige der Worte oder der Rede, so muss man antworten, dass das Gefragte in gewissem Sinne wahr sei, in einem anderen Sinne aber nicht; z.B. auf die Frage, ob der Schweigende rede, dass es in gewissem Sinne der Fall sei, in einem anderen Sinne aber nicht; ebenso ist auf die Frage, ob man das Schuldige thun solle, zu antworten, dass man Manches davon thun solle, Manches aber nicht thun solle, da das Schuldige zweideutig sei. Bemerkt man aber die Zweideutigkeit nicht sogleich im Anfange, so muss man am Schlusse die Frage zurecht stellen; so hat man z.B. auf die Frage, ob der Schweigende spreche, zu antworten: »Nein, aber dieser Schweigende spricht«. Auch da, wo bei der Begründung die Zweideutigkeit in den Vordersätzen liegt, ist so zu verfahren. So ist auf die Frage: Weiss einer auch das, was er weiss? zu antworten: Ja, aber nicht derjenige, welcher es nur so und so weiss. Denn es ist nicht dasselbe, ob man überhaupt es nicht weiss oder ob die in einer bestimmten Art Wissenden es nicht wissen. Ueberhaupt muss man den Fragenden, auch wenn sein Schluss allgemein lautet, so bekämpfen, dass das, was er gesagt hat, nicht die Sache, sondern nur den Namen derselben betreffe, und daher auch keine Widerlegung geschehen sei.

Zwanzigstes Kapitel

Es ist auch klar, wie man die sophistischen Widerlegungen, welche sich auf die *Trennung* und *Verbindung* der Worte stützen, aufzulösen hat. Bezeichnet nämlich der Satz, je nachdem man seine Worte trennt oder verbindet, Verschiedenes, so muss der Antwortende das Gegentheil vom Schlusssatz behaupten. Alle solche Begründungen stützen sich auf die Verbindung oder Trennung der Worte; z.B. bei der Frage: Womit du sahst, dass dieser Mensch geschlagen wurde, wurde damit derselbe geschlagen? Ferner: Womit er geschlagen wurde, hast du damit ihn gesehen? Solche Fragen haben auch etwas von zweideutigen Fragen an sich, aber trotzdem gehören sie zu den auf der Verbindung der Worte beruhenden Fragen; denn das, was sich auf die Trennung der Worte stützt, kann nicht als zweideutig gelten, weil es nicht mehr dieselbe Rede bleibt, wenn sie getrennt wird; da ja nicht einmal dasselbe Wort, *oros* und *horos* wegen der verschiedenen Aussprache dasselbe bedeutet. Geschrieben ist es zwar dasselbe Wort, da es mit denselben Buchstaben in beiden Fällen und gleich geschrieben wird, obschon man auch da noch ein besonderes Zeichen hinzufügt; aber gesprochen sind beide nicht *ein und dasselbe* Wort, und deshalb beruht auch der, auf die Trennung der Worte sich stützende Schluss auf keinem Doppelsinn. Hieraus erhellt, dass nicht alle sophistischen Widerlegungen auf einem Doppelsinn der gebrauchten Worte beruhen, wie von Manchen behauptet wird.

Der Antwortende muss also die Worte der Frage trennen, denn: Mit den Augen sehen, dass jemand geschlagen wird, ist nicht dasselbe, als wenn man sagt, man sehe, dass jemand mit den Augen geschlagen werde. Der Art ist auch die Frage des Euthydemos: Kennst du, während du in Sizilien bist, jetzt im Piraeos liegende Schiffe. Ferner: Kann man als ein Guter ein Schlechter sein. Es kann aber ein Guter ein schlechter Schuster sein; also wird ein guter Schuster ein schlechter Schuster sein. Ferner ist es gut, das zu lernen, was zu wissen gut ist? Nun ist das Lernen des Bösen ein Gutes, also ist das Böse ein Gutes-Lernen. Allein es giebt ein Böses und auch ein Lernen des Bösen, also ist das Lernen des Bösen etwas Böses, aber es ist gut, dass man das Böse kennen lerne. Ferner: Ist es jetzt wahr, dass Du geboren bist? Antwort: Ja; also bist Du jetzt geboren. Allein, wenn man die Worte der Frage sondert, so bedeutet sie etwas Anderes; denn man kann in Wahrheit *jetzt sagen*, dass Du geboren bist, aber nicht, dass Du *jetzt geboren* bist. – Ferner die Frage: Wirst Du das auch so thun, wie Du es kannst und was Du kannst? Antwort: Ja. Nun spielst Du die Zither jetzt nicht, obgleich Du sie spielen kannst, also spielst Du die Zither, wenn Du sie nicht spielst. Allein man kann die Zither nicht in der Zeit spielen, wo man sie nicht spielt, aber wenn man sie nicht spielt, hat man doch das Vermögen, es zu thun.

Manche lösen diesen Fall auch in anderer Weise. Denn wenn der Antwortende zugegeben habe, dass er die Zither spielen könne, so folge nach ihrer Meinung nicht dass er sie, auch wenn er sie nicht spielt, spiele; denn, er habe nicht ganz so zugegeben, dass er es thue, *wie* er es thun könne; es sei vielmehr nicht dasselbe, ob man sage, dass man es *könne* und dass man durchaus es *thue*, wie man es könne. Indess ist dies keine gute Lösung; denn für Schlüsse, die sich auf dieselben Gründe stützen, muss auch die Lösung dieselbe sein, während diese letztere Lösung auf alle Gefragten und nicht auf alle Fragestellungen passt; denn sie richtet sich gegen den Fragenden und nicht gegen seine Begründung.

Einundzwanzigstes Kapitel

Sophistische Widerlegungen, welche sich auf die Betonung stützen, giebt es weder geschriebene, noch gesprochene, mit Ausnahme einiger wenigen Fälle, wie z.B. bei folgender Rede: Ist das, was Du zerstörst, nicht ein Haus? Antwort: Ja. Ist nun das Nicht-zerstören die Verneinung des Zerstörens? Antwort: Ja. Nun hast Du aber gesagt, dass das, was Du zerstörst, ein Haus sei, also ist das Haus eine Verneinung. Hier ist klar, wie diese Begründung zu lösen ist, indem die schärfere und die schwächere Aussprache eines Wortes nicht dasselbe bedeutet.

Zweiundzwanzigstes Kapitel

Es ist auch klar, wie man den sophistischen Widerlegungen, welche sich darauf stützen, dass Verschiedenes in der Sprache gleich behandelt wird, entgegenzutreten hat; dazu hat man nämlich die verschiedenen Gattungen der Kategorieen zu benutzen. Hier hat z.B. der Eine auf Befragen zugegeben, dass von dem, was ein selbstständiges Ding bezeichnet, keines von einem anderen Dinge ausgesagt werde; der Andere hat aber gezeigt, dass etwas von den Beziehungen, oder von den Grossen auch von anderen Dingen ausgesagt werde und dabei nach der Ausdrucksweise etwas Selbstständiges bezeichne, wie dies z.B. in folgender Begründung der Fall ist: Ist es wohl möglich, dass man dasselbe zugleich thut und gethan hat? Antwort: Nein. Aber es ist doch möglich, dass man dasselbe und in Bezug auf dasselbe zugleich sieht und gesehen hat. Ferner: Ist einer von den leidenden Zuständen auch ein thuender Zustand? Antwort: Nein. Nun werden aber die Ausdrücke: Es wird zerschnitten, es wird verbrannt, es wird wahrgenommen in gleicher Weise gesprochen und bezeichnen alle ein Leiden. Ferner werden die

Worte: Sprechen, Laufen, Sehen in gleicher Weise eines wie das andere gesprochen; nun ist aber das Sehen ein Wahrnehmen, und somit ist ein und dasselbe zugleich ein Leiden und ein Thun. – Wenn nun auch hier jemand zugiebt, dass es unmöglich sei, dass ein und dasselbe zugleich thue und gethan habe aber für das Sehen und Gesehen-haben dies als möglich zugiebt, so ist er deshalb doch noch nicht widerlegt, sofern er nur das Sehen nicht als ein Handeln, sondern nur als ein Leiden anerkennt. Denn eine hierauf gerichtete Frage ist zur Widerlegung noch nöthig. Indess wird von dem Gegner angenommen, dass der Gefragte dies zugestanden habe, weil er eingeräumt hat, dass das Schneiden ein Thun und das Geschnitten-haben ein Gethan-haben sei und dass Gleiches bei Allem gelte, was ebenso sprachlich behandelt werde; denn der Zuhörende setzt dann das Uebrige selbst hinzu, als wenn es sprachlich ebenso gemeint sei. Allein Manches wird nicht sprachlich gleich gemeint, sondern scheint nur so, wegen der Ausdrucksweise. Es ergiebt sich hier dasselbe, wie bei den zweideutigen Worten, da bei solchen der Antwortende, welcher die Zweideutigkeit nicht kennt, meint, die Sache und nicht das Wort verneint zu haben. Deshalb gehört hier zur Widerlegung noch die Frage, ob der Antwortende das zweideutige Wort in ein und demselben Sinne meine; nur wenn er dies zugiebt, kommt die Widerlegung zu Stande.

Diesen ähnlich sind folgende Redensarten: Ob derjenige das, was er hatte und nachher nicht mehr hat, verloren habe? Denn der, welcher nur *einen* Würfel verliert, wird nicht mehr zehn Würfel haben. Allein ein Ding, was man nicht mehr hat, aber früher hatte, dieses hat man allerdings verloren; hat man aber nicht mehr *so viel* oder so viele, wie früher, so ist es nicht nothwendig, dass man ebenso viel verloren habe. Der, welcher nach *dem* fragt, was man hat, bezieht dies auf die Anzahl; denn die Zehn gehört zu den Grössen. Wenn also gleich im Anfange der Fragende gefragt hätte, ob, im Fall Jemand nicht mehr so Vieles habe, wie früher, er so Vieles verloren habe, so würde dies Niemand zugegeben haben, sondern nur, dass er entweder ebenso Vieles oder *etwas davon* verloren habe. – Ebenso ist es mit der Behauptung, dass Jemand das gebe, was er nicht habe; denn er habe nicht blos *einen* Würfel. Allein er hat nicht ein Ding gegeben, was er nicht hatte, sondern *wie* er es nicht hatte, nämlich den einen Würfel; denn das »blos« bezeichnet weder ein selbstständiges Ding, noch eine Beschaffenheit, noch eine Grösse, sondern ein Verhältniss zu Anderem, z.B. dass es nicht mit Anderem gemeinsam geschehen sei. Es ist ebenso, als wenn Jemand früge: Kann man das geben, was man nicht hat? und wenn dies nicht eingeräumt wird, er früge: Ob man das schnell geben könne, was man nicht schnell habe und er bei dessen Bejahung nun folgerte, dass man das gäbe, was man nicht habe. Dies ist offenbar kein Schluss, denn das »schnell« bezeichnet nicht das Geben einer Sache, sondern nur die Art des Gebens; und deshalb kann man allerdings etwas in einer Art geben, wie man es nicht hat, z.B. wenn man es gern hat und ungern weggiebt.

Dem ähnlich sind auch solche Schlüsse, wie die folgenden: Kann man wohl mit einer Hand schlagen, wenn man sie nicht hat? Oder: Kann man wohl mit einem Auge sehen, wenn man es nicht hat? Antwort: Allerdings, denn man hat nicht blos *eine* Hand und nicht blos *ein* Auge. Manche lösen diesen Fall so, dass sie sagen, auch der habe *ein* Auge oder sonst *Eines*, welcher deren mehrere habe. Manche lösen den Satz, dass einer, was er hat, bekommen habe, in der Weise, dass er es *so* habe, *wie* er es bekommen; denn jener habe blos ein Steinchen gegeben und dieser habe blos ein Steinchen von jenem bekommen. Andere wollen jedoch die Frage damit beseitigen, dass sie sagen, es sei sehr wohl möglich, dass man das habe, was man nicht bekommen habe; so habe man süssen Wein bekommen, habe aber, da er währenddem verdorben sei, saueren. Indess gehen diese Lösungen, wie ich schon früher bemerkt habe, sämmtlich nicht gegen die Rede, sondern gegen die Person. Denn wenn dies eine wahre Lösung wäre, so könnte der, welcher denjenigen Satz zugiebt, dessen Unwahrheit die richtige Lösung darthut, den sophistischen Schluss nicht auflösen, und dies gilt auch für die anderen Fälle. Wenn z.B. die wahre Auflösung darin besteht, dass man das Gefragte nur theilweise zugiebt und theilweise nicht, so gelangt, wenn man die Frage unbeschränkt zugiebt, der Fragende in solchem Falle zu einem richtigen Schlusssatz, und es gelingt die von ihm unternommene Widerlegung. Wenn also selbst mit Beibehaltung dessen, worin nach der Auflösung des Antwortenden der Fehler liegen solle, kein widerlegender Schlusssatz sich ergiebt, so ist dann auch diese Auflösung eine falsche. Nun können in allen den vorerwähnten Beispielen alle Vordersätze zugegeben werden, und dennoch kann man nicht sagen, dass der Schluss sich daraus ergebe.

Auch folgende Fälle sind dieser Art: Was geschrieben ist, das hat Jemand geschrieben; nun steht jetzt geschrieben, dass Du sitzest; dies ist falsch; aber es war richtig, als es geschrieben wurde; also hat man etwas Falsches und zugleich Wahres geschrieben. Indess bezeichnet das »falsch« oder »wahr«, was eine Rede oder Meinung sein soll, keinen selbstständigen Gegenstand, sondern nur eine Beschaffenheit; derselbe Grund gilt auch für die Meinung. Ferner: Ist das, was der Lernende lernt, dasjenige, was er lernt? Antwort: Ja; aber er lernt doch das Langsame schnell. Also hat die Frage nicht den Gegenstand des Lernens, sondern die Art des Lernens gemein. Ferner: Betritt man das, was man durchgeht? Antwort: Ja. Er geht aber den ganzen Tag durch, also betritt er den Tag. – Hier ist aber nicht der Gegenstand, sondern die Zeit des Gehens in der Frage gemeint; wie man ja auch bei dem: Einen Becher trinken, nicht meint, dass man den Gegenstand trinke, sondern nur *aus* demselben. Ferner: Weiss Einer das, was er weiss, entweder durch Belehrung oder durch eigene Auffindung? Antwort: Ja. Aber was dann einer theils gelernt, theils selbst aufgefunden hat, das ist keines von Beiden. – Allein hier wird einmal alles zusammen, und dann wieder jedes einzeln gemeint. Ferner, dass es noch einen dritten Menschen gebe, neben dem Menschen an sich und neben dem einzelnen Menschen. – Allein der Mensch und alles Gemeinsame bezeichnet nicht ein bestimmtes Dieses, sondern etwas Beschaffenes, oder Bezogenes, oder ein *nur* Seiendes, oder sonst etwas dergleichen. Es ist ebenso, wie mit dem Koriskos und dem gebildeten Koriskos bei der Frage, ob sie dieselben oder verschieden sind; das eine bezeichnet einen *diesen*, das andere einen *so beschaffenen*; man kann also letzteren nicht für sich als selbstständig heraussetzen. Indess macht nicht das Heraussetzen schon den dritten Menschen, sondern nur das Einräumen, dass er so einer, wie dieser einzelne Mensch sei; denn das: »Kallias-Sein« und das: »Mensch-Sein«, bezeichnet nicht das: »dieser einzelne Sein«. Auch macht es keinen Unterschied, wenn jemand sagt, das Herausgesetzte werde nicht als ein dieses, sondern als ein Beschaffenes gemeint, denn das »neben den Vielen« wird *Eines* sein, wie z.B. der Mensch. Es ist also klar, dass man nicht zugeben darf, dass das als ein Gemeinsames von allen Ausgesagte ein Dieses sei, sondern es sei ein Beschaffenes, oder ein Bezogenes, oder ein Grosses, oder sonst etwas der Art.

Dreiundzwanzigstes Kapitel

Ueberhaupt stützt sich bei den sophistischen Widerlegungen, welche die Ausdrucksweise benutzen, die Auflösung auf den Gegensatz dessen, worauf die Widerlegung sich gründet. Stützt sich also diese auf eine besondere Verbindung der Worte, so geht die Auflösung auf Trennung dieser Worte, und stützt sich jene auf deren Trennung, so diese auf deren Verbindung. Beruht ferner die Widerlegung auf einer scharfen Betonung, so liegt die Auflösung in der schwachen Betonung und umgekehrt. Beruht die Widerlegung auf der Gleichnamigkeit, so liegt die Lösung in der Angabe des entgegengesetzten Wortsinnes ; folgert z.B. der Fragende, dass also ein Lebendiges spreche, so muss man dies bestreiten, indem man klar legt, in welcher Weise hier das Lebendige zu verstehen ist. Hat der Fragende aber ein Lebloses aufgestellt und in seinem Schluss es als lebendig erwiesen, so muss man darlegen, wie dieses Leblose zu verstehen sei. Aehnliches gilt für die Zweideutigkeiten. Stützt sich aber die Widerlegung auf die Gleichheit des sprachlichen Ausdrucks, so liegt die Auflösung in dem Entgegengesetzten. Auf die Frage, ob jemand wohl das, was er nicht hat, geben könne, muss man entgegnen, dass dies nicht für den Gegenstand, aber für die Art des Gebens statt haben könne, wie z.B. den *einen* Würfel. Wenn ferner die Frage lautet: Weiss man das, was man weiss, entweder durch Belehrung, oder durch Auffindung? so entgegne man, dass man nicht *alles*, was man weiss, entweder blos durch Auffindung oder blos durch Belehrung wisse; und auf die Frage, ob jemand das betritt, was er begeht, muss man entgegnen, dass der darauf gestützte Schluss die Zeit und nicht den betretenen Ort betreffe. Auch bei den übrigen Fällen dieser Art hat man so zu verfahren.

Vierundzwanzigstes Kapitel

Für die auf das *Nebensächliche* sich stützenden sophistischen Widerlegungen giebt es nur *eine* Art der Lösung für alle. Denn da es unbestimmt ist, ob das dem Nebensächlichen Zukommende auch von der Sache selbst ausgesagt werden könne und dies zwar in einzelnen Fällen statt hat und behauptet wird, bei anderen Fällen aber nicht, so muss man entgegnen, dass das dem Nebensächlichen Zukommende nicht nothwendig auch der Sache allemal zukomme; doch muss man Beispiele dafür zur Hand haben. Die hier folgenden Fälle stützen sich sämmtlich auf das Nebensächliche; nämlich: Weisst Du, was ich Dich fragen werde? Kennst Du den Vorübergehenden oder den Verhüllten? Ist die Bildsäule Dein Werk? Ist der Hund Dein, Vater? Ist das Wenigemal-Wenig wenig?

Es ist klar, dass in allen diesen Fällen das für das Nebensächliche Geltende nicht auch für den Gegenstand selbst gilt. Nur wenn das Nebensächliche und der Gegenstand selbst dem Wesen nach dasselbe und *eine* sind, so kommt alles, was jenem zukommt, auch diesem zu; nun ist aber für das Gut sein dessen Gut sein und das Gefragtwerden nicht dasselbe. Ferner ist es für den Herankommenden oder für den Verhüllten nicht ein und dasselbe, ein Herankommender und ein Koriskos zu sein. Wenn ich daher auch den Koriskos kenne und den Herankommenden nicht kenne, so wird doch derselbe Gegenstand nicht von mir zugleich gekannt und nicht gekannt. Ebenso ist, wenn diese Sache mein ist und die Sache ein Werk ist, deshalb die Sache noch nicht mein Werk, sondern mein Besitzthum, oder meine Sache, oder sie ist sonst wie mein. Ebendies gilt auch für die anderen Fälle.

Manche lösen diese Fälle dadurch, dass sie die Frage aufheben. Sie behaupten nämlich, dass man denselben Gegenstand sowohl wissen oder kennen, wie nicht wissen oder nicht kennen kann. Wenn man also den Herankommenden nicht kenne, aber den Koriskos kenne, so behaupten sie, dass man denselben Gegenstand sowohl kenne, wie nicht kenne, nur nicht in Beziehung auf ein und dieselbe Bestimmung. Indess muss, wie ich schon gesagt habe, für alle Begründungen, die sich auf dieses Mittel stützen, auch ein und dieselbe Art der Lösung statt finden; dies würde aber nicht der Fall sein, wenn derselbe Satz nicht für das Wissen oder Kennen, sondern für das Sein oder für ein sonstiges Verhalten aufgestellt wird; z.B. wenn gesagt wird: Wenn dieser Hund Vater ist, so ist er dein Vater. Wenn auch in manchen Fällen es wahr und möglich ist, dass man denselben Gegenstand kennt und nicht kennt, so ist doch hier diese Auflösung nicht anwendbar. – Auch kann ja eine Begründung an mehreren Fehlern leiden, und es ist dann die Offenlegung irgendwelches einzelnen Fehlers noch keine Lösung, da man sehr wohl darlegen kann, dass der Gegner Falsches geschlossen habe, ohne dass man doch gezeigt hat, durch was dies geschehen; wie z.B. bei des Zeno Beweis, dass es keine Bewegung gebe. Selbst wenn jemand hier versuchte, die Unmöglichkeit des von Zeno Behaupteten darzulegen, so wäre dies doch keine Lösung, selbst wenn er tausendmal dies bewiesen hätte, da dies keine Lösung ist. Diese hat nämlich die falsche Stelle des Schlusses offen zu legen, wodurch er falsch wird; ist also nicht logisch richtig vom Gegner geschlossen worden, gleichviel ob er einen wahren oder falschen Satz damit begründen will, so liegt die Lösung

50

51

doch allein in der Offenlegung des logisch mangelhaften Verfahrens. Wenn nun auch diese von Manchen behauptete Lösung mitunter zutreffen mag, so würde dies doch nicht einmal bei dem obigen Beispiel der Fall sein, denn der Betreffende weiss, dass Koriskos Koriskos ist und dass der Herankommende ein Herankommender ist. Indess ist es wohl möglich, dass man ein und denselben kennt und nicht kennt; z.B. dass man weiss, dass er von heller Farbe ist und nicht weiss, dass er gebildet ist; in dieser Weise kann man denselben Gegenstand zugleich kennen und nicht kennen, nur nicht in Beziehung auf dieselbe Bestimmung, dagegen kennt man den Herankommenden und den Koriskos, nämlich man weiss, das jener herankommt und dieser Koriskos ist.

Aehnlich ist der Fehler derer, welche den früher erwähnten Fall dahin lösen, dass jede Zahl auch wenig sei. Ist nämlich überhaupt nicht richtig geschlossen worden, so fehlen sie darin, dass sie dies bei Seite lassen und den Schlusssatz für einen wahren erklären, da Alles ebensowohl viel, wie wenig sei.

Andere wollen solche Beweise, wie z.B., dass der Vater, oder der Sohn, oder der Sklave deiner sei, damit widerlegen, dass sie einen Doppelsinn in denselben behaupten. Allein offenbar muss bei einer Widerlegung, welche sich auf die Mehrdeutigkeit stützt, das Wort, oder die Rede im eigentlichen Sinne mehrdeutig sein; wenn aber jemand sagt, dieser sei das Kind von jenem, so gebraucht er diese Worte, wenn jener der Herr desselben ist, nicht im eigentlichen Sinne, es ist also hier keine Zweideutigkeit vorhanden, sondern der sophistische Schluss stützt sich auf die falsche Benutzung eines blos Nebensächlichen, oder auf eine falsche Verbindung der Worte; denn der Beweis lautet: Ist dieser da dein? Ja; es ist aber dieser ein Kind, also ist es dein Kind. Hier ist allerdings dieser Mensch nebensächlich der deine und auch ein Kind, aber nicht dein Kind.

Ebenso ist es bei dem Schluss, dass von den Uebeln eines ein Gut sei, weil die Klugheit eine Kenntniss der Uebel sei; denn dass dieses eines jener sei, ist nicht eine zweideutige Rede, sondern bezeichnet das Zugehören. Aber selbst wenn diese Ausdrucksweise zweideutig wäre (denn man sagt ja auch, dass von den Geschöpfen eines der Mensch sei, ohne dass er deshalb denselben zugehören solle), so wäre, wenn etwas zu den Uebeln mit der obigen Ausdrucksweise gerechnet wird, dies auch nur vermittelst eines anderen Umstandes ein Uebel, aber nicht als solches ein Uebel. Der falsche Schluss liegt also in der Vertauschung des Beziehungsweisen und des Ansich. Indess kann allerdings der Satz, dass ein Gut eines von den Uebeln sei, wohl zweideutig sein, aber nicht bei jener Ausdrucksweise, sondern eher dann, wenn der Gegenstand der gute Sklave eines Schlechten wäre; indess wäre wohl auch hier keine Zweideutigkeit vorhanden; denn wenn etwas gut ist und diesem gehört, so ist es nicht ein von diesem ausgesagtes Gut. Ebenso wenig ist der Ausspruch zweideutig, dass der Geschöpfe eines der Mensch ist; denn es ist keine Zweideutigkeit, wenn man etwas unter Weglassung einzelner Worte andeutet, z.B. wenn man auch nur die Hälfte des Anfangs von der Iliade sagt, also, gieb mir: Singe O Göttin den Zorn, statt: gieb mir die Iliade.

Fünfundzwanzigstes Kapitel

Diejenigen Beweise der Sophisten, welche sich darauf stützen, dass etwas eigentlich und an sich, oder in einer Beschränkung durch wohin, oder wie, oder wo, oder in einer Beziehung und nicht an sich gemeint wird, müssen dadurch aufgelöst werden, dass man untersucht, wie der widerlegende Schlusssatz sich zu einer wirklichen Verneinung der Thesis verhält, und ob er einen Mangel dieser Art enthält. Denn das Gegentheilige und das sich Widersprechende, ebenso die Bejahung und Verneinung können an sich ein und demselben Gegenstand nicht einwohnen; dagegen steht nichts entgegen, dass jedes von beiden in irgend einer Beschränkung oder blos beziehungsweise und in gewisser Beschaffenheit demselben Gegenstand einwohnt oder auch, dass das eine unbeschränkt und das andere in gewisser Weise ihm zukommt, so dass, wenn das eine überhaupt, das andere aber beschränkt gemeint ist, die Widerlegung nicht statt hat. Man muss also bei dem Schlusssatz der Widerlegung in Betracht nehmen, wie sich derselbe zu einer wirklichen Verneinung der Thesis verhält.

Alle hierher gehörigen Widerlegungen verhalten sich aber so, z.B.: Kann das Nicht-Seiende sein? – Nein! – Aber es *ist* doch ein Nicht-Seiendes! – Ebenso wird auch das Seiende nicht-sein, denn es wird nicht-sein etwas von dem Seienden. Ferner: Kann derselbe Mensch zugleich wahr schwören und falsch schwören? Und kann derselbe Mensch demselben anderen Menschen zugleich glauben und nicht-glauben? –

Allein das »Etwas sein« und das »Sein überhaupt« ist nicht dasselbe; das Nicht-Seiende aber ist nicht ein solches überhaupt, wenn es doch etwas ist. Ebenso wenig schwört der, welcher dieses oder in dieser Weise wahr schwört, überhaupt wahr, und wer geschworen hat, dass er falsch schwören werde, schwört wahr, wenn er nur dieses falsch beschwört, aber er schwört nicht an sich wahr. Ebenso glaubt der Ungläubige nicht überhaupt nicht, sondern er glaubt nur etwas nicht. Ebenso verhält es sich mit dem Ausspruch, dass derselbe Mensch zugleich lüge und die Wahrheit sage, weil man aber nicht leicht übersehen kann, ob man das »die Wahrheit-Sagen« oder das »Lügen« als das im Allgemeinen Gültige zugestehen soll, so scheint der Fall schwierig zu lösen. Indess kann ja Jemand sehr wohl an sich ein Lügner sein, und doch in einer gewissen Weise oder bei einem einzelnen Punkte die Wahrheit sagen; ebenso kann er bei einigen Dingen wahrhaft sein und doch nicht-wahrhaft überhaupt.

Ebenso verhält es sich mit den Aussprüchen, welche durch Beziehungen, oder durch: wo, oder: wenn beschränkt sind; sie stimmen alle in diesem Punkte überein. Z.B. ist die Gesundheit oder der Reichthum ein Gut? Wird dies bejaht, so entgegnet der Fragende, dass der Reichthum oder die Gesundheit für den Unverständigen und für den, welcher keinen rechten Gebrauch davon macht, kein Gut sei; also sei der Reichthum und die Gesundheit ein Gut und auch nicht ein Gut. Ferner: Ist das »Gesund sein« oder »die Macht im Staate Haben« gut? Aber manchmal ist es doch besser, sie nicht zu haben; sonach ist also ein und dasselbe demselben Menschen gut und auch nicht gut. – Allein es kann sehr wohl ein an sich Gutes für diesen Menschen nicht gut sein, oder es kann für ihn zwar gut sein, aber nicht jetzt, oder nicht an diesem Orte. Ferner: Ist das, was der Kluge nicht mag, ein Uebel? Nun will er aber das Gute nicht verlieren, also ist das Gute ein Uebel. Allein es ist nicht dasselbe, ob ich sage: das Gute ist ein Uebel, oder der Verlust des Guten ist ein Uebel. Aehnlich verhält es sich mit dem Ausspruch über den Dieb; denn wenn der Dieb schlecht ist, ist nicht auch das Nehmen schlecht; er will also nicht das Schlechte, sondern das Gute, denn ein Gutes zu nehmen ist gut. Auch die Krankheit ist ein Uebel, aber nicht das Verlieren der Krankheit. Ferner: Ist nicht das Gerechte dem Ungerechten und das gerechter-Weise dem ungerechter-Weise vorzuziehen? Allein das ungerechter-Weise-Sterben ist doch vorzuziehen? Ferner: Ist es recht, dass jeder das Seine habe? Was aber der Richter nach seiner Meinung zuspricht, das ist nach dem Gesetz gültig, wenn seine Meinung auch falsch ist. Somit ist ein und dasselbe zugleich gerecht und ungerecht. Ferner: Wem soll man Recht geben, dem, der Gerechtes sagt, oder dem, der Ungerechtes sagt? Allein auch der, dem Unrecht geschehen ist, kann mit Recht sagen, was er Ungerechtes erlitten hat; dies war aber Ungerechtes. Indess ist deshalb, weil man eher ein Unrecht leiden soll, das Unrecht dem Recht nicht vorzuziehen, sondern man soll überhaupt recht *handeln*, was aber nicht ausschliesst, dass etwas mit Recht, oder mit Unrecht geschehen kann. Ebenso ist es recht, dass man das Seinige habe und unrecht das Fremde zu haben; deshalb kann aber der richterliche Ausspruch für letzteres dennoch gerecht sein, wenn der Richter dabei nach seiner Ueberzeugung entschieden hat; denn wenn etwas nur in dieser oder jener Weise gerecht ist, so ist es noch nicht unbedingt gerecht. Ebenso kann man sehr wohl mit Recht Ungerechtes sagen, denn wenn es recht ist, es zu sagen, so ist es deshalb nicht nothwendig, dass das Gesagte ein Gerechtes ist; ebenso wie es nützlich sein mag, etwas zu sagen, ohne dass dieses selbst ein Nützliches ist. Ebenso verhält es sich mit dem Gerechten, und deshalb siegt nicht der, welcher Unrechtes aussagt, wenn auch das von ihm Ausgesagte wirklich Unrechtes ist, denn er sagt nur das, was er mit Recht sagen darf, obgleich es an sich und wenn man es erleidet, ein Unrecht ist.

Sechsundzwanzigstes Kapitel

Denjenigen Widerlegungen, welche gegen den Begriff der Widerlegung verstossen, muss man, wie ich früher angedeutet habe, in der Weise entgegentreten, dass man bei dem vom Gegner auf das Entgegengesetzte des Streitsatzes gezogenem Schlusse untersucht, ob er denselben Gegenstand betrifft, von welchem der Streitsatz handelt, und ob er rücksichtlich eben desselben und in Beziehung auf eben denselben lautet, und so fort, und ob er auch die gleiche Zeit betrifft. Wird gleich anfangs der Satz aufgestellt, es sei unmöglich, dass etwas das Doppelte und auch nicht das Doppelte sei, so muss man dies nicht zugeben, sondern es für möglich erklären, nur nicht in der Weise, dass daraus die Widerlegung abgeleitet werden kann. Alle diese Widerlegungen stützen sich auf solche Mittel, z.B.: Wer jegliches kennt, dass es jegliches ist, kennt der den Gegenstand? und gilt dies auch ebenso für den, der jegliches nicht kennt? Nun kennt man aber den Koriskos als den Koriskos; man weiss aber nicht, dass er gebildet ist; also kennt man ein und dasselbe und kennt es auch nicht. Ferner: Ist das Vierellige grösser, als das Dreiellige? Nun kann aber der Länge nach aus dem Dreielligen ein Vierelliges werden, und das Grosse ist grösser als das Kleine, folglich ist ein und dasselbe grösser und kleiner als es selbst.

Siebenundzwanzigstes Kapitel

Wenn man bei den Widerlegungen, welche sich darauf stützen, dass der im Anfang aufgestellte Satz bei der Bildung des Schlusses als ein zugegebener behandelt wird, gefragt wird, so darf man, wenn man dies gleich anfänglich bemerkt, den Satz nicht zugeben, selbst wenn er glaubwürdig ist; man muss vielmehr die Wahrheit sagen und den Fehler des Schlusses angeben. Hat man aber diesen Fehler nicht gleich bemerkt, so muss man, vermittelst der Fehlerhaftigkeit solcher Beweise, die Unkenntniss von sich auf den Fragenden schieben und ihm vorhalten, dass er nicht richtig disputirt habe, weil die Widerlegung sich nicht auf die Benutzung des aufgestellten Streitsatzes, als eines bereits zugestandenen, stützen dürfe; oder man kann auch sagen, dass man den Satz nicht zugegeben habe, damit davon bei dem Beweise Gebrauch gemacht werden könne, sondern nur als einen Satz, gegen den vom Gegner diese Widerlegung gerichtet werden würde, also nicht in dem Sinne, wie es bei sophistischen Widerlegungen geschieht.

Achtundzwanzigstes Kapitel

Bei den Widerlegungen, welche sich darauf stützen, dass das in dem Schlusssatz Ausgesagte sich als Folge mit ergebe, muss auf die Begründung selbst hingewiesen werden; denn diese falsche Behandlung des Ausgesagten kann in zweifacher Weise geschehen; einmal, wenn das, was von dem Theile gilt, auch von dem Ganzen behauptet wird, z.B. wenn das vom Menschen Geltende auch von dem Geschöpfe behauptet wird, und zweitens in Bezug auf die Gegensätze, wenn behauptet wird, dass, wenn Eines mit dieser Eigenschaft verbunden sei, das Entgegengesetzte dann mit der entgegengesetzten Eigenschaft verbunden sei. Darauf stützt sich auch jene Begründung des *Melissos*; da nämlich das Gewordene einen Anfang hat, so möchte er behaupten, dass das Nicht-Gewordene keinen Anfang habe; ist also der Himmel nicht geworden, so sei er grenzenlos. Allein dies ist kein Beweis, weil die Verbindung umgekehrt wird.

Neunundzwanzigstes Kapitel

Wenn die Widerlegung sich darauf stützt, dass zu dem Schlusse noch etwas hinzugenommen worden ist, so muss man prüfen, ob das Unmögliche, auch wenn der Zusatz weggenommen wird, sich dennoch ergebe. Ist dies der Fall, so muss man dies aufdecken und sagen, dass man den Zusatz nicht als seine eigene Meinung zugegeben habe, sondern nur, damit es der Gegner zu seinem Beweise benutzen könne, dieses sei aber von ihm nicht geschehen.

Dreissigstes Kapitel

Gegen die Widerlegungen, dass mehrere Fragen wie *eine* gestellt werden, muss man gleich im Beginn diesen Unterschied geltend machen. Die Frage ist nur dann *eine*, wenn auch *eine* Antwort auf sie gegeben werden kann; also darf man nicht mehrere Antworten auf *eine* Frage geben, auch mehrere Fragen nicht mit *einer* Antwort erledigen; vielmehr muss man *eine* Frage nur mit *einer* Antwort bejahen oder verneinen. Wie nun bei verschiedenen Dingen, die *einen* Namen haben, der Antwortende keine Widerlegung erleidet, wenn beiden oder keinem dieser Dinge die betreffende Eigenschaft zukommt und er einfach antwortet, obgleich die Frage keine einfache ist, so ist es auch hier der Fall. Ist nämlich das Mehrere bei dem *einen* Dinge vorhanden, oder die *eine* Eigenschaft bei mehreren Dingen, so trifft den Antwortenden keine Widerlegung, wenn er auch den Fehler begeht und nur einfach antwortet. Wenn aber die betreffende Eigenschaft nur dem einen Dinge anhaftet, dem anderen aber nicht, und wenn mehrere Eigenschaften mehreren Dingen zukommen, aber bald so, dass beides beiden zukommt, bald so, dass dies nicht statt hat, so muss man sich hier in Acht nehmen; z.B. in folgenden Fällen: Wenn das Eine gut und das Andere schlecht ist und man auf die Frage, ob beide gut oder schlecht sind, einfach antwortet: gut, oder einfach: schlecht, so kann der Gegner folgern, dass man in Wahrheit sagen könne, ein und dasselbe sei gut und schlecht, und dann wieder, es sei weder gut, noch schlecht; denn nicht jedes von beiden ist beides, so dass es sowohl gut und schlecht, wie weder gut noch schlecht wäre. – Wenn ferner man zugiebt, dass das Eine mit sich selbst dasselbe und von dem Anderen verschieden sei, so folgt, da die beiden nicht mit anderen, sondern mit sich selbst dieselben und auch von einander verschieden sind, dass dieselben Dinge zugleich mit sich dieselbig und verschieden sind. Ferner, wenn das Gute schlecht wird und das Schlechte zufällig gut ist, so werden es zwei; von zwei einander nicht-gleichen Dingen ist aber jedes sich selbst gleich; also sind sie einander gleich und auch nicht-gleich.

Solche Widerlegungen fallen auch noch unter andere Auflösungen; denn das: Beide und das: Alles haben mehrfache Bedeutungen; es folgt also bei solchen Schlüssen nur, dass man nur denselben Namen, aber nicht denselben Gegenstand zugleich bejaht oder verneint, was keine Widerlegung ergiebt. Wird dagegen nicht blos *eine* Frage über Mehreres gestellt, sondern *eine* Frage über jedes Einzelne und diese bejaht oder verneint, so ergiebt sich nichts Unmögliches.

Einunddreissigstes Kapitel

Rücksichtlich derjenigen sophistischen Ausführungen, welche den Antwortenden dazu verleiten sollen, dass er dasselbe mehrmals sagt, erhellt, dass der Antwortende nicht zugeben darf, dass Begriffe, die zu den Beziehungen gehören, getrennt und für sich etwas bezeichnen, wie z.B. das Doppelte ohne die Hälfte des Doppelten, weil anscheinend das eine in dem anderen enthalten ist; denn die Zehn ist ja auch in der »Zehn weniger Eins« und das Thun in dem Nicht-Thun enthalten, und überhaupt die Bejahung in der Verneinung. Aber deshalb sagt jemand mit den Worten, dass dieses Ding nicht weiss sei, nicht, dass es weiss ist. – Auch das Doppelte bezeichnet wohl überhaupt nichts, so wenig wie das Halbe; und selbst wenn es etwas bezeichnete, so doch nicht dasselbe, als wenn es verbunden ausgesagt wird. Auch das Wort: Wissenschaft, als das Allgemeine, bedeutet nicht dasselbe, wie mit einer Art verbunden, z.B. wie in dem Wort: Arzneiwissenschaft; jenes ist vielmehr die Wissenschaft des Wissbaren. Bei den Bezeichnungen, durch welche die Dinge dem Anderen bekannt gemacht werden, muss man geltend machen, dass derselbe Ausdruck für sich und in der Begründung des Sophisten nicht dasselbe bezeichne. So bezeichnet das Hohle, als ein Gemeinsames, sowohl bei der Nase, wie bei den Beinen dasselbe; als ein Hinzugefügtes kann es aber sehr wohl Verschiedenes bedeuten, je nachdem es der Nase, oder den Beinen hinzugefügt wird; bei der Nase bedeutet es das Hohlnäsige, bei den Beinen das Krumm-beinige, und es ist gleich, ob ich sage: stumpfe Nase oder hohle Nase. Auch darf man solchen Ausdruck nicht sogleich zugeben, da er falsch ist; denn das Stumpfe ist nicht eine hohle Nase, sondern eine Beschaf-fenheit der Nase, wie ein Zustand derselben. Deshalb ist es nichts Verkehrtes, wenn man sagt, dass die Stumpfnase eine Nase ist, welche eine Hohlheit an sich hat.

Zweiunddreissigstes Kapitel

Was die Sprachfehler anlangt, so habe ich bereits früher gesagt, woraus sie sich scheinbar ergeben; wie aber dergleichen aufzulösen sind, ergiebt sich aus den Begründungen des Sophisten selbst. Alle solche Reden wollen nämlich das herbeiführen, was die nachfolgenden Beispiele erge-ben. Also: Was Du richtig nennst, *ist* das auch richtig? Antwort: Ja. Nun nennst Du etwas *einen* Stein, also *ist* es »*einen* Stein«. – Allein das »*den* Stein Nennen« gebraucht nicht den Nominativ, sondern den Ac-cusativ und sagt auch nicht »dieses«, sondern »diesen«. Fragte also je-mand: Ist das, was Du richtig *einen* nennst, ein »*diesen*«, so würde der Fragende nicht der Sprachregeln gemäss sprechen. Ebensowenig der, welcher sagte: *Die*, deren Dasein Du behauptest, ist das *dieser*, indem er damit das Holz meint, oder überhaupt etwas von alle dem meint, was weder etwas Männliches noch Weibliches bezeichnet, da das Ein-zelne hier gleichgültig ist Deshalb ist es auch kein Sprachfehler, wenn das, von dem Du sagest, es sei, ein Dieses (Neutrum) ist, nennst Du es also das Holz (Accusativ), so ist es auch das Holz (Nominativ). Der Stein aber und das »Dieser« hat einen männlichen Namen. Wenn aber jemand sagte: Ist Dieser nicht Diese? und dann auf das Nein des Ge-fragten, sagte: Was ist es denn? und: Ist dieser nicht Koriskos und man dann folgerte, dass das »Dieser« eine »Diese« sei, so wäre dies kein richtiger Schluss auf einen begangenen Sprachfehler, und selbst wenn das Wort: Koriskos ein Weibliches bezeichnete, brauchte der Antwor-tende dies nicht zuzugeben, da es hätte vorausgesagt werden müssen. Wenn dies aber weder geschehen ist, noch der Antwortende es zugege-ben hat, so ist ein Schluss weder in der Sache, noch in Bezug auf den Gefragten begründet. Ebenso muss auch in dem obigen Beispiele vorher gefragt werden, ob »etwas einen Stein Nennen« ein »Dieses« bedeute. Ist dies nicht geschehen und auch nicht eingeräumt worden, so kann der Schluss auf einen Sprachfehler nicht gezogen werden, obgleich es so scheint, weil, trotz des verschiedenen Lautes der Beugungsfälle, sie doch dasselbe bedeuten sollen. Ferner: Kann man in Wahrheit sagen, dass »Dieser« es ist, welchen Du »Diesen« nennst? Antwort: Ja. – Nun nennst Du ihn »diesen« Schild, also *ist* er »diesen« Schild. – Allein dies ist nicht nothwendig, wenn nicht das »Dieser« *den* Schild, sondern »der Schild« bedeutet, und »den« Schild »diesen« Schild. Auch wenn das, was Du mit *diesen* bezeichnest, ein *Dieser* ist, Du also ihn z.B. einen Menschen nennst, so ist dieser doch nicht »einen« Menschen, denn dieser ist nicht »Menschen«; denn ich habe schon gesagt, dass der, den ich »dieser« nenne, *dieser* ist und nicht »diesen«; denn man würde nicht richtig sprechen, wenn man die Frage so stellte. – Ferner: Kennst Du dieses? – Ja. – Aber dieses ist ein Stein, also kennst Du »ein Stein«. – Allein das »Dieses« in dem »kennst Du dieses« bedeutet nicht dasselbe, wie in »dieses ist ein Stein«, sondern im ersten Falle bedeutet es ein »diesen« und in dem anderen Falle ein »dieser«. Ferner: Wessen Wissenschaft Du besitzt, weisst Du das? – Ja. – Nun hast Du Wissenschaft des Steins, also weisst Du »des Steins«. – Allein Du sagst bald »des Steins«, bald »den Stein«, während nur zugegeben ist, dass man *das* wisse, *dessen* Kenntniss man habe, also nicht, dass man *dessen* wisse, sondern dass man »*das* wisse«, mithin man nicht *des* Steines wisse, sondern *den* Stein.

Somit erhellt aus dem Gesagten, dass dergleichen Reden einen Sprachfehler durch Schlüsse nicht beweisen, sondern nur zu beweisen scheinen, und es erhellt, wodurch dieser Schein entsteht und wie man solchen Reden entgegenzutreten hat.

Dreiunddreissigstes Kapitel

Man muss auch beachten, dass alle sophistischen Begründungen bald leichter, bald schwerer in Demjenigen zu durchschauen sind, wodurch sie den Hörer täuschen, obgleich sie oft einander gleich sind; denn ein Schluss ist dem anderen gleich, wenn sie beide sich auf gleichartige Gründe stützen. Allein derselbe Schluss soll nach der Meinung des Einen auf ein Nebensächliches sich stützen, aber nach der Meinung des Anderen auf die Ausdrucksweise und nach der Meinung eines Dritten

61

wieder auf Anderes, weil es nicht gleich klar sei, in welchem Punkte der Fehler enthalten sei. So wie bei den Schlüssen, welche sich auf die Mehrdeutigkeit der Worte stützen (welches Mittel das gebräuchlichste für die Fehlschlüsse ist), manches jedwedem klar ist (denn auch die lächerlichen Begründungen stützen sich beinahe alle auf die Ausdrucks-weise; z.B.: der Mann wurde zu dem Sitz getragen. Ferner: Wo wurde hingestellt? – Antwort: An die Segelstange. Ferner: Welche von den beiden Kühen gebiert von vorn? Antwort: Keine, sondern beide von hinten. Ferner: Ist der Boreas (Nordwind) rein? Antwort: Keineswegs, denn er hat den Armen und den gekauften Sklaven umgebracht. Ferner: Ist er Euarchos? Antwort: Keineswegs, sonder Appollonides; und von dieser Art sind auch die meisten anderen Fehlschlüsse), so bleibt anderes selbst dem Erfahrensten verborgen. Eine Bestätigung dafür ist, dass man hierbei oft nur über Worte streitet, z.B. ob das Seiende und das Eine für alles dasselbe bedeuten, oder Verschiedenes. Manche meinen, beide Worte bezeichneten dasselbe; Andere lösen die Begründung des Zeno und Parmenides dadurch auf, dass sie behaupten, das Seiende und das Eine seien zweideutig. Auch von den sophistischen Widerle-gungen, die sich auf das Nebensächliche oder eines der anderen Mittel stützen, werden manche leichter, manche schwerer zu durchschauen sein; auch ist es bei allen diesen Begründungen nicht überall gleich leicht, die Gattung zu erkennen, zu welcher sie gehören, und ob die sophistische Widerlegung logisch richtig ist oder nicht.

Eine verschmitzte Begründung ist die, welche am meisten wegen ihrer Auflösung in Verlegenheit setzt, denn sie ärgert am meisten. Diese Verlegenheit ist hier von zweierlei Art; entweder weiss man bei den Begründungen, die einen logisch richtigen Schluss enthalten, nicht, welche von den gestellten Fragen man anzugreifen hat, oder man weiss bei den blos streitsüchtigen nicht, wie man den aufzustellenden Streitsatz ausdrücken soll. Deshalb nöthigen bei den logisch richtigen Schlüssen die verschmitzten Begründungen zu genauerer Untersuchung. Eine solche Begründung ist dann am verschmitztesten, wenn sie mittelst sehr glaubwürdiger Sätze eine sehr glaubwürdige Behauptung widerlegt. Denn wenn der Antwortende auch einen Gegenschluss bildet, indem er das Gegentheil jenes Schlusssatzes mit als Vordersatz ansetzt, so werden doch diese Schlüsse sich alle gleich verhalten, da sie alle aus glaubwürdigen Sätzen einen gleich glaubwürdigen Satz widerlegen, oder begründen, so dass man darüber in Verlegenheit gerathen muss. Am verschmitztesten ist ein solcher Schluss, weil die Verneinung seines unwahrscheinlichen Schlusssatzes gleiche Glaubwürdigkeit hat, wie die Vordersätze des sophistischen Schlusses, so dass er in Verbindung mit einem dieser Vordersätze zu einem Schlusse führt, der ebenso unwahrscheinlich ist, wie der Schlusssatz des fragenden Gegners. Die zweite Stelle nach diesen in der Verschmitztheit nimmt derjenige Schluss ein, bei dem beide Vordersätze in Glaubwürdigkeit sich gleich stehen; denn der Zweifel, welchen von beiden Vordersätzen man hier widerlegen solle, ist hier für beide gleich stark. Die Schwierigkeit ist hier gross, weil man widerlegen soll und doch nicht klar ist, *was* man widerlegen soll.

Von den streitsüchtigen Schlüssen ist zunächst derjenige am verschmitztesten, bei dem es schon unklar ist, ob er ein logisch richtiger Schluss ist, oder nicht und ob er sich auf etwas Falsches stützt, oder durch Trennung des Verbundenen aufzulösen ist; zweitens derjenige Schluss von den übrigen, bei dem es zwar klar ist, dass er sich auf eine Trennung, oder eine Wegnahme stützt, aber bei dem es nicht klar ist, welche von den Fragen behufs der Lösung zu widerlegen, oder zu trennen ist, oder ob dies bei dem Schlusssatze, oder bei einem der Vordersätze geschehen muss.

Mitunter ist die nicht logisch schliessende Begründung einfältig, nämlich, wenn die angemeldeten Vordersätze offenbar unglaubwürdig, oder falsch sind; mitunter aber verdient sie keine Verachtung. Denn wenn die Begründung etwas von solchen Fragen weglässt, auf denen die Begründung beruht und durch welche sie geschehen muss, und wenn sie dies nicht hinzunimmt und nicht zu zu dem logischen Schluss gelangt, so ist sie allerdings einfältig; wenn sie aber etwas nicht eigentlich dazu Gehöriges nur weglässt, was aber die Vordersätze glaubwürdiger gemacht hat, so ist sie nicht in gleicher Weise verächtlich, denn der Schluss der Widerlegung ist hier richtig, aber der Fragende hat nicht gut gefragt.

So wie nun die Lösung eines sophistischen Schlusses bald gegen die Begründung desselben, bald gegen die Person des Fragenden, bald gegen keines von beiden zu richten ist, ebenso hat der Sophist seine Fragen und seinen Schluss entweder gegen den aufgestellten Satz, oder gegen den Antwortenden oder gegen die Zeitfrist zu richten, wenn die Lösung mehr Zeit braucht, als für die Erörterung behufs der Lösung noch übrig ist.

Vierunddreissigstes Kapitel

Aus wie vielen und welchen Umständen bei den Disputationen die Fehlschlüsse entstehen, und wie man das Falsche aufdeckt und bewirkt, dass der Gegner Unglaubwürdiges behauptet; ferner, aus welchen Fragen der Schluss sich ergiebt, und wie man zu fragen hat und welche Ordnung man hierbei zu befolgen hat, endlich wozu alle dergleichen Begründungen nützlich sind und wie überhaupt die Antworten einzurichten sind und wie man die Begründungen und die Schlüsse aufzulösen hat, über dieses Alles mag das Bisherige hierauf gesagt sein. Denen, welche sich dessen erinnern, was ich im Anfange mir vorgesetzt, habe ich jetzt nur noch Einiges hierüber zu sagen und dann meine Untersuchung abzuschliessen.

Meine Absicht ist gewesen, die Mittel aufzufinden, durch welche man über einen aufgestellten Streitsatz aus den möglichst wahrscheinlichen Annahmen Schlüsse aufzustellen vermag; dies ist zwar das Geschäft der Dialektik an sich, und der auf die Probe stellenden dialektischen Kunst. Da aber wegen deren Verwandtschaft mit den sophistischen Begründungen dazu auch gehört, dass man einen Andern nicht blos dialektisch auf die Probe zu stellen vermag, sondern auch, dass man als ein Wissender sich zu benehmen vermag, so habe ich nicht blos die genannte Thätigkeit zum Gegenstand meiner Untersuchung genommen, nämlich die Fähigkeit zur Führung der Rede als Fragender, sondern auch das Geschick, mit gleichen Mitteln die Rede als Antwortender aufzunehmen und den aufgestellten Satz zu vertheidigen. Den Grund dafür habe ich schon angegeben, da ja auch *Sokrates* auf diese Weise zwar Fragen stellte, aber nicht als Antwortender auftrat, weil er eingestand, dass er nichts wisse. Deshalb habe ich in dem Vorgehenden auch dargelegt, für wie Vieles und aus wie Vielem dieses Antworten geschehen und woher man das Nöthige dazu in Genüge entnehmen kann. Ferner habe ich dargelegt, wie man zu fragen und in welcher Ordnung man die Fragen zu stellen hat und wie man zu antworten und die Schlüsse des Fragenden aufzulösen hat. Ebenso habe ich über das, was sonst auch zu derselben Untersuchung der Begründungen gehört, Aufschluss gegeben. Ausserdem bin ich auch die Fehlschlüsse durchgegangen, wie ich schon vorher bemerkt habe.

Dass somit der genügende Abschluss für das, was ich mir vorgesetzt, erreicht worden, ist klar; doch dürfen wir nicht das übersehen, was in

Bezug auf die Ausbildung dieser Lehre bisher geschehen ist. Alles, was die Wissenschaften überhaupt aufgefunden haben, ist theils schon von Anderen früher aufgefunden und dann von den Nachfolgern übernommen und theilweise vermehrt worden, theils ist es erst neuerlich aufgefunden. Das im Anfange Aufgefundene pflegt im ersten Fortgang nur wenig zuzunehmen, denn »der Anfang ist wohl vor Allem das Grösste«, wie man sagt, und deshalb auch das Schwerste. Je mehr er an Vermögen das Kräftigste ist, um so kleiner ist er an Umfang und daher am schwersten zu erkennen. Ist aber der Anfang gefunden, so ist das Hinzufügen des Uebrigen und das Vermehren leicht, wie dies ja auch bei der Lehre über die Redekunst und so ziemlich auch bei den übrigen Künsten allen Statt gehabt hat. Die, welche die Anfänge auffanden, brachten diese im Allgemeinen nur wenig weiter; aber die jetzt in diesen Künsten hochgeachteten Männer haben dieselben gleichsam durch Ueberlieferung von Vielen übernommen, welche sie stückweise weiter geführt hatten, und so haben auch sie selbst dieselben vermehrt; Tisias trat ein nach den Ersten; dann Thrasymachos nach Tisias, dann Theodoros nach diesem, und so haben Viele viele Stücke zusammengetragen. Man braucht sich deshalb nicht zu wundern, wenn jetzt eine solche Kunst einen reichen Inhalt hat. Vor der hier geschehenen Untersuchung war aber nicht etwa schon Manches vorgearbeitet und Anderes nicht, sondern es war durchaus nichts vorhanden; denn auch der Unterricht, welchen die um Lohn Lehrenden über die streitsüchtigen Begründungen ertheilten, glich dem, wie Georgias die Sache behandelte. Sie liessen die bei den Rednern und bei den Sophisten vorkommenden Wendungen auswendig lernen, auf welche nach ihrer Meinung sowohl die Redner, wie die Sophisten bei ihren Erörterungen meistentheils gerathen waren. Der Unterricht der bei ihnen lernenden Schüler war daher schnell, aber unwissenschaftlich, denn sie unternahmen nicht einen Unterricht in der Kunst selbst, sondern in dem mittelst der Kunst bereits Ausgeführten. Es war ebenso, als wenn jemand verkündete, dass er eine Kunst lehren wolle, welche jeden Schmerz an den Füssen beseitige, dann aber nicht die Schuhmacherkunst lehrte, noch die Mittel, wodurch man dies erreichen könnte, sondern nur viele Arten des mannigfachen Schuhwerkes vorlegte. Ein solcher hat wohl für den Bedarf Abhilfe gebracht, aber die Kunst hat er nicht gelehrt. Bei der Redekunst war wohl Vieles und Altes, was darüber gesagt worden war, vorhanden, aber über die Kunst zu schliessen wusste man durchaus nichts zu sagen, sondern man musste sie durch gewohnheitsmässige Uebung zu gewinnen suchen und lange Zeit sich damit abmühen. Wenn Ihr nun bei näherer Betrachtung meint, dass meine Darstellung, für welche nur solche Anfänge vorlagen, sich so ziemlich neben die Bearbeitungen jener Wissenschaften stellen kann, welche durch Ueberlieferung von Einem zu dem Anderen gewachsen sind, so bleibt für Euch und für die, welche meine Lehre gehört haben, nur übrig, dass wegen des in der Darstellung Uebergangenen Nachsicht geübt, für das aber, was ich aufgefunden habe, mir viel Dank bewahrt bleibe.

Ende. 66

Biographie

384	Aristoteles, genannt »der Stagirite«, wird zu Stagira in Thrakien als Sohn des Nikomachos geboren. Sein Vater ist Arzt am Hofe des makedonischen Königs Amyntas, dem Vater Philipps. Nach dem frühen Tode seiner Eltern wird Aristoteles von Proxenus, einem Verwandten, erzogen.
367	Aristoteles wird Mitglied von Platons »Akademie« in Athen.
348	Nach dem Tod Platons kommt es zu Streitigkeiten in der »Akademie«. Auf Grund antimakedonischer Politik wird Aristoteles gezwungen, Athen zu verlassen. Er begibt sich auf Einladung seines Studienfreundes Hermias, dessen Nichte und Adoptivtochter (Pythias) er geheiratet hat, mit Xenokrates nach Assos in Kleinasien.
345	Aufenthalt in Mytilene.
um 343	Am Hofe Philipps II. von Makedonien wird Aristoteles Erzieher von dessen fünfzehnjährigem Sohn Alexander (dem Großen), der ihn später in seinen Studien unterstützt.
um 335	Als Alexander seinen Feldzug nach Asien antritt, kehrt Aristoteles nach Athen zurück und gründet die Peripatetische Schule, genannt nach den Wandelgängen im Lykeion (benannt nach dem Hain des Apollon Lykeios). Der Philosoph besitzt eine große Bibliothek und umfassende Sammlungen von Tieren und Gewächsen, die ihm Alexander von seinen Feldzügen hat zuschicken lassen.
323	Nach dem Tod Alexanders flieht Aristoteles nach Chalkis, um den Athenern nicht die Gelegenheit zu geben, sich noch einmal an der Philosophie (Anspielung auf Sokrates) zu versündigen.
322	Aristoteles stirbt bei Chalkis auf Euböa.
1. Jhd. v. Chr.	Aristoteles Schriften werden von dem Peripatetiker

Andronikos von Rhodos gesammelt herausgegeben. Es sind folgende Titel:

1. Das »Organon« oder die Logischen Schriften, umfassend: Kategorien; Lehre vom Satz; Lehre vom Schluß oder Erste Analytik; Lehre vom Beweis oder Zweite Analytik; Topik (über Wahrscheinlichkeitsschlüsse); Sophistische Widerlegungen

2. Naturphilosophische Schriften: Physik; Über die Seele; Kleine naturphilosophische Schriften; Über Entstehen und Vergehen; Über den Himmel; Meteorologie; Über die Entstehung der Lebewesen; Über die Teile der Lebewesen

3. Erste Philosophie: Von Andronikos »ta meta ta physika« (die der Physik nachfolgende Abhandlung) genannt. Heutzutage ist die Forschung allerdings der Überzeugung, daß die bibliothekarische Bezeichnung auch von sachlicher Relevanz ist. Was chronologisch der Physik folgt, ist auch der Sache nach der Erforschung der Naturdinge nachgeordnet.

4. Ethische und politische Schriften: Eudemische Ethik; Große Ethik; Nikomachische Ethik; Politik; Rhetorik

5. Schriften zur Kunst: Poetik

Den heutigen Werkausgaben liegt die Paginierung der von I. Bekker herausgegebenen Werkausgabe der Berliner Akademie von 1831-1870 zugrunde.

Lektürehinweise

Werner Jaeger, Aristoteles. Grundlegung einer Geschichte seiner Entwicklung, Berlin 1923.

W. Bröcker, Aristoteles, Frankfurt a.M. 1935, 1957 u.ö.

I. Dühring, Aristoteles. Darstellung und Interpretation seines Denkens, Heidelberg 1966.

E. R. Sandvoß, Aristoteles, Stuttgart, Berlin, Köln, Mainz 1981.

Erzählungen der Frühromantik

Karl-Maria Guth (Hg.)
Erzählungen der Frühromantik

HOFENBERG

1799 schreibt Novalis seinen Heinrich von Ofterdingen und schafft mit der blauen Blume, nach der der Jüngling sich sehnt, das Symbol einer der wirkungsmächtigsten Epochen unseres Kulturkreises. Ricarda Huch wird dazu viel später bemerken: »Die blaue Blume ist aber das, was jeder sucht, ohne es selbst zu wissen, nenne man es nun Gott, Ewigkeit oder Liebe.«

Tieck Peter Lebrecht **Günderrode** Geschichte eines Braminen **Novalis** Heinrich von Ofterdingen **Schlegel** Lucinde **Jean Paul** Des Luftschiffers Giannozzo Seebuch **Novalis** Die Lehrlinge zu Sais
ISBN 978-3-8430-1878-4, 416 Seiten, 29,80 €

Karl-Maria Guth (Hg.)
Erzählungen der Hochromantik

HOFENBERG

Erzählungen der Hochromantik

Zwischen 1804 und 1815 ist Heidelberg das intellektuelle Zentrum einer Bewegung, die sich von dort aus in der Welt verbreitet. Individuelles Erleben von Idylle und Harmonie, die Innerlichkeit der Seele sind die zentralen Themen der Hochromantik als Gegenbewegung zur von der Antike inspirierten Klassik und der vernunftgetriebenen Aufklärung.

Chamisso Adelberts Fabel **Jean Paul** Des Feldpredigers Schmelzle Reise nach Flätz **Brentano** Aus der Chronika eines fahrenden Schülers **Motte Fouqué** Undine **Arnim** Isabella von Ägypten **Chamisso** Peter Schlemihls wundersame Geschichte **Hoffmann** Der Sandmann **Hoffmann** Der goldne Topf
ISBN 978-3-8430-1879-1, 408 Seiten, 29,80 €

Karl-Maria Guth (Hg.)
Erzählungen der Spätromantik

HOFENBERG

Erzählungen der Spätromantik

Im nach dem Wiener Kongress neugeordneten Europa entsteht seit 1815 große Literatur der Sehnsucht und der Melancholie. Die Schattenseiten der menschlichen Seele, Leidenschaft und die Hinwendung zum Religiösen sind die Themen der Spätromantik.

Brentano Die drei Nüsse **Brentano** Geschichte vom braven Kasperl und dem schönen Annerl **Hoffmann** Das steinerne Herz **Eichendorff** Das Marmorbild **Arnim** Die Majoratsherren **Hoffmann** Das Fräulein von Scuderi **Tieck** Die Gemälde **Hauff** Phantasien im Bremer Ratskeller **Hauff** Jud Süss **Eichendorff** Viel Lärmen um Nichts **Eichendorff** Die Glücksritter
ISBN 978-3-8430-1880-7, 440 Seiten, 29,80 €

Erzählungen aus dem Biedermeier

Biedermeier - das klingt in heutigen Ohren nach langweiligem Spießertum, nach geschmacklosen rosa Teetässchen in Wohnzimmern, die aussehen wie Puppenstuben und in denen es irgendwie nach »Omma« riecht.

Zu Recht. Aber nicht nur.

Biedermeier ist auch die Zeit einer zarten Literatur der Flucht ins Idyll, des Rückzuges ins private Glück und der Tugenden. Die Menschen im Europa nach Napoleon hatten die Nase voll von großen neuen Ideen, das aufstrebende Bürgertum forderte und entwickelte eine eigene Kunst und Kultur für sich, die unabhängig von feudaler Großmannssucht bestehen sollte.

Georg Büchner Lenz **Karl Gutzkow** Wally, die Zweiflerin **Annette von Droste-Hülshoff** Die Judenbuche **Friedrich Hebbel** Matteo **Jeremias Gotthelf** Elsi, die seltsame Magd **Georg Weerth** Fragment eines Romans **Franz Grillparzer** Der arme Spielmann **Eduard Mörike** Mozart auf der Reise nach Prag **Berthold Auerbach** Der Viereckig oder die amerikanische Kiste

ISBN 978-3-8430-1884-5, 444 Seiten, 29,80 €

Erzählungen aus dem Biedermeier II

Annette von Droste-Hülshoff Ledwina **Franz Grillparzer** Das Kloster bei Sendomir **Friedrich Hebbel** Schnock **Eduard Mörike** Der Schatz **Georg Weerth** Leben und Taten des berühmten Ritters Schnapphahnski **Jeremias Gotthelf** Das Erdbeerimareili **Berthold Auerbach** Lucifer

ISBN 978-3-8430-1885-2, 440 Seiten, 29,80 €

Erzählungen aus dem Biedermeier III

Eduard Mörike Lucie Gelmeroth **Annette von Droste-Hülshoff** Westfälische Schilderungen **Annette von Droste-Hülshoff** Bei uns zulande auf dem Lande **Berthold Auerbach** Brosi und Moni **Jeremias Gotthelf** Die schwarze Spinne **Friedrich Hebbel** Anna **Friedrich Hebbel** Die Kuh **Jeremias Gotthelf** Barthli der Korber **Berthold Auerbach** Barfüßele

ISBN 978-3-8430-1886-9, 452 Seiten, 29,80 €